萧山

柴岭山土墩墓

杭州市文物考古研究所　萧山博物馆　编著

文物出版社

封面设计　张习广　谈冰玉

责任印制　张道奇

责任编辑　谷艳雪　王　媛

图书在版编目（CIP）数据

萧山柴岭山土墩墓 / 杭州市文物考古研究所，萧山
博物馆编著. —北京：文物出版社，2013.5
ISBN 978-7-5010-3720-9

Ⅰ.①萧…　Ⅱ.①杭…　②萧…　Ⅲ.①区（城市）-
墓葬（考古）- 发掘报告 - 杭州市　Ⅳ.①K878.85

中国版本图书馆CIP数据核字（2013）第106435号

萧 山 柴 岭 山 土 墩 墓

杭州市文物考古研究所
萧　山　博　物　馆　　编著

＊

文 物 出 版 社 出 版 发 行

北京市东直门内北小街2号楼

http://www.wenwu.com

E-mail: web@wenwu.com

北京盛天行健艺术印刷有限公司印刷

新 华 书 店 经 销

889×1194　1/16　印张: 34　插页: 6

2013年5月第1版　2013年5月第1次印刷

ISBN 978-7-5010-3720-9　定价: 430.00元

The Chailingshan Earth Mount Burials in Xiaoshan

(With an English Abstract)

Hangzhou Municipal Institute of Cultural Relics and Archaeology
Xiaoshan District Museum

Cultural Relics Press

Beijing · 2013

目　录

第一章　前　言 ·· 1

　第一节　地理环境与历史沿革 ··· 1

　　一　地理环境 ·· 1

　　二　历史沿革 ·· 3

　第二节　既往工作与发掘缘起 ··· 4

　　一　既往工作 ·· 4

　　二　发掘缘起 ·· 4

　第三节　发掘经过 ·· 5

　第四节　资料整理与报告编写 ··· 6

第二章　综　述 ·· 9

　第一节　遗迹 ·· 9

　　一　土墩 ··· 9

　　二　墓葬 ·· 10

　　　（一）无室土墩墓 ··· 10

　　　（二）木室土墩墓 ··· 12

　　　（三）石室土墩墓 ··· 12

　　三　其他遗迹 ··· 13

　　　（一）器物群 ·· 13

　　　（二）窑址 ·· 13

　　　（三）灶 ·· 13

　第二节　遗物 ··· 13

　　一　原始瓷器 ··· 14

　　　（一）器形 ·· 14

　　　（二）质地 ·· 42

　　　（三）制法 ·· 42

　　　（四）釉 ·· 44

　　　（五）纹饰 ·· 44

　　　（六）刻划符号 ··· 44

二　印纹硬陶器 ··· 54

（一）器形 ·· 54

（二）质地 ·· 57

（三）制法 ·· 57

（四）纹饰 ·· 57

（五）刻划符号 ·· 65

三　硬陶器 ·· 65

四　泥质陶器 ·· 65

五　夹砂陶器 ·· 65

六　青铜器 ·· 66

七　玉器 ·· 66

八　石器 ·· 66

第三章　分　述 ··· 67

D1 ··· 67

D2 ··· 77

D3 ··· 82

D4 ··· 86

D5 ··· 100

D6 ··· 103

D7 ··· 107

D8 ··· 110

D9 ··· 113

D10 ·· 121

D11 ·· 122

D12 ·· 125

D13 ·· 129

D14 ·· 133

D15 ·· 135

D16 ·· 141

D17 ·· 150

D18 ·· 161

D19 ·· 169

D20 ·· 184

D21 ·· 192

D22 ·· 196

D23 ·· 199

D24 ……………………………………………………………………………………… 203

D25 ……………………………………………………………………………………… 206

D26 ……………………………………………………………………………………… 209

D27 ……………………………………………………………………………………… 217

D28 ……………………………………………………………………………………… 222

D29 ……………………………………………………………………………………… 225

D30 ……………………………………………………………………………………… 234

D31 ……………………………………………………………………………………… 243

D32 ……………………………………………………………………………………… 264

D33 ……………………………………………………………………………………… 269

D34 ……………………………………………………………………………………… 275

D35 ……………………………………………………………………………………… 286

D36 ……………………………………………………………………………………… 293

D37 ……………………………………………………………………………………… 304

第四章 分期与年代 …………………………………………………………………… 313

　第一节 墓葬与器物群分组 ………………………………………………………… 313

　第二节 分期与年代 ………………………………………………………………… 317

　第三节 墓葬形制的发展与随葬品组合的演变 …………………………………… 321

　　一 墓葬形制的发展 ……………………………………………………………… 321

　　二 随葬品组合的演变 …………………………………………………………… 322

第五章 结 语 ………………………………………………………………………… 325

　第一节 墓地选择与墓葬分布 ……………………………………………………… 325

　第二节 葬俗 ………………………………………………………………………… 326

　第三节 墓葬性质 …………………………………………………………………… 327

　第四节 几个问题的探讨 …………………………………………………………… 328

　　一 关于D30M1 ………………………………………………………………… 328

　　二 关于D36M1 ………………………………………………………………… 332

　　三 关于一墩多墓 ………………………………………………………………… 333

　第五节 发掘收获 …………………………………………………………………… 334

附 表 …………………………………………………………………………………… 337

　附表一 墓葬登记表 ………………………………………………………………… 337

　附表二 出土遗物登记表 …………………………………………………………… 340

附 录 …………………………………………………………………………………… 344

　附录一 萧山柴岭山土墩墓D30M1出土木炭的鉴定 …………………………… 344

　　附录二　萧山柴岭山土墩墓D30M1出土木炭加速器质谱（AMS）碳–14测试报告 ……346

　　附录三　萧山柴岭山土墩墓出土印纹硬陶器和原始瓷器的核分析研究………………347

后　记 ……………………………………………………………………………………377

英文提要 ………………………………………………………………………………378

彩　版 ………………………………………………………………………………1~144

插图目录

图1-1-1 萧山位置示意图 ……………………………………………………… 1

图1-1-2 墓地位置示意图 ……………………………………………………… 2

图1-1-3 墓地地理环境图 ……………………………………………………… 2/3

图2-1-1 土墩分布图 …………………………………………………………… 8/9

图2-2-1 原始瓷尊、尊形器、盉的类型 ……………………………………… 14

图2-2-2 原始瓷簋的类型 ……………………………………………………… 15

图2-2-3 原始瓷罐的类型 ……………………………………………………… 16

图2-2-4 原始瓷豆的类型（一） …………………………………………… 17

图2-2-5 原始瓷豆的类型（二） …………………………………………… 18

图2-2-6 原始瓷豆的类型（三） …………………………………………… 19

图2-2-7 原始瓷豆的类型（四） …………………………………………… 20

图2-2-8 原始瓷豆的类型（五） …………………………………………… 22

图2-2-9 原始瓷豆的类型（六） …………………………………………… 23

图2-2-10 原始瓷豆的类型（七） …………………………………………… 24

图2-2-11 原始瓷豆的类型（八） …………………………………………… 25

图2-2-12 原始瓷豆的类型（九） …………………………………………… 26

图2-2-13 原始瓷豆的类型（十） …………………………………………… 27

图2-2-14 原始瓷豆的类型（十一） ………………………………………… 28

图2-2-15 原始瓷盉的类型（一） …………………………………………… 29

图2-2-16 原始瓷盉的类型（二） …………………………………………… 30

图2-2-17 原始瓷盉的类型（三） …………………………………………… 31

图2-2-18 原始瓷盉的类型（四） …………………………………………… 32

图2-2-19 原始瓷盉的类型（五） …………………………………………… 33

图2-2-20 原始瓷盉的类型（六） …………………………………………… 34

图2-2-21 原始瓷盉的类型（七） …………………………………………… 35

图2-2-22 原始瓷碗的类型（一） …………………………………………… 36

图2-2-23 原始瓷碗的类型（二） …………………………………………… 37

图2-2-24 原始瓷钵的类型 …………………………………………………… 38

图2-2-25 原始瓷盘的类型（一） …………………………………………… 39

图2-2-26　原始瓷盘的类型（二）……………………………………………… 40

图2-2-27　原始瓷碟的类型 ……………………………………………………… 41

图2-2-28　原始瓷杯、盅的类型 ………………………………………………… 42

图2-2-29　原始瓷器盖、镟的类型 ……………………………………………… 43

图2-2-30　原始瓷刻划符号（一）……………………………………………… 45

图2-2-31　原始瓷刻划符号（二）……………………………………………… 46

图2-2-32　原始瓷刻划符号（三）……………………………………………… 46

图2-2-33　原始瓷刻划符号（四）……………………………………………… 46

图2-2-34　原始瓷刻划符号（五）……………………………………………… 47

图2-2-35　原始瓷刻划符号（六）……………………………………………… 47

图2-2-36　原始瓷刻划符号（七）……………………………………………… 48

图2-2-37　原始瓷刻划符号（八）……………………………………………… 48

图2-2-38　原始瓷刻划符号（九）……………………………………………… 49

图2-2-39　原始瓷刻划符号（十）……………………………………………… 49

图2-2-40　原始瓷刻划符号（十一）…………………………………………… 50

图2-2-41　原始瓷刻划符号（十二）…………………………………………… 51

图2-2-42　原始瓷刻划符号（十三）…………………………………………… 52

图2-2-43　原始瓷刻划符号（十四）…………………………………………… 52

图2-2-44　原始瓷刻划符号（十五）…………………………………………… 53

图2-2-45　原始瓷刻划符号（十六）…………………………………………… 53

图2-2-46　原始瓷刻划符号（十七）…………………………………………… 53

图2-2-47　原始瓷刻划符号（十八）…………………………………………… 53

图2-2-48　印纹硬陶纹样（一）………………………………………………… 58

图2-2-49　印纹硬陶纹样（二）………………………………………………… 59

图2-2-50　印纹硬陶纹样（三）………………………………………………… 60

图2 2 51　印纹硬陶纹样（四）………………………………………………… 61

图2-2-52　印纹硬陶纹样（五）………………………………………………… 62

图2-2-53　印纹硬陶纹样（六）………………………………………………… 63

图2-2-54　印纹硬陶纹样（七）………………………………………………… 64

图3-1-1　D1俯视、侧视、剖面图 ……………………………………………… 68

图3-1-2　D1墓室平面、剖视图 ………………………………………………… 69

图3-1-3　D1器物分布图 ………………………………………………………… 70

图3-1-4　D1盗洞扰土出土器物器 ……………………………………………… 71

图3-1-5　D1M1出土器物图 ……………………………………………………… 72

图3-1-6　D1M2出土器物图 ……………………………………………………… 73

图3-1-7　D1M3出土器物图（一）……………………………………………… 75

图3-1-8　D1M3出土器物图（二）……………………………………………… 76

图3-2-1 D2平、剖面图 ·· 78

图3-2-2 D2M1平、剖面图 ·· 79

图3-2-3 D2封土出土器物图 ·· 80

图3-2-4 D2M1出土器物图（一） ································· 81

图3-2-5 D2M1出土器物图（二） ································· 82

图3-3-1 D3俯视、剖面图 ·· 83

图3-3-2 D3M1墓室平、剖面图 ···································· 84

图3-3-3 D3封土出土器物图 ·· 85

图3-3-4 D3M1出土器物图 ··· 85

图3-4-1 D4俯视、侧视、剖面图 ·································· 87

图3-4-2 D4墓室平、剖面图 ·· 88

图3-4-3 D4器物分布图 ··· 88

图3-4-4 D4封土出土器物图 ·· 89

图3-4-5 D4扰土出土器物图 ·· 90

图3-4-6 D4M1出土器物图 ··· 92

图3-4-7 D4M2出土器物图（一） ································· 93

图3-4-8 D4M2出土器物图（二） ································· 94

图3-4-9 D4M2出土器物图（三） ································· 96

图3-4-10 D4M2出土器物图（四） ································ 97

图3-4-11 D4M2出土器物图（五） ································ 98

图3-4-12 D4M2出土器物图（六） ································ 99

图3-4-13 D4M3出土器物图 ·· 100

图3-5-1 D5平、剖面图 ··· 101

图3-5-2 D5M1平、剖面图 ··· 101

图3-5-3 D5扰土出土器物图 ·· 102

图3-6-1 D6平、剖面图 ··· 103

图3-6-2 D6M1平、剖面图 ··· 104

图3-6-3 D6M2平、剖面图 ··· 104

图3-6-4 D6M3平、剖面图 ··· 104

图3-6-5 D6封土出土器物图 ·· 105

图3-6-6 D6M1出土器物图 ··· 106

图3-6-7 D6M2出土器物图 ··· 107

图3-7-1 D7平、剖面图 ··· 108

图3-7-2 D7M1平、剖面图 ··· 108

图3-7-3 D7M2平、剖面图 ··· 108

图3-7-4 D7封土出土器物图 ·· 109

图3-7-5 D7M1出土器物图 ··· 109

图3-8-1　D8平、剖面图 ··· 110

图3-8-2　D8M1平、剖面图 ··· 111

图3-8-3　D8M1出土器物图 ··· 112

图3-9-1　D9平、剖面图 ··· 114

图3-9-2　D9M1平、剖面图 ··· 115

图3-9-3　D9M1出土器物图（一）·· 115

图3-9-4　D9M1出土器物图（二）·· 116

图3-9-5　D9M1出土器物图（三）·· 118

图3-9-6　D9M1出土器物图（四）·· 119

图3-9-7　D9M1出土器物图（五）·· 120

图3-10-1　D10M1平、剖面图 ··· 121

图3-11-1　D11平、剖面图 ··· 122

图3-11-2　D11M1平、剖面图 ··· 123

图3-11-3　D11M1出土器物图（一）·· 124

图3-11-4　D11M1出土器物图（二）·· 125

图3-12-1　D12M1平面、剖面、侧视图 ······································ 126

图3-12-1　D12封土出土器物图 ··· 128

图3-12-3　D12M1出土器物图 ··· 128

图3-13-1　D13平、剖面图 ··· 129

图3-13-2　D13M1平、剖面图 ··· 130

图3-13-3　D13M1出土器物图（一）·· 131

图3-13-4　D13M1出土器物图（二）·· 132

图3-14-1　D14平、剖面图 ··· 133

图3-14-2　D14M1平、剖面图 ··· 134

图3-14-3　D14Z1平、剖面图 ·· 134

图3-14-4　D14封土出土器物图 ··· 134

图3-14-5　D14M1出土器物图 ··· 135

图3-15-1　D15M1与D15Q1平、剖面图 ····································· 136

图3-15-2　D15M1出土器物图（一）·· 138

图3-15-3　D15M1出土器物图（二）·· 139

图3-15-4　D15Q1出土器物图 ··· 140

图3-16-1　D16平、剖面图 ··· 142

图3-16-2　D16M1平、剖面图 ··· 142

图3-16-3　D16M2平、剖面图 ··· 143

图3-16-4　D16M1出土器物图（一）·· 144

图3-16-5　D16M1出土器物图（二）·· 146

图3-16-6　D16M1出土器物图（三）·· 148

图3-16-7　D16M2出土器物图（一）………………………………………………………148

图3-16-8　D16M2出土器物图（二）………………………………………………………149

图3-17-1　D17平、剖面图……………………………………………………………………150

图3-17-2　D17M1、D17Q1、QD172平、剖面图…………………………………………151

图3-17-3　D17M2平、剖面图………………………………………………………………152

图3-17-4　D17M3平、剖面图………………………………………………………………152

图3-17-5　D17M4平、剖面图………………………………………………………………153

图3-17-6　D17扰土出土器物图……………………………………………………………153

图3-17-7　D17M1出土器物图………………………………………………………………154

图3-17-8　D17Q1出土器物图………………………………………………………………156

图3-17-9　D17Q2出土器物图………………………………………………………………157

图3-17-10　D17M2出土器物图……………………………………………………………157

图3-17-11　D17M3出土器物图……………………………………………………………157

图3-17-12　D17M4出土器物图（一）……………………………………………………158

图3-17-13　D17M4出土器物图（二）……………………………………………………159

图3-17-14　D17M4出土器物图（三）……………………………………………………160

图3-18-1　D18平、剖面图…………………………………………………………………162

图3-18-2　D18M1平、剖面图………………………………………………………………163

图3-18-3　D18M2平、剖面图………………………………………………………………164

图3-18-4　D18封土出土器物图……………………………………………………………164

图3-18-5　D18M1出土器物图（一）………………………………………………………165

图3-18-6　D18M1出土器物图（二）………………………………………………………166

图3-18-7　D18M1出土器物图（三）………………………………………………………167

图3-18-8　D18M2出土器物图………………………………………………………………168

图3-19-1　D19俯视、剖面图………………………………………………………………169

图3-19-2　D19墓室平、剖面图……………………………………………………………170

图3-19-3　D19上层器物分布图……………………………………………………………171

图3-19-4　D19下层器物分布图……………………………………………………………172

图3-19-5　D19封土出土器物图……………………………………………………………173

图3-19-6　D19M1出土器物图（一）………………………………………………………174

图3-19-7　D19M1出土器物图（二）………………………………………………………176

图3-19-8　D19M2出土器物图（一）………………………………………………………177

图3-19-9　D19M2出土器物图（二）………………………………………………………179

图3-19-10　D19M3出土器物图（一）……………………………………………………181

图3-19-11　D19M3出土器物图（二）……………………………………………………182

图3-19-12　D19M3出土器物图（三）……………………………………………………183

图3-20-1　D20平、剖面图…………………………………………………………………184

图3-20-2　D20M1平、剖面图 ··· 184

图3-20-3　D20M2平、剖面图 ··· 185

图3-20-4　D20封土出土器物图 ·· 185

图3-20-5　D20M1出土器物图（一）·· 186

图3-20-6　D20M1出土器物图（二）·· 188

图3-20-7　D20M1出土器物图（三）·· 189

图3-20-8　D20M2出土器物图（一）·· 190

图3-20-9　D20M2出土器物图（二）·· 192

图3-21-1　D21M1平、剖面图 ··· 193

图3-21-2　D21封土出土器物图 ·· 194

图3-21-3　D21M1出土器物图 ··· 195

图3-21-4　D21M2出土器物图 ··· 196

图3-22-1　D22M1平、剖面图 ··· 197

图3-22-2　D22M1出土器物图 ··· 198

图3-23-1　D23平、剖面图 ·· 199

图3-23-2　D23M1平、剖面图 ··· 200

图3-23-3　D23M1出土器物图（一）·· 201

图3-23-4　D23M1出土器物图（二）·· 202

图3-24-1　D24平、剖面图 ·· 204

图3-24-2　D24M1出土器物图（一）·· 205

图3-24-3　D24M1出土器物图（二）·· 206

图3-25-1　D25M1俯视、剖视图 ·· 207

图3-25-2　D25M1出土器物分布图 ··· 207

图3-25-3　D25封土出土器物图 ·· 208

图3-25-4　D25M1出土器物图 ··· 209

图3-26-1　D26M1平、剖面图 ··· 210

图3-26-2　D26封土出土器物图 ·· 211

图3-26-3　D26M1出土器物图（一）·· 212

图3-26-4　D26M1出土器物图（二）·· 213

图3-26-5　D26M1出土器物图（三）·· 215

图3-26-6　D26M1出土器物图（四）·· 216

图3-26-7　D26M1出土器物图（五）·· 217

图3-27-1　D27M1平、剖面图 ··· 218

图3-27-2　D27M1器物分布图 ··· 218

图3-27-3　D27M1出土器物图（一）·· 219

图3-27-4　D27M1出土器物图（二）·· 221

图3-28-1　D28俯视、剖视图 ·· 222

图3-28-2　D28M1墓室平、剖面图及器物分布图 ···223

图3-28-3　D28M1出土器物图 ··224

图3-29-1　D29俯视、剖视图 ··226

图3-29-2　D29M1出土器物分布图 ···227

图3-29-3　D29M1出土器物图（一） ···229

图3-29-4　D29M1出土器物图（二） ···231

图3-29-5　D29M1出土器物图（三） ···232

图3-29-6　D29M1出土器物图（四） ···234

图3-30-1　D30平、剖面图 ···234/235

图3-30-2　D30M1俯视、侧视、剖面图 ···234/235

图3-30-3　D30M1石床、器物分布图 ···234/235

图3-30-4　D30M2平、剖面图 ··238

图3-30-5　D30Q1平、剖面图 ··238

图3-30-6　D30Q2平面图 ···238

图3-30-7　D30封土出土器物图（一） ···239

图3-30-8　D30封土出土器物图（二） ···240

图3-30-9　D30M1出土器物图 ··241

图3-30-10　D30Q1出土器物图 ···242

图3-30-11　D30Q2出土器物图 ···243

图3-31-1　D31平、剖面图 ···244

图3-31-2　D31M1平、剖面图 ··245

图3-31-3　D31封土出土器物图 ··246

图3-31-4　D31M1出土器物图（一） ···248

图3-31-5　D31M1出土器物图（二） ···249

图3-31-6　D31M1出土器物图（三） ···251

图3-31-7　D31M1出土器物图（四） ···252

图3-31-8　D31M1出土器物图（五） ···255

图3-31-9　D31M1出土器物图（六） ···256

图3-31-10　D31M1出土器物图（七） ··259

图3-31-11　D31M1出土器物图（八） ··260

图3-31-12　D31M1出土器物图（九） ··261

图3-31-13　D31M1出土器物图（十） ··262

图3-31-14　D31Q1出土器物图 ···263

图3-32-1　D32平、剖面图 ···265

图3-32-2　D32M1平、剖面图 ··266

图3-32-2　D32M1出土器物图（一） ···267

图3-32-3　D32M1出土器物图（二） ···268

图3-33-1　D33平、剖面图 …………………………………………………………… 270

图3-33-2　D33M1平、剖面图 ………………………………………………………… 271

图3-33-3　D33M2平、剖面图 ………………………………………………………… 272

图3-33-4　D32M1出土器物图 ………………………………………………………… 273

图3-33-5　D32M2出土器物图 ………………………………………………………… 274

图3-34-1　D34平、剖面图 …………………………………………………………… 275

图3-34-2　D34M1平、剖面图 ………………………………………………………… 276

图3-34-3　D34M1出土器物分布图 …………………………………………………… 276

图3-34-4　D34M2平、剖面图 ………………………………………………………… 277

图3-34-5　D34封土出土器物图 ……………………………………………………… 278

图3-34-6　D34M1出土器物图 ………………………………………………………… 279

图3-34-7　D34M2出土器物图（一） ………………………………………………… 281

图3-34-8　D34M2出土器物图（二） ………………………………………………… 283

图3-34-9　D34M2出土器物图（三） ………………………………………………… 285

图3-35-1　D35平、剖面图 …………………………………………………………… 286

图3-35-2　D35M1平、剖面图 ………………………………………………………… 288

图3-35-3　D35M1出土器物分布图 …………………………………………………… 288

图3-35-4　D35封土出土器物图 ……………………………………………………… 289

图3-35-5　D35M1出土器物图（一） ………………………………………………… 289

图3-35-6　D35M1出土器物图（二） ………………………………………………… 291

图3-35-7　D35M1出土器物图（三） ………………………………………………… 292

图3-36-1　D36平、剖面图 …………………………………………………………… 294

图3-36-2　D36M1俯视、侧视、剖面图 ………………………………………… 294/295

图3-36-3　D36M1墓室平、剖面图 ……………………………………………… 294/295

图3-36-4　D36M1器物分布图 ………………………………………………………… 296

图3-36-5　D36Q1平、剖面图 ………………………………………………………… 297

图3-36-6　D36Y1平、剖面图 ………………………………………………………… 297

图3-36-7　D36封土出土器物图 ……………………………………………………… 297

图3-36-8　D36M1出土器物图 ………………………………………………………… 299

图3-36-9　D36Q1出土器物图（一） ………………………………………………… 300

图3-36-10　D36Q1出土器物图（二） ………………………………………………… 301

图3-36-11　D36Q1出土器物图（三） ………………………………………………… 302

图3-36-12　D36Q2出土器物图 ……………………………………………………… 303

图3-37-1　D37平、剖面图 …………………………………………………………… 304

图3-37-2　D37M1平、剖面图 ………………………………………………………… 305

图3-37-3　D37M2平、剖面图 ………………………………………………………… 305

图3-37-4　D37M3平、剖面图 ………………………………………………………… 305

图3-37-5　D37M4平、剖面图 ……………………………………………………… 305

图3-37-6　D37封土出土器物图 …………………………………………………… 306

图3-37-7　D37M1出土器物图 ……………………………………………………… 307

图3-37-8　D37M2出土器物图 ……………………………………………………… 309

图3-37-9　D37M3出土器物图 ……………………………………………………… 309

图3-37-10　D37M4器物图（一） ………………………………………………… 310

图3-37-11　D37M4器物图（二） ………………………………………………… 312

图4-3-1　典型器物分期图 ……………………………………………………… 324/325

图5-1-1　各期墓葬分布图 ……………………………………………………… 326/327

第一章 前 言

第一节 地理环境与历史沿革

一 地理环境

萧山区，位于浙江省北部，地处北纬29°50′54″~30°23′47″，东经120°04′22″~120°43′46″之间。东邻绍兴县，南接诸暨市，西连富阳市，北濒钱塘江与海宁、余杭相望（图1-1-1）。全境东西宽约57.2千米，南北长约59.4千米，总面积1 492平方千米。地势南高北低，自西南向东北倾斜，中部略低洼。南部是低山丘陵地区，间有小块河谷平原；中部和北部是平原，中部间有丘陵。气候属北亚热带季风气候南缘，冬夏长，春秋短，四季分明，光照充足，雨量充沛，温暖湿

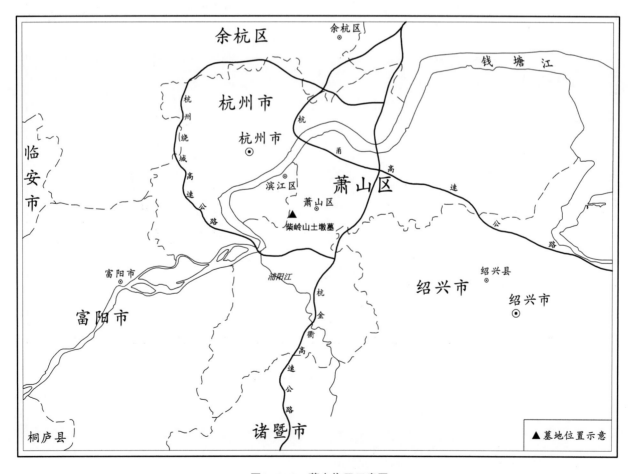

图1-1-1 萧山位置示意图

润，平均年降雨量1 363.3毫米，年平均气温16.1℃，无霜期224天。[1]

　　萧山地处浙江南北要津，交通便捷。浙赣、杭甬铁路和沪杭甬、杭金衢、杭州绕城等高速公路以及104国道和03省道穿境而过。富春江、浦阳江在境内汇流入钱塘江，横贯东西的浙东运河沟通曹娥江，并与新杭甬运河、西小江在境内汇流入东海。杭州萧山国际机场建于本区东北部。

　　柴岭山、蜈蚣山均属西山，呈西南—东北走向，西南与石岩山相连，西北与城山隔湘湖相呼应。该区域出露地层主要为古生界的志留系、泥盆系和石炭系。湘湖一带总体上属海湾堆积平原和陆屿。柴岭山，海拔189米；蜈蚣山，海拔222米。

　　柴岭山、蜈蚣山土墩墓位于柴岭山和蜈蚣山之间的山脊上，现属蜀山街道和湘湖新城（闻堰镇）共同管辖。墓地西北距钱塘江约8公里，西南距钱塘江约6公里，东北距萧山区政府约5公里（图1-1-2）。西北为湘湖风景名胜区，有距今8000年的跨湖桥遗址[2]和距今约2500年的越王城遗址。东南为蜀山街道联华新村、黄家河村、溪头黄村等。湘湖路从山脚西侧通过，可经风情大道或时代大道直通杭州城区。山上植被覆盖较好，原种植有茶树、毛竹，现茶园荒芜，毛竹林仍有人承包管理。山脊有土壤的地方长满了杂草和低矮树木，有些地方岩石裸露，寸草未生。（图1-1-3；彩版一、二）

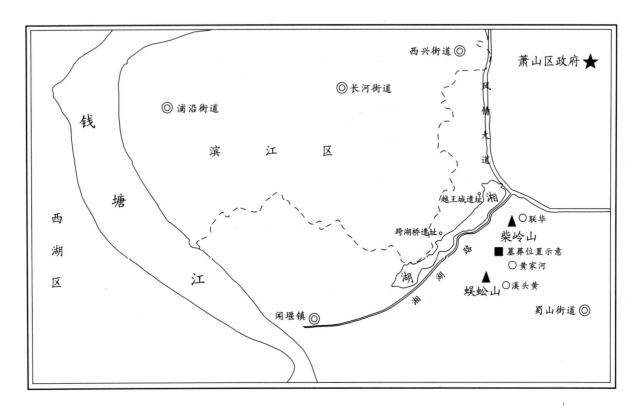

图1-1-2　墓地位置示意图

　　1）萧山县志编纂委员会：《萧山县志》，浙江人民出版社，1987年。
　　2）浙江省文物考古研究所、萧山博物馆：《跨湖桥》，文物出版社，2004年。

二　历史沿革

早在8000年前，萧山湘湖跨湖桥一带就有人类活动的遗迹——跨湖桥遗址[1]。在今所前镇张家坂村的金山遗址[2]，发现有良渚文化时期的文化堆积。另外，在萧山境内发现、发掘的新石器时代遗址还有茅草山遗址[3]、眠犬山遗址、傅家山遗址、蜀山遗址[4]等，分布在浦阳江、永兴河、凰桐江、欢潭溪、进化溪、西小江、古湘湖、古渔浦湖等附近[5]。

商周时期，萧山属越国。湘湖之北现有城山越王城遗址，"其山中卑四高，宛如城堞"[6]，为越王勾践屯兵抗吴的军事城堡[7]。萧山下辖的进化镇现有茅湾里窑址[8]，为春秋战国时期烧造印纹硬陶和原始瓷的窑址。该地先后发现或发掘的同时期窑址还有前山窑址[9]、安山窑址[10]、纱帽山窑址等。

战国中期，楚灭越。秦始皇二十六年（前221），置会稽郡。萧山属会稽郡。西汉初至元始二年（2）间，始建县，名余暨，属会稽郡。新王莽始建国元年（9），改余暨为余衍。三国吴黄武年间（222~229），改名永兴，属会稽郡。唐天宝元年（742），改永兴为萧山。五代时，萧山属吴越国镇东军。北宋时属越州，南宋时属绍兴府，元时属绍兴路，明、清属绍兴府。清咸丰十一年（1861），太平军占领萧山，改萧山县为苘珊县。同治二年（1863），复称萧山。

1912年，中华民国成立，撤府，萧山为省直辖。1914年，省下设道，属会稽道。1927年，废道，仍由省直辖。1935年，省设立行政督察区，萧山属第三行政督察区。1948年，改省直辖。

1949年5月5日，萧山解放，为省直辖县，6月底，划归绍兴专区。1952年起，复为省直辖县。1957年划归宁波专区。1959年改属杭州市。[11] 1988年1月1日，萧山县改称萧山市，仍属杭州市。2001年3月25日，杭州市萧山区正式成立[12]。

柴岭山、蜈蚣山，同属西山山脉，实为西山延伸段的不同山岭。西山，因其位于萧山县治之西，故名，又称"萧山"、"萧然山"，属会稽山余脉。清乾隆《萧山县志》载："万历志云：萧山又作萧然山，许询于此凭林筑室有萧然自适之趣，故名。或云：勾践与夫差战，败以余兵栖此，四顾萧然，故名。又曰：《汉书·地理志》有萧山，则名。"该志在"萧山"条，又载："刘俨续志：萧山……其中之径曰柴岭……"蜈蚣山则是当地老百姓对另一山头的俗称。

距柴岭山、蜈蚣山土墩墓不远的跨湖桥遗址出土的独木舟由整根马尾松制作而成，而灰坑中出土的多种植物种子也表明湘湖一带在8000年前植被相当丰茂。但湘湖附近的土比较适合制作砖瓦，沿湖兴建了不少土窑，"到1925年，沿湖土窑已多至63座……"[13] 土窑的增多对湘湖周边山

1）浙江省文物考古研究所、萧山博物馆：《跨湖桥》，文物出版社，2004年。
2）孙国平、王海明、王屹峰：《杭金衢高速路考古发掘获可喜成果》，《中国文物报》1999年10月6日第1版。
3）浙江省文物考古研究所、萧山区文物管理委员会：《杭州市萧山区茅草山遗址发掘报告》，《东南文化》2003年9期。
4）林华东：《浙江萧山蜀山遗址发掘简报》，《跨湖桥文化论集》，人民出版社，2009年。
5）王屹峰、施加农：《萧山浦阳江下游史前遗存》，《东方博物》2002年第七辑。
6）刘会：《萧山县志》，明万历十七年（1589）刻本。
7）林华东：《越国固陵城考》，《东南文化》第三辑，江苏古籍出版社，1988年。
8）王士伦：《浙江萧山进化区古代窑址的发现》，《考古通讯》1957年2期。
9）浙江省文物考古研究所、萧山博物馆：《浙江萧山前山窑址发掘简报》，《文物》2005年5期。
10）浙江文物年鉴编委会：《萧山发现春秋战国窑址》，《浙江文物年鉴（2005）》，第155、156页。
11）萧山县志编纂委员会：《萧山县志》，浙江人民出版社，1987年。
12）《萧山撤市设区今日挂牌》，《萧山日报》2001年3月25日。
13）侯慧粦：《湘湖的形成演变及其发展前景》，《地理研究》1988年第7卷第4期。

上植被造成了一定程度的破坏。日军侵萧期间，山上植被亦遭严重破坏，蜈蚣山上有两座建于上世纪三四十年代的碉堡，表明当时山上植被应该没有今天这般茂盛，否则，很难俯瞰山下。新中国成立前，山林属私有，至今，还能在山上发现一些以姓氏命名的界碑。1963年，萧山县贯彻国务院《森林保护条例》，对蜈蚣山和柴岭山进行封山育林。1982年底，开始推行山林承包责任制，部分山林承包给私人管理，部分由村山林队集体管理，权属比较复杂。湘湖管理委员会成立后，对原属城厢街道湘湖村管理的部分山林进行了接收，集中保护管理和开发利用，基本上以封山育林为主，兼以旅游开发。

第二节　既往工作与发掘缘起

一　既往工作

20世纪80年代以来，文物工作者在西山一带进行了数次考古发掘和调查，在萧山境内发掘了一些土墩墓，出土许多文物。具体如下：

1984年6~7月，在西山飞凤岭坡地"萧山提花布厂"建设工地，杭州市园林文物局考古队联合萧山县文物管理委员会抢救性发掘春秋早期至明代墓葬26座，出土文物200余件。1984年8~9月，在西山西南麓"湘湖啤酒厂"工地，杭州市园林文物局考古队联合萧山县文物管理委员会抢救性发掘战国至宋代墓葬68座，出土文物800余件。1991年下半年，杭州市文物考古所和萧山市文物管理委员会联合对萧山地区的土墩墓进行了一次摸底调查，其中就包括西山的柴岭山和蜈蚣山。当时由于发掘条件不成熟，故对土墩墓采取了就地掩埋的保护措施。1998年7~8月，为配合西山隧道工程，杭州市文物考古所与萧山市文物管理委员会对工地范围内进行抢救性考古发掘，共清理出新石器时代遗存1处、东汉至明清古墓19座，出土文物59件。[1]

2001年5~6月，为配合长山迁坟工作，浙江省文物考古研究所与萧山博物馆对长山商周土墩墓进行抢救性考古发掘，共发掘西周晚期至春秋晚期土墩墓15座，出土各类随葬品193件，其中有精美的仿青铜原始瓷鼎、原始瓷簋等重器[2]。

此外，商周时期文物零星出土的事件还有：1981年3月，萧山县所前公社杜家大队社员在小东山西坡开山时，发现一件西周青铜甬钟[3]，并上交浙江省博物馆。1989年，长河镇塘子堰村（今属杭州市滨江区）村民在挖土时发现原始瓷器70件，为西周墓葬随葬品。1991年，塘子堰山林队发现一座战国墓葬，出土多件原始瓷和印纹硬陶器[4]。

上述考古工作为我们了解萧山地下文物的分布和埋藏情况提供了可靠资料，也为柴岭山、蜈蚣山土墩墓的发掘提供了参考。

二　发掘缘起

2011年3月24日，湘湖管理委员会山林队在蜈蚣山巡山时，发现有人在山顶盗掘古墓。萧山博物馆和区文物行政执法大队闻讯，赶到现场了解情况，并将情况上报上级文物行政主管部门，同

1）以上均据萧山博物馆档案资料。
2）田正标、王屹峰、施加农、陈元甫：《萧山长山发掘商周土墩墓》，《中国文物报》2000年7月30日第1版。
3）张翔：《浙江萧山杜家村出土西周甬钟》，《文物》1984年5期。
4）施加农：《萧山古陶瓷概论》，《萧山古陶瓷》，文物出版社，2007年。

时将盗墓人员部分遗留证物移交蜀山派出所。3月28日，杭州市文物考古研究所会同萧山区博物馆对盗墓现场进行实地查勘，共发现21个盗坑，根据盗坑扰土内残留的遗物，初步认定这些墓葬属于商周时期土墩墓。盗墓分子的行为十分猖獗，盗掘现场一片混乱，多座土墩墓遭到严重破坏。为切实保护地下文物，使其免遭进一步破坏，杭州市文物考古研究所立即决定联合萧山博物馆对这批古墓进行抢救性考古发掘，同时上报国家文物局。

3月29日，杭州市公安局萧山分局刑侦大队接蜀山派出所移交案件，并赴盗墓现场提取证物，最终破获了这起重大盗墓案件。公安部门共追缴回出土文物47件，其中经浙江省文物鉴定委员会鉴定为三级文物的有6件[1]。7月29日晚，萧山电视台《萧然警界》栏目播出《古墓盗影》，对案件及其破获情况进行报道。

第三节　发掘经过

经国家文物局批准，2011年3月31日起，杭州市文物考古研究所和萧山博物馆组成联合考古队，开始对柴岭山、蜈蚣山土墩墓进行抢救性考古发掘，发掘以墩为单位进行，编号2011XCD+M、Q、Z或Y（2011表示年度、X表示萧山、C表示柴岭山、D表示土墩、M表示墓葬、Q表示器物群、Z表示灶、Y表示窑，为行文方便下文均简称墩号墓号等）。

发掘开始时，恰逢春季，山林密布，杂草丛生。原有的山路掩映在杂草丛中，要想上山必须开出一条可以上山的道路。考古队员不畏艰辛，披荆斩棘，最终修通一条艰辛的上山路。由于土墩墓分布范围广，随着发掘工作的开展，修路工作也在不断进行中。

发掘工作根据土墩的大小、埋藏情况不同采用不同的方法进行。小型土墩一般采用二分法进行解剖，土墩中间留宽0.5米的隔梁，大中型土墩一般采用四分法进行解剖，土墩中间留宽0.5米纵横交叉的十字隔梁，各部分同时清理，清理时密切关注封土的变化，看其是否存在分层现象，清理至墓葬时绘图、打隔梁，然后清理墓葬（彩版三）。无室土墩墓一般是将上部封土全部清理完后，绘土墩平、剖面图后打掉隔梁，然后清理墩内墓葬。石室土墩墓在绘制完土墩平、剖面图后，先将封土全部清理，露出石室的护坡、挡土墙，绘石室俯视图、侧视图和剖面图，然后清理墓室，绘墓室平、剖面图和器物分布平、剖面图，待全部资料收集完成后，解剖石室护坡和挡土墙，了解石室的营建过程，墓底有垫土的还要对垫土部分进行解剖清理。

本着保护和抢救地下文物的职业责任感，考古队员在发掘经费尚未落实、后勤保障未完全到位的情况下，每天奋战在丛林里、山顶上，严格按照《田野考古操作规程》，一丝不苟地做好各项考古工作，认真搜集各种信息，争取发掘工作的规范化、科学化。同时，考古队也制定了详细的《考古发掘计划和保护预案》和《考古工地防灾与安全预案》，做好文物、考古队员和民工安全工作，严防意外事件的发生。

2011年6月8日~7月2日，受梅雨天气影响，野外工作暂停，转入初期室内整理。

2011年9月底，开始清理D30，至12月底清理完毕，一座罕见的土墩木室墓展现在世人面前。

至2011年12月30日，共发掘土墩31座，出土文物700余件，考古发掘取得阶段性成果。2012年1月，考古队在祇园寺举办了《蜈蚣山土墩墓群考古发掘阶段性成果展》，同时向新闻媒体公布发

1）杨国梅：《浙江萧山破获重大盗掘古墓案》，《中国文物报》2011年9月7日第2版。

掘收获，新华社、浙江日报、浙江电视台、杭州电视台、杭州日报、钱江晚报、都市快报、萧山电视台等新闻媒体均重点报道了本次发掘成果。

2012年2~6月，继续对遭盗扰的土墩墓进行抢救性清理。3~6月，对位于柴岭山山顶的D36进行清理，发现其是一座大型石室土墩墓。本年度共清理土墩6座，出土文物100余件。5月31日，考古队向媒体公布本年度发掘成果。2012年6月15日，野外工作全部完成。

考古发掘过程中，杭州市园林文物局书记、局长刘颖十分关心发掘进展，多次询问发掘进度，萧山区委常委、副区长琚朝晖曾到发掘现场调研，杭州市园林文物局文物处处长卓军曾多次到发掘现场考察、指导工作。

本次考古发掘领队由唐俊杰担任，现场负责人为杨金东，先后参与发掘工作的还有崔太金、梁宝华、赵一杰、李坤、王坚强、施梦以（重庆师范大学2010级硕士研究生）、王震（吉林大学2011级硕士研究生）、蒋巍、许红利等。

第四节　资料整理与报告编写

墓地发掘过程中，工作人员及时清洗出土遗物，并做好分类统计和登记工作，认真填写各单位登记表，发掘结束后及时撰写发掘小结，为发掘资料的整理和报告的编写做好了充分准备。在田野发掘工作紧锣密鼓进行的同时，考古队员利用雨天和晚上的时间，对发掘资料进行初步整理，对出土器物进行拼接、修复。萧山博物馆专门抽调文保考古部业务人员进行出土遗物的绘图和遗迹图的电脑清绘工作。2012年6月田野工作结束时，2011年发掘出土的器物线图和遗迹图已基本绘制完成。

田野工作结束后，工作人员立刻投入到发掘资料整理和报告编写工作中来。首先对照发掘时的原始材料核对遗迹描述，力求做到客观真实；其次，认真校对遗迹图，遇到疑问及时翻阅原始记录，纠错补漏；第三，全面校对器物标本图，对照器物审核器物图，同时进行器物标本分类整理工作；第四，查阅文献资料，对柴岭山土墩墓进行初步研究；最后，2012年9~10月，拍摄器物标本照片，对部分器物进行拓片。整理工作完成。

参与整理的有杨金东、崔太金、唐俊杰、施加农、杨国梅、赵一杰、蒋巍、许红利、孔飞燕、方勇、孟佳恩、王博等。

墓地外景和遗迹摄影由杨金东、李坤、蒋巍完成。器物照片由蒋巍拍摄，王博、王兴海协助。遗迹线图D1~D18、D20M2、D22、D25、D27、D28由杨金东绘制，D29由李坤绘制，D19、D24、D26由王震绘制，D23、D31、D32由施梦以绘制，D20M1、D21由赵一杰绘制，D34、D35、D36由许红利绘制，D37由蒋巍绘制，D30由傅颖川、杨金东、李坤绘制，D33由赵一杰、施梦以绘制，最后由杨金东统一校正修改。器物线图由赵一杰、孔飞燕、方勇、孟佳恩绘制，最后由杨金东统一校对修改。器物拓片由技工骆放放完成，王博协助。书中其他插图由杨金东绘制。

整理工作完成后，开始报告的编写工作。为做到客观公正的介绍发掘成果，为后人研究提供客观的原始资料，同时也公布发掘者的研究成果，我们采用了总分结合的方式来编写报告。第二章、第四章和第五章是发掘者的初步研究成果，而第三章分述部分，我们以墩为单位详细介绍了各单位的发现与发掘情况，是对发掘资料的客观公布。

报告编写工作由唐俊杰主持。唐俊杰任主编，施加农任副主编。第一章第一节、第二节由崔太金、杨国梅共同撰写，第二章、第三章由杨金东、崔太金共同撰写，第一章第三节、第四节以及第四章和第五章由杨金东执笔撰写。2012年11月，报告编写完成，由杨金东统稿修改，唐俊杰审核定稿。

《中国文物报》[1]和《2012中国重要考古发现》[2]先后报道了墓地发掘和发现情况，《东南文化》[3]和《文物》[4]分别刊发D19和D4、D30的资料，公布资料中如有与本报告不符的，以本报告为准。

需要说明如下：

1）本次发掘曾先后以蜈蚣山和柴岭山为名进行发掘申报，但是，考虑到柴岭山除代表一座山头外，还是整个山脉的全称，而蜈蚣山仅为当地人对其中一个山头的俗称，正式地名中不见记载，因此，考古发掘时原始资料的记录均以柴岭山为主体进行记录，全部资料都以《柴岭山土墩墓》为名进行登记，所有土墩统一编号，因此，本书名称定为《萧山柴岭山土墩墓》。

2）在柴岭山至蜈蚣山之间、金家坞南侧第一条山坡的顶部有一处高耸的山体，海拔高度197米，当地无正式地名，当地也无通俗地名，为叙述方便，本报告统一将其称为无名山体。

3）由于时间久远，土墩上封土流失严重，很多土墩的原始封土堆积范围已经无法辨别，各个土墩平面图所示土墩界限是发掘范围线，也就是现在可以辨明的土墩分布线，发掘时部分土墩并未发掘至原始边界，因此，在统计土墩高度时，这些未发掘至原始边界的土墩高度是以现在可以辨认出的土墩边界至土墩顶部的高差作为土墩高度。

4）石室土墩墓的方向以石室墓门或墓道开口的方向作为墓向，石框型墓、石床型墓、竖穴土坑型墓的方向一般参照与其临近的石室土墩墓的方向确定，或按照其向山坡下的方向为墓向，而平地堆土掩埋型墓一般不定方向。

5）在第二章第二节介绍墓葬时，D30、D33、D34三座土墩较为特殊，并非单纯的无室土墩或者木室、石室土墩，D30M2打破D30M1，D34M1打破D34M2，D33M1与D33M2共处一墩，墩内墓葬存在明显的差异，因此，在统计数量时分别计算。

6）土墩封土、盗坑扰土和墓室填土内出土的遗物其编号前均加"0"，以便与墓底出土位置明确的遗物相区别。

7）第二章第四节出土遗物部分的论述包括器物群内出土遗物，但是不包括土墩封土、盗坑扰土和墓室填土内出土的遗物。

8）第三章墓葬分述部分以墩为单位，按照土墩、遗迹、遗物的次序分别进行介绍。

9）D1、D4和D19发掘时被定为一室一墓类型，因此编号时前面均加统一"M1"字样，但是，整理时发现其出土遗物时代差异较大，应该存在多次埋葬现象，属于一室多墓类型，因此取消原始编号"M1"，墩号与器物号之间不再加上墓号，统一以墩号加器物顺序编号的形式来表示器物号。因此，在描述时，上述三个土墩内出土的器物编号与其他土墩内出土器物的编号有所区别。

1）杨金东、崔太金：《杭州萧山柴岭山、蜈蚣山商周土墩墓发掘取得重大收获》，《中国文物报》2013年1月18日第8版。

2）《浙江萧山柴岭山、蜈蚣山土墩墓群》，《2012中国重大考古发现》，文物出版社，2013年。

3）杭州市文物考古研究所萧山工作站：《杭州市萧山区蜈蚣山土墩墓D19发掘报告》，《东南文化》2012年4期。

4）杭州市文物考古研究所、萧山博物馆：《杭州萧山蜈蚣山土墩墓（D4）发掘简报》、《杭州萧山柴岭山土墩墓（D30）发掘简报》，《文物》2013年5期。

10）D30发掘时曾将南北两端发现的器物编为墓葬，整理时发现它们作为器物群的特征更为明显，故而改成器物群，墩内墓号也做统一修改。

11）D31发掘时将石框内出土的器物与石框外出土的器物统一混杂编号，但是整理时发现它们是墓葬与器物群的关系，因此将器物群的遗物统一改成器物群内顺序号，而属于墓葬的器物则采用原始编号不做修改。

12）第三章线图采用"章–墩–图序"编号，如3–2–1，表示第三章2号墩图1；其余各章线图采用"章–节–图序"编号，如图1–1–1，为第一章第一节图1。

13）为避免与正文和器物线图重复，出土器物分布图中仅有出土号标示位置，未再特别注明器物名称。

14）彩版部分仅遗迹给出了各版顺序号。

15）各遗迹单位出土器物线图和彩版说明中，凡未注明质地的均是原始瓷器，器物型式均采用省称，如"A型Ⅰ式"省写为"AⅠ"。

第二章 综 述

第一节 遗迹

一 土墩

柴岭山至蜈蚣山之间依次分布着竹狗洞山、无名山体和十二房山等山体，37座土墩就分布在这些山体的山顶和山坡之上，或者山体之间的山脊之上（图2-1-1）。其中，D36位于柴岭山顶部，地势高，视野开阔，一座土墩独占此山顶，气势非凡；D37位于柴岭山南坡。D1、D2位于竹狗洞山顶部，两墩东西分布，盘踞于山顶；D10位于竹狗洞山西坡上部，此处山势险峻。D3～D9、D11～D14位于竹狗洞山与无名山体之间山脊上，此条山脊地势平缓，视野开阔，土墩排列十分密集，D4位于山脊中部突出处，D4以北的土墩间距大致相仿，间距在10米左右，D4以南的土墩则大多墩墩相连，相邻土墩的底部基本连为一体。D17、D18位于无名山体顶部，两墩相连成为一个整体；D15、D16位于无名山体东坡，分布较分散；D19~D22位于无名山体西侧山脊，土墩间距均在5米以内；D23~D31位于无名山体北坡，山坡上部和下部地势较平缓，土墩分布相对密集，山坡中部地势陡峭，土墩分布较分散。D32~D35位于十二房山，土墩分布较为分散。（图2-1-1）

由于封山育林，常年无人上山垦伐，杂草灌木丛生，落叶遍地。各土墩或隐藏于杂草灌木丛中，或隐藏于竹林、茶树林中，除少数几个规模较大的土墩外，其余均较难辨认。37座土墩中有14座土墩先后被盗。有的土墩在下葬后不久即遭盗掘，盗墓者盗掘后还将盗洞回填，所以发掘开始时这些早期盗洞很难辨识。更多的土墩则是近期被盗，盗墓分子的行为十分猖獗，盗掘范围大，开挖面积广，盗掘现场一片混乱，有些土墩几乎被全部揭开，遭到极为严重的破坏。早期盗洞中多无遗物出土，而近期盗洞及扰土中均发现大量的遗物，这些遗物均是墓内器物遭盗墓者破坏后遗弃的。

土墩平面形状可分成圆形、椭圆形、长圆形、半椭圆形和梨形等。

圆形土墩 7座，多分布于山脊平地或山顶上，规模较小，分别是D2、D6、D7、D11、D13、D14和D23，直径6.8～9米，现存高度0.5～1.1米。清理前这些土墩隆起不明显，清除地表杂草灌木后才发现土墩略微隆起，均为无室土墩墓。

椭圆形土墩 18座，除D17位于山顶外，其余均分布于山脊平地或山坡较为平缓处，分别是D3、D5、D8、M9、D10、D12、D15、D16、D21、D22、D24、D26、D28、D31、D32、D34和D37，长径6.73～18.9米，短径4.75～12.25米，现存高度0.3～1.44米，以长径7～10米为主。清理前这些土墩隆起不甚明显，清除地表杂草灌木后才发现隆起较明显，无室土墩墓和石室土墩墓均有。

长圆形土墩　10座，分布于山顶或山脊、山坡十分宽敞开阔处，规模较大，分别是D1、D4、D19、D25、D27、D29、D30、D33、D35和D36，长径10.42~36米，短径6.3~23.56米，现存高度0.9~3.75米。土墩隆起十分明显，土墩所处地势明显高于周边，除D30和D35外，均为石室土墩墓。

半椭圆形土墩　1座，编号D18，为无室土墩墓，因其依附于D17而形成半椭圆形结构。

梨形土墩　1座，编号D20，为无室土墩墓，因墩内两墓间距较大而形成此平面结构。

土墩顶部多为厚0~5厘米的灰黑色植物腐殖质，腐殖质下即为土墩封土。D30规模巨大，其封土结构亦十分复杂，可分成明显的五层堆积。D35的封土亦可分成明显的三层堆积。其余土墩的封土均未见明显的分层现象，封土基本均由土质松软的黄褐色土堆筑而成。土墩封土与现在山体表面所覆盖的土十分相似，推测这些土墩在营建时就是选用当时土墩附近地表的土作为封土，因此，一些平地堆土掩埋型墓的墓底与封土不易区分。

土墩所处位置为山顶、山脊或山坡，这些位置均比较高，水土流失十分严重，因此，无室土墩墓封土的高度多数不足1米，石室土墩墓顶部封土保存更少，很多石室的顶部结构甚至直接暴露在地表。

土墩封土中发现多少不一的器物，以原始瓷和印纹硬陶为主，也有少量泥质陶残片，有原始瓷豆、罐和印纹硬陶罐、瓮、坛、瓿等，其中少部分可以复原，多数仅为碎片。封土中器物的时代多早于墓内器物，这似乎说明有些土墩在营建时破坏了早期土墩，并取用了早期土墩的封土。也有封土内器物时代晚于墓室内器物的现象，它们多与祭祀现象有关。

二　墓葬

按照土墩内部埋藏结构的差异，柴岭山土墩墓可以分成三类，分别是无室土墩墓、木室土墩墓和石室土墩墓。无室土墩墓墩内不见石室或木室，根据其结构差异，又可以分成平地堆土掩埋型墓、竖穴土坑型墓、石床型墓和石框型墓。木室土墩墓墩内设人字形木室。石室土墩墓墩内设明显的石室，用大小不一的石块垒砌而成，平面多呈长方形，中间设长条形墓室。（附表一）

（一）无室土墩墓

共25座土墩内发现无室土墩墓，分别是D2、D5、D6、D7、D8、D9、D11、D13、D14、D15、D16、D17、D18、D20、D21、D22、D23、D24、D26、D31、D32、D33、D34、D35和D37。

25座土墩内共发现38座墓葬，其中一墩一墓的土墩有17座，墓号分别是D2M1、D5M1、D8M1、M9M1、D11M1、D13M1、D14M1、D15M1、D22M1、D23M1、D24M1、D26M1、D31M1、D32M1、D33M2、D34M2、D35M1；一墩两墓的土墩有5座，墓号分别是D7M1、D7M2、D16M1、D16M2、D18M1、D18M2、D20M1、D20M2、D21M1、D21M2；一墩三墓的土墩有1座，墓号为D6M1、D6M2、D6M3；一墩四墓的土墩有2座，墓号分别是D17M1、D17M2、D17M3、D17M4、D37M1、D37M2、D37M3、D37M4。

按照埋葬形式的不同，38座墓葬可分成平地堆土掩埋型墓、竖穴土坑型墓、石床型墓和石框型墓。

1.平地堆土掩埋型墓

14座，分别是D15M1、D16M1、D17M1、D18M1、D21M2、D22M1、D24M1、D26M1、

D33M2、D34M2、D37M1、D37M2、D37M3和D37M4。

平地掩埋，未见明显的挖坑营建现象，多于墩底发现一组排列稍整齐的器物，器物底部的地面相对平整，墓上封土与墓底的土几乎无法分辨，因此，墓葬的具体范围、大小、方向等很难确认。D15M1因墓底铺碎石子并垫少量土，较为坚硬，似经夯筑，墓底范围可辨。墓底西高东低，平面略呈长方形，长3.72、宽约3.46米。

多无人骨、葬具痕迹。D18M1底部发现一块人骨。

2.竖穴土坑型墓

2座，分别是D6M1和D14M1。

在经过平整的地表挖浅坑进行埋葬。均为长方形，方向均为南向，长2.5~3.41、宽1~1.9、深0.4米，坑壁修制不甚规整。D6M1墓底铺石子，D14M1墓底为泥底。

未见人骨、葬具痕迹。

3.石床型墓

6座，分别是D6M2、D6M3、D7M2、D8M1、D23M1和D32M1。

墓葬的营建方式为：在经过平整的山体表面使用大小不一的小石块平铺形成墓底，其上放置随葬品，然后封土成墩。

墓葬的方向各异，189°~230°的有4座，328°~330°的有2座。

石床多呈长方形，长3.3~6.95、宽1.6~5.6米。石床的铺设有的依附于基岩，在基岩周边平铺石块，如D6M2；有的全部使用小石块平铺，如D23M1。石床多有包边现象，边界比较明确，有的石床边还设有排水沟，如D8M1和D23M1。

4.石框型墓

16座，分别是D2M1、D5M1、D7M1、M9M1、D11M1、D13M1、D16M2、D17M2、D17M3、D17M4、D18M2、D20M1、D20M2、D21M1、D31M1和D35M1。

墓葬的营建方式为：在经过平整的山体表面挖竖穴浅坑，在坑口用大小不一的石块围成一圈形成墓框，或者直接在山体表面用石块围成一圈形成墓框，其内放置随葬品，然后封土成墩。

墓葬方向各异，东西南北均有，45°~135°的有3座，173°~220°的有7座，230°~250°的有4座，346°的有1座。

有些墓葬的石框垒砌较为考究，边界分明，排列有序。有些墓葬的石框垒砌则不甚考究，保存较差，有的仅仅是用一些石块表明墓葬的范围而已。

石框平面有长方形、刀把形和不规则形三种。

长方形 10座，分别是D2M1、D5M1、D7M1、M9M1、D11M1、D13M1、D17M2、D20M2、D21M1和D31M1。长2.5~6、宽1.6~3.06、深0.11~0.35米。石框长宽比大于2的有四座，分别是D2M1、M9M1、D11M1和D31M1，石框长度均大于4.2米。其余石框的长宽之比没有大于1.38的。

刀把形 1座，为D35M1。由墓道和石框组成，墓道位于石框西端南侧，整体呈长方形，长3.64、上部宽1.6~1.95、底部宽1.44、高1.42~1.65米。石框平面形状略呈长方形，长8.12、宽1.88、深0.35米。

不规则形 5座，分别是D16M2、D17M3、D17M4、D18M2和D20M1。长2.2~3.47、宽1.53~2.62米，长宽之比为1.5左右。

（二）木室土墩墓

1座，编号D30M1，结构复杂。D30M1位于土墩中部，为长条形石床木室墓，整体走向为南北向，与土墩走向基本一致，方向344°，由石床、白膏泥墓底、枕木、人字形木室等组成。墓葬的营建方式为：选择山脊较为平缓宽敞处修凿基岩平整地表，并设置明显的墓葬范围，在地表平铺一层大小不一的小石块构成石床，石床之上铺一层白膏泥形成墓底，其上铺几根横向枕木，用原木斜撑构建墓室，墓室上铺一层树皮，最后封土成墩。

（三）石室土墩墓

共14座土墩内发现石室，分别是D1、D3、D4、D10、D12、D19、D25、D27、D28、D29、D30、D33、D34和D36。

一个墩内仅见一座石室。D30、D33、D34这三座土墩较为特殊，D30M2打破D30M1，D34M1打破D34M2，D33M1与D33M2共处一墩，墩内石室或偏处一侧，或偏处一角，均不处于土墩中心位置。其余11座土墩内的石室均位于土墩中部，石室的走向均与土墩的走向一致，以南向和西向为主，与山脊或山坡走向一致或垂直。

石室土墩墓的封土多流失严重，石室中部封土较薄，有的石室中部已经暴露在外，但石室四周的封土较厚。封土中均发现多少不一的遗物，多已残碎。这些遗物的年代一般比墓室内遗物的年代早，但也见有晚于墓室内遗物的现象。

石室的营建方式为：在山顶、山脊或山坡较为平缓处平整地表，为使墓底更坚固、牢靠，一般清理至山体基岩，有些地方修凿基岩，有些地方堆土垫平，使地表形成一个平整开阔的平台。用大小不一的石块垒砌墓壁，三侧封堵，一侧留门或墓道。石块多呈长条形，两侧壁横铺叠砌，石块较光滑一端向内，墓壁的下部石块一般较大，起到稳定基础的作用，上部石块则略小，较高的墓壁一般错缝垒砌，石块之间用碎石子和泥土填满。最外围用石块垒砌挡土墙，石块较光滑一端向外。墓壁外侧和挡土墙之间用土、石材料混筑并加固形成护坡。选用长条形大石块封顶形成盖顶石。最后封土成墩。

石室平面一般呈长方形，长4.94~23.1、宽4~8.1米。D1、D3、D4、D19、D29和D36内的石室规模较大，长度均超过10米，属于大中型石室，其余石室规模均较小，长度均未超过10米，属于小型石室。石室长宽之比大于2的有两座，分别是D25M1和D36M1；小于1.5的仅有一座，为D30M2；其余石室长宽之比均介于1.5~2之间。

石室由墓室、护坡、挡土墙和盖顶石等部分构成，有的设墓道、墓门或门框。其中D36M1营建最为规整考究，结构复杂，具有典型性，是大中型石室的代表；D25M1结构也比较完整，是小型石室的代表。

墓葬的方向各异，以南向和西向为主，30°的有1座，203°~225°的有6座，251°~304°的有6座，345°的有1座。

墓葬内平面可分为长条形、刀把形、中字形和亚腰形。

长条形　6座，分别是D3M1、D10M1、D12M1、D27M1、D30M2、D33M1。长2.88~7、宽0.9~1.6、高0.5~1.25米，长度差别很大，宽度在1.2米左右，相差不大。

刀把形　6座，分别是D1、D19、D25M1、D28M1、D29M1、D34M1。长条形墓室前壁一侧设墓道，整个墓葬平面呈刀把形，墓道长0.31~2.2、宽0.71~1、高0.25~1.3米；墓室长5.43~

7.27、宽1.07~1.66、高0.78~1.72米。墓室长宽较接近，而墓道长短差别较大。

中字形 1座，为D4。由墓道、前室、后室三部分组成。墓道长3.53、宽0.65~1.22、高0.90~1.5米，前室长4.9、宽1.3~1.74、高1.9米，后室长2.23、宽1.2~1.45、高2米。

亚腰形 1座，为D36M1。由墓道、门框、墓室三部分组成。墓道长5.16、宽1.48~1.9、高0.48~2.12米，门框宽1.34、厚约0.26米，墓室长13.19、宽1.68~2、高1.88~2.65米。

墓室内的埋藏情况不尽一致，以一室一墓为主，也有一室三墓。

一室一墓 11座，分别是D3M1、D10M1、D12M1、D25M1、D27M1、D28M1、D29M1、D30M2、D33M1、D34M1和D36M1。墓内器物多置于同一平面之上，虽然部分器物存在一定高差，但是，这些器物时代特征一致，应是一次性埋葬形成的。

一室三墓 3座，分别是D1、D4和D19。D1和D4墓室内的器物虽然均置于墓底同一平面上，但器物的分布呈现出成组集中放置现象，各组器物之间的时代特征差别明显，时代特征早的器物多遭到扰动，呈现集中与分散相结合的状态，这应属于不同时期的人在同一个墓室内多次埋葬形成的现象。D19墓室内出土器物共分上下两层，两层之间的间距为0.06~0.3米，为黄褐色土堆积，其内夹杂大量碎小石块。下层器物呈现出两组集中放置现象，上层器物叠压下层器物并有扰乱下层器物现象，这也是不同时期的人在同一个墓室内多次埋葬现象的体现。

墓室底部多较平整，有的为泥底，如D1、D29M1和D30M2；有的平铺一层石子面，如D3M1、D10M1、D27M1和D28M1；有的在基岩上平铺一层青灰色土形成墓底，如D4和D36M1；有的基岩裸露，在基岩附近平铺熟土并垫平形成墓底，如D12M1、D19、D33M1；有的是在墓底熟土上再平铺一层石子，如D34M1。

三 其他遗迹

37座土墩内除了墓葬之外，还发现器物群、窑址和灶等遗迹。

（一）器物群

8个，为D15Q1、D17Q1、D17Q2、D30Q1、D30Q2、D31Q1、D36Q1、D36Q2。

均位于土墩的边缘地带，或位于一端，或位于一侧，均未见明显的挖坑营建现象，仅见一组器物，有的出土于土墩封土中，有的出土于土墩底部。器物群内出土器物数量多少不一。

（二）窑址

1座，编号D36Y1。位于D36东北部，方向279°。

（三）灶

1个，编号D14Z1。位于D14西南部，建于生土之上，仅存残底。

第二节 遗物

出土遗物十分丰富，除D5M1、D6M3、D10M1、D30M2未见遗物外，其余各墓和器物群均有遗物出土，各单位出土遗物数量不一。55座墓葬和8个器物群内共出土遗物867件（组）。按照质地不同可分为原始瓷器、印纹硬陶器、硬陶器、泥质陶器、夹砂陶器、青铜器、玉器和石器等。其中以原始瓷器所占比例最大，印纹硬陶器次之，泥质陶器再次之。

一　原始瓷器

51座墓葬和6个器物群内出土原始瓷器，共659件，约占出土器物的76.1%，每个单位少则1件，最多103件，是出土遗物中第一大类的器物，一般与印纹硬陶器共出，可分为15种器形。这些器物的胎质有疏松和坚硬之分；胎色有青灰色、灰白色和灰黄色等；制法有手制和轮制；纹饰有弦纹、旋纹、印纹和刻划纹等；部分器物发现刻划符号。

（一）器形

D15M1：23、D19：21和D19：31三件属于残片，器形难辨，其余656件器物可辨器形包括：尊、平底尊形器、盉、簋、罐、豆、盂、碗、钵、盘、碟、杯、盅、器盖和镟。

尊　2件。出土于2座墓内。可分为2式。（图2-2-1）

Ⅰ式　1件。D1：9。平沿，敛口，高束颈，扁鼓腹，喇叭状高圈足。沿部饰三道弦纹并残存两个贴饰的"S"纹，腹部上下各饰一组弦纹，其间贴饰一周乳丁，乳丁由四个横向"S"纹隔成四组，每组有四到六个不等的乳丁。外底饰两个"Π"状符号。青灰色胎。器表施茶绿色釉不及圈足，釉层明显，釉面光滑有光泽，下腹部分滴釉至圈足。

Ⅱ式　1件。D31Q1：5。与Ⅰ式相比，器壁变薄，由厚釉变成薄釉，装饰变无，器形简单化。

平底尊形器　1件。D1：13。圆唇，敞口，束颈，扁鼓腹，平底。内底有旋纹，外底有浅显的线割痕。器表施青黄色釉不及外底，釉层薄，脱釉严重。（图2-2-1）

盉　1件。D26M1：31。盖、身一体。圆唇，敞口，溜肩，鼓腹，平底，矮圈足。盖顶弧形凸起。盖上附泥条捏塑的环形提手，提手两端各贴两个泥点。肩部贴饰三个环形耳，

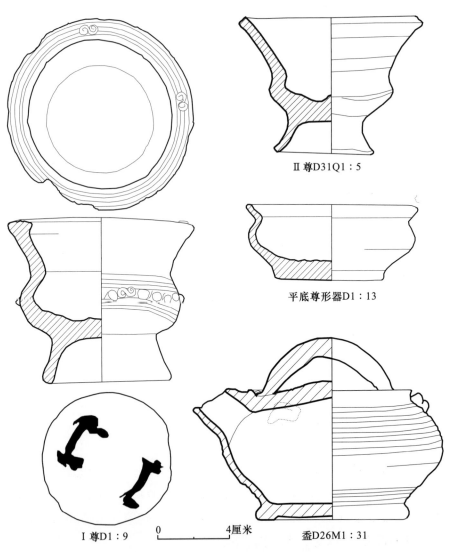

Ⅱ尊D31Q1：5

平底尊形器D1：13

Ⅰ尊D1：9　　　0　　　　4厘米

盉D26M1：31

图2-2-1　原始瓷尊、尊形器、盉的类型

提手一端的肩部有近圆形流，流孔较大。盖顶饰旋纹，腹部饰弦纹。青灰色胎。器表施青釉不及外底，釉层薄，釉面光滑有光泽。（图2-2-1）

　　簋　4件。出土于4座墓内。分别是D9M1：27、D11M1：1、D13M1：2和D18M1：7。形式多样，无明显演变规律。（图2-2-2）

　　罐　17件。D34M1：13和D36Q2：3残碎，D34M2：9和D36Q1：6为口腹残件。出土于10座墓和2个器物群内，一般是一个单位出土一件。使用泥条盘筑法制成，内壁留有明显的泥条痕。纹饰有拍印折线纹、回纹、戳印篦点纹、弦纹和水波纹等。可分为3型。（图2-2-3）

　　A型　鼓腹。5件。可分为2式。

　　Ⅰ式　2件。为D8M1：6和D23M1：6。盘口，敛口，束颈，鼓腹，平底。流行弦纹和折线纹。

　　Ⅱ式　3件。分别是D9M1：12、D31M1：19和D31M1：23。与Ⅰ式相比，盘口特征减少，腹部更扁，腹最大径上移。流行折线纹、弦纹和戳印篦点纹。

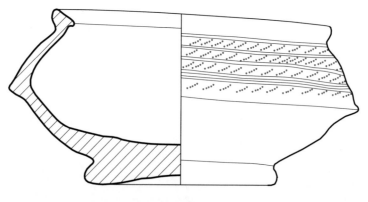

簋D9M1：27

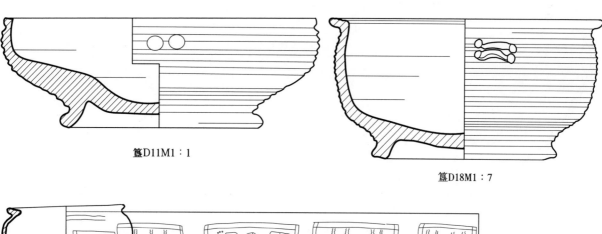

簋D11M1：1

簋D18M1：7

簋D13M1：2

D13M1：2：0 ⎯⎯⎯ 8厘米　　余：0 ⎯⎯⎯ 4厘米

图2-2-2　原始瓷簋的类型

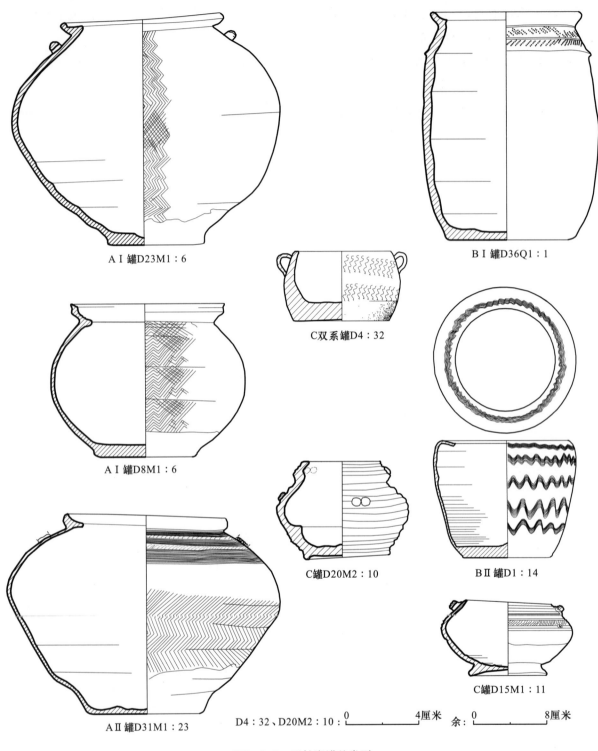

AⅠ罐D23M1：6

BⅠ罐D36Q1：1

C双系罐D4：32

AⅠ罐D8M1：6

C罐D20M2：10

BⅡ罐D1：14

AⅡ罐D31M1：23

C罐D15M1：11

D4：32、D20M2：10：0 ⌐———⌐ 4厘米　余：0 ⌐———⌐ 8厘米

图2-2-3　原始瓷罐的类型

　　B型　桶形腹。5件。可分为2式。

　　Ⅰ式　3件。分别是D36Q1：1、D36Q1：9和D36Q2：1。盘形口，束颈，斜肩，深桶形腹，大平底。流行弦纹和戳印篦点纹。

　　Ⅱ式　2件。为D1：14和D1：15。与Ⅰ式相比，器形变化较大，口变成敛口，颈部变无，上腹部略鼓。流行水波纹。釉层薄。

C型 异形。3件。分别是D4：32、D15M1：11和D20M2：10。形制各异。

豆 309件，D6M2：5、D9M1：30、D30M1：3、D36M1：1和D37M1：3残。出土于42座墓葬和1个器物群内，各单位出土数量多少不一，少则1件，多则53件。采用轮制法制成，配合使用拼接、堆贴等手法。纹饰有弦纹、旋纹、梳篦纹等。外底常见刻划符号。可分为3型。（图2-2-4～2-2-14）

A型 共109件。可分为4式。

Ⅰ式 1件。D22M1：2。方唇，直口，上腹直，下腹弧收，喇叭状高圈足，内底下弧，足缘斜削。圈足与器身分制拼接成型。上腹饰弦纹。青灰色胎。器表施青釉，釉层均匀明显，釉面有

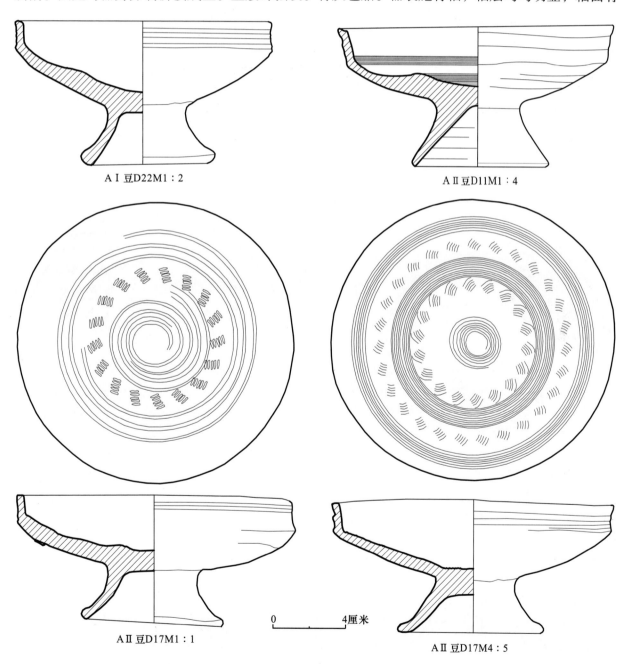

A Ⅰ 豆D22M1：2   A Ⅱ 豆D11M1：4

A Ⅱ 豆D17M1：1   0   4厘米   A Ⅱ 豆D17M4：5

图2-2-4 原始瓷豆的类型（一）

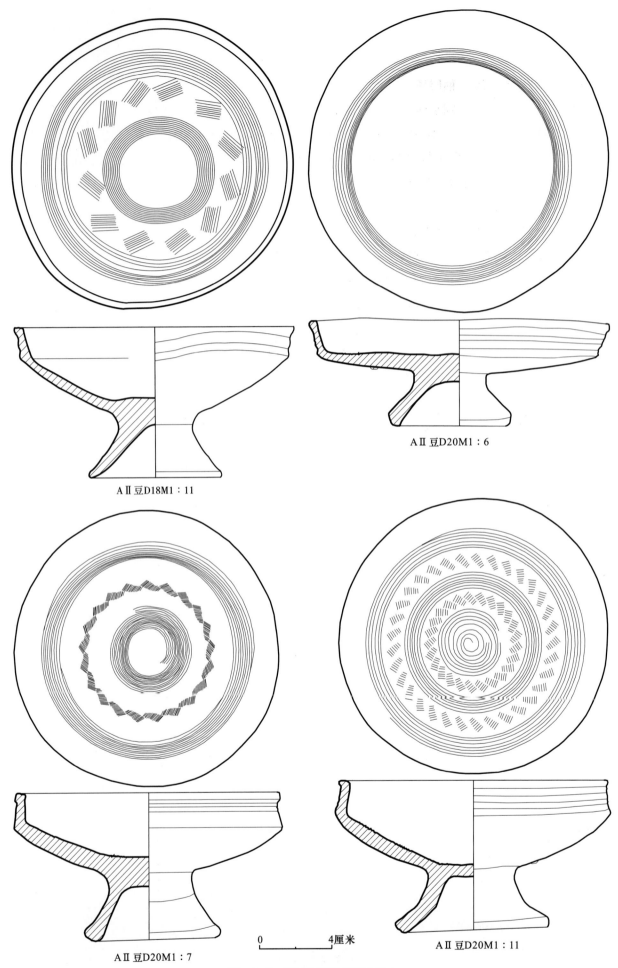

A Ⅱ 豆D18M1:11

A Ⅱ 豆D20M1:6

A Ⅱ 豆D20M1:7

A Ⅱ 豆D20M1:11

0 ____ 4厘米

图2-2-5 原始瓷豆的类型（二）

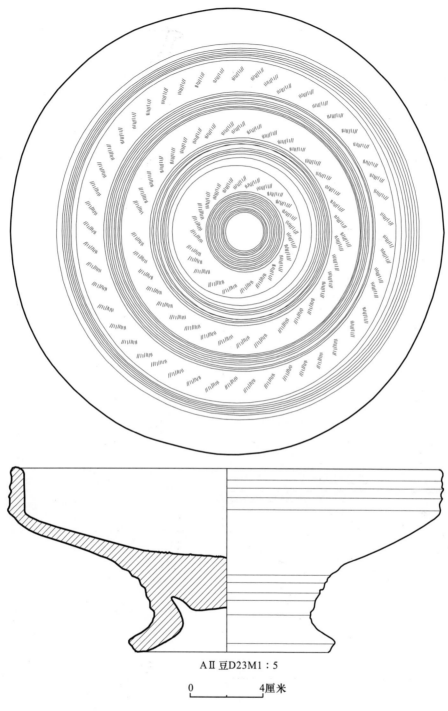

AⅡ豆D23M1：5

0   4厘米

图2-2-6 原始瓷豆的类型（三）

光泽。

　　Ⅱ式 22件。分别是D11M1：4、D11M1：6、D11M1：7、D17M1：1、D17M1：3、D17M4：1、D17M4：3、D17M4：5、D17M4：7、D17M4：8、D17M4：12、D18M1：9、D18M1：11、D20M1：6、D20M1：5、D20M1：7、D20M1：11、D21M1：2、D23M1：4、D23M1：5、D24M1：1和D37M2：2。与Ⅰ式相比，口部变敞，内底变浅，圈足变矮。内壁多饰弦纹和梳篦纹。

　　Ⅲ式 24件。分别是D8M1：2、D8M1：3、D8M1：4、D8M1：5、D8M1：10、D8M1：13、

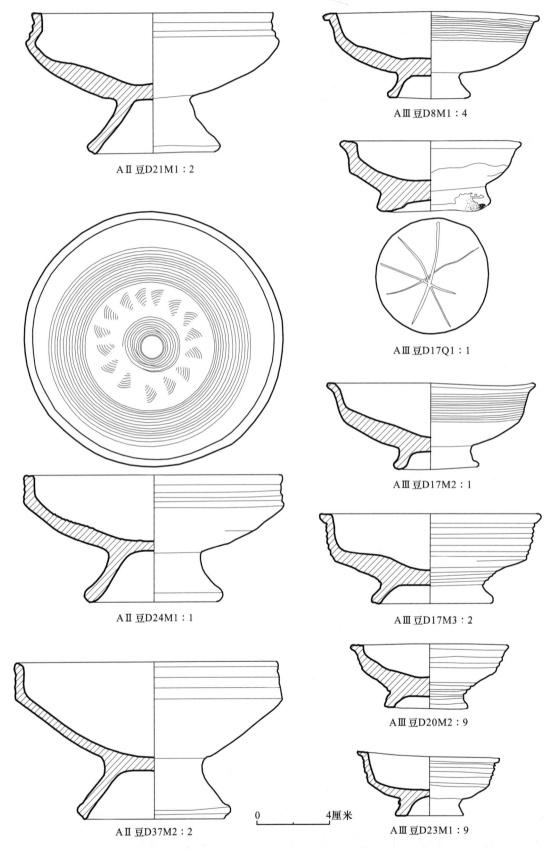

AⅡ豆D21M1：2

AⅢ豆D8M1：4

AⅢ豆D17Q1：1

AⅢ豆D17M2：1

AⅡ豆D24M1：1

AⅢ豆D17M3：2

AⅢ豆D20M2：9

AⅡ豆D37M2：2

0　　　　　4厘米

AⅢ豆D23M1：9

图2-2-7　原始瓷豆的类型（四）

D17Q1：1、D17Q1：2、D17M2：1、D17M2：2、D17M3：2、D20M2：1、D20M2：2、D20M2：5、D20M2：8、D20M2：9、D20M2：11、D20M2：12、D20M2：13、D20M2：16、D20M2：18、D20M2：19、D20M2：20和D23M1：9。与Ⅱ式相比，器形变小，直口变成敞口，圈足变矮。梳篦纹消失不见，流行弦纹和旋纹。

Ⅳ式　62件。分别是D1：21、D2M1：1、D2M1：10、D2M1：11、D2M1：13、D4：46、D4：48、D4：53、D4：38、D4：39、D4：42、D4：43、D4：49、D4：17、D4：18、D4：21、D4：34、D4：37、D4：40、D4：41、D4：44、D4：45、D4：50、D4：51、D4：67、D4：74、D4：75、D9M1：5、D9M1：6、D9M1：25、D17M2：3、D19：3、D19：8、D19：12、D19：23、D19：33、D19：37、D19：74、D19：54、D19：69、D19：38、D19：39、D19：46、D19：47、D19：49、D19：48、D19：56、D25M1：3、D25M1：4、D25M1：6、D26M1：18、D26M1：2、D26M1：10、D26M1：11、D26M1：14、D26M1：16、D26M1：30、D26M1：33、D32M1：12、D33M1：4、D37M1：6和D37M1：9。与Ⅲ式相比，器形变成厚胎厚釉的矮圈足器，口为直口或敞口，流行弦纹和刻划符号。下腹常见刮削痕迹。

B型　共137件，可分为3式。

Ⅰ式　6件。分别是D11M1：5、D17M1：5、D17M4：11、D18M1：8、D21M1：3和D24M1：3。方唇，敛口，上腹斜直，下腹弧收，喇叭状高圈足，纹饰流行弦纹和梳篦纹。

Ⅱ式　12件。分别是D6M1：3、D8M1：1、D8M1：9、D8M1：15、D13M1：10、D13M1：11、D13M1：12、D20M2：6、D20M2：7、D20M2：15、D20M2：17和D37M2：3。与Ⅰ式相比，器形变小，腹底加深，圈足变矮，流行弦纹。

Ⅲ式　119件。分别是D9M1：18、D9M1：24、D9M1：7、D9M1：8、D9M1：13、D9M1：14、D9M1：15、D9M1：16、D9M1：20、D9M1：23、D14M1：3、D14M1：4、D14M1：5、D15M1：8、D16M1：6、D16M1：16、D16M1：20、D16M1：21、D16M1：26、D16M1：33、D26M1：26、D26M1：32、D26M1：5、D26M1：6、D26M1：7、D26M1：9、D26M1：12、D26M1：13、D26M1：15、D26M1：23、D26M1：27、D26M1：29、D31M1：9、D31M1：12、D31M1：13、D31M1：16、D31M1：17、D31M1：18、D31M1：20、D31M1：30、D31M1：31、D31M1：35、D31M1：36、D31M1：37、D31M1：38、D31M1：39、D31M1：40、D31M1：41、D31M1：42、D31M1：43、D31M1：44、D31M1：45、D31M1：50、D31M1：53、D31M1：55、D31M1：61、D31M1：64、D31M1：65、D31M1：88、D31M1：111、D31M1：112、D31M1：14、D31M1：25、D31M1：34、D31M1：49、D31M1：51、D31M1：52、D31M1：54、D31M1：57、D31M1：58、D31M1：59、D31M1：60、D31M1：62、D31M1：63、D31M1：99、D31M1：100、D31M1：101、D31M1：107、D31M1：108、D31M1：109、D31M1：110、D32M1：7、D32M1：8、D32M1：10、D33M2：1、D33M2：3、D33M2：2、D33M2：5、D34M2：1、D34M2：2、D34M2：3、D34M2：4、D34M2：5、D34M2：6、D34M2：7、D34M2：8、D34M2：11、D34M2：13、D34M2：15、D34M2：16、D34M2：18、D34M2：20、D34M2：23、D34M2：24、D34M2：28、D34M2：31、D34M2：32、D34M2：35、D34M2：37、D34M2：40、D35M1：4、D35M1：6、D35M1：22、D35M1：7、D35M1：16、D35M1：23、D35M1：24、D36M1：8和D36M1：10。与Ⅱ式相比，器形变成厚胎厚釉的矮圈足器，口为敛口或直口微敛，流行弦纹和刻划符号。

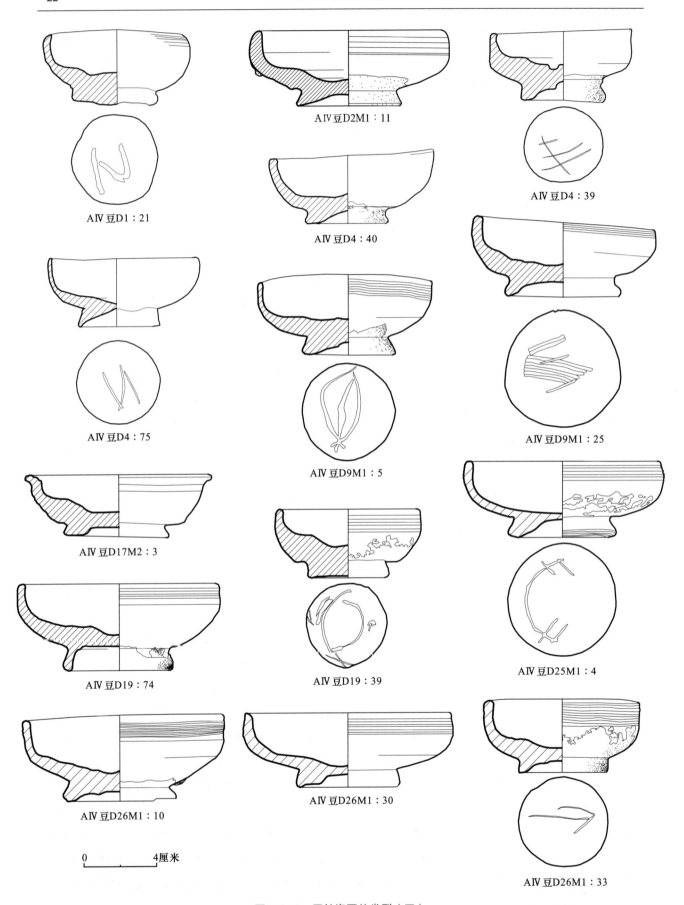

AIV 豆D1：21

AIV 豆D2M1：11

AIV 豆D4：39

AIV 豆D4：40

AIV 豆D4：75

AIV 豆D9M1：5

AIV 豆D9M1：25

AIV 豆D17M2：3

AIV 豆D19：74

AIV 豆D19：39

AIV 豆D25M1：4

AIV 豆D26M1：10

0　　　　4厘米

AIV 豆D26M1：30

AIV 豆D26M1：33

图2-2-8　原始瓷豆的类型（五）

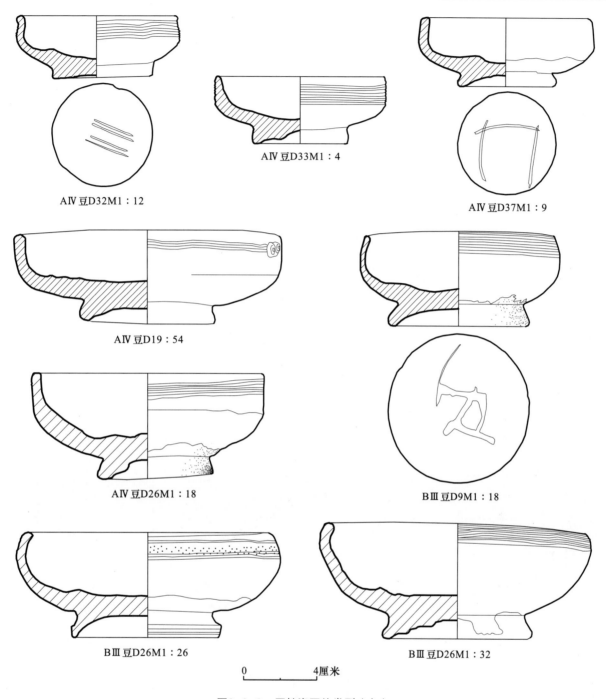

AⅣ豆D32M1：12

AⅣ豆D33M1：4

AⅣ豆D37M1：9

AⅣ豆D19：54

AⅣ豆D26M1：18

BⅢ豆D9M1：18

BⅢ豆D26M1：26

BⅢ豆D26M1：32

0　　　　　4厘米

图2-2-9　原始瓷豆的类型（六）

C型　共58件，可分为2式。

Ⅰ式　26件。分别是D6M1：2、D7M1：4、D7M1：3、D7M1：5、D7M1：6、D13M1：1、D13M1：3、D14M1：2、D15M1：9、D15M1：2、D15M1：7、D15M1：14、D15M1：15、D15M1：1、D15M1：17、D15M1：18、D15M1：16、D30M1：2、D32M1：13、D32M1：14、D32M1：15、D32M1：16、D32M1：17、D32M1：18、D32M1：19和D33M2：7。多变形严重。尖唇，侈口，折沿，上腹斜直，下腹折内收，高圈足，内底下弧。流行弦纹。

Ⅱ式　32件。分别是D2M1：15、D6M2：4、D12M1：2、D12M1：3、D16M1：5、D16M1：18、

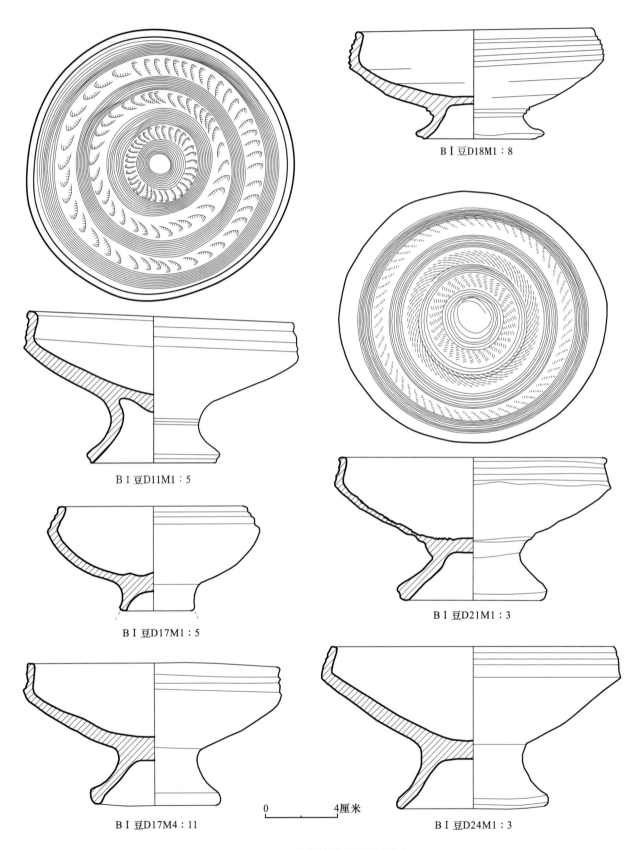

BⅠ豆D18M1：8

BⅠ豆D11M1：5

BⅠ豆D17M1：5

BⅠ豆D21M1：3

BⅠ豆D17M4：11

0　　　　　　4厘米

BⅠ豆D24M1：3

图2-2-10　原始瓷豆的类型（七）

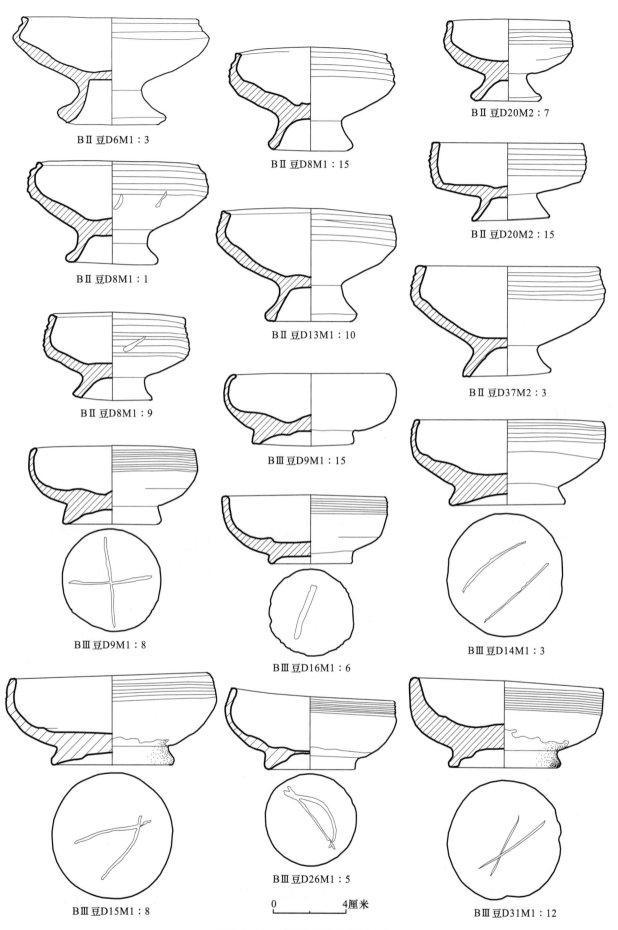

BII 豆D6M1：3

BII 豆D8M1：15

BII 豆D20M2：7

BII 豆D8M1：1

BII 豆D20M2：15

BII 豆D13M1：10

BII 豆D8M1：9

BII 豆D37M2：3

BIII 豆D9M1：15

BIII 豆D9M1：8

BIII 豆D16M1：6

BIII 豆D14M1：3

BIII 豆D15M1：8

BIII 豆D26M1：5

0 _____ 4厘米

BIII 豆D31M1：12

图2-2-11　原始瓷豆的类型（八）

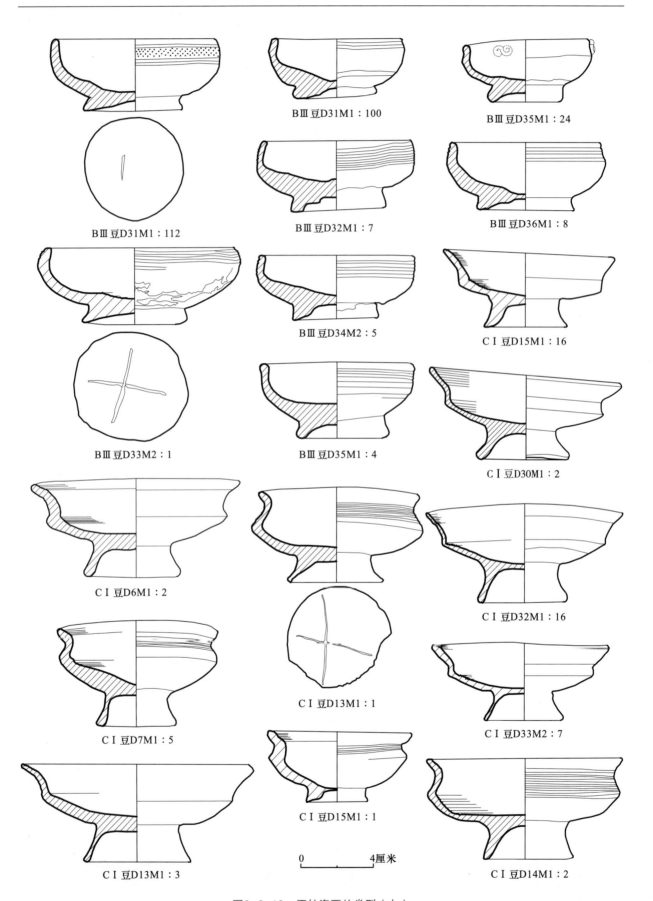

BⅢ豆D31M1：100

BⅢ豆D35M1：24

BⅢ豆D31M1：112

BⅢ豆D32M1：7

BⅢ豆D36M1：8

BⅢ豆D33M2：1

BⅢ豆D34M2：5

CⅠ豆D15M1：16

BⅢ豆D35M1：4

CⅠ豆D30M1：2

CⅠ豆D6M1：2

CⅠ豆D32M1：16

CⅠ豆D7M1：5

CⅠ豆D13M1：1

CⅠ豆D33M2：7

CⅠ豆D13M1：3

CⅠ豆D15M1：1

0　　　　　　4厘米

CⅠ豆D14M1：2

图2-2-12　原始瓷豆的类型（九）

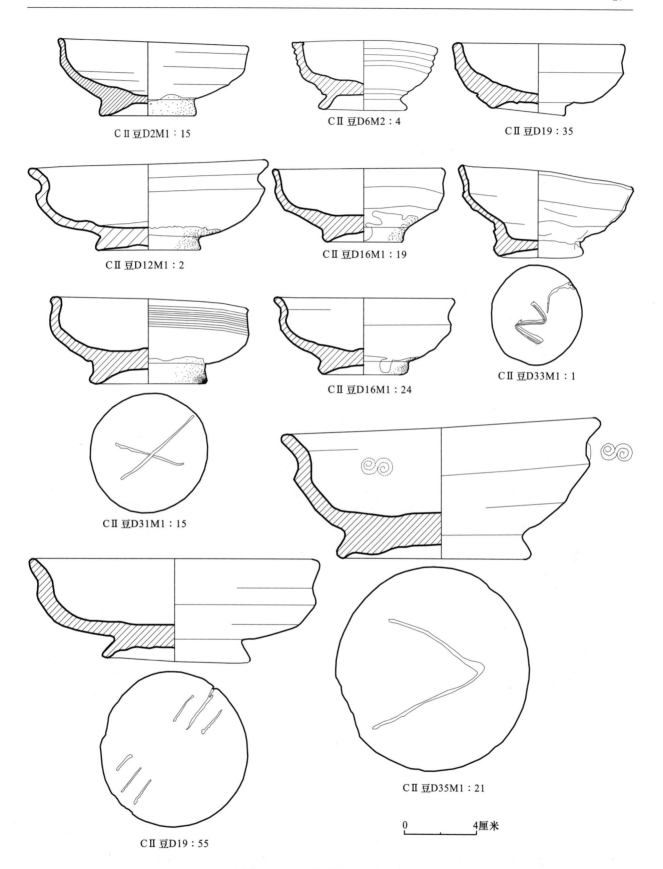

CⅡ豆D2M1：15

CⅡ豆D6M2：4

CⅡ豆D19：35

CⅡ豆D12M1：2

CⅡ豆D16M1：19

CⅡ豆D16M1：24

CⅡ豆D33M1：1

CⅡ豆D31M1：15

CⅡ豆D35M1：21

CⅡ豆D19：55

0　　　　　　4厘米

图2-2-13　原始瓷豆的类型（十）

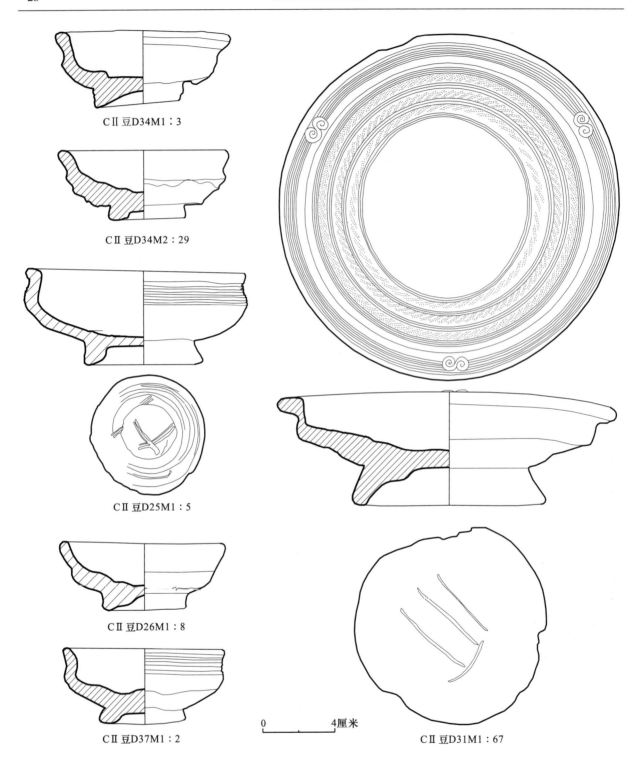

CⅡ豆D34M1：3

CⅡ豆D34M2：29

CⅡ豆D25M1：5

CⅡ豆D26M1：8

CⅡ豆D37M1：2

0　　　　　　　4厘米

CⅡ豆D31M1：67

图2-2-14　原始瓷豆的类型（十一）

D16M1：19、D16M1：22、D16M1：24、D16M1：31、D19：35、D19：55、D19：57、D25M1：
5、D26M1：8、D31M1：10、D31M1：11、D31M1：15、D31M1：67、D33M1：1、D34M1：3、
D34M1：7、D34M1：9、D34M2：19、D34M2：25、D34M2：29、D34M2：43、D34M2：44、
D34M2：45、D35M1：21、D37M1：1和D37M1：2。与Ⅰ式相比，器形变化较大，由薄胎薄釉变
成厚胎厚釉，敞口变成侈口，折沿不见，圈足变成矮圈足。流行刻划符号。

　　盂　152件。出于26座墓葬和1个器物群，各单位出土数量不一，少则1件，多则23件。均使用轮制法制成。纹饰有弦纹、旋纹、戳印篦点纹、S纹和水波纹等。可分为4型。（图2-2-15～2-2-21）

　　A型　鼓腹。共75件，可分为3式。

　　Ⅰ式　5件。分别是D15M1∶10、D20M2∶14、D23M1∶1、D23M1∶2和D23M1∶7。敛口，溜肩，鼓腹，喇叭状高圈足。青灰色胎。青釉。纹饰有弦纹和泥点装饰。

　　Ⅱ式　61件。分别是D1∶1、D1∶6、D2M1∶2、D2M1∶3、D4∶23、D4∶24、D4∶33、D4∶54、D4∶25、D4∶65、D4∶66、D4∶77、D4∶28、D4∶31、D9M1∶28、D9M1∶4、D9M1∶19、D9M1∶21、D9M1∶31、D14M1∶1、D16M1∶12、D16M1∶23、D16M1∶25、D16M1∶27、D16M1∶28、D16M1∶32、D17Q1∶4、D17M3∶3、D19∶24、D19∶60、D25M1∶1、D26M1∶22、D31M1∶56、D31M1∶113、D31M1∶24、D31M1∶79、D31M1∶105、D31M1∶26、D31M1∶3、D31M1∶74、D31M1∶2、D31M1∶93、D31M1∶66、D31M1∶68、D31M1∶69、D31M1∶70、D31M1∶75、D31M1∶78、D31M1∶81、D31M1∶83、D31M1∶90、D31M1∶106、D32M1∶1、D32M1∶3、D32M1∶6、D32M1∶9、D32M1∶11、D33M2∶4、D34M2∶33、D34M2∶41和D35M1∶1。与Ⅰ式相比，腹部变扁，圈足变矮，纹饰复杂多样，流行"S"纹、戳印篦点纹和弦纹。

　　Ⅲ式　9件。分别是D4∶4、D19∶11、D29M1∶7、D29M1∶11、D29M1∶14、D29M1∶15、D29M1∶16、D29M1∶17和D29M1∶39。与Ⅱ式相比，圈足变成平底，不流行装饰纹样。

　　B型　弧腹。共72件。可分为2式。

　　Ⅰ式　71件。分别是D1∶11、D1∶25、D2M1∶4、D2M1∶8、D4∶9、D4∶19、D4∶16、D4∶22、D4∶26、D4∶35、D4∶52、D4∶55、D4∶56、D4∶60、D4∶69、D9M1∶17、D9M1∶22、D9M1∶26、D16M1∶9、D16M1∶11、D16M1∶17、D16M1∶10、D16M1∶8、D16M1∶30、D16M1∶15、D19∶5、D19∶16、D19∶41、D19∶42、D19∶44、D19∶45、D19∶50、D19∶50-1、D19∶51、D19∶43、D19∶52、D19∶70、D19∶73、D25M1∶2、D26M1∶3、D26M1∶

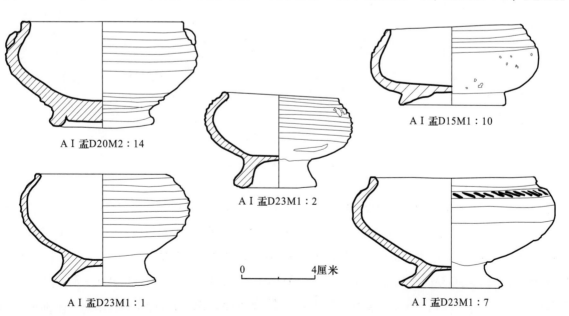

AⅠ盂D20M2∶14

AⅠ盂D23M1∶2

AⅠ盂D15M1∶10

AⅠ盂D23M1∶1

0　　　　4厘米

AⅠ盂D23M1∶7

图2-2-15　原始瓷盂的类型（一）

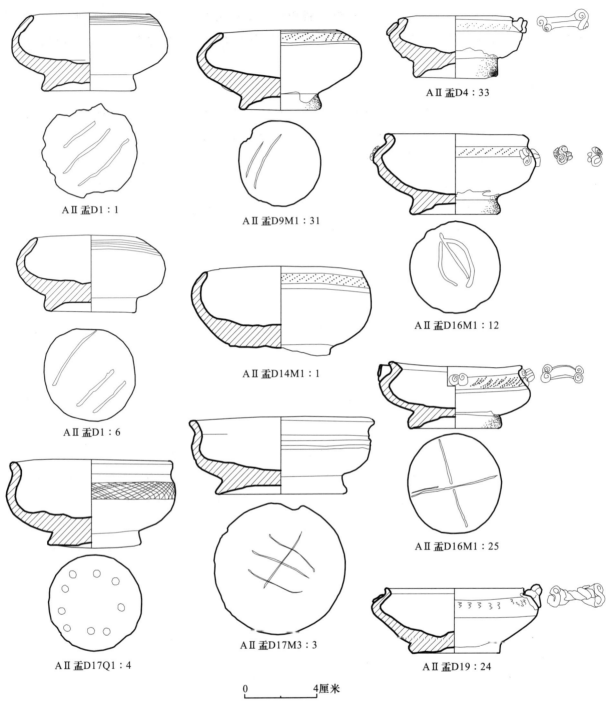

AⅡ盂D1：1

AⅡ盂D9M1：31

AⅡ盂D4：33

AⅡ盂D1：6

AⅡ盂D14M1：1

AⅡ盂D16M1：12

AⅡ盂D17Q1：4

AⅡ盂D17M3：3

AⅡ盂D16M1：25

AⅡ盂D19：24

0　　　　　4厘米

图2-2-16　原始瓷盂的类型（二）

19、D26M1：24、D26M1：25、D26M1：28、D26M1：34、D31M1：22、D31M1：33、D31M1：87、D32M1：4、D32M1：5、D33M1：3、D34M2：12、D34M2：22、D34M2：27、D34M2：39、D34M2：42、D35M1：3、D35M1：5、D35M1：8、D35M1：25、D35M1：9、D35M1：11、D35M1：12、D35M1：14、D35M1：19、D35M1：20、D36Q1：5、D36Q1：7、D36Q1：8、D37M1：5和D37M1：7。圆唇，侈口，斜肩，弧腹，矮圈足，纹饰多样，流行弦纹和"S"纹。

Ⅱ式　1件。为D29M1：13。与Ⅰ式相比，圈足变成平底，不流行装饰纹样。

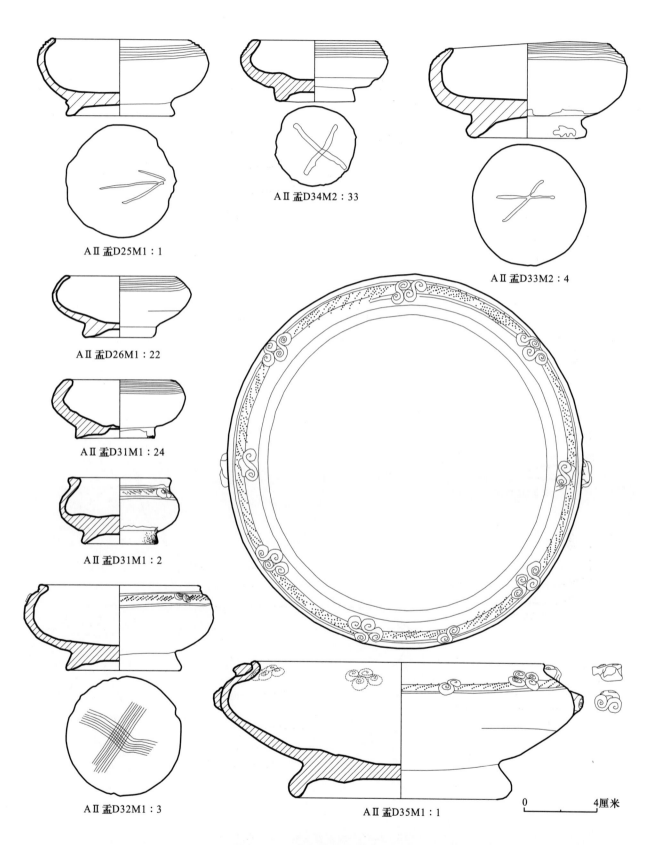

AⅡ盂D25M1：1

AⅡ盂D34M2：33

AⅡ盂D33M2：4

AⅡ盂D26M1：22

AⅡ盂D31M1：24

AⅡ盂D31M1：2

AⅡ盂D32M1：3

AⅡ盂D35M1：1

0　　　　4厘米

图2-2-17　原始瓷盂的类型（三）

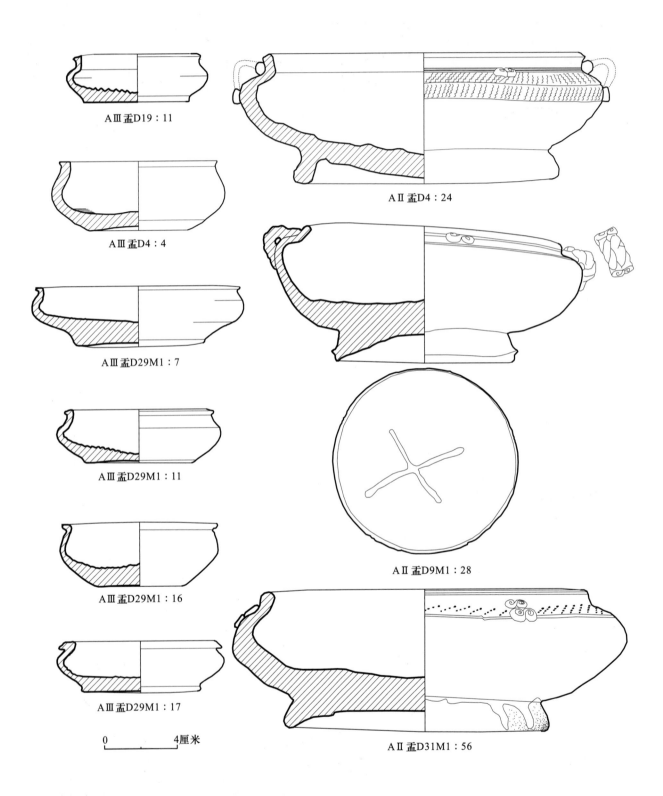

AⅢ盂D19∶11

AⅡ盂D4∶24

AⅢ盂D4∶4

AⅢ盂D29M1∶7

AⅡ盂D9M1∶28

AⅢ盂D29M1∶11

AⅢ盂D29M1∶16

AⅢ盂D29M1∶17

0　　　　　4厘米

AⅡ盂D31M1∶56

图2-2-18　原始瓷盂的类型（四）

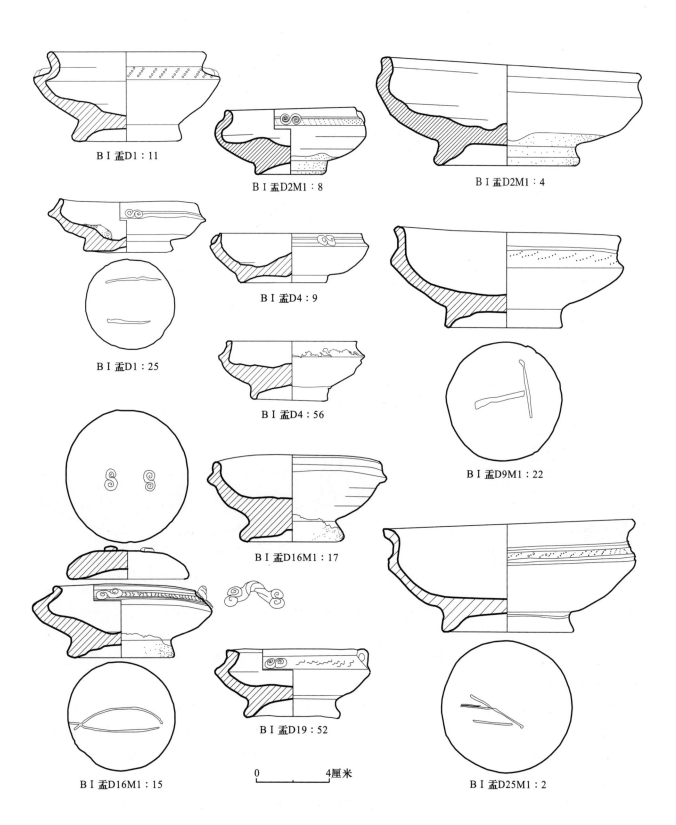

BＩ盂D1∶11

BＩ盂D2M1∶8

BＩ盂D2M1∶4

BＩ盂D1∶25

BＩ盂D4∶9

BＩ盂D4∶56

BＩ盂D9M1∶22

BＩ盂D16M1∶17

BＩ盂D16M1∶15

BＩ盂D19∶52

0　　　　4厘米

BＩ盂D25M1∶2

图2-2-19　原始瓷盂的类型（五）

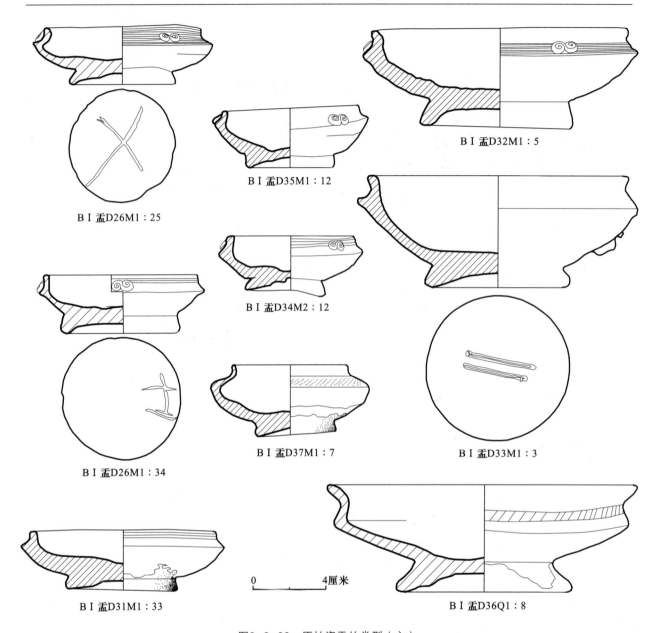

B I 盂D26M1：25

B I 盂D35M1：12

B I 盂D32M1：5

B I 盂D34M2：12

B I 盂D26M1：34

B I 盂D37M1：7

B I 盂D33M1：3

B I 盂D31M1：33

0　　　　　4厘米

B I 盂D36Q1：8

图2-2-20　原始瓷盂的类型（六）

　　C型　侈口，深腹。3件。分别是D2M1：12、D17M3：1和D26M1：20。侈口，鼓腹，腹较深。饰弦纹和戳印篦点纹。

　　D型　平底。2件。为D34M2：10和D34M2：30。圆唇，敛口，折肩内弧，弧腹内收，平底。

　　碗　67件。出土于12座墓和2个器物群，各单位出土数量不一，少则1件，多则13件。使用轮制法制成，均为薄胎薄釉。纹饰简单，有弦纹和旋纹。可分为2型。（图2-2-22、2-2-23）

　　A型　直腹。共46件。可分为4式。

　　I式　1件。D30Q2：1，平沿，直口，上腹直，下腹弧收，小平底。器表施青釉，釉面光滑有光泽。

　　II式　24件。分别是D4：10、D4：11、D16M2：3、D19：6、D19：9、D19：13、D19：7、D19：28、D19：67、D19：25、D19：34、D19：63、D19：27、D29M1：8、D29M1：36、D29M1：

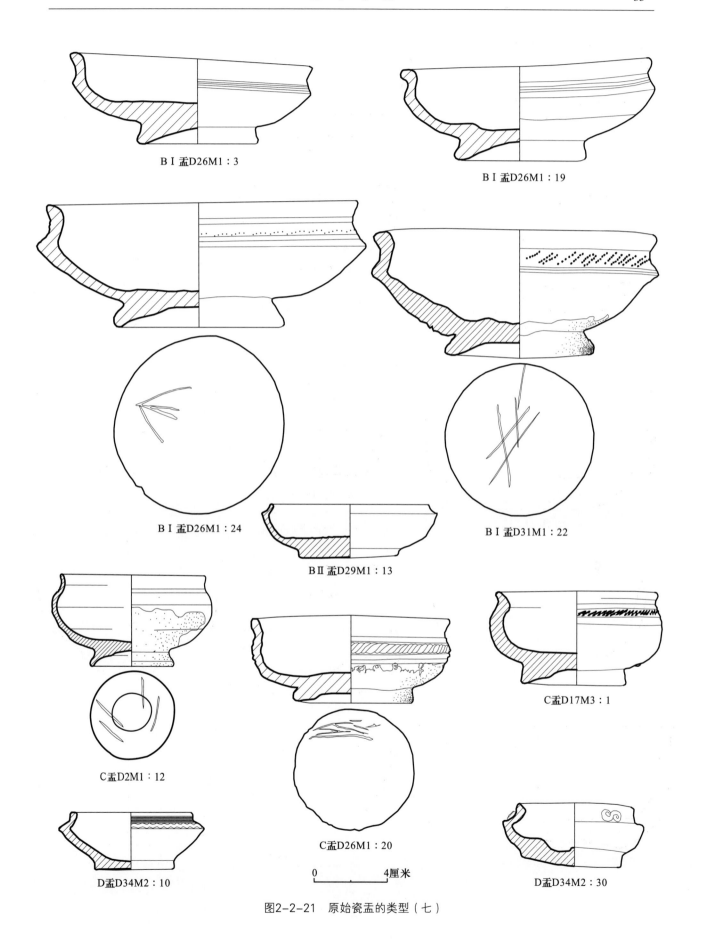

BⅠ盂D26M1：3

BⅠ盂D26M1：19

BⅠ盂D26M1：24

BⅡ盂D29M1：13

BⅠ盂D31M1：22

C盂D2M1：12

C盂D26M1：20

C盂D17M3：1

D盂D34M2：10

0　　　　　　4厘米

D盂D34M2：30

图2-2-21　原始瓷盂的类型（七）

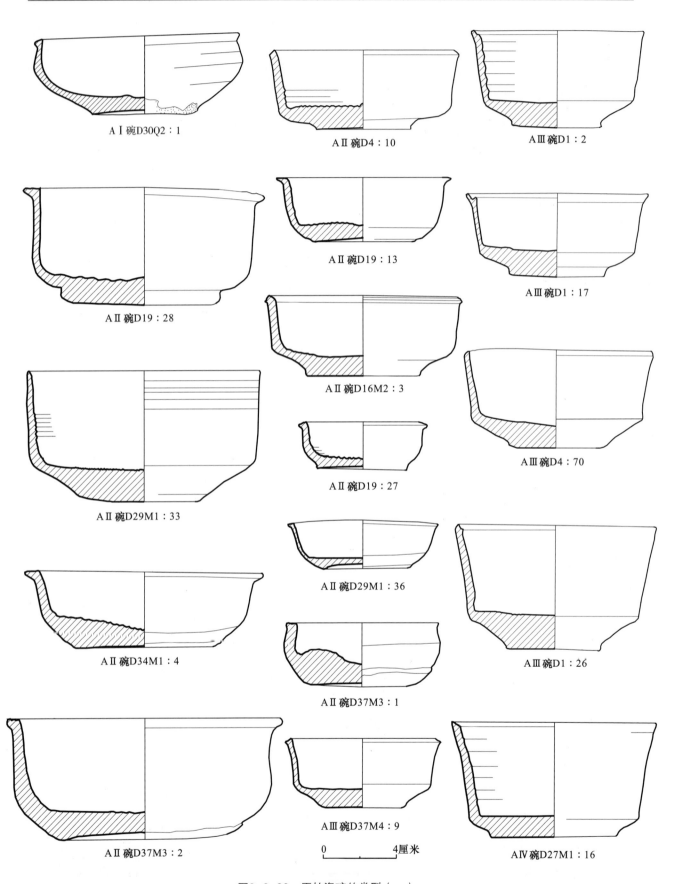

A I 碗D30Q2：1

A II 碗D4：10

A III 碗D1：2

A II 碗D19：28

A II 碗D19：13

A III 碗D1：17

A II 碗D29M1：33

A II 碗D16M2：3

A II 碗D19：27

A III 碗D4：70

A II 碗D34M1：4

A II 碗D29M1：36

A II 碗D37M3：1

A III 碗D1：26

A II 碗D37M3：2

A III 碗D37M4：9

0　　　　　4厘米

A IV 碗D27M1：16

图2-2-22　原始瓷碗的类型（一）

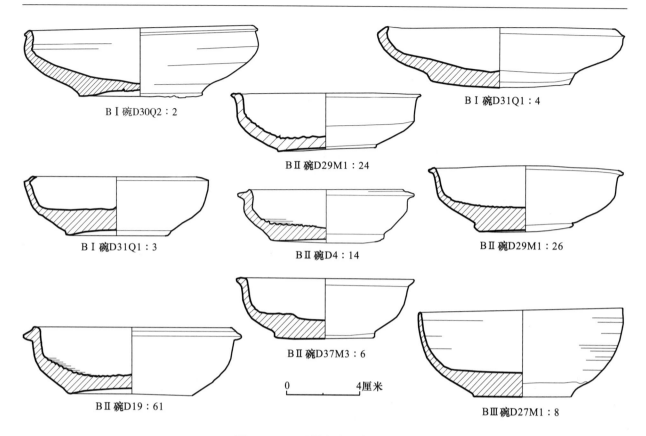

BⅠ碗D30Q2∶2　　　BⅡ碗D29M1∶24　　　BⅠ碗D31Q1∶4

BⅠ碗D31Q1∶3　　　BⅡ碗D4∶14　　　BⅡ碗D29M1∶26

BⅡ碗D19∶61　　　BⅡ碗D37M3∶6　　0　　4厘米　　BⅢ碗D27M1∶8

图2-2-23　原始瓷碗的类型（二）

32、D29M1∶33、D29M1∶34、D34M1∶4、D34M1∶5、D34M1∶11、D37M3∶2、D37M3∶5和D37M3∶1。与Ⅰ式相比，腹部加深，直腹部分加高，内部的腹部变短，部分碗底开始变成盅式碗。

Ⅲ式　16件。分别是D1∶2、D1∶3、D1∶17、D1∶18、D1∶26、D1∶27、D1∶28、D1∶29、D1∶31、D4∶70、D4∶71。D4∶59、D4∶57、D37M4∶5、D37M4∶7和D37M4∶9。与Ⅱ式相比，口部变敞，腹部加深，完全变成盅式碗。

Ⅳ式　5件。分别是D27M1∶14、D27M1∶15、D27M1∶16、D27M1∶17和D27M1∶18。与Ⅲ式相比，器形差别不大，口部略敞。

B型　弧腹。共21件，可分为3式。

Ⅰ式　4件。分别是D30Q2∶2、D31Q1∶2、D31Q1∶3和D31Q1∶4。弧腹内收，平底。外底有明显线割痕。内底饰旋纹。青灰色胎。器表施青釉，釉层薄。

Ⅱ式　13件。分别是D4∶14、D19∶61、D29M1∶3、D29M1∶10、D29M1∶12、D29M1∶24、D29M1∶25、D29M1∶26、D29M1∶27、D29M1∶38、D37M3∶3、D37M3∶4和D37M3∶6。与Ⅰ式相比，腹部加深，上腹变直。

Ⅲ式　4件。分别是D27M1∶5、D27M1∶6、D27M1∶7和D27M1∶8。与Ⅱ式相比，唇变成尖唇，腹变深，底变小。

钵　6件。出土于5座墓和1个器物群。分别是D1∶7、D4∶62、D13M1∶4、D17Q1∶6、D19∶1和D34M2∶26。形式多样，无明显演变规律。（图2-2-24）

盘　40件。出土于12座墓和2个器物群，多呈奇数出土。使用轮制法制成。多为青灰色胎。

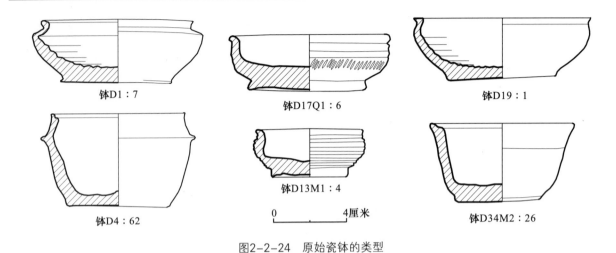

钵D1：7

钵D17Q1：6

钵D19：1

钵D4：62

钵D13M1：4

0　　　　　　4厘米

钵D34M2：26

图2-2-24　原始瓷钵的类型

早期为厚胎厚釉，晚期为薄胎薄釉。纹饰有弦纹、旋纹、篦点纹、S纹等。可分为两型。（图2-2-25、2-2-26）

A型　圈足。共22件。可分为3式。

Ⅰ式　19件。分别是D4：20、D26M1：1、D26M1：4、D31M1：4、D31M1：5、D31M1：6、D31M1：7、D31M1：8、D31M1：21、D31M1：32、D31M1：46、D31M1：47、D31M1：48、D32M1：2、D34M2：14、D36M1：3、D36Q1：2、D36Q1：3和D36Q1：4。器形相似，大小有异。圆唇，平沿或斜沿，敞口，弧腹浅坦，圈足，底心下弧。青黄釉。纹饰有弦纹、"S"纹和戳印篦点纹等。

Ⅱ式　1件。D1：12。与Ⅰ式相比，沿部下凹，盘部加深，纹饰简单，装饰"S"纹。

Ⅲ式　2件。D34M1：8和D34M1：10。与Ⅱ式相比，器形变化不大，腹部变得更深。

B型　平底。共18件。可分为3式。

Ⅰ式　7件。分别是D1：8、D1：10、D1：20、D1：22、D17Q2：1、D17Q2：2和D17Q2：3。圆唇，敞口，斜折沿，弧腹，平底。沿部下凹明显。青灰色胎。器表施青釉。

Ⅱ式　9件。D4：5、D4：7、D4：78、D19：2、D19：22、D19：53、D34M1：1、D34M1：6和D34M1：12。与Ⅰ式相比，口更敞，腹变浅。

Ⅲ式　2件。D1：23和D1：24。与Ⅱ式相比，折沿变的不明显，底变厚重。

碟　20件。出土于8座墓葬和1个器物群，每个单位少则1件，多则4件，成双出土的比例较高。可分为3式。（图2-2-27）

Ⅰ式　2件。为D7M1：1和D7M1：2。盘口，弧腹，大平底，矮圈足。器形规整，圈足与器身分制拼接成型。青灰色胎。器表施青釉，釉色青褐，釉层明显，釉面光滑。

Ⅱ式　17件。分别是D4：6、D4：12、D16M1：2、D16M1：3、D16M1：4、D16M1：14、D17Q1：3、D17Q1：5、D17Q1：7、D26M1：21、D30M1：1、D34M2：17、D34M2：21、D35M1：10、D35M1：15、D35M1：17和D35M1：18。与Ⅰ式相比，器形变化不大，装饰风格有差别，多贴饰"S"纹。

Ⅲ式　1件。D19：4。与Ⅱ式相比，贴饰消失，器形更加规整。

杯　9件。可分为2式。（图2-2-28）

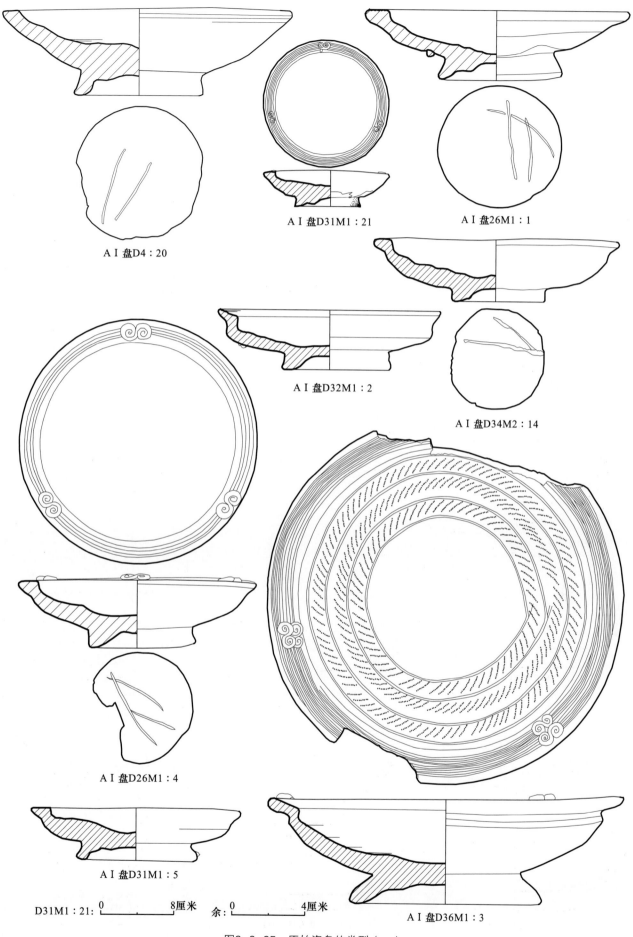

A I 盘D4：20

A I 盘D31M1：21

A I 盘D26M1：1

A I 盘D32M1：2

A I 盘D34M2：14

A I 盘D26M1：4

A I 盘D31M1：5

D31M1：21：0 ⸺ 8厘米　　余：0 ⸺ 4厘米

A I 盘D36M1：3

图2-2-25　原始瓷盘的类型（一）

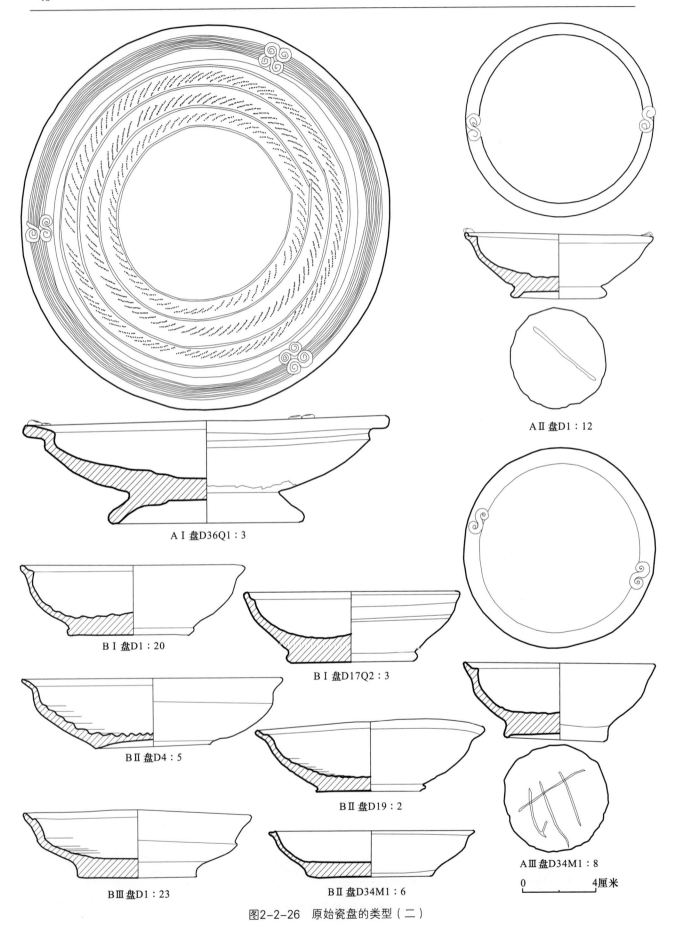

AⅡ 盘D1：12

AⅠ 盘D36Q1：3

BⅠ 盘D1：20

BⅠ 盘D17Q2：3

BⅡ 盘D4：5

BⅡ 盘D19：2

AⅢ 盘D34M1：8

0　　　　　4厘米

BⅢ 盘D1：23

BⅡ 盘D34M1：6

图2-2-26　原始瓷盘的类型（二）

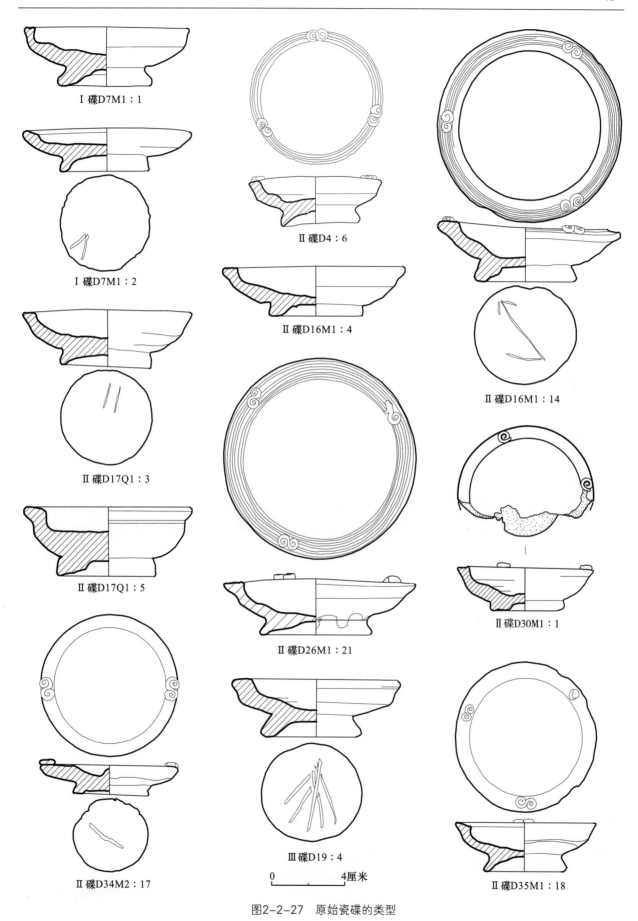

I 碟D7M1:1

I 碟D7M1:2

II 碟D17Q1:3

II 碟D17Q1:5

II 碟D34M2:17

II 碟D4:6

II 碟D16M1:4

II 碟D26M1:21

III 碟D19:4

0 ____ 4厘米

II 碟D16M1:14

II 碟D30M1:1

II 碟D35M1:18

图2-2-27 原始瓷碟的类型

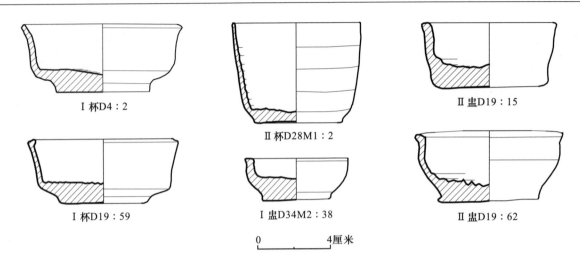

Ⅰ 杯D4：2　　　　　　　　　　　　　　　　　　　Ⅱ 盅D19：15

Ⅱ 杯D28M1：2

Ⅰ 杯D19：59　　　　　　Ⅰ 盅D34M2：38　　　　　　Ⅱ 盅D19：62

0　　　　　　4厘米

图2-2-28　原始瓷杯、盅的类型

Ⅰ式　7件。分别是D4：2、D4：3、D19：17、D19：29、D19：32、D19：40和D19：59。斜方唇，侈口，浅腹较直，下腹内收为小平底。内底满布密集的旋纹，外底有线割痕。釉层较薄。

Ⅱ式　2件。D28M1：2和D28M1：3。与Ⅰ式相比，方唇变成尖唇，腹部变深。

盅　5件。可分为2式。（图2-2-28）

Ⅰ式　3件。分别是D34M2：34、D34M2：36和D34M2：38。方唇，直口微敞，弧腹，平底。外底有明显线割痕。红褐色胎。脱釉。

Ⅱ式　2件。D19：15和D19：62。与Ⅰ式相比，腹部变深。

器盖　25件。可分为2式。（图2-2-29）

Ⅰ式　24件。分别是D4：8、D4：13、D16M1：7、D16M1：13、D16M1：29、D19：14、D19：26、D19：30、D31M1：71、D31M1：72、D31M1：73、D31M1：76、D31M1：77、D31M1：80、D31M1：82、D31M1：84、D31M1：85、D31M1：91、D31M1：92、D31M1：94、D31M1：102、D31M1：103、D31M1：104和D36M1：2。圆弧形盖，顶部饰环纽，纽两端饰"S"纹。有的另附两"S"纹。

Ⅱ式　1件。D19：18。与Ⅰ式相比，环纽变成绳索状纽，器形变大。

镞　1件。D2M1：14。镞身呈三角形，断面呈菱形。椭圆形短铤。青灰色胎，胎体细腻。器表通体施青釉，釉层薄，釉面光滑。（图2-2-29）

（二）质地

均为瓷土胎，胎体有坚硬和疏松之分，多数器物的胎质较为坚硬，瓷土经过淘洗，杂质少，胎质细腻，烧制火候高，硬度大，扣之声音清脆，胎色多呈青灰色或灰白色；少数器物的胎质较为疏松，瓷土淘洗不均匀，含杂质较多，胎质粗疏，烧制火候不高，硬度小，胎色多呈灰黄色、黄白色或黄色。少数器物出现胎体起泡现象。一些圈足器器身与圈足的质地和颜色存在差别，一般器身是硬度大的青灰色或青白色胎，而圈足则是硬度小的灰黄色胎。

（三）制法

以轮制和手制为主，辅以模制、堆贴、拼接等技法。小型器物主体部分多采用轮制，有慢轮

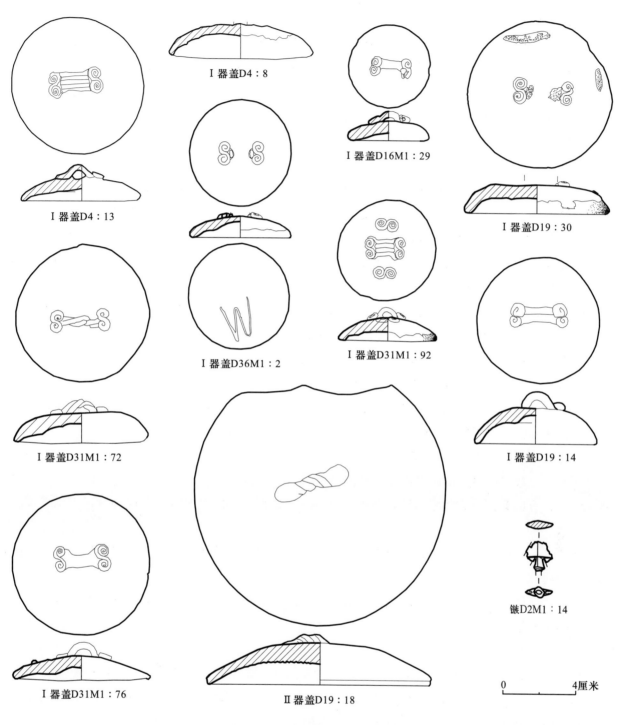

I 器盖D4：8

I 器盖D4：13

I 器盖D16M1：29

I 器盖D19：30

I 器盖D36M1：2

I 器盖D31M1：92

I 器盖D31M1：72

I 器盖D19：14

I 器盖D31M1：76

II 器盖D19：18

镞D2M1：14

0   4厘米

图2-2-29 原始瓷器盖、镞的类型

和快轮两种，内壁或内底多见旋转留下的旋纹，平底器的外底留有明显的线割痕；大型器物多使用泥条盘筑法制作，内壁多留有未被抹平的泥条痕迹，外壁多经过慢轮修整，外壁可见轮修时留下的细微旋痕。圈足器的器身和圈足分别制作后再拼接而成，拼接处多留有明显的抹摁痕。器物的附件如环耳、盖纽和贴饰纹等，多为手工制作后贴在器体上的，也有部分是模制后贴在器体上的。部分器物的下腹部有明显的刮削痕迹。模制较少，仅见于镞和部分贴饰纹。

（四）釉

原始瓷器的器表均施釉，但是由于胎釉的密度和涨缩程度不一致，再加上长期受地下水土的侵蚀，釉的保存程度不一，有的至今鲜亮如初，有的则几乎脱落殆尽。所施的釉均属青釉系统，釉色有青黄、青绿、青黑等。釉层有薄有厚，薄釉多均匀，玻化程度高，保存较佳；厚釉多不均匀，厚薄不一，有滴釉、积釉和脱釉现象，也有釉层均匀的，玻化程度高。薄釉多见于薄胎器物，厚釉则多见于厚胎器物。

（五）纹饰

纹饰的施制方法有印、旋压、刻划、附加堆等。纹饰以弦纹、旋纹和刻划纹为主，戳刺纹、附加堆纹等较为少见。同一器物上往往使用多种纹饰。

印纹有拍印纹、戳印纹和模印纹等。拍印纹有回纹和折线纹，饰于罐的器表，一般是通体拍印。戳印纹见于原始瓷豆的外底，成组排列，规整有序，系用圆孔状物戳印而成，形同圆涡形的粗点。部分"S"纹系模印而成。

弦纹是器物的主要装饰纹样之一，可分为细弦纹、粗弦纹和弦纹带等，多施于器物口沿部、颈部或肩部，有的与戳印篦点纹同时出现，常见于豆、盂等器物的肩部。

旋纹呈螺旋状，可辨认出其起点和终点，一般位于器物的内底和内壁。胎体成型后，在慢轮旋转过程中使用工具自上而下或自下而上沿着器壁有序移动，借助慢轮的旋转形成一条整体纹带，纹带宽窄不定，有的较为明显，有的隐约可见。多施于豆、盘、碗、杯等器物上，尤以盘和杯的内壁和内底最为明显。

刻划纹包括水波纹、篦点纹和梳篦纹等。

水波纹　数量不多，使用篦齿类工具刻划而成。有的刻划精细形同水波形，有的一划一顿状如波涛形；有的刻划较为随意，纹路杂乱；有的一次成型，有的多次成型。这种纹样常见于罐的腹部。

篦点纹　使用篦齿类工具刺刻而成，排列较密，一般呈倾斜状排列。常见于盂的肩部、上腹部和罐的肩部。

梳篦纹　使用梳篦工具刻划而成，可明显分辨出其起点和终点，多呈倾斜状分布。常见于喇叭状高圈足原始瓷豆的内底。

（六）刻划符号

共188件器物上发现刻划符号，多见于豆、盂、盘、碟等器物的外底，有一件位于器盖的内壁。这些符号应是窑工在器物制作过程中有意刻划上去的，或许是起到标记的作用。符号系使用尖锥状物体在器体上刻划而成，有的划痕深，有的划痕浅。可分为如下几种：

（一）正反"N"形或"≠"、"≠"形刻划符号，共19件。（图2-2-30）

（二）正反"F"形刻划符号，共9件。（图2-2-31）

（三）"W"形刻划符号，共3件。（图2-2-32）

（四）"T"形刻划符号，共3件。（图2-2-33）

（五）"V"形刻划符号，共8件。（图2-2-34）

（六）"π"形或类"π"形刻划符号，共13件。（图2-2-35）

（七）箭头形刻划符号，共11件。（图2-2-36）

（八）"工"字形、"土"字形、"士"字形或"丰"形刻划符号，共16件。（图2-2-37）

（九）"三横一竖"形刻划符号，共6件。（图2-2-38）

（十）半月形或唇形刻划符号，共9件。（图2-2-39）

（十一）"＋"形或"×"形刻划符号，共24件。（图2-2-40）

（十二）"一"字形刻划符号，共18件。（图2-2-41）

（十三）"二"字形刻划符号，共18件。（图2-2-42）

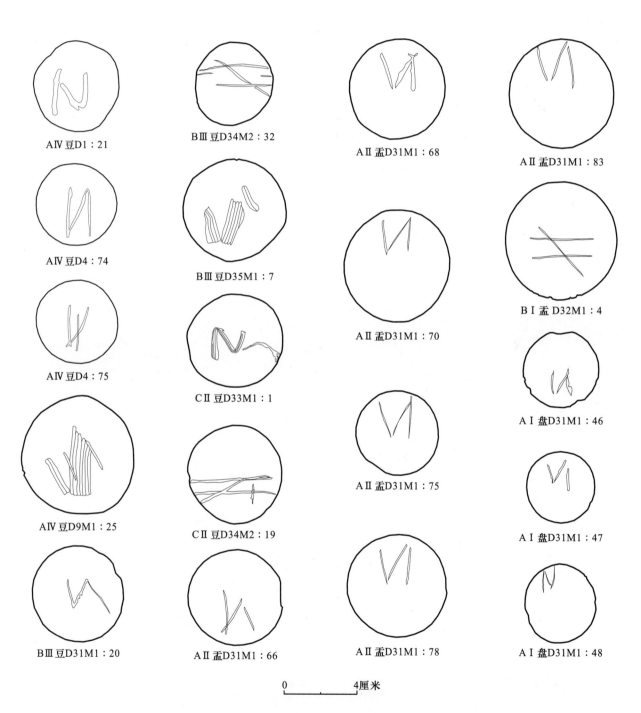

AⅣ豆D1：21　　　BⅢ豆D34M2：32　　　AⅡ盂D31M1：68　　　AⅡ盂D31M1：83

AⅣ豆D4：74　　　BⅢ豆D35M1：7　　　AⅡ盂D31M1：70　　　BⅠ盂D32M1：4

AⅣ豆D4：75　　　CⅡ豆D33M1：1　　　AⅠ盘D31M1：46

AⅣ豆D9M1：25　　　CⅡ豆D34M2：19　　　AⅡ盂D31M1：75　　　AⅠ盘D31M1：47

BⅢ豆D31M1：20　　　AⅡ盂D31M1：66　　　AⅡ盂D31M1：78　　　AⅠ盘D31M1：48

0　　　　　4厘米

图2-2-30　原始瓷刻划符号（一）

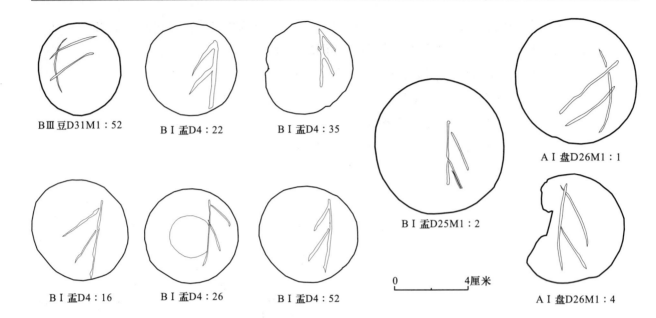

BⅢ豆D31M1：52　　　　BⅠ盂D4：22　　　　BⅠ盂D4：35　　　　　　　　　　　　　　　　　　AⅠ盘D26M1：1

BⅠ盂D4：16　　　　BⅠ盂D4：26　　　　BⅠ盂D4：52　　　　BⅠ盂D25M1：2

0　　　　　4厘米

AⅠ盘D26M1：4

图2-2-31　原始瓷刻划符号（二）

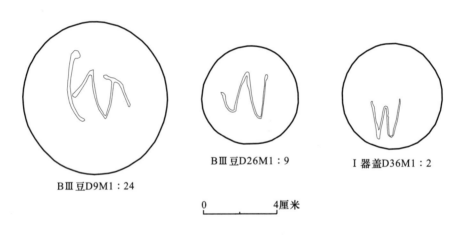

BⅢ豆D9M1：24　　　　　BⅢ豆D26M1：9　　　　Ⅰ器盖D36M1：2

0　　　　　4厘米

图2-2-32　原始瓷刻划符号（三）

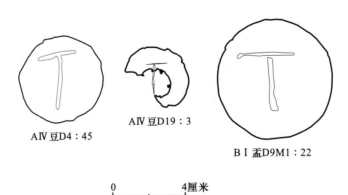

AⅣ豆D4：45　　　　AⅣ豆D19：3　　　　BⅠ盂D9M1：22

0　　　　　4厘米

图2-2-33　原始瓷刻划符号（四）

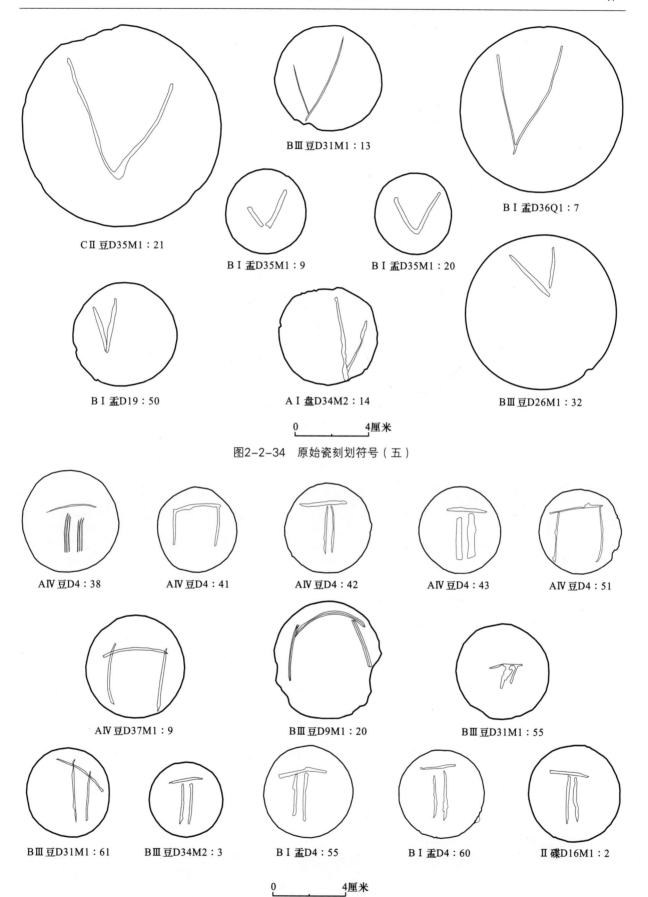

CⅡ豆D35M1：21

BⅢ豆D31M1：13

BⅠ盂D35M1：9

BⅠ盂D35M1：20

BⅠ盂D36Q1：7

BⅠ盂D19：50

AⅠ盘D34M2：14

BⅢ豆D26M1：32

0　　　　　　4厘米

图2-2-34　原始瓷刻划符号（五）

AⅣ豆D4：38

AⅣ豆D4：41

AⅣ豆D4：42

AⅣ豆D4：43

AⅣ豆D4：51

AⅣ豆D37M1：9

BⅢ豆D9M1：20

BⅢ豆D31M1：55

BⅢ豆D31M1：61

BⅢ豆D34M2：3

BⅠ盂D4：55

BⅠ盂D4：60

Ⅱ碟D16M1：2

0　　　　　　4厘米

图2-2-35　原始瓷刻划符号（六）

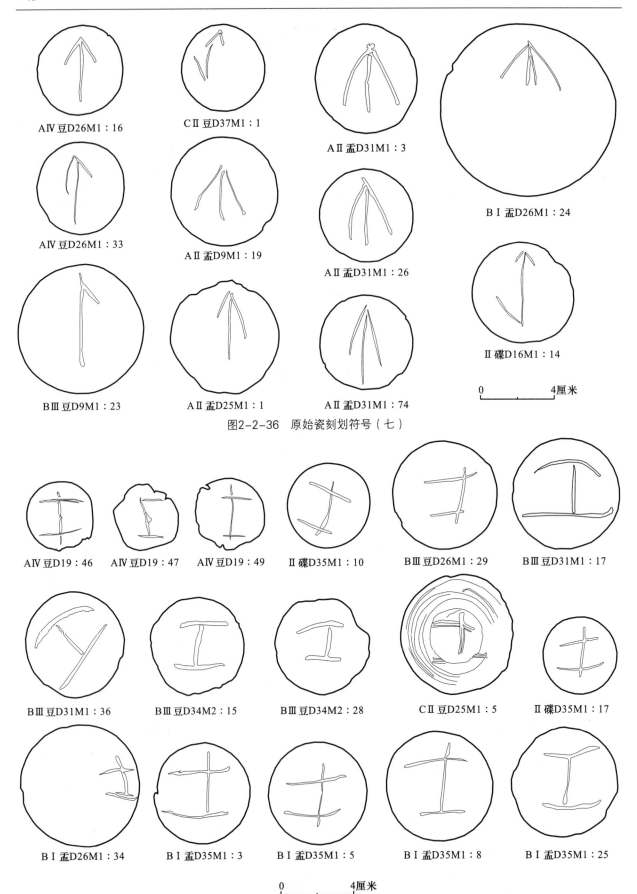

图2-2-36　原始瓷刻划符号（七）

图2-2-37　原始瓷刻划符号（八）

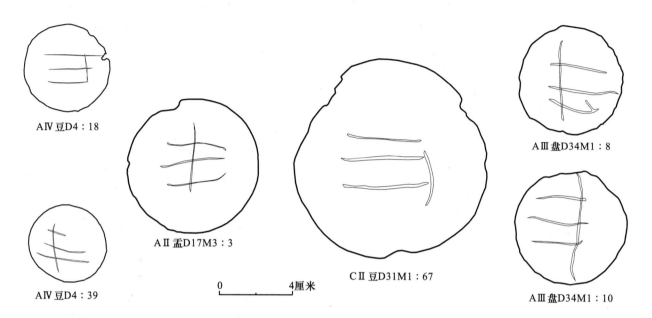

AⅣ豆D4：18

AⅣ豆D4：39

AⅡ盂D17M3：3

CⅡ豆D31M1：67

AⅢ盘D34M1：8

AⅢ盘D34M1：10

0　　　　　　4厘米

图2-2-38　原始瓷刻划符号（九）

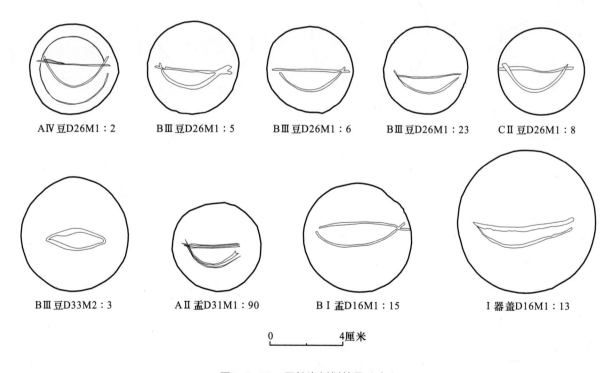

AⅣ豆D26M1：2

BⅢ豆D26M1：5

BⅢ豆D26M1：6

BⅢ豆D26M1：23

CⅡ豆D26M1：8

BⅢ豆D33M2：3

AⅡ盂D31M1：90

BⅠ盂D16M1：15

Ⅰ器盖D16M1：13

0　　　　　4厘米

图2-2-39　原始瓷刻划符号（十）

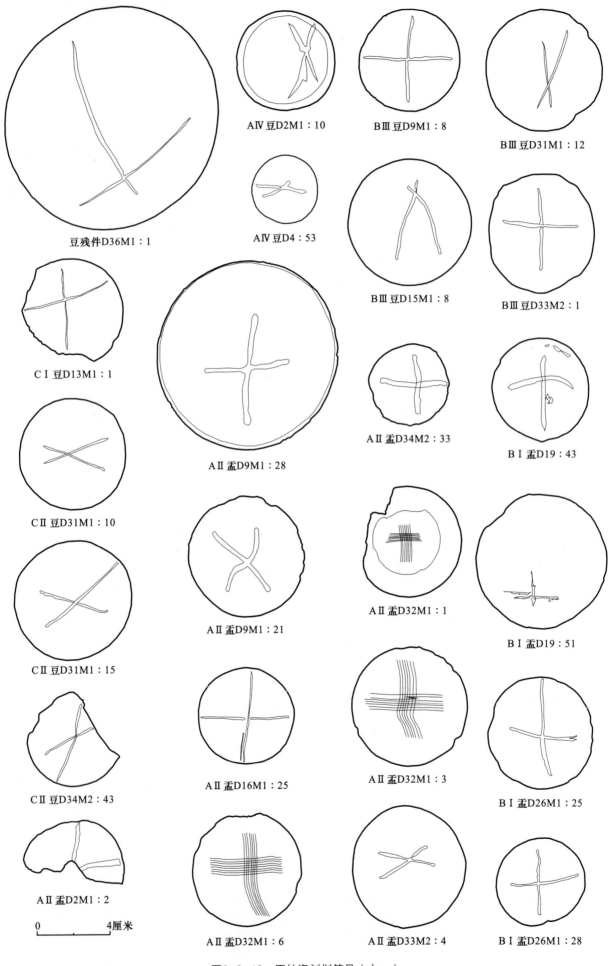

豆残件D36M1：1

AⅣ豆D2M1：10

BⅢ豆D9M1：8

BⅢ豆D31M1：12

AⅣ豆D4：53

BⅢ豆D15M1：8

BⅢ豆D33M2：1

CⅠ豆D13M1：1

AⅡ盂D9M1：28

AⅡ盂D34M2：33

BⅠ盂D19：43

CⅡ豆D31M1：10

AⅡ盂D9M1：21

AⅡ盂D32M1：1

BⅠ盂D19：51

CⅡ豆D31M1：15

AⅡ盂D16M1：25

AⅡ盂D32M1：3

BⅠ盂D26M1：25

CⅡ豆D34M2：43

AⅡ盂D2M1：2

0   4厘米

AⅡ盂D32M1：6

AⅡ盂D33M2：4

BⅠ盂D26M1：28

图2-2-40　原始瓷刻划符号（十一）

（十四）"三"字或四条横线形刻划符号，共9件。（图2-2-43）

（十五）"八"字形刻划符号，1件。（图2-2-44）

（十六）"米"字形刻划符号，1件。（图2-2-45）

（十七）"4"形刻划符号，1件。（图2-2-46）

（十八）不规则形刻划符号，共19件。（图2-2-47）

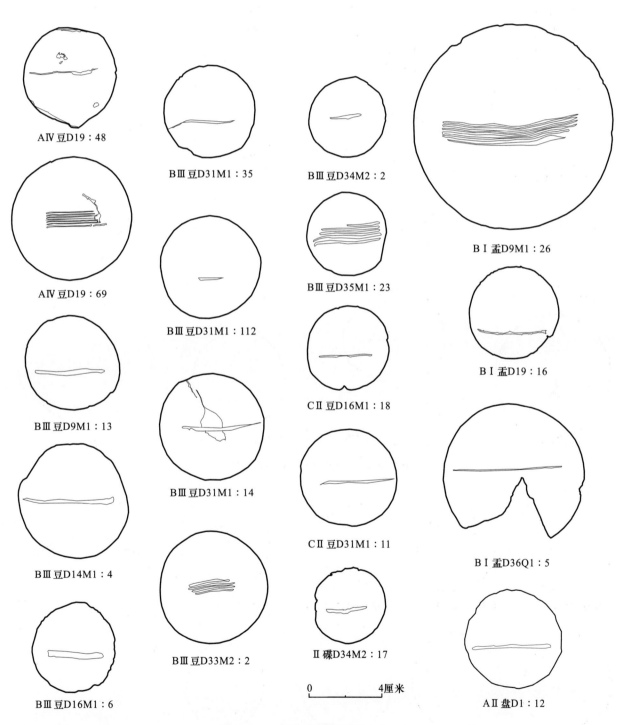

AⅣ豆D19：48

BⅢ豆D31M1：35

BⅢ豆D34M2：2

BⅠ盂D9M1：26

AⅣ豆D19：69

BⅢ豆D31M1：112

BⅢ豆D35M1：23

BⅠ盂D19：16

BⅢ豆D9M1：13

CⅡ豆D16M1：18

BⅢ豆D31M1：14

CⅡ豆D31M1：11

BⅢ豆D14M1：4

BⅠ盂D36Q1：5

BⅢ豆D33M2：2

Ⅱ碟D34M2：17

BⅢ豆D16M1：6

0   4厘米

AⅡ盘D1：12

图2-2-41 原始瓷刻划符号（十二）

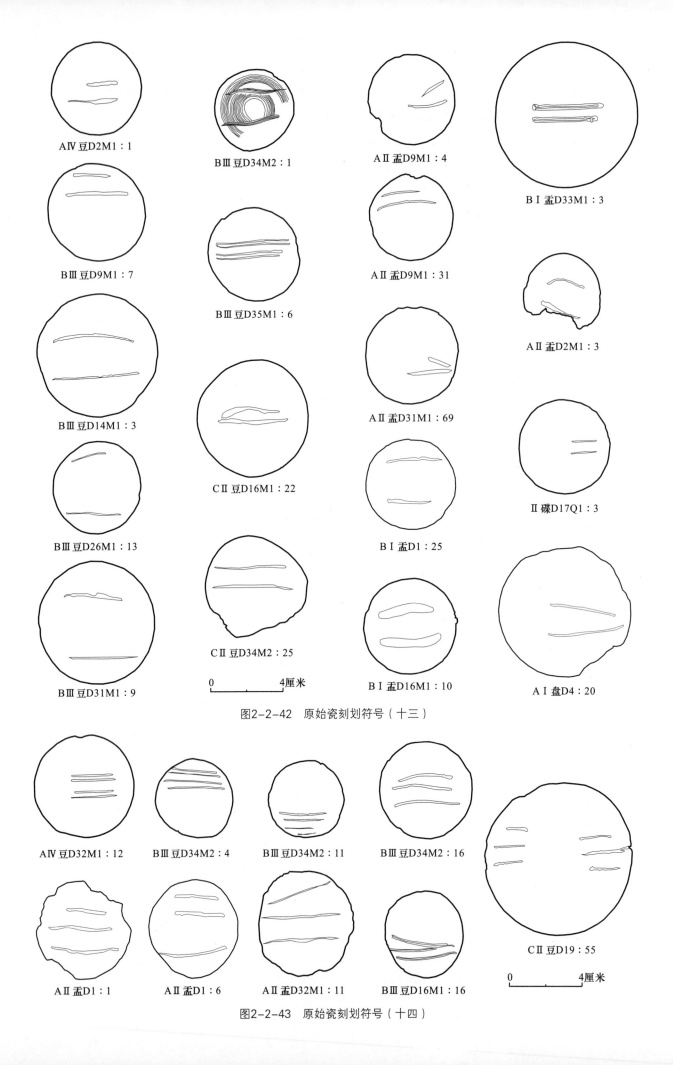

AⅣ豆D2M1：1

BⅢ豆D34M2：1

AⅡ盂D9M1：4

BⅠ盂D33M1：3

BⅢ豆D9M1：7

BⅢ豆D35M1：6

AⅡ盂D9M1：31

AⅡ盂D2M1：3

BⅢ豆D14M1：3

CⅡ豆D16M1：22

AⅡ盂D31M1：69

BⅢ豆D26M1：13

BⅠ盂D1：25

Ⅱ碟D17Q1：3

BⅢ豆D31M1：9

CⅡ豆D34M2：25

0　　　　4厘米

BⅠ盂D16M1：10

AⅠ盘D4：20

图2-2-42　原始瓷刻划符号（十三）

AⅣ豆D32M1：12

BⅢ豆D34M2：4

BⅢ豆D34M2：11

BⅢ豆D34M2：16

AⅡ盂D1：1

AⅡ盂D1：6

AⅡ盂D32M1：11

BⅢ豆D16M1：16

CⅡ豆D19：55

0　　　　4厘米

图2-2-43　原始瓷刻划符号（十四）

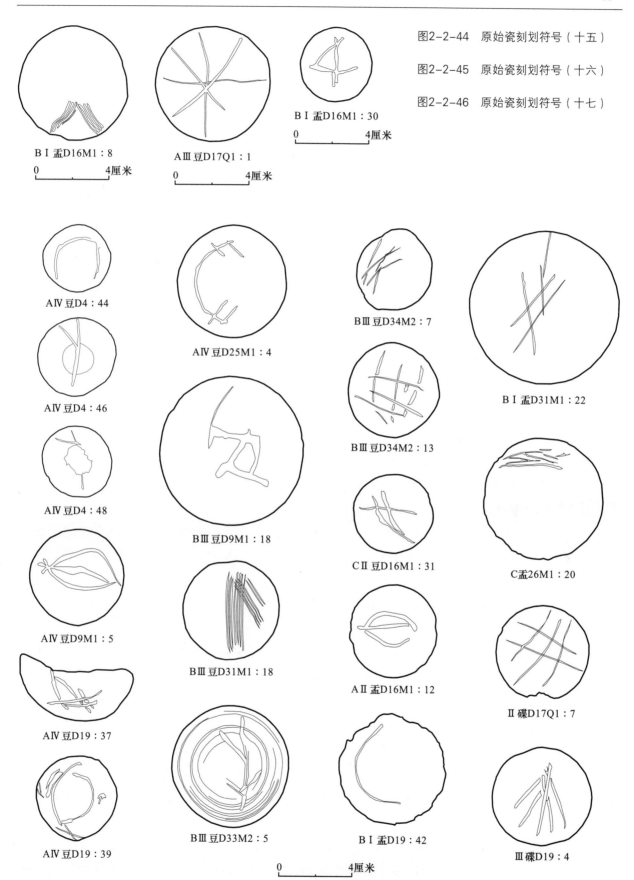

BⅠ盂D16M1：8

0   4厘米

AⅢ豆D17Q1：1

0   4厘米

BⅠ盂D16M1：30

0   4厘米

图2-2-44 原始瓷刻划符号（十五）

图2-2-45 原始瓷刻划符号（十六）

图2-2-46 原始瓷刻划符号（十七）

AⅣ豆D4：44

AⅣ豆D4：46

AⅣ豆D4：48

AⅣ豆D9M1：5

AⅣ豆D19：37

AⅣ豆D19：39

AⅣ豆D25M1：4

BⅢ豆D9M1：18

BⅢ豆D31M1：18

BⅢ豆D33M2：5

BⅢ豆D34M2：7

BⅢ豆D34M2：13

CⅡ豆D16M1：31

AⅡ盂D16M1：12

BⅠ盂D19：42

BⅠ盂D31M1：22

C盂26M1：20

Ⅱ碟D17Q1：7

Ⅲ碟D19：4

0   4厘米

图2-2-47 原始瓷刻划符号（十八）

二　印纹硬陶器

43座墓葬和5个器物群内出土印纹硬陶器，共136件，约占出土器物的15.7%，是出土遗物中第二大类的器物。每个单位少则1件，多则13件，一般与原始瓷器共出。可分为8种器形。这些器物的陶质均为硬陶；陶色以灰色和红褐色为主，亦见红色和灰黑色；制法多采用泥条盘筑法制作；纹饰多为拍印纹，有少量刻划纹和附加堆纹。

（一）器形

D15M1：23、D19：21和D19：31三件为残片，器形难辨。其余133件可辨器形，包括鼎、尊、瓮、罍、坛、罐、瓿和盂。

鼎　1件。D29M1：5。敛口，溜肩，扁鼓腹，大平底。肩部贴饰三个横向"S"纹，底附三个扁平方形足。肩部饰细密水波纹，腹部满饰拍印回纹，足外侧饰刻划米字形纹。青灰色胎。

尊　1件。D22M1：4。圆唇，侈口，高颈，溜肩，鼓腹，底微内凹，喇叭状高圈足。肩部贴饰两个对称环形纽。颈部饰粗弦纹，肩部、腹部满饰拍印细小云雷纹，足壁饰粗弦纹。青灰色胎。

瓮　6件。出土于3座墓和3个器物群内。多为灰胎，亦见红褐色胎。使用泥条盘筑法制成。纹饰使用拍印、刻划和旋压等手法，纹样有折线纹、回纹、方格纹、米筛纹、弦纹和水波纹等。可分为4式。

Ⅰ式　2件。为D15M1：6和D20M2：3。侈口，束颈，鼓肩，鼓腹，腹最大径偏上，大平底，底缘外侈。颈部饰弦纹，肩及腹部饰折线纹与回纹的组合纹，回纹纹样较大，印痕明显。

Ⅱ式　1件。D9M1：9。与Ⅰ式相比，器形相差不大，肩部由鼓变圆，折线纹与回纹的组合纹中，折线纹向下腹部延伸。

Ⅲ式　2件。为D30Q2：3和D31Q1：1。与Ⅱ式相比，肩部由圆肩变成溜肩，腹部由鼓腹变成圆腹，腹最大径下移到中部，弦纹、折线纹和回纹消失不见，取而代之的是刻划水波纹和拍印方格纹。

Ⅳ式　1件。为D30Q1：4。与Ⅲ式相比，口部由侈口变成盘形口，腹部出现明显转折痕，水波纹和方格纹消失不见，出现米筛纹。

罍　13件。D37M2：1残。出土于10座墓内，多为一件，也有两件或三件共出的。多为灰胎，亦见红胎和红褐色胎。使用泥条盘筑法制成。纹饰使用拍印和旋压等手法，纹样有折线纹、回纹和弦纹等。可分为2型。

A型　大型罍。6件。分别是D2M1：9、D18M1：5、D21M1：4、D24M1：5、D24M1：6和D31M1：98。方唇，侈口，卷沿，高颈，圆肩，球腹，圜底。颈部饰弦纹，腹部饰回纹。

B型　小型罍。6件。分别是D11M1：3、D17M1：2、D20M1：2、D20M1：3、D20M1：9和D37M1：8。方唇，侈口，卷沿，矮颈，圆肩，球腹或扁鼓腹，圜底。颈部饰弦纹，腹部饰回纹或折线纹。

坛　19件。D34M1：2残碎。出土于16座墓和1个器物群内，一般一个单位出土一件。多为灰胎，亦见红褐色胎。使用泥条盘筑法制成。拍印纹饰有回纹、折线纹、方格纹、米筛纹、大方格填线纹和麻布纹等。根据器形和纹饰的变化分成7式。

Ⅰ式 2件。为D21M1：1和D18M1：4。尖唇，侈口，矮束颈，溜肩，鼓腹，大平底。颈部饰弦纹，腹部纹饰有回纹与折线纹的组合纹、弦纹叠套复线菱形纹与回纹的组合纹。

Ⅱ式 1件。为D13M1：5。与Ⅰ式相比，沿部变成卷沿，肩部变成耸肩，腹部变深，纹饰为回纹与折线纹的组合纹。

Ⅲ式 3件。为D9M1：10、D6M2：3和D33M2：6。与Ⅱ式相比，肩部变成鼓肩，腹部又加深，腹最大径上移，纹饰仍为回纹与折线纹的组合纹。

Ⅳ式 1件。为D3M1：1。与Ⅲ式相比，鼓肩变成圆肩，腹部又加深，腹最大径上移，纹饰变成米筛纹与方格纹的组合纹。

Ⅴ式 6件。分别是D15Q1：1、D16M2：1、D16M2：2、D19：58、D29M1：31和D29M1：35。与Ⅳ式相比，圆肩变成溜肩，颈部变高，腹最大径上移。纹饰仍流行米筛纹与方格纹的组合纹，出现大方格填线纹。

Ⅵ式 3件。分别是D1：16、D37M4：1和D37M4：6。与Ⅴ式相比，溜肩幅度更大。纹饰仍流行米筛纹，新出现复线回纹加"×"纹。

Ⅶ式 2件。为D28M1：5和D27M1：1。与Ⅵ式相比，溜肩变成斜肩，腹最大径移到肩腹结合处，米筛纹消失不见，出现米字纹和麻布纹。

罐 63件。其中11件为残件或碎片，分别是D7M1：7、D7M1：8、D11M1：8、D19：65、D21M1：5、D23M1：8、D26M1：35、D26M1：36、D33M1：5、D35M1：13和D36Q2：4。出土于29座墓和3个器物群内，一个单位少则一件，多则十件。多为灰胎，少量为红胎。使用泥条盘筑法制成，少数使用慢轮修整。纹饰有云雷纹、回纹、折线纹、弦纹叠套复线菱形纹、方格纹、米筛纹和水波纹等。根据器形的差异分成4型。

A型 矮颈罐。共31件。可分为8式。

Ⅰ式 3件。分别是D20M1：8、D21M2：1和D22M1：1。平沿，直口，直颈，圆肩，近球腹，圜底内凹。内壁肩部有大量抹撅痕。纹饰均为拍印云雷纹，有方折云雷纹和圆折云雷纹之分，底部也有纹饰。

Ⅱ式 3件。分别是D13M1：8、D17M4：2和D19：72。与Ⅰ式相比，颈部变高，球腹变成鼓腹，圜底内凹变成圜底近平，流行云雷纹和回纹。

Ⅲ式 1件。为D20M2：4。与Ⅱ式相比，颈部变矮，腹部变成深腹，圜底变成大平底，纹饰流行回纹和弦纹叠套复线菱形纹。

Ⅳ式 6件。分别是D4：76、D9M1：2、D9M1：3、D9M1：11、D26M1：17和D36Q2：2。与Ⅲ式相比，侈口变成直口微敛，腹部变浅，大平底变小，纹饰流行折线纹和回纹。

Ⅴ式 1件。为D31Q1：6。与Ⅳ式相比，直口变成侈口，颈部变高，肩部变成溜肩，流行方格纹。

Ⅵ式 9件。分别是D4：64、D15Q1：2、D15Q1：3、D19：10、D19：20、D29M1：28、D29M1：29、D29M1：30和D30Q1：2。与Ⅴ式相比，颈部变矮，溜肩特征更明显，腹最大径下移，流行方格纹、复线回纹加"×"纹等。

Ⅶ式 4件。分别是D1：4、D1：5、D37M4：2和D37M4：3。与Ⅵ式相比，器形变化不大，腹最大径移到中部，流行方格纹。

Ⅷ式　4件。分别是D27M1：11、D27M1：13、D28M1：1和D28M1：4。与Ⅶ式相比，颈部变矮，仍流行方格纹。

B型　敛口罐。共11件。可分为3式。

Ⅰ式　1件。D37M2：4。圆唇，敛口，溜肩，鼓腹，平底。肩部饰弦纹，腹部满饰拍印回纹。

Ⅱ式　7件。分别是D15Q1：4、D29M1：1、D29M1：2、D29M1：6、D29M1：9、D29M1：45和D30Q1：3。与Ⅰ式相比，腹最大径下移，纹饰以方格纹为主，辅以水波纹等纹饰。

Ⅲ式　3件。分别是D1：19、D1：30和D37M4：8。与Ⅱ式相比，鼓腹变成垂腹，纹饰流行方格纹和米筛纹。

C型　双系罐。共7件。可分为4式。

Ⅰ式　2件。为D15M1：3和D8M1：8。圆唇，敛口，斜颈，弧肩，鼓腹，大平底，底缘外侈。肩部贴饰对称竖向环耳。纹饰有弦纹、折线纹和回纹。

Ⅱ式　1件。为D9M1：1。与Ⅰ式相比，沿部变矮，腹部变扁，纹饰流行折线纹、弦纹和戳印篦点纹。

Ⅲ式　3件。分别是D29M1：4、D29M1：37和D30Q1：1。与Ⅱ式相比，肩部变成溜肩，腹部变成弧腹，环耳由竖置变成横置。纹饰流行方格纹。

Ⅳ式　1件。为D27M1：12。与Ⅲ式相比，腹最大径移到肩部，纹饰流行近似麻布纹的方格纹。

D型　筒形罐。共3件。分别是D27M1：2、D27M1：3和D27M1：10。尖唇，敛口，腹略鼓，大平底。红褐色胎，内壁有明显盘筑抹摁痕，腹部满饰拍印麻布纹。

瓿　29件。出土于16座墓和1个器物群，各单位出土少则1件，多则4件。多为灰胎，亦见红褐色胎。使用泥条盘筑法制成。纹饰使用拍印和旋压等技法，纹样有云雷纹、折线纹、回纹和叶脉纹等。可分为3型。

A型　侈口扁鼓腹。共13件。可分为3式。

Ⅰ式　8件，D18M1：6残。分别是D17M1：6、D17M4：6、D17M4：14、D17M4：16、D20M1：1、D20M1：10和D20M1：12。方唇，侈口，翻沿，束颈，圆肩，扁鼓腹，大平底，底缘外侈。颈部饰弦纹，肩部及腹部的纹饰有大型云雷纹、回纹、折线纹和叶脉纹等。

Ⅱ式　4件。分别是D6M1：1、D13M1：9、D15M1：19和D37M2：5。与Ⅰ式相比，器形变化不大，只是腹部略微加深，底缘有修削现象，不见大型的拍印粗深的云雷纹，回纹、折线纹、叶脉纹继续流行。

Ⅲ式　1件。为D6M2：1。与Ⅱ式相比，腹最大径上移，流行方折云雷纹与回纹的组合纹。

B型　侈口鼓腹。共10件。可分为3式。

Ⅰ式　4件。分别是D11M1：2、D17Q1：8、D17M1：4和D20M1：4。方唇，侈口，矮颈，鼓肩，鼓腹，大平底。纹饰有云雷纹、回纹和折线纹等。

Ⅱ式　4件。分别是D8M1：7、D13M1：7、D13M1：6和D23M1：3。与Ⅰ式相比，器形变化不大，肩部变成耸肩，底缘有修削现象，纹饰方面流行折线纹、回纹和弦纹叠套复线菱形纹。

Ⅲ式　2件。为D31M1：95和D31M1：96。与Ⅱ式相比，颈部变高，耸肩变成溜肩，纹饰方面流行折线纹和回纹。

C型 敛口鼓腹。共6件。可分为3式。

Ⅰ式 2件。为D18M1：1和D18M1：2。斜沿，敛口，矮颈，鼓肩，鼓腹，平底，底缘微外侈，饰折线纹。

Ⅱ式 1件。为D32M1：20。与Ⅰ式相比，器形变化不大，底缘有修削现象，饰折线纹与回纹的组合纹。

Ⅲ式 3件。分别为D2M1：5、D2M1：6和D12M1：1。与Ⅱ式相比，腹最大径下移，近底处修削光滑，流行折线纹。

盂 1件。D19：66。圆唇，敛口，斜肩略弧，弧腹内收为平底。外底周缘经刮削，有线割痕。肩部饰两组细密弦纹，其间饰一组细密水波纹。青灰色胎。

（二）质地

均为泥质硬陶，胎质细腻，火候高，硬度大，扣之声音清脆。器表往往呈灰红色，内壁多呈灰黄色，胎体颜色多较为单一，一般是灰色、青灰色和红褐色，少量为红色。胎体上无釉，少数出现窑汗，个别器物出现胎体起泡现象。

（三）制法

均为手工制作，以泥条盘筑法为主，辅以堆贴、拼接等手法。器物主体部分均使用泥条盘筑法制作，内壁多见未被抹平的泥条痕迹。较大的器物多分成几部分分别制作，然后再拼接，在部分器物的肩腹结合处往往可以看到一些指摁痕，它们应该是在粘接器物肩部和腹部的过程中遗留下来的，而腹底结合处这种粘连、拼接痕迹更为明显。早期器物往往可见底缘外侈现象，底缘可见明显的捏摁痕和抹光痕；晚期的器物因使用了刮削和旋削方法，底缘外侈现象不见，但是局部仍可见捏摁痕。一些器物的耳部和扉棱等是手工制作好之后堆贴在器体之上的，它们与器体结合处往往可见抹摁痕。

（四）纹饰

纹饰的施制方法有拍印、旋压、刻划、附加堆等。纹饰以拍印纹和弦纹为主，刻划纹、附加堆纹等较为少见。同一器物上往往使用多种纹饰。拍印纹的纹样丰富多彩，施于器物表面，一般是通体拍印；弦纹、刻划纹和附加堆纹多作为辅助纹饰出现于器物的局部。有些纹样与特定器形配合使用。（图2-2-48～2-2-54）

拍印纹是印纹硬陶的标志性纹饰，其纹样包括云雷纹、回纹、折线纹、叶脉纹（或变形羽鸟纹）、方格纹、弦纹叠套复线菱形纹、米筛纹、大方格填线纹、米字纹和麻布纹等。

云雷纹 可分为大型、中型和小型三种。大型云雷纹纹样清晰精美，结构方正，纹痕粗深，显得粗壮有力，仅见于瓿的肩部及上腹部，一般与回纹配合使用，也有与羽鸟纹配合使用的。中型云雷纹纹痕略浅，转折明显，形成类似菱形的结构，仅见于罐和尊的外壁，单独使用。小型云雷纹的纹痕较浅，单体结构较小，为方折形云雷纹，见于罐的外壁，单独使用。

回纹 各种器形上广泛使用的一种纹样，有的回纹内框线粗壮外凸，多无外框线，整体看去像突出的"口"字，印痕粗深，一般单独出现；有的回纹内外框线粗细一致，印痕略浅，结构方正宽大，多单独出现；有的回纹单体结构较小，内框线略粗于外框线，印痕粗浅不一，多与其他纹饰配合使用。

AⅠ印纹硬陶瓿D20M1：1
大型云雷纹

AⅠ印纹硬陶瓿D20M1：10
大型云雷纹与回纹

AⅠ印纹硬陶罐D22M1：1
小型云雷纹

AⅢ印纹硬陶瓿D6M2：1
云雷纹与回纹

AⅠ印纹硬陶罐D21M2：1
中型云雷纹

AⅧ印纹硬陶罐D27M1：13
复线回纹

AⅠ印纹硬陶瓿D20M1：12
大型云雷纹与羽鸟纹

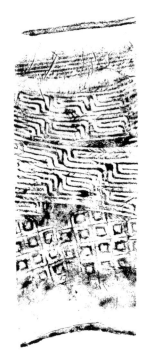

BⅢ印纹硬陶瓿D31M1：96
弦纹、云雷纹、叶脉纹与回纹

0　　　　　　　4厘米

图2-2-48　印纹硬陶纹样（一）

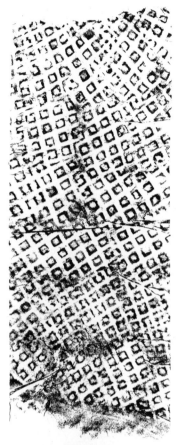

B印纹硬陶罍D11M1：3
回纹

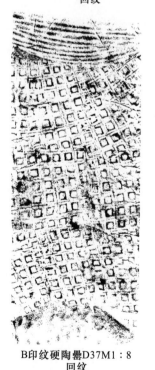

B印纹硬陶罍D37M1：8
回纹

0   4厘米

A印纹硬陶罍D31M1：98
回纹

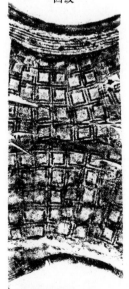

印纹硬陶罐D9M1：3
回纹

图2-2-49　印纹硬陶纹样（二）

折线纹　也是出现较为频繁的一种拍印纹，有的结构方正，折痕明显；有的结构散乱，转折处呈弧形，类似一种变体云纹；有的通体使用，多见于罍、瓿的腹部；有的与回纹配合使用，广泛见于罍、罐、瓿、瓮、坛的肩部及上腹部。

叶脉纹（或变形羽鸟纹）　数量较少，多与云雷纹或折线纹配合使用，是一种辅助纹饰，少量单独出现。

方格纹　有大小粗细之分，有的单独出现，饰于器物的腹部，见于瓿、瓮、罐等器形；有的与米筛纹配合使用，见于坛的肩部和下腹部。

弦纹叠套复线菱形纹　数量较少，多与回纹配合使用，仅见于坛的肩部及上腹部。

米筛纹　数量不多，多与方格纹配合使用，见于坛的肩部及上腹部，单独使用者见于瓮的腹部。

大方格填线纹　数量较少，仅见于坛的肩腹部。

米字纹　数量较少，仅见于坛的肩腹部。

麻布纹　由方格纹演化而来，数量较少，见于坛、罐的腹部。

旋压纹主要是各种弦纹，可分为细弦纹、粗弦纹和弦纹带等，也是印纹硬陶的主要装饰纹样之一。多施于器物颈部或肩部，一般是单独出现，常见于尊、瓮、罍、罐、坛、瓿和盉的颈部及颈肩结合处。一些弦纹带则与复线菱形纹配合使用，出现于坛的腹部。

刻划纹主要是水波形纹，较为多见，使用篦齿类工具刻划而成。有的刻划精细形同水波形；有的刻划较为随意，纹路杂乱；有的一次成型，有的多次成型，连接不顺。这种纹样仅见于罐的颈部。

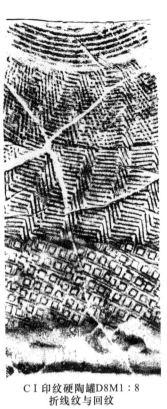

B I 印纹硬陶瓿D11M1：2
折线纹与回纹

C I 印纹硬陶罐D8M1：8
折线纹与回纹

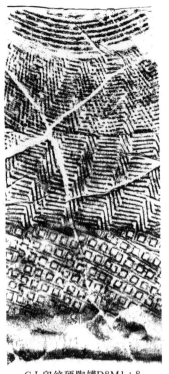

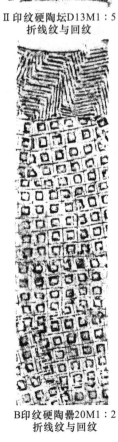

II 印纹硬陶坛D13M1：5
折线纹与回纹

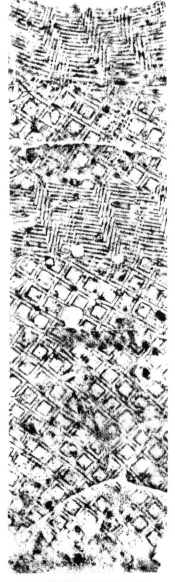

III 印纹硬陶坛D9M1：10
折线纹与回纹

0   4厘米

III 印纹硬陶瓮D30Q2：3
折线纹与回纹

B印纹硬陶罍20M1：2
折线纹与回纹

图2-2-50　印纹硬陶纹样（三）

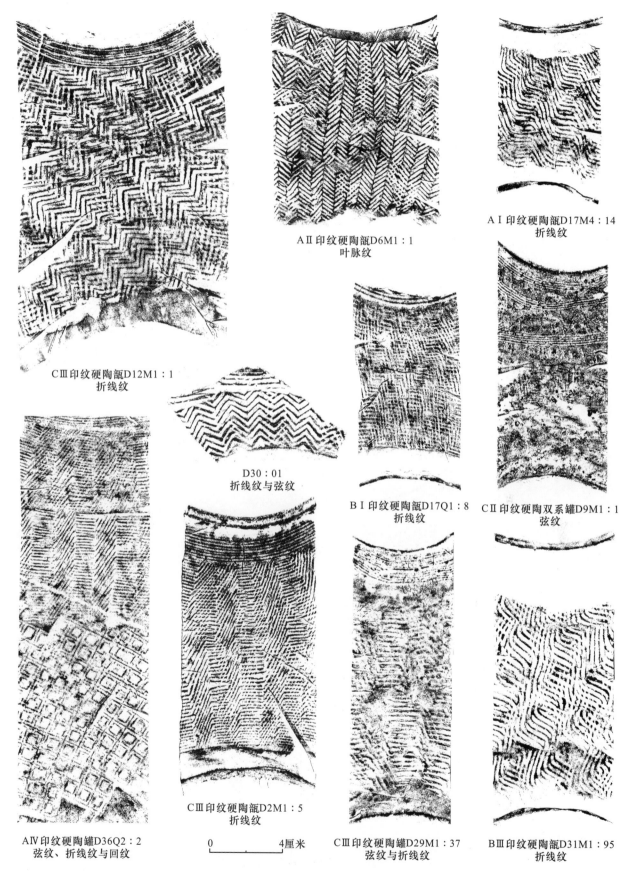

CⅢ印纹硬陶瓿D12M1:1
折线纹

AⅡ印纹硬陶瓿D6M1:1
叶脉纹

AⅠ印纹硬陶瓿D17M4:14
折线纹

D30:01
折线纹与弦纹

BⅠ印纹硬陶瓿D17Q1:8
折线纹

CⅡ印纹硬陶双系罐D9M1:1
弦纹

CⅢ印纹硬陶瓿D2M1:5
折线纹

0　　　　　　4厘米

CⅢ印纹硬陶罐D29M1:37
弦纹与折线纹

BⅢ印纹硬陶瓿D31M1:95
折线纹

AⅣ印纹硬陶罐D36Q2:2
弦纹、折线纹与回纹

图2-2-51　印纹硬陶纹样（四）

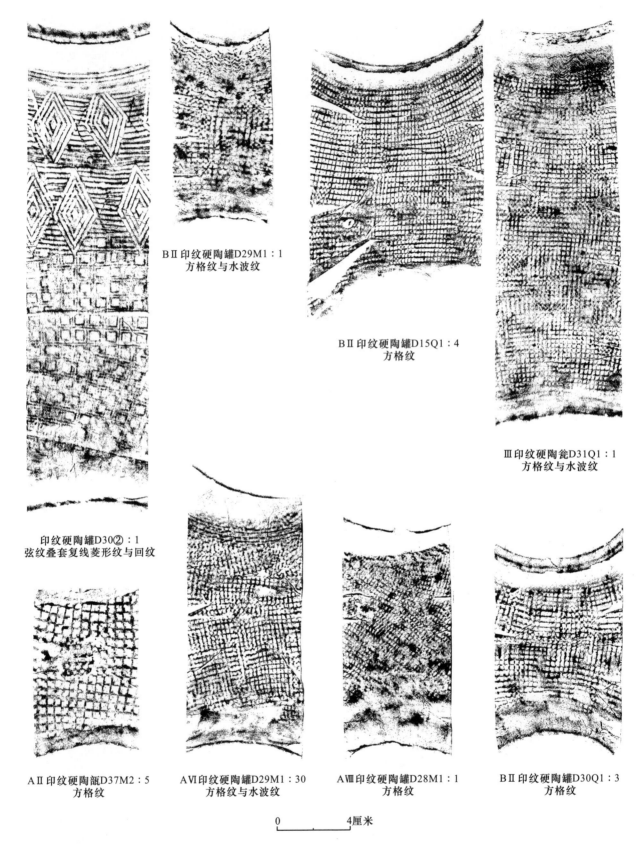

BⅡ印纹硬陶罐D29M1：1
方格纹与水波纹

BⅡ印纹硬陶罐D15Q1：4
方格纹

印纹硬陶罐D30②：1
弦纹叠套复线菱形纹与回纹

Ⅲ印纹硬陶瓮D31Q1：1
方格纹与水波纹

AⅡ印纹硬陶瓿D37M2：5
方格纹

AⅥ印纹硬陶罐D29M1：30
方格纹与水波纹

AⅧ印纹硬陶罐D28M1：1
方格纹

BⅡ印纹硬陶罐D30Q1：3
方格纹

0　　　　　　4厘米

图2-2-52　印纹硬陶纹样（五）

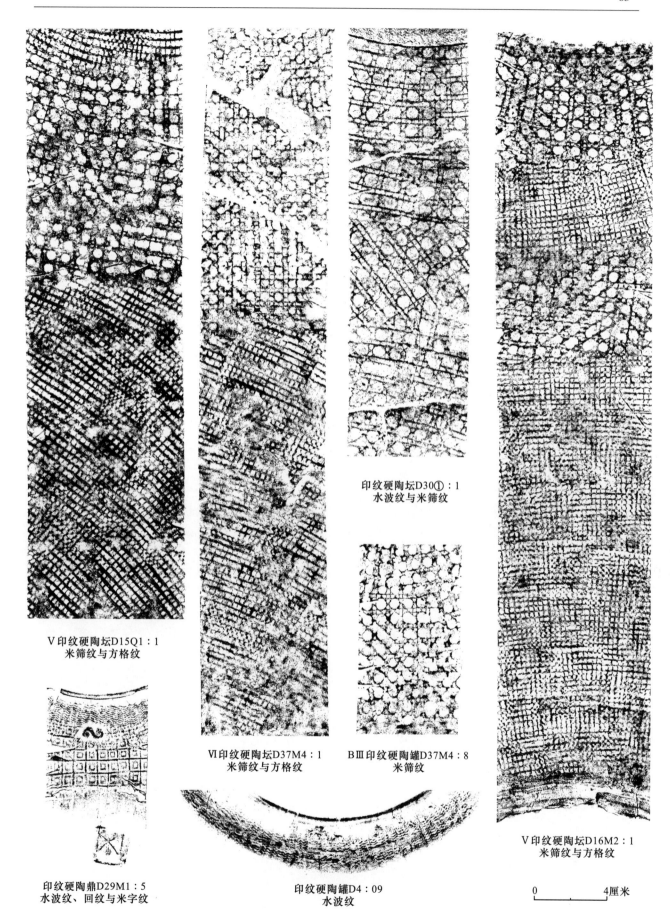

V 印纹硬陶坛D15Q1：1
米筛纹与方格纹

印纹硬陶鼎D29M1：5
水波纹、回纹与米字纹

印纹硬陶坛D30①：1
水波纹与米筛纹

Ⅵ印纹硬陶坛D37M4：1
米筛纹与方格纹

BⅢ印纹硬陶罐D37M4：8
米筛纹

印纹硬陶罐D4：09
水波纹

V 印纹硬陶坛D16M2：1
米筛纹与方格纹

0　　　　　　4厘米

图2-2-53　印纹硬陶纹样（六）

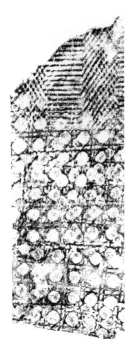

印纹硬陶坛D34M1：2
折线纹与米筛纹

V印纹硬陶坛D29M1：31
大方格填线纹

VII印纹硬陶坛D27M1：1
麻布纹

0　　　　　4厘米

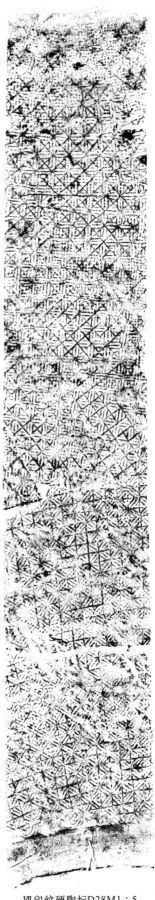

VII印纹硬陶坛D28M1：5
米字纹

图2-2-54　印纹硬陶纹样（七）

附加堆纹较少，多见于罐的腹部，堆塑呈扉棱状。

（五）刻划符号

符号见于少量罐和瓿的外底，刻划零乱，无规律可循。

三 硬陶器

3座墓出土硬陶器，共3件，约占出土遗物的0.35%。均为硬陶质。陶色有黑褐色、红褐色和红色等。器形有鼎、坛和钵。

鼎 1件。D9M1：29，圆唇，敞口，弧腹，圜底，底部附三矮足。黑褐色胎。

坛 1件。D18M2：4，圆唇，平沿，敛口，矮颈，斜肩，深弧腹，平底。红褐色胎，内壁现指摁痕。肩部现窑汗。

钵 1件。D8M1：11。圆唇，敛口，鼓腹，圜底近平。口部饰两道弦纹。红色胎。

四 泥质陶器

19座墓和1个器物群内出土泥质陶器，共49件（组），约占出土遗物的5.65%。陶质均为泥质软陶，胎质疏松，烧制火候低，硬度小，陶色有灰色、红色和黄色之分；器形有鼎足、豆柄、盘、罐、纺轮和陶珠等。

鼎足 1件。D36M1：7。泥质黄陶，柱状。

罐 21件。其中19件残碎，无法起取，分别是D6M2：2、D7M2：1、D7M2：2、D8M1：12、D14M1：6、D15M1：5、D16M1：1、D17M4：4、D17M4：9、D17M4：13、D17M4：15、D18M1：10、D24M1：2、D24M1：4、D27M1：9、D29M1：40、D29M1：43、D29M1：44和D30Q1：5。其余2件可分成2式。

Ⅰ式 1件。D17M4：10。圆唇，敛口，斜肩，球腹，圜底。肩部饰一个桥形纽。肩部饰叶脉纹，腹部及底满饰方格纹。

Ⅱ式 1件。D19：19。方唇，侈口，束颈，溜肩，鼓腹，平底。青灰色胎。腹部满饰拍印方格纹。

豆柄 1件。D8M1：14，泥质灰陶，残。

盘 1件。D15M1：5，泥质灰陶，残碎。

纺轮 10件。分别是D4：27、D15M1：12、D15M1：13、D27M1：4、D27M1：19、D31M1：89、D33M1：2、D37M1：4、D37M2：6和D37M3：7。器形相仿，均为算珠形。

陶珠 15件（组）。分别是D4：15、D4：29、D4：30、D4：36、D4：47、D4：58、D4：61、D4：63、D4：68、D4：72、D4：73、D36M1：4、D36M1：5、D36M1：6和D36M1：9。器形相仿，均为圆球状。

五 夹砂陶器

2座墓和1个器物群内出土夹砂陶器，共5件，约占出土遗物的0.58%。器形有罐和钵。

罐 2件。为D17Q1：9和D35M1：2。夹砂红陶。

钵 3件。分别是D18M2：1、D18M2：2和D18M2：3。夹砂灰陶。圆唇，敛口，上腹略鼓，下腹弧收，平底。口部饰弦纹。

六 青铜器

1座墓内出土青铜器，共3件，约占出土遗物的0.35%。器形有挂饰和镞。

挂饰 1件。D29M1：41。青铜质。圆柱形，柱中部穿一圆环，柱内空，柱下有两个圆环。柱正面饰云雷纹。

镞 2件。为D29M1：46和D29M1：47。

七 玉器

1座墓和1个器物群内出土玉器，共2件，约占出土遗物的0.23%。器形有玉管和玉璜形饰。

管 1件。D29M1：42。青白料。圆柱状，残。仅存半圆。素面。

璜形饰 1件。D30Q2：4。璜形饰，乳白色玉，月牙形。

八 石器

5座墓中出土石器，共10件，约占出土遗物的1.15%，器形有镞、锛、黛板、圭、石料、球和不明器形石器等。

镞 1件。D22M1：3。残。尖头，双翼有铤，刃缘锋利，横截面呈菱形，翼面磨制光滑。

锛 1件。D37M4：4。灰褐色砂岩，长方形。三面磨制光滑。

黛板 1件。D29M1：23。残。青色滑石质。长方体。面心略凹。表面磨制光滑细腻。素面无纹。

圭 2件。为D29M1：19和D29M1：18。顶端为三角形，一侧残缺。下部呈长方形，素面无纹。

石料 1件。D29M1：20。青色滑石质。多面体。表面多处打磨光滑。

球 1件。D29M1：21。完整。青色砂岩。长球状。表面有打磨痕迹。

不明器形石器 3件。为D4：1、D14M1：7和D29M1：22。

第三章 分 述

D1

土墩

D1位于竹狗洞山的山顶西部（彩版四，1），东与D2相邻，二者间距约7米。南侧为陡坡，另外三面山坡较平缓，土墩北侧为山路。土墩隆起较为明显，整体大致呈西南—东北走向，清理部分平面形状大致呈长圆形，长径约11.77米，短径约6.87米，现存高度约1.37米。地表生长少量栲树、香樟树及大量杂草。土墩中部的盖顶石暴露于地表。土墩中部有一个长约3、宽约2、深约1.8米的长方形盗洞（彩版四，2），盗洞深达墓底，为近期形成，盗洞扰土中发现大量遗物，有原始瓷豆、盂、碗、盘等。

封土顶部为0～5厘米厚的灰黑色植物腐殖质，腐殖质下即为黄褐色封土。封土堆积厚薄不均，厚5～60厘米，多处较薄，其内包含大量植物根系，发现少量印纹硬陶残片。

墓葬

墓葬位于土墩中部，石室墓，方向为205°。石室建于经过平整的山顶基岩上。由墓门、墓道、墓室、挡土墙和护坡组成，整体呈长方形，长10、宽5.6米。（图3-1-1、图3-1-2；彩版五，1）

墓葬内平面呈刀把形，分成墓道和墓室两部分。

墓道位于最西南部，长约2.2、宽约0.8、高约0.6～1.3米。泥底，较为平整，中部发现大石块。两壁用石块垒砌，石块大小不一，多呈长条形，长0.35～0.7米。较光滑的一端朝内。西壁挤压变形严重，东壁下部垒砌规整考究，上部遭破坏，由下向上略内收。（彩版四，3）

墓道外侧近口处用两个石块封堵，石块底距离墓道底约0.3米。

墓室内平面呈长条形，长5.92、宽1.47、高1.25～1.72米。墓壁为石块垒砌而成，垒砌十分规整考究，多选用大石块较光滑的一端作为内壁，分层错缝垒砌，由下向上略内收。东壁保存较为完整（彩版四，4），西壁变形，两侧壁厚约0.5米。

墓葬东西两侧外围均发现明显挡土墙，保存较完整，由大小不一的石块垒砌而成，石块较光滑的一端向外。两侧挡土墙北部尚保存原貌，较竖直，上部略内收，南部受挤压向外倒塌。西侧挡土墙高0.35～1.47米，中北部高，南部低（彩版五，2）。北端挡土墙不太明显，排列稍整齐，南端仅见土、石混筑的护坡。

在挡土墙与墓壁之间为土、石混筑的护坡。石块大小不一，堆放较为杂乱，土为与封土类似

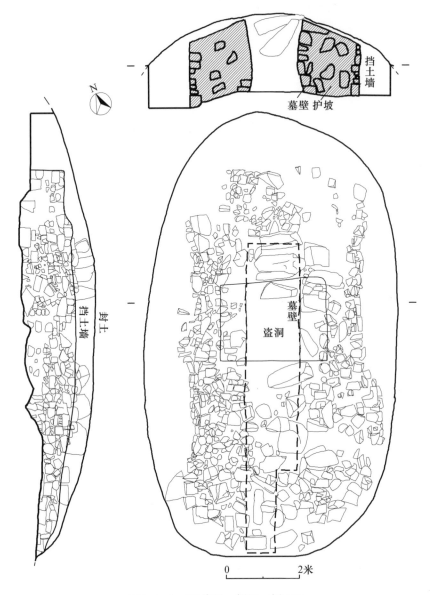

图3-1-1　D1俯视、侧视、剖面图

的黄褐色土，较为疏松。护坡呈斜坡状，内高外低。

墓室顶部尚存五块巨大的盖顶石，长0.8～1.3、宽0.35～0.8、厚0.3～0.5米，呈倾斜状，西端均陷于墓室内。（彩版五，3）

墓内填土呈黄褐色，中北部松软，南端较坚硬，其内包含少量石块，上部有陷落于墓室的盖顶石。填土中仅发现少量印纹硬陶残片，未见人骨、葬具痕迹。

随葬品共31件，集中分布于墓道口、墓室中部和后部偏西侧，填土未见明显分层现象，清理时统一编号。但这组器物既有厚胎厚釉的原始瓷豆、盉，又有薄胎薄釉的平底碗、盅式碗等，时代差异较大。根据器物的分布情况和时代特征，这批器物可以分成3组，应分别对应3座墓葬。第1组器物（D1M1）共5件，包括D1：1～5，分布于墓室后部偏西侧；第2组器物（D1M2）共11件，包括D1：6～13、20～22，集中分布于墓室中部；第3组器物（D1M3）共15件，包括D1：14～19、23～31，集中分布于墓道口，两件原始瓷碗（D1：18、D1：29）和一件印纹硬陶罐（D1：30）高出墓

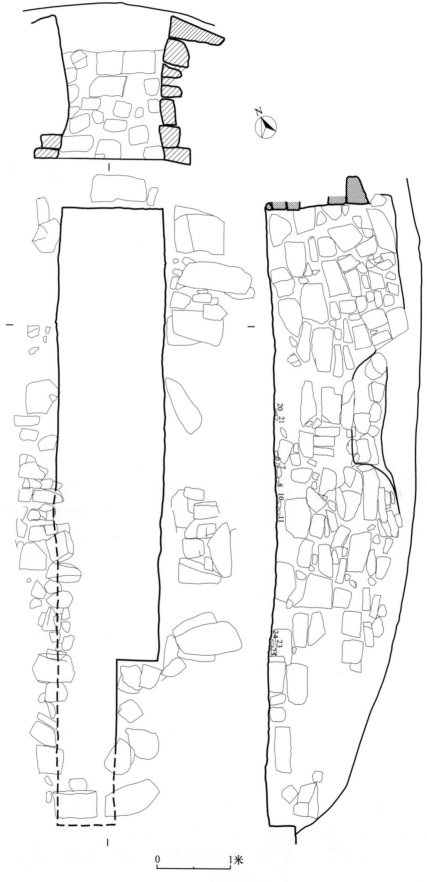

图3-1-2 D1墓室平面、剖视图

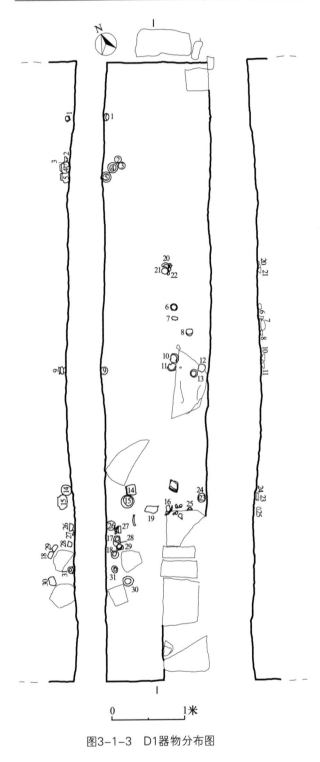

图3-1-3　D1器物分布图

底约0.3米。（图3-1-3）

出土遗物

1.扰土出土遗物

出于盗洞扰土中，可复原遗物共7件，均为原始瓷器，包括原始瓷豆、盂、碗、盘。

原始瓷豆　2件。圆唇，束口微侈，弧腹，圈足。圈足与器身分制拼接成型。胎较厚。器表施青黄釉，釉层明显。D1∶06，内底心略下凹，口部饰弦纹。灰白色胎。下腹有脱釉现象。口径11.1、足径5.8、高4.7厘米。（图3-1-4；彩版四）

D1∶07，口部饰弦纹，残存一个贴饰的横向"S"纹。青灰色胎。釉面有光泽。口径13.7、足径8.8、高5.1厘米。（图3-1-4；彩版四）

原始瓷盂　1件。D1∶05，圆唇，口微侈，鼓腹，圈足。圈足与器身分制拼接成型。内底心略下凹，外底饰"Π"形刻划符号。青灰色胎，胎体较厚。器表施釉不及圈足，釉层厚，釉色为茶绿色，下腹及内壁有聚釉现象，聚釉处釉色发黑。口径11.3、足径7.8、高5厘米。（图3-1-4；彩版四）

原始瓷碗　1件。D1∶04，敞口，直腹，下腹急内收成小平底，腹部较浅，内底平。内底饰旋纹，外底有明显线割痕。青灰色胎较薄。通体施釉，釉色青黄，釉层较薄，内壁釉面有光泽。口径8.2、底径4.6、高3.7厘米。（图3-1-4；彩版四）

原始瓷盘　3件。敞口，弧腹，平底，青灰色胎。器表施青釉。D1∶01，内底饰旋纹，外底有明显平行线割痕。胎底起泡。施釉不及底，脱釉严重。口径12.1、底径6.7、高3.2厘米。（图3-1-4；彩版四）

D1∶02，内底饰旋纹，外底有明显平行线割痕。胎内底起泡，外底粘连窑渣。通体施釉，釉层薄，釉面光滑有光泽。口径13、底径7.3、高3.6厘米。（图3-1-4；彩版四）

D1∶03，平沿，矮圈足，内底下凹。足底粘连窑渣。施釉不及底，釉色深，釉层厚。口径12.6、足径6.6、高3.5厘米。（图3-1-4；彩版四）

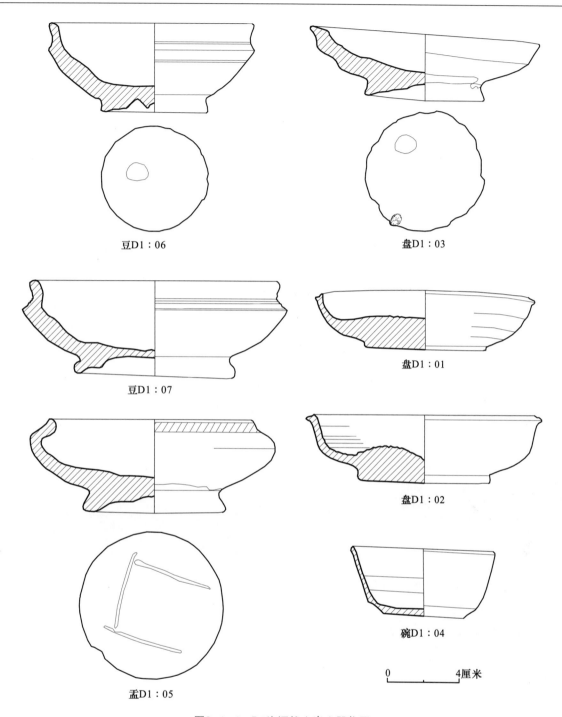

豆D1：06　　　　　　　　　　　　　盘D1：03

豆D1：07　　　　　　　　　　　　　盘D1：01

盘D1：02

碗D1：04

盂D1：05　　　　　　　　　　0　　　　　4厘米

图3-1-4　D1盗洞扰土出土器物图

2.D1M1出土遗物

共5件，包括原始瓷盂、盅式碗和印纹硬陶罐。

原始瓷盂　1件，A型Ⅱ式。D1：1，圆唇，敛口，鼓腹，矮圈足。内底心下凹，足底内凹。
肩部饰一组六周弦纹，足底饰"三"形刻划符号。黄灰色胎。器表施青釉不及足底，釉层明显，
釉面光滑，下腹有聚釉现象。口径6.7、足径5.2、高4.1厘米。（图3-1-5；彩版五）

原始瓷碗　2件，均为A型Ⅲ式。形制类似。尖唇，口微侈，直腹，下腹急内收成小平底，内

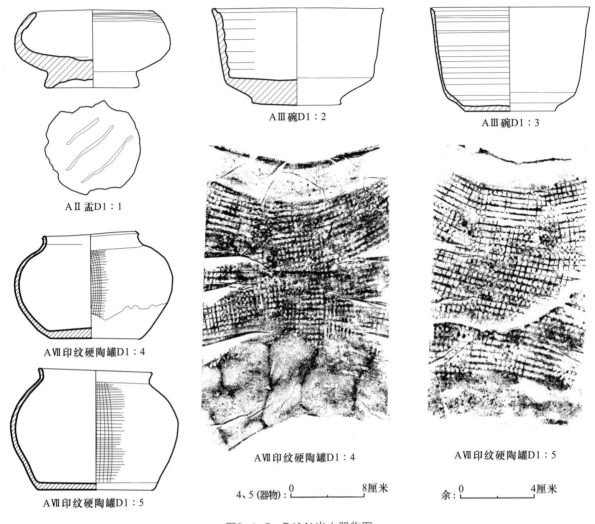

AⅡ盂D1：1

AⅢ碗D1：2

AⅢ碗D1：3

AⅦ印纹硬陶罐D1：4

AⅦ印纹硬陶罐D1：5

AⅦ印纹硬陶罐D1：4

AⅦ印纹硬陶罐D1：5

4、5（器物）：0 ——— 8厘米　　　余：0 ——— 4厘米

图3-1-5　D1M1出土器物图

底略弧。外底有明显线割痕。青灰色胎较薄。通体施青黄釉，釉层较薄。D1：2，内壁饰粗疏的弦纹。口径9.4、底径4.9、高5.2厘米。（图3-1-5；彩版五）

D1：3，内壁饰粗疏的弦纹，内底饰密集旋纹。器壁较薄，外壁有脱釉现象。口径8.6、底径4.9、高5.7厘米。（图3-1-5；彩版五）

印纹硬陶罐　2件，均为A型Ⅶ式。侈口，短颈，溜肩，鼓腹，平底。腹部均拍印方格纹。青灰色胎。D1：4，斜方唇，下腹有明显刮削痕，外底略现红色，口径10.5、腹径17.3、底径9.9、高11厘米。（图3-1-5；彩版五）

D1：5，圆唇，口至上腹有黑衣，器底略现灰黄色。口径12.4、腹径18.3、底径13、高12.7厘米。（图3-1-5；彩版五）

3.D1M2出土遗物

共11件，包括原始瓷尊、平底尊形器、豆、盂、钵和盘。

原始瓷尊　1件，Ⅰ式。D1：9，平沿，敛口，高束颈，扁鼓腹，喇叭状高圈足。沿部饰三道弦纹并残存两个贴饰的"S"纹，腹部上下各饰一组弦纹，其间贴饰一周乳丁，乳丁由四个横向"S"纹隔成四组，每组有四到六个不等的乳丁。外底饰两个"∏"状符号。青灰色胎。器表施茶

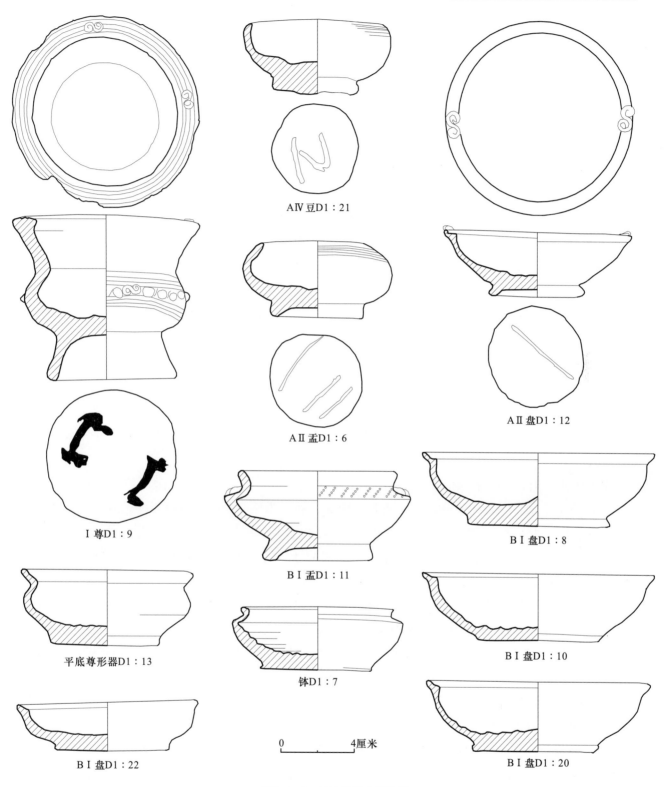

AⅣ豆D1：21

AⅡ盂D1：6

AⅡ盘D1：12

Ⅰ尊D1：9

BⅠ盂D1：11

BⅠ盘D1：8

平底尊形器D1：13

钵D1：7

BⅠ盘D1：10

BⅠ盘D1：22

0　　　　　4厘米

BⅠ盘D1：20

图3-1-6　D1M2出土器物图

绿色釉不及圈足，釉层明显，釉面光滑有光泽，下腹部分滴釉至圈足。口径10.2、足径7.1、高8.9厘米。（图3-1-6；彩版六）

　　原始瓷平底尊形器　1件。D1：13，圆唇，敞口，束颈，扁鼓腹，平底。内底饰旋纹，外底有浅显的线割痕。器表施青黄色釉不及外底，釉层薄，脱釉严重。口径9.4、底径6、高4厘米。

（图3-1-6；彩版六）

原始瓷豆　1件，A型Ⅳ式。D1∶21，圆唇，敞口，弧腹，矮圈足。内底下凹，底心微凸。圈足与器身分制拼接成型。下腹有明显刮削痕，口部饰细微弦纹，足底饰"N"形刻划符号。灰黄色胎。器表施青釉不及圈足，釉层基本脱落殆尽。口径7.8、足径4.7、高3.9厘米。（图3-1-6；彩版六）

原始瓷盂　2件。

A型Ⅱ式　1件。D1∶6，圆唇，敛口，鼓腹，矮圈足。圈足与器身分制拼接成型，下腹土沁严重。口部饰一组细密弦纹，足底饰"三"形刻划符号，足底有弦纹痕。青灰色胎。器表施青釉，釉层明显，釉面光滑有光泽。口径5.6、足径5、高4厘米。（图3-1-6；彩版七）

B型Ⅰ式　1件。D1∶11，圆唇，侈口，束颈，斜肩略下凹，弧腹，矮圈足，内底下凹。圈足与器身分制拼接成型，腹部有明显刮削痕。肩部饰一组斜向戳印篦点纹，残存一个横向"S"形纹。青灰色胎。器表施青釉不及足底，釉层厚，有脱釉现象。口径8.7、足径6、高4.8厘米。（图3-1-6；彩版七）

原始瓷钵　1件。D1∶7，圆唇，折沿，敛口，矮束颈，斜肩，弧腹，平底。内底饰旋纹，外底有明显的平行线割痕。青灰色胎。腹及底局部可见黑衣。器表施青黄釉，脱釉严重。口径8.3、底径6.1、高3.3厘米。（图3-1-6；彩版六）

原始瓷盘　5件。

A型Ⅱ式　1件。D1∶12，圆唇，敞口，斜折沿，弧腹浅坦，平底，矮圈足，内底略下凹。沿部下凹明显。沿部贴饰对称"S"纹，外底饰"一"形刻划符号。青灰色胎。器表施青釉不及底，釉层薄，脱釉严重。口径10.3、底径5.2、高3.4厘米。（图3-1-6；彩版七）

B型Ⅰ式　4件。圆唇，敞口，斜折沿，弧腹浅坦，平底。沿部下凹明显。青灰色胎。器表施青釉不及底。D1∶8，内底心凸起，底满布旋纹。釉层明显，釉面光滑有光泽，有细微开片现象。口径12.8、底径7.8、高3.9厘米。（图3-1-6；彩版七）

D1∶10，内底满布旋纹，外底饰"十"形刻划符号。胎底有气泡。釉层明显，釉面光滑有光泽。口径12.8、底径6.7、高3.5厘米。（图3-1-6；彩版七）

D1∶20，内底满布旋纹。底有气泡，外底粘有少量黄色窑渣。釉层薄且均匀，釉面光滑有光泽。口径12.4、底径7、高3.7厘米。（图3-1-6；彩版七）

D1∶22，内底饰旋纹。外底粘有少量黄色窑渣。釉层薄且均匀，脱釉严重。口径9.9、底径6.3、高2.6厘米。（图3-1-6；彩版七）

4.D1M3出土遗物

共15件，包括原始瓷罐、盂、碗、盘和印纹硬陶坛、罐。

原始瓷罐　2件，均为B型Ⅱ式。大小相仿。尖唇，敛口，弧腹，平底，底心有乳突。肩部饰一组水波纹，腹部饰多组水波纹，内底饰旋纹。器表施青黄釉，釉层几乎脱落殆尽。D1∶14，耸肩较明显，腹部饰五组水波纹，水波起伏较大。灰褐色胎，胎质细密。口径10.9、底径9.8、高12.4厘米。（图3-1-7；彩版八）

D1∶15，肩略平，腹部饰四组水波纹，水波较平缓。青灰色胎，胎质细密，外底呈红色。口径11、底径10、高13.2厘米。（图3-1-7；彩版八）

原始瓷盂　1件，B型Ⅰ式。D1∶25，圆唇，敛口，斜肩略下凹，弧腹，矮圈足，内底下凹。

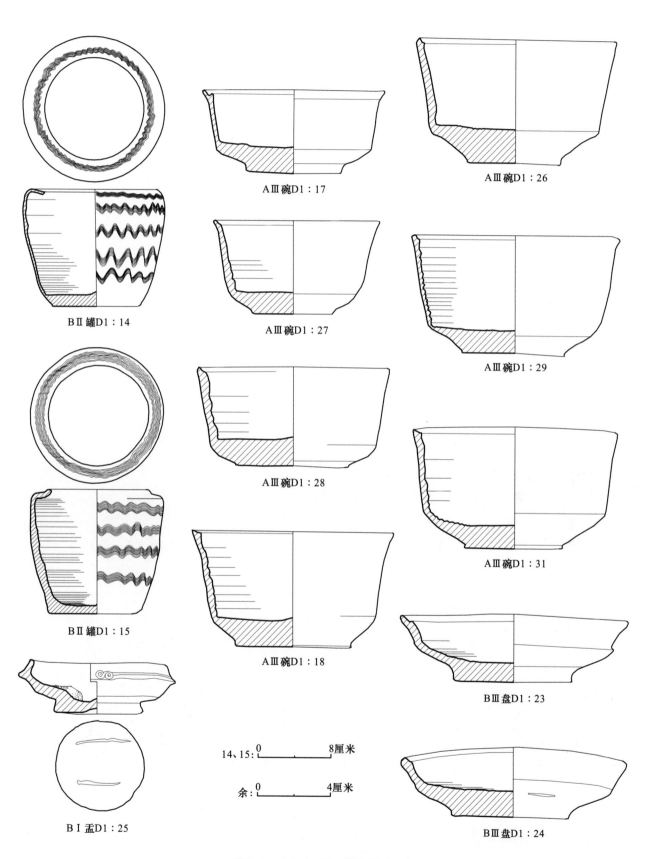

AⅢ碗D1：17

AⅢ碗D1：26

BⅡ罐D1：14

AⅢ碗D1：27

AⅢ碗D1：29

BⅡ罐D1：15

AⅢ碗D1：28

AⅢ碗D1：31

AⅢ碗D1：18

BⅢ盘D1：23

14、15：0   8厘米

余：0   4厘米

BⅠ盂D1：25

BⅢ盘D1：24

图3-1-7 D1M3出土器物图（一）

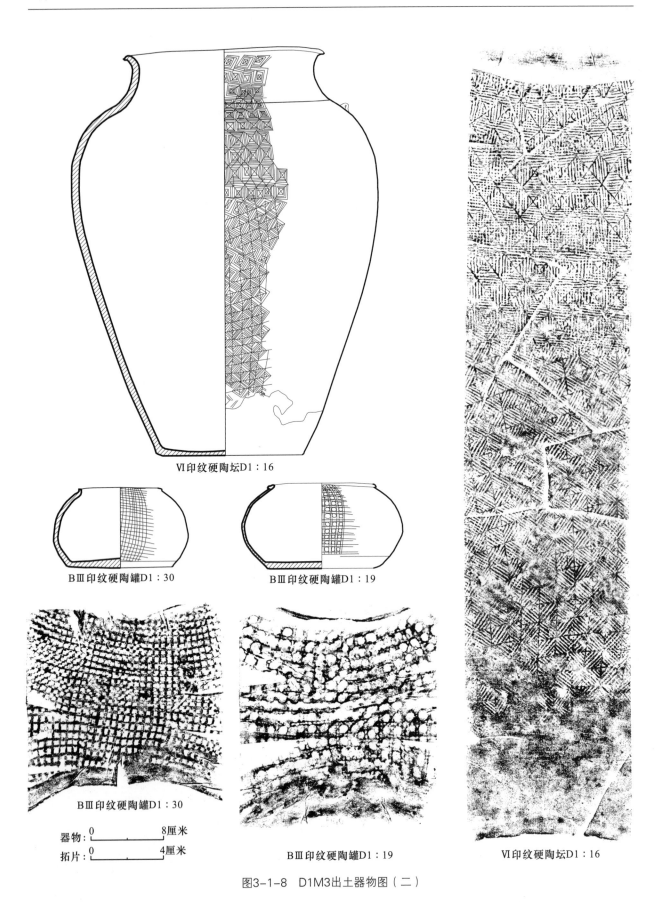

VI印纹硬陶坛D1∶16

BⅢ印纹硬陶罐D1∶30　　　　　　　　BⅢ印纹硬陶罐D1∶19

BⅢ印纹硬陶罐D1∶30

器物：0　　　　　8厘米
拓片：0　　　　　4厘米

BⅢ印纹硬陶罐D1∶19　　　　　　VI印纹硬陶坛D1∶16

图3-1-8　D1M3出土器物图（二）

圈足与器身分制拼接成型，腹部有明显刮削痕，内底粘连窑渣。肩部饰两道弦纹，残存一个横向"S"形纹，外底有"二"形刻划符号。青灰色胎。器表施青釉不及足底，釉层厚，聚釉处釉色发黑。口径7.6、足径4.9、高2.7厘米。（图3-1-7；彩版九）

原始瓷碗 7件，均为A型Ⅲ式。形制类似。尖唇，口微敞，直腹，下腹急内收成小平底，内底平。外底有明显弧形线割痕，内底饰旋纹。青灰色胎较薄。通体施青黄釉，釉层较薄，釉面均匀。D1：17，腹部较浅。内壁饰细微的弦纹。口径9.9、底径5.2、高4.4厘米。（图3-1-7；彩版九）

D1：27，腹部较浅。内壁饰粗疏的弦纹。口径9、底径4.4、高5厘米。（图3-1-7；彩版九）

D1：28，内底心微凸。腹部较深。内壁饰粗疏的弦纹。内壁釉面有光泽。口径10.5、底径6.2、高5.2厘米。（图3-1-7；彩版九）

D1：18，内底心微凸，腹部较深。外底有抹摁痕，内壁饰粗疏的弦纹。口径11、底径6.4、高6.1厘米。（图3-1-7；彩版九）

D1：26，内底平。腹部较深，下腹内收处略内弧。内壁饰细微的弦纹。外底粘连小块瓷土。口径11、底径5.1、高6.8厘米。（图3-1-7；彩版九）

D1：29，内底平。腹部较深。内壁饰细密的弦纹。内壁釉面有光泽。口径11.4、底径5.7、高6.2厘米。（图3-1-7；彩版九）

D1：31，内底平。腹部较深。内壁饰粗疏的弦纹。内壁釉面有光泽。口径11.3、底径5.4、高6.4厘米。（图3-1-7；彩版九）

原始瓷盘 2件，均为B型Ⅲ式。大小形制雷同，略变形，出土时上下叠压。圆唇，敞口，斜折沿，弧腹浅坦，平底。沿部下凹明显。外底有明显弧形线割纹，内底满布旋纹。青灰色胎。器表施青釉，外底局部无釉，釉层薄，釉面光滑有光泽。D1：23，口径12.6、底径6.6、高3.6厘米。（图3-1-7；彩版九）

D1：24，口径12.5、底径6.5、高3.7厘米。（图3-1-7；彩版八）

印纹硬陶坛 1件，Ⅵ式。D1：16，侈口，卷沿，束颈，溜肩，弧腹，平底。颈部、腹部满饰拍印大方格填线纹，颈及上腹纹饰较正，下腹纹饰倾斜。肩部饰一个弧形小纽。灰褐色胎。口径22、腹径33.6、底径16.5、高43厘米。（图3-1-8；彩版八）

印纹硬陶罐 2件，均为B型Ⅲ式。D1：30，方唇，直口，垂腹，大平底。外壁满饰拍印方格纹。灰褐色胎。口径9.1、底径11.5、高8.5厘米。（图3-1-8；彩版八）

D1：19，平沿，敛口，溜肩，鼓腹，平底。外壁满饰拍印米筛纹。青灰色胎。口径11.9、腹径17.6、底径11.6、高9厘米。（图3-1-8；彩版八）

D2

土墩

D2位于竹狗洞山山顶东部，西与D1相邻，二者间距约7米。西侧为山路，较为平缓，另外三面为陡坡。土墩隆起较为明显，平面形状大致呈圆形，直径约9米，现存高度约1米。地表生长少量香樟树及大量杂草，落叶遍地。土墩中部偏东处有一个近方形盗坑，边长2.5、深0.65米。盗坑已达墓葬，为近期形成，盗坑扰土中发现少量印纹硬陶片（彩版一〇，1）。土墩上还发现两条长条形早期盗沟，南侧盗沟内发现一件原始瓷豆残件，与墓底出土的原始瓷豆残件可以拼合为一件器物（D2M1：15）。土墩西北部暴露基岩。（图3-2-1）

封土顶部为0～5厘米厚的灰褐色植物腐殖质，腐殖质下即为黄褐色封土。封土较为疏松，封土下西北部为层层叠压的基岩，封土内发现印纹硬陶残片、原始瓷豆和泥质陶纺轮等。

墓葬

土墩底部发现一座墓葬，编号D2M1。

D2M1位于土墩中部偏东，石框型墓。（图3-2-2；彩版一〇，2）

它是在经过平整的山顶表面平地上用大小不一的石块围成。石框内中部为基岩，基岩以北铺垫厚约0.25米的黄褐色土将墓底垫平。随葬器物大多放在垫土上，但石框内西北部垫土

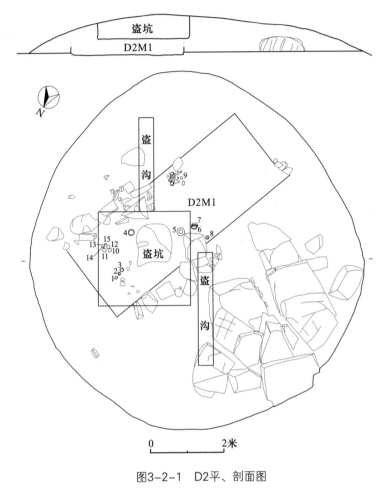

图3-2-1　D2平、剖面图

内出土大量原始瓷罐残片，拼对发现它们属于同一件罐（此罐未编号，未统计）。

石框平面形状略呈长方形，南北内长5.88、东西内宽2.22、高0.35米，方向220°。东西两壁北半部尚存石砌墓壁，南壁西半部亦存石砌墓壁，石壁内侧较为整齐。墓内填土呈黄褐色，与封土略同。底部为黄褐色生土。

共出土14件器物，原始瓷豆、盂、镞多位于北端，原始瓷罐位于西北部垫土内，印纹硬陶瓿位于中部偏西侧的基岩旁，印纹硬陶罍位于南端，已残碎。出土器物均为正置，其中原始瓷镞置于一件原始瓷豆内，D2M1：6和D2M1：7可拼成一件器物（D2M1：6）。

出土遗物

1.封土出土遗物

封土内发现印纹硬陶残片、原始瓷豆和泥质陶纺轮等。印纹硬陶纹饰可分为折线纹、变形云雷纹与回纹组合纹等。可复原原始瓷豆和陶纺轮各1件。（图3-2-3）

原始瓷豆　1件。D2：02，方唇，敛口，折腹较深，圜底，高圈足外撇。上腹斜直，下腹弧收，器身与圈足分制拼接而成。上腹饰三道凸弦纹，近圈足处饰两道凸弦纹。青灰色胎，胎质细腻。器表施青釉不及圈足，釉层薄，施釉均匀，釉面光滑有光泽。口径16.3、足径10.2、高8.8厘米。（图3-2-3；彩版一〇）

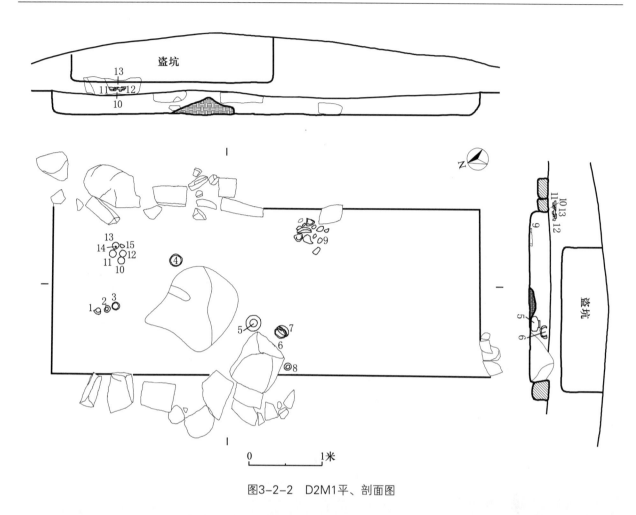

图3-2-2 D2M1平、剖面图

陶纺轮 1件。D2:01，算珠形，泥质灰陶。直径3、高1.8厘米。（图3-2-3；彩版一〇）

2.D2M1出土遗物

共14件，包括原始瓷豆、盂、镞和印纹硬陶罍、瓿等。

原始瓷豆 5件。

A型Ⅳ式 4件。形制类似。圆唇，敞口，弧腹，矮圈足。内底下凹，圈足与器身分制拼接成型。上腹饰弦纹。器表施青釉不及圈足，釉层厚。D2M1:1，下腹有明显刮削痕。上腹饰五道弦纹，足底饰"二"形刻划符号。黄色胎，胎体疏松。有脱釉现象。口径8.5、足径5、高3.7厘米。（图3-2-4；彩版一〇）

D2M1:10，内底心微凸，下腹有明显刮削痕。上腹饰五道弦纹，足底饰"×"形刻划符号。青灰色胎。釉层明显，釉面光滑有光泽。口径9.7、足径5.5、高4.6厘米。（图3-2-4；彩版一〇）

D2M1:11，下腹略经刮削。上腹饰三道弦纹。青灰色胎，下腹粘连窑渣。下腹不施釉，聚釉处釉色发黑。口径9.6、足径5.7、高4厘米。（图3-2-4；彩版一〇）

D2M1:13，上腹饰四道弦纹。下腹粘连窑渣，未施釉。青灰色胎。青绿色釉。口径10.4、足径6.7、高4.1厘米。（图3-2-4；彩版一〇）

C型Ⅱ式 1件。D2M1:15，圆唇，侈口，上腹直，下腹弧收，矮圈足。内底略下凹，圈足与器身分制拼接成型。上腹饰两道弦纹。灰黄色胎。器表施青釉不及底足，釉层明显，釉面光滑，

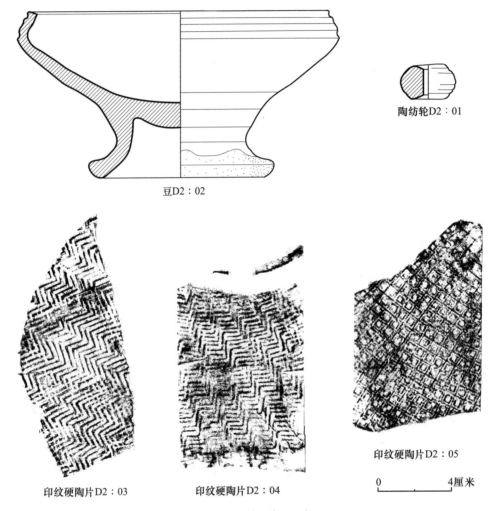

陶纺轮D2：01

豆D2：02

印纹硬陶片D2：03　　　　　印纹硬陶片D2：04

印纹硬陶片D2：05

0　　　　　　4厘米

图3-2-3　D2封土出土器物图

局部有光泽，有脱釉、聚釉现象。口径10.4、足径5.3、高4.1厘米。（图3-2-4；彩版一一）

原始瓷盂　5件。

A型Ⅱ式　2件。圆唇，敛口，鼓腹，矮圈足。圈足与器身分制拼接成型。器表施青釉不及圈足。D2M1：2，下腹有明显刮削痕，上腹饰六道弦纹，足底饰"＋"形刻划符号。青灰色胎，胎体细腻。釉色淡青，釉面光滑。口径6.5、足径5.5、高3.8厘米。（图3-2-4；彩版一一）

D2M1：3，下腹有细微刮削痕，上腹饰四道弦纹，足底饰"二"形刻划符号。灰黄色胎，胎体疏松。釉色淡青，有脱釉现象。口径7.2、足径4、高3.5厘米。（图3-2-4；彩版一一）

B型Ⅰ式　2件。口微侈，束颈，弧腹，圈足。圈足与器身分制拼接成型。D2M1：4，圆唇，内底有乳突。下腹有刮削痕，颈部饰两道弦纹，外底饰半月形刻划符号。青灰色胎。器表施青绿釉不及圈足，釉层厚，釉面光滑。内壁有脱釉现象。口径14.3、足径8、高5.8厘米。（图3-2-4；彩版一一）

D2M1：8，侈口，束颈，内底略鼓。颈部饰三个横向"S"纹，肩部饰两道弦纹，其间饰一周戳印篦点纹。灰黄色胎。釉色青黄，有脱釉现象。口径7.1、足径3.9、高3.6厘米。（图3-2-4；彩版一一）

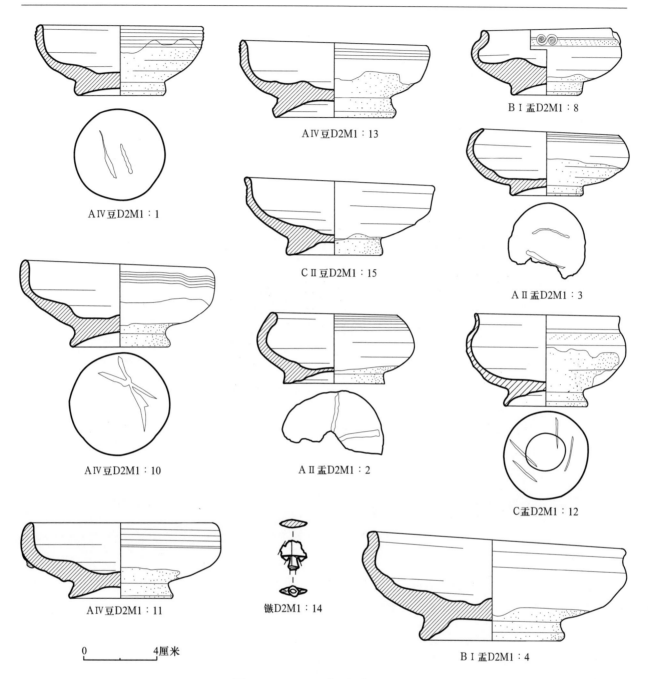

AIV豆D2M1：1

AIV豆D2M1：13

BI盂D2M1：8

CII豆D2M1：15

AII盂D2M1：3

AIV豆D2M1：10

AII盂D2M1：2

C盂D2M1：12

AIV豆D2M1：11

镞D2M1：14

0　　　　　　4厘米

BI盂D2M1：4

图3-2-4　D2M1出土器物图（一）

　　C型　1件。D2M1：12，侈口，圆唇，束颈，鼓腹，矮圈足。圈足与器身分制拼接成型。颈部饰两组各两道弦纹，其间饰一周戳印箆点纹，足底饰刻划符号。灰黄色胎，下腹有明显刮削痕。器表施青釉不及圈足，釉色黄，釉面光滑有光泽，有脱釉现象。口径8、足径4.6、高4.9厘米。（图3-2-4；彩版——）

　　原始瓷镞　1件。D2M1：14，镞身呈三角形，断面呈菱形。椭圆形短铤。青灰色胎，胎体细腻。器表通体施青釉，釉层薄，釉面光滑。长1.6、宽1.4厘米。（图3-2-4；彩版一〇）

　　印纹硬陶罍　1件，A型。D2M1：9，残碎。方唇，侈口，束颈，弧肩，球腹，圜底近平。颈部饰弦纹，肩部及腹部满饰拍印回纹。灰色胎。口径31.2厘米。（图3-2-5；彩版一〇）

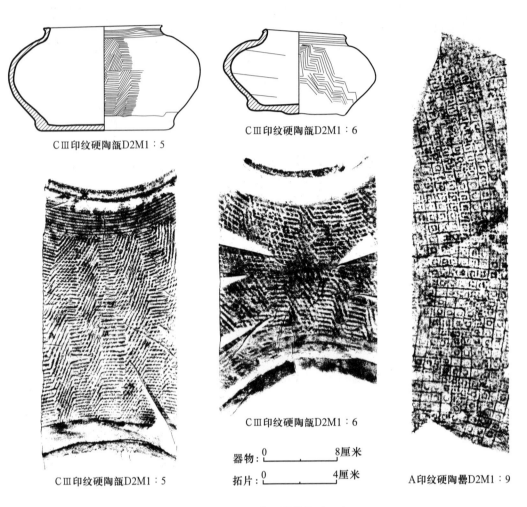

CⅢ印纹硬陶瓿D2M1：5

CⅢ印纹硬陶瓿D2M1：6

CⅢ印纹硬陶瓿D2M1：6

器物： 0　　　　8厘米
拓片： 0　　　　4厘米

CⅢ印纹硬陶瓿D2M1：5

A印纹硬陶罍D2M1：9

图3-2-5　D2M1出土器物图（二）

印纹硬陶瓿　2件，均为C型Ⅲ式。方唇，矮颈，大平底，腹部满饰折线纹。D2M1：5，口微敛，斜肩，鼓腹。底缘有刮削痕。颈部饰七道弦纹。青灰色胎。口径12.9、腹径21、底径15.2、高11厘米。（图3-2-5；彩版一一）

D2M1：6，侈口，溜肩，折腹。底缘微外凸，有刮削痕。底部有零乱的刻划痕。红褐色胎。口径9.2、腹径16.6、底径10.7、高8.6厘米。（图3-2-5；彩版一一）

D3

土墩

D3位于竹狗洞山与无名山体之间山脊上，东北与D12相邻，西南与D4相邻。东西两侧为陡坡，南北两侧较平缓，土墩正中为山路。土墩隆起较为明显，整体大致呈西南–东北走向，平面形状大致呈椭圆形，长径约11.38米，短径约8.04米，现存高度约1.44米。地表生长少量香樟树及大量杂草。土墩中部的盖顶石及墓室西壁暴露于地表。土墩保存完整，未见盗掘痕迹。（图3-3-1；彩版一二，1）

封土顶部为0～5厘米厚的灰黑色植物腐殖质，腐殖质下即为黄褐色封土。封土堆积厚薄不均，多处较薄，厚约0～45厘米，其内包含大量植物根系。土墩北端封土内发现大量印纹硬陶残片及少量原始瓷残片。

墓葬

土墩底部发现一座墓葬，编号D3M1。

D3M1位于土墩中部，石室墓，方向为30°。石室建于经过平整的山脊处，墓室底部与挡土墙底部处于同一水平面上。由墓门、墓室、挡土墙和护坡组成，整体略呈长方形，长10、宽6米。（图3-3-1；彩版一二，2）

墓室北端留一口作门，用一块长0.87、宽0.39、高0.85米的巨石封堵，封门石略向北倾斜。封门石外还堆砌散乱的石块。

墓室内平面呈长条形，长约6.6、宽约1.2、高约1.2米。墓底用大小不一的石块平铺，较为平整。墓底前部（北端）长约1.16米的地面低于中后部地面约0.1米。墓底中部偏后侧在墓底石块上发现两块略呈"八"字形排列的长条形石块，似为特意铺设，作用不明。两侧壁用石块垒砌，石块大小不一，石块多呈长条形，长0.3～0.7米，较光滑的一端朝内，下部的石块一般较大。西壁垒砌规整考究，受挤压变形，上部向外倾斜，东壁下部垒砌规整考究，上部石块较少，多为封土。两侧壁厚约0.7米。南端用三块大石封堵形成后壁，厚约0.3米。（图3-3-2；彩版一二，4）

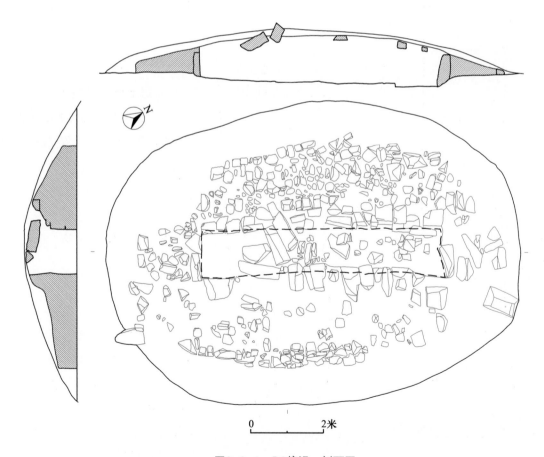

0   2米

图3-3-1 D3俯视、剖面图

　　墓葬东西两侧外围均发现明显挡土墙，由大小不一的石块垒砌而成，石块较光滑的一端向外。东侧保存较完整，高约0.5米（彩版一二，3）。西侧保存稍差，高约0.4米。两侧挡土墙均中部保存较好，两端保存较差。南端挡土墙东部排列稍整齐，西部较乱，高约0.25米。

　　在挡土墙与墓壁之间为土、石混筑的护坡。石块大小不一，堆放较为杂乱，土为与封土类似的黄褐色土，较为疏松。护坡呈斜坡状，内高外低。

　　墓室顶部南侧尚存三块明显的盖顶石，长0.75～1.05、宽0.3～0.5、厚0.25～0.3米，呈倾斜状，其中两块西端搭在西壁上，东端翘起。（彩版一二，5）

　　墓内填土呈黄褐色，较松软，其内包含大量石块，上部有陷落于墓室的盖顶石。最底部的土略硬，呈青灰色。未见人骨、葬具痕迹。

　　随葬品分布于墓室前部偏东侧，仅见印纹硬陶坛残片，经复原，为一件。（图3-3-2）

出土遗物

1.封土出土遗物

　　土墩北端封土内发现大量印纹硬陶残片及少量原始瓷残片，印纹硬陶纹饰包括折线纹、米筛纹、方格纹和水波纹等。（图3-3-3）

2.D3M1出土遗物

　　共1件。

　　印纹硬陶坛　Ⅳ式。D3M1：1，方唇，平沿，敛口，矮颈，圆肩，鼓腹，平底。肩部及上腹部饰拍印方格纹与米筛纹的组合纹，下腹饰拍印方格纹。青灰色胎，器壁厚薄均匀。口径21.1、腹径39.5、底径20、高41厘米。（图3-3-4；彩版一二）

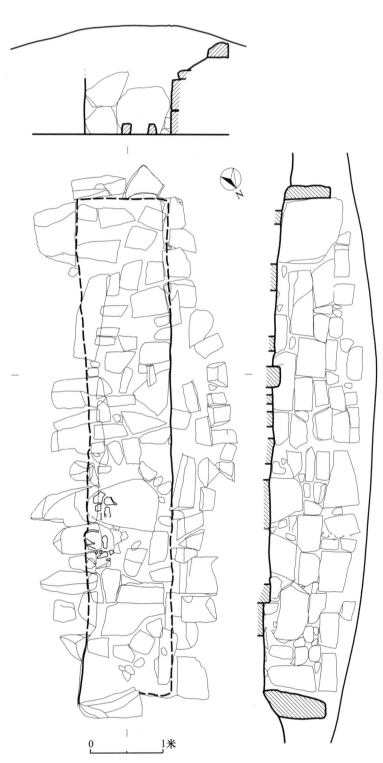

0　　　　　　1米

图3-3-2　D3M1墓室平、剖面图

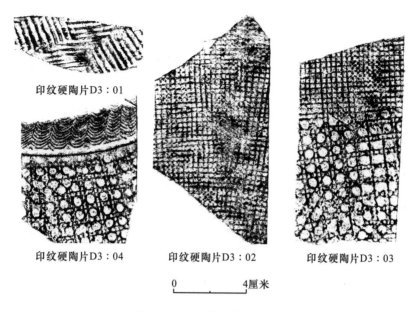

印纹硬陶片D3：01

印纹硬陶片D3：04　　印纹硬陶片D3：02　　印纹硬陶片D3：03

0　　　　　4厘米

图3-3-3　D3封土出土器物图

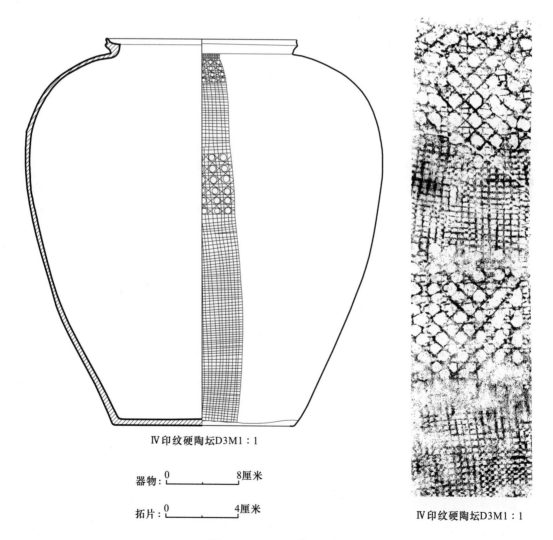

Ⅳ印纹硬陶坛D3M1：1

器物：0　　　　　8厘米

拓片：0　　　　　4厘米

Ⅳ印纹硬陶坛D3M1：1

图3-3-4　D3M1出土器物图

D4

土墩

D4位于竹狗洞山与无名山体之间山脊凸起处，东北与D3相邻。东西两侧山坡陡峭，南北两侧山坡较平缓，土墩中部为山路。土墩隆起十分明显，整体大致呈西南-东北走向，走向与山脊走向一致，平面形状大致呈长圆形，墩底长径约16.77米，短径约9.48米，现存高度约2米。地表生长少量灌木及大量杂草（彩版一三，1）。D4多次被盗，中部的盖顶石暴露于地表，西南端石砌墓道已经暴露，此处发现早期形成的盗洞。西南部有一个边长约1.7、深约1.9米的方形盗洞，盗洞深达墓底，为近期形成。盗洞扰土中发现大量遗物，有原始瓷罐、豆、盂、碗、盘和印纹硬陶罐等。（图3-4-1；彩版一三，2）

D4顶部为0~5厘米厚的灰黑色植物腐殖质（彩版一三，3），其下即为黄褐色封土。封土堆积厚薄不均，厚约0~50厘米，多处较薄，其内包含大量植物根系，发现少量印纹硬陶残片。陶片纹饰有回纹、折线纹、米筛纹和方格纹等。

墓葬

墓葬位于土墩中部，石室墓，方向为203°。石室建于经过平整的山脊处，墓底与挡土墙底基本处于同一水平面上。由墓门、墓道、前室、后室、挡土墙和护坡等部分组成，整体呈长方形，长14.4、宽7.92米。（图3-4-1；彩版一三，4、5）

石室西南端有两个大石块，位于前挡土墙外侧，距离前挡土墙约0.23米，其底部高出墓道底部约0.15米，二者分居墓道口外左右两侧。东侧的石块长约0.83、宽约0.32、高约0.6米，西侧的石块长约0.57、宽约0.4、高约0.5米。两石块与石室主体之间有意留出0.23米的距离，说明它们有着特殊的用途，推测其是墓门外的挡门石，石块与墓室之间原来可能存在木质或其他质地的封门。

石室内平面略呈"中"字形，由墓道、前室和后室组成，整个平面呈长条形。（图3-4-2；彩版一三，6、7）

墓道位于前室南，长约3.53、宽0.65~1.22、残高0.9~1.5米。泥底，局部发现碎小石块，较平整，由外到内逐步变深，高差约0.15米。墓壁用石块垒砌，石块大小不一，较光滑的一面朝内。墓壁保存较为完整，西壁略向内弧，东壁受挤压变形严重。

前室略呈长方形，与墓道、后室相接处有弧形转弯，长约4.9、宽1.3~1.74、残高约1.9米。底部较平整，中南部墓底夹杂大量碎小石子，土为红褐色，较坚硬，中北部发现一块长约1.3、宽约1米的青膏泥（彩版一四，1），与后室墓底土性质相同。两侧壁用石块垒砌，垒砌十分规整考究，一般选用大石块较光滑的一面作为内壁，分层错缝垒砌，由下向上逐步斜内收。墓室横断面略呈梯形。（彩版一三，8、9）

后室略呈长方形，长2.23、宽1.2~1.45、残高2米。墓底十分平整，为青膏泥堆积，其形态与湖底的淤泥类似，可以看到明显的分层现象，每层厚约1毫米。但是，这种青膏泥较坚硬，与烧成温度稍差的青砖相似（彩版一四，2）。两侧壁用石块垒砌，规整考究，两壁较直，后壁下部由一块长1.1、宽0.98、厚0.44米的巨石封堵，上部为较小的石块。两侧壁厚0.2~0.7米。

　　石室四周外围均发现挡土墙。西侧挡土墙保存较完整，由大小不一的石块垒砌而成，石块较光滑的一面向外，残存高度0.37～1.2米，中部高，两侧低，中间尚保存原貌，较竖直，上部略内收，两端因挤压向外倒塌（彩版一四，3、4）。东侧挡土墙保存稍差，高约0.8米（彩版一四，

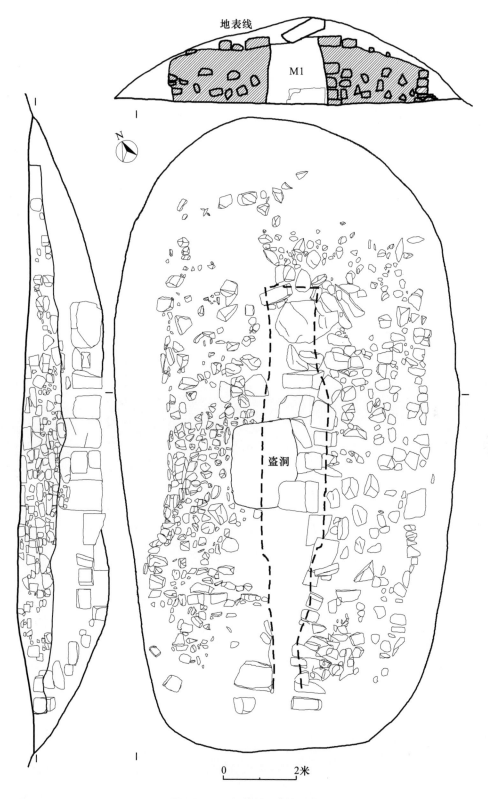

图3-4-1　D4俯视、侧视、剖面图

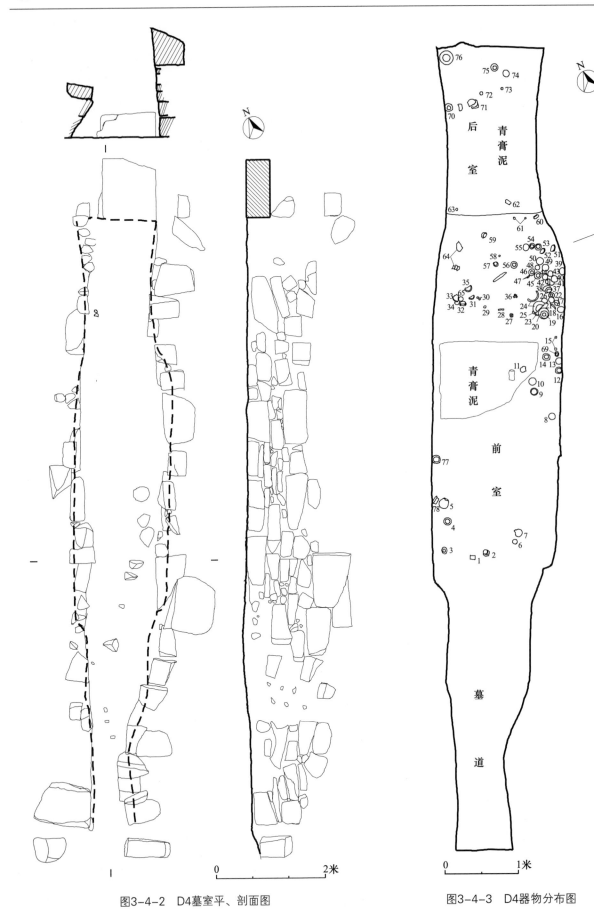

图3-4-2　D4墓室平、剖面图　　　　　　图3-4-3　D4器物分布图

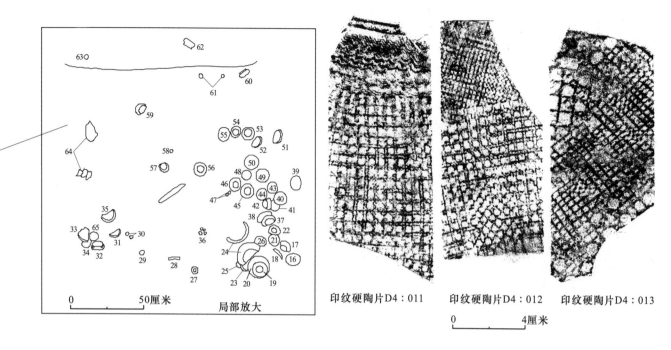

印纹硬陶片D4：011   印纹硬陶片D4：012   印纹硬陶片D4：013

0   4厘米

图3-4-4 D4封土出土器物图

5）。前端的挡土墙仅墓道口保存较完整，顶部为巨大石块，下部为较小的石块垒砌。后端仅揭露出表面，下部不明，中间高，两侧低。

在挡土墙与墓壁之间为土、石混筑的护坡。石块大小不一，堆放较为杂乱，土为与封土类似的黄褐色土，较为疏松。护坡呈斜坡状，内高外低。

石室顶部尚存六块巨大的盖顶石，长0.85～1.1、宽0.35～1.2、厚0.25～0.4米，呈倾斜状，西北端均陷于墓室内。（彩版一四，6）

墓室内填土呈黄褐色，较疏松，其内包含大量石块，上部有陷落于墓室的盖顶石，近底部填土稍硬，夹杂大量碎小石块。填土中仅发现少量印纹硬陶残片。未见人骨、葬具痕迹。

随葬品十分丰富，出土编号器物78件（组），实有器物85件，集中分布于前室西南部、东北部和后室西北部。部分器物高出墓底约5厘米，未见明显分层现象，故而统一编号。但是，这组器物既有厚胎厚釉的矮圈足原始瓷豆、盉，又有薄胎薄釉的盘、盅式碗等，时代差异较大。根据器物的分布情况和时代特征，这批器物可以分成3组，应分别对应3座墓葬。第1组器物共11件，包括D4：1～5、7、10、11、14、32、78，分布于前室中前部，编为D4M1；第2组器物共57件（组），包括D4：6、8、9、12、13、15～31、33～56、58、60、61、63、65～69、76、77，集中分布于前室后部，编为D4M2；第3组器物共10件，包括D4：57、59、62、64、70～75，集中分布于后室及前室后部，编为D4M3。（图3-4-3；彩版一四，7、8）

出土遗物

1.封土出土遗物

发现少量印纹硬陶残片，纹饰有回纹、折线纹、水波纹、米筛纹和方格纹等。（图3-4-4）

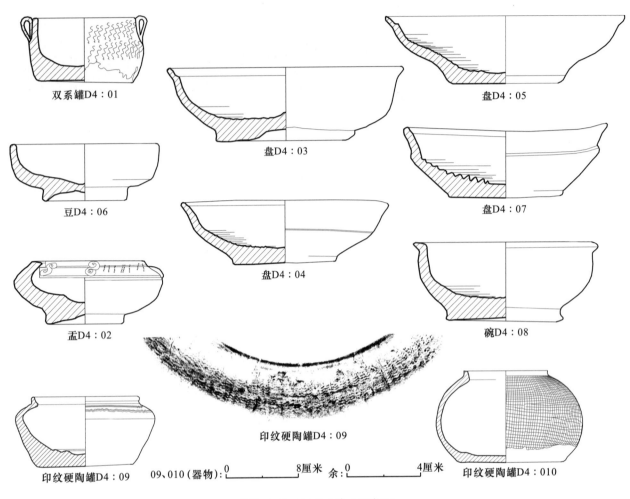

双系罐D4：01　　　　盘D4：03　　　　盘D4：05

豆D4：06　　　　　　　　盘D4：07

盂D4：02　　　　盘D4：04　　　　碗D4：08

印纹硬陶罐D4：09

印纹硬陶罐D4：09　　　09、010（器物）：0　　8厘米　余：0　　4厘米　印纹硬陶罐D4：010

图3-4-5　D4扰土出土器物图

2.扰土出土遗物

有原始瓷器和印纹硬陶器，可复原器物共10件，包括原始瓷双系罐、豆、盂、碗、盘和印纹硬陶罐。

原始瓷双系罐　1件。D4：01，圆唇，直口，腹略外鼓，平底。口部饰对称双系，系为两泥条纵向捏塑成弧形。外腹部饰两组纵向水波纹带。内底有小乳突，外底粘连有细小沙砾。青灰色胎，从口到底胎体逐渐加厚，内外壁施青绿釉，釉层薄，釉面均匀光滑，外下腹及底不施釉。口径5.5、底径5.1、高3.4厘米。（图3-4-5；彩版一五）

原始瓷豆　1件。D4：06，圆唇，直口微敞，上腹直，下腹弧收，矮圈足。圈足与器身分制拼接成型。青灰色胎，下腹有明显刮削痕，内底有窑渣。器表施青黄釉不及底足，外壁有聚釉现象。口径8、足径4.6、高3厘米。（图3-4-5；彩版一五）

原始瓷盂　1件。D4：02，圆唇，敛口，斜肩，鼓腹，矮圈足，内底略下凹。肩部饰两周凹弦纹，并饰斜向戳印篦点纹，贴饰四个"S"形纹，其中距离较近的两个为竖向，另外两个为横向。灰黄色胎。器表施青黄釉，釉层薄，脱釉严重。口径6.1、足径4.3、高3.3厘米。（图3-4-5；彩版一五）

原始瓷碗　1件。D4：08，圆唇，平沿，口微侈，弧腹略鼓，平底。内壁下部及底布满旋纹，外底有明显的线割痕。黄色胎。施青釉，釉层基本脱落殆尽。口径10.1、底径6.4、高4.2厘米。（图3-4-5；彩版一五）

原始瓷盘　4件。形制类似。圆唇，敞口，折沿斜向上，弧腹浅坦，平底，内壁饰旋纹。施釉不及外底，釉色青黄。D4：03，外底内凹。烧制变形，灰黄色胎。釉层薄，釉面光滑。口径13、底径7.6、高3.9厘米。（图3-4-5；彩版一五）

D4：04，灰色胎，外底红色。釉层基本脱落殆尽。口径11.4、底径5.6、高3.3厘米。（图3-4-5；彩版一五）

D4：05，红褐色胎。釉层薄，外壁釉层脱落殆尽。口径12.9、底径6.3、高3.6厘米。（图3-4-5；彩版一五）

D4：07，烧制变形，红褐色胎，胎上有黑色化妆土。釉层基本脱落殆尽。口径11.1、底径6.2、高3.5厘米。（图3-4-5；彩版一五）

印纹硬陶罐　2件。D4：09，圆唇，敞口，束颈，溜肩，弧腹斜内收，大平底。颈、肩部刻划两组水波纹。灰褐色胎，外底局部呈砖红色。口径11.8、底径10.7、高7.4厘米。（图3-4-5；彩版一五）

D4：010，方唇，直口，矮颈，溜肩，垂鼓腹，平底。肩部及腹部满饰拍印方格纹。灰色胎。口径9.1、腹径16、底径11.7、高9.7厘米。（图3-4-5；彩版一五）

3.D4M1出土遗物

共11件，包括原始瓷双系罐、盂、碗、盘、杯和石器。

原始瓷双系罐　1件，C型。D4：32，圆唇，敛口，腹略外鼓，平底。口部饰对称双系，系为两泥条纵向捏塑成弧形。外腹部饰两组纵向水波纹带。内底有小乳突，外底粘连有细小沙砾。青灰色胎，从口到底胎体逐渐加厚。内外壁施青绿釉，釉层薄，釉面均匀光滑，外下腹及底不施釉。口径5.3、底径5.2、高3.7厘米。（图3-4-6；彩版一六）

原始瓷盂　1件，A型Ⅲ式。D4：4，直口，平沿，垂鼓腹，平底略内凹。口沿上两道弦纹，内底平坦布满旋纹，外底修制不规整，粘连有瓷土，略变形。黄灰色胎。器表满施青黄釉，釉层厚薄不一，釉面光滑、发亮。口径8.6、底径5.4、高3.6厘米。（图3-4-6；彩版一六）

原始瓷碗　3件。

A型Ⅱ式　2件，1件为残底。D4：10，尖唇，口微侈，直腹，下腹急内收成小平底，内底平。内壁下部及内底满布密集的旋纹。青灰色胎，胎体较薄。通体施青黄釉，釉层较薄，外壁脱釉严重。口径10.3、底径5.1、高4.2厘米。（图3-4-6；彩版一六）

D4：11，底径6.1、残高1.3厘米。（图3-4-6；彩版一六）

B型Ⅱ式　1件。D4：14，圆唇，平沿，子口微侈，弧腹略鼓，平底略下凹，底部修制不甚规整。内壁下部及底布满旋纹，外底粘有沙砾等细小颗粒，有细微的线割痕。青灰色胎。通体施青釉，釉层薄，釉面光滑、发亮。口径9.6、底径6.2、高2.8厘米。（图3-4-6；彩版一六）

原始瓷盘　3件，均为B型Ⅱ式。形制类似。圆唇，敞口，折沿斜向上，弧腹浅坦，平底，内壁饰旋纹。施釉不及外底，釉色青黄。D4：5，外底略内凹。烧制变形，青灰色胎，外底粘连有许多细砂。釉层薄，釉面光滑。口径14.4、底径6.3、高3.6厘米。（图3-4-6；彩版一六）

D4：7，外底内凹，底边有捏痕。红褐色胎。釉层基本脱落殆尽。口径13.6、底径9.1、高4.6

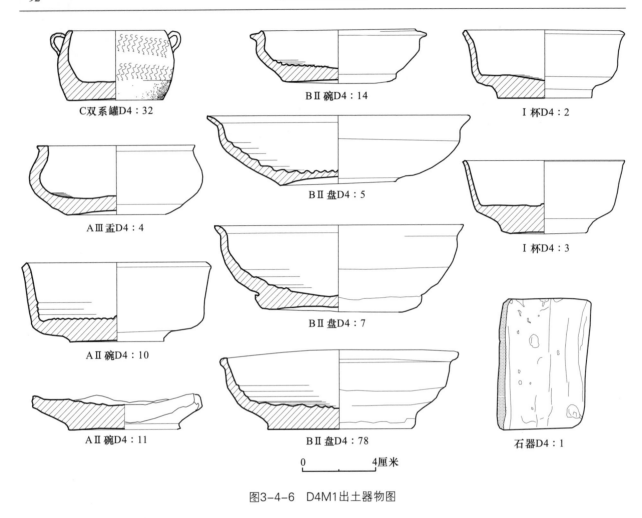

C双系罐D4:32

BⅡ碗D4:14

Ⅰ杯D4:2

AⅢ盂D4:4

BⅡ盘D4:5

Ⅰ杯D4:3

AⅡ碗D4:10

BⅡ盘D4:7

AⅡ碗D4:11

BⅡ盘D4:78

石器D4:1

0   4厘米

图3-4-6　D4M1出土器物图

厘米。（图3-4-6；彩版一六）

D4：78，外底边有捏痕。黄褐色胎。釉层基本脱落殆尽。口径13、底径7.8、高4.2厘米。（图3-4-6；彩版一六）

原始瓷杯　2件，均为Ⅰ式。大小、形制类似。斜方唇，侈口，浅腹较直，下腹急内收为小平底，内底下凹。内底满布密集的旋纹，外底有细微的线割痕。黄白色胎较薄。通体施釉较均匀，釉层较薄，胎釉结合好。D4：2，釉色为青绿色。口径8.8、底径5、高3.4厘米。（图3-4-6；彩版一六）

D4：3，釉色为青黄色。口径8.8、底径4.7、高3.9厘米。（图3-4-6；彩版一六）

石器　1件，不明器形。D4：1，蛇纹岩，青黑色，表面磨制光滑，一端面断裂缺失。似为砍砸器。长6.9、宽4.6、厚2.7厘米。（图3-4-6；彩版一六）

4.D4M2出土遗物

共57件（组），包括原始瓷豆、盂、盘、碟、器盖以及印纹硬陶罐、陶纺轮和陶珠。

原始瓷豆　20件，均为A型Ⅳ式。

直腹小豆　3件。形制类似。圆唇，直口微敞，上腹直，下腹弧收，矮圈足。圈足与器身分制拼接成型。下腹有明显刮削痕迹。灰黄色胎。器表施青黄釉不及底足，脱釉严重。D4：46，上腹饰弦纹，足底饰"y"形刻划符号。口径7.1、足径4.3、高3厘米。（图3-4-7；彩版一七）

D4：48，足底饰"y"形刻划符号。口径6.1、足径3.8、高3厘米。（图3-4-7；彩版一七）

D4：53，变形，足底饰"×"形刻划符号。口径5.8、足径3.2、高3.1厘米。（图3-4-7；彩版一七）

直腹豆 5件。形制类似。圆唇，直口微敞，上腹直，下腹弧收，矮圈足。圈足与器身分制拼接成型。器表施青黄釉不及底足。D4：38，下腹经刮削。足底饰类"π"形刻划符号，两竖均划三道。灰黄色胎。釉层几乎脱落殆尽。口径8.5、足径5.3、高3.4厘米。（图3-4-7；彩版一七）

D4：39，足底饰"三横一竖"形刻划符号。青灰色胎，内底有细沙。下腹有聚釉现象。口径7.4、足径4.3、高3.6厘米。（图3-4-7；彩版一七）

D4：42，足底饰类"π"形刻划符号。青灰色胎。釉色青绿。口径7.7、足径4.6、高3.4厘米。（图3-4-7；彩版一七）

D4：43，下腹经刮削。足底饰类"π"形刻划符号，两竖均划两道。灰黄色胎。釉层几乎脱落殆尽。口径7.6、足径4.6、高3.4厘米。（图3-4-7；彩版一八）

D4：49，下腹经刮削，内底有粘连痕。灰黄色胎。釉层几乎脱落殆尽。口径8.2、足径4.2、高3.4厘米。（图3-4-7；彩版一八）

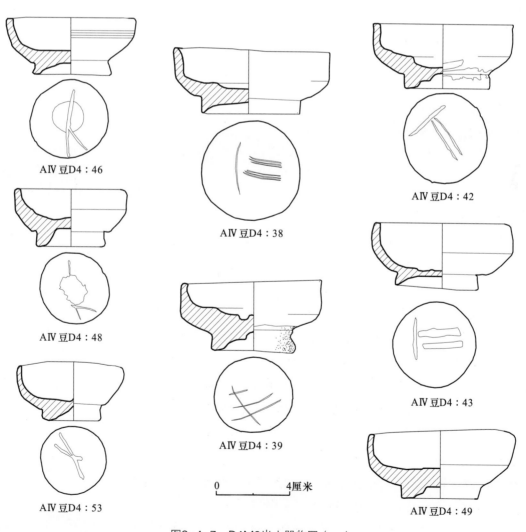

AⅣ豆D4：46

AⅣ豆D4：38

AⅣ豆D4：42

AⅣ豆D4：48

AⅣ豆D4：43

AⅣ豆D4：39

AⅣ豆D4：53

0   4厘米

AⅣ豆D4：49

图3-4-7 D4M2出土器物图（一）

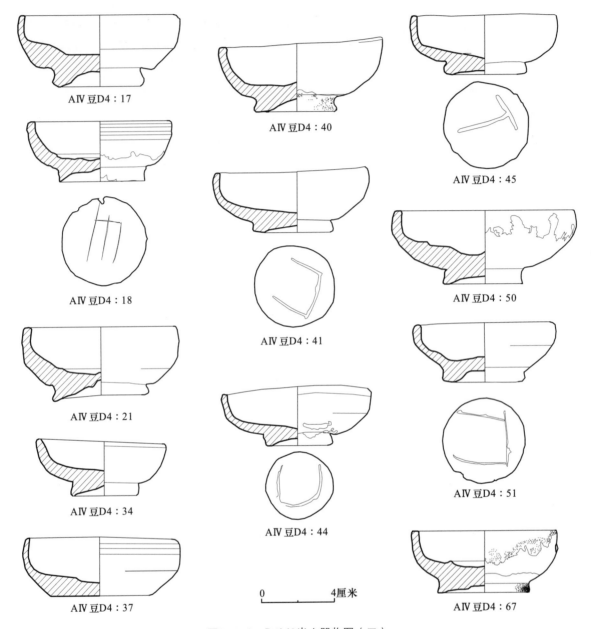

图3-4-8　D4M2出土器物图（二）

敞口豆　12件。形制类似。圆唇，敞口或直口，弧腹，矮圈足。圈足与器身分制拼接成型。器表施青釉不及圈足。D4：17，内底下凹，下腹经刮削，灰黄色胎，下腹有聚釉现象，脱釉。口径8.8、足径5、高3.8厘米。（图3-4-8；彩版一八）

D4：18，内底下凹。沿下饰五道弦纹，足底饰"三横一竖"刻划符号。青灰色胎。下腹有聚釉现象。口径7.9、足径4.7、高3.2厘米。（图3-4-8；彩版一八）

D4：21，内底下凹，下腹经刮削。灰黄色胎。釉色青绿，下腹有聚釉现象。口径8.3、足径5.3、高3.6厘米。（图3-4-8；彩版一八）

D4：34，器形小巧，下腹经刮削。青灰色胎。釉色青绿，釉面光滑发亮。口径7.2、足径3.6、高2.7厘米。（图3-4-8；彩版一八）

D4：37，内底下凹，圈足缺失。青灰色胎。釉层薄。口径8.3、残高3.1厘米。（图3-4-8；彩

版一八）

D4：40，足底粘连瓷土。灰黄色胎。釉色青绿，釉层较均匀，釉面光滑、发亮，内底及外壁下部聚釉。口径8.7、足径4.3、高3.6厘米。（图3-4-8；彩版一八）

D4：41，下腹经刮削。足底饰类"π"形刻划符号。青灰色胎。釉色青黄，釉面光滑、发亮。口径8.4、足径4.4、高3.2厘米。（图3-4-8；彩版一九）

D4：44，下腹经刮削，并有粘连痕，内底微下凹。口下饰一道弦纹，外底饰"∩"形刻划符号。青灰色胎。釉色青绿，釉面光滑。口径8.4、足径3.7、高3.1厘米。（图3-4-8；彩版一九）

D4：45，下腹经刮削，内底下凹，残存窑渣。足底饰"T"形刻划符号。灰色胎。釉色青黄，釉面光滑。口径8、足径4.6、高3.2厘米。（图3-4-8；彩版一九）

D4：50，内底心微凸，下腹经刮削。黄色胎。釉色青黄，脱釉严重。口径9.7、足径4.3、高3.9厘米。（图3-4-8；彩版一九）

D4：51，内底心微凸，下腹经刮削。足底饰类"π"形刻划符号。青灰色胎。釉色青绿，釉面光滑、发亮。口径7.8、足径4.5、高3.1厘米。（图3-4-8；彩版一九）

D4：67，内底下凹。灰色胎。釉色青绿，下腹有聚釉现象，内壁脱釉严重。口径7.9、足径4.9、高3.3厘米。（图3-4-8；彩版一九）

原始瓷盂 21件。

A型Ⅱ式 1件，大盂。D4：24，圆唇，直口微侈，矮颈，溜肩，鼓腹，圈足外撇。肩上饰对称双系，系下端贴饰"S"形纹，肩前后两侧饰对称横向"S"形纹。颈下部饰三周细凹弦纹，肩腹结合处饰三道较粗凹弦纹，其间饰两组竖向水波纹带。青灰色胎，胎体较均匀。器表满施青釉，厚薄不均匀，外底脱釉严重，有一很深的直线划痕。口径17.5、腹径19.8、足径14.4、高6.9厘米。（图3-4-9；彩版二○）

A型Ⅱ式 9件，1件残存口腹。圆唇，鼓腹，矮圈足。器表施青釉，釉层薄。D4：23，敛口，斜肩，内底下凹。肩部贴饰三个横向"S"形纽，一纽残缺，肩部饰斜向戳印篦点纹。青灰色胎。釉色青绿，釉面光滑，近足部聚釉。口径7.1、足径5.1、高3.8厘米。（图3-4-9；彩版二○）

D4：33，口微侈，束颈，内底下凹，下腹经刮削。肩部一侧饰弧形纽、其两侧贴竖向"S"形纹，另一侧贴饰一个横向"S"形纹，肩部饰斜向戳印篦点纹。青灰色胎。釉色青黄，釉面光滑。口径6.2、足径4.5、高3.3厘米。（图3-4-9；彩版二○）

D4：54，敛口，弧肩，内底下凹，下腹经刮削。肩部贴饰三个横向"S"形纹，饰两周弦纹，弦纹之间为斜向戳印篦点纹。青灰色胎。釉色青黄。口径6.8、足径5.1、高3.6厘米。（图3-4-9；彩版二○）

D4：25，敛口，弧肩，内底心微凸，下腹经刮削。肩部饰六道弦纹。青灰色胎。釉色青绿，釉面光滑、发亮。口径6.2、足径4.6、高3.2厘米。（图3-4-9；彩版二○）

D4：65，敛口，鼓肩，内底平。肩部饰两周弦纹，其间饰密集斜向戳印篦点纹。青灰色胎。青绿釉，釉面光滑、发亮。口径6.6、足径4.9、高3.9厘米。（图3-4-9；彩版二○）

D4：66，敛口，鼓肩，内底下凹。肩部饰两周弦纹，其间饰密集斜向戳印篦点纹。青灰色胎。青绿釉，釉面光滑、发亮。口径6.8、足径4.9、高3.4厘米。（图3-4-9；彩版二○）

D4：77，直口，肩部下弧，圈足较高。青灰色胎。青黄色釉，脱釉严重。口径7.7、足径

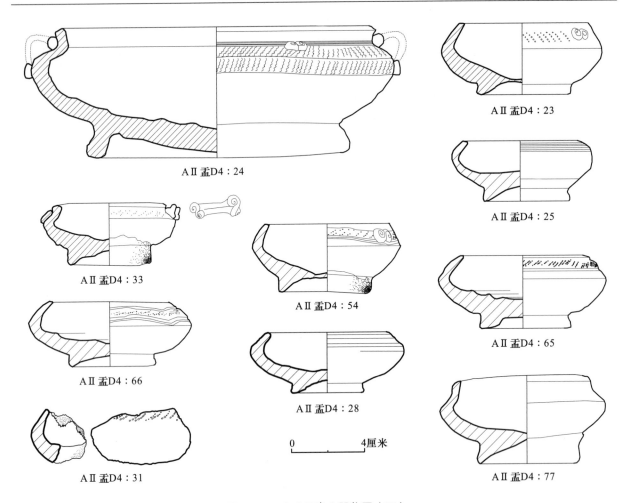

AⅡ盂D4：24

AⅡ盂D4：23

AⅡ盂D4：25

AⅡ盂D4：33

AⅡ盂D4：54

AⅡ盂D4：65

AⅡ盂D4：66

AⅡ盂D4：28

AⅡ盂D4：77

AⅡ盂D4：31

0　　　　　　　4厘米

图3-4-9　D4M2出土器物图（三）

5.6、高4.7厘米。（图3-4-9；彩版二一）

　　D4：28，敛口，斜肩，下腹经刮削。肩部饰四道弦纹。青灰色胎。釉色青绿，釉面光滑、发亮。口径6.5、足径4、高3.2厘米。（图3-4-9；彩版二〇）

　　D4：31，敛口。青绿色釉，釉面光滑。残宽5.4、残高2.8厘米。（图3-4-9；彩版二〇）

　　B型Ⅰ式　11件。器形相似。圆唇，敛口，斜肩下弧，浅弧腹，矮圈足，足底内凹。器表施青釉不及足底，釉层薄。D4：9，内底心凸起。外壁粘有细小窑渣。肩部饰两周凹弦纹，贴饰三个"S"形纹，其中一个残缺。青灰色胎。釉色青黑，下腹部有聚釉现象。口径7.7、足径4.7、高2.6厘米。（图3-4-10；彩版二一）

　　D4：16，内底下凹，下腹经刮削。肩部饰两周凹弦纹，足底饰反写变形"F"形刻划符号。青灰色胎。釉色青绿，釉面光滑。口径8.1、足径5、高3.6厘米。（图3-4-10；彩版二一）

　　D4：19，内底下凹，下腹经刮削。肩部饰两周凹弦纹，贴饰三个对称的"S"形纹。青灰色胎。釉色青绿，釉面光滑。口径9、足径5、高3.2厘米。（图3-4-10；彩版二一）

　　D4：22，内底下凹。口部饰一道弦纹，足底饰反写变形"F"形刻划符号。青灰色胎。釉色青黑，釉面光滑。口径7.5、足径4.9、高3.3厘米。（图3-4-10；彩版二一）

　　D4：26，内底下凹，下腹经刮削。肩部饰两道弦纹，足底饰变形"F"形刻划符号。青灰色

胎。釉色青黑，釉面光滑。口径7.9、足径5.1、高3.9厘米。（图3-4-10；彩版二一）

D4：35，内底下凹。肩部饰三道弦纹，足底饰变形"F"形刻划符号。青灰色胎。釉色青绿，釉面光滑。口径7.2、足径5、高3.8厘米。（图3-4-10；彩版二二）

D4：52，内底微凹。肩部饰两道弦纹，足底饰反写变形"F"形刻划符号。青灰色胎。釉色青绿，釉面光滑。口径7.1、足径5.1、高3.1厘米。（图3-4-10；彩版二一）

D4：55，内壁土沁严重，内底微凹。足底饰"π"形刻划符号。青灰色胎。釉色青绿。口径8、足径4.8、高3.1厘米。（图3-4-10；彩版二二）

D4：56，内底心微凸，下腹经刮削。灰黄色胎。釉色青绿，脱釉严重。口径7.1、足径4.2、

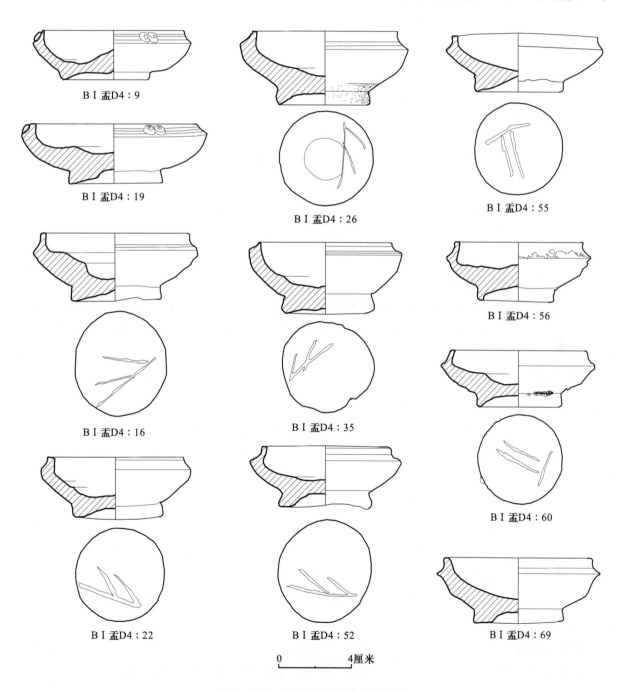

BⅠ盂D4：9

BⅠ盂D4：19

BⅠ盂D4：26

BⅠ盂D4：55

BⅠ盂D4：16

BⅠ盂D4：35

BⅠ盂D4：56

BⅠ盂D4：60

BⅠ盂D4：22

BⅠ盂D4：52

BⅠ盂D4：69

0　　　　　4厘米

图3-4-10　D4M2出土器物图（四）

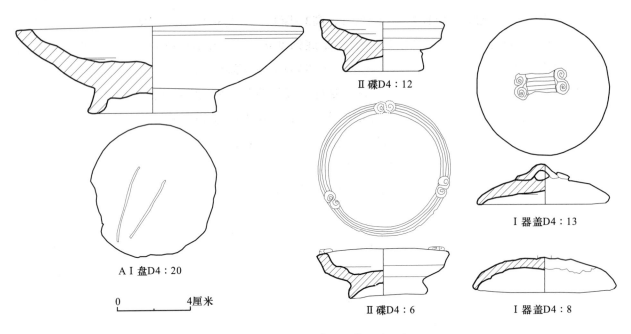

Ⅱ碟D4：12

ⅡAⅠ盘D4：20

0　　　　4厘米

Ⅱ碟D4：6

Ⅰ器盖D4：13

Ⅰ器盖D4：8

图3-4-11　D4M2出土器物图（五）

高3.1厘米。（图3-4-10；彩版二二）

D4：60，内壁有粘连，内底微下凹，下腹经刮削。肩部饰弦纹，足底饰"π"形刻划符号。灰褐色胎。釉色青黑。口径7.5、足径4.7、高3厘米。（图3-4-10；彩版二二）

D4：69，内底心略凹。灰色胎。釉色青绿，釉面光滑。口径8.2、足径5、高3.5厘米。（图3-4-10；彩版二二）

原始瓷盘　1件，A型Ⅰ式。D4：20，敞口，宽沿，浅盘，斜腹，内底大而平坦，外底内凹，圈足稍外撇。圈足与器身分制拼接成型。沿下饰两道弦纹，内底饰旋纹，外底饰"二"形刻划符号。灰黄色胎。器表施青绿釉，釉层厚薄不匀，釉面光滑，外底及圈足不施釉。口径15.7、足径7、高4.6厘米。（图3-4-11；彩版二三）

原始瓷碟　2件，均为Ⅱ式。形制类似。平沿，敞口，浅盘，弧腹，圈足外撇。外壁下部有刮削痕，圈足与器身分制拼接成型。器表施青釉，釉面光滑、发亮，施釉不及足底。D4：6，口沿上均匀贴饰三个"S"纹，其中一个缺失。青灰色胎，内底粘有细砂。口径7.2、足径4.3、高2.4厘米。（图3-4-11；彩版二三）

D4：12，灰白色胎。口径6.8、足径4.4、高2.6厘米。（图3-4-11；彩版二三）

原始瓷器盖　2件，均为Ⅰ式。D4：13，圆弧形，上附弧形纽，五条泥条形成桥拱形，两端各贴饰一个"S"纹。灰胎。施满青釉，厚薄不匀，内壁大部分已经脱釉。口径7.5、通高1.9厘米。（图3-4-11；彩版二三）

D4：8，圆弧形，缺纽。素烧，外壁修胎不够规整。灰色胎。口径7.8、残高1.9厘米。（图3-4-11；彩版二三）

印纹硬陶罐　1件，A型Ⅳ式。D4：76，侈口，卷沿，短颈，鼓腹，平底。颈部饰密集细弦纹，腹部通体拍印折线纹。灰色胎，胎体杂质较多，有破裂气泡。外底粘连有沙砾，内壁凹凸不平。口径10.8、腹径16.2、底径12、高9.2厘米。（图3-4-12；彩版二三）

陶纺轮D4∶27　　陶珠D4∶29　　陶珠D4∶68

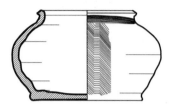

AIV印纹硬陶罐D4∶76

76(器物)：0 _____ 8厘米

余：0 _____ 4厘米

图3-4-12　D4M2出土器物图（六）

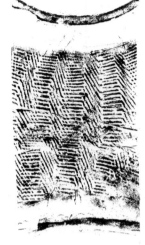

AIV印纹硬陶罐D4∶76

陶纺轮　1件。D4∶27，泥质黑陶，算珠形。直径2.8、高1.6、孔径0.4厘米。（图3-4-12；彩版二三）

陶珠　9件（组），共16个，分别是D4∶15、D4∶29、D4∶30、D4∶36、D4∶47（彩版二三）、D4∶58、D4∶61、D4∶63和D4∶68。形制类似，近似球状。D4∶29，直径2.2厘米。（图3-4-12）

D4∶68，一侧有一深凹槽，直径2.6厘米。（图3-4-12）

5.D4M3出土遗物

共10件，包括原始瓷豆、碗、钵以及印纹硬陶罐和陶珠。

原始瓷豆　2件，均为A型Ⅳ式。大小、形制类似。圆唇，直口，圆唇，弧腹，内底下凹，矮圈足。圈足与器身分制拼接成型。外底有反写"N"形刻划符号。灰黄色胎。除底足外，器表通施青绿釉，釉层明显，釉面光滑，胎釉结合较差，有脱釉现象。D4∶74，器体变形，下腹有明显刮削痕迹，内底粘连细小沙粒。脱釉严重。口径7.9、足径4、高3.2～3.8厘米。（图3-4-13；彩版二四）

D4∶75，内底有窑渣粘连。下腹聚釉。口径8.3、足径4.5、高3.6厘米。（图3-4-13；彩版二四）

原始瓷碗　4件，均为A型Ⅲ式。D4∶57仅存残底。形制类似。尖唇，直口微敞，深直腹，下腹急内收成平底。内壁下部及内底满布密集的旋纹。灰白胎，胎体较薄。通体施青黄釉，施釉均匀，釉层较薄，胎釉结合好。D4∶70，口径10.2、底径5.1、高5.2厘米。（图3-4-13；彩版二四）

D4∶71，外底有明显的线割痕。口径10.6、底径5.1、高5厘米。（图3-4-13；彩版二四）

D4∶59，口径9.9、底径5.8、高4.6厘米。（图3-4-13；彩版二四）

D4∶57，底有气泡。底径5.3、残高1.9厘米。（图3-4-13；彩版二四）

原始瓷钵　1件。D4∶62，尖唇，母口，斜肩，深腹斜内收，平底。肩腹结合处有一周明显尖凸棱，内底有小乳突，外底有明显的线割痕，并粘连有细小沙粒和窑渣。青灰色胎。通体满施青釉，釉面光滑有光亮，玻璃质感强。口径7.3、腹径8.4、底径5.6、高4.9厘米。（图3-4-13；彩版二四）

印纹硬陶罐　1件，A型Ⅵ式。D4∶64，斜方唇，敛口，溜肩，鼓腹，平底。腹部拍印小方格纹。灰褐色胎，外底略现红色。口径11.4、腹径18.2、底径10.8、高12.5厘米。（图3-4-13；彩版二四）

陶珠　2件。大小、形制类似。泥质青灰陶，素面无纹。D4∶72，直径2.2厘米。（彩版二四）

D4∶73，直径2.2厘米。（图3-4-13；彩版二四）

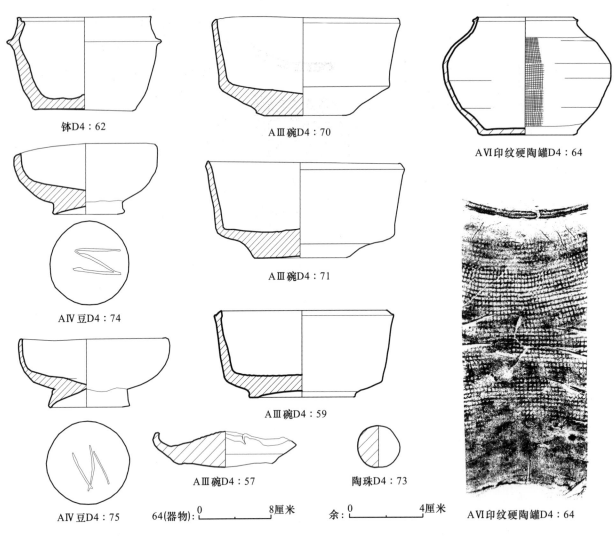

钵D4：62　　　　　　　AⅢ碗D4：70

AⅥ印纹硬陶罐D4：64

AⅣ豆D4：74　　　　　AⅢ碗D4：71

AⅣ豆D4：75　　　AⅢ碗D4：57　　　陶珠D4：73

AⅢ碗D4：59

64（器物）：⊢0———————8厘米　　余：⊢0——————4厘米

AⅥ印纹硬陶罐D4：64

图3-4-13　D4M3出土器物图

D5

土墩

D5位于竹狗洞山与无名山体之间的山脊上，北距D4约62米，南距D6约22米。所在山脊较为平缓、宽敞，位于山脊偏东侧，东西两侧为陡坡，中部为山路。土墩隆起较为明显，平面形状大致呈椭圆形，南北长径约8米，东西短径约6.8米，现存高度约0.8米。地表长满石竹、低矮灌木及大量杂草。土墩顶部有三个近期形成的盗坑（洞）（彩版二五，1），自南向北依次编号为d1～d3，d1长0.87、宽0.81、深0.8米，底部向东扩挖；d2长1、宽0.8、深0.8米，西南角底部向西扩挖；d3长0.78、宽0.74、深约0.55米。盗坑扰土中大量遗物，有原始瓷豆和印纹硬陶罐、瓿，还有印纹硬陶罐残片和泥质陶鼎足。（图3-5-1）

封土顶部为0～5厘米厚的灰褐色植物腐殖质，腐殖质下为黄褐色封土。封土较为疏松，内含大量石子。封土内发现少量印纹硬陶残片。

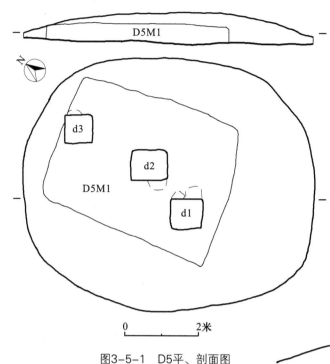

图3-5-1　D5平、剖面图

生土。未见人骨、葬具痕迹。由于盗扰严重，墓底未见随葬品。

出土遗物

扰土中出土遗物

扰土内可复原器物共6件，包括原始瓷豆以及印纹硬陶罐、瓿和泥质陶鼎足。

原始瓷豆　3件。D5：01，斜平沿，敞口，弧腹，喇叭状高圈足。下腹有刮削痕，圈足与器身分制拼接成型。沿部饰一组弦纹，上腹饰六道弦纹。灰黄色胎。器表施青釉不及圈足，釉色泛黄，有脱釉现象。口径10.8、足径4.5、高4.3厘米。（图3-5-3；彩版二五）

D5：02，尖唇，敞口，折腹，喇叭状高圈足。圈足与器身分制拼接成型。沿部饰一组细弦纹，腹底结合处饰一组弦纹。青灰色胎。器表施青釉不及圈足，釉面有光泽，脱釉严重。口径9.8、足径4.6、高3.4

墓葬

土墩底部有一座墓葬，编号D5M1。

D5M1位于土墩中部偏北位置，石框型墓。

墓葬是在经过平整的山脊表面平地上用大小不一的石块围成。石框内北部暴露基岩。石框平面形状略呈长方形，南北长5.4、东西内宽4.3、高0.35米，方向约173°。西壁尚存较为明显的石砌墓壁，石块较大，石块之间有空间。另外三侧的石壁不甚明显（图3-5-2；彩版二五，2）。墓内填土呈黄褐色，与封土略同。底部为红褐色

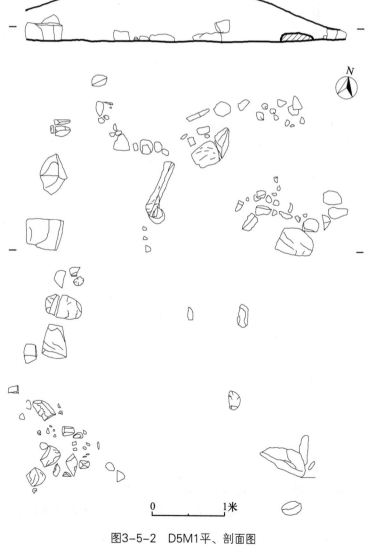

图3-5-2　D5M1平、剖面图

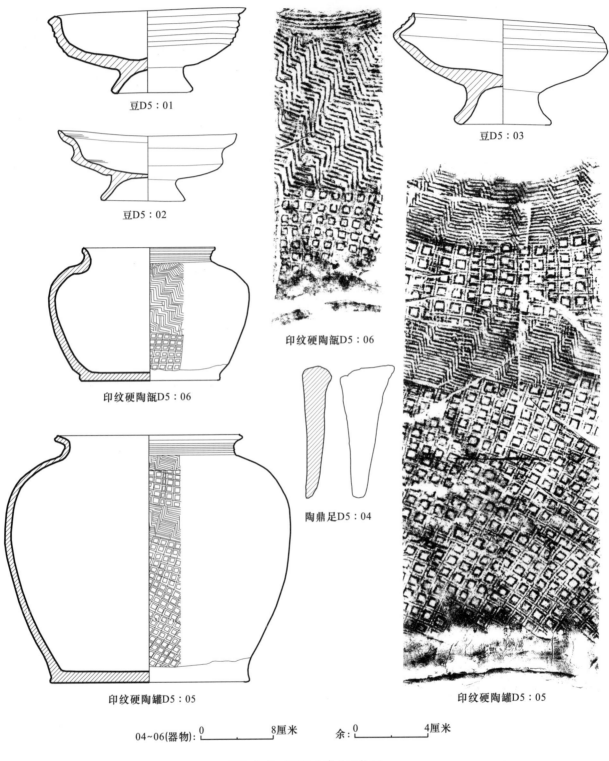

豆D5：01

豆D5：03

豆D5：02

印纹硬陶瓿D5：06

印纹硬陶瓿D5：06

陶鼎足D5：04

印纹硬陶罐D5：05

印纹硬陶罐D5：05

04~06(器物)：0 _____ 8厘米　　　　余：0 _____ 4厘米

图3-5-3　D5扰土出土器物图

厘米。（图3-5-3；彩版二五）

　　D5：03，尖唇，敛口，折腹，下腹急收，喇叭状高圈足。下腹有刮削痕，圈足与器身分制拼接成型。上腹饰三道粗弦纹。灰白色胎。器表施青釉，釉面光滑有光泽，釉层薄而均匀。口径9.9、足径5.3、高5.5厘米。（图3-5-3；彩版二五）

印纹硬陶罐 1件。D5：05，尖唇，侈口，束颈，弧肩，鼓腹，大平底，底缘微外侈。颈部饰弦纹，肩部和腹部满饰拍印折线纹与回纹的组合纹。灰色胎。口径20.7、腹径31.3、底径22、高26.2厘米。（图3-5-3；彩版二五）

印纹硬陶瓿 1件。D5：06，方唇，侈口，束颈，弧肩，鼓腹，平底。底缘有刮削痕。颈部饰弦纹，肩部及上腹部饰拍印折线纹，下腹部饰拍印回纹。灰色胎。口径14.5、腹径22、底径15.5、高14.1厘米。（图3-5-3；彩版二五）

陶鼎足 1件。D5：04，泥质灰陶，尖锥状略扁，一面饰绳纹。残高14、宽5.9厘米。（图3-5-3）

D6

土墩

D6位于竹狗洞山与无名山体之间的山脊上，北距D5约22米，南距D7约9米。所在山脊较为平缓、宽敞，位于山脊正中部，东西两侧为山坡，山路从其西部穿过。土墩隆起较为明显，平面形状大致呈圆形，直径约9.65米，现存高度约1.1米。地表长满石竹、茶树、低矮灌木及大量杂草。

土墩顶部有三个近期形成的盗坑（洞），分别编号为d1～d3，盗坑底部均有向外扩挖现象。d1坑长2、宽0.98、深0.8米，d2坑长2.2、宽1.08、深0.9米，d3坑长2.64、宽0.96、深0.8米。盗坑扰土中发现大量遗物。（图3-6-1）

封土顶部为厚约5厘米的灰褐色植物腐殖质，腐殖质下即为黄褐色封土。封土较为疏松，其内包含少量石子。封土内发现少量印纹硬陶残片及原始瓷残片。

墓葬

土墩底部发现墓

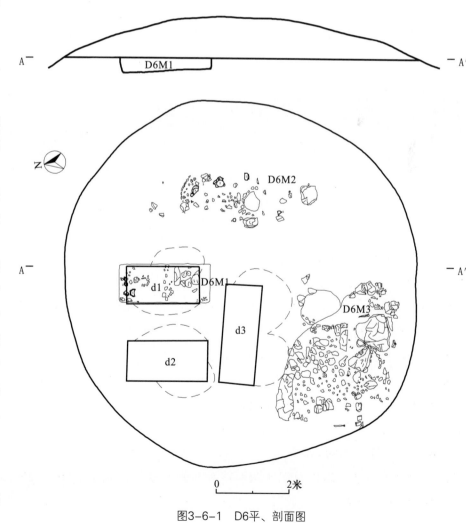

图3-6-1 D6平、剖面图

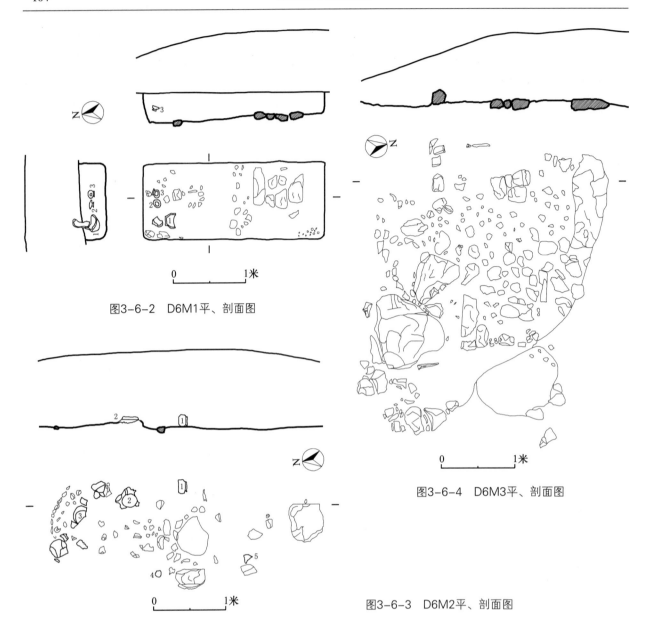

图3-6-2　D6M1平、剖面图

图3-6-4　D6M3平、剖面图

图3-6-3　D6M2平、剖面图

葬三座，依次编号为D6M1～D6M3。

D6M1位于土墩中部偏北，长方形竖穴浅土坑墓，方向为189°。长2.5、宽1、残深0.4米，墓口距地表约0.8米。上部绝大部分被d1盗坑破坏，北端保存稍好。四角略圆，口略大于底，坑壁不甚规整，坑底铺石块，铺砌不规整。墓内填土为黄褐色五花土，较为疏松，填土中包含少量陶片及石子。墓底石块之上铺了厚约8厘米的熟土，其上放置随葬品。随葬品位于墓坑北端，共3件，有原始瓷豆和印纹硬陶瓿，其中瓿已经残成两半，豆较完整。（图3-6-2；彩版二六，1、2）

D6M2位于土墩东部，石床型墓，方向为189°。石床长3.75、宽1.45米，墓底距离地表约0.8米。石床由大小不一的石块铺成，铺砌略显零乱，中南部使用较大的石块，北端用小石块斜砌，形成包边。石床东西两侧局部可见细小石子铺成的平面，应该是墓的边界。随葬品置于石床中北部，有印纹硬陶瓿、坛以及泥质灰陶罐和原始瓷豆等，北端的印纹硬陶瓿残碎成多片，分布散乱，似为埋葬时有意摔碎后放置。（图3-6-3；彩版二六，3）

D6M3位于土墩西南部，石床型墓，方向为200°。该墓东西约4、南北约3米，墓底距离地表约0.9米。石床由大小不一的石块铺砌而成，东北角遭到破坏，其余保存较好。营建时地表经过平整，局部借用了基岩，南侧有一组高起的石块，似乎起到墓葬边框的作用。未见任何随葬品。（图3-6-4；彩版二六，4）

出土遗物

1.封土出土器物

封土内发现少量印纹硬陶残片及原始瓷残片，印纹硬陶纹饰为回纹、折线纹。可复原器物共3件，包括原始瓷豆和盘。（图3-6-5）

原始瓷豆 2件。敛口，鼓腹，圈足。圈足与器身分制拼接成型。上腹饰一组弦纹。器表施青釉不及圈足，釉层薄，釉面有光泽。D6：01，方唇，高圈足微残。灰黄色胎。口径8.7、残高5.6厘米。（图3-6-5；彩版二七）

D6：02，圆唇，矮圈足。足底饰刻划符号。青灰色胎。脱釉严重。口径7.4、足径5、高4.2厘米。（图3-6-5）

原始瓷盘 1件。D6：03，平沿，弧腹，圈足。圈足与器身分制拼接成型。沿部饰两道弦纹，内壁饰六道凸弦纹。青灰色胎。器表施青釉不及圈足，釉色较深，釉层厚薄不均，釉面有光泽，有脱釉现象。口径10.7、足径5、高3.7厘米。（图3-6-5；彩版二七）

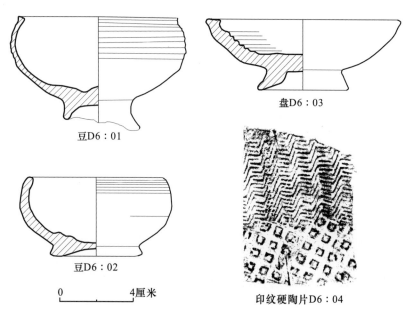

盘D6：03

豆D6：01

豆D6：02

0　　　　　4厘米

印纹硬陶片D6：04

图3-6-5　D6封土出土器物图

2.D6M1出土遗物

共3件，包括原始瓷豆和印纹硬陶瓿。

原始瓷豆 2件。

B型Ⅱ式 1件。D6M1：3，方唇，敛口，上腹斜，下腹折内收，高圈足。圈足与器身分制拼接成型。上腹饰两道弦纹。灰白色胎。器表施青釉，釉色青黄，釉层均匀，釉面光滑有光泽。口径9.7、足径5.9、高5.7厘米。（图3-6-6；彩版二七）

C型Ⅰ式 1件。D6M1：2，尖唇，敞口，上腹内弧，下腹折内收，高圈足。沿部饰一组弦纹，内底周边饰一组弦纹。灰白色胎。器表施青釉，釉色泛黄，釉面有光泽，脱釉严重。口径11.5、足径5.3、高5.2厘米。（图3-6-6；彩版二七）

印纹硬陶瓿 1件，A型Ⅱ式。D6M1：1，方唇，侈口，矮束颈，溜肩，鼓腹，大平底，底缘外凸。颈肩结合处有明显刮削痕，近底处亦见明显刮削痕。颈下部饰三道弦纹，腹部满饰拍印

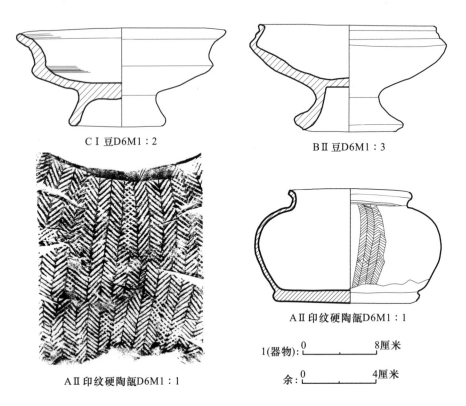

CⅠ豆D6M1：2　　　　　　　　　　BⅡ豆D6M1：3

AⅡ印纹硬陶瓿D6M1：1

1(器物)：0　　　　8厘米

余：0　　　　4厘米

AⅡ印纹硬陶瓿D6M1：1

图3-6-6　D6M1出土器物图

叶脉纹。灰褐色胎，器底胎体起泡，器表有黑衣。口径13.4、腹径20.2、底径15.9、高12.1厘米。（图3-6-6；彩版二七）

3.D6M2出土遗物

共5件，包括原始瓷豆、印纹硬陶瓿和坛以及泥质灰陶罐等。

原始瓷豆　2件，为C型Ⅱ式。D6M2：4，平沿，口微敛，弧腹内收，矮圈足。圈足与器身分制拼接成型。沿部饰两道弦纹，腹部饰四道弦纹。青灰色胎。通体施青釉，釉色青黄，釉层薄，较为均匀。口径7.9、足径4.8、高3.7厘米。（图3-6-7；彩版二七）

D6M2：5，残，尖唇，敛口，弧腹。口部饰两道弦纹。青灰色胎。脱釉。残高9.3、残宽9厘米。（图3-6-7；彩版二七）

印纹硬陶瓿　1件，A型Ⅲ式。D6M2：1，方唇，侈口，矮束颈，溜肩，鼓腹，大平底，底缘微凸，底边经刮削。颈下部饰五道弦纹，腹部满饰拍印纹，上部为云雷纹，下部为回纹。灰色胎，外壁局部可见黑衣。口径14.9、腹径20、底径15.2、高12厘米。（图3-6-7；彩版二七）

印纹硬陶坛　1件，Ⅲ式。D6M2：3，腹底残件。鼓腹，大平底，底缘经刮削。上腹饰拍印折线纹与回纹的组合纹，下腹饰拍印回纹，回纹印痕较深，无外框。底径20.6、残高15.7厘米。（图3-6-7；彩版二七）

泥质灰陶罐　1件。D6M2：2，残碎。

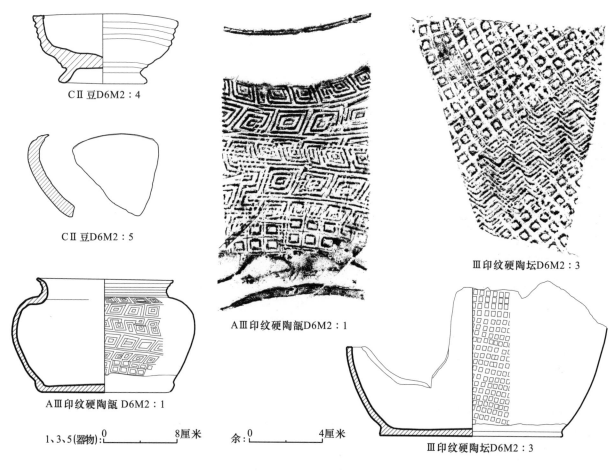

CⅡ豆D6M2：4

CⅡ豆D6M2：5

AⅢ印纹硬陶瓿D6M2：1

Ⅲ印纹硬陶坛D6M2：3

AⅢ印纹硬陶瓿 D6M2：1

1、3、5(器物)：0 ———— 8厘米　　余：0 ———— 4厘米

Ⅲ印纹硬陶坛D6M2：3

图3-6-7 D6M2出土器物图

D7

土墩

D7位于竹狗洞山与无名山体之间的山脊上，东北距D6约9米，西南与D8相连。所在山脊较为平缓、宽敞，位于山脊偏东部，东、南两侧为山坡，山路从其西侧穿过。土墩隆起较为明显，平面形状大致呈圆形，直径约7.5米，现存高度约0.5米。地表长满石竹、茶树、低矮灌木及大量杂草，落叶遍地。土墩顶部有两个近期形成的盗坑（洞），分别编号为d1、d2，底部均有向外扩挖现象。d1坑长1.8、宽0.8、深0.9米，d2坑长2.1、宽0.7、深0.8米。盗坑扰土中发现大量印纹硬陶残片。（图3-7-1）

清除地表杂草、树叶后即见封土。封土为黄褐色，较为疏松，其内包含大量植物根系和少量石子。封土内发现少量印纹硬陶残片及原始瓷残片。

墓葬

土墩底部发现两座墓葬，编号为D7M1和D7M2。

D7M1位于D7西半部，石框型墓，方向为195°。其上部遭到d1严重盗扰。墓葬平面呈长方

形，长2.5、宽1.8、残高0.2米，墓口距地表约0.7米。墓葬建于黄褐色生土上，浅坑，西壁及南壁东侧的上部均有石砌墓框，石块垒砌不甚规整，坑壁未见明显修整痕迹，不甚规整（图3-7-2；彩版二八，1）。墓内填土上部与封土类似，为黄褐色，较疏松，下部与生土类似，黄褐色夹杂大量石子。随葬品位于墓底中部，正处于盗坑d1下，有原始瓷豆、碟、罐等，其中豆和碟均掩埋于石子下，不易发现。（彩版二八，2）

D7M2位于土墩东部，为石床型墓，方向195°。石床平面略呈长方形，长3.5、宽1.8米，墓底距离地表约0.6米。由石块铺底形成石床，石床铺砌不甚规整，中部石块较多。随葬品仅见几块泥质陶残片。（图3-7-3；彩版二八，3）

出土遗物

1.封土出土遗物

封土内发现少量印纹硬陶残片及原始瓷残片。印纹印陶纹饰有回纹与折线纹，可复原1件原始瓷豆。（图3-7-4）

原始瓷豆　1件。D7：

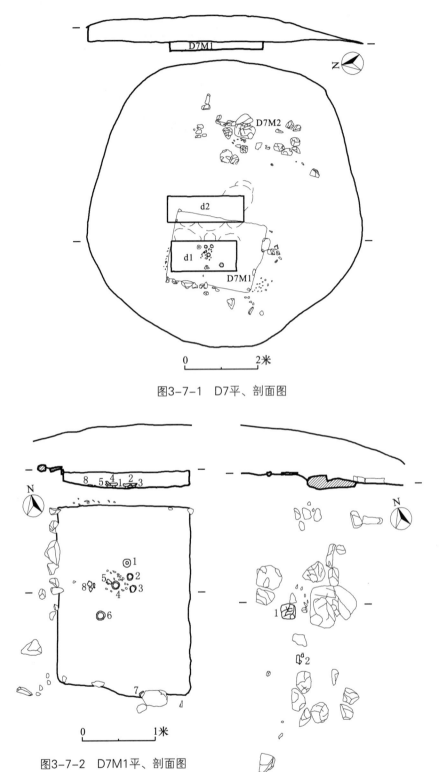

图3-7-1　D7平、剖面图

图3-7-2　D7M1平、剖面图

图3-7-3　D7M2平、剖面图

01，圆唇，口微敛，弧腹，矮圈足。下腹有明显刮削痕，圈足与器身分制拼接成型。口部饰五道弦纹，足底饰"＋"字形刻划符号。灰黄色胎。器表施青釉不及圈足，釉色青黄，釉面有光泽，脱釉严重。口径8.9、足径5.3、高3.7厘米。（图3-7-4；彩版二八）

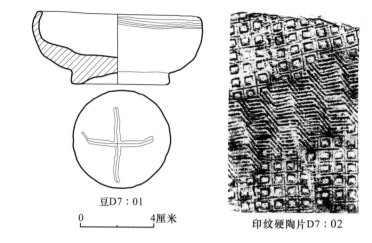

豆D7：01

0   4厘米

印纹硬陶片D7：02

图3-7-4 D7封土出土器物图

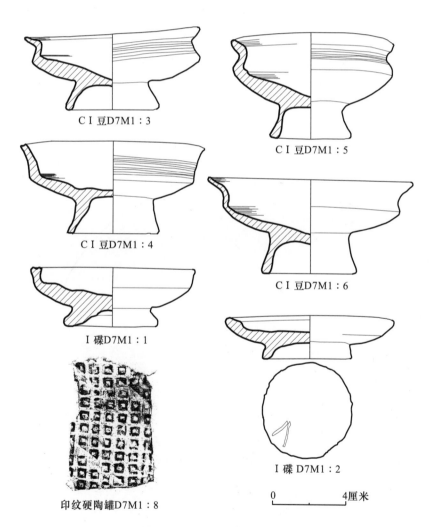

CＩ豆D7M1：3

CＩ豆D7M1：5

CＩ豆D7M1：4

CＩ豆D7M1：6

Ｉ碟D7M1：1

Ｉ碟D7M1：2

印纹硬陶罐D7M1：8

0   4厘米

图3-7-5 D7M1出土器物图

2.D7M1出土遗物

共8件，包括原始瓷豆、碟、罐和印纹硬陶罐残片。

原始瓷豆 4件，均为C型Ⅰ式。尖唇，敞口，上腹斜直，下腹折内收，高圈足，内底下凹。圈足与器身分制拼接成型。内底周边饰一组弦纹。青灰色胎，胎壁薄，胎体细腻。器表施青釉不及圈足，釉层薄。D7M1：4，上腹饰八道弦纹，下腹饰两道弦纹。脱釉严重。口径10、足径5、高4.9厘米。（图3-7-5；彩版二八）

D7M1：3，折沿向上，沿部饰一组弦纹，上腹饰六道弦纹。上腹及内壁有黑衣，脱釉严重。口径9.5、足径5.1、高3.9厘米。（图3-7-5；彩版二八）

D7M1：5，折沿，沿部饰四道弦纹，上腹饰六道弦纹。上腹有黑衣，脱釉严重。口径8.8、足径4.4、高5.6厘米。（图3-7-5；彩版二八）

D7M1：6，折沿向上，沿部饰一组弦纹，内底周边饰一组弦纹。釉面有光泽，局部脱釉。口径11.2、足径5.2、高5厘米。（图3-7-5；彩版二八）

原始瓷碟 2件，均为Ⅰ式。盘口，弧腹，大平底，矮圈足。器形规整，圈足与器身分制拼接成型。青灰色胎。器表施青釉，釉色青褐，釉层明显，釉面光滑。D7M1：1，盘稍深，内底粘连两小块窑渣。腹部有脱釉现象。口径9、足径5.1、高3.2厘米。（图3-7-5；彩版二八）

D7M1：2，盘较浅，腹部粘连一块窑渣。足底饰"八"字形刻划符号。腹部有脱釉现象。口径9.2、足径4.9、高2.3厘米。（图3-7-5；彩版二八）

印纹硬陶罐　2件。D7M1：7，残，圆唇，敛口，斜肩，弧腹。肩部饰两道弦纹。红褐色胎。残高7、残宽8厘米。（彩版二八）

D7M1：8，腹部残片，外壁拍印回纹。灰胎。残长6.5、残宽4.5厘米。（图3-7-5；彩版二八）

3.D7M2出土遗物

D7M2：1和D7M2：2，泥质灰陶罐残片，均残碎，无法起取。

D8

土墩

D8位于竹狗洞山与无名山体之间的山脊上，东北与D7相连，西南距D9约2.5米。所在山脊较为平缓、宽敞，位于山脊偏东部，东、南两侧为山坡，山路从其西侧穿过。土墩隆起不明显，清理地表后才见其略微隆起，平面形状大致呈椭圆形，长径约9.9、短径约7.8米，现存高度约0.5米。地表长满石竹、茶树、低矮灌木及大量杂草，落叶遍地。土墩保存完整，未见盗掘痕迹。（图3-8-1；彩版二九，1）

清除地表杂草、树叶后即见封土。封土为黄褐色，较为疏松，其内包含大量植物根系和少量石子。封土内发现少量泥质陶残片及原始瓷残片。

墓葬

土墩底部发现一座墓葬，编号为D8M1。

D8M1位于土墩中部，石床型墓，方向为230°。

石床平面略呈长方形，长6.95、宽5.6米，墓底距离地表约1米。由石块铺底形成石床，底部呈倾斜状，东北部高、西南部低。石床西南侧铺砌十分规整，呈一条直线，其外侧有一条宽约0.25、深约0.08米的沟槽，应该是墓边的排水沟。石床东北侧铺砌较为规整，外高内低。石床中部石块铺砌较少。墓底东侧中部发现一块青灰色土堆积，长约0.55、宽约0.45米，性质不明。（图3-8-2；彩版二九，2、3）

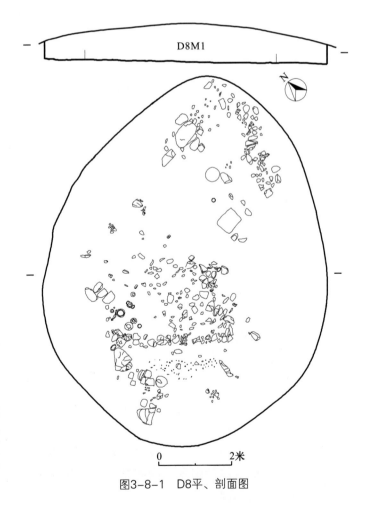

图3-8-1　D8平、剖面图

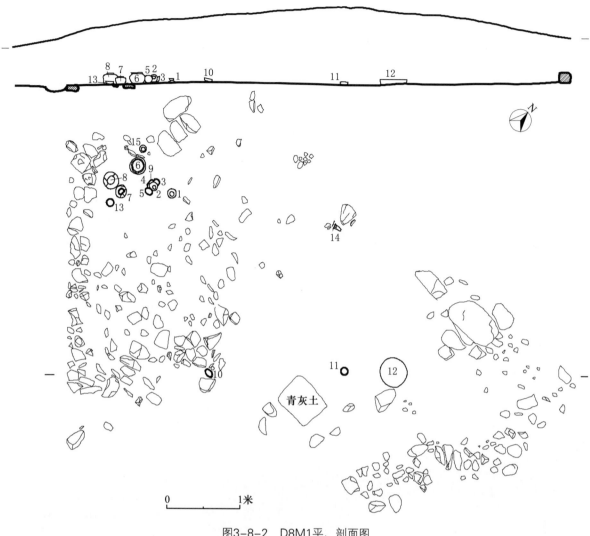

图3-8-2 D8M1平、剖面图

随葬品集中分布于墓底西南部，东部中间亦有少量分布，原始瓷豆有分层叠压现象。随葬品有原始瓷豆和罐、印纹硬陶罐和瓿、硬陶钵以及泥质陶罐、豆柄等。（彩版二九，4）

出土遗物

共15件，包括原始瓷罐和豆、印纹硬陶罐和瓿、硬陶钵以及泥质陶罐和豆柄。

原始瓷罐 1件，A型Ⅰ式。D8M1：6，盘口，敛口，束颈，鼓腹，平底。盘部饰弦纹，腹部满饰折线纹。青灰色胎。器表施青釉不及底，釉色青褐，釉层厚，釉面光滑有光泽，局部存在聚釉、脱釉现象。口径16.9、腹径21.4、底径11.4、高16.2厘米。（图3-8-3；彩版二九）

原始瓷豆 9件。

A型Ⅲ式 6件。平沿，敞口，弧腹，圈足。圈足与器身分制拼接成型。上腹饰一组弦纹。器表施青釉，釉层薄，釉面有光泽。D8M1：2，沿部饰两道弦纹。内底起泡。灰白色胎。施釉不及足底。口径11.5、足径4.6、高5.3厘米。（图3-8-3；彩版二九）

D8M1：3，下腹粘连一小块窑渣。青灰色胎。施釉不及足底。口径10.6、足径4.4、高4.2厘米。（图3-8-3；彩版二九）

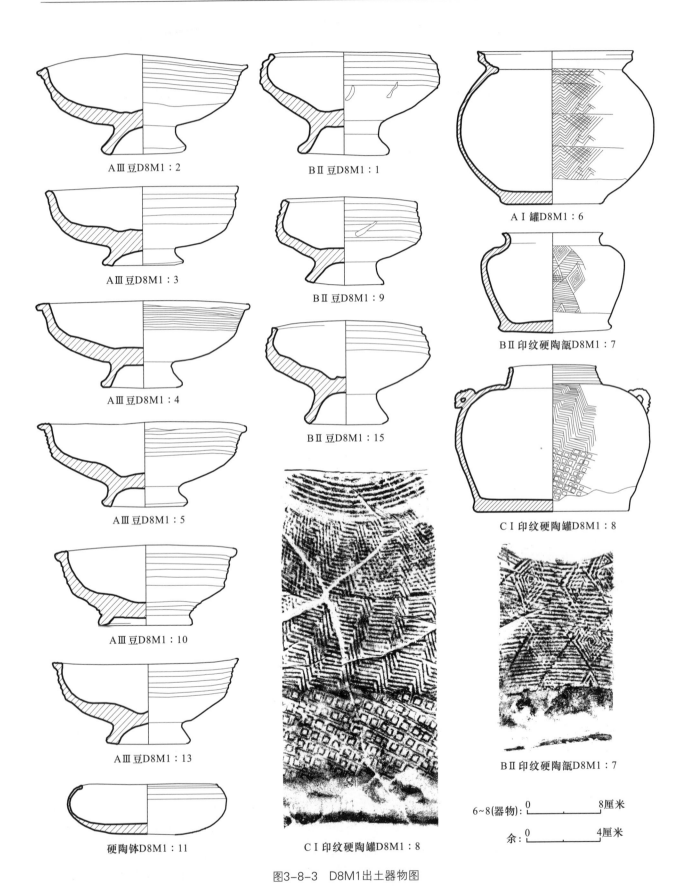

AⅢ豆D8M1：2

BⅡ豆D8M1：1

AⅠ罐D8M1：6

AⅢ豆D8M1：3

BⅡ豆D8M1：9

BⅡ印纹硬陶瓿D8M1：7

AⅢ豆D8M1：4

BⅡ豆D8M1：15

CⅠ印纹硬陶罐D8M1：8

AⅢ豆D8M1：5

AⅢ豆D8M1：10

AⅢ豆D8M1：13

硬陶钵D8M1：11

CⅠ印纹硬陶罐D8M1：8

BⅡ印纹硬陶瓿D8M1：7

6~8(器物)：0　　　　　8厘米

余：0　　　　　4厘米

图3-8-3　D8M1出土器物图

D8M1：4，沿部饰四道弦纹。灰白色胎。釉色青黄，施釉不及圈足，有脱釉现象。口径11.7、足径4.3、高5.7厘米。（图3-8-3；彩版二九）

D8M1：5，沿部饰两道粗弦纹。灰白色胎。施釉不及圈足，局部脱釉。口径11.5、足径4.7、高4.5厘米。（图3-8-3；彩版二九）

D8M1：10，沿部饰两道弦纹，近底处饰三道弦纹。青灰色胎。通体施釉。口径10、足径5.2、高4.3厘米。（图3-8-3；彩版二九）

D8M1：13，沿部饰一道粗弦纹。内底粘连窑渣。青灰色胎。施釉不及足底。口径10.2、足径4.6、高4.2厘米。（图3-8-3；彩版三〇）

B型Ⅱ式　3件。方唇，敛口，鼓腹，喇叭状高圈足。圈足与器身分制拼接成型。上腹饰一组粗弦纹。器表施青釉，釉层薄，釉面光滑有光泽。D8M1：1，下腹刻划一周竖向短直线。青灰色胎。施釉不及足底。口径9、足径5、高5.4厘米。（图3-8-3；彩版三〇）

D8M1：9，青灰色胎。通体施青釉。口径7.5、足径4.3、高4.7厘米。（图3-8-3；彩版三〇）

D8M1：15，灰黄色胎。施釉不及足底。口径8.2、足径4.6、高5.5厘米。（图3-8-3；彩版三〇）

印纹硬陶罐　1件，C型Ⅰ式。D8M1：8，方唇，直口，高颈，溜肩，鼓腹，大平底，底边微外凸。上腹饰两个对称弧形纽。颈部饰弦纹，上腹部饰折线纹，下腹部饰回纹。红褐色胎。口径9.5、腹径21.2、底径17、高15.5厘米。（图3-8-3；彩版三〇）

印纹硬陶瓿　1件，B型Ⅱ式。D8M1：7，尖唇，侈口，矮颈，耸肩，上腹鼓，下腹弧收，大平底。底边外凸，腹部满饰拍印弦纹叠套复线菱形纹，近底部的纹饰被刮掉。紫褐色胎。口径11、腹径15.6、底径12.3、高10.5厘米。（图3-8-3；彩版三〇）

硬陶钵　1件。D8M1：11，圆唇，敛口，鼓腹，圜底近平。口部饰两道弦纹。红色胎。口径7.7、腹径8.8、高2.6厘米。（图3-8-3；彩版三〇）

泥质陶罐　1件。D8M1：12，泥质灰陶，残碎，无法起取。

泥质陶豆柄　1件。D8M1：14，残。泥质灰陶，残高11厘米。

D9

土墩

D9位于竹狗洞山与无名山体之间的山脊上，东北距D8约2.5米，西南临D14。所在山脊较为平缓、宽敞，位于山脊偏南部，南北两侧为山坡，山路从其西北侧穿过。土墩隆起不明显，平面形状大致呈椭圆形，长径约6.73、短径约4.75米，现存高度约0.25米。地表长满石竹、茶树、低矮灌木及大量杂草，落叶遍地。土墩保存完整，未见盗掘痕迹。（图3-9-1）

清除地表杂草、树叶后即见封土。封土为黄褐色，较为疏松，其内包含大量植物根系和少量石子。封土内发现少量原始瓷残片及印纹硬陶残片。

墓葬

土墩底部发现一座墓葬，编号为D9M1。

D9M1位于土墩中部，石框型墓，方向为210°。

墓葬是在经过平整的山脊表面平地上用大小不一的石块围成。石框平面略呈长方形，长5.04、宽2.52米，墓底距离地表约0.6米。石框四角略圆弧，石框表面距地表约0.25米。坑壁西高东低。西壁上部留有一排石砌墓框，石框由大小不一的石块垒成，垒砌不甚考究，下部为土壁。东壁南部亦保留一排石砌墓框，未见土壁，北部仅存少量石块。框内南部中偏西侧发现一排石块，作用不明。南壁东侧有个缺口，此处可能是墓道。墓内填土呈黄褐色，土质疏松，与封土相似。墓底为含有石子的生土面，稍平整。（图3-9-2；彩版三一，1）

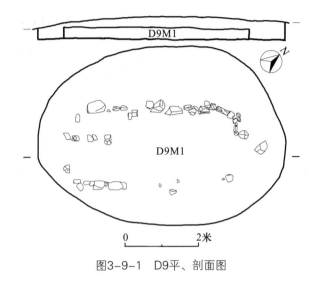

图3-9-1　D9平、剖面图

随葬品位于墓底正中，呈南北向分布，器形较大的器物顶部高出石框表面。北部的器物置于墓底，其中原始瓷器存在重叠置放现象，有一件豆压在下部无法显示，而南部的器物则置于高出墓底约8厘米的填土上，原因不明。随葬品种类有原始瓷、印纹硬陶、硬陶等，共发现31件，以原始瓷为主。器形有原始瓷簋、罐、豆、盂以及印纹硬陶瓿、坛、罐和硬陶鼎等。（彩版三一，2）

出土遗物

共31件，包括原始瓷簋、罐、豆、盂以及印纹硬陶瓿、坛、罐和硬陶鼎。

原始瓷簋　1件。D9M1：27，圆唇，斜沿，敛口，束颈，斜肩，弧腹内收，肩腹结合处饰一周凸棱，平底，矮圈足。圈足与器身分制拼接成型，腹部有粘连痕。肩部饰四周斜向戳印篦点纹，其间用三组弦纹间隔。灰色胎。器表施青釉不及圈足，釉色青褐，釉层明显，釉面光滑有光泽，釉层玻化较好。口径15.2、腹径19.1、足径10.5、高9厘米。（图3-9-3；彩版三一）

原始瓷罐　1件，A型Ⅱ式。D9M1：12，圆唇，敛口，溜肩，鼓腹，平底。肩部贴饰对称双系，系两侧贴饰竖向"S"形纹，系残，肩前后两侧饰对称横向"S"形纹。肩部饰五组斜向戳印篦点纹，其间用两道弦纹间隔。灰黄色胎。器表施青绿釉不及底，釉层明显，局部聚釉，有脱釉现象。口径15.5、腹径28.3、底径13.4、高19.4厘米。（图3-9-3；彩版三一）

原始瓷豆　14件。一件残，D9M1：30，弧腹，矮圈足。灰白色胎。器表施青釉，釉层明显。底径6.4厘米。（图3-9-3）

A型Ⅳ式　3件。圆唇，敞口，上腹略直，下腹弧收，矮圈足。圈足与器身分制拼接成型。上腹饰一组弦纹。D9M1：5，下腹有明显刮削痕，足底饰不规则形刻划符号。青灰色胎，内底粘连窑渣。釉色青绿，釉层明显，釉面光滑有光泽，局部聚釉。口径9.6、足径5.1、高4.3厘米。（图3-9-4；彩版三一）

D9M1：25，下腹有刮削痕，足底饰"N"形刻划符号。青灰色胎。釉色青绿，釉层明显，釉面光滑有光泽。口径9.8、足径6.3、高3.9厘米。（图3-9-4；彩版三一）

D9M1：6，足脱落。下腹有刮削痕。灰黄色胎。脱釉。口径10.3、残高3.3厘米。（图3-9-4；

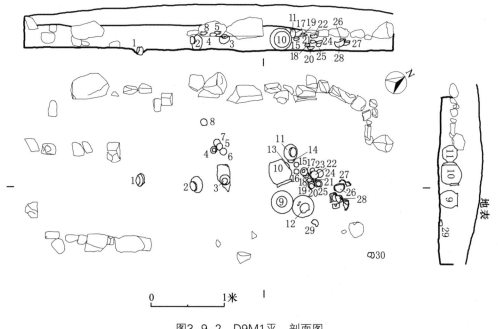

图3-9-2　D9M1平、剖面图

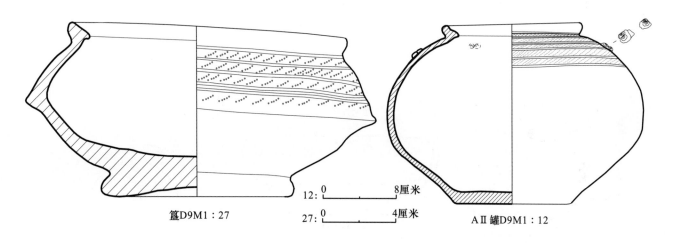

篮D9M1：27

12：　0　　　　　　　8厘米

27：　0　　　　　　4厘米

AⅡ罐D9M1：12

图3-9-3　D9M1出土器物图（一）

彩版三一）

　　B型Ⅲ式　大圈足豆，2件。圆唇，口微敛，弧腹，大圈足较矮。圈足与器身分制拼接成型。上腹饰一组弦纹。灰黄色胎。施釉不及圈足，釉色青绿，釉面光滑，釉层明显，下腹有聚釉现象，聚釉处釉色发黑。足底粘连窑渣，有垫烧痕迹。D9M1：18，内底下凹。足底饰不规则形刻划符号。口径10.5、足径7.8、高5厘米。（图3-9-4；彩版三二）

　　D9M1：24，内底心略下凹。足底饰"W"形刻划符号。口径11.2、足径8.1、高5.1厘米。（图3-9-4；彩版三二）

　　B型Ⅲ式　8件。圆唇，敛口，弧腹，矮圈足。内底下凹。圈足与器身分制拼接成型。器表施青釉不及足底，釉层明显。D9M1：7，下腹有明显刮削痕。上腹饰一组弦纹，足底饰"二"形刻划符号。灰黄色胎。有脱釉现象。口径9、足径5.1、高3.7厘米。（图3-9-4；彩版三二）

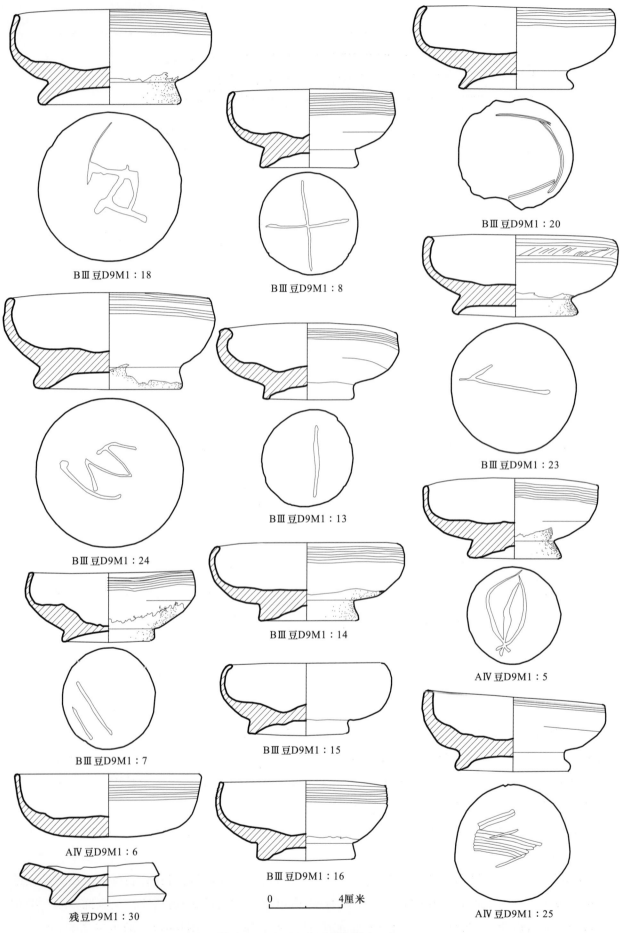

BⅢ豆D9M1：18

BⅢ豆D9M1：8

BⅢ豆D9M1：20

BⅢ豆D9M1：24

BⅢ豆D9M1：13

BⅢ豆D9M1：23

BⅢ豆D9M1：14

AⅣ豆D9M1：5

BⅢ豆D9M1：7

BⅢ豆D9M1：15

AⅣ豆D9M1：6

BⅢ豆D9M1：16

AⅣ豆D9M1：25

残豆D9M1：30

0   4厘米

图3-9-4　D9M1出土器物图（二）

D9M1：8，下腹有刮削痕。上腹饰一组弦纹，足底饰"＋"形刻划符号。灰黄色胎。有脱釉现象。口径8.9、足径5.4、高4.1厘米。（图3-9-4；彩版三二）

D9M1：13，下腹有明显刮削痕。上腹饰一组弦纹，足底饰"一"形刻划符号。青灰色胎，底部胎体起泡。釉面光滑有光泽。口径9.8、足径5、高4.1厘米。（图3-9-4；彩版三二）

D9M1：14，内底压圈明显，下腹有明显刮削痕。上腹饰一组弦纹。灰黄色胎。脱釉严重。口径10.3、足径5.5、高4.1厘米。（图3-9-4；彩版三二）

D9M1：15，内底心略凸。下腹有明显刮削痕。青灰色胎。内底有粘连痕。釉面光滑有光泽。口径8.6、足径5.5、高3.8厘米。（图3-9-4；彩版三二）

D9M1：16，下腹有明显刮削痕。上腹饰一组弦纹。灰黄色胎。釉面光滑，釉层明显，外壁脱釉严重。口径9.2、足径5.4、高4.2厘米。（图3-9-4；彩版三二）

D9M1：20，下腹有明显刮削痕。上腹饰一组弦纹，足底饰"π"形刻划符号。青灰色胎。釉色青绿，釉层明显，釉面光滑有光泽，内底及下腹聚釉，聚釉处釉色发黑。口径10.4、足径6.2、高4.3厘米。（图3-9-4；彩版三三）

D9M1：23，上腹饰两组弦纹，其间饰一周斜向戳印篦点纹，足底饰箭头形刻划符号。青灰色胎。釉色青绿，釉层明显，釉面光滑有光泽，局部脱釉。口径10.3、足径6.8、高4.3厘米。（图3-9-4；彩版三三）

原始瓷盂 8件。

A型Ⅱ式 大盂，1件。D9M1：28，圆唇，敛口，斜肩，鼓腹，平底，喇叭状圈足，足缘斜削。圈足与器身分制拼接成型。肩上饰对称绳索状双系，系上下两端贴饰横向"S"形纹，肩前后两侧饰对称横向"S"形纹。肩部饰两道弦纹，其间饰一周戳印篦点纹带，外底饰"＋"形刻划符号。青灰色胎，胎体较细腻。器表满施青釉，釉色发青，釉层均匀明显，釉面光滑有光泽。口径14.1、腹径16.8、足径10.1、高7.2厘米。（图3-9-5；彩版三三）

A型Ⅱ式 4件。圆唇，敛口，鼓腹，矮圈足。圈足与器身分制拼接成型。肩部饰弦纹。青灰色胎。器表施青釉不及圈足。D9M1：4，下腹有刮削痕。上腹两组弦纹之间饰一周斜向戳印篦点纹，足底饰"二"形刻划符号。釉层明显，釉面光滑有光泽。口径7.3、足径4.7、高4.2厘米。（图3-9-5；彩版三三）

D9M1：19，腹部可见刮削痕。上腹两组弦纹之间饰一周密集斜向戳印篦点纹，足底饰箭头形刻划符号。釉层明显，局部脱釉。口径7.4、足径5.8、高4.1厘米。（图3-9-5；彩版三三）

D9M1：21，下腹局部可见刮削痕。上腹饰两组弦纹，足底饰"×"形刻划符号。釉色青绿，脱釉严重。口径8.2、足径6.5、高3.7厘米。（图3-9-5；彩版三三）

D9M1：31，内底心略下凹，下腹有刮削痕。上腹两组弦纹之间饰一周斜向戳印篦点纹，足底饰"二"形刻划符号。釉层明显，下腹局部聚釉，釉面光滑有光泽。口径6.8、足径4.5、高4.2厘米。（图3-9-5；彩版三三）

B型Ⅰ式 3件。侈口，束颈，斜肩，折腹内收，矮圈足。圈足与器身分制拼接成型。青灰色胎。器表施青釉。D9M1：17，内底心略下凹，腹部有戳痕，足底粘连窑渣。素面无纹。釉层明显，釉面光滑，局部聚釉，圈足不施釉。口径13.6、足径7.7、高5.2厘米。（图3-9-5；彩版三四）

D9M1：22，内壁粘连一块窑渣，下腹有明显刮削痕。肩部饰两组弦纹，弦纹之间饰一周斜向

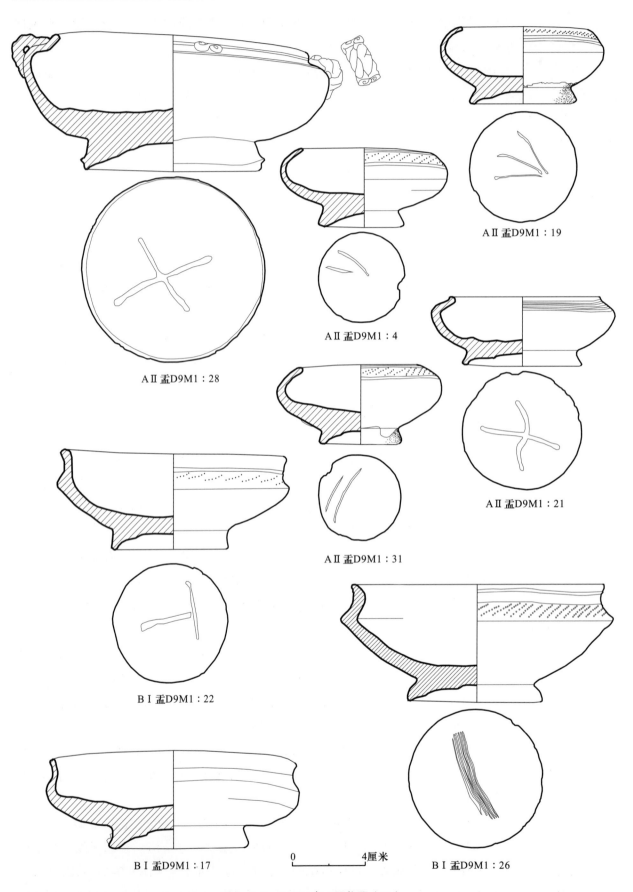

AⅡ盂D9M1：28

AⅡ盂D9M1：4

AⅡ盂D9M1：19

AⅡ盂D9M1：21

AⅡ盂D9M1：31

BⅠ盂D9M1：22

BⅠ盂D9M1：17

0　　　　　4厘米

BⅠ盂D9M1：26

图3-9-5　D9M1出土器物图（三）

戳印篦点纹，足底饰"T"形刻划符号。釉色青绿，釉层明显，釉面光滑，玻化较佳，外底不施釉。口径12.4、足径6.4、高5厘米。（图3-9-5；彩版三四）

D9M1：26，内壁粘连一块窑渣，下腹近底处有明显指摁痕。颈部饰弦纹，肩部饰一周斜向戳印篦点纹，足底饰复线"一"字形刻划符号。釉色青褐，釉层明显，釉面光滑，玻化较佳，聚釉处釉色发黑，圈足不施釉。口径13.8、足径7.3、高6.2厘米。（图3-9-5；彩版三四）

印纹硬陶瓮 1件，Ⅱ式。D9M1：9，圆唇，侈口，矮颈，圆肩，深鼓腹，大平底，底缘外侈。颈部饰弦纹，肩部饰折线纹，腹部满饰回纹、折线纹组合纹。灰色胎。口径14.7、腹径28.7、底径20.2、高24.9厘米。（图3-9-6；彩版三五）

印纹硬陶坛 1件，Ⅲ式。D9M1：10，斜方唇，侈口，矮颈，鼓肩，深腹，大平底。颈部饰

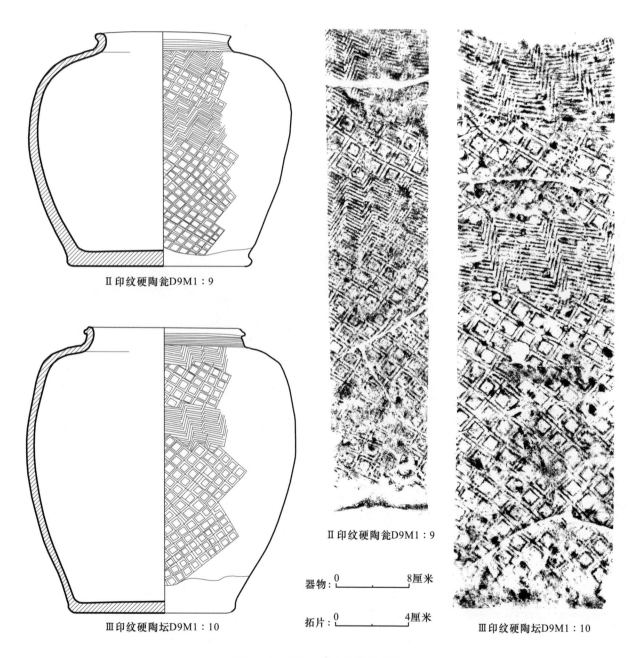

Ⅱ印纹硬陶瓮D9M1：9

Ⅲ印纹硬陶坛D9M1：10

Ⅱ印纹硬陶瓮D9M1：9

器物：0 _____ 8厘米

拓片：0 _____ 4厘米

Ⅲ印纹硬陶坛D9M1：10

图3-9-6 D9M1出土器物图（四）

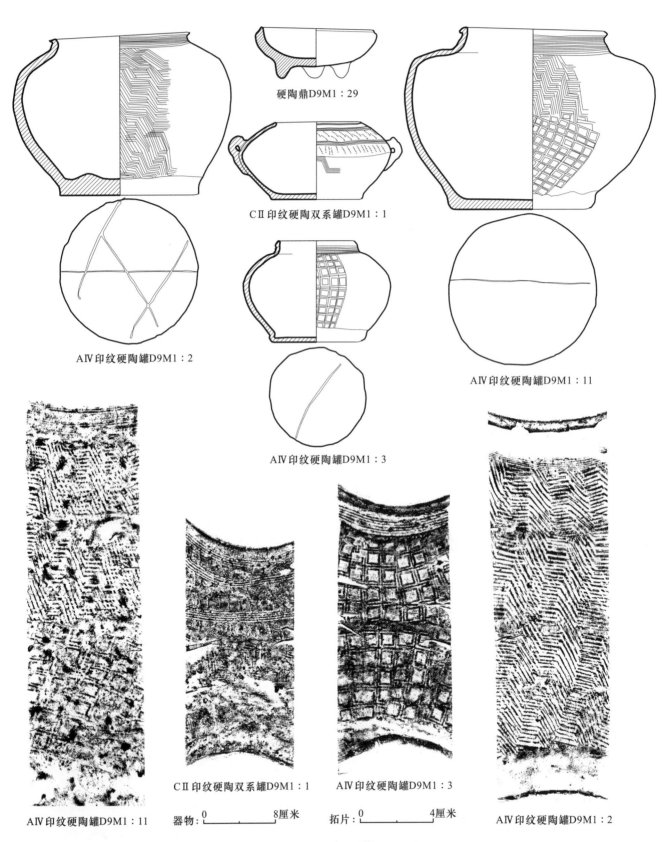

硬陶鼎D9M1：29

CⅡ印纹硬陶双系罐D9M1：1

AⅣ印纹硬陶罐D9M1：2

AⅣ印纹硬陶罐D9M1：3

AⅣ印纹硬陶罐D9M1：11

AⅣ印纹硬陶罐D9M1：11

CⅡ印纹硬陶双系罐D9M1：1

AⅣ印纹硬陶罐D9M1：3

AⅣ印纹硬陶罐D9M1：2

器物：0　　　　　　8厘米　　　拓片：0　　　　　4厘米

图3-9-7　D9M1出土器物图（五）

弦纹，肩部饰折线纹，腹部满饰回纹、折线纹组合纹。灰色胎。口径17.6、腹径29.5、底径18.3、高30.2厘米。（图3-9-6；彩版三五）

印纹硬陶双系罐 1件，C型Ⅱ式。D9M1：1，圆唇，敛口，斜肩，鼓腹，平底，肩腹结合处饰对称环形双系。肩部饰三组弦纹，下两组弦纹之下各饰一周斜向戳印篦点纹，下腹满饰折线纹。青灰色胎。口径9.3、腹径16.7、底径10.3、高8.2厘米。（图3-9-7；彩版三五）

印纹硬陶罐 3件，均为A型Ⅳ式。直口，矮颈，弧肩，鼓腹，平底。颈部饰一组弦纹，腹部满饰拍印纹。D9M1：3，尖唇。颈部弦纹痕较深。腹部拍印回纹，底饰"一"形刻划符号。红褐色胎，外底为红色。口径8.6、腹径16.2、底径10.6、高10.7厘米。（图3-9-7；彩版三五）

D9M1：2，方唇，口微侈。颈部弦纹较细密。腹部满饰拍印折线纹，底饰"五"形刻划符号。青灰色胎。口径15.2、腹径23.8、底径15.1、高16.9厘米。（图3-9-7；彩版三四）

D9M1：11，方唇，斜颈。上腹饰折线纹，下腹饰回纹，底饰"一"形刻划符号。灰色胎，胎体起泡。口径16、腹径27.3、底径16.1、高19.1厘米。（图3-9-7；彩版三五）

硬陶鼎 1件。D9M1：29，圆唇，敞口，弧腹，圜底，底部附三矮足。黑褐色胎。口径12.5、通高5.3厘米。（图3-9-7；彩版三五）

D10

土墩

D10位于竹狗洞山西坡上部，南侧较缓，另外三面山坡较陡，土墩东侧为山路。土墩隆起较为明显，整体大致呈西南—东北走向，平面形状大致呈椭圆形，长径约8.4米，短径约5.2米，现存高度约1.3米。地表生长低矮灌木及大量杂草，落叶遍地。局部石块暴露于地表。土墩保存完整，未见盗掘痕迹。（图3-10-1；彩版三五，1）

封土顶部为0~5厘米厚的灰黑色植物腐殖质，腐殖质下即为黄褐色封土。封土堆积厚薄不均，多处较薄，其内包含大量植物根系。未见任何遗物。

墓葬

土墩底部有一座墓葬，编号为D10M1。

D10M1位于土墩中部，石室墓，方向为225°。石室建于山脊处，由墓门、墓室、挡土墙和护坡组成，整体呈长方形，长7.4、宽3.87米。（图3-10-1；彩版三五，2）

墓室平面呈长条形，长5.47、宽1.24、高1.24米。泥底，较为平整，中部发现大块基岩。两壁为石块垒砌的墓壁，石块大小不一，较光滑的一端朝内。西壁向外（西）倾斜，东壁因挤压变形，多数砌壁石倒入墓室。墓门位于

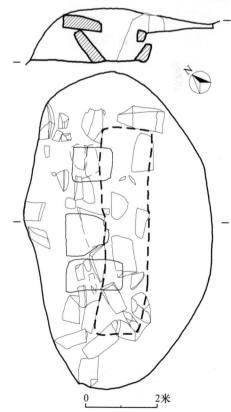

图3-10-1 D10M1平、剖面图

墓室西端，用乱石块封堵。墓葬后壁（北壁）使用巨石封堵。

墓葬西侧外围发现明显挡土墙，保存较完整，由大小不一的石块垒砌而成，石块较光滑的一面向外，较竖直，上部外倾。

在挡土墙与墓壁之间为土、石混筑的护坡，石块大小不一，堆放较为杂乱，土为与封土类似的黄褐色土，较为疏松。

墓室顶部尚存三块巨大的盖顶石，长0.8~1、宽1.1~1.6、厚0.35米，呈倾斜状，东端均陷于墓室内。

墓内填土呈黄褐色，土质较硬。

墓底局部铺石。未见人骨、葬具痕迹，未见随葬品。

D11

土墩

D11位于竹狗洞山与无名山体之间的山脊上，南临D12，北临D13。所在地势北高南低，东西两侧均为陡坡，西部为山路。土墩南部隆起十分明显，北部不甚明显，平面形状不甚规则，略呈圆形，直径约6.8米，其南部高出地表约1米。D11地表长满杂草及低矮灌木。土墩保存完整，未见盗掘痕迹。（图3-11-1）

清除地表杂草、树叶后即见封土，封土为黄褐色，较为疏松，其内包含大量植物根系和少量碎石块。封土下北部为基岩。封土内未见遗物。

墓葬

土墩底部发现一座墓葬，编号为D11M1。

D11M1位于土墩中部偏南，石框型墓，方向为250°。它是在经过平整的山脊表面平地上用大小不一的石块围成，北部借用基岩做墓底，地势高，南部地势较低，略经平整。墓葬平面略呈长方形，四角略圆，长4.2、宽1.6米，墓底距离地表约0.8米，墓口距地表约0.47米。东壁、东南角残存石框，由大小不一的石块垒成，垒砌不

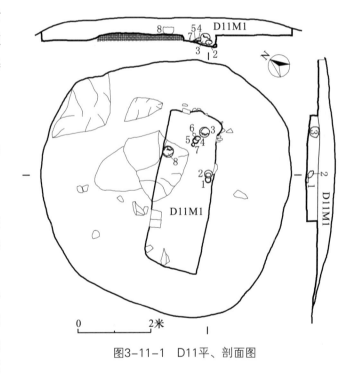

图3-11-1　D11平、剖面图

甚考究，下部为土壁。北部借用基岩，未见明显坑壁，西壁、南壁为土壁，略经修整，较竖直，深约0.28米。墓内填土呈黄褐色，上部疏松，底部稍硬。墓底铺碎石，北高南低，不甚平整。（图3-11-2；彩版三六，1）

随葬品位于中东部，其中原始瓷豆存在叠压置放现象。随葬品共8件，有印纹硬陶罍、罐、瓿

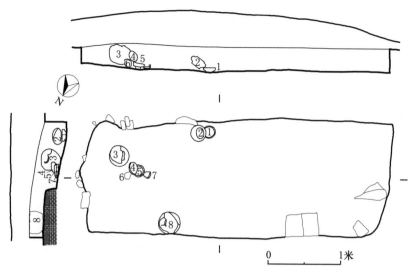

图3-11-2　D11M1平、剖面图

和原始瓷豆、簋等。（彩版三六，2）

出土遗物

共8件，包括原始瓷簋、豆和印纹硬陶罍、罐、瓿。

原始瓷簋　1件。D11M1：1，方唇，直口，弧腹，圜底，矮圈足，内底下凹。圈足与器身分制拼接成型。腹部贴饰三组共五个圆饼状泥点，腹部满饰弦纹。灰白色胎。器表施青釉不及底，釉层明显，釉面光滑有光泽，局部脱釉。口径17.1、足径11.1、高6.8厘米。（图3-11-3；彩版三六）

原始瓷豆　4件。

A型Ⅱ式　3件。大小形制类似。方唇，直口，上腹直，下腹弧收，喇叭状高圈足。圈足与器身分制拼接成型，足缘斜削，下腹有戳痕。上腹饰弦纹。器表施青釉不及足内壁，釉层均匀明显，釉面有光泽。D11M1：4，内底下凹。内底饰两组细密弦纹，弦纹之间饰一周梳篦纹。青灰色胎。釉色青。口径15.2、足径7.6、高7.6厘米。（图3-11-3；彩版三六）

D11M1：6，内底饰三组细密弦纹，其间饰两周梳篦纹。灰黄色胎。釉色青黄。口径14.2、足径6.4、高6.7厘米。（图3-11-3；彩版三六）

D11M1：7，口微侈，内底较平。内底饰两组细密弦纹，其间饰一周梳篦纹。灰黄色胎。釉色青黄。口径14.6、足径6.5、高6.9厘米。（图3-11-3；彩版三六）

B型Ⅰ式　1件。D11M1：5，方唇，敛口，上腹直，下腹弧收，喇叭状高圈足，内底下弧，足壁略内弧。圈足与器身分制拼接成型。内底饰四组细密弦纹，其间饰三周梳篦纹，上腹饰弦纹。青灰色胎。足缘斜削，下腹有戳痕。器表施青釉不及足内壁，釉层均匀明显，釉面有光泽，釉色青黄，外壁局部脱釉。口径14.7、足径7.3、高8.1厘米。（图3-11-3；彩版三六）

印纹硬陶罍　1件，B型。D11M1：3，尖唇，侈口，矮束颈，弧肩，球腹，圜底。颈部饰一组弦纹，腹部满饰拍印回纹。红色胎。口径14、腹径27.8、高21.2厘米。（图3-11-4；彩版三六）

印纹硬陶罐　1件。D11M1：8，残碎。器表拍印回纹。灰色胎（彩版三六）。

印纹硬陶瓿　1件，B型Ⅰ式。D11M1：2，方唇，侈口，矮束颈，鼓肩，鼓腹，大平底，底缘

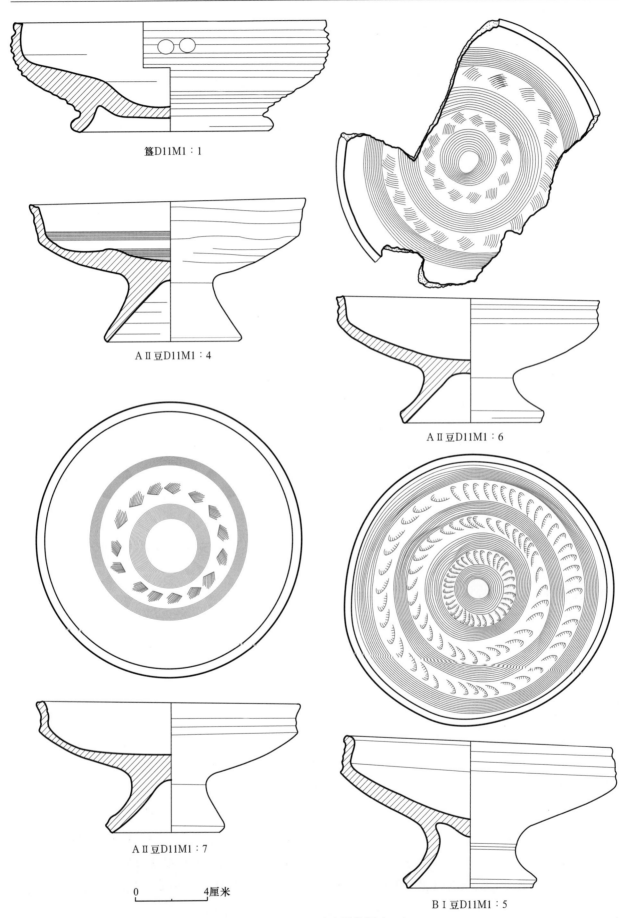

簋D11M1：1

AⅡ豆D11M1：4

AⅡ豆D11M1：6

AⅡ豆D11M1：7

0　　　　　4厘米

BⅠ豆D11M1：5

图3-11-3　D11M1出土器物图（一）

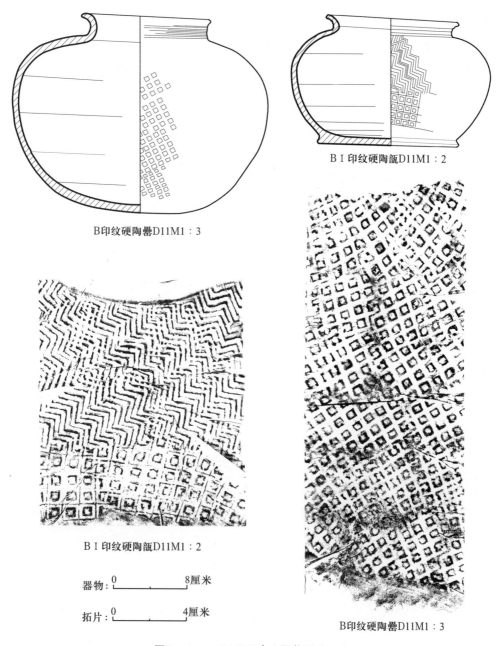

B印纹硬陶罍D11M1∶3

BⅠ印纹硬陶瓿D11M1∶2

BⅠ印纹硬陶瓿D11M1∶2

器物：0　　　　　8厘米

拓片：0　　　　　4厘米

B印纹硬陶罍D11M1∶3

图3-11-4　D11M1出土器物图（二）

略外凸。颈部饰弦纹，肩腹部满饰拍印纹，肩及上腹拍印折线纹，下腹拍印回纹。灰褐色胎。口
径14.6、腹径22、底径15.5、高13.7厘米。（图3-11-4；彩版三六）

D12

土墩

D12位于竹狗洞山与无名山体之间的山脊上，北距D11约10米，南距D3约15米。东西两侧为陡
坡，中部为山路。土墩隆起不太明显，整体大致呈西南—东北走向，平面形状大致呈椭圆形，长
径约8.2米，短径约6.2米，现存高度约0.5米。地表长满低矮灌木及大量杂草。地表可见一排排列

较规整的石块堆积。土墩保存完整，未见盗掘现象。

封土顶部为0～5厘米厚的灰黑色植物腐殖质，腐殖质下即为黄褐色封土。封土堆积厚薄不均，厚约0～10厘米，多处较薄，其内包含大量植物根系，发现少量印纹硬陶残片。封土下南部、西北部发现基岩。（图3-12-1）

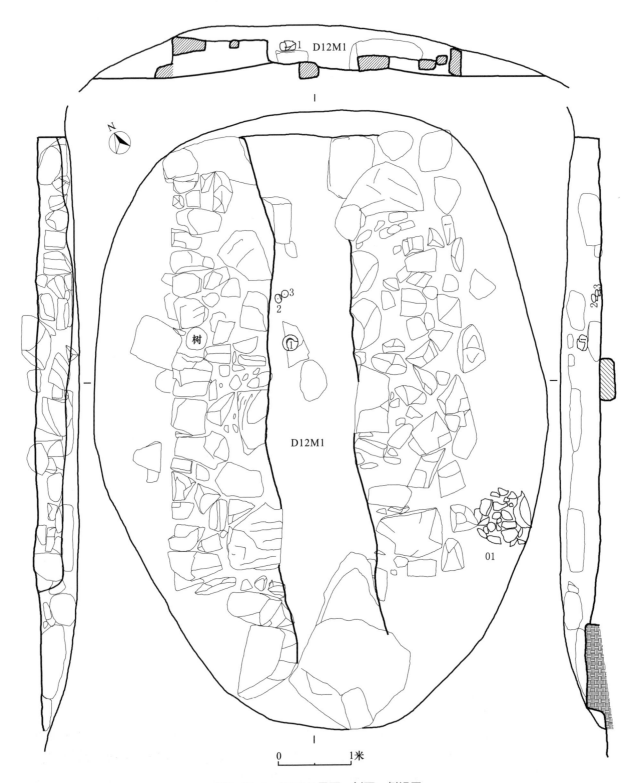

0　　　　　　　　1米

图3-12-1　D12M1平面、剖面、侧视图

封土西南部发现一件印纹硬陶瓮（D12：01），发现时该器物已经残碎，分布散乱，似为有意摔碎置放于此。

墓葬

土墩底部发现一座墓葬，编号为D12M1。

D12M1位于土墩中部，石室墓，方向为208°。石室建于经过平整的山脊处，局部直接建于基岩之上，由墓室、挡土墙和护坡组成，整体呈凸字形，通长7.44、宽4.4米，石室西半部分南部向外凸出，凸出部分长约1.5米。

墓葬内平面呈长条形，长约7、宽约1.2、高约0.5米。泥底，不甚平整，中部发现基岩块。两壁由石块垒砌而成，石块大小不一，多选用大石块较光滑的一端朝内。西壁保存稍完整，东壁保存较差，由下向上略内收。（图3-12-1；彩版三七，1）

墓葬东西两侧外围均发现明显挡土墙，保存较完整，由大小不一的石块垒砌而成，石块较光滑的一端向外。西侧挡土墙高0.5米。（彩版三七，2）

在挡土墙与墓壁之间为土、石混筑的护坡，石块大小不一，堆放较为杂乱，土为与封土类似的黄褐色土，较为疏松。护坡呈斜坡状，内高外低。

墓室顶部未见盖顶石。

墓内填土呈黄褐色，较疏松、坚硬，其内包含少量石块及印纹硬陶残片。未见人骨、葬具痕迹。

墓底随葬品较少，集中分布于墓室北部偏西侧，共出土器物3件，器形为印纹硬陶瓿和原始瓷豆。其中印纹硬陶瓿置于一个大石块之上，两件原始瓷豆置于略高于墓底处。（彩版三七，3）

出土遗物

1.封土出土遗物

仅1件，为印纹硬陶瓮。

印纹硬陶瓮　1件。D12：01，方唇，侈口，翻沿，矮束颈，弧肩，鼓腹，大平底。颈部饰弦纹，肩部饰折线纹，腹部拍印回纹。紫褐色胎。口径35.8、底径33厘米。（图3-12-2；彩版三七）

2.D12M1出土遗物

共3件，包括原始瓷豆和印纹硬陶瓿。

原始瓷豆　2件，均为C型Ⅱ式。形制类似。圆唇，侈口，束颈，弧腹内收，矮圈足。圈足与器身分制拼接成型。下腹有明显刮削痕，内底粘连瓷土块。器表施青釉。D12M1：2，青灰色胎。施釉不及足底，釉层明显，釉面光滑有光泽。口径13.1、足径5.7、高4.5厘米。（图3-12-3；彩版三七）

D12M1：3，灰白色胎。釉层脱落殆尽。口径12.4、足径6.8、高5厘米。（图3-12-3；彩版三七）

印纹硬陶瓿　1件，C型Ⅲ式。D12M1：1，斜方唇，侈口，矮颈，溜肩，鼓腹，平底，底缘经刮削。颈部饰弦纹，腹部满饰拍印折线纹。灰褐色胎。口径10.5、腹径17.3、底径9.9、高11厘米。（图3-12-3；彩版三七）

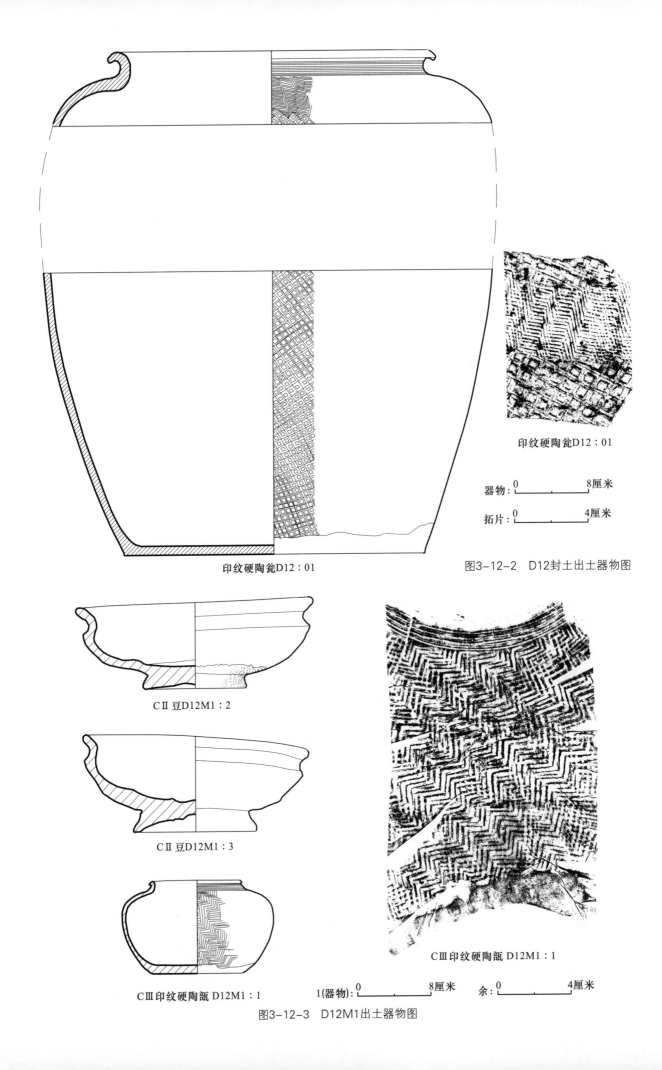

印纹硬陶瓮D12:01

印纹硬陶瓮D12:01

器物：0 ———— 8厘米

拓片：0 ———— 4厘米

图3-12-2 D12封土出土器物图

CⅡ豆D12M1:2

CⅡ豆D12M1:3

CⅢ印纹硬陶瓿 D12M1:1

CⅢ印纹硬陶瓿 D12M1:1

1(器物)：0 ———— 8厘米   余：0 ———— 4厘米

图3-12-3 D12M1出土器物图

D13

土墩

D13位于竹狗洞山与无名山体之间的山脊上，南临D11。所在地势北高南低，北侧为大片裸露的基岩，东西两侧均为缓坡，中部为山路。土墩隆起不甚明显，平面形状不甚规则，略呈圆形，直径约7米，土墩南北高差约1米。墩表生长低矮灌木、石竹及杂草等。土墩保存完整，未见盗掘痕迹。（图3-13-1）

D13封土为黄褐色，较为疏松，其内包含大量植物根系和少量碎石块，上部出土少量泥质陶残片。封土下北部为基岩。

墓葬

土墩底部发现一座墓葬，编号为D13M1。

D13M1位于土墩中部偏北，石框型墓，方向为205°。

墓葬平面略呈长方形，长2.85、宽2.55米，墓底距离地表约0.6米，墓口距地表约0.3米。它是在经过平整的山脊表面平地上用大小不一的石块围成，北部借用基岩一端做墓壁，地势较高，南部略经平整，地势稍低。东西两壁有明显石块垒砌的石框。东壁石框保存较多，由大小不一的石块垒成，垒砌不甚考究，下部为土壁。西壁石框垒砌较零乱。南侧墓边不太明显，可根据石块的分布大致确定其界线。墓坑深约0.3米。墓内填土呈黄褐色，土质疏松，底部稍硬。墓底铺碎石子，略平整，北高南低。未见人骨、葬具痕迹。（图3-13-2；彩版三八，1、2）

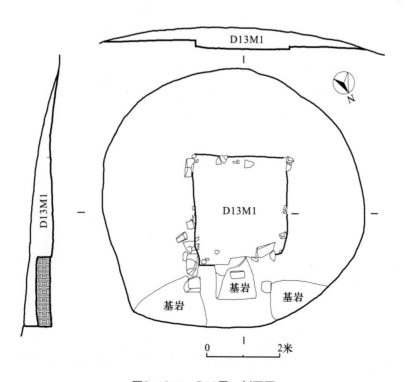

图3-13-1 D13平、剖面图

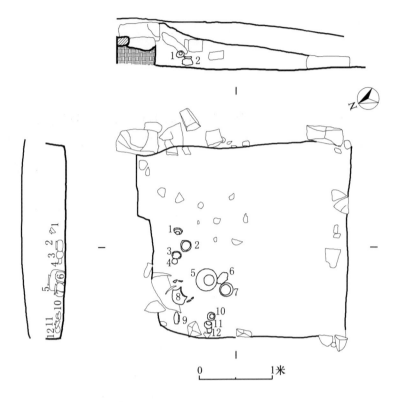

图3-13-2　D13M1平、剖面图

随葬品共12件，集中分布于墓底东北部，其中原始瓷豆存在叠压置放现象。器形有原始瓷簋、豆、钵和印纹硬陶坛、罐、瓿等。（彩版三八，3）

出土遗物

共12件，包括原始瓷簋、豆、钵以及印纹硬陶坛、罐和瓿。

原始瓷簋　1件。D13M1：2，圆唇，斜沿略下弧，敛口，束颈，溜肩，鼓腹，大平底，矮圈足。圈足与器身分制拼接成型。肩部饰两道弦纹。腹部分成五个长方形纹饰区，各个纹饰区四周均为重线方框，其内填齐纹饰，其中一个区内饰刻划符号，另外四个区内饰三组或四组竖向水波纹。青灰色胎。器表施青釉不及足底，釉层明显，釉面光滑有光泽，局部脱釉。口径12.9、足径10.4、高6.8厘米。（图3-13-3；彩版三八）

原始瓷豆　5件。

B型Ⅱ式　3件。大小形制类似。斜方唇，敛口，弧腹内收，喇叭状高圈足。内底略下凹，圈足与器身分制拼接成型。上腹饰弦纹。灰白色胎，胎质疏松。器表施青釉不及足内壁，釉层薄，脱釉严重。D13M1：10，下腹有刮削痕。口径9.2、足径5、高6厘米。（图3-13-3；彩版三八）

D13M1：11，口径9.7、足径5.7、高5.3厘米。（图3-13-3；彩版三八）

D13M1：12，口径8.9、足径4.9、高5.6厘米。（图3-13-3；彩版三八）

C型Ⅰ式　2件。敞口，折腹，喇叭状圈足。圈足与器身分制拼接成型。器表施青釉。D13M1：1，束颈，斜肩，折腹内收。口部饰弦纹，肩部饰细密弦纹，足底饰"＋"形刻划符号。灰白色胎。釉色黄，釉层薄，釉面光滑有光泽。口径8.8、足径5.3、高5厘米。（图3-13-3；彩版三九）

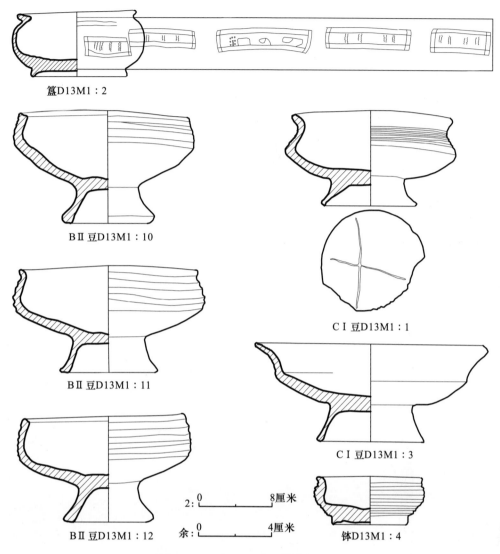

簋D13M1：2

BⅡ豆D13M1：10

BⅡ豆D13M1：11

BⅡ豆D13M1：12

CⅠ豆D13M1：1

CⅠ豆D13M1：3

钵D13M1：4

2：0　　　　　　8厘米

余：0　　　　　　4厘米

图3-13-3　D13M1出土器物图（一）

D13M1：3，上腹斜直，下腹弧收。口部饰弦纹。青灰色胎。釉层薄，施釉不均匀，釉面光滑有光泽。口径12.8、足径5.8、高5.2厘米。（图3-13-3；彩版三九）

原始瓷钵　1件。D13M1：4，圆唇，敛口，鼓腹，平底，矮圈足。圈足与器身分制拼接成型。腹部满饰弦纹。青灰色胎。器表施青釉，釉层薄，釉面光滑有光泽。口径5.8、足径4.2、高2.5厘米。（图3-13-3；彩版三九）

印纹硬陶坛　1件，Ⅱ式。D13M1：5，尖唇，侈口，矮束颈，耸肩，鼓腹，大平底，底缘外凸。颈部饰一组弦纹，腹部满饰拍印折线纹与回纹的组合纹。灰褐色胎。口径14.5、腹径26.7、底径19.4、高26.1厘米。（图3-13-4；彩版三九）

印纹硬陶罐　1件，A型Ⅱ式。D13M1：8，圆唇，侈口，高颈，溜肩，鼓腹，圜底近平。颈部饰弦纹，肩至底满饰拍印细小方折云雷纹。青灰色胎。口径21、腹径31.7、高27.9厘米。（图3-13-4；彩版三九）

印纹硬陶瓿　3件。

A型Ⅱ式　1件。D13M1：9，方唇，侈口，高颈，弧肩，鼓腹，大平底，底缘略外侈。颈部饰

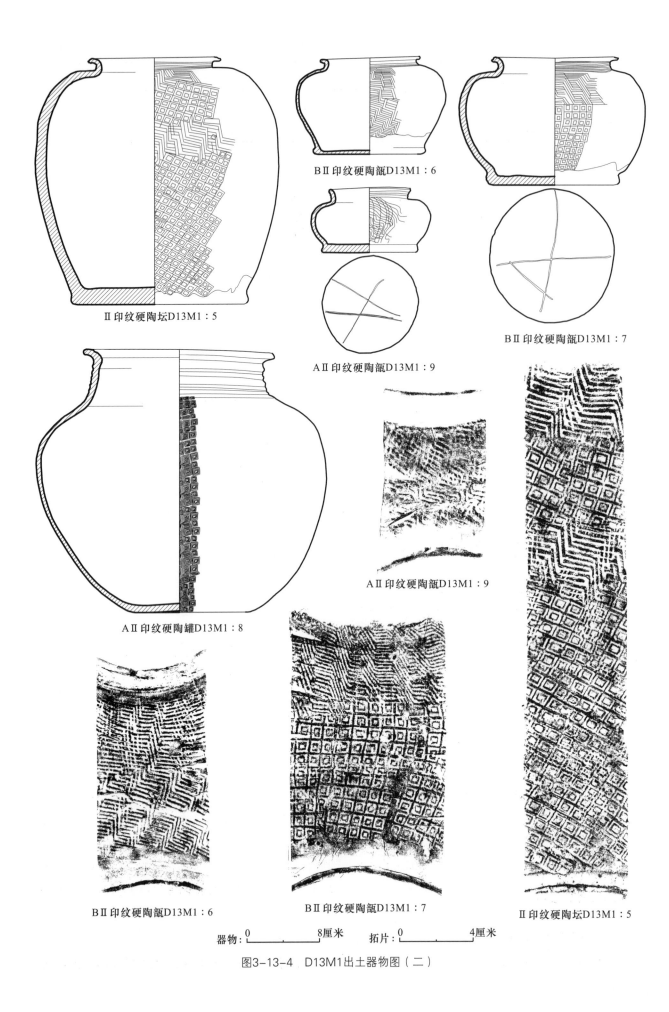

ⅡⓈ印纹硬陶坛D13M1：5

BⅡ印纹硬陶瓿D13M1：6

BⅡ印纹硬陶瓿D13M1：7

AⅡ印纹硬陶瓿D13M1：9

AⅡ印纹硬陶罐D13M1：8

AⅡ印纹硬陶瓿D13M1：9

BⅡ印纹硬陶瓿D13M1：6

BⅡ印纹硬陶瓿D13M1：7

Ⅱ印纹硬陶坛D13M1：5

器物： 0   8厘米   拓片： 0   4厘米

图3-13-4 D13M1出土器物图（二）

弦纹，腹部满饰拍印折线纹，外底饰刻划符号。灰黑色胎。口径8.9、腹径13.1、底径10.5、高6.9厘米。（图3-13-4；彩版三九）

B型Ⅱ式　2件。方唇，侈口，耸肩，鼓腹，大平底，底缘略外侈。颈部饰弦纹，腹部满饰拍纹，外底饰刻划符号。D13M1：6，肩部及腹部满饰拍印折线纹。口径10.9、腹径13.1、底径12.8、高10.2厘米。（图3-13-4；彩版三九）

D13M1：7，束颈。上腹饰折线纹，下腹饰回纹，外底饰刻划符号。口径13.7、腹径20.2、底径14.4、高13.4厘米。（图3-13-4；彩版三九）

D14

土墩

D14位于无名山体东坡底部，东北临D9。所在山脊地势西高东低，西为山坡，北为陡坡，东、南为缓坡，山路从其西侧穿过。土墩隆起不甚明显，平面形状略呈圆形，直径约8米，现存高度约0.5米。地表种植茶树，长有灌木、石竹，杂草丛生。土墩西部发现一个近期形成的盗坑（洞），编号为d1，盗坑底部向外扩挖，长2.67、宽1、深1米。盗坑扰土中未见遗物。（图3-14-1）

封土为黄褐色，较为疏松，其内包含大量植物根系和少量碎石块，出土原始瓷豆等遗物。

墓葬与灶

土墩底部发现一座墓葬和一个灶，分别编号D14M1和D14Z1。

D14M1位于土墩北部正中，近长方形竖穴土坑墓，西南部遭盗扰，方向为

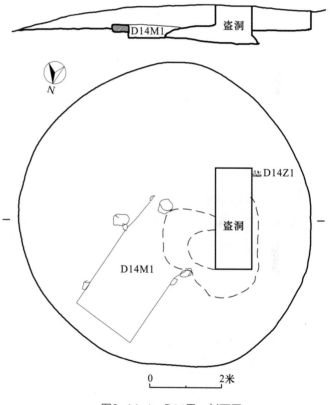

图3-14-1　D14平、剖面图

203°。墓葬平面略呈长方形，长3.41、宽约1.9米，墓底距离地表约0.8米。墓口距地表约0.4米。它是在经过平整的山脊表面平地上挖坑营建而成，东部打破生土。东西两壁顶部残存石块，垒砌较零乱。坑壁略竖直。墓底经过平整，东高西低（图3-14-2；彩版四〇，1）。墓内填土呈黄褐色，较疏松，填土中未见遗物。随葬品集中分布于墓底北端，共7件，有原始瓷豆、盂以及泥质灰陶罐和不明石器。（彩版四〇，2）

D14Z1位于D14西南部，建于生土（碎石子）之上，仅存残底，东西长约0.22、南北宽约0.14、残深0.1米。正面呈青褐色，局部有明显烧结面，底部（背面）呈红褐色，受火程度明显不

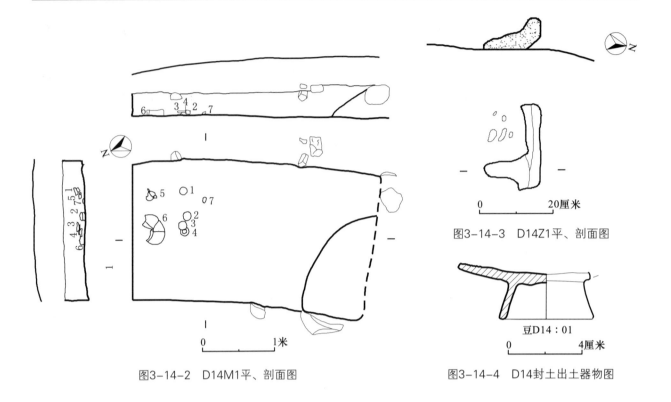

图3-14-2　D14M1平、剖面图

图3-14-3　D14Z1平、剖面图

图3-14-4　D14封土出土器物图

如正面。灶内填土呈黄褐色，较疏松，其内包含大量炭粒、炭块。（图3-14-3；彩版四○，3）

出土遗物

1.封土出土遗物

原始瓷豆　1件。D14：01，残。弧腹，高圈足。圈足与器身分制拼接成型。内底饰弦纹。青灰色胎，器壁薄。器壁施青釉，脱釉严重。足径5.1、残高2.4厘米。（图3-14-4；彩版四○）

2.D14M1出土遗物

共7件，包括原始瓷豆、盂以及泥质灰陶罐和不明器形石器。

原始瓷豆　4件。

B型Ⅲ式　3件。一件圈足残。圆唇，敛口，弧腹，喇叭状高圈足。内底略下凹，圈足与器身分制拼接成型。上腹饰弦纹。器表施青釉不及足内壁。D14M1：3，下腹有刮削痕。足底饰"二"形刻划符号。灰黄色胎。釉色青黄，脱釉严重。口径10.5、足径6.4、高4.5厘米。（图3-14-5；彩版四○）

D14M1：4，下腹经刮削。足底饰"一"形刻划符号。青灰色胎。釉色青绿，釉层明显。口径9.4、足径5.8、高4.3厘米。（图3-14-5；彩版四○）

D14M1：5，釉色青黑，釉层明显，釉面光滑有光泽。口径10.5、残高3.7厘米。（图3-14-5；彩版四○）

C型Ⅰ式　1件。D14M1：2，敞口，束颈，上腹斜直，下腹弧收，喇叭状圈足。圈足与器身分制拼接成型。口部、上腹和内底周边均饰细密弦纹，肩部饰细密弦纹。青灰色胎。器表施青釉不及足底，釉层薄，釉面光滑有光泽。口径10.7、足径4.9、高5.3厘米。（图3-14-5；彩版四○）

原始瓷盂　1件，A型Ⅱ式。D14M1：1，残。圆唇，敛口，鼓腹。上腹饰弦纹，弦纹之间饰斜

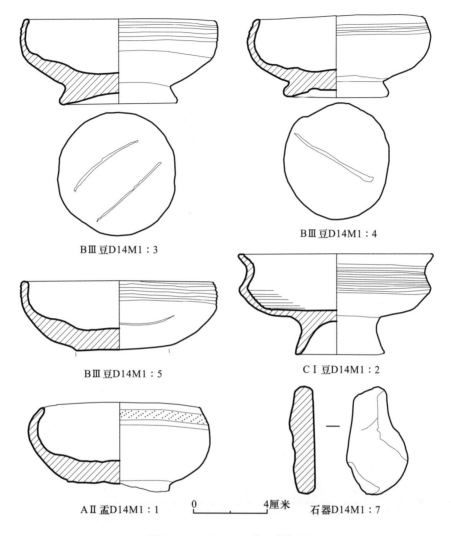

BⅢ豆D14M1：3

BⅢ豆D14M1：4

BⅢ豆D14M1：5

CⅠ豆D14M1：2

AⅡ盂D14M1：1

0　　　　　4厘米

石器D14M1：7

图3-14-5　D14M1出土器物图

向戳印篦点纹。青灰色胎。器表施青釉，釉色青绿，釉层厚，釉面光滑有光泽。口径8.8、残高4.3厘米。（图3-14-5；彩版四〇）

　　泥质灰陶罐　1件。D14M1：6，残碎，无法起取。（彩版四〇）

　　石器　1件。器形不明。D14M1：7，青灰色砂岩。表面经磨光。残长5.7、残宽3.4、厚1.4厘米。（图3-14-5；彩版四〇）

D15

土墩

　　D15位于无名山体东坡，东距D16约50米，西距D17约70米。所在山坡地势西高东低，南北两侧为山崖，西部为山路，呈东西向沿山坡分布。土墩隆起较明显，平面形状略呈椭圆形，东西约7.4、南北约6.3米，现存高度约0.8米。土墩保存完整，未见盗掘痕迹。（彩版四一，1）

　　封土为黄褐色，较为疏松，其内包含大量植物根系和少量碎石块，包含原始瓷豆、罐残片以及泥质红陶残片、泥质灰陶残片和印纹硬陶残片，印纹硬陶纹饰有云雷纹、回纹等。

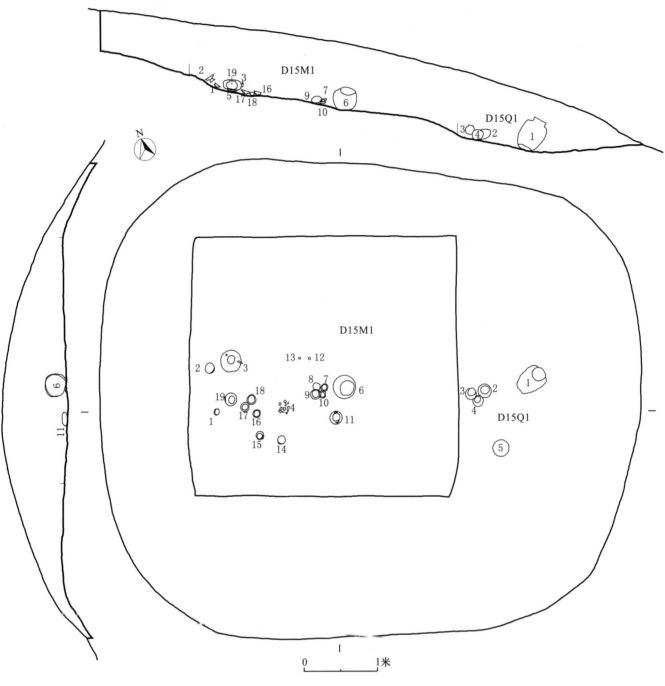

图3-15-1　D15M1与D15Q1平、剖面图

墓葬与器物群

　　土墩底部发现一座墓葬和一个器物群，分别编号为D15M1和D15Q1。（图3-15-1；彩版四一，2、3）

　　D15M1位于土墩底部偏西，平地堆土掩埋型墓，方向为108°（彩版四一，4）。在山坡上铺碎石子并垫少量土形成墓底，铺垫处可与外围土相区别，较为坚硬，似经夯筑。墓底依山势呈斜坡状，西高东低。根据底部碎石的分布和土质的差异可大致判定墓的范围。墓葬平面近方形，长

3.72、宽3.46米，墓底距离地表约0.85米。墓底经过平整，西高东低。随葬品分布于墓底偏南部，共19件，有原始瓷罐、豆、盂以及印纹硬陶瓮、罐和陶纺轮等。（彩版四一，5）

D15Q1位于D15底部偏东，紧邻D15M1，仅发现一组器物，未见明显的挖坑营建痕迹，共发现5件器物，有印纹硬陶坛、罐和泥质陶罐等。（彩版四一，6）

出土遗物

1.D15M1

共19件，包括原始瓷罐、豆、盂，印纹硬陶瓮、罐、瓿，陶纺轮和陶盘等。

原始瓷罐 1件，C型。D15M1：11，敛口，斜肩，鼓腹，矮圈足。圈足与器身分制拼接成型，下腹有明显刮削痕。肩部贴饰对称横向环形纽，其两端贴饰竖向"S"纹，肩部上部饰六道粗弦纹，下部饰一周斜向水波纹；肩腹结合处饰三道粗弦纹并贴饰三个横向"S"纹。青灰色胎。器表施青釉不及足底，釉层明显，下腹有聚釉现象，局部脱釉。口径9.3、足径8.5、高7.8厘米。（图3-15-2；彩版四一）

原始瓷豆 10件。

B型Ⅲ式 1件。D15M1：8，圆唇，敛口，弧腹，矮圈足。内底略下凹，下腹有刮削痕，圈足与器身分制拼接成型。上腹饰一组弦纹，足底饰"×"形刻划符号。灰白色胎。器表施青釉不及足底，釉色青绿，釉层明显，釉面光滑有光泽，内底有一周聚釉带，此处釉色发黑，局部脱釉。口径10.6、足径6.6、高4.7厘米。（图3-15-2；彩版四一）

C型Ⅰ式 9件。器形相似，大小有异。尖唇，侈口，折沿，上腹斜直，下腹折内收，高圈足，内底下弧。圈足与器身分制拼接成型。青灰色胎，胎壁薄，胎体细腻。器表施青釉不及圈足，釉层薄。D15M1：9，器形大。内底周边和上腹各饰一组细密弦纹。内底粘连三条窑渣。釉面光滑有光泽。口径15.6、足径6.7、高6.3厘米。（图3-15-2；彩版四一）

D15M1：2，器形大。内底周边和上腹各饰一组细密弦纹。脱釉严重。口径14.2、足径7.2、高6.7厘米。（图3-15-2；彩版四二）

D15M1：7，沿部下弧。沿部和内底周边各饰一组细密弦纹。腹部有刮痕。釉层几乎脱落殆尽。口径9.8、足径4.9、高2.9厘米。（图3-15-2；彩版四二）

D15M1：14，沿部下弧。沿部饰一组弦纹。腹部有刮痕。釉面光滑有光泽。口径10.6、足径5.8、高4厘米。（图3-15-2；彩版四二）

D15M1：15，沿部下弧。沿部和内底周边各饰一组细密弦纹。内底粘连窑渣，脱釉严重。口径9.6、足径4.9、高3.6厘米。（图3-15-2；彩版四二）

D15M1：1，器形小。沿部下弧。沿部、内底周边及上腹各饰一组细密弦纹。腹部有刮痕。釉层几乎脱釉殆尽。口径7.8、足径3.4、高3.8厘米。（图3-15-2；彩版四二）

D15M1：17，沿部下弧。沿部和内底周边各饰一组细密弦纹。釉面光滑有光泽。口径11.6、足径5.7、高3.8厘米。（图3-15-2；彩版四二）

D15M1：16，沿部略下弧。沿部和内底周边各饰一组细密弦纹，足内壁饰圆形刻划符号。釉色深，釉面光滑。口径9.4、足径4.5、高3.9厘米。（图3-15-2；彩版四二）

D15M1：18，沿部下弧。沿部和内底周边各饰一组细密弦纹，足底饰放射状刻划纹。釉面光

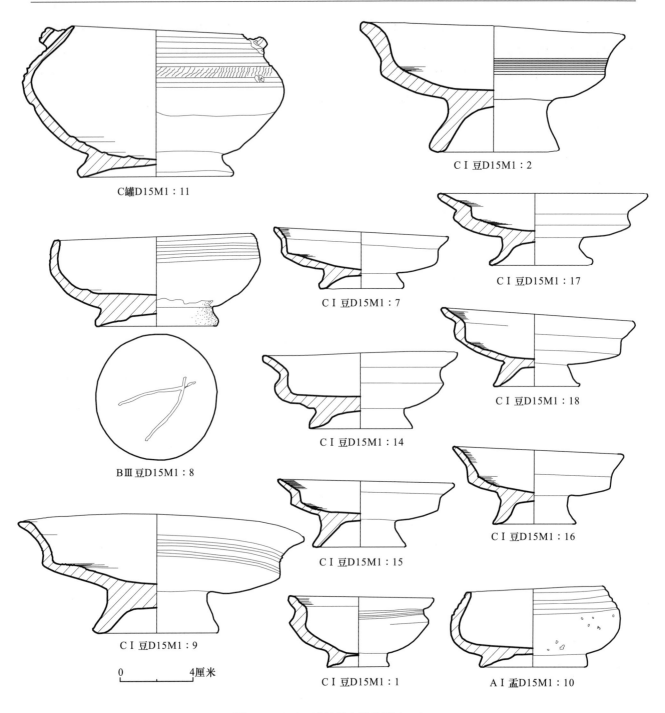

C罐D15M1：11

CⅠ豆D15M1：2

CⅠ豆D15M1：7

CⅠ豆D15M1：17

BⅢ豆D15M1：8

CⅠ豆D15M1：14

CⅠ豆D15M1：18

CⅠ豆D15M1：15

CⅠ豆D15M1：16

CⅠ豆D15M1：9

0　　　　　　4厘米

CⅠ豆D15M1：1

AⅠ盂D15M1：10

图3-15-2　D15M1出土器物图（一）

滑有光泽。口径10.8、足径4.7、高3.7厘米。（图3-15-2；彩版四二）

　　原始瓷盂　1件，A型Ⅰ式。D15M1：10，敛口，斜肩，鼓腹，矮圈足。圈足与器身分制拼接成型，下腹有刮削痕。肩部饰五道弦纹。灰白色胎。器表施青釉不及圈足，脱釉严重。口径7.5、足径5.9、高4.2厘米。（图3-15-2；彩版四二）

　　印纹硬陶瓮　1件，Ⅰ式。D15M1：6，圆唇，侈口，矮束颈，鼓肩，鼓腹，平底。颈部饰一组弦纹，肩部、腹部饰拍印折线纹与回纹的组合纹饰。灰胎。口径19.5、腹径32.1、底径20.8、高

28.5厘米。（图3-15-3；彩版四三）

印纹硬陶罐 1件，C型Ⅰ式。D15M1：3，圆唇，敛口，斜颈，弧肩，鼓腹，大平底。底缘外侈，有抹摁、刮削痕迹。肩部贴饰对称猪龙形环耳，一耳残，龙首向上，嘴微张，身刻羽状纹。颈肩结合处饰弦纹，肩部、上腹部满饰拍印折线纹，下腹饰回纹。青灰色胎。口径9、腹径21、底径14.6、高15.6厘米。（图3-15-3；彩版四三）

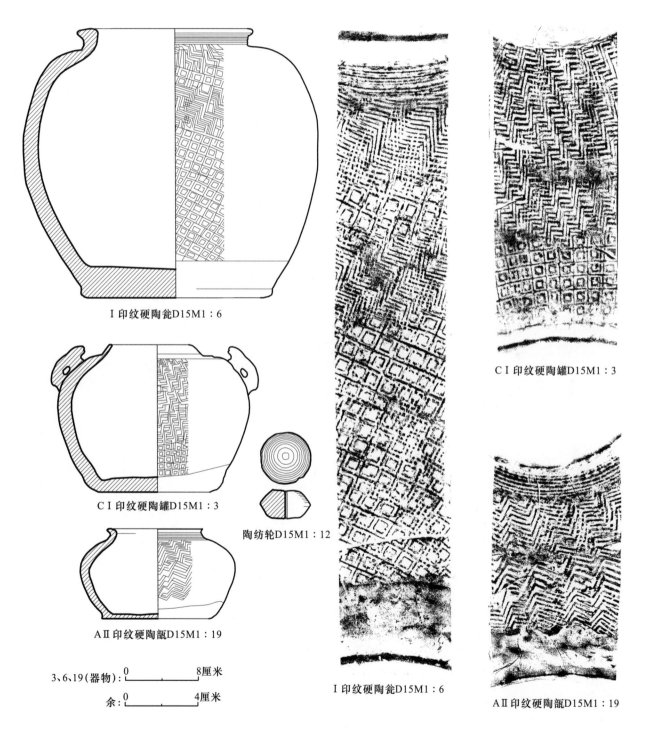

Ⅰ印纹硬陶瓮D15M1：6

CⅠ印纹硬陶罐D15M1：3

陶纺轮D15M1：12

AⅡ印纹硬陶瓿D15M1：19

3、6、19（器物）：0 8厘米

余：0 4厘米

CⅠ印纹硬陶罐D15M1：3

Ⅰ印纹硬陶瓮D15M1：6

AⅡ印纹硬陶瓿D15M1：19

图3-15-3　D15M1出土器物图（二）

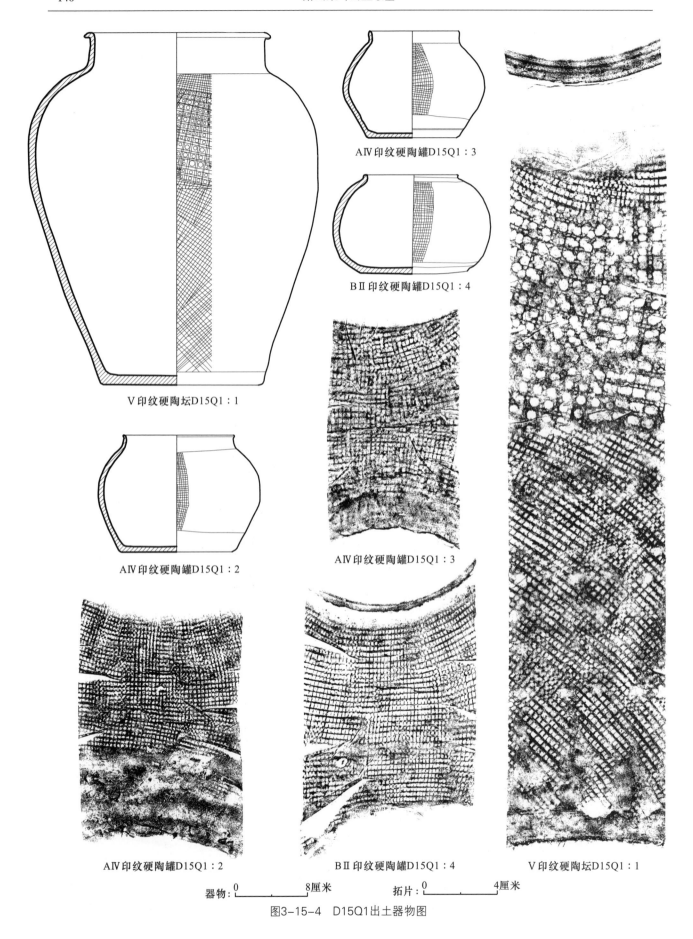

V印纹硬陶坛D15Q1：1

AⅣ印纹硬陶罐D15Q1：3

BⅡ印纹硬陶罐D15Q1：4

AⅣ印纹硬陶罐D15Q1：2

AⅣ印纹硬陶罐D15Q1：3

AⅣ印纹硬陶罐D15Q1：2

BⅡ印纹硬陶罐D15Q1：4

V印纹硬陶坛D15Q1：1

器物：⊢————————⊣
　　　0　　　　　8厘米

拓片：⊢————————⊣
　　　0　　　　4厘米

图3-15-4　D15Q1出土器物图

印纹硬陶瓿 1件，A型Ⅱ式。D15M1∶19，侈口，卷沿，矮颈，弧肩，鼓腹，平底。颈部饰弦纹，腹部满饰拍印折线纹，外底饰刻划符号。灰陶。口径9.4、腹径16.3、底径12.3、高9.5厘米。（图3-15-3；彩版四三）

印纹硬陶残片 1件。D15M1∶4，残碎，器形难辨。

陶纺轮 2件，一件残。D15M1∶12，泥质灰陶，算珠形。直径2.7、高1.5、孔径0.35厘米。（图3-15-3；彩版四三）

D15M1∶13，残，泥质灰陶。

陶盘 1件。D15M1∶5，泥质灰陶，残碎。

2.D15Q1

共5件，包括印纹硬陶坛、罐和泥质陶罐。

印纹硬陶坛 1件，Ⅴ式。D15Q1∶1，斜沿，侈口，高颈，溜肩，上腹鼓，下腹斜内收，平底。通体饰拍印纹，肩部饰方格纹，上腹饰米筛纹，下腹饰方格纹。红褐色胎。底缘有抹揉、刮削痕。口径20.5、腹径31.7、底径17.9、高37.3厘米。（图3-15-4；彩版四三）

印纹硬陶罐 3件。

A型Ⅳ式 2件。侈口，高领，溜肩，鼓腹，平底。肩、腹部满饰拍印方格纹。D15Q1∶2，灰胎，底缘经刮削。口径11.7、腹径17.7、底径12.2、高12.4厘米。（图3-15-4；彩版四三）

D15Q1∶3，红胎，腹部局部有刮削痕。口径10.1、腹径15.4、底径10.2、高11.3厘米。（图3-15-4；彩版四三）

B型Ⅱ式 1件。D15Q1∶4，敛口，溜肩，垂腹，平底。近底处经刮削。腹部满饰拍印方格纹。灰陶。口径10.3、腹径17.1、底径12.2、高10.5厘米。（图3-15-4；彩版四三）

泥质陶罐 1件。D15Q1∶5，泥质灰陶，残碎，无法起取。

D16

土墩

D16位于无名山体东坡，西距D15约50米，东距D14约52米。所在山坡地势西高东低，沿山坡分布，南北两侧为山崖，西侧为山路。土墩隆起明显，平面形状略呈椭圆形，长径约7.5、短径约6.5米，现存高度约0.7米。土墩东缘正中发现一个早期盗洞，略呈圆形，直径约1.25米。

封土为黄褐色，较为疏松，其内包含植物根系和少量碎石块，包含原始瓷豆、罐残片和印纹硬陶罐残片，印纹硬陶纹饰有折线纹和回纹的组合纹、方格纹等。

墓葬

土墩底部发现两座墓葬，编号D16M1和D16M2。（图3-16-1；彩版四四，1、2）

D16M1位于D16底部正中，平地堆土掩埋型墓，其东部被D16M2打破。墓葬营建时在山坡上平整地表，局部垫少量土形成墓底，墓底较为平整。D16M1西侧为西高东低呈倾斜状分布的基岩，应为墓边，其余三边均不甚明朗。根据随葬品的分布特点可判断该墓应呈南北向分布，长宽不明，墓底距离地表约1米。封土呈黄褐色，上部疏松，下部较硬，其内包含少量陶片。

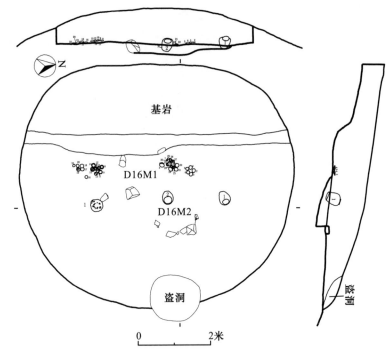

基岩

D16M1

D16M2

盗洞

0　　　　　　2米

图3-16-1　D16平、剖面图

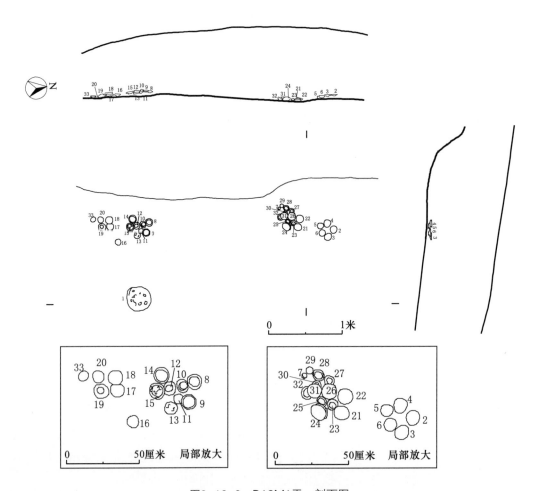

0　　　　　1米

0　　50厘米　局部放大　　　　0　　50厘米　局部放大

图3-16-2　D16M1平、剖面图

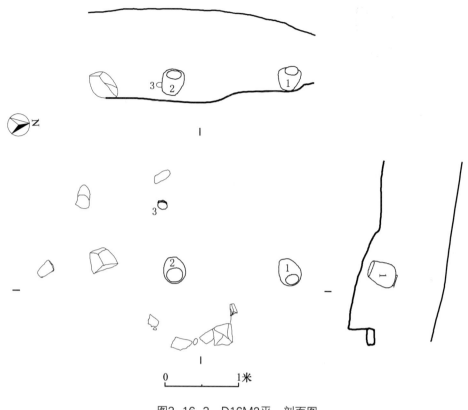

图3-16-3 D16M2平、剖面图

　　随葬品多分布于墓底偏西部，成组分布，排列规整，共33件。原始瓷豆、盂、碟、器盖等位于西部，成组分布，泥质陶罐位于东南部。（图3-16-2；彩版四四，3）

　　D16M2位于墩底偏东部，为石框型墓，打破D16M1。平面形状不规则。东壁、南壁尚存石块垒砌的墓框，垒砌不甚考究，墓底呈倾斜状，西高东低。中部较低，北部略高。墓葬建于生土之上，墓内填土为黄褐色，较为疏松。随葬品较少，共3件。两件印纹硬陶坛位于中部，均向东倾斜，一件原始瓷碗位于西部。（图3-16-3；彩版四四，4）

出土遗物

1.D16M1

共33件，包括原始瓷豆、盂、碟、器盖和泥质陶罐。

原始瓷豆 12件。

　　B型Ⅲ式 6件。圆唇，敛口，弧腹，矮圈足。灰黄色胎，胎质疏松易碎，下腹有明显刮削痕。圈足与器身分制拼接成型。器表施青釉，釉层明显，脱釉严重。D16M1：6，口微直，内底压圈。口下饰一组细密弦纹，足底饰"一"形刻划符号。口径9、足径4.6、高3.7厘米。（图3-16-4；彩版四四）

　　D16M1：16，口下饰弦纹，足底饰"三"形刻划符号。釉色发黑。口径7.2、足径4.4、高3.3厘米。（图3-16-4；彩版四四）

　　D16M1：20，口微直。口径7.5、足径4.1、高3.7厘米。（图3-16-4；彩版四四）

　　D16M1：21，内底压圈。口径9.2、足径5.1、高4.2厘米。（图3-16-4；彩版四四）

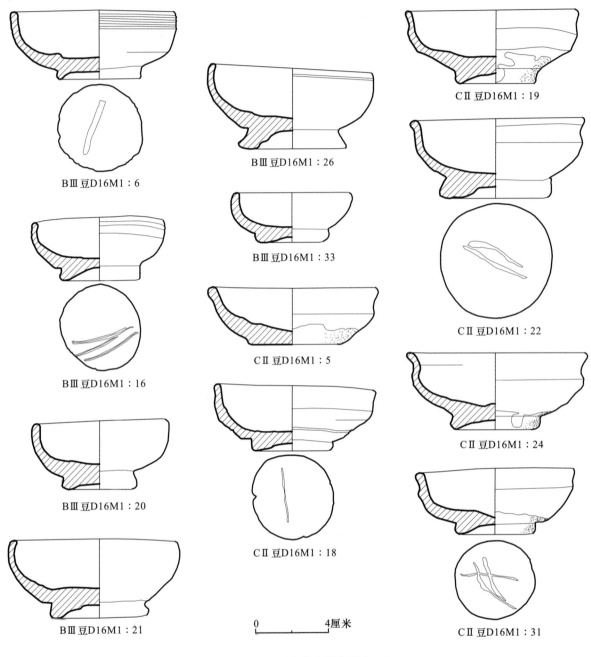

BⅢ豆D16M1：6

BⅢ豆D16M1：26

CⅡ豆D16M1：19

BⅢ豆D16M1：16

BⅢ豆D16M1：33

CⅡ豆D16M1：5

CⅡ豆D16M1：22

BⅢ豆D16M1：20

CⅡ豆D16M1：18

CⅡ豆D16M1：24

BⅢ豆D16M1：21

0　　　　4厘米

CⅡ豆D16M1：31

图3-16-4　D16M1出土器物图（一）

D16M1：26，内底压圈。口下饰弦纹。口径9.1、足径5.9、高4.3厘米。（图3-16-4；彩版四四）

D16M1：33，口微直。口径6.6、足径4.1、高2.7厘米。（图3-16-4；彩版四四）

C型Ⅱ式　6件。圆唇，侈口，上腹内弧，下腹弧收，矮圈足。圈足与器身分制拼接成型，下腹有明显刮削痕。器表施青釉。

D16M1：5，圈足缺失。青灰色胎。釉色深，釉面光滑有光泽。口径9.4、残高3厘米。（图3-16-4；彩版四五）

D16M1：18，下腹有十一处削痕，削痕间有棱角。足底饰"一"形刻划符号。青灰色胎。釉

层几乎脱落殆尽。口径8.9、足径4.5、高3.4厘米。（图3-16-4；彩版四五）

D16M1∶19，下腹刮削较严重，并粘连泥条，足身结合处有抹摁痕。青灰色胎。釉面光滑，施釉不均匀。口径9.4、足径4.4、高3.9厘米。（图3-16-4；彩版四五）

D16M1∶22，足底饰"二"形刻划符号。灰黄色胎。釉层几乎脱落殆尽。口径9.5、足径6.1、高4.2厘米。（图3-16-4；彩版四五）

D16M1∶24，下腹修削较严重。青灰色胎。釉面光滑。口径9.9、足径4.9、高4.1厘米。（图3-16-4；彩版四五）

D16M1∶31，足底饰不规则形刻划符号。青灰色胎。釉面光滑有光泽，局部脱釉。口径8.7、足径4.4、高3.5厘米。（图3-16-4；彩版四五）

原始瓷盂　13件。

A型Ⅱ式　6件。敛口，束颈，溜肩，扁鼓腹，矮圈足。圈足与器身分制拼接成型。器表施青釉，釉层明显。D16M1∶12，斜沿。下腹有刮削痕。肩部贴饰环纽，纽残，其两端贴饰竖向"S"纹。肩部饰一周斜向戳印箆点纹，肩腹结合处饰一道弦纹，足底饰不规则形刻划符号。灰黄色胎。釉面光滑，聚釉处釉色发黑。口径7.8、足径4.9、高4.3厘米。（图3-16-5；彩版四五）

D16M1∶23，斜沿。肩部贴饰三个横向"S"纹。肩部饰一周斜向戳印箆点纹，肩腹结合处饰两道弦纹。青灰色胎。釉面光滑有光泽。口径7、足径4.4、高3.8厘米。（图3-16-5；彩版四六）

D16M1∶25，斜沿。肩部贴饰两个对称环纽，其两端贴饰竖向"S"纹，另两侧贴饰横向"S"纹。肩部饰一周斜向戳印箆点纹，肩腹结合处饰两道弦纹，足底饰"＋"形刻划符号。青灰色胎，下腹粘连窑渣。釉面光滑有光泽。口径7.3、足径5.1、高3.3厘米。（图3-16-5；彩版四六）

D16M1∶27，斜沿。肩部贴饰一个环纽，一组残缺，其两端贴饰竖向"S"纹，另一侧贴饰横向"S"纹。肩部饰一周斜向戳印水波纹，肩腹结合处饰一道弦纹。青灰色胎，足缘粘连窑渣。釉面光滑有光泽，有聚釉现象。口径5.5、足径4.4、高2.5厘米。（图3-16-5；彩版四六）

D16M1∶28，斜沿。肩部贴饰两个对称环纽，其两端贴饰竖向"S"纹，另两侧贴饰横向"S"纹。肩部饰一周斜向戳印箆点纹，肩腹结合处饰两道弦纹。青灰色胎。釉面光滑有光泽。口径6.6、足径4.5、高3.8厘米。（图3-16-5；彩版四六）

D16M1∶32，平沿。下腹有明显刮削痕。肩部贴饰两个对称环纽，其一端贴饰竖向"S"纹。肩部饰一周斜向戳印箆点纹，肩腹结合处饰两道弦纹。青灰色胎。脱釉严重。口径6.9、足径4.8、高3.4厘米。（图3-16-5；彩版四六）

B型Ⅰ式　7件。弧腹，矮圈足。圈足与器身分制拼接成型。器表施青釉。D16M1∶9，圆唇，敞口，斜沿。下腹有刮削痕并粘连窑渣，内底有乳突。青灰色胎。局部脱釉。口径8、足径4、高3.7厘米。（图3-16-5；彩版四七）

D16M1∶11，圆唇，敞口，斜沿略内弧。下腹有刮削痕。灰黄色胎。脱釉严重。口径8.1、足径4.1、高3.2厘米。（图3-16-5；彩版四七）

D16M1∶17，圆唇，敞口，斜沿略下弧。下腹有明显刮削痕并粘连窑渣，内底粘连窑渣。青灰色胎。釉层明显，釉面光滑有光泽。口径9.1、足径5.7、高4.6厘米。（图3-16-5；彩版四七）

D16M1∶10，尖唇，侈口，束沿。下腹有刮削痕。沿部饰一錾，足底饰"二"形刻划符

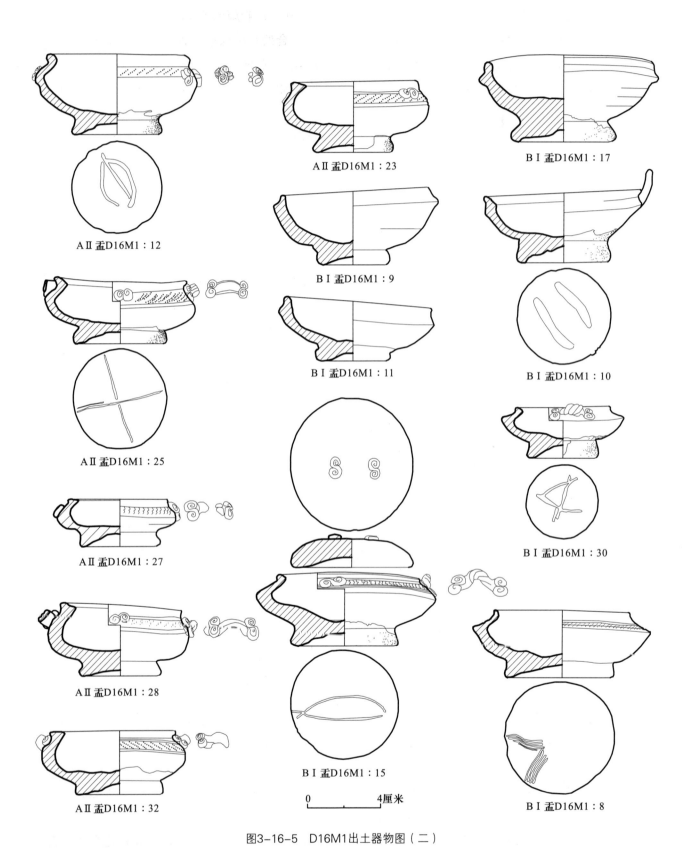

AⅡ盂D16M1：12

AⅡ盂D16M1：23

BⅠ盂D16M1：17

AⅡ盂D16M1：25

BⅠ盂D16M1：9

BⅠ盂D16M1：11

BⅠ盂D16M1：10

AⅡ盂D16M1：27

BⅠ盂D16M1：30

AⅡ盂D16M1：28

AⅡ盂D16M1：32

BⅠ盂D16M1：15

0　　　　　　　4厘米

BⅠ盂D16M1：8

图3-16-5　D16M1出土器物图（二）

号。灰黄色胎。釉层明显，釉面光滑有光泽。口径8.6、足径5.1、高3.7厘米。（图3-16-5；彩版四七）

D16M1∶8，尖唇，敛口，斜肩，内底下凹。下腹有刮削痕。肩部饰四道弦纹并饰戳印箆点纹，外底饰复线"八"字形刻划符号。青黄色胎。脱釉严重。口径7.4、足径6、高3.6厘米。（图3-16-5；彩版四七）

D16M1∶30，圆唇，敛口，斜肩，底心略下凹。肩部饰一个绳索状环纽，其两端贴饰竖向"S"纹，肩部饰一周斜向水波纹，釉厚处纹饰被掩盖，足底饰"4"形刻划符号。青灰色胎。釉面光滑有光泽。口径5.1、足径3.9、高2.7厘米。（图3-16-5；彩版四七）

D16M1∶15，带盖盉。盖为圆弧形，顶部饰环纽，纽残，纽两端饰"S"纹。敛口，斜沿，矮颈，斜肩，底心略下凹。肩部饰一个绳索状环纽，其两端贴饰竖向"S"纹，另饰两个横向"S"纹，足底饰唇形刻划符号。青灰色胎，下腹有刮削痕并粘连窑渣。釉面光滑有光泽。口径7.8、足径5.9、通高5.4厘米。（图3-16-5；彩版四七）

原始瓷碟　4件，均为Ⅱ式。器形、大小相似。平沿，浅盘，弧腹，矮圈足。器表施青釉。D16M1∶2，足底饰"π"形刻划符号。青灰色胎。釉色青绿，施釉不及下腹和圈足，釉层明显，釉面光滑有光泽。口径9.6、足径5.1、高2.4厘米。（图3-16-6；彩版四八）

D16M1∶3，沿部饰四道弦纹。青灰色胎，腹部粘连窑渣。釉色青黄，施釉不及下腹和圈足，釉层明显，釉面光滑。口径9.8、足径4.8、高2.2厘米。（图3-16-6；彩版四八）

D16M1∶4，沿部饰四道弦纹。灰黄色胎。釉色青黄，脱釉严重。口径9.9、足径5.1、高2.6厘米。（图3-16-6；彩版四八）

D16M1∶14，沿部饰六道弦纹并贴饰三个"S"纹，足底饰箭头形刻划符号。灰黄色胎。釉色青黄，有脱釉现象。口径10.1、足径5.6、高2.8厘米。（图3-16-6；彩版四八）

原始瓷器盖　3件，均为Ⅰ式。器形类似，大小有别。圆弧形盖，顶部饰环纽，纽两端饰"S"纹。青灰色胎。器表施青黄釉，釉层明显。D16M1∶13，环纽残。内壁饰半月形刻划符号。釉面光滑有光泽。口径7.6、残高1.9厘米。（图3-16-6；彩版四八）

D16M1∶29，脱釉严重。口径4.5、高1.5厘米。（图3-16-6；彩版四八）

D16M1∶7，脱釉严重。口径4.5、高1.5厘米。（图3-16-6；彩版四八）

泥质陶罐　1件。D16M1∶1，残碎，无法起取。

2.D16M2

共3件，包括原始瓷碗和印纹硬陶坛。

原始瓷碗　1件，A型Ⅱ式。D16M2∶3，尖唇，斜沿，侈口，上腹直，下腹急收为小平底。下腹有戳痕，外底有明显线割痕。内底饰旋纹。灰白色胎。器表满施青釉，釉层薄，釉面光滑有光泽。口径10.8、足径6.3、高4.3厘米。（图3-16-7；彩版四八）

印纹硬陶坛　2件，均为Ⅴ式。大小形制类似。尖唇，侈口，矮颈，溜肩，上腹鼓，下腹斜收，平底，底缘微外侈。肩部、腹部满饰拍印米筛纹和方格纹的组合纹。灰胎。D16M2∶1，口径17.3、腹径33.8、底径19、高38厘米。（图3-16-8；彩版四八）

D16M2∶2，口径22、腹径38.5、底径20.3、高41.2厘米。（图3-16-8；彩版四八）

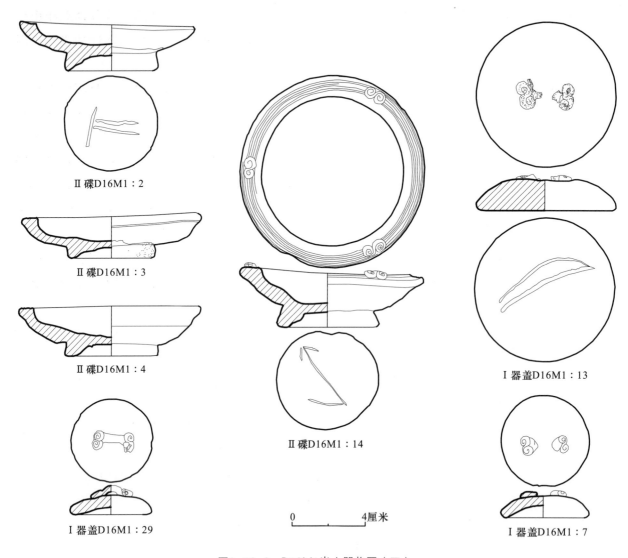

II 碟D16M1：2

II 碟D16M1：3

II 碟D16M1：4

I 器盖D16M1：29

II 碟D16M1：14

I 器盖D16M1：13

I 器盖D16M1：7

0   4厘米

图3-16-6　D16M1出土器物图（三）

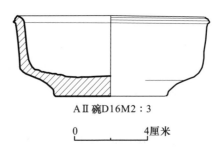

AII 碗D16M2：3

0   4厘米

图3-16-7　D16M2出土器物图（一）

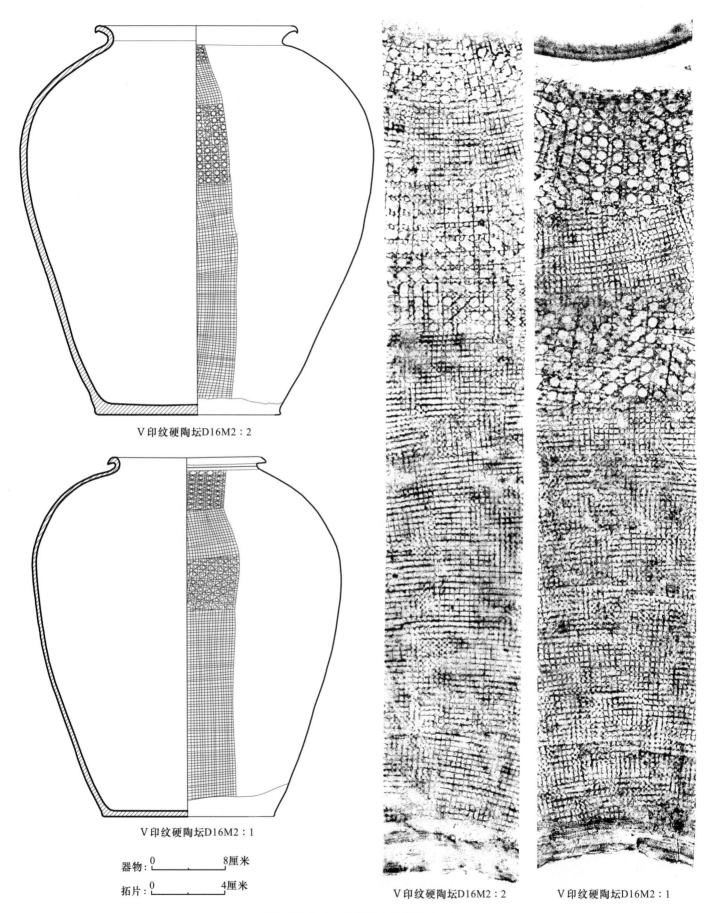

Ⅴ印纹硬陶坛D16M2：2

Ⅴ印纹硬陶坛D16M2：1

器物：0   8厘米

拓片：0   4厘米

Ⅴ印纹硬陶坛D16M2：2   Ⅴ印纹硬陶坛D16M2：1

图3-16-8   D16M2出土器物图（二）

D17

土墩

　　D17位于无名山体顶端，视野开阔，西与D18紧紧相连，其余三面均为陡坡，土墩中部为东西向的山路。土墩隆起十分明显，平面形状略呈椭圆形，长径约13、短径约12米，现存高度约1.1米。地表长满杂草和低矮灌木。土墩中部偏西发现一个近期形成的盗洞，略呈长方形，长1.95、宽1.45、深1.1米。盗洞底向西北扩挖，盗洞扰土中发现大量印纹硬陶残片。（彩版四九，1、2）

　　封土为黄褐色，较为疏松，其内包含植物根系和大量碎石块，未见明显分层现象。墩底西南部分布着大量石块，下部为基岩，上部碎石较为散乱，似乎是自然形成的堆积。（图3-17-1）

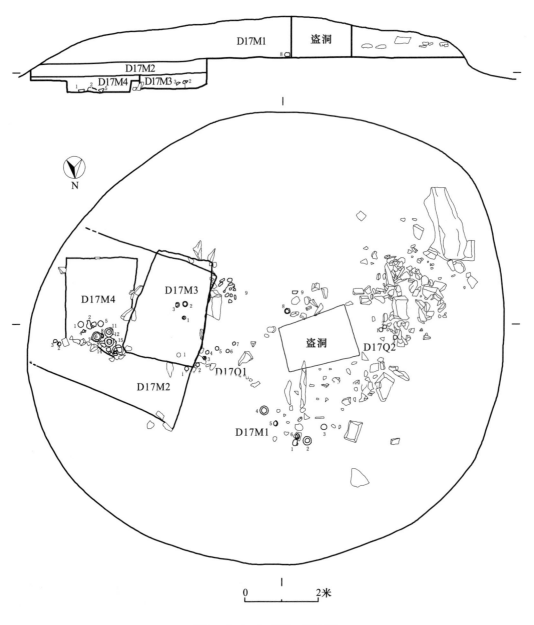

图3-17-1　D17平、剖面图

墓葬

土墩底部发现4座墓葬和2个器物群，分别编号D17M1～D17M4和D17Q1、D17Q2。（彩版四九，3）

D17M1位于土墩北部正中，为平地堆土掩埋型墓，分布边界不明，西南部遭严重盗扰。墓底铺大小不一的石块，铺砌杂乱，局部暴露基岩，石块上垫厚约5厘米的土层，其上放置着随葬品。墓上封土呈黄褐色，其内夹杂碎石子。随葬品基本处于同一水平面上，相对集中，共6件，有原始瓷豆和印纹硬陶罍、瓿等，其中三件原始瓷豆和一件印纹硬陶瓿均向东倾斜。（图3-17-2；彩版四九，4）

D17Q1位于土墩中部偏东，分布界限不明，仅见一组略呈"一"字形排列的器物。器物底部与D17M1基本处于同一水平面上，其下部中西部为生土，最东部为熟土堆积，叠压在D17M2之上。共9件器物，有原始瓷豆、盂、钵、碟以及印纹硬陶瓿和夹砂陶罐等。（彩版四九，5）

D17Q2位于土墩西部正中，分布界限不明，仅见一组略呈"一"字形排列的器物。器物底部与

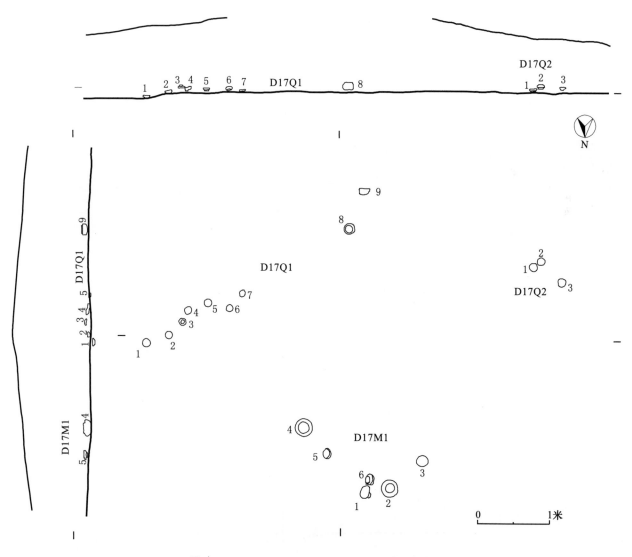

图3-17-2　D17M1、D17Q1、D17Q2平、剖面图

D17M1基本处于同一水平面上，其下部为生土，南部紧挨乱石堆积。共3件器物，均为原始瓷盘。

D17M2位于土墩东部，西部被D17Q1叠压，整体叠压于D17M3之上。墓于熟土上开挖浅坑，坑壁不规整，墓底略平。西壁部分借用D17M3西壁，为石框型墓。石框平面形状略呈长方形，残长3.83、宽4.2、深0.35米，方向112°。西壁、北壁残存几块石块，垒砌不甚规整。墓内填土呈黄褐色，较为疏松。随葬品较少，分布较散乱，仅见3件原始瓷豆。（图3-17-3；彩版四九，6）

D17M3位于土墩东部，东壁借用D17M4西壁并打破D17M4，西壁与D17M2略重合，上部被D17M2叠压，为石框型墓。石框平面形状略呈梯形，内长2.86、宽1.53～2.12、深0.4～0.7米，方向192°。四壁上部均残存少量石块垒砌的石框，西壁保存较多、较完整，石框垒砌不甚规整。石框下于生土上开挖竖穴浅坑，坑壁不规整，墓底西高东低。墓内填土呈黄褐色，十分疏松，填土中发现少量回纹印纹硬陶残片。随葬品较少，位于中部距离墓底约0.1米处，共3件，均为原始瓷器，有豆和盉，两件原始瓷盉均为倒置。（图3-17-4；彩版四九，8）

D17M4位于土墩东部边缘，西北部被D17M3打破，为石框型墓。石框平面形状略呈梯形，内长2.66、宽1.6～1.93、深0.3米，方向180°。其下为土坑。西壁和北壁保存石砌墓框，石框由大小不一的石块垒成，垒砌不甚考究，石框有向内倾斜现象。东壁和南壁破坏严重，仅存土壁，保存较差。墓内填土呈黄褐色，较为疏松，其内含大量碎石子。墓底较平，为小石块铺成，较为平

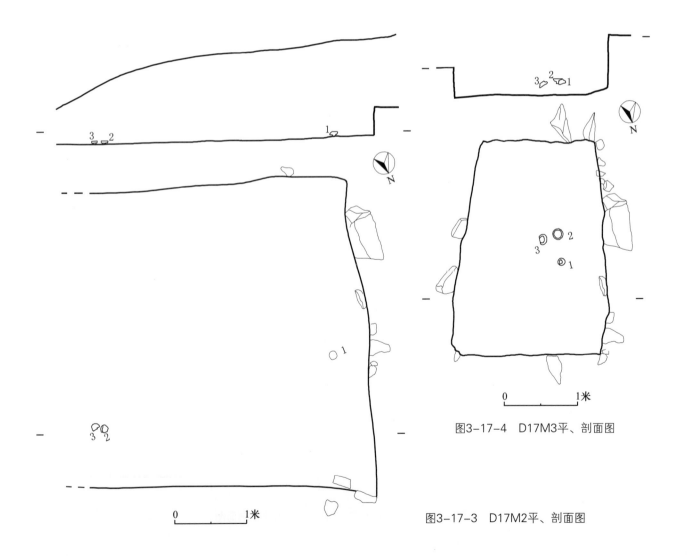

图3-17-4　D17M3平、剖面图

图3-17-3　D17M2平、剖面图

整。随葬品集中于墓底北部，
共16件，器物有相互叠压现
象，其中印纹硬陶器多残碎，
有原始瓷豆、印纹硬陶瓿、罐
和泥质陶罐等。（图3-17-5；
彩版四九，9、10）。

出土遗物

1.扰土出土遗物

盗洞扰土中发现大量印
纹硬陶残片，纹饰包括云雷
纹、折线纹、回纹等。（图
3-17-6）

2.D17M1出土遗物

共6件，包括原始瓷豆和
印纹硬陶罍、瓿。

原始瓷豆　3件。

A型Ⅱ式　2件。大小形制
类似。方唇，直口，上腹直，
下腹弧收，喇叭状高圈足。圈
足与器身分制拼接成型。上腹
饰弦纹。器表施青釉不及足内
壁，釉层均匀明显，釉面有光
泽。D17M1：1，足缘斜削，
下腹有一道戳痕。内底饰两组
细旋纹，其间饰一周梳篦纹。
口径15.1、足径7.8、高7厘
米。（图3-17-7；彩版四九）

D17M1：3，底心下凹。
内底饰两组细弦纹，其间饰一
周梳篦纹。局部脱釉。口径
16.1、足径7.6、高7.7厘米。
（图3-17-7；彩版四九）

B型Ⅰ式　1件。D17M1：
5，足残。方唇，敛口，上腹

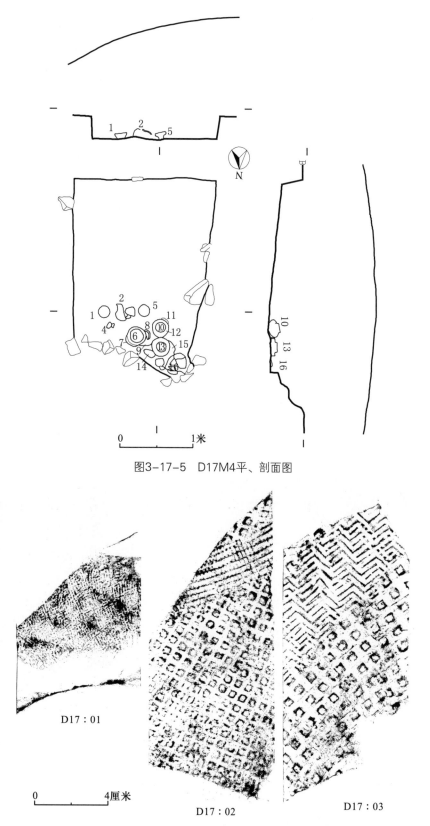

图3-17-5　D17M4平、剖面图

图3-17-6　D17扰土出土器物图

斜直，下腹弧收，喇叭状高圈足。圈足与器身分制拼接成型。上腹饰弦纹。青灰色胎。器表施青
釉，釉面光滑有光泽。口径10.3、残高5.5厘米。（图3-17-7；彩版四九）

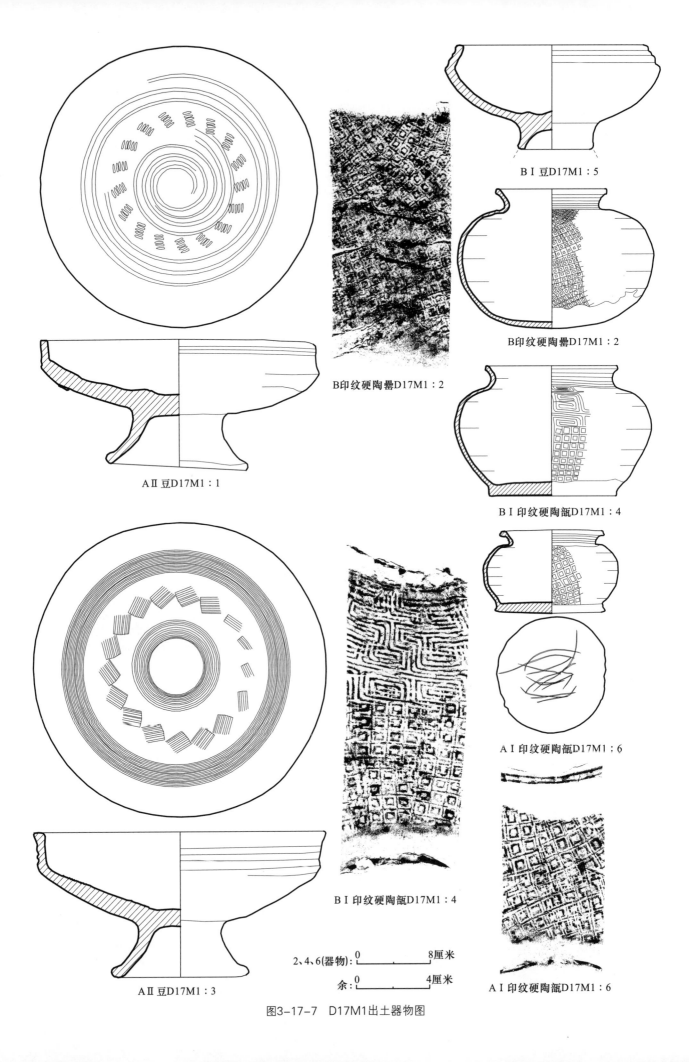

BⅠ豆D17M1：5

B印纹硬陶罍D17M1：2

AⅡ豆D17M1：1

BⅠ印纹硬陶瓿D17M1：4

AⅠ印纹硬陶瓿D17M1：6

AⅡ豆D17M1：3

BⅠ印纹硬陶瓿D17M1：4

AⅠ印纹硬陶瓿D17M1：6

2、4、6（器物）：0——————8厘米

余：0——————4厘米

图3-17-7　D17M1出土器物图

印纹硬陶罍　1件，B型。D17M1：2，圆唇，侈口，矮颈，弧肩，球腹，圜底。颈部饰弦纹，腹部满饰拍印回纹。青灰色胎。口径12.1、腹径21.4、高14.8厘米。（图3-17-7；彩版五〇）

印纹硬陶瓿　2件。

A型Ⅰ式　1件。D17M1：6，方唇，侈口，矮颈，鼓肩，鼓腹，大平底。颈部饰弦纹，肩、腹部通饰回纹，外底饰不规则刻划符号。红褐色胎。口径11.4、腹径14.7、底径12、高8.9厘米。（图3-17-7；彩版五〇）

B型Ⅰ式　1件。D17M1：4，方唇，侈口，矮颈，鼓肩，鼓腹，大平底。颈部饰弦纹，肩及上腹部饰大型云雷纹，下腹部饰回纹。红褐色胎。口径14.4、腹径21.5、底径13.9、高13.8厘米。（图3-17-7；彩版五〇）

3.D17Q1出土遗物

共9件，包括原始瓷豆、盂、钵、碟、印纹硬陶瓿、夹砂陶罐等。

原始瓷豆　2件，A型Ⅲ式。圆唇，平沿，敞口，弧腹，矮圈足。圈足与器身分制拼接成型。器表施青釉。D17Q1：1，下腹有明显刮削痕。沿部饰三道弦纹，足底饰"米"形刻划符号。青灰色胎。釉色青绿，釉层明显，釉面光滑。口径9.8、足径6.1、高3.8厘米。（图3-17-8；彩版五一）

D17Q1：2，下腹有戳痕。沿部饰旋纹，上腹饰弦纹。灰白色胎。釉色青黄，釉层薄，脱釉严重。口径9.6、足径3.9、高4.2厘米。（图3-17-8；彩版五一）

原始瓷盂　1件，A型Ⅱ式。D17Q1：4，圆唇，侈口，束颈，鼓腹，矮圈足。圈足与器身分制拼接成型。上腹两弦纹间饰网状纹带，足底饰九个戳印圆圈。青灰色胎。器表施青黄釉，釉层明显，釉面光滑，局部脱釉。口径8.9、足径5.1、高4.7厘米。（图3-17-8；彩版五一）

原始瓷钵　1件。D17Q1：6，方唇，侈口，弧腹，矮圈足。上腹饰三道粗弦纹，下腹饰斜向戳印纹。灰黄色胎。器表施青釉，脱釉严重。口径8.8、足径6.4、高3厘米。（图3-17-8；彩版五一）

原始瓷碟　3件，均为Ⅱ式。大小形制类似。圆唇，斜沿，敞口，弧腹，内底较平，矮圈足。沿部饰弦纹。器表施青釉，釉层明显，局部脱釉。D17Q1：3，沿部饰三道弦纹，足底饰"二"形刻划符号。灰黄色胎，下腹有刮削痕。口径9.2、足径5、高3厘米。（图3-17-8；彩版五一）

D17Q1：5，沿部饰四道弦纹。青灰色胎，胎体较厚。口径9.2、足径5.4、高3.7厘米。（图3-17-8；彩版五一）

D17Q1：7，沿部饰三道弦纹，足底饰井田形刻划符号。青灰色胎。口径8.6、足径5.1、高2.9厘米。（图3-17-8；彩版五一）

印纹硬陶瓿　1件，B型Ⅰ式。D17Q1：8，尖唇，侈口，矮颈，鼓肩，鼓腹，大平底。底缘经刮削。颈部饰弦纹，肩部、腹部满饰拍印折线纹。灰胎。口径10.2、腹径16、底径12.4、高9.2厘米。（图3-17-8；彩版五一）

夹砂陶罐　1件。D17Q1：9，残碎，无法复原。尖唇，侈口，溜肩。夹砂灰陶。

4.D17Q2出土遗物

原始瓷盘　共3件，均为B型Ⅰ式。圆唇，敞口，折沿斜向上，弧腹浅坦，平底。底缘外侈，底不规整，底心有乳突。内壁饰旋纹。灰白色胎。施青釉不及外底。D17Q2：1，底粘连窑渣。口径12.2、底径7.2、高3.5厘米。（图3-17-9；彩版五〇）

D17Q2：2，底粘连窑渣。口径11.8、底径7.2、高4厘米。（图3-17-9；彩版五〇）

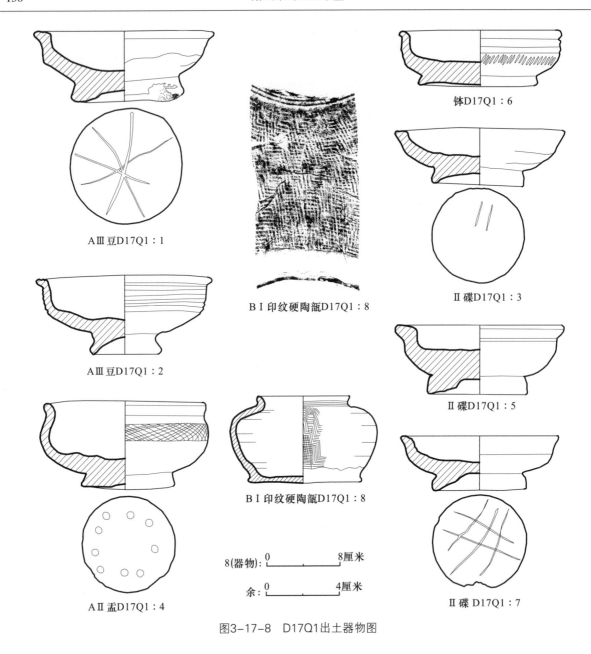

AⅢ豆D17Q1：1

钵D17Q1：6

BⅠ印纹硬陶瓿D17Q1：8

Ⅱ碟D17Q1：3

AⅢ豆D17Q1：2

Ⅱ碟D17Q1：5

BⅠ印纹硬陶瓿D17Q1：8

8(器物)：0 _____ 8厘米

余：0 _____ 4厘米

AⅡ盂D17Q1：4

Ⅱ碟D17Q1：7

图3-17-8　D17Q1出土器物图

D17Q2：3，口径11.9、底径7.2、高3.9厘米。（图3-17-9；彩版五〇）

5.D17M2出土遗物

原始瓷豆　3件

A型Ⅲ式　2件。圆唇，斜沿，敞口，弧腹，圈足。圈足与器身分制拼接成型。器表施青釉。D17M2：1，上腹满饰细密弦纹。灰黄色胎，胎体疏松。釉色青黄，局部脱釉。口径11.2、足径4.5、高4.6厘米。（图3-17-10；彩版五〇）

D17M2：2，圈足较高。上腹部饰四道弦纹。青灰色胎。釉面有光泽。口径10.9、足径5、高4.8厘米。（图3-17-10；彩版五〇）

A型Ⅳ式　1件。D17M2：3，圆唇，斜沿，敞口，弧腹，矮圈足。圈足与器身分制拼接成型。灰白色胎，下腹有明显刮削痕。器表施青釉，釉色青绿，釉面光滑。口径10.2、足径5.7、高3.4厘米。（图3-17-10；彩版五〇）

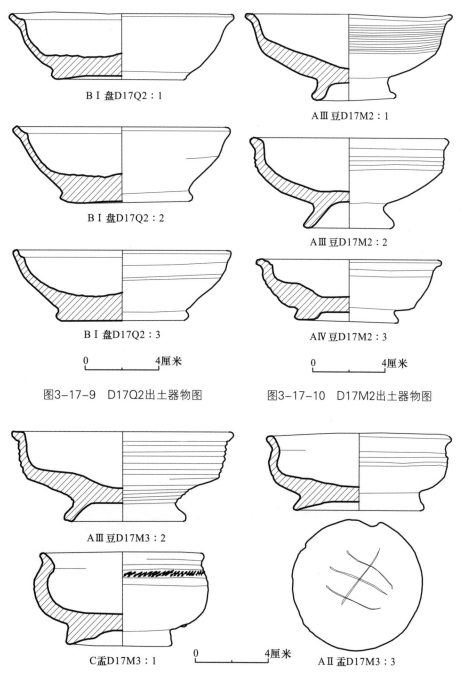

BⅠ盘D17Q2:1

AⅢ豆D17M2:1

BⅠ盘D17Q2:2

AⅢ豆D17M2:2

BⅠ盘D17Q2:3

AⅣ豆D17M2:3

0　　　　　4厘米

0　　　　　4厘米

图3-17-9　D17Q2出土器物图

图3-17-10　D17M2出土器物图

AⅢ豆D17M3:2

C盂D17M3:1

0　　　　　4厘米

AⅡ盂D17M3:3

图3-17-11　D17M3出土器物图

6.D17M3出土遗物

共3件，包括原始瓷豆和盂。

原始瓷豆　1件，A型Ⅲ式。D17M3：2，圆唇，平沿，敞口，弧腹，圈足。圈足与器身分制拼接成型。腹部满饰粗弦纹。青灰色胎。器表施青黄釉，局部脱釉。口径12.1、足径6.6、高4.8厘米。（图3-17-11；彩版五二）

原始瓷盂　2件。

A型Ⅱ式　1件。D17M3：3，圆唇，侈口，束颈，鼓腹，矮圈足。上腹部饰两道较粗弦纹，足底饰"三横一竖"形刻划符号。青灰色胎。器表施青釉，釉面光滑有光泽，局部脱釉。口径

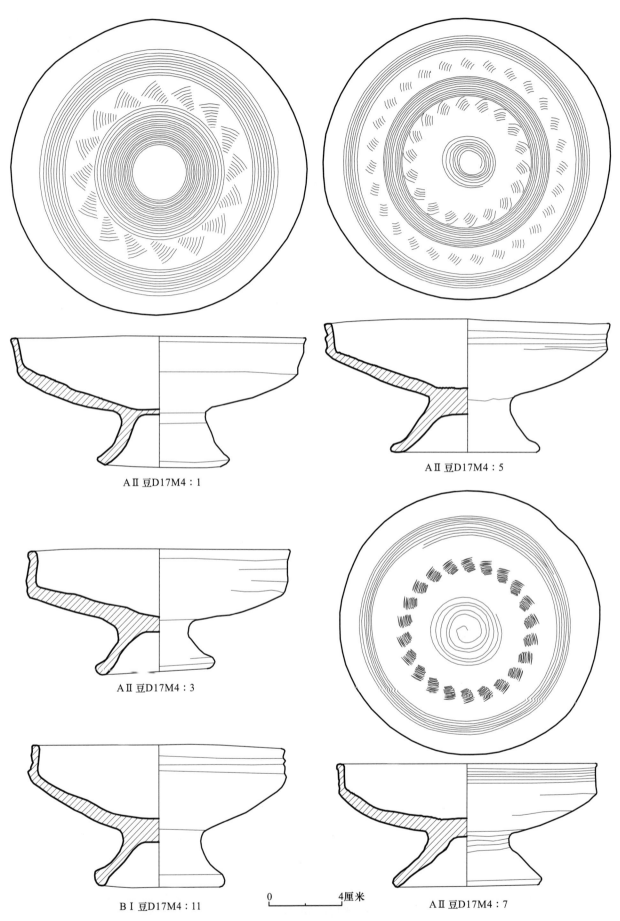

AII 豆D17M4：1

AII 豆D17M4：5

AII 豆D17M4：3

BI 豆D17M4：11

0   4厘米

AII 豆D17M4：7

图3-17-12 D17M4出土器物图（一）

10.2、足径7.2、高4.2厘米。（图3-17-11；彩版五二）

C型 1件。D17M3：1，圆唇，侈口，束颈，鼓腹，矮圈足。颈部至上腹部饰四道弦纹带，其间饰一周斜向戳印纹。青灰色胎。器表施青釉，釉层明显，局部聚釉，釉面光滑有光泽。口径8.9、足径5.7、高5厘米。（图3-17-11；彩版五二）

7.D17M4出土遗物

共16件，包括原始瓷豆以及印纹硬陶罐、瓿和泥质陶罐。

原始瓷豆 7件。

A型Ⅱ式 6件。大小形制类似。方唇，直口，上腹直，下腹弧收，喇叭状高圈足。圈足与器身分制拼接成型，足缘斜削。上腹饰弦纹。器表施青釉不及足内壁，釉层均匀明显，釉面有光泽。D17M4：1，口微外敞，底心下凹，下腹有一道戳痕。内底饰两组细弦纹，其间饰一周梳篦纹。口径16.2、足径7.3、高6.9厘米。（图3-17-12；彩版五二）

D17M4：3，底心下凹。口径14.4、足径6.6、高6.5厘米。（图3-17-12；彩版五二）

D17M4：5，口微外敞，底心下凹，下腹粘连窑渣。内底饰三组细弦纹，其间饰两周梳篦纹。口径15.6、足径8.1、高7厘米。（图3-17-12；彩版五二）

D17M4：7，内底略平，下腹有刮削痕。内底饰两组旋纹，其间饰一周梳篦纹。口径14.2、足径8.1、高6.5厘米。（图3-17-12；彩版五二）

D17M4：8，内底较平。内底饰两组细弦纹，其间饰一周梳篦纹。口径14.6、足径6.8、高6.7厘米。（图3-17-13；彩版五三）

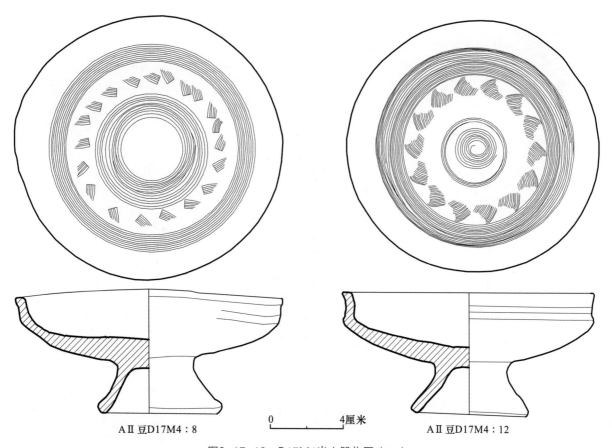

AⅡ豆D17M4：8　　　　0　　　　4厘米　　　　AⅡ豆D17M4：12

图3-17-13 D17M4出土器物图（二）

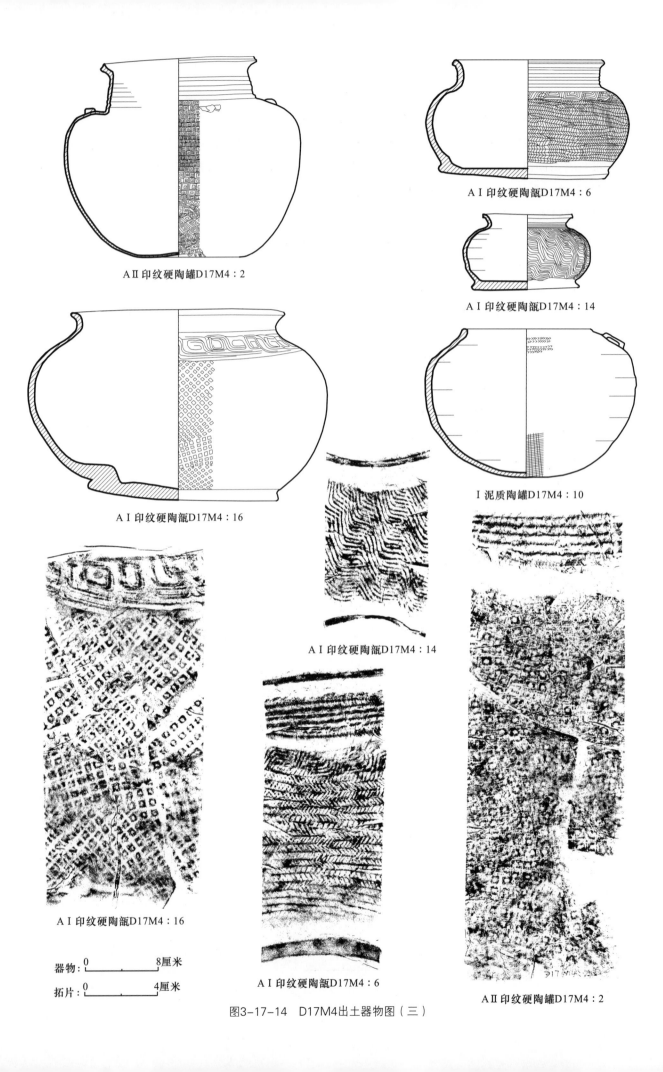

AⅡ印纹硬陶罐D17M4：2

AⅠ印纹硬陶瓿D17M4：6

AⅠ印纹硬陶瓿D17M4：14

AⅠ印纹硬陶瓿D17M4：16

Ⅰ泥质陶罐D17M4：10

AⅠ印纹硬陶瓿D17M4：14

AⅠ印纹硬陶瓿D17M4：16

器物：0　　　　8厘米
拓片：0　　　　4厘米

AⅠ印纹硬陶瓿D17M4：6

AⅡ印纹硬陶罐D17M4：2

图3-17-14　D17M4出土器物图（三）

D17M4：12，口微外侈，内底圆弧。内底饰两组细弦纹，其间饰一周梳篦纹。口径13.9、足径6.5、高6.6厘米。（图3-17-13；彩版五三）

B型Ⅰ式 1件。D17M4：11，方唇，敛口，上腹斜直，下腹弧收，喇叭状高圈足，内底圆弧。圈足与器身分制拼接成型，足缘斜削。上腹饰弦纹。青灰色胎，下腹有多道细微划痕。器表施青釉不及足内壁，釉层均匀明显，釉面有光泽。口径13.9、足径7.1、高7.6厘米。（图3-17-12；彩版五三）

印纹硬陶罐 1件，A型Ⅱ式。D17M4：2，方唇，侈口，高颈，弧肩，鼓腹，圈底内凹。颈部饰弦纹，肩部、腹部及底均饰回纹。红褐色胎。口径17、腹径25.9、高21厘米。（图3-17-14；彩版五三）

印纹硬陶瓿 3件，均为A型Ⅰ式。方唇，侈口，束颈，溜肩，鼓腹，大平底，底缘外凸。肩腹部满饰拍印纹。灰胎。D17M4：6，高颈，底缘经过刮削。颈部满饰弦纹，肩部饰粗大云雷纹，腹部饰拍印叶脉纹。口径16.5、腹径22.1、底径18.5、高12.6厘米。（图3-17-14；彩版五三）

D17M4：14，外底有线割留下的平行线纹，颈部饰弦纹，肩、腹部满饰拍印折线纹。口径9.8、腹径13.8、底径11.7、高8厘米。（图3-17-14；彩版五三）

D17M4：16，肩部饰粗大云雷纹，腹部满饰拍印回纹。底部胎体起泡。口径23.5、腹径32.8、底径21、高20.5厘米。（图3-17-14；彩版五三）

泥质陶罐 5件。

Ⅰ式 1件。D17M4：10，圆唇，敛口，斜肩，球腹，圈底。肩部饰一个桥形纽。泥质灰陶。肩部饰叶脉纹，腹部及底满饰方格纹。口径14.2、腹径23、高15.7厘米。（图3-17-14；彩版五三）

残碎 4件。分别是D17M4：4、D17M4：9、D17M4：13和D17M4：15。

D18

土墩

D18位于无名山体顶端西部，东与D17紧紧相连，其余三面均为陡坡，土墩中部为东西向的山路。土墩隆起十分明显，平面形状略呈半椭圆形，长径约9.77、短径约6.22米，现存高度约1.4米。地表长满杂草和低矮灌木。土墩东部发现一个近期形成的盗洞，略呈长方形，长1.43、宽1.1、深约1.16米。盗洞底为生土，盗洞扰土中未见遗物。（图3-18-1）

封土为黄褐色，较为疏松，其内包含植物根系和大量碎小石子，未见明显分层现象。墩底东部的基岩与D17墩底西南部基岩相连。封土内发现原始瓷豆和少量泥质陶残片、印纹硬陶残片，印纹硬陶的纹饰有回纹、折线纹等。

墓葬

土墩底部发现两座墓葬，分别编号D18M1和D18M2。

D18M1位于土墩底部正中，叠压在D18M2之上，为平地堆土掩埋型墓。墓葬分布边界不明，墓底距离地表0.5～1.5米。墓底东高西低，中部稍平，东部为夹杂大量石子的黄褐色硬土，西部

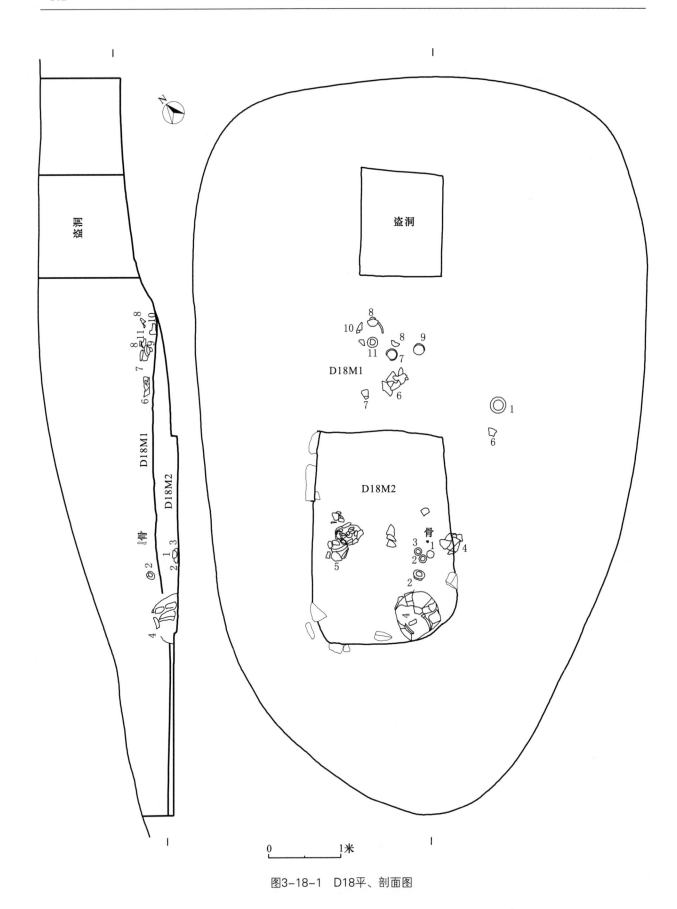

图3-18-1　D18平、剖面图

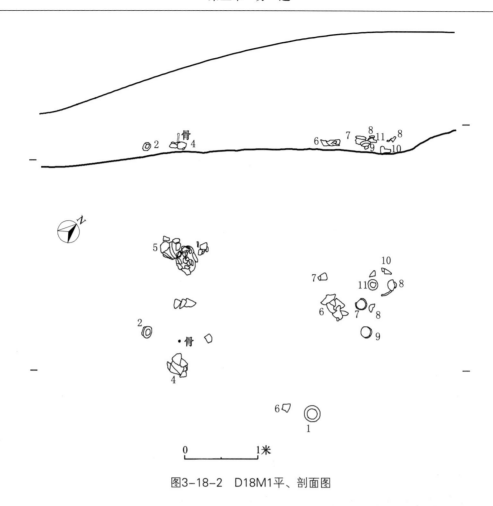

图3-18-2　D18M1平、剖面图

为较软的黄褐色土。墓底西部发现一段人骨，竖置，骨质十分疏松。墓上封土呈黄褐色，其内夹杂碎石子。随葬品基本处于同一水平面上，共10件（彩版五四，3），有原始瓷簋、豆以及印纹硬陶瓿、罍和泥质陶罐等，原始瓷器多置于东部，印纹硬陶器多置于西部，两件原始瓷豆置于泥质陶罐之上。其中原始瓷簋（D18M1：7）、豆（D18M1：8）和印纹硬陶瓿（D18M1：6）发现时均残，且残片分布散乱，可能在埋葬时就已经残破或者是有意打破后再随葬的。D18M2的硬陶坛（D18M2：4）位置较高，暴露于D18M1墓底西部。（图3-18-2；彩版五四，1、2）

D18M2位于土墩西部，上部被D18M1叠压，为石框型墓。石框平面形状略呈长方形，长2.2 ~ 2.8、宽1.65 ~ 1.97、深0.07米，方向230°，墓底距离地表深1 ~ 1.7米。西壁、南壁残存几块石块，垒砌不甚规整。墓开挖浅坑，坑壁不规整。墓底南高北低，高差约0.2米。墓内填土呈黄褐色，较为疏松，其内包含大量小石子。未见人骨、葬具痕迹。随葬品较少，共4件，其中三件夹砂陶钵紧挨分布（彩版五四，5），硬陶坛（D18M2：4）因器形较大，位置较高，其表面高出D18M1的墓底。（图3-18-3；彩版五四，4、5）

出土遗物

1.封土出土遗物

原始瓷豆　1件。D18：01，圆唇，侈口，弧腹，平底，矮圈足。圈足与器身分制拼接成型。口部饰两道弦纹。灰黄色胎。器表施青黄釉，釉层明显，脱釉严重。口径8.9、足径6.2、高3厘

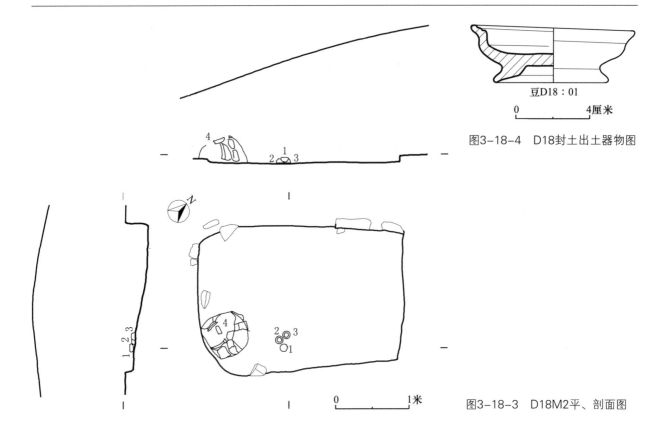

豆D18：01

0　　　　　4厘米

图3-18-4　D18封土出土器物图

图3-18-3　D18M2平、剖面图

米。（图3-18-4；彩版五四）

2.D18M1出土遗物

共10件，包括原始瓷簋、豆以及印纹硬陶罍、坛、瓿和泥质陶罐。

原始瓷簋　1件。D18M1：7，圆唇，平沿，直口微敛，深弧腹，圜底，矮圈足。沿部饰弦纹，腹部满饰弦纹，上腹部饰三个半环形纽，纽两端各贴两个泥点。青灰色胎。器表满施青釉，釉层薄，釉面光滑有光泽。口径15、足径10.2、高7.4厘米。（图3-18-5；彩版五四）

原始瓷豆　3件。

A型Ⅱ式　2件。大小形制类似。方唇，直口，上腹直，下腹弧收，喇叭状高圈足。圈足与器身分制拼接成型。卜腹饰弦纹。青灰色胎。器表施青釉不及足内壁，釉层均匀明显，釉面有光泽。D18M1：9，足缘斜削。内底饰三组细密弦纹，其间饰梳篦纹。口径14.6、足径8.5、高7.9厘米。（图3-18-5；彩版五四）

D18M1：11，口微敞。口部及下腹部粘连窑渣。内底饰两组细弦纹，其间饰一周梳篦纹。口径15.4、足径7.3、高7.9厘米。（图3-18-5；彩版五四）

B型Ⅰ式　1件。D18M1：8，方唇，敛口，上腹斜直，下腹弧收，喇叭状高圈足。圈足与器身分制拼接成型。上腹饰六道弦纹，并各贴饰对称的两个相连的泥点。青灰色胎。器表施青釉，釉层均匀，釉面光滑有光泽。口径12.9、足径6.9、高7.1厘米。（图3-18-5；彩版五四）

印纹硬陶罍　1件，A型。D18M1：5，方唇，侈口，高颈，圆肩，球腹，圈底近平。颈部饰弦纹，肩部、腹部满饰拍印回纹。红褐色胎。口径23.2、腹径45.7、高38.2厘米。（图3-18-6；彩版五四）

印纹硬陶坛　1件，Ⅰ式。D18M1：4，底残。圆唇，侈口，矮颈，溜肩，深弧腹。颈部饰弦

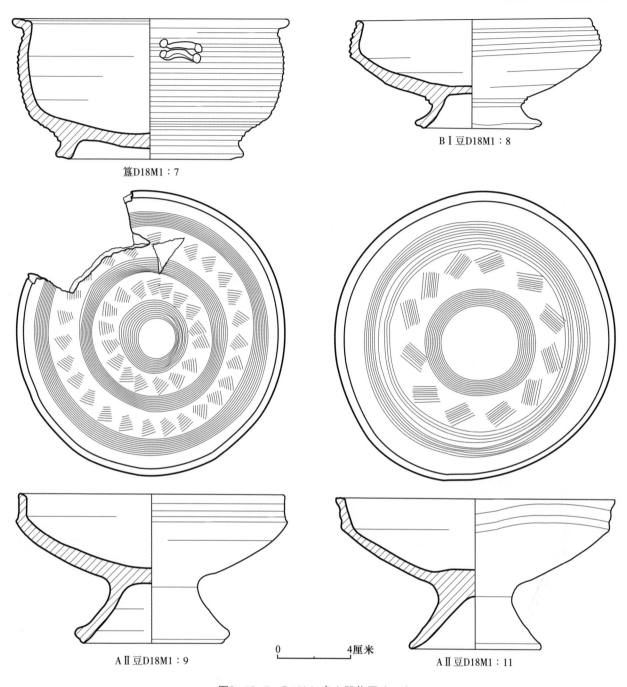

篡D18M1：7

BⅠ豆D18M1：8

AⅡ豆D18M1：9

AⅡ豆D18M1：11

0   4厘米

图3-18-5　D18M1出土器物图（一）

纹，肩部和上腹部饰拍印弦纹叠套复线菱形纹和回纹的组合纹，下腹部饰回纹。红褐色胎。口径11.4、腹径27、残高23.5厘米。（图3-18-6；彩版五四）

印纹硬陶瓿　3件。

A型Ⅰ式　1件。D18M1：6，腹底残件。弧腹，大平底，底缘外侈。腹部饰拍印大型云雷纹，近底处饰回纹。外底饰不规则刻划符号。红褐色胎。底径26.9、残高15.1厘米。（图3-18-7；彩版五五）

C型Ⅰ式　2件。D18M1：1，斜沿，敛口，矮颈，斜肩，鼓腹，平底，底缘微外侈。颈部饰弦

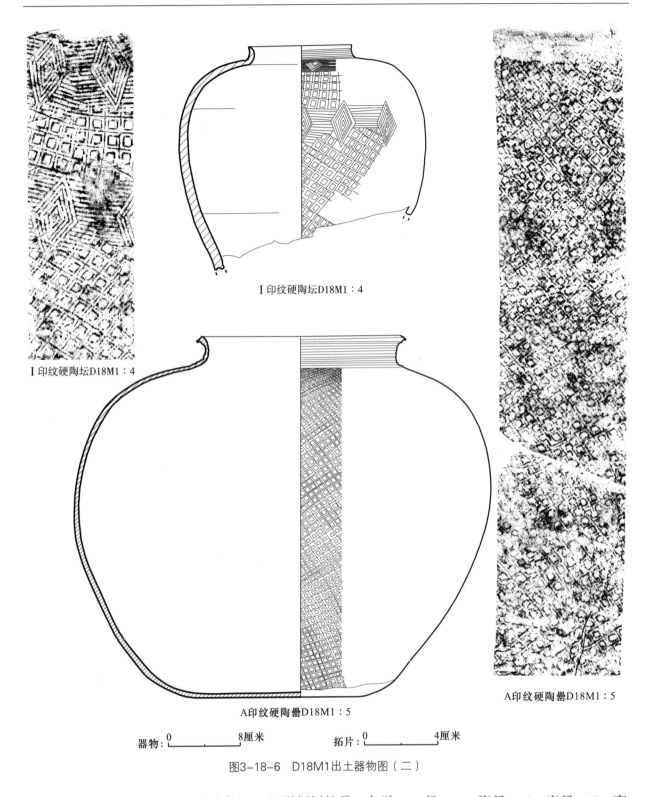

I印纹硬陶坛D18M1：4

I印纹硬陶坛D18M1：4

A印纹硬陶罍D18M1：5

A印纹硬陶罍D18M1：5

器物：0 ____ 8厘米   拓片：0 ____ 4厘米

图3-18-6　D18M1出土器物图（二）

纹，腹部满饰拍印折线纹。外底饰"＋"形刻划符号。灰胎。口径13.3、腹径21.6、底径14.9、高12.4厘米。（图3-18-7；彩版五五）

D18M1：2，圆唇，斜沿，矮颈，斜肩，鼓腹，平底，底缘外侈。颈部饰弦纹，腹部满饰拍印折线纹，外底饰"＋"形刻划符号。口径8.1、腹径15.9、底径11.9、高8.1厘米。（图3-18-7；彩版五五）

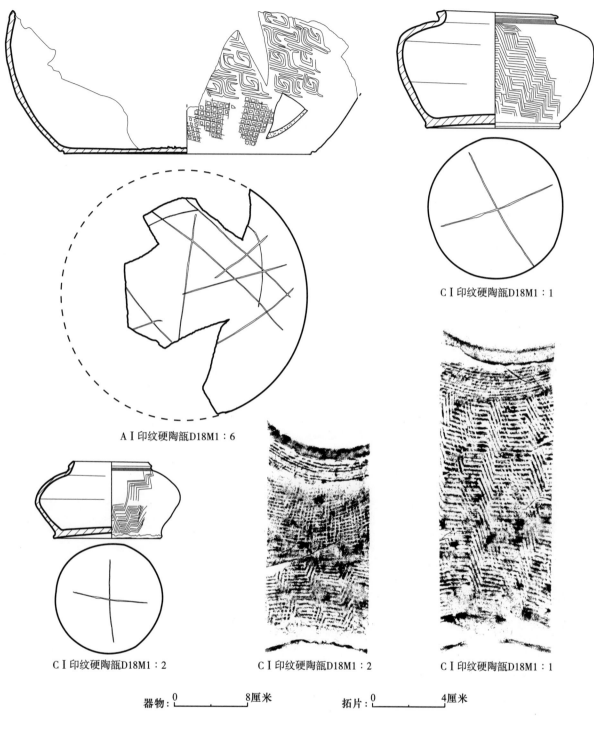

A I 印纹硬陶瓿D18M1：6

C I 印纹硬陶瓿D18M1：1

C I 印纹硬陶瓿D18M1：2　　C I 印纹硬陶瓿D18M1：2　　C I 印纹硬陶瓿D18M1：1

器物：0 _____ 8厘米　　拓片：0 _____ 4厘米

图3-18-7　D18M1出土器物图（三）

泥质陶罐　1件。D18M1：10，泥质红陶，残碎，无法起取。

3.D18M2出土遗物

共4件。包括硬陶坛和夹砂陶钵。

硬陶坛　1件。D18M2：4，圆唇，平沿，敛口，矮颈，斜肩，深弧腹，圈底近平。红褐色胎，内壁现指摁痕。肩部现窑汗。口径28.9、腹径43.8、高42.3厘米。（图3-18-8；彩版五五）

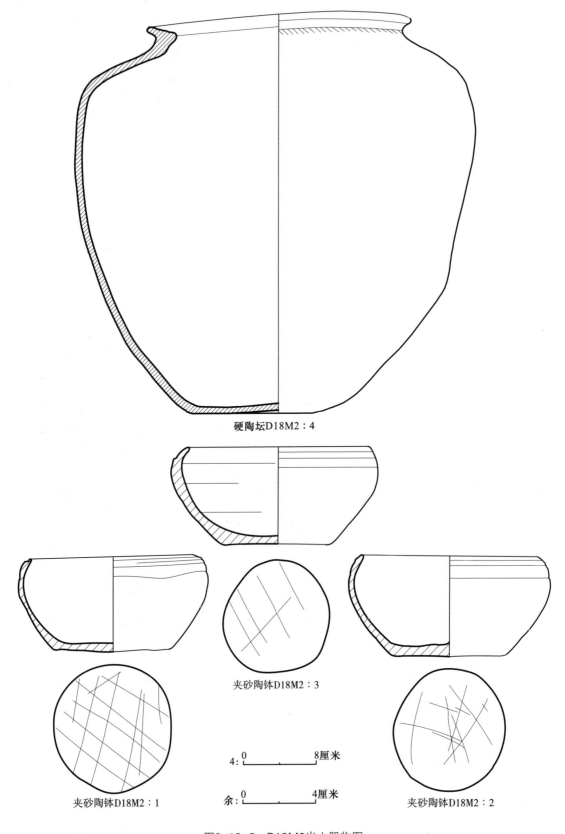

硬陶坛D18M2：4

夹砂陶钵D18M2：3

夹砂陶钵D18M2：1

4：　0 _____ 8厘米

余：　0 _____ 4厘米

夹砂陶钵D18M2：2

图3-18-8　D18M2出土器物图

夹砂陶钵　3件。大小形制类似。圆唇，敛口，上腹略鼓，下腹弧收，平底。口部饰弦纹。夹砂灰陶。D18M2：1，外底饰网状刻划符号。口径8.9、底径6.4、高5.2厘米。（图3-18-8；彩版五五）

D18M2：2，器表施黑衣，外底饰交叉线形刻划符号。口径9.3、底径6、高5.4厘米。（图3-18-8；彩版五五）

D18M2：3，器表施黑衣，外底饰网状刻划符号。口径9.8、底径5.8、高5.2厘米。（图3-18-8；彩版五五）

D19

土墩

D19位于无名山体西侧的山脊上，东临D22，西临D21。东西两侧山坡陡峭，南北两侧山坡较平缓，土墩东侧为山路。土墩隆起较为明显，整体大致呈西南—东北走向，与山脊走向一致，平面形状呈长圆形，长径14.6、短径约9.6米，现存高度约1.8米。地表可见石块、杂草等，表面的石块大小不一，土墩中部的盖顶石暴露于地表。D19上部有两个明显的盗洞，北侧的盗洞略呈长方形，长约1.9、宽约1.5、深约1.8米，盗洞已达墓室底，为近期形成。（图3-19-1）

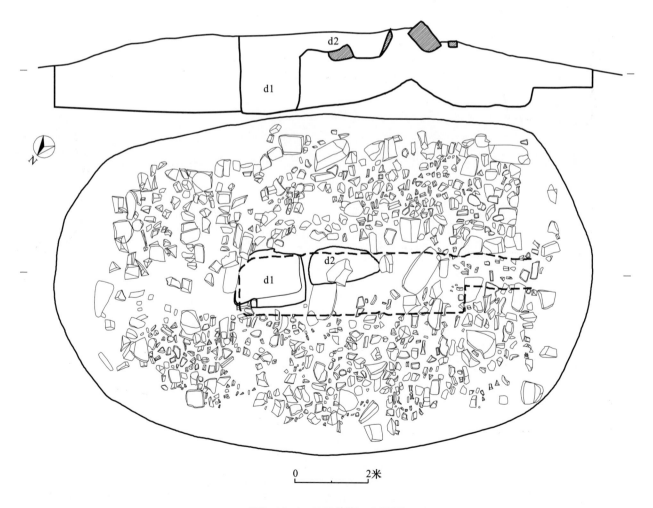

0　　　　　　2米

图3-19-1　D19俯视、剖面图

　　土墩上部为厚约0～5厘米的植物腐殖质，土质较为疏松，其下即为黄褐色封土。封土堆积厚薄不均，厚约0～65厘米，多处较薄，其内包含大量植物根系。封土中出土有印纹硬陶片和少量原始瓷片，土墩西侧出土遗物数量较多。印纹硬陶的纹饰包括回纹、云雷纹、云雷纹与回纹组合、折线纹和细方格纹等，其中以回纹居多，有的陶片可能由于烧制温度不高，表面有气泡隆起。

　　墓葬

　　墓葬位于土墩中部，石室墓，方向为220°。石室建于经过平整的山脊处，平面略呈长方形，长12.77、宽8.07米，由墓门、墓道、墓室、挡土墙和护坡组成。（图3-19-2；彩版五六，1、2）

　　墓葬内平面呈刀把形，分成墓道和墓室两部分。

　　墓道位于最西南部，长约1.8、宽约0.8、深约0.95～1.42米。泥底，局部发现少量碎小石块，较为平整。两壁为石块垒砌的墓壁，石块大小不一，较光滑的一面朝内，靠近墓室的石块较大。墓壁保存较为完整，由下向上略内收。（彩版五六，3、4、5）

　　墓门位于墓道外侧，用两个石块封堵，石块底距离墓道底约0.5米。

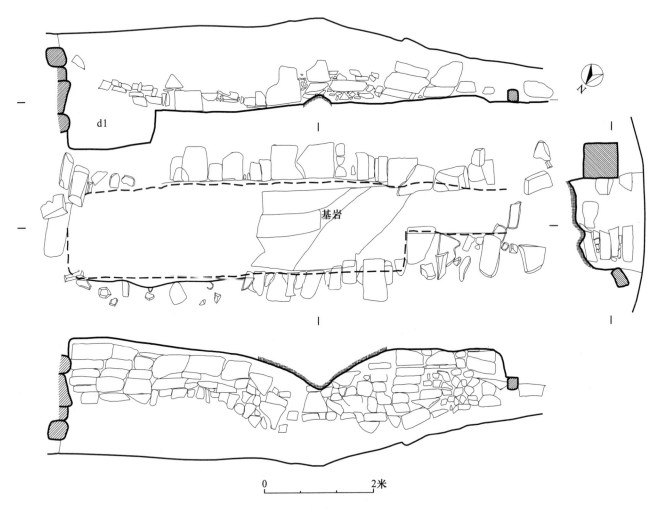

　　　　　　　　　　　　　0　　　　　　　2米

　　　　　　　　　　图3-19-2　D19墓室平、剖面图

墓室略呈长条形，长约6.2、宽1.5～1.66、高约0.93～1.66米。墓底中部有一块巨大的基岩将墓室分割成前后两部分，基岩长约2.6、宽约1.5米，最高处高出墓底约0.5米，基岩两侧的墓底较平整，为熟土堆积，其内夹杂大量碎小石子。墓壁为石块垒砌而成，垒砌十分规整考究，一般选用大石块较光滑的一面作为内壁，分层错缝垒砌，由下向上略内收。两侧壁下部保存较为完整，上部因挤压而变形，两侧壁厚约0.6米。（彩版五六，6）

墓葬外围挡土墙不是很明显，仅西南侧的前挡土墙和东北部的侧挡土墙有少量保存。挡土墙由大小不一的石块垒砌而成，石块较光滑的一面向外，较竖直，残存高度0.5米。

在挡土墙与墓壁之间为土、石混筑的护坡，护坡较为明显，石块大小不一，堆放较为杂乱，土为与封土类似的黄褐色土，较为疏松。护坡呈斜坡状，内高外低。

墓室顶部尚存一块巨大的盖顶石，长1.3、宽0.65、厚0.5米，呈倾斜状，西北端陷于墓室内。墓内填土呈黄褐色，较疏松，其内包含大量石块，近底部填土夹杂大量碎小石块。填土中仅发现少量印纹硬陶残片，未见人骨痕迹。

墓内随葬品十分丰富，共分两层置放，两层之间间隔0.06～0.3米的黄褐色土堆积，其内夹杂大量碎小石块，基岩西南侧两层的间距较均匀，厚约0.2米，基岩西北侧两层的间距顺着基岩的走势逐步加深，厚0.06～0.3米。下层器物底部距离墓底约0.2米，之间层为熟土堆积，包含碎小石块，底部未见随葬品。上层器物分布于基岩两侧，东北侧较多（图3-19-3；彩版五六，7、8）；下层器物集中分布于基岩东北侧和墓室西南部（图3-19-4；彩版五六，9~11）。出土器物编号74件，其中D19：11与D19：64、D19：32与D19：36、D19：57与D19：71、D19：65与D19：68可拼成一件（大的编号取消），而D19：50实为两件，实有器物71件，墓内器物按照发现先后统一编号，但是，这组器物既有厚胎厚釉的矮圈足原始瓷豆、盉，又有薄胎薄釉的平底碗、盅式碗等，时代差异较大。清理时，部分随葬品与石块同时出土，有的随葬品甚至被小石块叠压，D19：11与D19：64分别发现于上层和下层，可知一部分随葬品在下葬时已经破碎或者存在扰动现象，D19：40、53、59虽然编为下层遗物，但是其深度明显高于下层地面。根据器物的分布情况和时代特征，这批器物可以分成3组，应分别对应3座墓葬。第1组器物共21件，包括D19：1～21，为上层

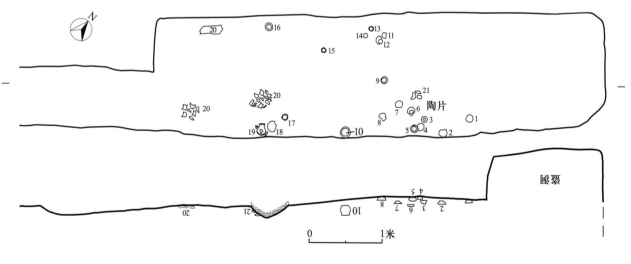

图3-19-3 D19上层器物分布图

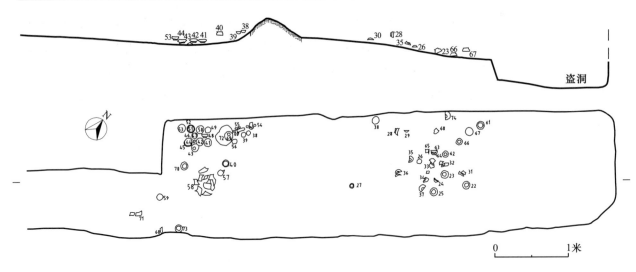

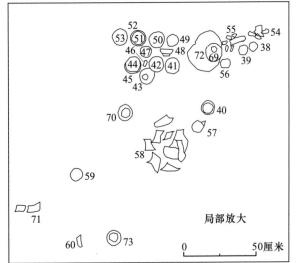

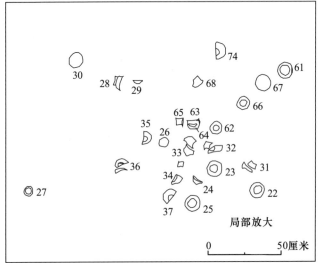

图3-19-4　D19下层器物分布图

器物，分布于基岩两侧，编为D19M1；第2组器物共26件，包括D19：22~37、40、53、58、59、61~68、74，为下层器物，多分布于基岩东北侧，编为D19M2；第3组器物共24件，包括D19：38、39、41~52、54~57、60、69~73，为下层器物，集中分布于墓室西南部墓道口附近，编为D19M3。

出土遗物

1.封土出土遗物

共3件，包括原始瓷碗、盘和杯。

原始瓷碗　1件。D19：03，平沿，深腹，上腹略直，下腹收为平底。内底饰旋纹，外底有明显线割痕。青灰色胎。器表满施青釉，釉层较薄，釉面光滑发亮。口径11.4、底径6.7、高4.1厘米。（图3-19-5；彩版五七）

原始瓷盘　1件。D19：02，尖唇，敞口，浅盘，矮圈足。口部贴饰横向"S"纹，足底饰六道平行线刻划符号。青灰色胎。釉色青绿与青黑相间，釉面光滑。口径13.7、足径7.7、高3.1厘

米。（图3-19-5；彩版五七）

原始瓷杯 1件。D19：01，方唇，直口微侈，斜直腹略内弧，下腹急内收为小平底。内底较平，底心微凸，满布密集的旋纹，外底有明显线割痕。灰白色胎，胎体较薄。通体施青黄釉，施釉均匀，釉层较薄，胎釉结合好，局部脱釉。口径9.2、底径5、高4.1厘米。（图3-19-5；彩版五七）

2.D19M1出土遗物

共21件，D19：21为印纹硬陶残片。包括原始瓷豆、盂、碗、钵、盘、碟、杯、盅、器盖以及印纹硬陶罐和泥质灰陶罐。

原始瓷豆 3件，均为A型IV式。圆唇，敞口，弧腹，矮圈足。圈足与器身分制拼接成型。器表施青釉不及圈足。D19：12，

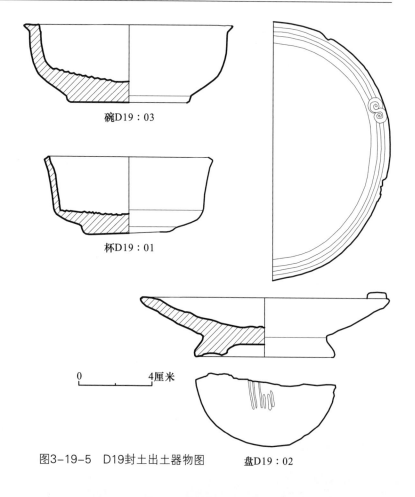

碗D19：03

杯D19：01

0 ____ 4厘米

图3-19-5 D19封土出土器物图 盘D19：02

下腹有刮削痕。口部饰四道弦纹，足底饰"三"形刻划符号。青灰色胎。釉色青绿，有聚釉、脱釉现象。口径10、底径5.3、高4厘米。（图3-19-6；彩版五七）

D19：8，上腹略内弧，下腹有刮削痕。上腹饰细密弦纹。青灰色胎。釉色青绿。口径9、足径4.8、高4.5厘米。（图3-19-6；彩版五七）

D19：3，内底下凹。足底饰"T"形刻划符号。灰黄色胎。釉层几乎脱落殆尽。口径7、足径3.6、高3厘米。（图3-19-6；彩版五七）

原始瓷盂 3件。

A型III式 1件。D19：11，直口，平沿，垂鼓腹，平底略内凹。内底平坦布满旋纹，外底有明显线割痕。黄灰色胎。器表满施青黄釉，釉层薄，施釉均匀，釉面光滑、发亮。口径7、底径5.7、高2.5厘米。（图3-19-6；彩版五七）

B型I式 2件。大小、形制类似。敛口，斜肩略下凹，浅弧腹，矮圈足，内底略下凹。青灰色胎。器表施青釉不及足底，釉层薄。D19：5，斜沿。肩部饰一个绳索状弧形纽，其两端贴饰竖向"S"形纹。口径7.9、足径4.9、高4.6厘米。（图3-19-6；彩版五七）

D19：16，圆唇，足底饰"一"形刻划符号。口径7.4、足径5、高4.1厘米。（图3-19-6；彩版五七）

原始瓷碗 4件，均为A型II式。尖唇，折沿，深腹，上腹略直，下腹收为平底。内底饰旋纹。灰黄色胎。器表满施青釉，釉层较薄，釉面光滑、发亮。D19：6，平折沿，外底有明显线割

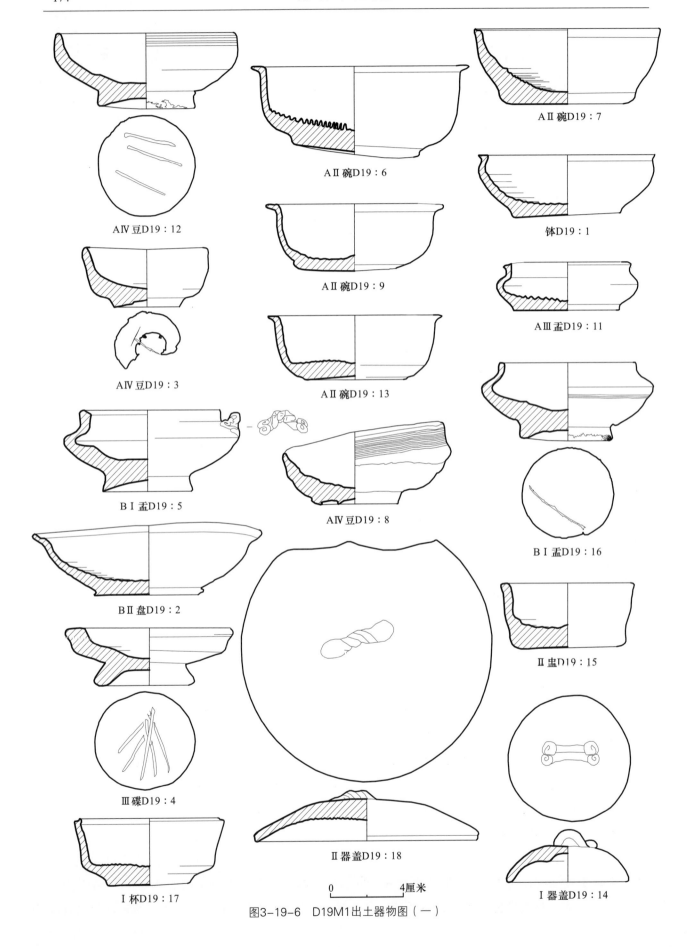

AⅣ豆D19∶12

AⅡ碗D19∶6

AⅡ碗D19∶7

AⅣ豆D19∶3

AⅡ碗D19∶9

钵D19∶1

AⅢ盂D19∶11

BⅠ盂D19∶5

AⅡ碗D19∶13

AⅣ豆D19∶8

BⅠ盂D19∶16

BⅡ盘D19∶2

Ⅱ盅D19∶15

Ⅲ碟D19∶4

Ⅰ杯D19∶17

Ⅱ器盖D19∶18

0　　　　　　4厘米

Ⅰ器盖D19∶14

图3-19-6　D19M1出土器物图（一）

痕，内底旋纹刻划较深。口径11.9、底径6.7、高4.7厘米。（图3-19-6；彩版五八）

D19：9，平折沿，外底残留叠烧痕，胎体起泡。口径9.7、底径5.6、高3.5厘米。（图3-19-6；彩版五八）

D19：13，平折沿，外底微凹，有线割痕。口径9.5、底径5.3、高3.4厘米。（图3-19-6；彩版五八）

D19：7，斜折沿，外底残留叠烧痕。口径10.1、底径6.4、高3.9厘米。（图3-19-6；彩版五八）

原始瓷钵 1件。D19：1，敛口，平沿，弧腹，小平底。外底有叠烧痕。内壁饰旋纹。灰白色胎。器表满施青釉，釉层薄，釉面光滑、发亮。口径9.6、底径5.8、高3.2厘米。（图3-19-6；彩版五八）

原始瓷盘 1件，B型Ⅱ式。D19：2，圆唇，敞口，折沿斜向上，弧腹浅坦，平底。外底有叠烧痕。内底饰旋纹，底心略下凹。青灰色胎。器表施青釉不及外底，釉层薄，釉面光滑。口径12.5、底径6、高3.7厘米。（图3-19-6；彩版五八）

原始瓷碟 1件，Ⅲ式。D19：4，平沿，敞口，浅盘，弧腹，圈足外撇，内底心略下凹。外壁下部有刮削痕，圈足与器身分制拼接成型。沿上饰四道弦纹，足底饰叶脉状刻划符号。青灰色胎。器表施青黄釉不及足底，脱釉严重。口径9.2、足径5.5、高3.3厘米。（图3-19-6；彩版五八）

原始瓷杯 1件，Ⅰ式。D19：17，尖唇，子口，斜直腹略内弧，下腹急内收为小平底。内底较平，底心略下凹，满布密集的旋纹，外底有明显线割痕。青灰色胎，胎体较薄。通体施青黄釉，施釉均匀，釉层较薄，胎釉结合好，局部脱釉。口径8.2、底径4.5、高3.6厘米。（图3-19-6；彩版五八）

原始瓷盅 1件，Ⅱ式。D19：15，方唇，直口微敞，斜直腹，平底。外底有叠烧痕。内底饰旋纹。青灰色胎。器表施青釉不及外底，釉色青绿，釉面光滑。口径7.3、底径6.3、高3.4厘米。（图3-19-6；彩版五八）

原始瓷器盖 2件。

Ⅰ式 1件。D19：14，圆弧形，有刮削痕。上附弧形纽，一端贴饰"S"纹。青灰色胎。上部施青绿釉。口径6.7、通高2.7厘米。（图3-19-6；彩版五八）

Ⅱ式 1件。D19：18，圆弧形。内顶饰旋纹。上附绳索状纽。灰白色胎。上部施青黄色釉。口径13.2、通高2.6厘米。（图3-19-6；彩版五八）

印纹硬陶罐 2件，均为A型Ⅵ式。方唇，侈口，束颈，溜肩，鼓腹，平底。D19：10，颈部、肩部和腹部满饰拍印方格纹，颈部方格纹不甚明显。红褐色胎。口径11.6、腹径16.7、底径10.4、高12.9厘米。（图3-19-7；彩版五九）

D19：20，肩部、腹部满饰拍印斜方格纹。青灰色胎。口径10.9、腹径14.3、底径9.2、高11.9厘米。（图3-19-7；彩版五九）

泥质灰陶罐 1件，Ⅱ式。D19：19，方唇，侈口，束颈，溜肩，鼓腹，平底。青灰色胎。腹部满饰拍印方格纹。口径9、腹径13.5、底径9.2、高11.7厘米。（图3-19-7；彩版五九）

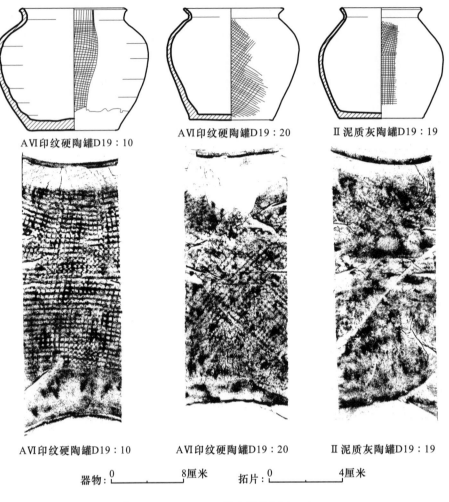

AⅥ印纹硬陶罐D19：10　　　AⅥ印纹硬陶罐D19：20　　　Ⅱ泥质灰陶罐D19：19

AⅥ印纹硬陶罐D19：10　　　AⅥ印纹硬陶罐D19：20　　　Ⅱ泥质灰陶罐D19：19

器物：0⌞_____⌟8厘米　　　拓片：0⌞_____⌟4厘米

图3-19-7　D19M1出土器物图（二）

3.D19M2出土遗物

共26件，D19：31为硬陶残片。包括原始瓷豆、盂、碗、盘、杯、盅、器盖以及印纹硬陶坛、罐和盂。

原始瓷豆　5件。

A型Ⅳ式　4件。圆唇，敞口，弧腹，矮圈足。圈足与器身分制拼接成型。器表施青釉不及圈足。D19：23，内底有乳突，下腹有刮削痕。青灰色胎。釉色青绿，釉面光滑，有聚釉、脱釉现象。口径9.2、足径5.3、高3.5厘米。（图3-19-8；彩版六〇）

D19：33，内底平，上腹略直，饰细密弦纹，外底心有一道较粗黑色印迹。青灰色胎。釉色青绿，脱釉严重。口径11.7、足径5.8、高4.3厘米。（图3-19-8；彩版六〇）

D19：37，上腹饰细密弦纹，外底饰不规则形刻划符号。灰白色胎。口径10.5、足径6.2、高4.3厘米。（图3-19-8；彩版六〇）

D19：74，上腹略直，饰细弦纹。青灰色胎。釉色青绿，釉层明显，釉面光滑、发亮。口径11、足径5.9、高4.6厘米。（图3-19-8；彩版六〇）

C型Ⅱ式　1件。D19：35，圆唇，敞口，弧腹，矮圈足，内底略下凹。圈足与器身分制拼接

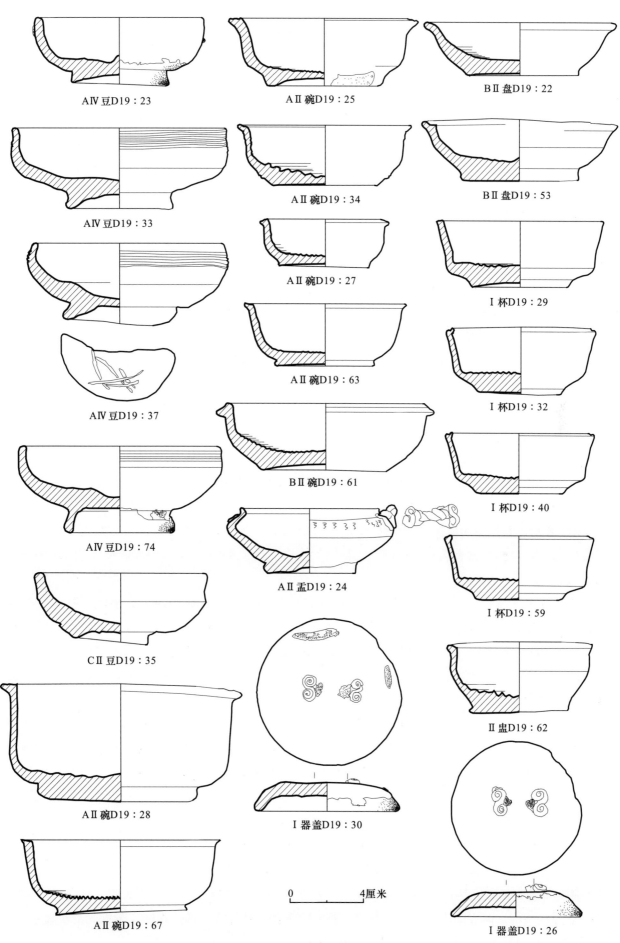

AIV 豆 D19：23　　　　　AII 碗 D19：25　　　　　BII 盘 D19：22

AIV 豆 D19：33　　　　　AII 碗 D19：34　　　　　BII 盘 D19：53

AII 碗 D19：27　　　　　I 杯 D19：29

AIV 豆 D19：37

AII 碗 D19：63　　　　　I 杯 D19：32

AIV 豆 D19：74　　　　　BII 碗 D19：61　　　　　I 杯 D19：40

AII 盂 D19：24　　　　　I 杯 D19：59

CII 豆 D19：35

II 盅 D19：62

AII 碗 D19：28　　　　　I 器盖 D19：30

0　　　　　4厘米

AII 碗 D19：67　　　　　I 器盖 D19：26

图3-19-8　D19M2出土器物图（一）

成型。上腹饰细微弦纹。青灰色胎。器表施青釉不及圈足。口径9.4、足径4、高3.7厘米。（图3-19-8；彩版六〇）

原始瓷盂　1件，A型Ⅱ式。D19：24，敛口，斜肩略下凹，弧腹，矮圈足近饼形，内底心微凸。肩部饰一周竖向水波纹，肩部一侧饰一个绳索状弧形纽，其两端贴饰竖向"S"形纹，另一侧贴饰一个横向"S"形纹。青灰色胎。器表施青绿釉不及足底，有脱釉现象。口径7.5、足径5、高3.4厘米。（图3-19-8；彩版六〇）

原始瓷碗　7件。

A型Ⅱ式　6件。尖唇，深腹，上腹略直，下腹收为平底。内底饰旋纹。灰色胎。器表满施青釉，釉层较薄，釉面光滑。D19：28，平沿，外底残留叠烧痕，底边修制不规整。口径13.2、底径8.7、高6.2厘米。（图3-19-8；彩版六一）

D19：67，平沿，外底微凹，有线割痕。内底旋纹刻划较深。口径10.9、底径7.1、高3.8厘米。（图3-19-8；彩版六一）

D19：25，平沿，外底略凹。沿上饰两道弦纹。口径10.3、底径6.3、高3.6厘米。（图3-19-8；彩版六一）

D19：34，斜折沿，外底残留叠烧痕。釉面光滑。口径9.4、底径5.7、高3.2厘米。（图3-19-8；彩版六一）

D19：63，平沿。口径8.9、底径5.4、高3.3厘米。（图3-19-8；彩版六一）

D19：27，斜沿，口微侈，外底有明显线割痕。内底饰旋纹。口径7、底径4.9、高2.5厘米。（图3-19-8；彩版六一）

B型Ⅱ式　1件。D19：61，尖唇，斜沿，直口微侈，浅腹，上腹略直，下腹收为平底。内底饰旋纹。青灰色胎。器表满施青黄釉，脱釉严重。口径11.9、底径6.8、高3.5厘米。（图3-19-8；彩版六一）

原始瓷盘　2件，均为B型Ⅱ式。圆唇，敞口，折沿斜向上，弧腹浅坦，平底。外底有叠烧痕。内底饰旋纹。青灰色胎。器表施青釉不及外底，釉层薄，釉面光滑。D19：22，内底旋纹密集。口径10.5、底径6.1、高2.8厘米。（图3-19-8；彩版六〇）

D19：53，内底心有乳突。内壁土沁严重。口径10.7、底径6.4、高3.2厘米。（图3-19-8；彩版六〇）

原始瓷杯　4件，均为Ⅰ式。形制类似，大小不一。尖唇，子口，直口微敛，斜直腹略内弧，下腹急内收为小平底。内底较平，满布密集的旋纹，外底有明显线割痕。青灰色胎，胎体较薄。通体施青黄釉，施釉均匀，釉层较薄，胎釉结合好。D19：29，口径9.2、底径5.2、高3.5厘米。（图3-19-8；彩版六一）

D19：32，口径8.4、底径4.6、高3.6厘米。（图3-19-8；彩版六一）

D19：40，口径8.4、底径4.8、高3.2厘米。（图3-19-8；彩版六一）

D19：59，口径8.4、底径4.8、高3.4厘米。（图3-19-8；彩版六一）

原始瓷盅　1件，Ⅱ式。D19：62，尖唇，斜沿，直口，上腹较直，下腹弧收，平底。外底有叠烧痕及线割痕。内底饰旋纹。灰白色胎。器表施青釉不及外底，釉色青绿，釉面光滑。口径8、底径5.5、高3.7厘米。（图3-19-8；彩版六〇）

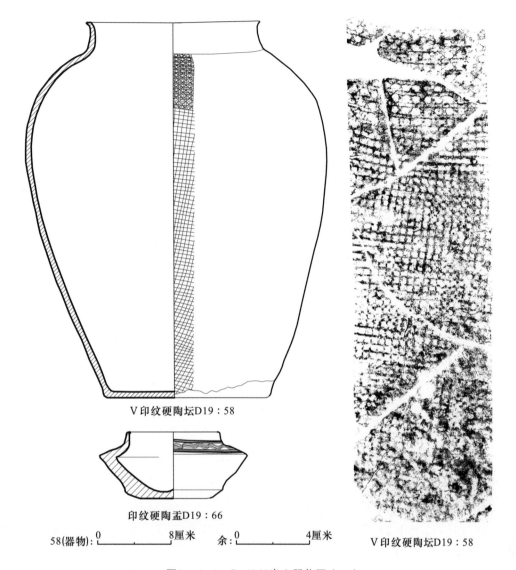

Ⅴ印纹硬陶坛D19∶58

印纹硬陶盂D19∶66

58(器物)∶ 0　　　　　8厘米　　余∶ 0　　　　　4厘米

Ⅴ印纹硬陶坛D19∶58

图3-19-9　D19M2出土器物图（二）

原始瓷器盖　2件，均为Ⅰ式。形制类似。圆弧形，上附的纽缺失，纽两端各贴饰一个"S"形纹。青灰色胎。外壁施青釉。D19∶26，脱釉严重。口径7.2、通高1.7厘米。（图3-19-8；彩版五九）

D19∶30，顶略平，釉面光滑。口径7.9、高1.7厘米。（图3-19-8；彩版五九）

印纹硬陶坛　1件，Ⅴ式。D19∶58，尖唇，侈口，束颈，溜肩，鼓腹较深，平底。肩部饰拍印米筛纹，腹部饰拍印方格纹。灰胎。口径18.8、腹径32.8、底径18.4、高39.7厘米。（图3-19-9；彩版五九）

印纹硬陶罐　1件。D19∶65，残。平沿，敛口，弧腹，平底微内凹。腹部拍印斜方格纹。青灰色胎。底径7.8厘米。

印纹硬陶盂　1件。D19∶66，圆唇，敛口，斜肩略弧，弧腹内收为平底。外底周缘经刮削，有线割痕。肩部饰两组细密弦纹，其间饰一组细密水波纹。青灰色胎。器表有土沁。口径5.1、底径4、高3.5厘米。（图3-19-9；彩版五九）

4.D19M3出土遗物

共24件，包括原始瓷豆、盂和印纹硬陶罐。

原始瓷豆　11件。

A型Ⅳ式　直口大豆，2件。圆唇，上腹略直，下腹弧收，大平底，矮圈足外侈，内底略压圈。圈足与器身分制拼接成型。上腹饰细密弦纹。灰褐色胎。施青釉不及圈足。D19：54，腹上部贴饰三个横向"S"纹，其中一个缺一半。釉色泛黄，釉层薄，釉面光滑。口径14.6、足径7.4、高5厘米。（图3-19-10；彩版六二）

D19：69，口微敛，足底饰复线"一"字形刻划符号。釉色青绿，有聚釉纹带，聚釉处釉色泛黑，有脱釉现象。口径11.8、足径6.6、高4.6厘米。（图3-19-10；彩版六二）

A型Ⅳ式　7件。形制类似。圆唇，弧腹，矮圈足。圈足与器身分制拼接成型。器表施青釉不及圈足。D19：38，敞口，下腹经刮削，内底下凹。青灰色胎。釉色青黄，有脱釉现象。口径7.2、足径5.1、高3.1厘米。（图3-19-10；彩版六二）

D19：39，敞口，下腹有刮削痕，足近饼形，内底下凹，内底心微凸。上腹饰细密弦纹，足底饰不规则形刻划符号。青灰色胎。釉色青绿，釉面厚，釉面光滑，有脱釉现象。口径7.9、足径4.4、高3.6厘米。（图3-19-10；彩版六二）

D19：46，敞口，内底略下凹，下腹经刮削。足底饰"丰"形刻划符号。灰黄色胎。釉层几乎脱落殆尽。口径7.2、足径3.6、高3.5厘米。（图3-19-10；彩版六二）

D19：47，敞口，内底下凹，下腹经刮削。足底饰"工"形刻划符号。灰黄色胎。釉层几乎脱落殆尽。口径7.5、足径3.5、高3.3厘米。（图3-19-10；彩版六二）

D19：49，敞口，内底下凹。足底饰"丰"形刻划符号。灰黄色胎。釉层几乎脱落殆尽。口径7.8、足径3.9、高3.1厘米。（图3-19-10；彩版六二）

D19：48，口微敛，下腹经刮削。足底饰"一"形刻划符号。灰黄色胎。釉层几乎脱落殆尽。口径8.5、足径5、高3.9厘米。（图3-19-10；彩版六三）

D19：56，敞口，内底略下凹，下腹有细微刮削痕。口径8.2、足径5.1、高3.2厘米。（图3-19-10；彩版六三）

C型Ⅱ式　2件，侈口大豆。大小、形制类似。圆唇，侈口，上腹内弧，下腹弧收，大平底，内底压圈，矮圈足外侈。圈足与器身分制拼接成型。青灰色胎，施青釉，釉层明显，釉面光滑，釉色泛绿。D19：55，足底饰两个"三"形刻划符号。口径15.9、足径8.1、高5.5厘米。（图3-19-10；彩版六三）

D19：57，上下腹折痕较为明显。足底饰"△"形刻划符号。口径16、足径7.8、高5.4厘米。（图3-19-10；彩版六三）

原始瓷盂　12件。

A型Ⅱ式　1件。D19：60，圆唇，敛口，鼓腹，矮圈足。内底心略下凹，下腹有刮削痕。上腹饰一组弦纹，刻划较深。青灰色胎。器表施青釉，釉色青绿，釉层薄，釉面光滑。口径6、足径3.9、高3.6厘米。（图3-19-11；彩版六三）

B型Ⅰ式　11件。器形相似。圆唇，斜肩下弧，浅弧腹，矮圈足。器表施青釉不及足底，釉层薄。D19：41，侈口，内底压圈，腹部有刮削痕。肩部饰弦纹。青灰色胎。釉面发亮。口径10、

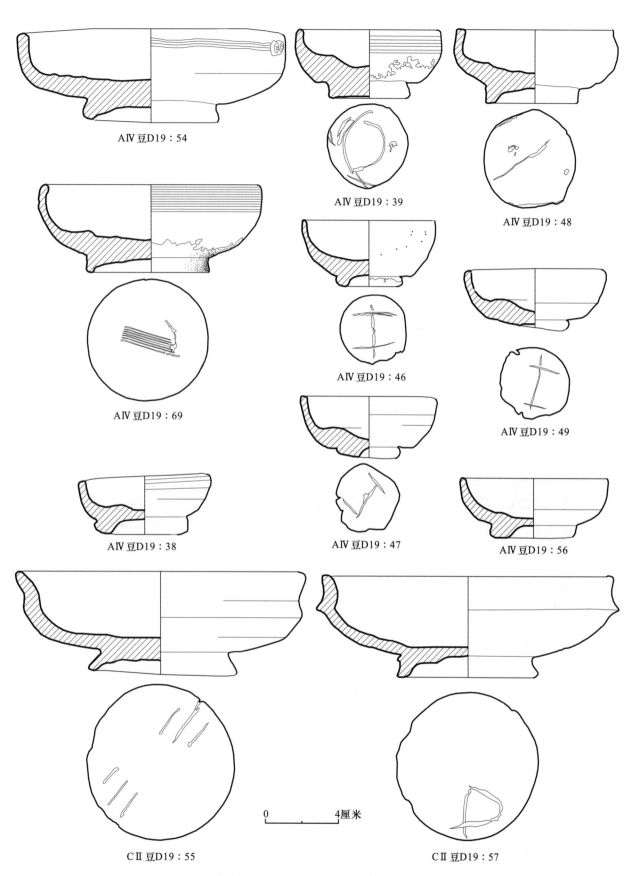

AⅣ豆D19：54

AⅣ豆D19：39

AⅣ豆D19：48

AⅣ豆D19：69

AⅣ豆D19：46

AⅣ豆D19：49

AⅣ豆D19：38

AⅣ豆D19：47

AⅣ豆D19：56

0　　　　　4厘米

CⅡ豆D19：55

CⅡ豆D19：57

图3-19-10　D19M3出土器物图（一）

足径5.6、高3.7厘米。（图3-19-11；彩版六三）

　　D19∶42，口微敛，内底压圈。肩部饰两道弦纹，足底饰弧形刻划符号。青灰色胎。釉色青绿，有聚釉现象。口径10.5、足径5.9、高3.9厘米。（图3-19-11；彩版六三）

　　D19∶44，变形。侈口。肩部饰一道弦纹。青灰色胎。釉色青绿，釉面光滑、发亮。口径9.2、足径5.1、高3.2厘米。（图3-19-11；彩版六三）

　　D19∶45，侈口，内底微压圈。肩部贴饰三个"S"纹。青灰色胎。肩部聚釉，釉面玻璃质感强。口径9.8、足径5.1、高3.9厘米。（图3-19-11；彩版六三）

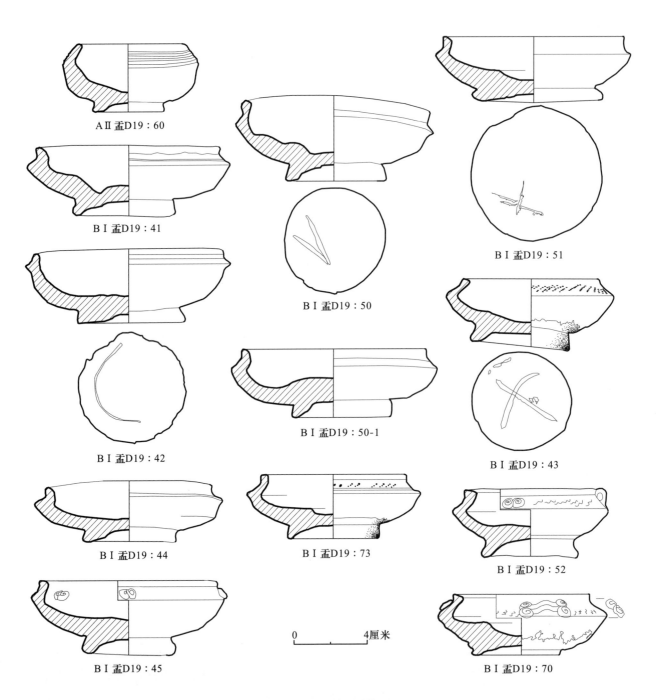

A Ⅱ 盂D19∶60

B Ⅰ 盂D19∶41

B Ⅰ 盂D19∶50

B Ⅰ 盂D19∶51

B Ⅰ 盂D19∶42

B Ⅰ 盂D19∶50-1

B Ⅰ 盂D19∶43

B Ⅰ 盂D19∶44

B Ⅰ 盂D19∶73

B Ⅰ 盂D19∶52

B Ⅰ 盂D19∶45

0 ———— 4厘米

B Ⅰ 盂D19∶70

图3-19-11　D19M3出土器物图（二）

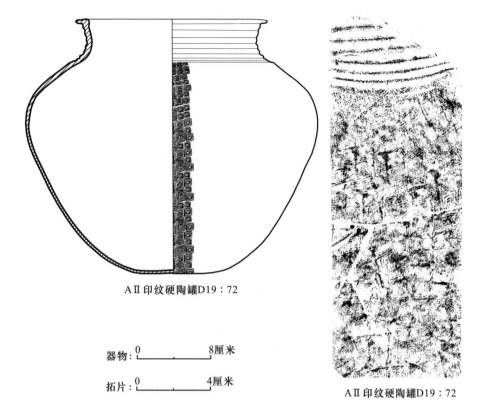

AⅡ印纹硬陶罐D19：72

器物：0 _____ 8厘米

拓片：0 _____ 4厘米

AⅡ印纹硬陶罐D19：72

图3-19-12　D19M3出土器物图（三）

D19：50，侈口，下腹经刮削。足底饰"V"形刻划符号。青灰色胎。釉色青绿，釉面光滑，玻璃质感强。口径10.3、足径5.5、高4.5厘米。（图3-19-11；彩版六四）

D19：50-1，侈口，内底压圈。青灰色胎。釉层薄，有玻璃质感。口径10.1、足径5.4、高3.6厘米。（图3-19-11；彩版六四）

D19：51，侈口，内底下凹。足底饰"+"形刻划符号。灰黄色胎。脱釉严重。口径9.8、足径7.1、高3.5厘米。（图3-19-11；彩版六四）

D19：43，敛口，底心下凹。肩部饰一周斜向戳印篦点纹，足底饰"+"形刻划符号。青灰色胎。釉层薄，釉面光滑。口径7.4、足径5.4、高3.6厘米。（图3-19-11；彩版六四）

D19：52，敛口。肩部饰波浪纹，贴饰两个横向"S"纹和一个弧形纽。青灰色胎。釉色青黑，釉面光滑。口径7.8、足径5.3、高3.6厘米。（图3-19-11；彩版六四）

D19：70，敛口。肩部饰一周竖向波浪纹，贴饰一个弧形纽和两个横向"S"纹，纽残，其两端饰竖向"S"纹。青灰色胎，胎体起泡，釉色青黑，局部脱釉。口径7.4、足径4.7、高3.2厘米。（图3-19-11；彩版六四）

D19：73，敛口，底心下凹。肩部饰一周斜向戳印篦点纹。青灰色胎。釉层薄，釉面光滑。口径7.9、足径5、高3.4厘米。（图3-19-11；彩版六四）

印纹硬陶罐　1件，A型Ⅱ式。D19：72，圆唇，平沿，直口，高直颈，弧肩，鼓腹，圈底略内凹。颈部饰弦纹，肩、腹及底满饰拍印方折云雷纹。灰胎。口径20.8、腹径31.8、高26.9厘米。（图3-19-12；彩版六四）

D20

土墩

D20位于无名山体西侧山脊处，地势较平缓，东临D18，西临D22。南北两侧为陡坡，土墩中部为东西向的山路。土墩隆起不甚明显，整体呈东北—西南走向，东高西低，平面形状略呈梨形，长约11.2、宽约6.5米，现存高度约0.3米。地表长满杂草和低矮灌木。土墩保存较完整，未见盗掘痕迹。

封土为黄褐色，较为疏松，其内包含植物根系和碎石子，未见明显分层现象。墩底西部暴露基岩。封土内发现原始瓷豆残片和少量泥质红陶残片、印纹硬陶残片，印纹硬陶的纹饰有回纹、

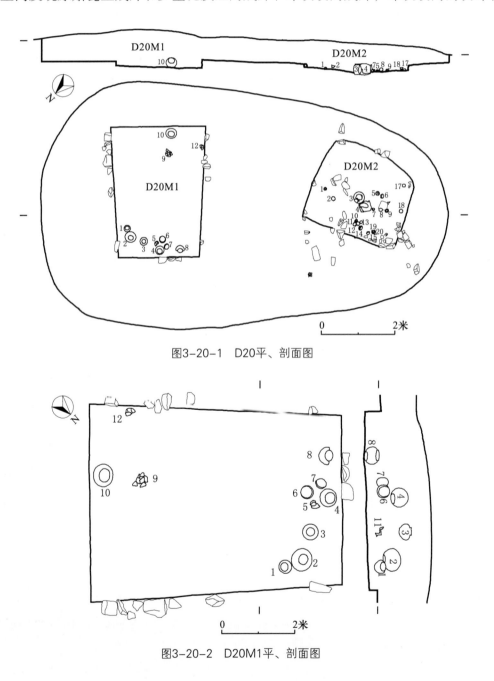

图3-20-1　D20平、剖面图

图3-20-2　D20M1平、剖面图

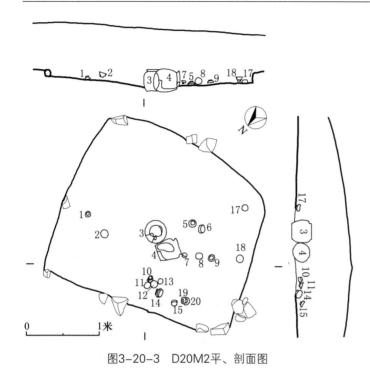

图3-20-3 D20M2平、剖面图

印纹硬陶瓿D20：01

0 8厘米

图3-20-4 D20封土出土器物图

折线纹等。（图3-20-1）

墓葬

土墩底部发现两座墓葬，分别编号D20M1和D20M2。

D20M1位于土墩底东北部，与山脊呈垂直分布，石框型墓，方向为135°。它是在经过平整的山脊表面平地上挖浅坑，坑上垒砌石框，是用大小不一的石块垒砌围成。石框平面略呈梯形，长3.47、宽2.24～2.62、深约0.23米，墓底距离地表约0.98米。东壁南部、西壁南部和北壁西部尚保留有石砌墓框，石框垒砌不甚考究，下部为土壁。墓内填土呈黄褐色，土质疏松，与封土相似，其内包含大量小石子，南端墓口部发现少量炭块。墓底较为平整。未见人骨、葬具痕迹。（图3-20-2；彩版六五，1）

随葬品置于南北两端，共12件，有原始瓷豆和印纹硬陶罍、罐、瓿等。原始瓷豆和印纹硬陶罐多置于北端，器物多置于距离墓底0.1～0.4米的土上，几件印纹硬陶器已明显高出墓口。（彩版六五，2）

D20M2位于土墩底西南部，沿山脊分布，石框型墓，方向为245°。它是在经过平整的山脊表面平地上挖浅坑铺少量碎小石子，其上铺厚约0.05米的土，土坑四壁上垒砌石框。石框平面略呈长方形，长2.7、宽2.34、深约0.15米，墓底距离地表约0.8米。四壁均残存石砌墓框，石框由大小不一的石块垒成，垒砌不考究。局部可见竖穴浅坑。墓底不甚平整，东高西低。墓内填土呈黄褐色，较为疏松，与封土相似，近底处的土略硬，含有少量小石子。未见人骨、葬具痕迹。（图3-20-3；彩版六五，3）

随葬品较丰富，集中分布于墓底西部，共20件，有原始瓷罐、豆、盂和印纹硬陶瓮、罐等，其中一件原始瓷豆置于印纹硬陶罐内。（彩版六五，4）

出土遗物

1.封土出土遗物

印纹硬陶瓿 1件。D20：01，方唇，侈口，矮颈，微耸肩，鼓腹，大平底，底缘外侈。颈部饰弦纹，肩腹部满饰折线纹。褐色胎。口径12、腹径17.1、底径13.1、高8.7厘米。（图3-20-4；彩版六五）

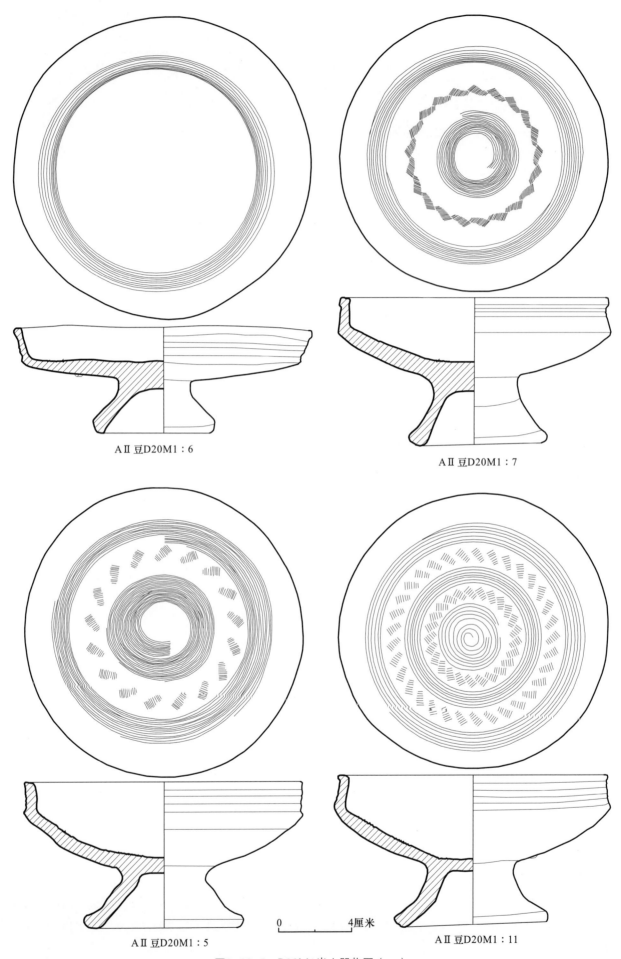

AⅡ豆D20M1：6

AⅡ豆D20M1：7

AⅡ豆D20M1：5

AⅡ豆D20M1：11

0   4厘米

图3-20-5　D20M1出土器物图（一）

2.D20M1出土遗物

共12件，包括原始瓷豆和印纹硬陶罍、罐、瓿。

原始瓷豆 4件，均为A型Ⅱ式。方唇，直口，上腹直，下腹弧收，喇叭状高圈足。圈足与器身分制拼接成型。上腹饰弦纹。青灰色胎。器表施青釉不及足内壁，釉层均匀明显，釉面有光泽。D20M1：6，口微敞，腹浅，内底平。内底饰一组细密弦纹。下腹粘连窑渣。口径16.3、足径6.7、高5.6厘米。（图3-20-5；彩版六五）

D20M1：5，内底下弧。内底饰两组细弦纹，其间饰一周梳篦纹。脱釉严重。口径15.3、足径8.8、高7.7厘米。（图3-20-5；彩版六五）

D20M1：7，内底下弧。下腹有划痕。内底饰两组细弦纹，其间饰一周梳篦纹。圈足中部饰一周弦纹。口径14.6、足径7.5、高7.8厘米。（图3-20-5；彩版六五）

D20M1：11，口微敛，内底下弧。内底饰三组细弦纹，其间各饰一周梳篦纹。局部脱釉。口径14.7、足径8.4、高8厘米。（图3-20-5；彩版六六）

印纹硬陶罍 3件，均为B型。形制类似。方唇，侈口，矮束颈，溜肩，球腹，圜底。颈部饰弦纹，肩部、腹部满饰拍印纹。红褐色胎。D20M1：2，肩部饰拍印折线纹，腹部饰拍印回纹。口径15、腹径29.7、高22.3厘米。（图3-20-6；彩版六六）

D20M1：3，肩部及上腹部饰拍印折线纹，下腹部饰拍印回纹。口径11.6、腹径21.5、高17.6厘米。（图3-20-6；彩版六六）

D20M1：9，肩部及上腹部饰拍印折线纹，下腹部饰拍印回纹。口径12.6、腹径23.5、高16.9厘米。（图3-20-6；彩版六六）

印纹硬陶罐 1件，A型Ⅰ式。D20M1：8，方唇，侈口，高领，圆肩，球腹，圜底微内凹。颈部饰弦纹，肩部、腹部、底部满饰拍印浅细云雷纹。口径10.9、腹径15.7、高13.3厘米。（图3-20-6；彩版六七）

印纹硬陶瓿 4件。

A型Ⅰ式 3件。方唇，侈口，翻沿，束颈，圆肩，扁鼓腹，大平底，底缘外侈。颈部饰弦纹，腹部满饰拍印纹。D20M1：1，腹部满饰拍印大型云雷纹。红褐色胎。口径12.2、腹径18.7、底径14.8、高10厘米。（图3-20-7；彩版六七）

D20M1：10，肩及上腹部饰拍印大型云雷纹，云雷纹之间部分夹杂叶脉纹，下腹饰拍印回纹。红褐色胎。口径18.5、腹径30.1、底径21.3、高22.1厘米。（图3-20-7；彩版六七）

D20M1：12，矮圈足。腹部满饰拍印大型云雷纹，云雷纹之间部分夹杂叶脉纹。灰胎。口径10.8、腹径16.2、足径12.5、高9.6厘米。（图3-20-7；彩版六七）

B型Ⅰ式 1件。D20M1：4，方唇，侈口，翻沿，束颈，鼓肩，扁鼓腹，大平底，底缘外侈，微现圈足。颈部饰弦纹，腹部满饰拍印回纹。灰胎，近底处抹摁痕明显。口径14.9、腹径22.2、足径15.8、高13.6厘米。（图3-20-7；彩版六七）

3.D20M2出土遗物

共20件。包括原始瓷罐、豆、盂和印纹硬陶瓮、罐等。

原始瓷罐 1件，C型。D20M2：10，方唇，敛口，斜沿，束颈，溜肩，鼓腹，平底，矮圈足。沿部、肩部各贴饰三组泥点，每组两个泥点，泥点呈横置。沿部、肩部、腹部满饰弦纹。青

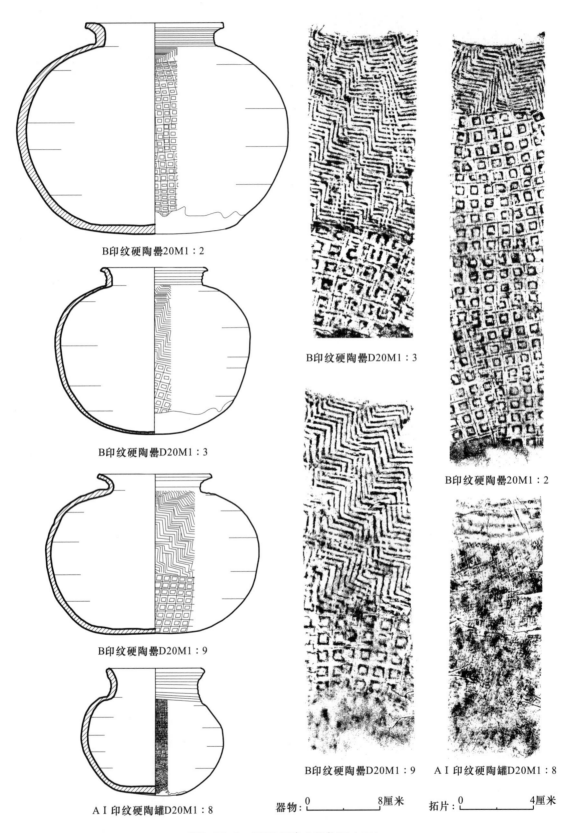

B印纹硬陶罍20M1：2

B印纹硬陶罍D20M1：3

B印纹硬陶罍D20M1：9

AⅠ印纹硬陶罐D20M1：8

B印纹硬陶罍D20M1：3

B印纹硬陶罍20M1：2

B印纹硬陶罍D20M1：9　　　AⅠ印纹硬陶罐D20M1：8

器物：0　　　　　8厘米　　拓片：0　　　　4厘米

图3-20-6　D20M1出土器物图（二）

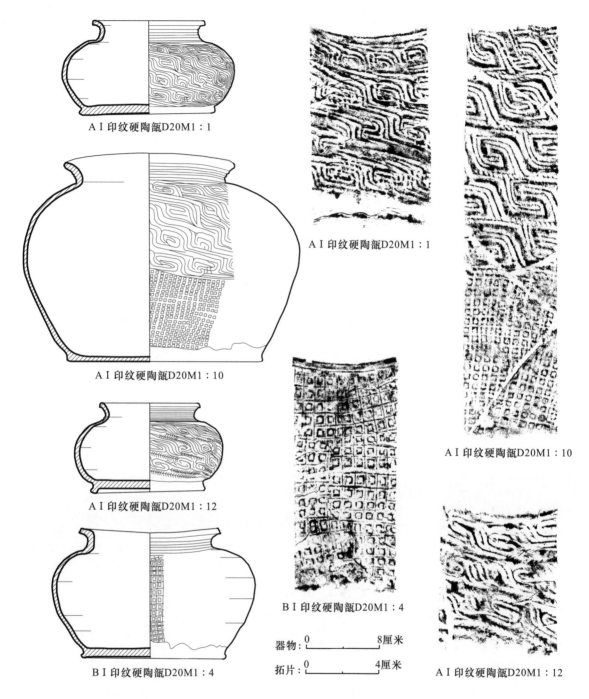

AⅠ印纹硬陶瓿D20M1∶1

AⅠ印纹硬陶瓿D20M1∶1

AⅠ印纹硬陶瓿D20M1∶10

AⅠ印纹硬陶瓿D20M1∶12

BⅠ印纹硬陶瓿D20M1∶4

AⅠ印纹硬陶瓿D20M1∶10

BⅠ印纹硬陶瓿D20M1∶4

器物 0　　　　　　8厘米

拓片 0　　　　　　4厘米

AⅠ印纹硬陶瓿D20M1∶12

图3-20-7　D20M1出土器物图（三）

灰色胎，下腹有刮削痕。器表施青釉不及外底，釉层薄，釉面光滑有光泽。口径4.3、腹径7.2、足径4.7、高5.1厘米。（图3-20-8；彩版六八）

原始瓷豆　16件。

A型Ⅲ式　12件。形制类似。圆唇，平沿，弧腹，圈足。圈足与器身分制拼接成型。沿部饰弦纹，上腹部饰弦纹。器表施青釉，釉层薄，釉面有光泽。D20M2∶1，喇叭状圈足。青灰色胎。釉面光滑，有开片。口径8.7、足径3.9、高3.8厘米。（图3-20-8；彩版六八）

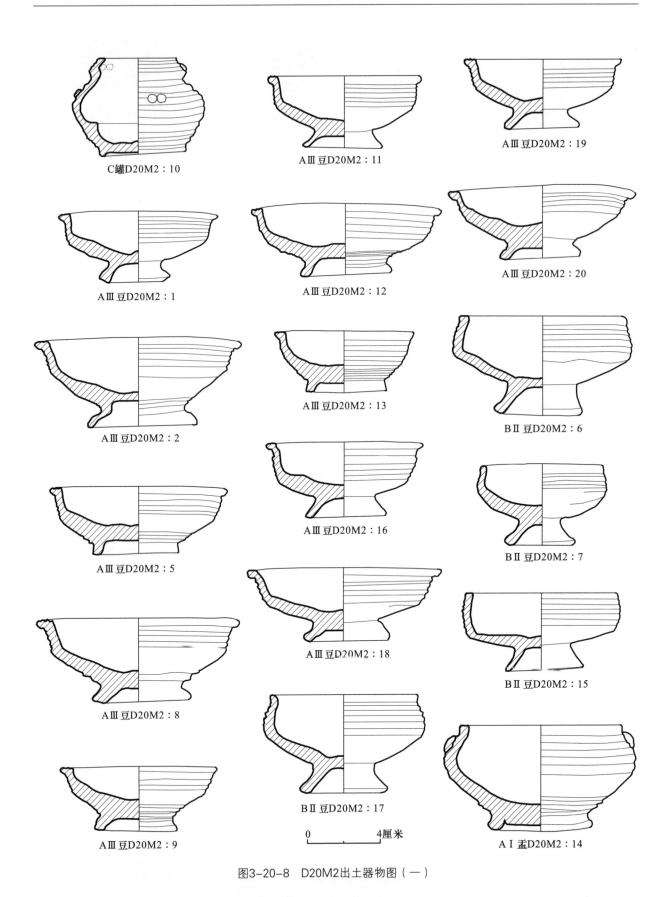

C罐D20M2：10

AⅢ豆D20M2：11

AⅢ豆D20M2：19

AⅢ豆D20M2：1

AⅢ豆D20M2：12

AⅢ豆D20M2：20

AⅢ豆D20M2：2

AⅢ豆D20M2：13

BⅡ豆D20M2：6

AⅢ豆D20M2：5

AⅢ豆D20M2：16

BⅡ豆D20M2：7

AⅢ豆D20M2：8

AⅢ豆D20M2：18

BⅡ豆D20M2：15

AⅢ豆D20M2：9

BⅡ豆D20M2：17

0　　　　　　4厘米

AⅠ盂D20M2：14

图3-20-8　D20M2出土器物图（一）

D20M2：2，内底略下凹，喇叭状圈足。青灰色胎。釉面光滑，有开片。口径10.3、足径6、高4.7厘米。（图3-20-8；彩版六八）

D20M2：5，近足处饰弦纹。青灰色胎。釉面光滑。口径9.7、足径4.7、高3.6厘米。（图3-20-8；彩版六八）

D20M2：8，喇叭状圈足。近足处饰弦纹。灰白色胎。口径11.2、足径5.4、高4.5厘米。（图3-20-8；彩版六八）

D20M2：9，近足处饰弦纹。灰白色胎。口径8.6、足径4.5、高3.4厘米。（图3-20-8；彩版六八）

D20M2：11，喇叭状圈足。内底粘连窑渣。青灰色胎。釉面光滑。口径8.4、足径4.4、高3.8厘米。（图3-20-8；彩版六八）

D20M2：12，喇叭状圈足。近足处饰弦纹。青灰色胎。釉面光滑。口径10.4、足径5、高3.8厘米。（图3-20-8；彩版六八）

D20M2：13，下腹饰弦纹。青灰色胎。釉面光滑，有开片。口径7.6、足径4.4、高3.3厘米。（图3-20-8；彩版六八）

D20M2：16，喇叭状圈足。内底粘连窑渣。灰白色胎。口径8.6、足径4.4、高4厘米。（图3-20-8；彩版六八）

D20M2：18，喇叭状圈足，内底略下凹。青灰色胎。口径10.5、足径4.7、高3.9厘米。（图3-20-8；彩版六八）

D20M2：19，喇叭状圈足。内底粘连窑渣。青灰色胎。釉面光滑。口径8.5、足径4.1、高3.7厘米。（图3-20-8；彩版六八）

D20M2：20，变形。内底下凹。灰白色胎。口径10.1、足径4.4、高3.9厘米。（图3-20-8；彩版六九）

B型Ⅱ式　4件。方唇，敛口，上腹直，下腹弧收，喇叭状高圈足。圈足与器身分制拼接成型。上腹饰弦纹。器表施青釉，釉层薄。D20M2：6，内壁粘连窑渣。青灰色胎。口径9、足径4.8、高5.3厘米。（图3-20-8；彩版六九）

D20M2：7，下腹粘连窑渣。青灰色胎。釉面光滑有光泽。口径6.7、足径3.8、高4.3厘米。（图3-20-8；彩版六九）

D20M2：15，口微直，腹部粘连窑渣。青灰色胎。口径8.3、足径4.2、高4.1厘米。（图3-20-8；彩版六九）

D20M2：17，黄白色胎。釉层几乎脱落殆尽。口径8.1、足径4.8、高5.2厘米。（图3-20-8；彩版六九）

原始瓷盉　1件，A型Ⅰ式。D20M2：14，方唇，敛口，溜肩，鼓腹，矮圈足。圈足与器身分制拼接成型。肩部贴饰对称的两组泥点，每组两个，泥点呈横置。肩及上腹部、近足处饰弦纹。灰白色胎。器表施青黄釉不及圈足，釉层薄，釉面有光泽，局部脱釉。口径8.9、足径5.7、高5.6厘米。（图3-20-8；彩版六九）

印纹硬陶瓮　1件，Ⅰ式。D20M2：3，方唇，侈口，矮束颈，鼓肩，鼓腹，大平底。近底处经刮削。颈部饰弦纹，肩部、上腹部拍印折线纹，下腹部饰拍印回纹。红褐色胎。口径18、腹

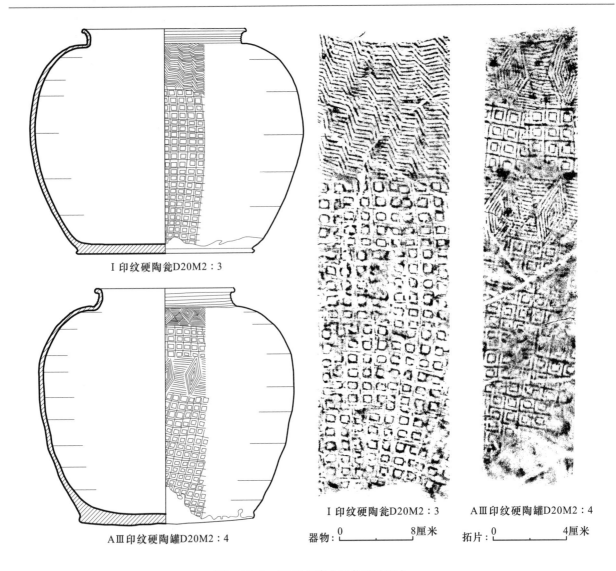

Ⅰ 印纹硬陶瓮D20M2：3

AⅢ印纹硬陶罐D20M2：4

Ⅰ 印纹硬陶瓮D20M2：3

AⅢ印纹硬陶罐D20M2：4

器物：0　　　　　8厘米

拓片：0　　　　4厘米

图3-20-9　D20M2出土器物图（二）

径30、底径19.6、高23.8厘米。（图3-20-9；彩版六九）

　　印纹硬陶罐　1件，A型Ⅲ式。D20M2：4，圆唇，侈口，矮颈，溜肩，鼓腹，大平底，底缘外侈。颈部饰弦纹，肩部、上腹部饰拍印弦纹叠套复线菱形纹和回纹的组合纹，下腹饰拍印回纹。青灰色胎。口径15.4、腹径28、底径19.2、高24.9厘米。（图3-20-9；彩版六九）

D21

土墩

　　D21位于无名山体西侧山脊上，东临D19。东西两侧为陡坡，南北两侧为缓坡，土墩中部为山路。土墩东部隆起较明显，西部隆起不明显，整体呈东北—西南走向，地势西南高、东北低，平面形状略呈椭圆形，长径约7.15、短径约6.2米，现存高度约0.8米。地表长满杂草和低矮灌木。土墩顶部发现几处挖掘痕迹，但其规模、大小不像盗洞。（图3-21-1）

封土为黄褐色，较为疏松，其内包含植物根系和少量碎石子，未见明显分层现象。封土内发现少量印纹硬陶残片和原始瓷豆残片。

墓葬

土墩底部发现两座墓葬，分别编号D21M1和D21M2。

D21M1位于土墩底部正中，顺山脊走势分布，石框型墓，方向为45°。它是在经过平整的山脊表面挖竖穴浅坑并垒砌石框。其于熟土堆积上开挖浅坑，墓葬分布边界不甚明朗，根据土质的细微差异和四周分布的少量石砌墓框判断其为石框型墓。石框平面呈长方形，长4.22、宽3.06、深

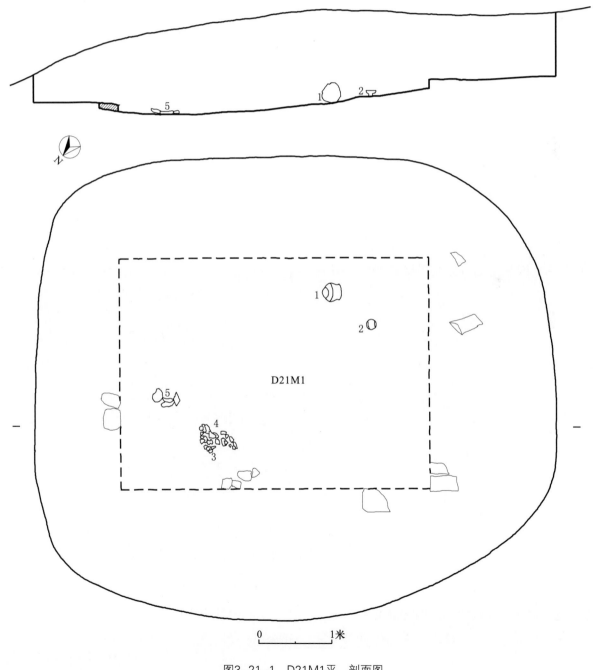

图3-21-1 D21M1平、剖面图

0.11米，墓底距离地表约1.3米。西壁、南壁和北壁保留有少量石砌墓框，石框由大小不一的石块垒成，垒砌不甚考究。墓内填土呈黄褐色，土质疏松，与封土相似，较纯净。墓底呈倾斜状，西高东低。未见人骨、葬具痕迹。随葬品置于墓底南北两端，共5件，一件原始瓷豆（D21M1：3）打碎后与一件残碎的印纹硬陶罍（D21M1：4）置于北部，另一件原始瓷豆和印纹硬陶坛置于南部，保存较完整。（图3-21-1；彩版七〇）

因墓底部仍为黄褐色熟土堆积，故继续清理，在距离D21M1北部墓底约0.5米处发现一堆残碎严重的印纹硬陶罐残片，其下为夹杂大量碎石子的红褐色生土。仔细观察，未见明显的墓葬边界。存在此现象，我们认为有两种可能：一是在营建D21M1过程中，其建造墓底的土是通过破坏其他早期墓葬而来，墓底的熟土堆积达到0.5米厚；二是D21M1建造的位置刚好有一座早期墓葬，D21M1打破了这座早期墓。这堆陶片分布较集中，且其底即为生土，它作为墓葬的可能性更大。因此，我们将其定为D21M2。该墓为平地堆土掩埋型墓，墓底距离地表深约1.8米，无明显分界，封土呈黄褐色，较疏松。

出土遗物

1.封土出土遗物

封土内发现少量印纹硬陶残片和原始瓷豆残片，印纹硬陶纹饰有云雷纹等。（图3-21-2）

2.D21M1出土遗物

共5件，包括原始瓷豆和印纹硬陶坛、罍、罐。

原始瓷豆　2件。

A型Ⅱ式　1件。D21M1：2，方唇，直口，上腹斜直，下腹弧收，喇叭状高圈足，足缘斜削，底心下凹。圈足与器身分制拼接成型。上腹饰弦纹。青灰色胎。器表施青釉，釉层均匀明显，脱

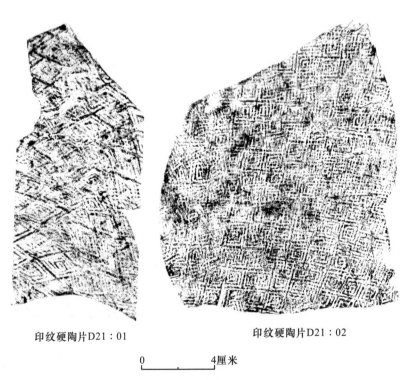

印纹硬陶片D21：01　　　　　　　　印纹硬陶片D21：02

0　　　　4厘米

图3-21-2　D21封土出土器物图

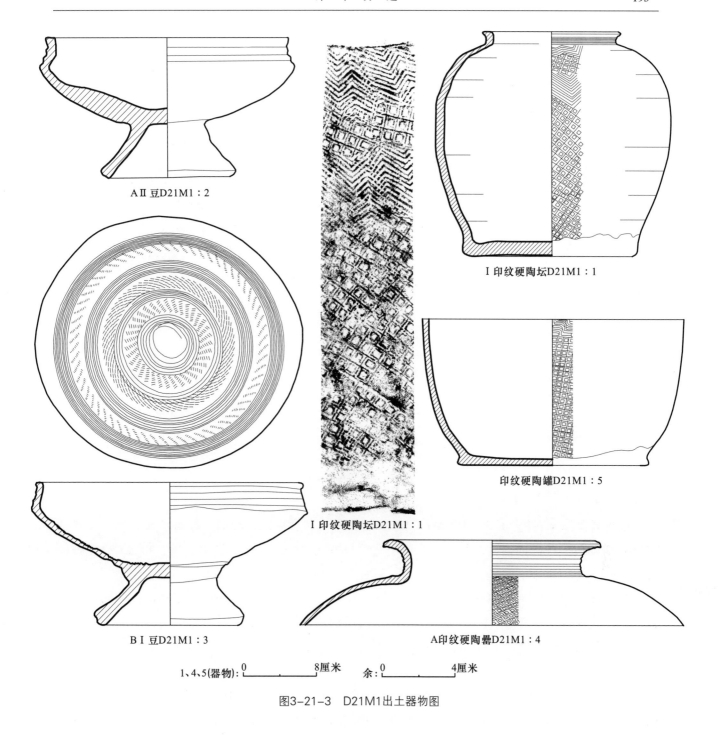

AⅡ豆D21M1：2

BⅠ豆D21M1：3

Ⅰ印纹硬陶坛D21M1：1

Ⅰ印纹硬陶坛D21M1：1

印纹硬陶罐D21M1：5

A印纹硬陶罍D21M1：4

1、4、5(器物)：0 ⊢___⊣ 8厘米　　余：0 ⊢___⊣ 4厘米

图3-21-3　D21M1出土器物图

釉严重。口径13.2、足径7.3、高7.4厘米。（图3-21-3；彩版七○）

B型Ⅰ式　1件。D21M1：3，方唇，敛口，上腹斜直，下腹弧收，喇叭状高圈足，足缘斜削。圈足与器身分制拼接成型。上腹饰弦纹，内底饰四组细弦纹，其间各饰一周梳篦纹。青灰色胎，下腹粘连窑渣。器表施青釉，釉层均匀明显，釉面光滑有光泽。口径14.6、足径8.2、高7.6厘米。（图3-21-3；彩版七○）

印纹硬陶罍　1件，A型。D21M1：4，口腹残件。侈口，束颈较高，弧肩，球腹。颈部饰弦纹，肩部、腹部饰拍印回纹。红褐色胎。口径24、残高9厘米。（图3-21-3；彩版七○）

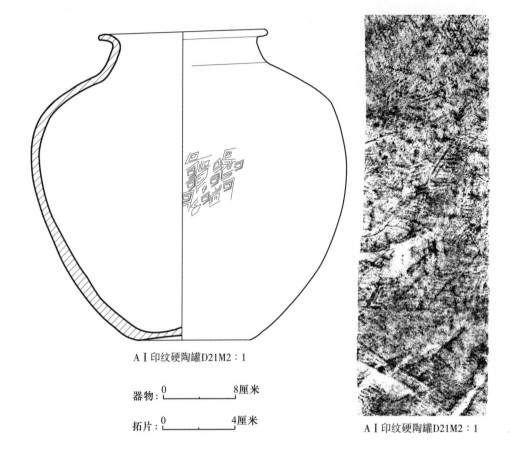

AⅠ印纹硬陶罐D21M2：1

器物：0 _____ 8厘米

拓片：0 _____ 4厘米

AⅠ印纹硬陶罐D21M2：1

图3-21-4　D21M2出土器物图

印纹硬陶坛　1件，Ⅰ式。D21M1：1，尖唇，侈口，矮束颈，溜肩，鼓腹，大平底。腹底结合处有抹摁痕。颈部饰弦纹，腹部满饰拍印回纹与折线纹的组合纹。红褐色胎。口径15.1、腹径25.7、底径19.2、高23.8厘米。（图3-21-3；彩版七〇）

印纹硬陶罐　1件。D21M1：5，腹底残件。鼓腹，大平底，底缘外侈。腹部饰拍印回纹。红褐色胎。底径21、残高15.5厘米。（图3-21-3；彩版七〇）

3.D21M2出土遗物

共1件。

印纹硬陶罐　1件，A型Ⅰ式。D21M2：1，圆唇，平沿，直口，直颈，圆肩，近球腹，圜底微内凹。内壁肩部有大量抹摁痕。肩部、腹部、底部满饰拍印云雷纹。红褐色胎。口径18.6、腹径34.5、高33厘米。（图3-21-4；彩版七〇）

D22

土墩

D22位于无名山体西侧山脊上，所处山脊较为平缓。东北临D20，西南临D19。东西两侧为陡坡，南北两侧为缓坡，土墩中部为山路。土墩隆起不明显，整体呈东北—西南走向，与山脊走势一致，平面形状略呈椭圆形，长径约7.4、短径约6.4米，现存高度约0.3米。地表长满杂草和低矮灌木。土墩保存较完整，未见盗掘痕迹。

封土为黄褐色，较为疏松，其内包含大量植物根系和碎石子，表层有厚约5厘米的植物腐殖质，未见明显分层现象。封土内发现少量印纹硬陶残片和泥质陶残片。墩底北部暴露大量基岩，较为散乱，未见明显人为垒砌痕迹。

墓葬

土墩底部发现一座墓葬，编号D22M1。

D22M1位于土墩底偏南部，为平地堆土掩埋型墓。墓葬分布边界不明。墓底略呈倾斜状，北高南低，距离地表约0.75米。未见人骨、葬具痕迹。（图3-22-1；彩版七一，1）

随葬品置于墓底南部，共4件，其中原始瓷豆、印纹硬陶罐和石镞处于距离地表约0.35米的同

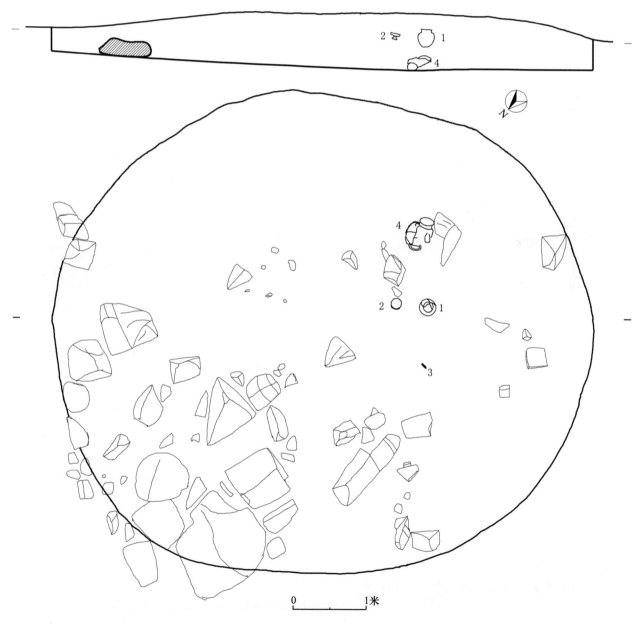

0　　　　　1米

图3-22-1　D22M1平、剖面图

一水平面上，保存较完整（彩版七一，3），而印纹硬陶尊则低于上述三件器物约0.35米，且为横置（彩版七一，2）。

出土遗物

共4件，包括原始瓷豆以及印纹硬陶尊、罐和石镞。

原始瓷豆　1件，A型Ⅰ式。D22M1：2，方唇，直口，上腹直，下腹弧收，喇叭状高圈足，内底下弧，足缘斜削。圈足与器身分制拼接成型。上腹饰弦纹。青灰色胎。器表施青釉，釉层均匀明显，釉面有光泽。口径13.9、足径7.3、高7.9厘米。（图3-22-2；彩版七一）

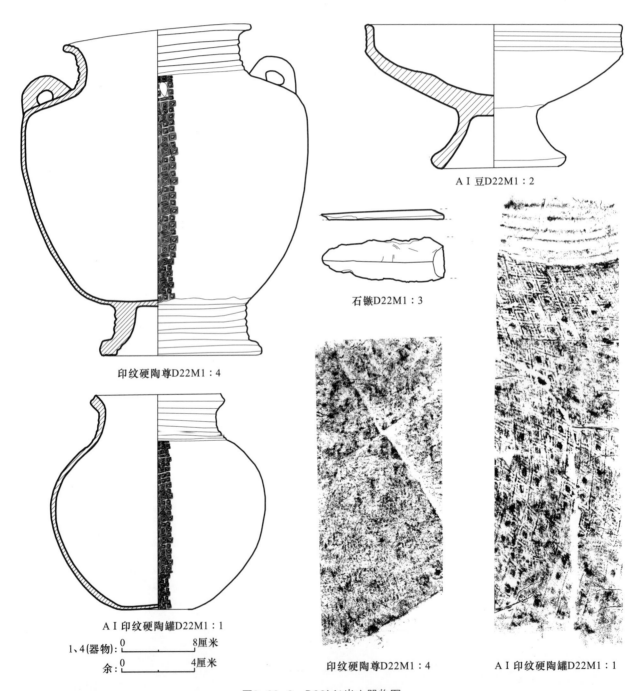

AⅠ豆D22M1：2

印纹硬陶尊D22M1：4

石镞D22M1：3

AⅠ印纹硬陶罐D22M1：1

1、4（器物）　0 _____ 8厘米

余　0 _____ 4厘米

印纹硬陶尊D22M1：4　　　　　AⅠ印纹硬陶罐D22M1：1

图3-22-2　D22M1出土器物图

印纹硬陶尊 1件。D22M1：4，圆唇，侈口，高颈，溜肩，鼓腹，圜底微内凹，喇叭状高圈足。肩部贴饰两个对称环形纽。颈部饰粗弦纹，肩部、腹部满饰拍印细小云雷纹，足壁饰粗弦纹。青灰色胎。口径20.6、腹径31.4、足径17.8、高35厘米。（图3-22-2；彩版七一）

印纹硬陶罐 1件，A型Ⅰ式。D22M1：1，方唇，侈口，高颈，圆肩，球腹，圜底微内凹。颈部饰弦纹，肩部、腹部、底部满饰拍印方折云雷纹。红褐色胎，内壁肩部有抹摁痕。口径14.8、腹径23.6、高22.8厘米。（图3-22-2；彩版七一）

石镞 1件。D22M1：3，残。尖头，双翼有铤，刃缘锋利，横截面呈菱形，翼面磨制光滑。残长6.7、宽2.3、厚0.5厘米。（图3-22-2；彩版七一）

D23

土墩

D23位于无名山体北坡上部较平缓处。北临D24。东西两侧为陡坡，南北两侧为缓坡，土墩中部为山路。土墩隆起较明显，整体呈南北走向，与山坡走势一致，平面形状略呈圆形，直径约8.6米，现存高度约0.8米。地表长满杂草和低矮灌木，落叶遍地。土墩保存较完整，未见盗掘痕迹。（彩版七二，1）

封土为黄褐色，较为疏松，内含大量植物根系和少量碎石子，表层有厚约5厘米的植物腐殖质，未见明显分层现象。封土内发现少量印纹硬陶残片，纹饰为回纹。（图3-23-1；彩版七二，2）

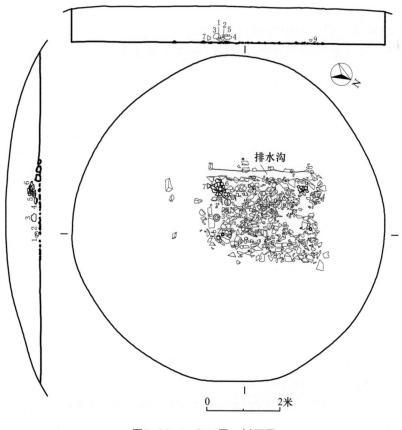

图3-23-1 D23平、剖面图

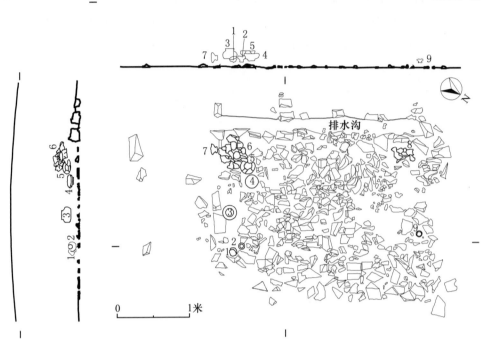

图3-23-2　D23M1平、剖面图

墓葬

土墩底部发现一座墓葬，编号D23M1。

D23M1位于D23底部正中，石床型墓，方向为328°（图3-23-2；彩版七二，3）。石床长方形，长约4.5、宽约2.4米，距离地表深约0.95米。石床整体保存较好，有明显的人工堆砌迹象（彩版七二，4）。石床多采用碎小的石块铺成，铺砌较为规整考究，内部石块个体较小，排列致密，部分区域略有遗失，南部空缺较为明显；边缘多使用略大的石块，石块多斜砌，形成包边。石床平面较为平整，当是铺砌在已预先平整的地面上。石床西侧有一宽约15厘米的长条状空缺带贯穿南北，其西侧为大小不一石块垒砌的边壁，边壁略有缺损，但整体齐整，最北端用一较大石块封堵。因为石床的西边明显为斜砌，已构成墓葬边界，所以，其西侧的设施应该是专门营建的墓底排水沟（彩版七二，5）。石床之上铺垫了厚约5厘米的土，且土质较为致密，可能经过夯筑。此垫土层上置放随葬品。未见人骨、葬具痕迹。

随葬品共9件，略呈"一"字形东西向排列。其中南部7件，包括原始瓷罐、豆、盂和印纹硬陶瓿，原始瓷罐破碎。北部出土一件保存完好的原始瓷豆，另于西北部发现若干印纹硬陶罐残片。（彩版七二，6）

出土遗物

共9件，包括原始瓷罐、豆、盂和印纹硬陶瓿、罐残片。

原始瓷罐　1件，A型Ⅰ式。D23M1：6，方唇，盘口，溜肩，球腹，小平底。肩部饰对称绳索状双系。肩部、腹部、底部满饰拍印折线纹。青灰色胎。器表施青黄釉不及底，釉层明显，釉面光滑有光泽，玻化较好。口径17.9、腹径29.4、底径10.6、高23.8厘米。（图3-23-3；彩版七二）

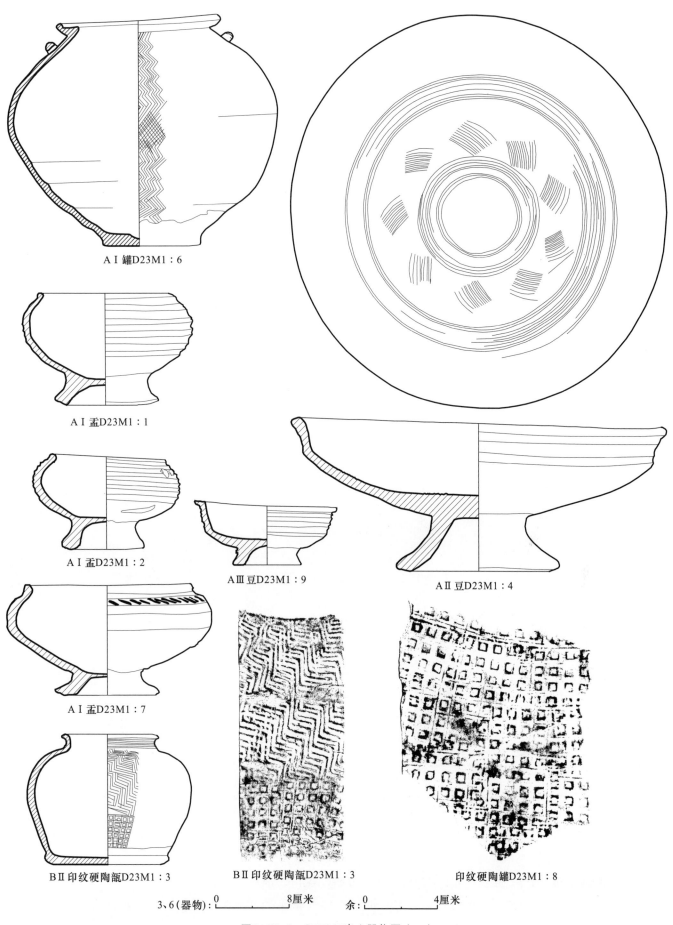

A I 罐D23M1:6

A I 盂D23M1:1

A I 盂D23M1:2

AⅢ豆D23M1:9

AⅡ豆D23M1:4

A I 盂D23M1:7

BⅡ印纹硬陶瓿D23M1:3

BⅡ印纹硬陶瓿D23M1:3

印纹硬陶罐D23M1:8

3、6(器物):0————8厘米　　余:0————4厘米

图3-23-3　D23M1出土器物图（一）

原始瓷豆　3件。

A型Ⅱ式　2件。器形大。方唇，直口，上腹直，下腹弧收，喇叭状高圈足，内底下弧，足缘斜削。圈足与器身分制拼接成型。上腹饰弦纹。青灰色胎。器表施青釉，釉层均匀明显，釉面光滑有光泽。D23M1：4，口微敞，下腹粘连窑渣。内底饰两组细密弦纹，其间饰一周梳篦纹。口径20.8、足径9、高7.8厘米。（图3-23-3；彩版七三）

D23M1：5，足壁饰粗弦纹，内底饰四组细密弦纹，其间各饰一周梳篦纹。口径23.4、足径10.6、高9.7厘米。（图3-23-4；彩版七三）

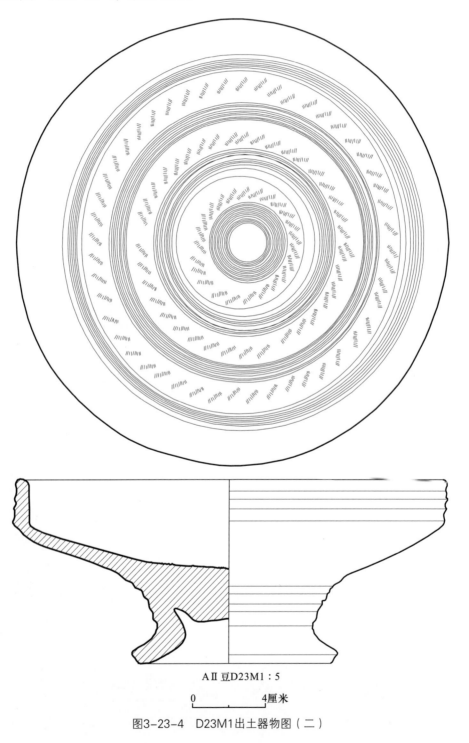

AⅡ豆D23M1：5

0 ———————— 4厘米

图3-23-4　D23M1出土器物图（二）

A型Ⅲ式　1件。D23M1：9，尖唇，平沿，敞口，弧腹，圈足。圈足与器身分制拼接成型。上腹饰弦纹。青灰色胎。器表施青釉不及圈足，釉层薄，釉面有光泽。口径7.7、足径3.6、高3.1厘米。（图3-23-3；彩版七三）

原始瓷盂　3件，均为A型Ⅰ式。敛口，溜肩，鼓腹，喇叭状高圈足。圈足与器身分制拼接成型。青灰色胎。器表施青釉，釉层明显均匀，釉面光滑有光泽。

D23M1：1，圆唇。腹部满饰弦纹。施釉不及圈足内壁，釉面现开片。口径7.5、足径5.6、高5.9厘米。（图3-23-3；彩版七三）

D23M1：2，方唇。肩部贴饰三组泥点，每组各两个，泥点呈横置。肩及上腹部饰弦纹。施釉不及圈足内壁。口径6.4、足径4.5、高5.1厘米。（图3-23-3；彩版七三）

D23M1：7，方唇，矮颈。肩部饰一周斜向戳印纹，肩及上腹部饰弦纹。圈足内壁局部无釉，釉面现开片。口径9.5、足径5.8、高5.8厘米。（图3-23-3；彩版七三）

印纹硬陶罐　1件。D23M1：8，残碎，无法复原。腹部饰回纹。（图3-23-3）

印纹硬陶瓿　1件，B型Ⅱ式。D23M1：3，方唇，侈口，翻沿，矮颈，耸肩，鼓腹，大平底，底缘外侈，有刮削痕。颈部饰弦纹，肩部及上腹部饰拍印折线纹，下腹部饰回纹。红褐色胎。口径10.8、腹径18、底径13.6、高13.8厘米。（图3-23-3；彩版七三）

D24

土墩

D24位于无名山体北坡上部较平缓处。南临D23，北临D25。东西两侧为陡坡，南北两侧为缓坡，土墩中部为山路。土墩隆起不甚明显，整体呈南北走向，与山坡走势一致，平面形状略呈椭圆形，长径约9.16、短径7.97米，现存高度约0.55米。地表长满杂草和低矮灌木，落叶遍地。土墩保存较完整，未见盗掘痕迹。（彩版七四，1）

封土为黄褐色，较为坚硬致密，其内包含植物根系和少量碎石子，表层有厚约5厘米的植物腐殖质，未见明显分层现象。封土内发现少量印纹硬陶残片，纹饰为回纹。墩底南部暴露基岩。

墓葬

土墩底部发现一座墓葬，编号D24M1。

D24M1位于墩底部正中，平地堆土掩埋型墓，方向为340°。墓葬分布范围不明，墓底距离地表深约0.56米。墩底南部发现基岩，基岩上铺了厚约5厘米的土，垫土上放置随葬品。墩底北部发现一处长约2.8、宽约1.64米的熟土堆积，清理发现此处存在一个略呈长方形的浅坑，坑深约0.4米，坑壁修治不甚规整，均为近似基岩的红褐色生土，底部略呈圆弧形内收。坑内中部放置两件印纹硬陶罍，均残碎，堆积杂乱；东部为石块堆积（彩版七四，3）。未见人骨、葬具痕迹。（图3-24-1；彩版七四，2、3）

随葬品共6件，包括2件原始瓷豆、2件印纹硬陶罍和2件泥质陶罐。两件印纹硬陶罍置于北部的坑内，其余四件器物均置于墓底南部，略呈"一"字形排列。原始瓷豆保存较好，泥质陶罐均残碎。

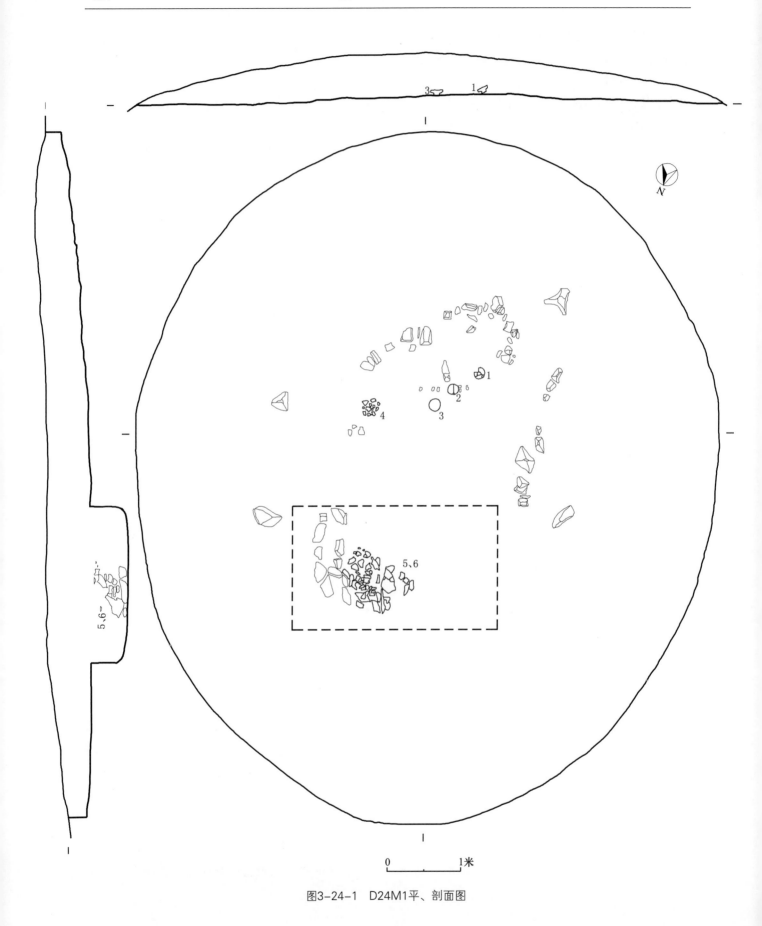

图3-24-1　D24M1平、剖面图

出土遗物

共6件，包括原始瓷豆、印纹硬陶罍和泥质陶罐。

原始瓷豆　2件。

A型Ⅱ式　1件。D24M1：1，方唇，直口，上腹直，下腹弧收，喇叭状高圈足。圈足与器身分制拼接成型。上腹饰弦纹，内底饰两组细密弦纹，其间饰一周梳篦纹。青灰色胎，下腹有刮削痕。器表施青釉，釉层均匀明显，釉面有光泽。口径14.2、足径7.6、高6.7厘米。（图3-24-2；彩版七四）

B型Ⅰ式　1件。D24M1：3，圆唇，敛口，上腹直，下腹弧收，喇叭状高圈足，内底圆弧。圈足与器身分制拼接成型。上腹饰弦纹。青灰色胎。器表施青釉，釉层均匀明显，釉面有光泽。口径15.3、足径8.3、高8.6厘米。（图3-24-2；彩版七四）

印纹硬陶罍　2件，均为A型。器形相似，D24M1：6无法复原。D24M1：5，尖唇，侈口，卷沿，矮颈，弧肩，球腹，圜底近平。颈部饰弦纹，肩部、腹部满饰拍印回纹。红褐色胎。口径21.8、腹径46.9、高40.3厘米。（图3-24-3；彩版七四）

泥质陶罐　2件。D24M1：2，残碎，无法复原。D24M1：4，残碎，无法复原。

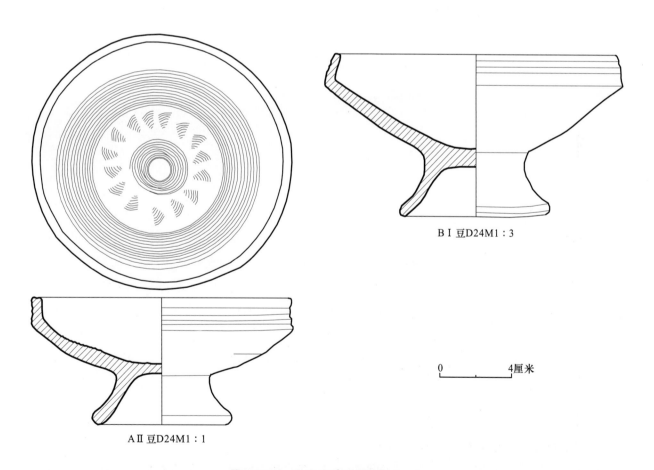

BⅠ豆D24M1：3

0　　　　　　4厘米

AⅡ豆D24M1：1

图3-24-2　D24M1出土器物图（一）

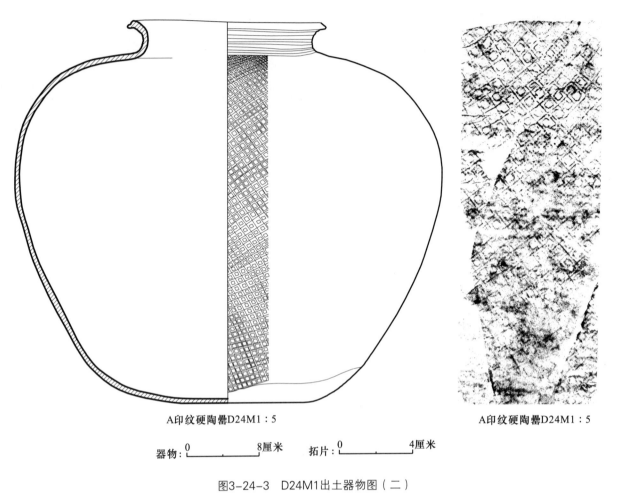

A印纹硬陶罍D24M1：5　　　　　　　　　　　　　A印纹硬陶罍D24M1：5

器物：0 ⎣_____⎦ 8厘米　　拓片：0 ⎣_____⎦ 4厘米

图3-24-3　D24M1出土器物图（二）

D25

土墩

D25位于无名山体北坡上部较平缓处，南临D24。东西北三侧为陡坡，南侧为缓坡，土墩东侧为山路。土墩隆起较明显，整体呈南北走向，与山坡走势一致，地势南高北低，高差约1.5米，平面形状略呈长圆形，长径约10.42、短径6.3米，现存高度约1米。地表长满杂草和低矮灌木，落叶遍地。地表可见石砌墓壁、盖顶石以及东西两侧的石砌挡土墙。土墩保存较完整，未见近期盗掘痕迹。（彩版七五，1）

清除土墩顶部0~5厘米厚的灰黑色植物腐殖质后即见黄褐色封土。封土堆积厚薄不均，厚约0~30厘米，多处较薄，其内包含大量植物根系，发现少量回纹硬陶残片及原始瓷豆、碗等残片。

墓葬

土墩底部发现一座墓葬，编号D25M1。

D25M1位于土墩中部，石室墓，方向为304°。石室建于经过平整的山脊处，由墓道、墓室、挡土墙和护坡组成，整体呈长方形，长8.7、宽4.35米。（图3-25-1；彩版七五，2）

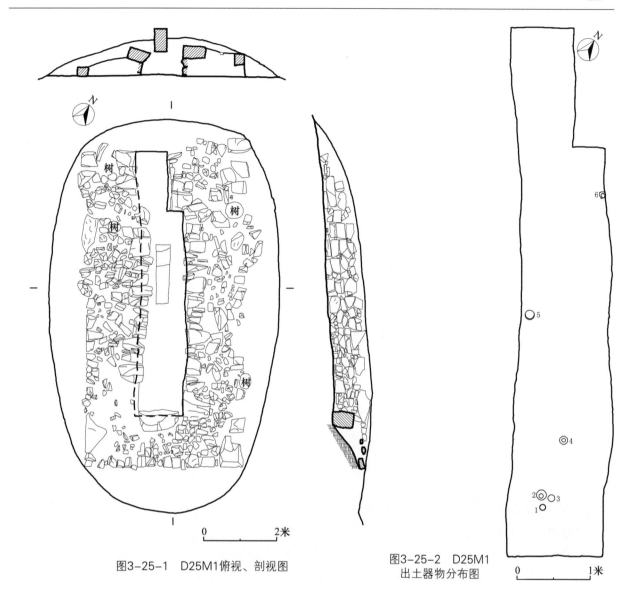

图3-25-1 D25M1俯视、剖视图

图3-25-2 D25M1
出土器物分布图

墓葬内平面呈刀把形，分成墓道和墓室两部分。

墓道位于北端偏西侧，长约1.57、宽约0.86、高约0.25～0.6米。底为泥底，较为平整。两壁用石块垒砌，石块大小不一，较光滑的一端朝内。西壁挤压变形，略向西倾斜，东壁保存较好，略向东倾斜。

墓室略呈长条形，长约5.43、宽1.2～1.37、高约0.78～0.97米。两侧壁为石块垒砌而成，石块多呈长条形，长0.3～0.6米，垒砌十分规整考究，多选用大石块较光滑的一端作为内壁，分层错缝垒砌，西壁内收，东壁上部略向东倾斜。两侧壁厚约0.5米。墓室南壁使用一块巨大的石头封堵作为后壁，其上为小石块。墓底南部局部铺石块，铺砌不规整，并暴露基岩，北部为泥底。（彩版七五，3）

石室东西两侧和南侧外围均发现明显挡土墙，保存较完整，由大小不一的石块垒砌而成，石块较光滑的一端向外。西侧和南侧挡土墙尚保存原貌，较竖直（彩版七五，4）。东侧挡土墙北部向外倒塌。南侧挡土墙直接叠压在基岩之上，中部高，两端低。

挡土墙与墓壁之间为土、石混筑的护坡，石块大小不一，堆放较为杂乱，土为与封土类似的黄褐色土，较为疏松。护坡呈斜坡状，内高外低。

墓室顶部尚存一块巨大的盖顶石，长1.56、宽0.6、厚0.4米，呈南北向置于墓室内。

墓内填土呈黄褐色，中北部松软，南端较坚硬，其内包含大量碎小石块。填土中仅发现少量印纹硬陶残片。未见人骨、葬具痕迹。

随葬品共6件，分布于墓室中后部和前部偏东侧，仅见原始瓷豆和盉。（图3-25-2；彩版七五，5）

出土遗物

1.封土出土遗物

共2件，包括原始瓷豆和碗。

原始瓷豆　1件。D25：02，圆唇，口微敛，弧腹，矮圈足。圈足与器身分制拼接成型。上腹饰弦纹，内底饰弦纹。青灰色胎。器表施青釉不及圈足，釉层明显，釉面光滑。口径11.4、底径8.6、高4.4厘米。（图3-25-3；彩版七五）

原始瓷碗　1件。D25：01，尖唇，侈口，弧腹，平底。内底饰旋纹。青灰色胎。器表施青釉不及外底，釉面有光泽。口径8.2、底径5.8、高3.4厘米。（图3-25-3；彩版七五）

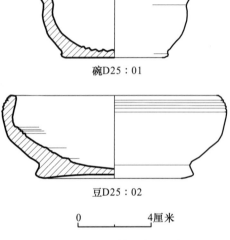

碗D25：01

豆D25：02

0　　　　　4厘米

图3-25-3　D25封土出土器物图

2.D25M1出土遗物

共6件，包括原始瓷豆和盉。

原始瓷豆　4件。

A型Ⅳ式　3件。圆唇，直口，弧腹内收，矮圈足。圈足与器身分制拼接成型。上腹部饰弦纹。灰白色胎。器表施青黄釉。D25M1：3，内底心微凸。下腹有刮削痕，外壁釉层几乎脱落殆尽。口径10.6、足径5.8、高4厘米。（图3-25-4；彩版七六）

D25M1：4，内底粘连窑渣，下腹有刮削痕。足底饰不规则形刻划符号。釉层厚，外壁有聚釉现象。口径10.8、足径5.9、高4厘米。（图3-25-4；彩版七六）

D25M1：6，内底下凹。釉层几乎脱落殆尽。口径10.3、足径5.3、高4.1厘米。（图3-25-4；彩版七六）

C型Ⅱ式　1件。D25M1：5，圆唇，直口微侈，弧腹内收，矮圈足下腹有刮削痕。圈足与器身分制拼接成型。上腹饰一组刻划较深的弦纹，足底饰"土"字形刻划符号。灰黄色胎，内底粘连窑渣。器表通施青黄釉不及圈足，釉层明显，脱釉严重。口径11.8、足径6.3、高4.9厘米。（图3-25-4；彩版七六）

原始瓷盉　2件。

A型Ⅱ式　1件。D25M1：1，圆唇，敛口，溜肩，鼓腹，矮圈足。圈足与器身分制拼接成型。肩部饰六道弦纹，足底饰箭头形刻划符号。灰白色胎。器表施青黄釉，釉层明显，有脱釉现象。口径7.7、足径5.9、高4厘米。（图3-25-4；彩版七六）

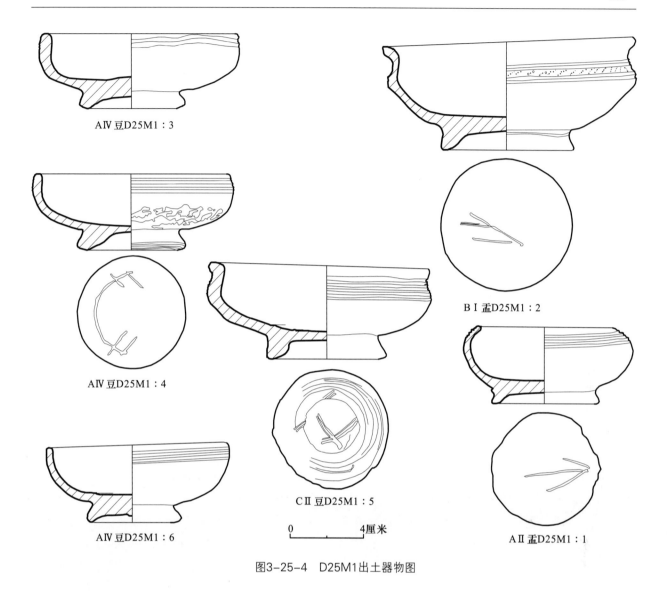

AⅣ豆D25M1：3

AⅣ豆D25M1：4

BⅠ盂D25M1：2

CⅡ豆D25M1：5

AⅣ豆D25M1：6

0　　　　　　4厘米

AⅡ盂D25M1：1

图3-25-4　D25M1出土器物图

B型Ⅰ式　1件。D25M1：2，圆唇，侈口，上腹内弧，下腹弧收，矮圈足。圈足与器身分制拼接成型。内底贴一个"S"纹，上腹饰两组弦纹，其间饰一周斜向戳印篦点纹，足底饰变形"F"形刻划符号。青灰色胎，下腹有明显刮削痕。内底粘连窑渣。器表通施青绿釉不及圈足内壁，釉层明显，釉面光滑有光泽，局部现开片。口径13.5、足径7、高5.6厘米。（图3-25-4；彩版七六）

D26

土墩

D26位于无名山体北坡上部较平缓处，南临D25。东西两侧为陡坡，南北两侧为缓坡，山路从土墩西部穿过。土墩隆起不明显，整体呈南北走向，与山坡走势一致，地势南高北低，平面形状略呈椭圆形，长径约8.87、短径7.5米，现存高度约0.4米。地表长满杂草和低矮灌木，落叶遍地。土墩保存较完整，未见盗掘痕迹。

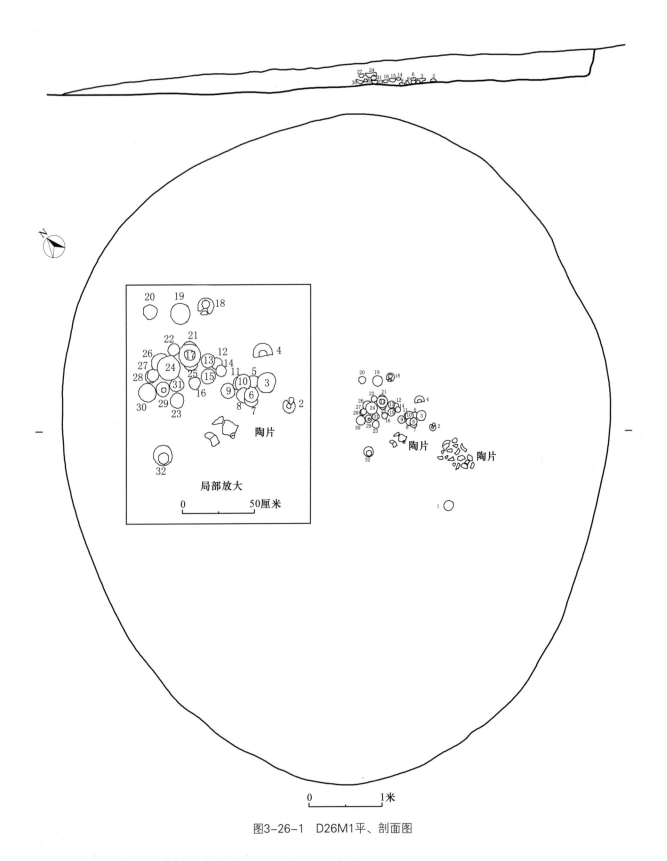

图3-26-1　D26M1平、剖面图

清除土墩顶部厚约5厘米的灰黑色植物腐殖质后即见封土。封土土色为黄褐色，土质较为坚硬致密，厚约30厘米，未见明显分层现象，其内包含大量植物根系和碎小石块。封土中出土少量的印纹硬陶残片和原始瓷片。

墓葬

土墩底部发现一座墓葬，编号D26M1。

D26M1位于土墩底部正中，平地堆土掩埋型墓。（图3-26-1；彩版七七，1）

营建时先在山坡上平整地表，局部垫含有大量碎石子的土形成墓底，墓底相对平整，墓葬分布边限不甚明朗，墓底距离地表约0.35米。封土呈黄褐色，上部疏松，下部较致密坚硬。未见人骨痕迹。在D26M1：35处附近发现有木炭和红烧土，用途不明。

共出土器物36件，有原始瓷盉、豆、盂、盘、碟和印纹硬陶罐等。器物摆放相对集中，部分器物叠压在一起，部分器物直接摆放在较致密的含有较多细小石子的土中。（彩版七七，2）

出土遗物

1.封土出土遗物

封土中出有少量的印纹硬陶残片和原始瓷片，印纹硬陶表面饰有回纹和折线纹（图3-26-2），原始瓷片为青釉原始瓷豆。

2.D26M1出土遗物

共36件，包括原始瓷盉、豆、盂、盘、碟和印纹硬陶罐。

原始瓷盉　1件。D26M1：31，盖身一体。圆弧形盖，圆唇，敞口，溜肩，鼓腹，平底，矮圈足。盖上附泥条捏塑的环形提手，提手两端各贴两个泥点。肩部贴饰三个环形耳，提手一端的肩部饰近圆形流，流孔较大。盖顶饰旋纹，腹部饰弦纹。青灰色胎。器表施青釉不及外底，釉层薄，釉面光滑有光泽。口径9、足径8.4、通高9.6厘米。（图3-26-3；彩版七七）

原始瓷豆　21件。

A型Ⅳ式　1件，大豆。D26M1：18，圆唇，直口，上腹直，下腹弧收，矮圈足。圈足与器身分制拼接成型。底心微凸，下腹有细微刮削痕。上腹饰弦纹。青灰色胎。器表施青绿釉，釉层厚，釉面光滑有光泽，局部现开片，内壁釉色局部变成紫色。口径12.7、足径6.3、高5.6厘米。（图3-26-3；彩版七八）

A型Ⅳ式　7件。形制类似，大小有别。圆唇，直口，上腹直，下腹弧收。矮圈足。圈足与器身分制拼接成型。上腹饰弦纹。青灰色胎。器表施青釉不及圈足。D26M1：2，近底处经刮削。足底饰半月形刻划符号。釉层薄，局部脱釉。口径9.2、足径4.8、高3.8厘米。（图3-26-3；彩版七七）

D26M1：10，下腹粘连窑渣，且有细微刮削痕。釉层明显，内底及下腹聚釉，釉面光滑有光泽，内底心聚釉处釉色泛紫。局部脱釉。口径11.1、足径6.2、高4.6厘米。（图3-26-3；彩版七七）

D26M1：11，内壁粘连窑渣，下腹有明显刮削痕。釉层薄。口径10.2、足径5.5、高4.2厘米。

印纹硬陶片D26：01

0　　　　　　4厘米

图3-26-2　D26封土出土器物图

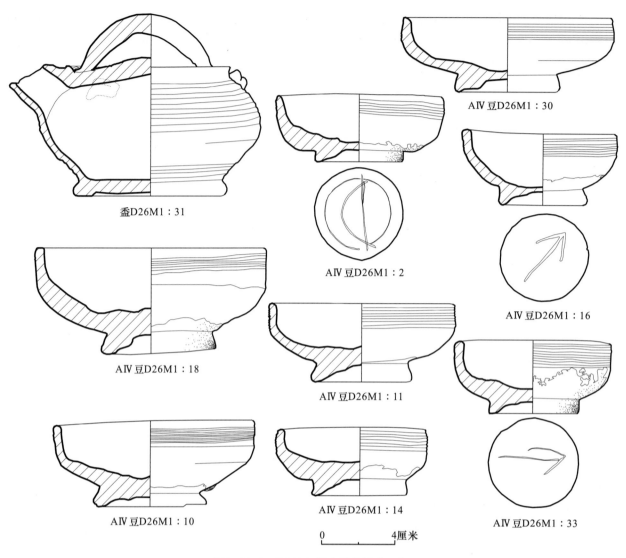

盉D26M1：31

AⅣ豆D26M1：30

AⅣ豆D26M1：2

AⅣ豆D26M1：16

AⅣ豆D26M1：18

AⅣ豆D26M1：11

AⅣ豆D26M1：10

AⅣ豆D26M1：14

AⅣ豆D26M1：33

0　　　　　　4厘米

图3-26-3　D26M1出土器物图（一）

（图3-26-3；彩版七七）

D26M1：14，下腹粘连窑渣，且有明显刮削痕。釉色青绿，釉层明显，釉面光滑有光泽。口径8.1、足径5.2、高3.6厘米。（图3-26-3；彩版七七）

D26M1：16，口微敞，下腹有细微刮削痕。足底饰箭头形刻划符号。釉层明显，局部聚釉，釉面光滑有光泽。口径8.4、足径4.8、高4.2厘米。（图3-26-3；彩版七八）

D26M1：30，下腹有刮削痕，足近圆饼形。釉层明显，内底局部聚釉，釉面光滑。口径11.4、足径5.7、高3.9厘米。（图3-26-3；彩版七八）

D26M1：33，口微敞，下腹有细微刮削痕。足底饰箭头形刻划符号。釉层明显，脱釉严重。口径8.5、足径4.9、高3.9厘米。（图3-26-3；彩版七八）

B型Ⅲ式　2件，大豆。圆唇，敛口，微鼓腹，矮圈足。圈足与器身分制拼接成型。内底压圈，下腹有刮削痕。上腹饰弦纹。青灰色胎。器表施青绿釉不及圈足，釉层明显，釉面光滑。D26M1：26，足缘斜削。内底、足底粘连窑渣。上腹弦纹之间饰一周斜向戳印篦点纹。釉面有光泽。口径13.6、足径8、高5.6厘米。（图3-26-4；彩版七九）

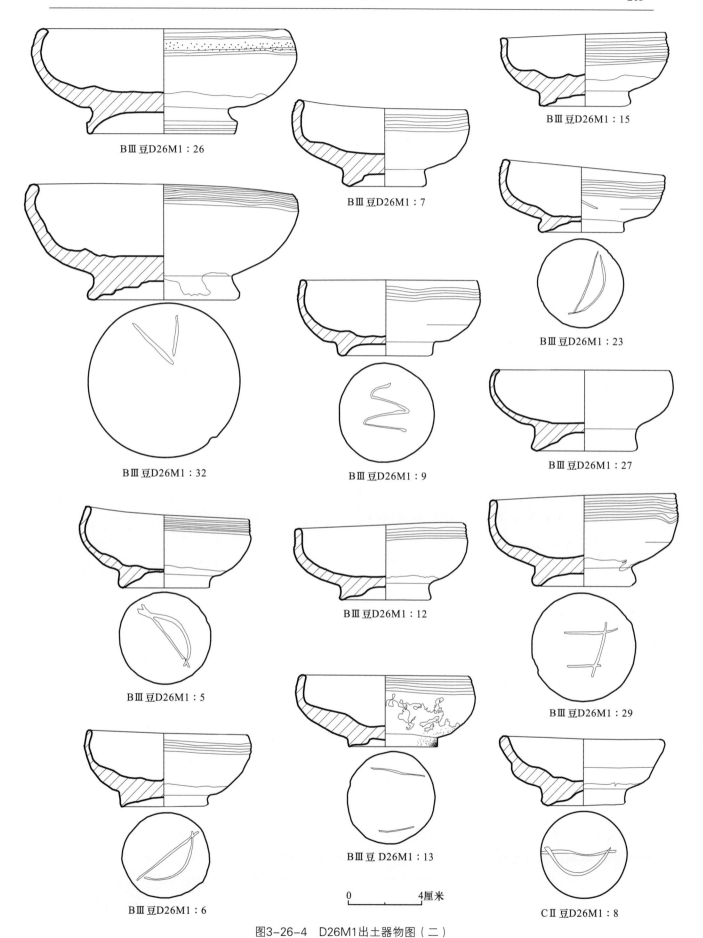

BⅢ豆D26M1：26

BⅢ豆D26M1：7

BⅢ豆D26M1：15

BⅢ豆D26M1：32

BⅢ豆D26M1：9

BⅢ豆D26M1：23

BⅢ豆D26M1：27

BⅢ豆D26M1：5

BⅢ豆D26M1：12

BⅢ豆D26M1：29

BⅢ豆D26M1：6

BⅢ豆D26M1：13

CⅡ豆D26M1：8

0　　　　　4厘米

图3-26-4　D26M1出土器物图（二）

D26M1：32，内壁饰两周弦纹，足底饰"V"形刻划符号。内壁脱釉严重。口径14.4、足径8.3、高6.1厘米。（图3-26-4；彩版七九）

B型Ⅲ式　10件。圆唇，敛口，腹微鼓，矮圈足。圈足与器身分制拼接成型。上腹饰弦纹。器表施青釉不及圈足。D26M1：5，腹部粘连窑渣，下腹有明显刮削痕，足底饰半月形刻划符号。青灰色胎。釉层薄，釉面光滑有光泽。口径9、足径5、高4.4厘米。（图3-26-4；彩版七八）

D26M1：6，下腹有明显刮削痕，足底饰半月形刻划符号。青灰色胎。釉色青绿，釉层薄，釉面光滑有光泽。口径8.9、足径4.8、高3.9厘米。（图3-26-4；彩版七八）

D26M1：7，内底心粘连窑渣，下腹有刮削痕。灰黄色胎。釉色青黄，釉层几乎脱落殆尽。口径9.3、足径4.6、高4.6厘米。（图3-26-4；彩版七八）

D26M1：9，内壁粘连窑渣，下腹有明显刮削痕。足底饰"W"形刻划符号。灰黄色胎。釉色青黄，脱釉严重。口径9.8、足径5.2、高4厘米。（图3-26-4；彩版七八）

D26M1：12，内壁粘连窑渣。青灰色胎。口径9.4、足径5、高4厘米。（图3-26-4；彩版七九）

D26M1：13，下腹有刮削痕。足底饰"二"形刻划符号。灰黄色胎。脱釉严重。口径9.2、足径4.8、高3.9厘米。（图3-26-4；彩版七九）

D26M1：15，青灰色胎。脱釉严重。口径9.1、足径5、高3.8厘米。（图3-26-4；彩版七九）

D26M1：23，下腹有刮削痕。足底饰半月形刻划符号。青灰色胎。釉色青绿，釉层薄，釉面光滑有光泽。口径8.9、足径4.7、高4厘米。（图3-26-4；彩版七九）

D26M1：27，灰褐色胎。釉色青绿，釉层明显，外壁釉面有开片，内底脱釉。口径9.9、足径5.8、高4.3厘米。（图3-26-4；彩版七九）

D26M1：29，足底饰"十"字形刻划符号。青灰色胎。釉色青黄，釉层明显，局部脱釉。口径10.2、足径5.7、高4.8厘米。（图3-26-4；彩版八〇）

C型Ⅱ式　1件。D26M1：8，圆唇，敞口，弧腹，矮圈足。圈足与器身分制拼接成型。足底饰半月形刻划符号。青灰色胎，下腹有明显刮削痕。器表施青绿釉，釉层厚，釉面光滑有光泽。口径9.1、足径4.6、高3.5厘米。（图3-26-4；彩版八〇）

原始瓷盂　8件。

A型Ⅱ式　1件。D26M1：22，敛口，溜肩，扁鼓腹，矮圈足。圈足与器身分制拼接成型。肩部饰一组弦纹。灰黄色胎，胎体疏松。器表施青釉，釉层几乎脱落殆尽。口径6、足径4、高3.3厘米。（图3-26-5；彩版八〇）

B型Ⅰ式　3件，大盂。侈口，束颈，斜肩，弧腹，矮圈足。圈足与器身分制拼接成型。青灰色胎。器表施青釉不及圈足。D26M1：3，内底平，足底粘连窑渣，下腹有明显刮削痕。肩部饰四周弦纹。釉色青黄，釉面有光泽，脱釉严重。口径13.2、足径6.6、高4.8厘米。（图3-26-5；彩版八〇）

D26M1：19，内底心下凹，下腹粘连窑渣、有明显刮削痕。肩部饰四周弦纹。釉色青褐，釉层明显，釉面光滑有光泽，玻化较佳，局部聚釉，聚釉处釉色发黑。口径13.8、足径7.2、高5.5厘米。（图3-26-5；彩版八〇）

D26M1：24，下腹粘连窑渣，有细微刮削痕。肩部饰四周弦纹，其间饰一周斜向戳印篦点

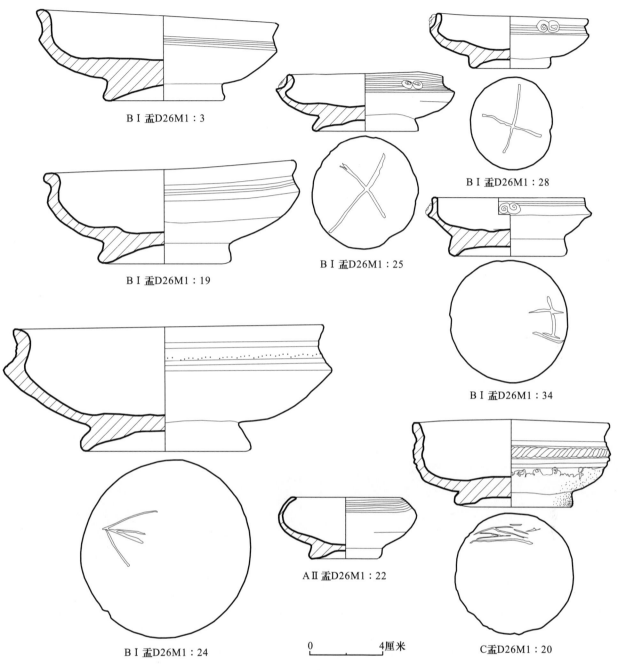

BⅠ盂D26M1：3

BⅠ盂D26M1：28

BⅠ盂D26M1：25

BⅠ盂D26M1：19

BⅠ盂D26M1：34

BⅠ盂D26M1：24

AⅡ盂D26M1：22

0　　　　　　4厘米

C盂D26M1：20

图3-26-5　D26M1出土器物图（三）

纹，足底饰箭头形刻划符号。釉色青黄，釉层明显，釉面光滑有光泽。口径16.9、足径9.3、高6.6
厘米。（图3-26-5；彩版八〇）

　　B型Ⅰ式　3件。圆唇，侈口，斜肩，弧腹，矮圈足。内底心略下凹，圈足与器身分制拼接成
型。肩部饰弦纹并贴饰三个横向"S"纹。灰黄色胎。器表施青黄釉，釉层明显，釉面有光泽。
D26M1：25，下腹有明显刮削痕。足底饰"＋"形刻划符号，脱釉严重。口径8.5、足径5.8、高
3.1厘米。（图3-26-5；彩版八〇）

　　D26M1：28，下腹有细微刮削痕。足底饰"＋"形刻划符号，脱釉严重。口径8.3、足径4.5、

高2.8厘米。（图3-26-5；彩版八一）

D26M1：34，足底饰"土"形刻划符号。口径8.5、足径6.5、高3.1厘米。（图3-26-5；彩版八一）

C型　1件。D26M1：20，圆唇，敞口，束颈，鼓腹，矮圈足。圈足与器身分制拼接成型，下腹有明显刮削痕。腹部饰弦纹，其间饰一周斜向戳印纹带，足底饰不规则形刻划符号。青灰色胎。器表施青釉，釉色青黄，釉层明显，釉面有光泽。口径10.8、足径6.5、高4.7厘米。（图3-26-5；彩版八〇）

原始瓷盘　2件，均为A型Ⅰ式。圆唇，平沿，敞口，弧腹，矮圈足。圈足与器身分制拼接成型。沿部饰弦纹。灰黄色胎。器表施青黄釉，釉层明显。D26M1：1，腹部有刮削痕。足底饰反向"F"形刻划符号。脱釉严重。口径14.5、足径6.8、高3.7厘米。（图3-26-6；彩版八一）

D26M1：4，沿部饰三个横向"S"纹，足底饰"F"形刻划符号。口径13、足径5.8、高4厘米。（图3-26-6；彩版八一）

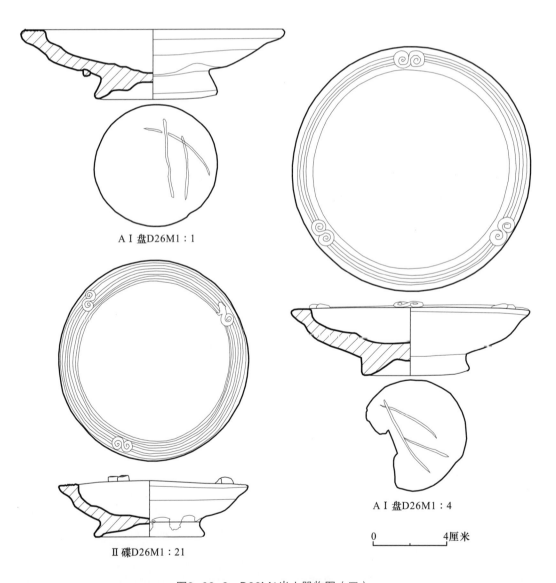

AⅠ盘D26M1：1

Ⅱ碟D26M1：21

AⅠ盘D26M1：4

0　　　　　　4厘米

图3-26-6　D26M1出土器物图（四）

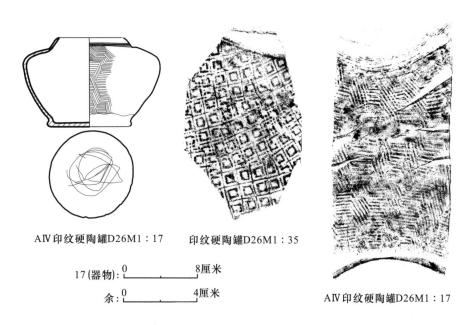

AIV印纹硬陶罐D26M1∶17　　　印纹硬陶罐D26M1∶35　　　　　　　　　

17(器物)：0　　　　　8厘米

余：0　　　　　4厘米

AIV印纹硬陶罐D26M1∶17

图3-26-7　D26M1出土器物图（五）

　　原始瓷碟　1件，Ⅱ式。D26M1∶21，圆唇，平沿，敞口，弧腹，矮圈足。圈足与器身分制拼接成型，下腹有细微刮削痕。沿部饰弦纹并贴饰三个横向"S"纹。灰黄色胎。器表施青黄釉，釉层明显，釉面光滑有光泽。口径10.5、底径6.1、高3厘米。（图3-26-6；彩版八一）

　　印纹硬陶罐　3件，D26M1∶35和D26M1∶36残碎。（彩版八一）

　　A型Ⅳ式　1件。D26M1∶17，尖唇，敛口，矮斜颈，斜肩，上腹鼓，下腹弧收，小平底，底缘经刮削。颈、肩结合处饰一组弦纹，肩部、腹部满饰折线纹，外底饰不规则刻划符号。口径7.2、腹径14.9、底径9.1、高9.4厘米。（图3-26-7；彩版八一）

D27

土墩

　　D27位于无名山体北坡中部。南距D26约180米，北距D28约150米。东西两侧及北侧下坡处为陡坡，南侧上坡处较为平缓，土墩东侧为山路。土墩隆起较明显，整体呈东西走向，与山坡呈垂直分布，平面形状略呈长圆形，长径7.68、短径4.83米，现存土墩约0.9米。墩底南高北低，高差约0.9米。地表长满杂草和少量低矮灌木，落叶遍地。地表可见石砌墓壁、下坡处的石砌挡土墙和后壁。土墩保存较完整，未见盗掘痕迹。

　　清除土墩顶部5厘米厚的灰黑色植物腐殖质后，石室基本全部暴露，腐殖质下为黄褐色封土。封土堆积厚薄不均，厚约0～10厘米，多处较薄，其内包含大量植物根系，未见遗物。

墓葬

　　土墩底部发现一座墓葬，编号D27M1。

　　D27M1位于土墩中部，石室墓，方向为300°。石室建于经过平整的山脊处，由墓门、墓室、

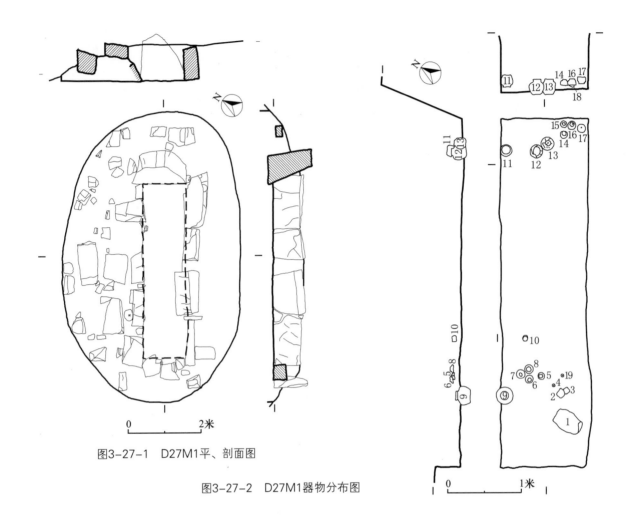

图3-27-1　D27M1平、剖面图

图3-27-2　D27M1器物分布图

挡土墙和护坡组成，整体呈长方形，长6.95、宽4.13米。（图3-27-1；彩版八二）

　　墓葬内平面呈长条形，长约4.6、宽约1.2米、残高约0.85米。墓壁用石块垒砌，石块多呈长条形，长0.4～1.4米，垒砌十分规整考究，两侧壁和后壁均选用大石块较光滑的一面作为内壁，仅见一层。两侧壁均较直，略向北倾斜。后壁石头巨大，高出现地表约0.35米，向东倾斜。墓壁厚0.3～0.5米。墓底东部铺石块，铺砌不规整，中部暴露基岩，西部为夹杂大量小石子的泥底，墓底不平整。

　　墓门位于墓室西端，用三个大石块及少量小石块封堵，石块底与墓底在同一水平面上，残高约0.35米。

　　石室上坡处（南部）未见挡土墙和护坡，下坡处（北部）发现保存较完整的护坡和垒砌不甚规整的挡土墙。护坡为土、石混筑而成，石块大小不一，堆放较为杂乱，土为与封土类似的黄褐色土，较为疏松。护坡呈斜坡状，南高北低。挡土墙由大小不一的石块垒砌而成，垒砌较为零乱。墓顶未见盖顶石。

　　墓内填土为黄褐色，土质较为坚硬，其内包含大量碎小石块和小石子。未见人骨、葬具痕迹。

　　随葬品分布于墓底东西两端，共19件，其中印纹硬陶坛与桶形小罐、原始瓷钵式碗、陶纺轮和泥质陶罐位于西端，印纹硬陶罐和原始瓷碗位于东端，原始瓷碗有叠压现象。（图3-27-2）

出土遗物

共19件，包括原始瓷碗、印纹硬陶坛和罐、陶纺轮以及泥质陶罐。

原始瓷碗　9件。

A型Ⅳ式　5件。形制类似，大小有别。尖唇，敞口，上腹斜直较深，下腹急内收为小平底。轮制，外底有明显线割痕。青灰色胎。器表施青釉，釉层薄。D27M1：14，内底心略下凹。器壁现旋痕。釉面光滑。口径9.4、底径5.9、高5厘米。（图3-27-3；彩版八二）

D27M1：15，内壁及底饰旋纹。釉层几乎脱落殆尽。口径9.1、底径5、高5.4厘米。（图3-27-3；彩版八二）

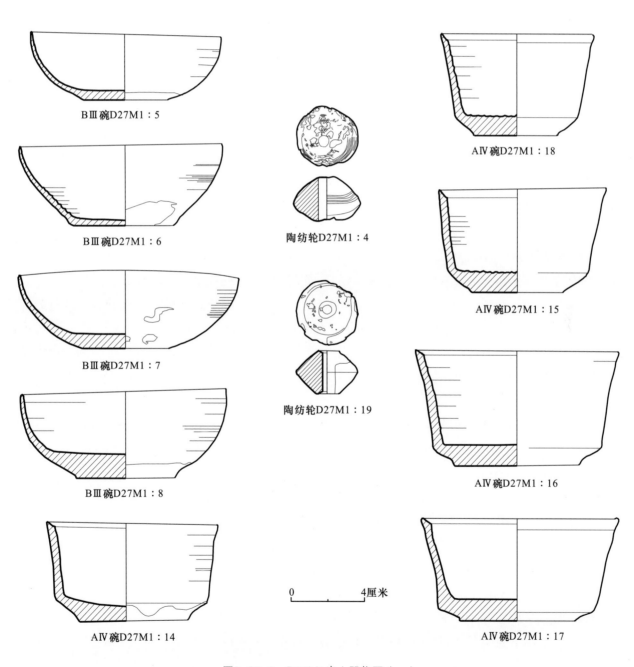

BⅢ碗D27M1：5

BⅢ碗D27M1：6

BⅢ碗D27M1：7

BⅢ碗D27M1：8

AⅣ碗D27M1：14

陶纺轮D27M1：4

陶纺轮D27M1：19

0　　　　4厘米

AⅣ碗D27M1：18

AⅣ碗D27M1：15

AⅣ碗D27M1：16

AⅣ碗D27M1：17

图3-27-3　D27M1出土器物图（一）

D27M1：16，内底平，内壁及底饰旋纹。局部脱釉。口径11.1、底径6.8、高6.1厘米。（图3-27-3；彩版八二）

D27M1：17，内底平，内壁及底饰旋纹。釉面光滑。口径10.9、底径6.4、高5.4厘米。（图3-27-3；彩版八二）

D27M1：18，内底平，内壁及底饰旋纹。釉层几乎脱落殆尽。口径8.2、底径4.7、高5.5厘米。（图3-27-3；彩版八二）

B型Ⅲ式　4件。形制类似。尖唇，敞口，弧腹内收，小平底。青灰色胎较薄，轮制，外底有线割痕。器表施青釉不及外底，釉层薄，釉面均匀光滑有光泽。D27M1：5，外底粘连窑渣，内壁有旋纹痕。内底聚釉处有开片。口径10.3、底径4.6、高3.5厘米。（图3-27-3；彩版八二）

D27M1：6，内壁近底处饰旋纹。外壁脱釉严重。口径11、底径5.7、高4.2厘米。（图3-27-3；彩版八二）

D27M1：7，变形。下腹及外底局部粘连窑渣，内壁有旋纹痕。口径11.9、底径4.7、高4.1厘米。（图3-27-3；彩版八二）

D27M1：8，器底厚重。内底及外底粘连窑渣。内壁上部饰弦纹。口径11.2、底径5.4、高4.6厘米。（图3-27-3；彩版八二）

印纹硬陶坛　1件，Ⅶ式。D27M1：1，尖唇，卷沿，直口，矮颈，斜肩，深弧腹，大平底。青灰色胎，胎体现气泡。肩部及腹部满饰拍印细密麻布纹。口径23.4、腹径36、底径17.8、高44.4厘米。（图3-27-4；彩版八三）

印纹硬陶罐　6件。

A型Ⅷ式　2件。D27M1：11，尖唇，侈口，矮颈，溜肩，鼓腹，平底。青灰色胎，胎体厚重。肩部及腹部拍印方格纹。口径9.2、腹径15.8、底径11、高12.5厘米。（图3-27-4；彩版八三）

D27M1：13，尖唇，敞口，矮颈，溜肩，鼓腹，平底。肩部及腹部拍印重线回纹。红色胎。口径12.7、腹径18.7、底径12.5、高12.4厘米。（图3-27-4；彩版八三）

C型Ⅳ式　1件。D27M1：12，圆唇，直口，矮颈，溜肩，鼓腹，平底。近底处斜削。肩部贴饰两个对称环形纽。肩部及腹部拍印细小方格纹。青灰色胎，器壁薄。口径11.5、腹径16.9、底径9.3、高11.5厘米。（图3-27-4；彩版八三）

D型　3件。形制类似，大小有别。尖唇，敛口，腹略鼓，大平底。红褐色胎，内壁有明显盘筑抹摁痕。腹部满饰拍印麻布纹。D27M1：2，器形小巧。底略内弧。口径7.5、底径7、高6.2厘米。（图3-27-4；彩版八三）

D27M1：10，器形小巧。口径7.7、底径6.6、高6.6厘米。（图3-27-4；彩版八三）

D27M1：3，近底处斜削。上腹部贴饰两个对称横向"S"纹。口径10.2、底径8.5、高8.6厘米。（图3-27-4；彩版八三）

泥质陶罐　1件。D27M1：9，泥质灰陶，残碎，无法复原。

泥质陶纺轮　2件。形制类似。泥质灰陶，算珠形。D27M1：4，直径3.6、厚2.3厘米。（图3-27-3；彩版八二）

D27M1：19，直径3.3、厚2.3厘米。（图3-27-3；彩版八二）

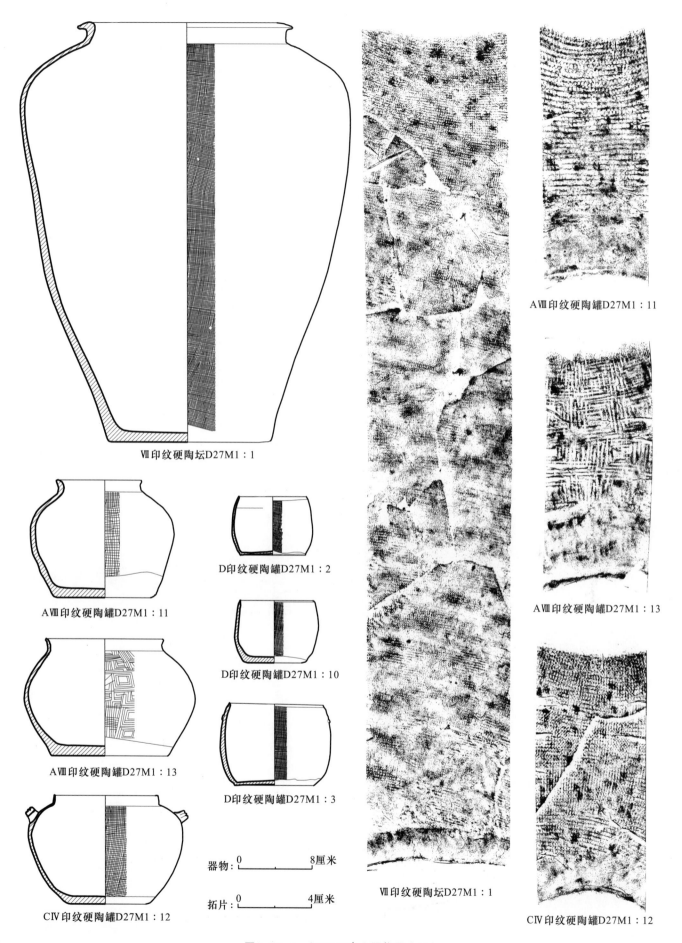

Ⅶ印纹硬陶坛D27M1：1

AⅧ印纹硬陶罐D27M1：11

AⅧ印纹硬陶罐D27M1：11

D印纹硬陶罐D27M1：2

AⅧ印纹硬陶罐D27M1：13

D印纹硬陶罐D27M1：10

AⅧ印纹硬陶罐D27M1：13

D印纹硬陶罐D27M1：3

器物： 0 ____ 8厘米

拓片： 0 ____ 4厘米

Ⅶ印纹硬陶坛D27M1：1

CⅣ印纹硬陶罐D27M1：12

CⅣ印纹硬陶罐D27M1：12

图3-27-4　D27M1出土器物图（二）

D28

土墩

D28位于无名山体北坡下部，南距D27约150米，北临D29。东西两侧及北侧下坡处为陡坡，南侧上坡处较为平缓，土墩中部为山路。土墩隆起较明显，整体呈东西走向，与山坡呈垂直分布，平面形状略呈椭圆形，长径约8.37、短径6.95米，现存高度约1.1米。墩底地势南高北低，高差约0.8米。地表长满杂草和低矮灌木，枯枝、落叶遍地。东部地表暴露一块巨石。土墩保存较完整，未见近期盗掘痕迹。

清除土墩顶部0～5厘米厚的灰黑色植物腐殖质后，石室基本全部暴露，腐殖质下为黄色封土，土质疏松，其内含有大量碎小石块。封土堆积厚薄不均，厚约0～10厘米，多处较薄，未见遗物。

墓葬

土墩底部发现一座墓葬，编号D28M1。

D28M1位于土墩中部，石室墓，方向为299°。石室建于经过平整的山脊处，由墓门、墓道、墓室、挡土墙和护坡组成，整体呈长方形，长7.44、宽4.88米。（图3-28-1；彩版八四，1）

墓葬内平面呈刀把形，分成墓道和墓室两部分。

墓道位于西部，长约0.31、宽约0.71、高约0.61米。泥底，较为平整。两壁为石块垒砌的墓壁，石块大小不一，较光滑的面朝内，保存较完整。

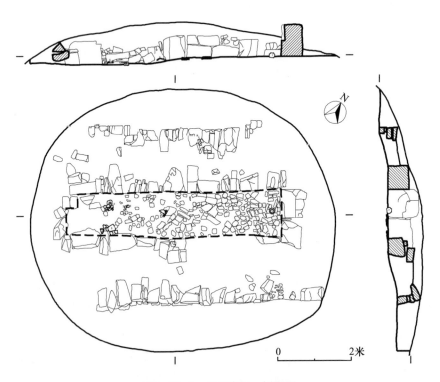

图3-28-1　D28俯视、剖视图

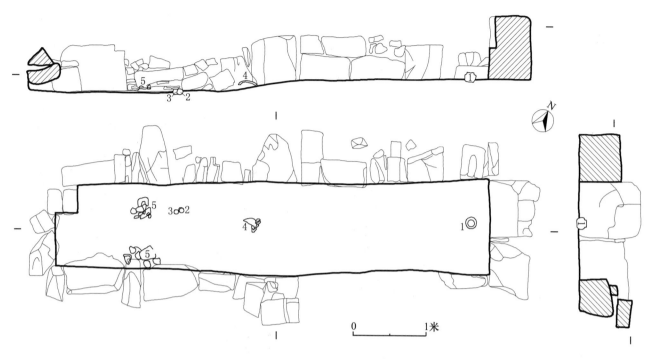

图3-28-2 D28M1墓室平、剖面图及器物分布图

封门位于墓道西端外侧，用几个大石块及少量小石块封堵，石块底与墓底之间填黄褐色土，残高约0.56米。

墓室呈长条形，长约5.63、宽1.07～1.28、残高约0.84米（图3-28-2；彩版八四，2）。墓壁为石块垒砌而成，石块多呈长条形，长0.4～1.4米，垒砌十分规整考究，多选用大石块较光滑的一端作为内壁，分层错缝垒砌，墓壁较竖直。北壁石壁保存较为完整（彩版八四，3），南壁东部石壁残缺，残缺处填满夹杂碎石子的黄褐色土，黄褐色土下即为南高北低的风化岩，此处可能是早期盗掘所致。后壁石头巨大，高出现地表约0.3米，较竖直。墓壁厚0.3～0.75米。墓底东高西低，这可能是西部地基下沉所致，墓底用小石块平铺，铺砌密集平整。

石室南北两侧外部均发现明显挡土墙，保存较完整，由大小不一的石块垒砌而成，石块较光滑的一端向外。两侧挡土墙均保存原貌，较竖直，多层错缝叠砌，上部略内收。南侧挡土墙直接建于基岩上，中间高，两端低（彩版八四，4）；北侧挡土墙建于熟土之上，顶部较平（彩版八四，5）。

在挡土墙与墓壁之间为土、石混筑的护坡，石块较少，大小不一，堆放较为杂乱，土为与封土类似的黄色土，较为疏松，护坡较平。墓顶未见盖顶石。

墓内填土呈黄色，土质疏松较为坚硬，呈颗粒状，其内包含大量碎小石块和小石子。未见人骨、葬具痕迹。随葬品除一件印纹硬陶罐位于后部外，其余均分布于墓底中前部，共5件，其中印纹硬陶坛与罐散碎，似乎是下葬时有意打碎后埋葬，原始瓷杯陷在墓底石缝中。（彩版八四，6）

出土遗物

共5件，包括原始瓷杯和纹硬陶坛、罐。

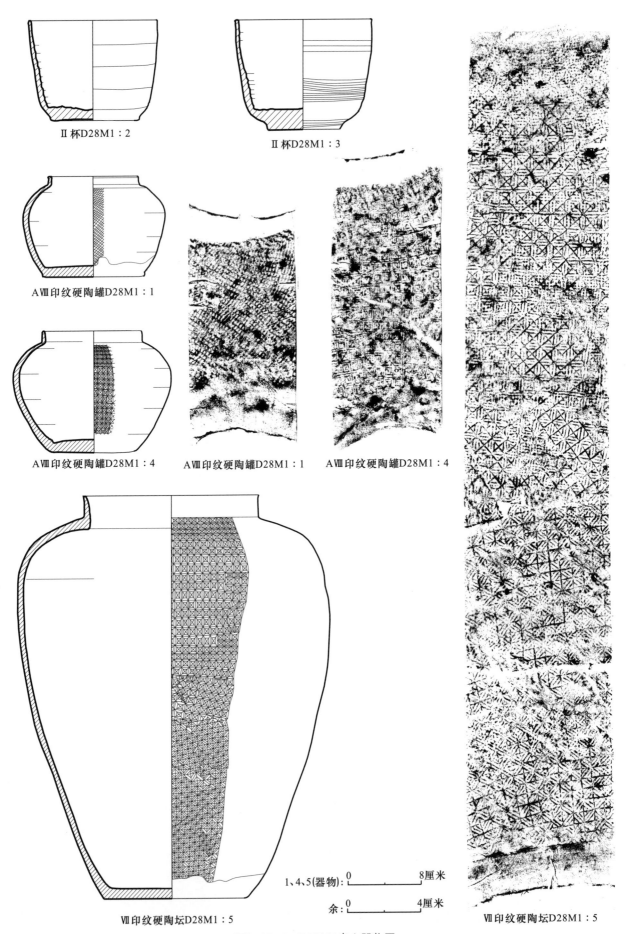

Ⅱ杯D28M1：2

Ⅱ杯D28M1：3

AⅧ印纹硬陶罐D28M1：1

AⅧ印纹硬陶罐D28M1：4

AⅧ印纹硬陶罐D28M1：1

AⅧ印纹硬陶罐D28M1：4

1、4、5(器物)： 0 _____ 8厘米

余： 0 _____ 4厘米

Ⅶ印纹硬陶坛D28M1：5

Ⅶ印纹硬陶坛D28M1：5

图3-28-3　D28M1出土器物图

原始瓷杯 2件，均为Ⅱ式。形制类似。尖唇，直口微敞，斜直腹较深，近底处急内收为小平底。轮制。灰白色胎，内壁有旋痕。器表施青釉，釉层薄，脱釉严重。D28M1：2，内底心略下凹。口径7、底径4.8、高5.3厘米。（图3-28-3；彩版八四）

D28M1：3，内底平，外底有细微线割痕。口径7.5、底径4、高6厘米。（图3-28-3；彩版八四）

印纹硬陶坛 1件，Ⅶ式。D28M1：5，方唇，直口微侈，高直颈，斜肩，深弧腹，平底略内弧。红褐色胎，内壁有指摁痕。肩部及腹部满饰拍印米字纹。口径19.3、腹径34.2、底径16、高42.7厘米。（图3-28-3；彩版八四）

印纹硬陶罐 2件，均为A型Ⅷ式。口微侈，溜肩，鼓腹，平底，红褐色胎。D28M1：1，方唇，矮颈。胎体厚重，内壁有指摁痕。腹部满饰拍印细小方格纹。口径9.8、腹径15.4、底径11.2、高10.7厘米。（图3-28-3；彩版八四）

D28M1：4，圆唇，直颈。近底处经刮削。肩部及腹部拍印米字纹。口径10.8、腹径17.2、底径8.8、高13厘米。（图3-28-3；彩版八四）

D29

土墩

D29位于无名山体北坡下部山脊处，南临D28，北临D30。东西两侧为陡坡，南北两侧较为平缓，土墩中部为山路。清理前，土墩隆起不明显，清除地表杂物后，才看出较明显隆起，整体呈南北走向，与山坡走向一致，地势南高北低，高差较小，平面形状略呈长圆形，长径约17.48、短径7.58米，现存高度约1.4米。地表长满杂草和低矮灌木，落叶遍地，土墩北部生长着苦竹。地表局部可见石砌墓壁。土墩保存较完整，未见近期盗掘痕迹。

清除土墩顶部0～3厘米厚的灰黑色植物腐殖质后，石室基本全部暴露，腐殖质下为黄褐色封土。封土堆积厚薄不均，厚约0～15厘米，多处较薄。其内包含大量植物根系，并夹杂较多大小不一的石块，发现有印纹硬陶片、原始瓷片和少量石器等。

墓葬

土墩底部发现一座墓葬，编号D29M1。

D29M1位于土墩中部，石室墓，方向为345°。石室建于经过平整的山脊处，由墓道、墓门、墓室、挡土墙和护坡组成，整体呈长方形，长10.89、宽5.73米。（图3-29-1；彩版八五，1、2）

墓葬内平面呈刀把形，由墓道、墓门和墓室三部分组成。

墓道位于墓室北侧，平面略呈长方形，长1.65、宽0.96～1、残高0.6米。泥底，较为平整。两壁用石块垒砌，石块大小不一，多呈长条形，长0.3~0.8米，较光滑的一端朝内。西壁受挤压而由下向上向内倾斜，东壁较竖直，略内收。（彩版八五，3）

墓道南端与墓室连接处用一块长条形大石横置封堵形成墓门，大石底距墓底约0.3米，石下填土，上部垒砌碎小石块。（彩版八五，4）

墓室平面呈长条形，长约7.27、宽1.4～1.56、残高约1.21米（彩版八五，5、6）。墓壁为石块垒砌而成，垒砌十分规整考究，两侧壁和后壁均选用长条形石块错缝垒砌，石条较光滑的一端向内，残存七层，最下面一层石条规格较大，顺向平铺，起到稳定基础的作用，其上的石条则横向平铺叠砌，石块之间的缝隙以小石块和黄褐色土填塞。两侧壁自下而上内收，东壁南部受挤压向内倾斜较为严重（彩版八五，7、8）。后壁均横向垒砌，略竖直，垒砌不甚规整。墓室东北角墓道口处竖立一块条石，毗邻墓门，似乎起到门柱的作用。墓底用夹杂大量碎小石子的红褐色土平铺，较为平整。

石室四周均见垒砌十分考究的挡土墙，保存较完整，由大小不一的石块垒砌而成，石块较光滑的一端向外。东侧挡土墙仅存一层（彩版八五，9），西侧挡土墙保存三层（彩版八五，10），均较竖直，采用比墓壁略小的长条形石块横向垒砌，垒砌较为平直。南北两侧的挡土墙采用块石垒砌，排列整齐，较竖直。

在挡土墙与墓壁之间为土、石混筑的护坡，石块大小不一，堆放较为杂乱，土为黄褐色，较为疏松。东西两侧护坡呈斜坡状，内高外低。

墓顶未见盖顶石。

墓内填土呈黄褐色，土质疏松，其内包含大量坍塌的墓壁石、碎小石块和小石子。未见人骨、葬具痕迹。

随葬品分布于墓底南北两端，共47件，其中印纹硬陶坛和罐、原始瓷碗、石黛板位于北部，原始瓷碗和盂、印纹硬陶鼎和罐、泥质陶罐、青铜挂饰和镞、玉管以及石圭、石黛板、石料、

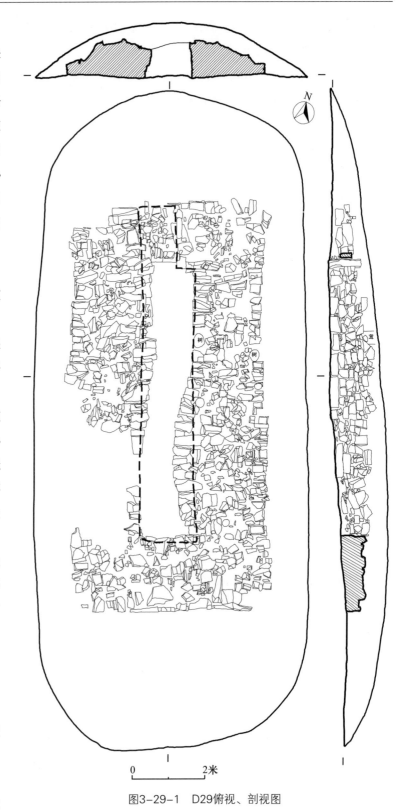

图3-29-1　D29俯视、剖视图

石球和不明器形石器等位于中南部，南端的随葬品底部有厚约5厘米的垫土。（图3-29-2；彩版八五，11）

　　值得注意的是，石室西南部挡土墙、护坡和石壁均遭到破坏，石壁仅下层有少量保留，此处被夹杂大量碎小石块的黄褐色土填满。推测应为早期盗掘所致。

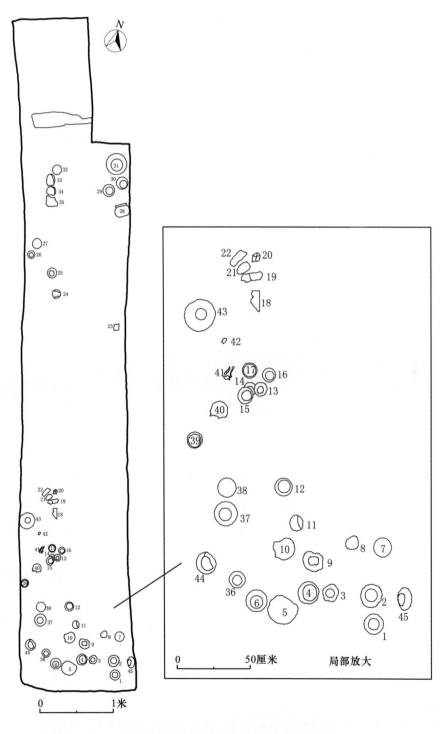

图3-29-2　D29M1出土器物分布图

出土遗物

共47件，包括原始瓷盉、碗，印纹硬陶鼎、坛、罐，泥质陶罐，青铜挂饰、青铜镞，玉管，石圭、石黛板、石料、石球和不明器形石器等。

原始瓷盉　8件。

A型Ⅲ式　7件。形制类似，大小有别。尖唇，平沿，敛口，溜肩，扁鼓腹，小平底。内底饰旋纹。青灰色胎，外底有明显线割痕。器表施青釉。釉层薄而均匀。D29M1：7，内底旋痕较深。胎体起泡。外底有三处垫烧痕。釉面光滑有光泽。口径11.1、底径7.1、高3.2厘米。（图3-29-3；彩版八六）

D29M1：11，外底周缘刮削不平整。釉面光滑。口径8.1、底径6.2、高2.8厘米。（图3-29-3；彩版八六）

D29M1：14，釉层几乎脱落殆尽。口径7.9、底径4.5、高2.2厘米。（图3-29-3；彩版八六）

D29M1：15，下腹粘连窑渣。釉层几乎脱落殆尽。口径8.3、底径4.3、高2.3厘米。（图3-29-3；彩版八六）

D29M1：16，腹较深，内底心凸起。外底粘连窑渣。釉面光滑。口径8.5、底径4.9、高3.4厘米。（图3-29-3；彩版八六）

D29M1：17，沿部饰弦纹。外底粘连窑渣，修制不平整。釉面光滑，局部脱釉。口径8.9、底径6.5、高2.7厘米。（图3-29-3；彩版八六）

D29M1：39，外底粘连窑渣。脱釉严重。口径8.2、底径5.8、高2.8厘米。（图3-29-3；彩版八六）

B型Ⅱ式　1件。D29M1：13，尖唇，敛口，斜肩，弧腹，小平底。内底饰旋纹。外底有线割痕。青灰色胎，外底粘连窑渣。器表施青黄釉，釉层薄而均匀，釉面光滑有光泽。外壁局部脱釉。口径8.6、底径5.4、高2.9厘米。（图3-29-3、彩版八六）

原始瓷碗　13件。

A型Ⅱ式　2件。形制类似。平沿，敞口，上腹斜直较浅，下腹弧收，平底略内凹。内底饰旋纹。轮制，灰黄色胎，外底粘连窑渣。器表施青釉，釉层薄，釉面光滑有光泽。D29M1：8，口径8.2、底径5.7、高2.8厘米。（图3-29-3；彩版八六）

D29M1：36，内底粘连窑渣，釉现细微开片。口径7.9、底径4.7、高2.6厘米。（图3-29-3；彩版八六）

A型Ⅱ式　3件。形制类似，大小有别，器形规整。尖唇，直口，深直腹，下腹急内收为小平底，内底平。内壁下部饰弦纹，内底饰旋纹。轮制，灰色胎，器壁薄，外底有明显线割痕。器表施青釉，釉层薄而均匀。D29M1：32，内底心略下凹。脱釉严重。口径10.9、底径5.3、高6厘米。（图3-29-3；彩版八七）

D29M1：33，外底有三处垫烧痕。釉面光滑。口径12.9、底径6.8、高6.9厘米。（图3-29-3；彩版八七）

D29M1：34，外底有三处垫烧痕。釉面光滑。口径12.3、底径6.1、高6.9厘米。（图3-29-3；彩版八七）

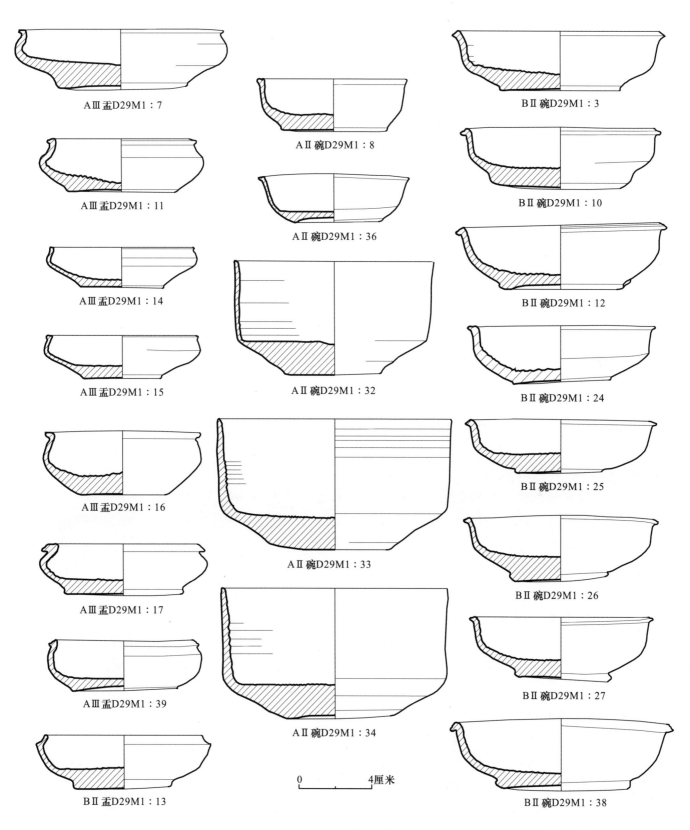

AⅢ盂D29M1：7

AⅢ盂D29M1：11

AⅢ盂D29M1：14

AⅢ盂D29M1：15

AⅢ盂D29M1：16

AⅢ盂D29M1：17

AⅢ盂D29M1：39

BⅡ盂D29M1：13

AⅡ碗D29M1：8

AⅡ碗D29M1：36

AⅡ碗D29M1：32

AⅡ碗D29M1：33

AⅡ碗D29M1：34

0　　　　　4厘米

BⅡ碗D29M1：3

BⅡ碗D29M1：10

BⅡ碗D29M1：12

BⅡ碗D29M1：24

BⅡ碗D29M1：25

BⅡ碗D29M1：26

BⅡ碗D29M1：27

BⅡ碗D29M1：38

图3-29-3　D29M1出土器物图（一）

B型Ⅱ式　8件。形制类似。尖唇，斜沿，敞口，弧腹浅坦，平底。内底饰旋纹。轮制，青灰色胎。器表施青釉，釉层薄而均匀。D29M1：3，外底有明显线割痕，外底饰刻划符号。釉层几乎脱落殆尽。口径11.7、底径6.6、高3.2厘米。（图3-29-3；彩版八七）

D29M1：10，沿部饰弦纹。外底粘连窑渣。釉面光滑有光泽。口径10.3、底径6.8、高3.2厘米。（图3-29-3；彩版八七）

D29M1：12，外底略内凹，沿部饰弦纹。下腹局部及外底粘连窑渣。釉面光滑有光泽。口径10.8、底径6.8、高3.4厘米。（图3-29-3；彩版八七）

D29M1：24，沿部饰一道弦纹。内壁下部饰旋纹，外底有明显线割痕。釉面光滑有光泽。口径10.3、底径5.4、高3厘米。（图3-29-3；彩版八七）

D29M1：25，沿部饰一道弦纹。内底粘连窑渣，外底有三个垫烧痕，外底有明显线割痕。釉面光滑有光泽。口径10.5、底径4.8、高2.9厘米。（图3-29-3；彩版八七）

D29M1：26，沿部饰一道弦纹。外底有明显线割痕并有两个点。釉面光滑有光泽。口径10.7、底径5.4、高3.5厘米。（图3-29-3；彩版八七）

D29M1：27，变形。沿部饰一道弦纹。下腹有刮削痕，外底有明显线割痕。脱釉严重。口径10.1、底径5.3、高3.3厘米。（图3-29-3；彩版八七）

D29M1：38，变形。外底略内弧。沿部饰两道弦纹，内壁下部饰旋纹。外底粘连窑渣。釉面光滑有光泽。口径12.2、底径7.2、高3.8厘米。（图3-29-3；彩版八七）

印纹硬陶鼎　1件。D29M1：5，敛口，溜肩，扁鼓腹，大平底。肩部贴饰三个横向"S"纹，底附三个扁平方形足。肩部饰细密水波纹，腹部满饰拍印回纹，足外侧饰刻划米字形纹。青灰色胎。口径13、腹径18.5、底径13.8、通高6.8厘米。（图3-29-4；彩版八八）

印纹硬陶坛　2件，均为Ⅴ式。圆唇，侈口，高颈，溜肩，鼓腹，平底。肩腹部满饰拍印纹。灰色胎。D29M1：31，肩腹部满饰拍印大方格填线纹。口径14.9、腹径26.4、底径16、高26厘米。（图3-29-4；彩版八八）

D29M1：35，肩部饰方格纹，上腹部饰米筛纹，下腹部饰方格纹。口径20.7、腹径29.8、底径17.7、高35.4厘米。（图3-29-4；彩版八八）

印纹硬陶罐　10件。

A型Ⅵ式　3件。侈口，矮束颈，溜肩，鼓腹，大半底。肩腹部满饰拍印纹。D29M1：28，方唇。颈部饰弦纹，腹部饰复线回纹。灰色胎。口径13.4、腹径16.2、底径9.5、高12.9厘米。（图3-29-5；彩版八八）

D29M1：29，圆唇。肩腹部饰复线回纹加"X"纹。灰色胎。口径9.5、腹径15.4、底径11.7、高11.1厘米。（图3-29-5；彩版八八）

D29M1：30，圆唇。肩部饰弦纹，腹部饰方格纹。红色胎。口径10.5、腹径16.4、底径11.6、高12.6厘米。（图3-29-5；彩版八八）

B型Ⅱ式　5件。斜沿，敛口，溜肩，扁鼓腹，平底。肩腹部饰拍印纹，肩部饰水波纹。灰胎。D29M1：1，底缘捏摁不规整。腹部饰方格纹。口径7.9、腹径13.6、底径10.6、高8.1厘米。（图3-29-5；彩版八八）

D29M1：2，底缘刮削痕迹明显。腹部饰方格纹，外底刻划八条线。口径7.9、腹径13.5、底径

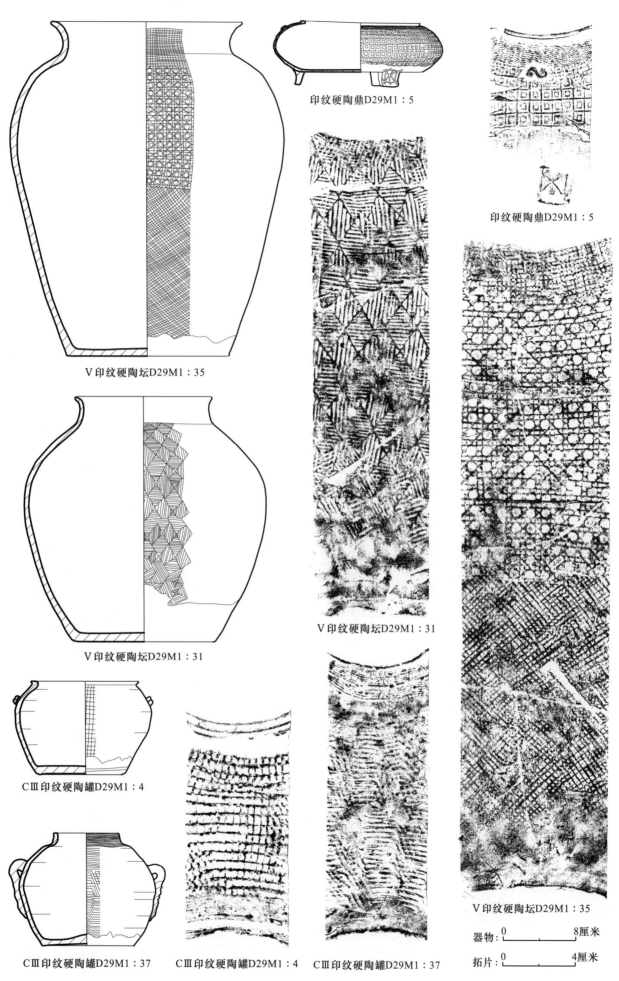

印纹硬陶鼎D29M1：5

V印纹硬陶坛D29M1：35

印纹硬陶鼎D29M1：5

V印纹硬陶坛D29M1：31

V印纹硬陶坛D29M1：31

CⅢ印纹硬陶罐D29M1：4

V印纹硬陶坛D29M1：35

CⅢ印纹硬陶罐D29M1：37　　CⅢ印纹硬陶罐D29M1：4　　CⅢ印纹硬陶罐D29M1：37

器物： 0　　　　　8厘米

拓片： 0　　　　　4厘米

图3-29-4　D29M1出土器物图（二）

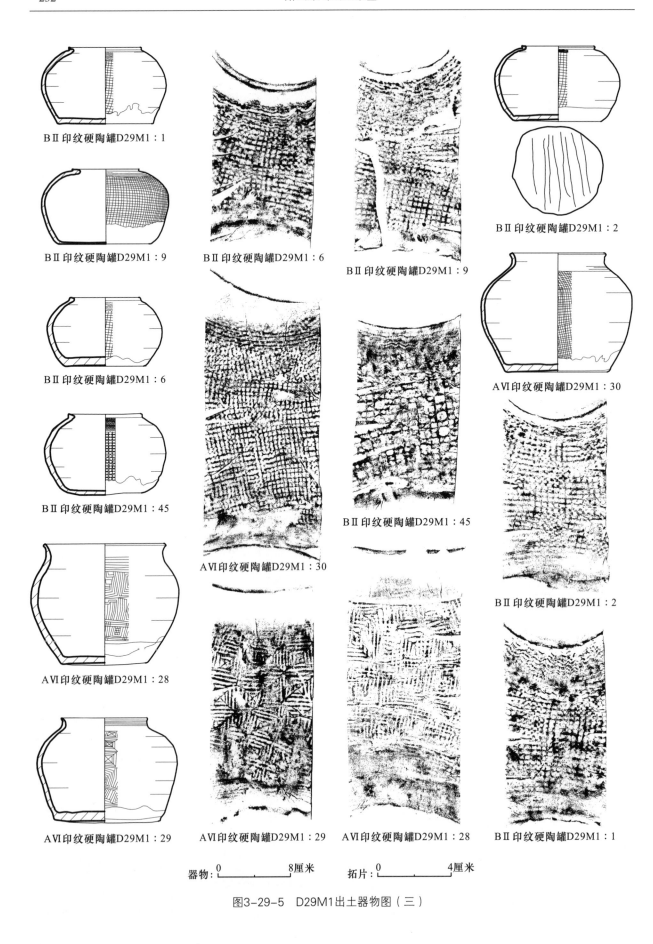

BⅡ印纹硬陶罐D29M1：1

BⅡ印纹硬陶罐D29M1：9

BⅡ印纹硬陶罐D29M1：6

BⅡ印纹硬陶罐D29M1：9

BⅡ印纹硬陶罐D29M1：2

BⅡ印纹硬陶罐D29M1：6

BⅡ印纹硬陶罐D29M1：45

AⅥ印纹硬陶罐D29M1：30

BⅡ印纹硬陶罐D29M1：45

AⅥ印纹硬陶罐D29M1：30

BⅡ印纹硬陶罐D29M1：2

AⅥ印纹硬陶罐D29M1：28

AⅥ印纹硬陶罐D29M1：29

AⅥ印纹硬陶罐D29M1：29

AⅥ印纹硬陶罐D29M1：28

BⅡ印纹硬陶罐D29M1：1

器物：0 _____ 8厘米　　　拓片：0 _____ 4厘米

图3-29-5　D29M1出土器物图（三）

9.7、高8厘米。（图3-29-5；彩版八九）

D29M1：6，外底粘连窑渣。腹部饰方格纹。口径7.7、腹径12.6、底径9、高7.3厘米。（图3-29-5；彩版八八）

D29M1：9，底缘捏摁不规整，腹部饰方格纹。口径7.3、腹径13.8、底径10.2、高7.9厘米。（图3-29-5；彩版八九）

D29M1：45，底缘经刮削，腹部饰米筛纹。口径8.1、腹径13.3、底径7.6、高8.5厘米。（图3-29-5；彩版八九）

C型Ⅲ式　2件。平沿，直口，溜肩，鼓腹，平底。上腹部饰两耳。灰色胎。D29M1：4，尖唇。上腹两耳为横向半环形耳。腹部满饰拍印方格纹。口径11.8、腹径14.9、底径9.2、高9.9厘米。（图3-29-4；彩版八九）

D29M1：37，方唇，矮直颈。上腹部饰对称竖向半环形耳，耳下连接泥条附加堆纹。颈部饰一组细密弦纹，肩腹部满饰拍印折线纹。胎体起泡。口径7.2、腹径14.9、底径10.1、高11.9厘米。（图3-29-4；彩版八九）

泥质陶罐　3件。D29M1：40，泥质灰陶。仅存残底。底径7厘米。（彩版八九）

D29M1：43，泥质灰陶。口腹残件。圆唇，敛口，弧腹。

D29M1：44，泥质红陶。残碎。

青铜挂饰　1件。D29M1：41，青铜质。圆柱形，柱中部穿一圆环，柱内空，柱下有两个圆环。柱正面饰云雷纹。残宽3、残高2.5厘米。（图3-29-6；彩版九〇）

青铜镞　2件。D29M1：46，青铜质，铤残。镞身细长，窄翼，凸脊。长铤。残长3.5、翼宽0.8厘米。（图3-29-6；彩版九〇）

D29M1：47，青铜质。镞身短，宽翼，凸脊，短铤。长3、翼宽1.5厘米。（图3-29-6；彩版九〇）

玉管　1件。D29M1：42，青白料。圆柱状，残。仅存半圆。素面。直径0.9、残长2.2厘米。（图3-29-6；彩版九〇）

石黛板　1件。D29M1：23，残。青色滑石质。长方体。面心略凹。表面磨制光滑细腻。素面无纹。残长8.6、宽6.6、厚0.8厘米。（图3-29-6；彩版九〇）

石圭　2件。D29M1：19，残。青灰色滑石质。顶端为三角形，一侧略残。下部呈长方形，底端略残。素面无纹。残高13.8、宽4.7、厚2.2厘米。（图3-29-6；彩版九〇）

D29M1：18，残。灰色滑石质。顶端为三角形，一侧残缺。下部呈长方形，残损严重。素面无纹。残高14、宽7.7、厚2厘米。（图3-29-6；彩版九〇）

石料　1件。D29M1：20，青色滑石质。多面体。表面多处打磨光滑。长5.9、宽4.8、厚5.3厘米。（图3-29-6；彩版九〇）

石球　1件。D29M1：21，完整。青色砂岩。长圆状。表面有打磨痕迹。长6.7、宽4.5、厚3.1厘米。（图3-29-6；彩版九〇）

石器　1件。D29M1：22，紫褐色页岩，器形不明，表面经过打磨。残高13.4、宽4.5、厚4.7厘米。（图3-29-6；彩版九〇）

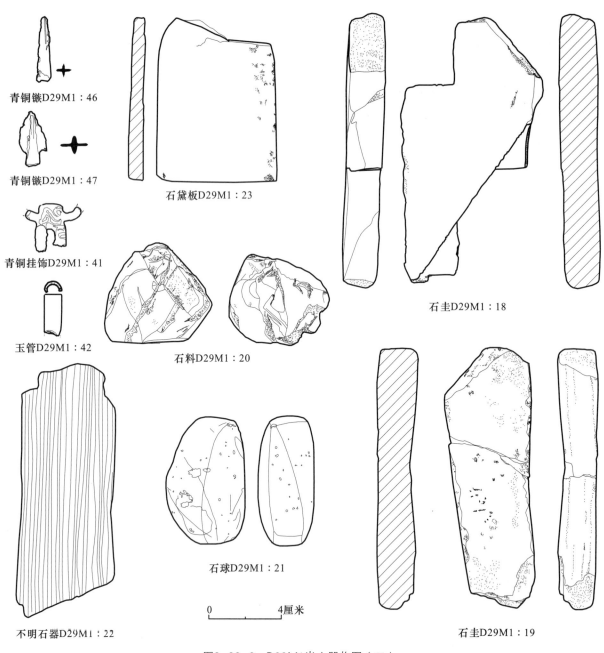

青铜镞D29M1：46

青铜镞D29M1：47

青铜挂饰D29M1：41

玉管D29M1：42

石黛板D29M1：23

石料D29M1：20

石圭D29M1：18

不明石器D29M1：22

石球D29M1：21

0　　　　　　4厘米

石圭D29M1：19

图3-29-6　D29M1出土器物图（四）

D30

土墩

　　D30位于无名山体北坡下部山脊处，南临D29，北临D31。东西两侧为陡坡，南北两侧较为平缓，土墩中部为山路。清理前，土墩看上去是一处较为平缓的山脊，隆起不甚明显，清除地表杂物后，才发现较明显隆起，整体呈南北走向，与山脊走向一致，地势南高北低，底缘高差约0.5米，封土顶部较为平缓，平面形状略呈长圆形，长径约38、短径16.2米，现存高度约2.8米。土墩中部发现两处明显凹陷痕迹，两凹痕将土墩分成紧紧相连的三个部分，看似三个紧密相连、相互叠压的土墩。地表长满杂草和低矮灌木，落叶遍地，土墩南北两端各长着一丛苦竹。土墩东北部发现一个平面呈曲尺形的盗沟，南北长约2、东西长约1.5、宽约0.5、深约0.5米。盗沟扰土已与封土无异，无法分辨，应该非近期形成。盗沟内未见遗物。清理未见明显的早期盗洞。

发掘时布一条南北向隔梁和两条东西向隔梁，将整个土墩分成六个部分，各部分同时进行，保持工作进度的同步性。（图3-30-1；彩版九一，1~3）

清除土墩顶部厚约5厘米的灰黑色植物腐殖质后，即见土墩封土。封土厚约2.15米，可明显分为5层（彩版九一，4~6）：

第①层：厚0.1~2.15米，四周较厚，中部较薄。土色黄褐，土质疏松，含有大量植物根系和大量散乱的大石块，发现少量炭块，南北两端底部为山体基岩。其内包含大量印纹硬陶片和少量原始瓷残片，还见少量泥质灰陶和红陶残片。印纹硬陶纹饰有大型云雷纹、回纹、折线纹、方格纹等，可辨器形有坛、罐、瓿等，有平底器，也见圜底器。

土墩西南部①层上部发现一组五件器物，应为祭祀器物群，编号D30Q1。土墩北端①层下发现一组四件器物，也应为祭祀器物群，编号D30Q2。

第②层：厚0.04~1.25米，南北长约22.8、东西宽约9.4米，南部及东西两侧较厚，中间和北端较薄，西北部被D30M2打破。土色灰黄，土质坚硬，十分致密，似经夯筑，其内包含碎小石子和大石块，底部四周均见排列零乱的大石块，土墩南部东西两侧底部发现少量炭块。其内出土大量印纹硬陶残片和原始瓷残片，还见少量泥质灰陶残片。印纹硬陶的纹饰有大型云雷纹、回纹、折线纹、弦纹叠套复线菱形纹、弦纹、附加堆纹等，可辨器形有坛、罐和瓿。原始瓷有厚胎厚釉的罐，也有薄胎薄釉的高圈足豆。（彩版九一，7、8）

第③层：厚0~0.43米，南北长约21.2、东西宽约4.67米，分布不均匀，顶部不见，四周较厚，西北部被D30M2打破。土色红褐，土质坚硬，较为致密，其内包含炭粒、炭块、小石子和少量石块。其内出土少量印纹硬陶残片，纹饰为回纹。（彩版九一，9）

第④层：厚0~0.4米，南北长约16.2、东西宽约3.9米，分布不均匀，土墩南北两端顶部少见，土墩中部分布密集，最厚处可达0.6米，纵剖面为驼峰状。土色红褐，土质坚硬，为红烧土，东南局部可见明显的烧结痕迹，烧结面十分坚硬。其内包含物较少，仅见印纹硬陶残片，纹饰有方格纹和回纹。（彩版九一，10，彩版九二，1、2）

第⑤层：厚0.05~0.95米，南北长约21.26、东西宽约4.4米，分布不均匀，土墩南北两端较薄，土墩中部较厚。土色灰黑，土质疏松，为炭灰层，当为木室被焚后形成。其内夹杂零星红烧土和大量炭粒、炭块，不见遗物。（彩版九二，3~5）

⑤层下四周发现少量树皮堆积，并暴露D30M1的人字形木室。

墩底中部东西两侧暴露基岩。

墓葬与器物群

土墩内发现两座墓葬和两个器物群，分别编号D30M1、D30M2、D30Q1和D30Q2。

D30M1位于土墩中部，长方形石床木室墓，整体走向为南北向，与土墩走向基本一致，方向344°，由石床、白膏泥墓底、枕木、人字形木室等组成。（图3-30-2）

墓葬的营建方式为：选择山脊较为平缓宽敞处平整地表（局部可见修凿基岩的痕迹），并设置明显的墓葬范围，在地表平铺一层大小不一的小石块构成石床，石床之上铺一层白膏泥形成墓底，其上铺几根横向枕木，用原木斜撑构建木室，其上铺一层树皮，最后封土成堆。

以下按照墓葬营建顺序的先后，对墓葬的各个部分分别予以介绍：

（1）墓基：D30M1建于山脊平地之上，在营建墓葬时先行平整地表，平整地表过程中部分区域已经裸露山体基岩，如墓底北端、南部和中部均可见明显的基岩。为使墓底平整，修建时明显利用了基岩的走势，多借用基岩表面作为墓葬基础。在东南部的一块基岩上即留有一处明显的人工修凿的痕迹，将基岩的西部表面凿成一条南北向的直线，深约5厘米，凿痕处铺垫小石块构成石床的一部分。（彩版九二，6）

（2）石床：墓基之上平铺一层小石块作石床，长约20.5、宽2.9~4、厚0.05~0.18米，表面较平整，中部略微下陷，整体南高北低，斜度约为1°。多使用长0.05~0.15米的小石块铺砌，除南北两端靠近基岩处铺砌较为零乱外，其余部分铺砌均较为紧密。（图3-30-3；彩版九二，7）

（3）白膏泥墓底：白膏泥平铺于石床之上形成墓底，并将石床小石块间的缝隙填满。白膏泥铺设范围比石床范围略大，整体盖住石床，并向外延伸，长约21.15、宽约4.2、厚0.1~0.25米。白膏泥表面较为平整，除了中部略微下陷外，其余基本处于同一水平面上。白膏泥质地比较纯净，仅局部夹杂沙粒。白膏泥墓底保存十分完整，未见破坏痕迹。清理发现墓底白膏泥连接紧密，整体性极强，十分坚硬，不易清理。未见明显的分层现象和夯筑痕迹，但在当初铺设时肯定做过整平处理，可能也经过简单的夯筑。墓底边界较为分明，当初在铺设时其四周应该使用一定的设备进行围拦。白膏泥质地细腻，结构致密，渗水性小，颜色为灰白色或青白色，可对墓葬防水、防潮起到一定作用。（彩版九三，1~4）

（4）枕木：位于墓室南部，用修整好的枋木东西向平行横铺于墓底白膏泥之上，所用木材均加工成扁平状，现已全部炭化，呈块状。清理发现东侧有四处枕木痕，西侧有两处枕木痕，两侧的枕木痕有一处可以连成一条线，二者应为同一条枕木，长5.47、宽0.19、厚0.05米。枕木的外端均伸出白膏泥墓底之外，外端残痕略整齐。枕木分布不均匀，①层、②层和③层封土底部所出的炭块可能均属于枕木残块。（彩版九三，5、6）

（5）人字形木室：分布于白膏泥之上，总长20.69米，东西两壁使用枋木斜向相互支撑而成，构成横截面呈三角形的墓室，木材全部炭化（彩版九三，7；彩版九四，1）。可分成南部、中部、北部共三部分。

南部保存较好，基本保存着墓葬埋葬时的原有形态，长10.16、宽1.78~3.62、残高1.23米（彩版九四，2~8；彩版九五，1~3）。中间基本不见红烧土，两侧中下部可见部分红烧土堆积，中北部枋木大小、数量尚可勉强分辨，而南端和东南部的枋木则基本炭化朽成一体，相互粘连，无法分辨。枋木顶端平直（彩版九四，9），部分枋木截面形态尚十分明显，相互支撑构成墓室顶部（彩版九六，1），底端因炭化严重已无法准确看出其原有形态，不过从清理出的炭块分布情况分析，它们原来均应经过斜削，以便扩大与墓底的接触面，直接与墓底紧密相贴（彩版九六，2）。清理情况显示东西两壁的枋木均为双层结构，木材的大小似乎没有一定规格，枋木顶端的截面显示其尺寸大小存在较大差异，直径最小的只有0.15米，而直径最大的可达到0.45米，以0.2~0.35米的较为常见。内层枋木未见明显的加工痕迹，其截面形态均为弧形的原木原始形态，可能直接利用原木搭建。西壁外层可辨枋木有20根，东壁外层可辨枋木有10根。西壁中北部的外层枋木可见明显的加工痕迹，四面均加工的极为平整方正，截面形态呈长方形，长约0.4米，宽约0.2米，因炭化严重，枋木的原有长度无法得知，现存可测量的最长的枋木长度约1.8米（彩版九五，4；彩版九六，3、4；彩版九七，1）。枋木之间连接紧密，构建之时枋木应排列十分整齐，相邻枋木紧密相贴，严密合缝。因时间久远，且墓葬遭到焚毁，木材全部炭化，现存枋木除了底端排列稍整齐外，中部和顶端均高低不平，错落无序。西壁中部枋木的中间发现一根与枋木垂直分布的木条，长约0.4米，宽约0.15米，它紧贴枋木之上，横跨三根枋木，枋木与木条相结合处有缺损，可能这三根枋木此处原来开凿有卯口，木条的作用是固定枋木，防止其移位（彩版九六，5～7；彩版九七，2）。但是，值得注意的是，该木条仅见一处，且范围较小，紧邻其两侧的枋木保存均较好，与木条相应的位置保存着原有的平整形态，均未见明显的修凿痕迹。

中部保存较差，长4.62、宽1.24、残高0.25米。顶部和两侧分布着密集厚实的红烧土堆积，上部灰黑色土亦较厚，仅中间残存长约1.65米的木炭堆积，木炭烧结成块，很难分辨木材的原有形态。木炭形态显示其原有结构应该也是使用木材斜向相互支撑而成，截面结构为三角形，只是此处木材规格比南部小很多，且为单层结构，顶部损毁，底端排列略整齐（彩版九七，3）。

北部保存一般，长5.91、宽约2.78、残高0.68米。中部、北部不见红烧土，南部可见厚薄不一的红烧土堆积，南端枋木大小、数量尚可勉强分辨，北端则可明显辨认。枋木堆积结构与南部相似，也是相互斜撑构成墓室顶部，只是因为炭化严重，枋木顶端多已无存，故而中部多呈空白状。西侧可辨枋木有22根，东侧可辨枋木有14根。所用枋木均为原木结构，未见明显的修凿痕迹，且枋木规格明显低于墓室南部，直径较小，直径0.05～0.25米不等，以0.1～0.2米为主。枋木底端由南向北逐渐内收。最北端的枋木呈倒伏状，基本与墓底呈平行状分布。东南侧上部发现一根南北向与枋木呈垂直结构的枋木，该木已断成三截，直径约0.2、残长约2.9米，它压在斜撑的枋木之上，可能是墓室顶部的类似脊梁的构建。（彩版九七，4～8）

（6）树皮：墓室南部的东南侧、东侧、西侧，中部的东侧和北部的东侧枋木底端外侧均发现少量树皮，这些树皮呈薄皮状铺于枋木之上。我们推测在墓室修建完成后，其上应该普遍铺设一层树皮，呈斜坡状覆盖于墓室外的树皮层可起到密闭墓室的效果，同时也有利于墓室外可能出现的渗水沿着斜坡状的树皮流向墓室两侧，以起到防水效果。在清理墓室中部墓底时，我们于白膏泥之上发现一块长8、宽5厘米的树皮平铺于白膏泥之上，由此我们推测，在墓底铺设完成后，其上可能全部铺有一层树皮。由于时间久远，且树皮仅为一层，加上墓葬被焚烧，树皮炭化严重，现存的树皮数量较少，我们只能管中窥豹，大致推测当时的情形。（彩版九七，9；彩版九八，1～6；彩版九九）

（7）棺木：位于墓室南部北端的墓室枋木之下，残长约2.1、残宽约1.7米，保存较差，全部成为炭块。其下部为墓底，现存结构为底部平铺东西向木材，朽后的厚度约为7厘米，其上为南北向的木材，朽后的厚度约为9厘米，二者之间无泥土间隔。南北向木材之上叠压着墓室的斜撑枋木。在清理墓室的过程中，仅于此处发现这种结构的堆积，其他地方均为分布较为杂乱的炭块，因而我们判断它应该就是原来棺木所在。（彩版九八，7、8）

由于棺木所处位置上部的枋木破坏极为严重，炭块与泥土混杂，并且相互粘连，极难清理，且枋木炭块与棺木朽后的炭块也相互粘连，极难分辨，因而当棺木痕迹暴露时，我们没能及时将棺木朽后的炭块与枋木朽后的炭块区分开来，而是将其一起清理掉，当清理到棺木东南部保存较

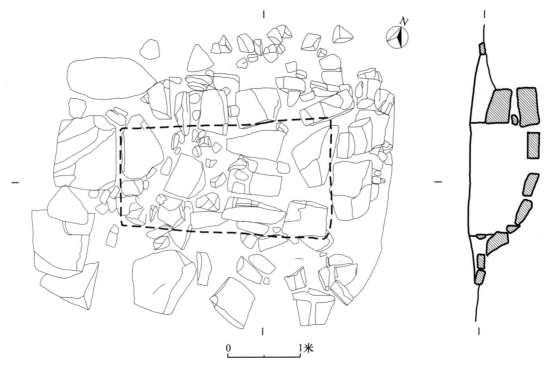

图3-30-4　D30M2平、剖面图

好部分时我们才认识到棺木的存在并将其保留。

　　墓室内填土有一定差别，南部填土为黄褐色，十分坚硬，上部夹杂大量炭块，底部较纯净；中部和北部的填土上部为炭灰状的灰黑色土，夹杂炭块，底部为黄褐色土，较为坚硬，纯净。底部的填土可能属于淤积、渗漏形成的堆积，而夹杂炭块的土和灰黑色土则为墓葬被焚毁形成的堆积。

　　由于墓葬遭到严重盗扰，随葬品几乎无存，仅于墓底南部发现3件随葬品，有原始瓷豆和碟。

　　D30M2位于土墩西北部，开口于①层封土下，打破②层和③层封土，石室墓，方向为251°。石室修建于山脊西坡，地势东高西低，西端顶部的石块局部裸露于地表。石室整体呈长方形，长4.94、宽4、高1.1米。墓室略呈梯形，东宽西窄，长2.88、宽1.2～1.6、高0.87米。西壁用巨石垒砌，较为竖直。东壁、南壁和北壁用大小不一的石块垒砌而成，由下向上逐步内收，石块较为零乱。顶部盖大小不一的石块。墓底为泥底，东高西低，不甚平整。墓内填土呈黄褐色，较疏松，其内包含大量石块。填土中仅发现三片印纹硬陶残片，纹饰为云雷纹和回纹。未见人骨、葬具痕迹。（图3-30-4；彩版九八，9、10）

　　D30Q1位于土墩西南角①层封土上部，仅见一组器物，未见明显挖坑营建痕迹，器物群上下均为熟土堆积，土质土色与①层堆积

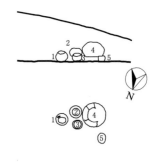

图3-30-5　D30Q1平、剖面图

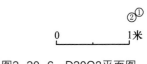

图3-30-6　D30Q2平面图

相同。共5件器物，有印纹硬陶罐、瓿和泥质陶罐。（图3-30-5；彩版九八，11、12）

D30Q2位于土墩北端①层封土底部，仅见一组四件器物，未见明显的遗迹痕迹。其南部为整块山体基岩，两件原始瓷碗置于基岩顶部，北侧发现一堆石块，印纹硬陶瓿置于石块堆边上，瓿底即为风化基岩。（图3-30-6；彩版九八，13、14）

出土遗物

1.封土出土遗物

封土中出土有印纹硬陶残片和原始瓷残片。印纹硬陶纹饰包括大型云雷纹、回纹、折线纹、弦纹叠套复线菱形纹、方格纹等。可复原器物共5件，包括原始瓷豆和碟、印纹硬陶坛和罐。（图3-30-7、3-30-8）

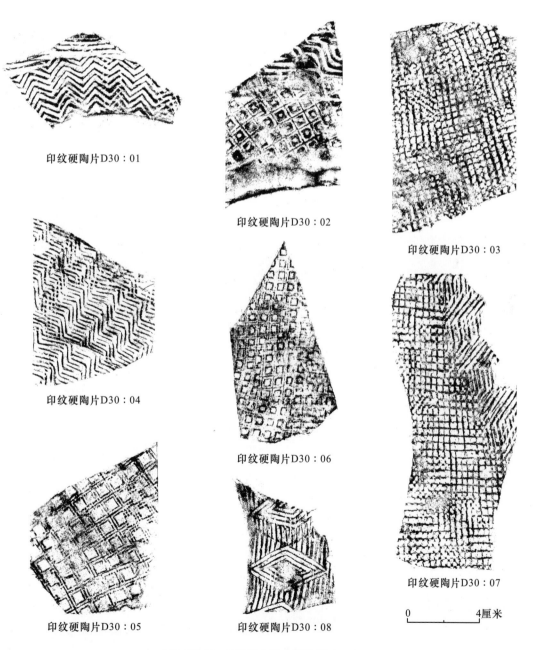

印纹硬陶片D30：01

印纹硬陶片D30：02

印纹硬陶片D30：03

印纹硬陶片D30：04

印纹硬陶片D30：06

印纹硬陶片D30：07

印纹硬陶片D30：05

印纹硬陶片D30：08

0　　　　4厘米

图3-30-7　D30封土出土器物图（一）

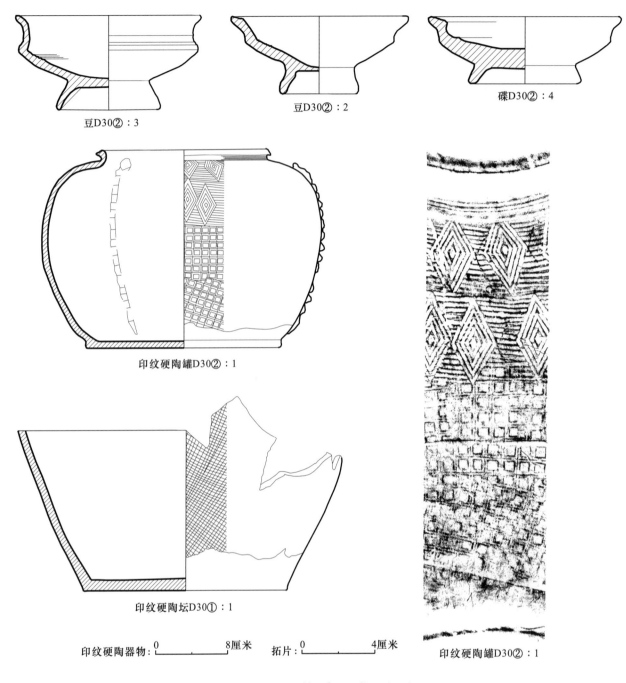

豆D30②：3

豆D30②：2

碟D30②：4

印纹硬陶罐D30②：1

印纹硬陶坛D30①：1

印纹硬陶器物：0   8厘米   拓片：0   4厘米

印纹硬陶罐D30②：1

图3-30-8　D30封土出土器物图（二）

原始瓷豆　2件。尖唇，斜沿，敞口，上腹直，下腹弧收，喇叭状高圈足。圈足与器身分制拼接成型。青灰色胎，器壁薄。器壁施青釉，釉层薄。D30②：2，沿部及内底周边各饰一组细密弦纹。脱釉严重。口径9.7、足径4.3、高4.1厘米。（图3-30-8；彩版九九）

D30②：3，内底周边饰一组细密弦纹。釉面光滑有光泽。口径10.1、足径5.7、高5厘米。（图3-30-8；彩版九九）

原始瓷碟　1件。D30②：4，圆唇，平沿，敞口，弧腹，矮圈足。圈足与器身分制拼接成型。沿部饰弦纹，外底有一道黑衣。青灰色胎。器表施青褐釉，釉层明显，釉面光滑有光泽。口

径10.5、足径6.1、高3.5厘米。（图3-30-8；彩版九九）

印纹硬陶坛　1件。D30①：1，口残，束颈，溜肩，鼓腹，平底。肩部饰折线纹，腹部饰方格纹。灰色胎。底径22.5、残高17厘米。（图3-30-8；彩版九九）

印纹硬陶罐　1件。D30②：1，尖唇，侈口，矮束颈，耸肩，鼓腹，大平底，底缘外侈。颈部饰弦纹，肩部及上腹部饰弦纹叠套复线菱形纹，下腹部饰回纹，肩及腹部贴饰三条扉棱状附加堆纹，堆纹均切削呈锯齿状。红褐色胎。口径19.2、腹径31、底径21.5、高21厘米。（图3-30-8；彩版九九）

2. D30M1出土遗物

共3件，包括原始瓷豆和碟。

原始瓷豆　2件，均为C型Ⅰ式。D30M1：2，圆唇，斜沿，上腹直，下腹弧收，喇叭状圈足。圈足与器身分制拼接成型。沿部内底周边各饰一组细密弦纹。青灰色胎，胎壁薄。器表施青釉，釉层薄，釉面光滑有光泽，局部脱釉。口径10.5、足径5.1、高4.9厘米。（图3-30-9；彩版九九）

D30M1：3，腹底残件。弧腹，喇叭状圈足。青灰色胎，胎壁薄。器表施青釉，釉层薄，局部脱釉。足径5、高2.1厘米。（图3-30-9；彩版九九）

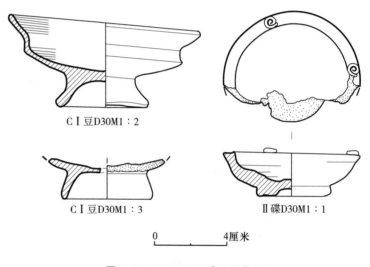

CⅠ豆 D30M1：2

CⅠ豆 D30M1：3　　　Ⅱ碟 D30M1：1

0　　　　4厘米

图3-30-9　D30M1出土器物图

原始瓷碟　1件，Ⅱ式。D30M1：1，平沿，敞口，弧腹，矮圈足。圈足与器身分制拼接成型。沿部饰三个"S"纹。青灰色胎，下腹有明显刮削痕。器表施青釉，釉层明显，釉面光滑有光泽。口径7.5、足径4.1、高2.4厘米。（图3-30-9；彩版九九）

3. D30Q1

共5件，包括印纹硬陶瓮、罐和泥质陶罐。

印纹硬陶瓮　1件，Ⅳ式。D30Q1：4，盘形口，溜肩，鼓腹，平底。肩部饰一组水波纹，腹部满饰拍印米筛纹，肩腹结合处有一周凸棱。灰色胎。口径16.2、腹径32.3、底径21.2、高25.3厘米。（图3-30-10；彩版一〇〇）

印纹硬陶罐　3件。

A型Ⅵ式　1件。D30Q1：2，尖唇，斜沿内弧，敛口，溜肩，鼓腹，平底。腹部满饰拍印米筛纹。灰色胎。口径9.4、腹径15、底径10.8、高11.8厘米。（图3-30-10；彩版一〇〇）

B型Ⅱ式　1件。D30Q1：3，敛口，平沿，溜肩，鼓腹，平底。腹部满饰拍印细小方格纹。灰褐色胎，外底修制不规整。口径10.2、腹径13.8、底径8.6、高8.2厘米。（图3-30-10；彩版一〇〇）

C型Ⅲ式　1件。D30Q1：1，敛口，平沿，矮颈，溜肩，扁鼓腹，平底。肩部贴饰对称横向半

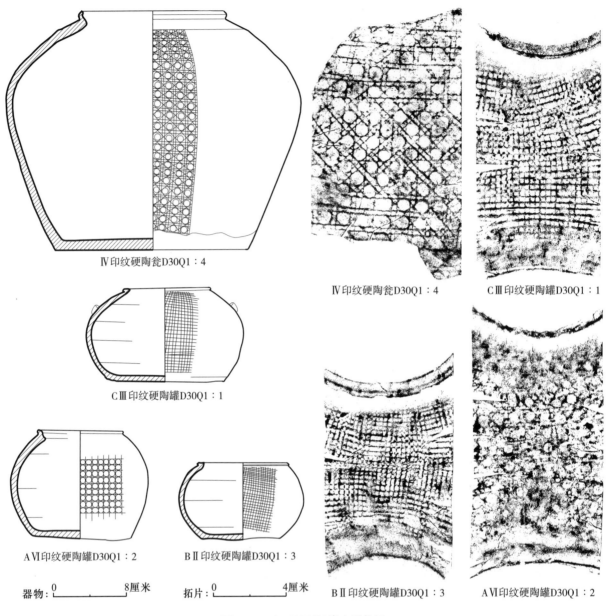

ⅣV印纹硬陶瓿D30Q1：4

ⅣV印纹硬陶瓿D30Q1：4　　　　　　CⅢ印纹硬陶罐D30Q1：1

CⅢ印纹硬陶罐D30Q1：1

AⅥ印纹硬陶罐D30Q1：2　　　BⅡ印纹硬陶罐D30Q1：3

器物：0　　　　8厘米　　拓片：0　　　4厘米　　BⅡ印纹硬陶罐D30Q1：3　　AⅥ印纹硬陶罐D30Q1：2

图3-30-10　D30Q1出土器物图

环形耳。肩、腹部满饰拍印细小方格纹。红褐色胎，底边有捏摁、刮削痕。口径9.7、腹径17.3、底径12.8、高10厘米。（图3-30-10；彩版一〇〇）

泥质陶罐　1件。D30Q1：5，泥质灰陶。残碎。

4.D30Q2

共4件，包括原始瓷碗、印纹硬陶瓿和玉饰。

原始瓷碗　2件。

A型Ⅰ式　1件。D30Q2：1，平沿，直口，上腹直，下腹弧收，小平底。青灰色胎，下腹及底有窑渣。器表施青釉，釉面光滑有光泽。口径11.2、底径5.8、高4.4厘米。（图3-30-11；彩版一〇〇）

B型Ⅰ式　1件。D30Q2：2，圆唇，直口，弧腹，小平底。青灰色胎。器表施青釉。外底有明

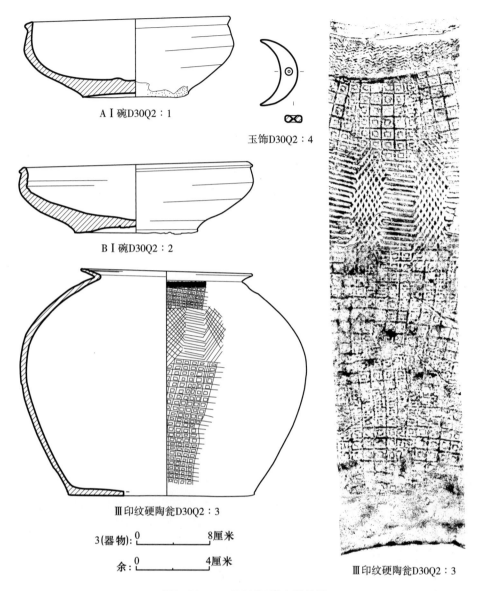

A Ⅰ碗D30Q2：1

玉饰D30Q2：4

B Ⅰ碗D30Q2：2

Ⅲ印纹硬陶瓮D30Q2：3

3(器物)： 0   8厘米

余： 0   4厘米

Ⅲ印纹硬陶瓮D30Q2：3

图3-30-11 D30Q2出土器物图

显线割痕。脱釉严重。口径12.3、底径6.7、高3.7厘米。（图3-30-11；彩版一〇〇）

印纹硬陶瓮 1件，Ⅲ式。D30Q2：3，圆唇，翻沿，敛口，束颈，溜肩，圆腹，平底。肩部饰一组细密水波纹，腹部饰拍印回纹与折线纹的组合纹。灰色胎。口径18.7、腹径31.2、底径20.3、高24厘米。（图3-30-11；彩版一〇〇）

玉饰 1件。D30Q2：4，璜形饰，乳白色玉，月牙形。宽3.5、厚0.3厘米。（图3-30-11；彩版一〇〇）

D31

土墩

D31位于无名山体北坡下部山脊处，南临D30。东西北三侧均为陡坡，南侧较为平缓，土墩中部为山路。清理前，土墩隆起不明显，清除地表杂物后，才看出较明显隆起，整体呈南北走向，与山脊走向一致，平面形状略呈椭圆形，长径约16.28、短径10.17米，现存高度约0.7米。墩底部南高北低，高差较小。地表植被茂盛，灌木丛生，落叶遍地，夹杂有些许樟树、若干松树，土墩东南部长有一小片竹林。土墩保存较完整，未见近期盗掘痕迹。发掘采用四分法进行清理。（图3-31-1；彩版一〇一，1、2）

封土顶部为2～15厘米厚的灰黑色植物腐殖质，此层南部薄北部厚，腐殖质下即为黄褐色封土。封土较为疏松，夹杂大量粗细不一的砂粒。封土底西部正中暴露一块巨大的基岩。封土内发现印纹硬陶残片、原始瓷豆和石镞等。印纹硬陶片的纹饰有方格纹、米筛纹和回纹等。

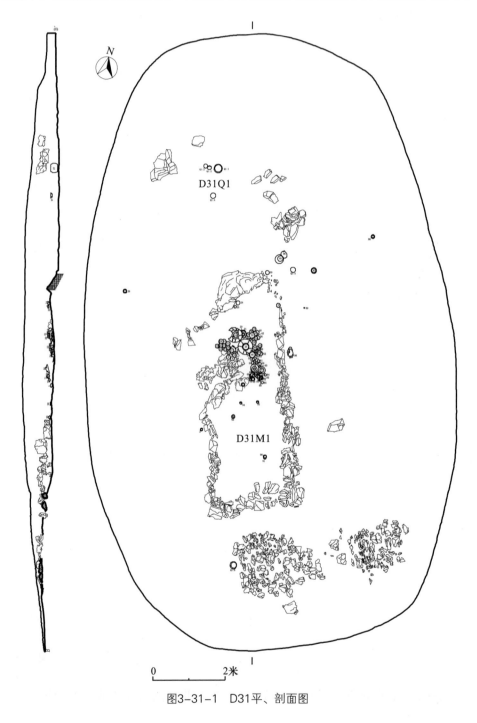

图3-31-1　D31平、剖面图

墓葬与器物群

土墩底部发现一座墓葬和一个器物群，分别编号D31M1和D31Q1。

D31M1位于土墩中部偏西，石框型墓。方向为346°。（图3-31-2；彩版一○一，3）

墓葬是在经过平整的山脊表面平地上用大小不一的石块围成，北部借用基岩，北壁遭破坏。

石框平面形状略呈长方形，残长约6、东西内宽约1.9、深0.32米。东西南三侧保存较为完整的

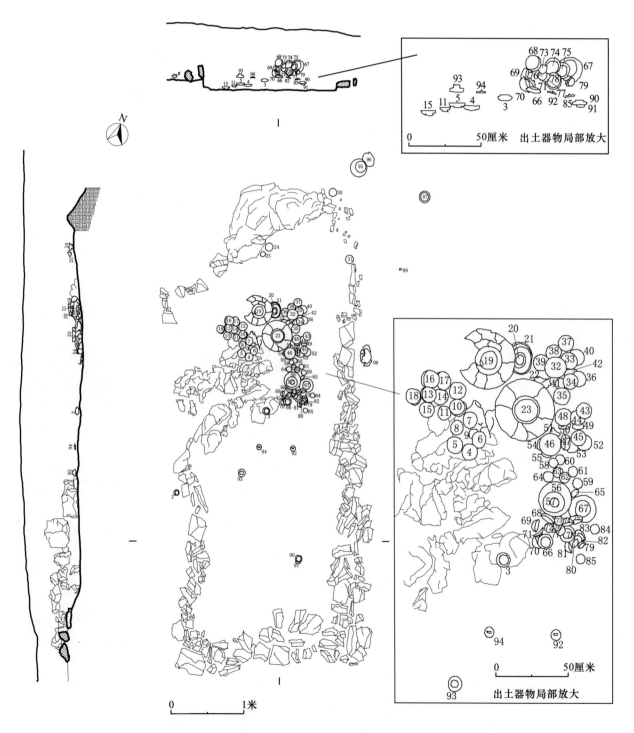

图3-31-2 D31M1平、剖面图

石砌墓壁，宽0.2～0.4米，石壁选用大小不一的石块垒砌，外侧较为整齐竖直，内侧略倾斜，内低外高。西壁的北部有一块大基岩，此处石壁仅残存零星石块。北壁破坏较为严重，石壁几乎无存，但发现一块巨大的基岩，或许石框的北壁本身就利用了基岩。

石框外侧南部发现一处人工堆积的石条堆积，北距石框外侧约0.5米，石条由大小不一石块垒砌而成，两侧堆积较厚，中间堆积较薄，长约4.75、宽约2.25米，石条堆积西边发现一件印纹硬陶罐（D31Q1：6）。整个堆积的性质不明。

墓内填土呈黄褐色，与封土略同。墓底垫土厚约5厘米，其上放置随葬品。

随葬品多置于墓底北部，其中小件的原始瓷器存在重叠置放现象，两件较大的原始瓷罐则被压碎。石框外围还发现少量原始瓷盂、豆和两件印纹硬陶瓿，另外，在墩底东西边缘中部发现原始瓷盂和豆。石框边缘和墩底外围发现的器物与石框内发现的器物时代风格一致，因此，它们应该是营建墓葬时有意放置的。随葬品种类有原始瓷、印纹硬陶和泥质陶等，共发现107件，以原始瓷为主。器形有原始瓷罐、豆、盂以及印纹硬陶罍、瓿和陶纺轮等。（彩版一〇一，4）

D31Q1位于土墩北部偏西，D31M1北侧，东西两侧各发现一堆石块堆积，作用不明，未见明显的挖坑营建痕迹，仅见4件器物相对集中分布。另于D31M1东北外侧发现一件原始瓷尊（D31Q1：5），该尊的时代特征与D31M1随葬品相差较大，但是与器物群内的器物特征一致，南部石条边发现的印纹硬陶罐与尊的情况类似，因此，我们将它们归入器物群内。

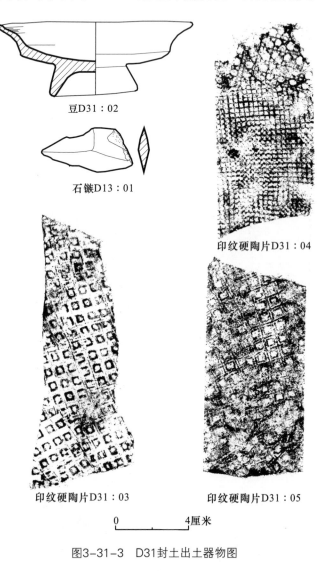

豆D31：02

石镞D13：01

印纹硬陶片D31：04

印纹硬陶片D31：03　　　印纹硬陶片D31：05

0　　　　　　4厘米

图3-31-3　D31封土出土器物图

出土遗物

1.封土出土遗物

封土内发现印纹硬陶残片、原始瓷豆和石镞等。印纹硬陶片的纹饰有方格纹、米筛纹和回纹等。可复原器物共2件，包括原始瓷豆和石镞。（图3-31-3）

原始瓷豆　1件。D31：02，圆唇，敞口，上腹内弧，下腹折内收，喇叭状圈足。圈足与器身分制拼接成型。口部及内底周缘饰弦纹。器表施青釉，釉层薄而均匀，釉面光滑有光泽。口径10.6、足径4.8、高3.9厘米。（图3-31-3；彩版一〇一）

石镞　1件。D31：01，略残。镞身略呈三角形，双翼有凸脊，断面呈扁菱形。磨制光滑，双刃极薄。残长5、宽2.3、厚0.6厘米。（图3-31-3；彩版一〇一）

2.D31M1出土遗物

共107件，包括原始瓷罐、豆、盂、盘、器盖以及印纹硬陶罍、瓿和陶纺轮。

原始瓷罐　2件，均为A型Ⅱ式。圆唇，敛口，束颈，溜肩，鼓腹，小平底。肩部饰弦纹和斜向戳印篦点纹，肩部贴饰对称环形纽，纽残，纽两端各饰一个竖向"S"纹。青灰色胎。器表施青黄色釉。D31M1：19，斜沿。肩部饰七组弦纹，每组各两道，弦纹上饰戳印篦点纹，下腹饰一周席纹。脱釉严重。口径16.6、腹径30.7、底径13.2、高19.5厘米。（图3-31-4；彩版一〇二）

D31M1：23，盘形口。肩部饰三组弦纹带，其间饰两组斜向戳印篦点纹，下腹饰折线纹。脱釉严重。口径18.2、腹径30.1、底径13.3、高21厘米。（图3-31-4；彩版一〇二）

原始瓷豆　共53件。

B型Ⅲ式　49件。

青黄釉　29件。圆唇，直口微敞、直口或直口微敛，弧腹，矮圈足。圈足与器身分制拼接成型。除了D31M1：61外，上腹均饰弦纹。器表施青黄釉不及圈足，釉层明显，多脱釉现象。D31M1：9，敛口，内底心微凸。足底饰"二"形刻划符号。青灰色胎。脱釉严重。口径9.6、足径6.5、高3.9厘米。（图3-31-5；彩版一〇二）

D31M1：12，直口微敞。足底饰"×"形刻划符号。青灰色胎，胎体起泡。局部脱釉。口径10.7、足径6.2、高4.9厘米。（图3-31-5；彩版一〇二）

D31M1：13，直口，内底略下凹。足底饰"V"形刻划符号。青灰色胎。脱釉严重。口径9.3、足径5.7、高4.1厘米。（图3-31-5；彩版一〇三）

D31M1：16，直口。内壁及足底粘连窑渣。青灰色胎。局部脱釉。口径10.6、足径5.3、高4.4厘米。（图3-31-5；彩版一〇三）

D31M1：17，直口，内底略下凹。足底饰"工"形刻划符号。青灰色胎。釉面光滑有光泽，局部脱釉。口径10.5、足径5.9、高4.1厘米。（图3-31-5；彩版一〇三）

D31M1：18，口微敛，内底压圈。足底饰不规则形刻划符号。灰黄色胎。釉层几乎脱落殆尽。口径9.8、足径5.2、高4.3厘米。（图3-31-5；彩版一〇三）

D31M1：20，直口，内底心微凸。下腹有明显刮削痕。足底饰反"N"形刻划符号。青灰色胎。釉层保存较好。口径8.6、足径5.1、高3.6厘米。（图3-31-5；彩版一〇三）

D31M1：30，口微敛，内底压圈。下腹粘连窑渣并有明显刮削痕。青灰色胎。口径8.5、足径4.8、高3.4厘米。（图3-31-5；彩版一〇三）

D31M1：31，口微敛。下腹粘连窑渣。青灰色胎。釉面光滑有光泽，局部聚釉，聚釉处釉色较深。口径9.6、足径5.2、高3.8厘米。（图3-31-5；彩版一〇三）

D31M1：35，直口微敛，内底压圈。下腹粘连窑渣。足底饰"一"形刻划符号。青灰色胎。脱釉严重。口径9、足径4.9、高3.3厘米。（图3-31-5；彩版一〇四）

D31M1：36，直口微敛，内底略下弧。足底饰"工"形刻划符号。青灰色胎。局部脱釉。口径10.5、足径5.4、高4.3厘米。（图3-31-5；彩版一〇四）

D31M1：37，直口，内底略下弧。下腹有刮削痕。青灰色胎。釉层几乎脱落殆尽。口径9.5、足径5.5、高3.8厘米。（图3-31-5；彩版一〇四）

D31M1：38，直口微敛，内底压圈。青灰色胎。口径10.9、足径6.1、高4.3厘米。（图

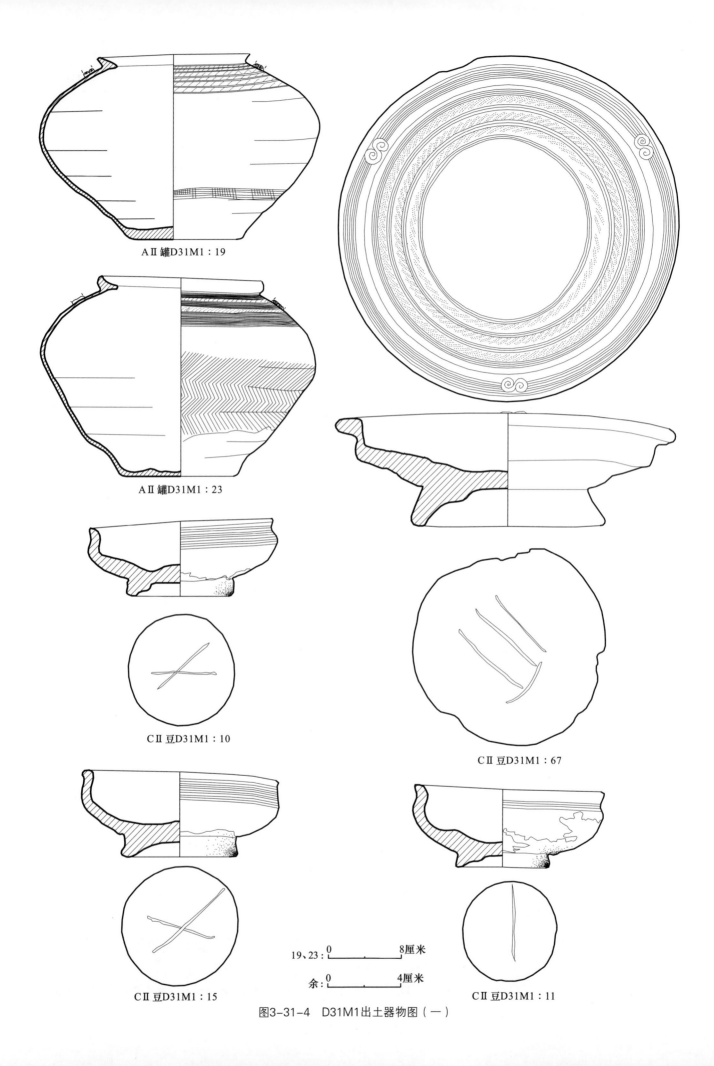

AⅡ罐D31M1：19

AⅡ罐D31M1：23

CⅡ豆D31M1：10

CⅡ豆D31M1：67

CⅡ豆D31M1：15

CⅡ豆D31M1：11

19、23：0 _____ 8厘米

余：0 _____ 4厘米

图3-31-4　D31M1出土器物图（一）

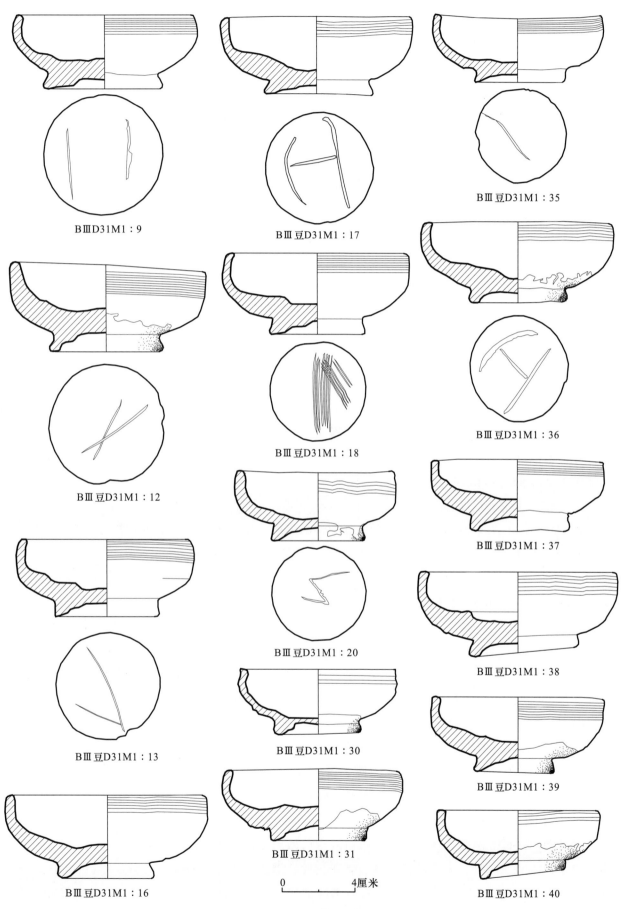

BⅢD31M1：9

BⅢ豆D31M1：17

BⅢ豆D31M1：35

BⅢ豆D31M1：12

BⅢ豆D31M1：18

BⅢ豆D31M1：36

BⅢ豆D31M1：37

BⅢ豆D31M1：13

BⅢ豆D31M1：20

BⅢ豆D31M1：38

BⅢ豆D31M1：30

BⅢ豆D31M1：39

BⅢ豆D31M1：16

BⅢ豆D31M1：31

0   4厘米

BⅢ豆D31M1：40

图3-31-5 D31M1出土器物图（二）

3-31-5；彩版一〇四）

D31M1：39，直口，内底下弧。青灰色胎，胎体起泡。下腹有聚釉现象。口径9.5、足径4.4、高4厘米。（图3-31-5；彩版一〇四）

D31M1：40，直口，内底压圈。内底粘连窑渣。青灰色胎。釉面光滑有光泽。口径9、足径4.7、高3.4厘米。（图3-31-5；彩版一〇四）

D31M1：41，直口，底心微凸。足底饰五条戳印篦点纹。青灰色胎。脱釉严重。口径10、足径5.7、高3.7厘米。（图3-31-6；彩版一〇四）

D31M1：42，直口，内底压圈。下腹有细微刮削痕。青灰色胎。釉面光滑有光泽。口径8.9、足径4.4、高3.9厘米。（图3-31-6；彩版一〇四）

D31M1：43，直口，内底粘连窑渣。足底饰六条戳印篦点纹。青灰色胎。脱釉严重。口径10.6、足径6.6、高4.3厘米。（图3-31-6；彩版一〇四）

D31M1：44，直口，内底略下弧。下腹粘连窑渣并有刮削痕。青灰色胎。局部脱釉。口径8.5、足径4.7、高3.7厘米。（图3-31-6；彩版一〇五）

D31M1：45，直口，内底压圈。上腹粘连窑渣。青灰色胎。釉面光滑，局部聚釉，局部脱釉。口径8.8、足径4.9、高3.9厘米。（图3-31-6；彩版一〇五）

D31M1：50，直口，内底略下弧。下腹有明显刮削痕。足底粘连窑渣。青灰色胎。局部脱釉。口径8.6、足径4.7、高3.6厘米。（图3-31-6；彩版一〇五）

D31M1：53，直口微敞，内底下弧。下腹有明显刮削痕。下腹及足底粘连窑渣。青灰色胎。釉面光滑有光泽。口径8.7、足径4.7、高3.6厘米。（图3-31-6；彩版一〇五）

D31M1：55，口微敛，底心凸起。足底饰"π"形刻划符号。灰黄色胎。釉层几乎脱落殆尽。口径8.7、足径5.1、高3.6厘米。（图3-31-6；彩版一〇五）

D31M1：61，直口，内底下弧。下腹有细微刮削痕。足底饰"π"形刻划符号。青灰色胎。釉面光滑有光泽。口径7.4、足径4.7、高3.1厘米。（图3-31-6；彩版一〇五）

D31M1：64，直口，内底压圈。下腹有明显刮削痕。青灰色胎。釉面有光泽。口径8.6、足径4.5、高3.8厘米。（图3-31-6；彩版一〇五）

D31M1：65，直口微敞。下腹有刮削痕。青灰色胎。脱釉严重。口径7.6、足径4.2、高2.8厘米。（图3-31-6；彩版一〇五）

D31M1：88，直口微敛。下腹有细微刮削痕。内底及下腹粘连窑渣。青灰色胎。釉面光滑有光泽，局部脱釉。口径8.4、足径4.9、高3.6厘米。（图3-31-6；彩版一〇五）

D31M1：111，直口微敛，底心略鼓。足底粘连窑渣。灰黄色胎。釉层几乎脱落殆尽。口径8.8、足径5.6、高3.6厘米。（图3-31-6；彩版一〇五）

D31M1：112，直口，内底下弧。上腹弦纹之间饰一周斜向戳印篦点纹。足底粘连窑渣。足底饰"一"形刻划符号。青灰色胎。釉面光滑，局部聚釉，聚釉处釉色泛黑。口径8.5、足径5.4、高3.8厘米。（图3-31-6；彩版一〇五）

淡青釉　20件。圆唇，直口微敞、直口或直口微敛，弧腹，矮圈足。圈足与器身分制拼接成型。除了D31M1：52外，上腹均饰弦纹。青灰色胎。器表施青釉不及圈足，釉层厚，釉面光滑有光泽。D31M1：14，口部粘连窑渣，下腹有细微刮削痕。足底饰"一"形刻划符号。口径9.3、足

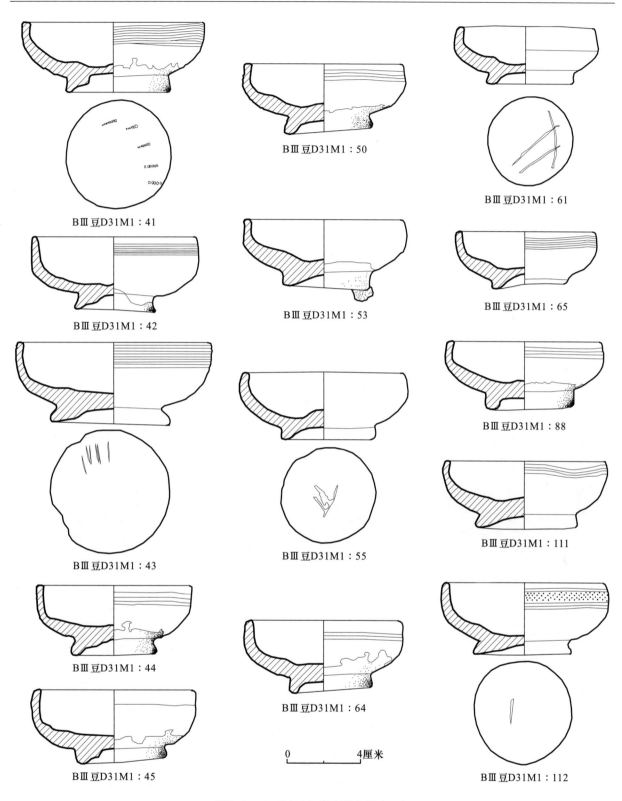

BⅢ豆D31M1：41

BⅢ豆D31M1：50

BⅢ豆D31M1：61

BⅢ豆D31M1：42

BⅢ豆D31M1：53

BⅢ豆D31M1：65

BⅢ豆D31M1：43

BⅢ豆D31M1：55

BⅢ豆D31M1：88

BⅢ豆D31M1：44

BⅢ豆D31M1：64

BⅢ豆D31M1：111

BⅢ豆D31M1：45

0　　　　　4厘米

BⅢ豆D31M1：112

图3-31-6　D31M1出土器物图（三）

径5.6、高3.6厘米。（图3-31-7；彩版一〇六）

　　D31M1：25，直口。内底略下弧，下腹有细微刮削痕。胎含大量沙粒。口径7.8、足径4.3、高3.3厘米。（图3-31-7；彩版一〇六）

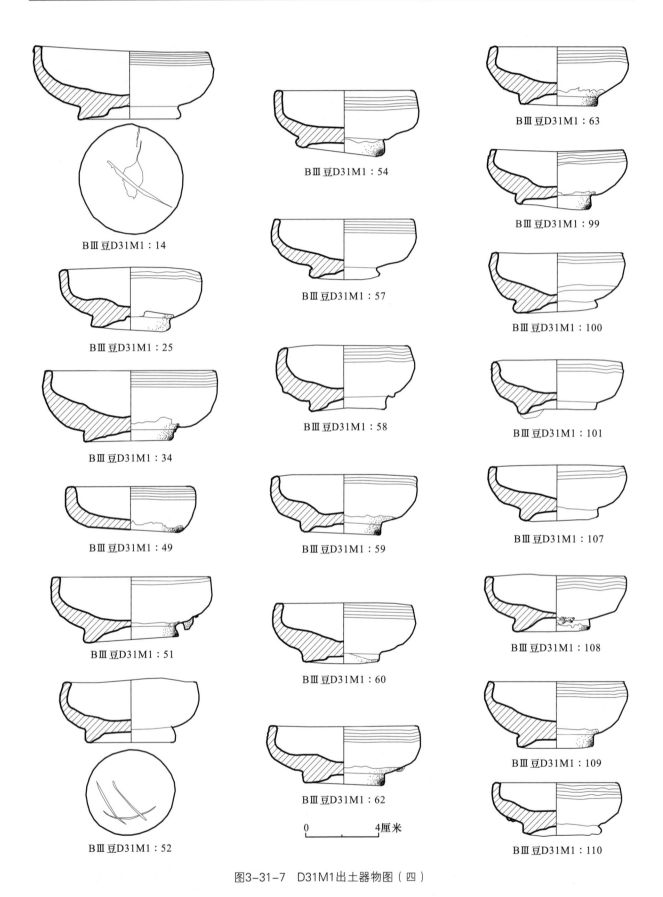

BⅢ豆D31M1：14

BⅢ豆D31M1：54

BⅢ豆D31M1：63

BⅢ豆D31M1：25

BⅢ豆D31M1：57

BⅢ豆D31M1：99

BⅢ豆D31M1：34

BⅢ豆D31M1：58

BⅢ豆D31M1：100

BⅢ豆D31M1：49

BⅢ豆D31M1：59

BⅢ豆D31M1：101

BⅢ豆D31M1：51

BⅢ豆D31M1：60

BⅢ豆D31M1：107

BⅢ豆D31M1：52

BⅢ豆D31M1：62

BⅢ豆D31M1：108

0　　　　　　4厘米

BⅢ豆D31M1：109

BⅢ豆D31M1：110

图3-31-7　D31M1出土器物图（四）

D31M1：34，直口微敛。内底略下弧，底心微凸，下腹有细微刮削痕。胎含大量沙粒。口径9.2、足径4.8、高3.7厘米。（图3-31-7；彩版一〇六）

D31M1：49，足残缺。直口微敞。内底略下弧，下腹有细微刮削痕。口径7、残高2.3厘米。（图3-31-7；彩版一〇六）

D31M1：51，直口微敛。内底略下弧，下腹粘连窑渣。局部聚釉。口径8.6、足径5.1、高3.3厘米。（图3-31-7；彩版一〇六）

D31M1：52，敛口。内底略下弧，下腹有刮削痕。足底饰"F"形刻划符号。口径7.3、足径4.9、高3.3厘米。（图3-31-7；彩版一〇六）

D31M1：54，直口。下腹有明显刮削痕。口径7.5、足径4.8、高3.3厘米。（图3-31-7；彩版一〇六）

D31M1：57，直口微敛。内底下弧，下腹有明显刮削痕。胎含沙粒。口径7.5、足径3.7、高3.2厘米。（图3-31-7；彩版一〇六）

D31M1：58，直口微敛。内底下弧，下腹有明显刮削痕。胎含大量沙粒。口径7.1、足径4.1、高3.3厘米。（图3-31-7；彩版一〇六）

D31M1：59，直口。内底略下弧，下腹有明显刮削痕。胎含沙粒。口径7.8、足径4.3、高3.1厘米。（图3-31-7；彩版一〇六）

D31M1：60，直口微敛。内底下弧，下腹有明显刮削痕。胎含沙粒。口径7.3、足径4.2、高3.2厘米。（图3-31-7；彩版一〇七）

D31M1：62，直口微敛。内底略下弧。下腹粘连窑渣并有明显刮削痕。口径8、足径4.4、高3厘米。（图3-31-7；彩版一〇七）

D31M1：63，直口微敛。内底略下弧。口径7.3、足径4.2、高3.1厘米。（图3-31-7；彩版一〇七）

D31M1：99，直口微敛。内底下弧，内底粘连窑渣。下腹有明显刮削痕。口径7.2、足径4.1、高3厘米。（图3-31-7；彩版一〇七）

D31M1：100，直口微敛。内底下弧，下腹有明显刮削痕。口径7.1、足径4.6、高3.1厘米。（图3-31-7；彩版一〇七）

D31M1：101，直口。内底下弧，下腹有细微刮削痕，足底粘连窑渣。口径6.9、足径4.3、高3.1厘米。（图3-31-7；彩版一〇七）

D31M1：107，直口。内底略下弧，下腹有细微刮削痕。足底粘连窑渣。口径7.2、足径4.3、高3厘米。（图3-31-7；彩版一〇七）

D31M1：108，直口。下腹粘连窑渣并有细微刮削痕。口径7.5、足径4.2、高2.9厘米。（图3-31-7；彩版一〇七）

D31M1：109，直口微敛。下腹有细微刮削痕。口径7.4、足径4.1、高3.5厘米。（图3-31-7；彩版一〇七）

D31M1：110，直口。下腹有细微刮削痕。下腹及足底粘连窑渣。口径6.7、足径4.3、高2.8厘米。（图3-31-7；彩版一〇七）

C型Ⅱ式 1件，大豆。D31M1：67，圆唇，斜沿，敞口，上腹直，下腹弧内收，喇叭状圈足，内底下凹。圈足与器身分制拼接成型。沿部饰弦纹并贴饰三个横向"S"纹，内底饰四组弦纹，其间各饰一周斜向戳印篦点纹，足底饰"三横一竖"形刻划符号。口径18.5、足径10.5、高6厘米。（图3-31-4；彩版一〇八）

C型Ⅱ式　3件。圆唇，侈口，口下微束，鼓腹内收，矮圈足。圈足与器身分制拼接成型。上腹饰弦纹，足底饰刻划符号。器表施青黄色釉，釉层明显，釉面光滑有光泽。D31M1：10，内底微凸并粘连窑渣，下腹有明显刮削痕。足底饰"×"形刻划符号。青灰色胎。口径10、足径5.8、高4厘米。（图3-31-4；彩版一〇八）

D31M1：11，口部粘连窑渣。足底饰"一"形刻划符号。灰黄色胎。内底局部脱釉。口径10.4、足径5.1、高4.1厘米。（图3-31-4；彩版一〇八）

D31M1：15，下腹刮削明显。足底饰"×"形刻划符号。青灰色胎，胎体起泡。口径10.8、足径6.4、高4.5厘米。（图3-31-4；彩版一〇八）

原始瓷盂　23件。

A型Ⅱ式　1件，大盂。D31M1：56，圆唇，侈口，溜肩，扁鼓腹，圈足。圈足与器身分制拼接成型。肩部贴饰三组横向"S"纹，每组两个上下并列，肩部饰一周戳印篦点纹，其下饰弦纹。青灰色胎，胎体起泡，足底现明显轮旋痕。器表施青黄色釉，釉层厚，不均匀，釉面光滑有光泽。口径17.9、腹径21.6、足径14.5、高7.5厘米。（图3-31-8；彩版一〇八）

A型Ⅱ式　19件，D31M1：113仅存口腹（彩版一〇八）。鼓腹，矮圈足。圈足与器身分制拼接成型。青灰色胎。器表施青釉不及圈足。D31M1：24，圆唇，敛口。内底下弧。下腹有明显刮削痕。上腹饰一组弦纹。釉面有光泽，局部脱釉。口径5.8、足径4.4、高3.1厘米。（图3-31-9；彩版一〇八）

D31M1：79，圆唇，敛口。内底下弧。下腹有明显刮削痕。上腹饰一组弦纹，口部及足底粘连窑渣。釉面有光泽。口径5.6、足径4.6、高3.3厘米。（图3-31-9；彩版一〇八）

D31M1：105，圆唇，敛口。内底下弧。上腹饰一组弦纹。脱釉严重。口径5.6、足径4.2、高3.5厘米。（图3-31-9；彩版一〇八）

D31M1：26，圆唇，口微侈，矮颈，肩略平。底心下弧。下腹有明显刮削痕。肩部饰两道弦纹，其间饰一周斜向戳印篦点纹，足底饰箭头形刻划符号。釉层几乎脱落殆尽。口径6.9、足径4.9、高3.8厘米。（图3-31-9；彩版一〇九）

D31M1：3，圆唇，口微侈，矮颈，斜肩。下腹有明显刮削痕。肩部饰两道弦纹，其间饰一周斜向戳印篦点纹，肩部贴饰三个横向"S"纹，足底饰箭头形刻划符号。脱釉严重。口径7.7、足径5.5、高4.3厘米。（图3-31-9；彩版一〇九）

D31M1：74，圆唇，口微侈，矮颈，弧肩。下腹有明显刮削痕。肩部饰两道弦纹，其间饰一周斜向戳印篦点纹，肩部贴饰三个横向"S"纹，足底饰箭头形刻划符号。口部粘连窑渣，脱釉严重。口径7.4、足径5.1、高3.9厘米。（图3-31-9；彩版一〇九）

D31M1：2，方唇，敛口，矮颈，弧肩。肩部饰两组弦纹，其间饰一周斜向戳印篦点纹，肩部贴饰三个横向"S"纹，足底涂抹灰痕。内底粘连窑渣。下腹有聚釉现象，釉面光滑有光泽，局部脱釉。口径5.6、足径4.2、高3.5厘米。（图3-31-9；彩版一〇九）

D31M1：93，方唇，敛口，矮颈，弧肩。肩部饰两组弦纹，其间饰一周斜向戳印篦点纹，肩

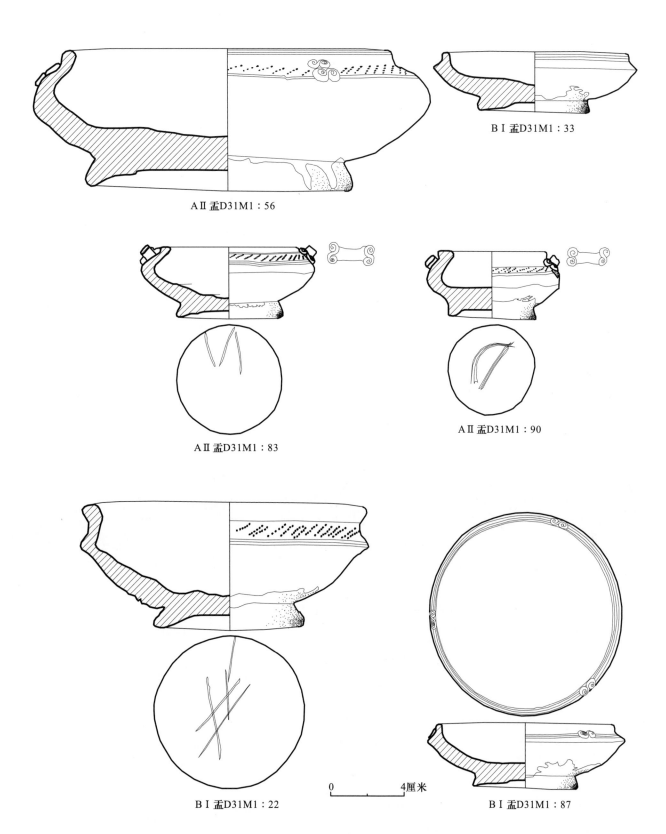

AⅡ盂D31M1：56

BⅠ盂D31M1：33

AⅡ盂D31M1：83

AⅡ盂D31M1：90

0　　　　　　4厘米

BⅠ盂D31M1：22

BⅠ盂D31M1：87

图3-31-8　D31M1出土器物图（五）

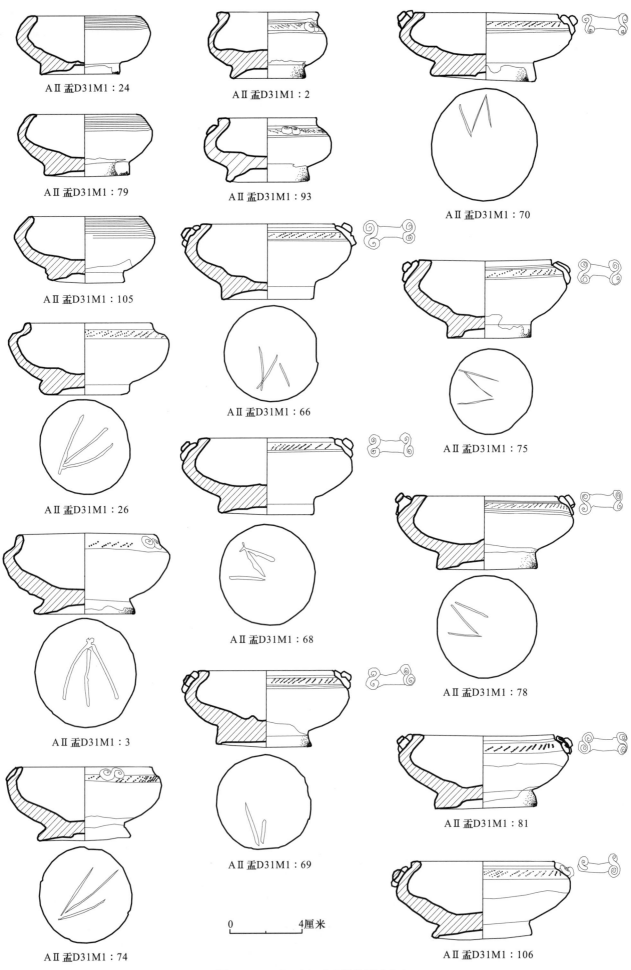

AⅡ盂D31M1：24

AⅡ盂D31M1：2

AⅡ盂D31M1：70

AⅡ盂D31M1：79

AⅡ盂D31M1：93

AⅡ盂D31M1：105

AⅡ盂D31M1：66

AⅡ盂D31M1：75

AⅡ盂D31M1：26

AⅡ盂D31M1：68

AⅡ盂D31M1：78

AⅡ盂D31M1：3

AⅡ盂D31M1：69

AⅡ盂D31M1：81

0   4厘米

AⅡ盂D31M1：74

AⅡ盂D31M1：106

图3-31-9　D31M1出土器物图（六）

部贴饰三个横向"S"纹，足底涂抹灰痕。下腹有聚釉现象，釉面光滑有光泽，局部脱釉。口径5.4、足径4.6、高3.4厘米。（图3-31-9；彩版一〇九）

D31M1：66，方唇，敛口，矮颈，弧肩。内底心下凹。肩部饰两组弦纹，其间饰一周斜向戳印篦点纹，肩部贴饰对称横向环形纽，纽两端各饰一个竖向"S"纹，足底饰反向"N"形刻划符号。釉面光滑有光泽，局部脱釉。口径7.3、足径5.7、高3.6厘米。（图3-31-9；彩版一〇九）

D31M1：68，方唇，敛口，矮颈，弧肩。内底心下凹。肩部饰两组弦纹，其间饰一周斜向戳印篦点纹，肩部贴饰对称横向环形纽，纽两端各饰一个竖向"S"纹，足底饰反向"N"形刻划符号。下腹有细微刮削痕。釉面光滑有光泽。口径7.4、足径5.2、高4.1厘米。（图3-31-9；彩版一一〇）

D31M1：69，方唇，敛口，矮颈，弧肩。内底心下凹。肩部饰两组弦纹，其间饰一周斜向戳印篦点纹，肩部贴饰对称横向环形纽，纽两端各饰一个竖向"S"纹，足底饰"二"形刻划符号。下腹及足底粘连窑渣。釉面光滑有光泽，局部脱釉。口径7.4、足径5.2、高4.1厘米。（图3-31-9；彩版一一〇）

D31M1：70，方唇，敛口，矮颈，弧肩。内底略下弧。肩部饰两组弦纹，其间饰一周斜向戳印篦点纹，肩部贴饰对称横向环形纽，纽两端各饰一个竖向"S"纹，足底饰反向"N"形刻划符号。下腹有一道戳痕。釉面光滑有光泽。口径7.8、足径5.7、高3.6厘米。（图3-31-9；彩版一一〇）

D31M1：75，方唇，敛口，矮颈，弧肩。内底压圈。肩部饰两组弦纹，其间饰一周斜向戳印篦点纹，肩部贴饰对称横向环形纽，纽两端各饰一个竖向"S"纹，足底饰反向"N"形刻划符号。下腹有细微刮削痕。釉面光滑有光泽，局部脱釉。口径7.2、足径4.5、高4.1厘米。（图3-31-9；彩版一一〇）

D31M1：78，方唇，敛口，矮颈，弧肩。内底略下弧。肩部饰两组弦纹，其间饰一周斜向戳印篦点纹，肩部贴饰对称横向环形纽，纽两端各饰一个竖向"S"纹，足底饰反向"N"形刻划符号。内底粘连窑渣。釉面光滑有光泽，下腹有聚釉现象，局部脱釉。口径7.8、足径5.5、高3.9厘米。（图3-31-9；彩版一一一）

D31M1：81，方唇，敛口，矮颈，弧肩。内底下凹。肩部饰两组弦纹，其间饰一周斜向戳印篦点纹，肩部贴饰对称横向环形纽，纽两端各饰一个竖向"S"纹。下腹有细微刮削痕。釉面光滑有光泽。口径7.7、足径5.5、高3.8厘米。（图3-31-9；彩版一一二）

D31M1：83，方唇，敛口，矮颈，弧肩。内底略下弧。肩部饰两组弦纹，其间饰一周斜向戳印篦点纹，肩部贴饰对称横向环形纽，纽两端各饰一个竖向"S"纹，足底饰反向"N"形刻划符号。内底粘连窑渣，下腹有细微刮削痕。釉面光滑有光泽。口径7.6、足径5.7、高3.8厘米。（图3-31-8；彩版一一一）

D31M1：90，方唇，敛口，矮颈，弧肩。内底平。肩部饰两组弦纹，其间饰一周斜向戳印篦点纹，肩部贴饰对称横向环形纽，纽两端各饰一个竖向"S"纹，足底饰半月形刻划符号。釉面有光泽，下腹有聚釉现象，局部脱釉。口径5.4、足径4.6、高3.4厘米。（图3-31-8；彩版一一一）

D31M1：106，方唇，敛口，矮颈，弧肩。内底略下弧。肩部饰两组弦纹，其间饰一周斜向戳印篦点纹，肩部贴饰对称横向环形纽，纽两端各饰一个竖向"S"纹。下腹有细微刮削痕。釉面有光泽。口径7.8、足径5.4、高4.1厘米。（图3-31-9；彩版一一二）

B型Ⅰ式　1件，大盂。D31M1：22，圆唇，侈口，上腹内弧，下腹折内收，圈足，内底略下弧。圈足与器身分制拼接成型。上腹饰一周戳印篦点纹，足底饰"井"形刻划符号。青灰色胎，下腹及足底粘连窑渣。器表施青黄色釉，釉层厚，不均匀，釉面光滑有光泽，多处聚釉，内底聚釉处釉色发黑，有开片。口径15.5、足径8.2、高6.8厘米。（图3-31-8；彩版——二）

B型I式　2件。圆唇，敞口，斜肩略下弧，浅弧腹，矮圈足。圈足与器身器拼接而成。肩部饰弦纹。青灰色胎。器表施青釉不及圈足，釉层明显。D31M1：33，内壁粘连窑渣。口径10.2、足径6.1、高3.2厘米。（图3-31-8；彩版——二）

D31M1：87，肩部贴饰三个横向"S"纹。足底粘连窑渣。口径9.8、足径5.8、高3.5厘米。（图3-31-8；彩版——二）

原始瓷盘　10件，均为A型I式。圆唇，平沿，敞口，浅盘，弧腹内收，圈足。圈足与器身分制拼接成型。沿部饰一组弦纹。青灰色胎。器表施青釉不及圈足，釉层明显。D31M1：4，内底心略下弧。腹部有折痕。内壁、下腹及足底粘连窑渣。釉面有光泽。口径11.3、足径6.6、高2.8厘米。（图3-31-10；彩版——二）

D31M1：5，内底下弧，底心微凸。腹部有折痕。内壁粘连窑渣。釉色青黄，釉面有光泽，脱釉严重。口径11.5、足径6.6、高2.8厘米。（图3-31-10；彩版——二）

D31M1：6，内底下弧，圈足较小。内壁粘连窑渣。釉色青黄，釉面有光泽，局部脱釉。口径11.4、足径4.9、高3.4厘米。（图3-31-10；彩版——二）

D31M1：7，内底较平，底心略下弧。腹部有折痕。下腹及足底粘连窑渣。釉色青绿，釉面光滑有光泽，口部粘连一大块黑色釉滴。口径11.1、足径6.6、高3厘米。（图3-31-10；彩版——二）

D31M1：8，内底心略下弧。腹部有折痕。下腹有细微刮削痕。釉色青黄，脱釉严重。口径11.5、足径6.7、高2.8厘米。（图3-31-10；彩版——三）

D31M1：21，内壁粘连一大块窑渣，下腹有明显刮削痕。沿部贴饰三个横向"S"纹。釉色青黄，釉面光滑有光泽。口径13.6、足径7.1、高3.9厘米。（图3-31-10；彩版——三）

D31M1：32，底心略下弧，下腹有细微刮削痕。沿部贴饰三个横向"S"纹。釉色青黄，脱釉严重。口径13、足径7.4、高3.4厘米。（图3-31-10；彩版——三）

D31M1：46，内底下弧，底心微凸。沿部贴饰三个横向"S"纹，其中一个缺失，足底饰反向"N"形刻划符号。釉色青黄，釉面有光泽，局部脱釉。口径14.9、足径8.1、高3.6厘米。（图3-31-10；彩版——三）

D31M1：47，内底下弧。沿部贴饰三个横向"S"纹，一个缺失，足底饰反向"N"形刻划符号。内底粘连窑渣。釉色青黄，脱釉严重。口径13.7、足径7.6、高3.5厘米。（图3-31-11；彩版——三）

D31M1：48，内底下弧，底心微凸。沿部贴饰三个横向"S"纹，足底饰"N"形刻划符号。釉色青黄，釉面有光泽，外壁脱釉严重。口径14.8、足径8.3、高3.5厘米。（图3-31-11；彩版——三）

原始瓷器盖　15件，均为I式。器形类似，大小有别。圆弧形盖，顶部饰环纽，纽两端饰"S"纹。青灰色胎。器表施青黄釉，釉层明显，釉面发亮。D31M1：71，纽残。边缘脱釉。口径6.8、残高1.6厘米。（图3-31-12；彩版——四）

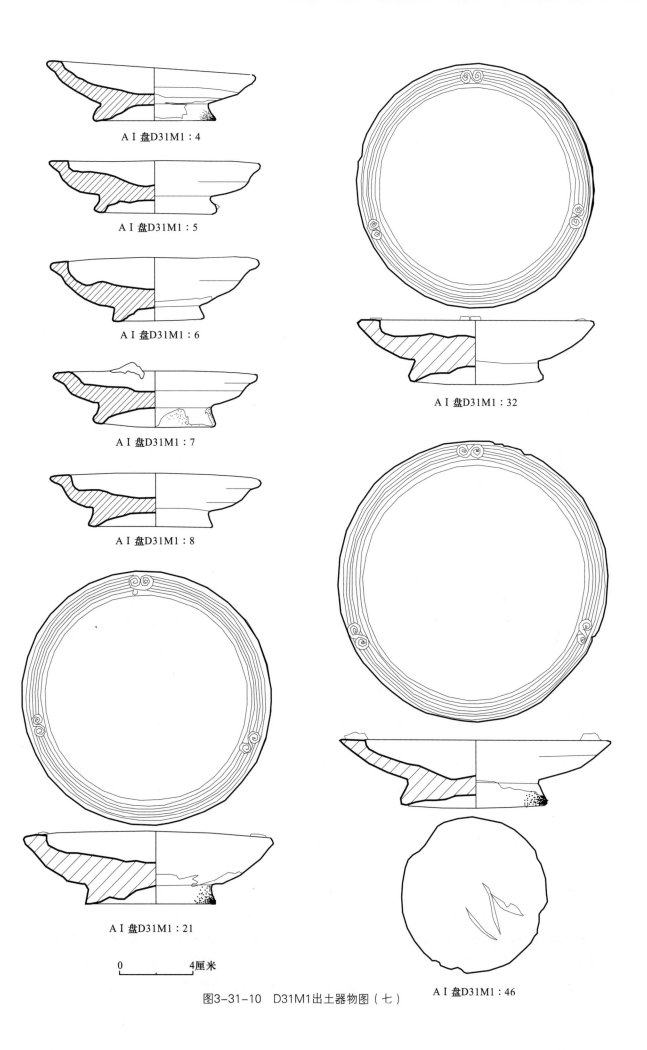

A I 盘 D31M1：4

A I 盘 D31M1：5

A I 盘 D31M1：6

A I 盘 D31M1：7

A I 盘 D31M1：8

A I 盘 D31M1：32

A I 盘 D31M1：21

A I 盘 D31M1：46

0   4厘米

图3-31-10　D31M1出土器物图（七）

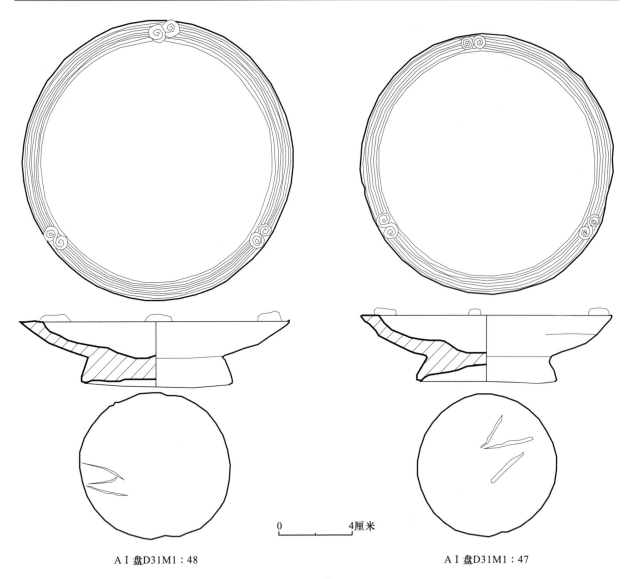

A I 盘D31M1：48　　　　　　　　　　　　　　A I 盘D31M1：47

图3-31-11　D31M1出土器物图（八）

　　D31M1：72，绳索状环纽。器表有刮削痕。边缘脱釉。口径7.3、高2.3厘米。（图3-31-12；彩版一一四）

　　D31M1：73，纽残。边缘脱釉。口径7.4、残高2.1厘米。（图3-31-12；彩版一一四）

　　D31M1：76，器壁粘连窑渣。釉面光滑。口径7.5、高2厘米。（图3-31-12；彩版一一四）

　　D31M1：77，釉面光滑，边缘脱釉。口径7、高2厘米。（图3-31-12；彩版一一四）

　　D31M1：80，器表粘连窑渣。边缘局部脱釉。口径7.2、高2.2厘米。（图3-31-12；彩版一一四）

　　D31M1：82，边缘局部脱釉。口径7.1、高1.9厘米。（图3-31-12；彩版一一四）

　　D31M1：84，边缘局部脱釉。口径7.3、高2.1厘米。（图3-31-12；彩版一一四）

　　D31M1：85，纽残。纽左右两侧各饰一个"S"纹，边缘局部脱釉。口径7.5、高2.1厘米。（图3-31-12；彩版一一四）

　　D31M1：91，内壁有黑衣。纽左右两侧各饰一个"S"纹，釉面光滑。口径5.8、高1.9厘米。

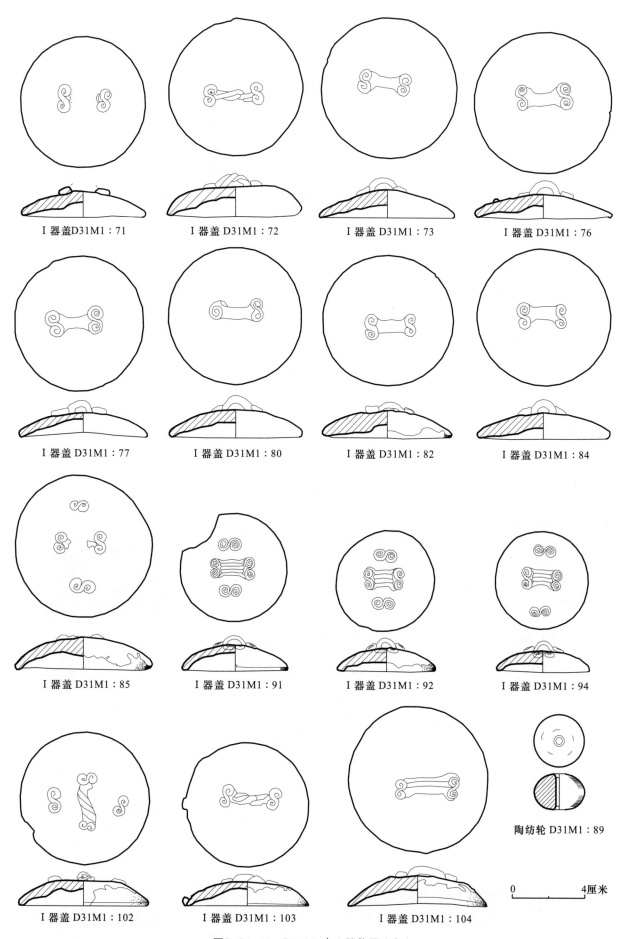

Ⅰ 器盖 D31M1：71　　　Ⅰ 器盖 D31M1：72　　　Ⅰ 器盖 D31M1：73　　　Ⅰ 器盖 D31M1：76

Ⅰ 器盖 D31M1：77　　　Ⅰ 器盖 D31M1：80　　　Ⅰ 器盖 D31M1：82　　　Ⅰ 器盖 D31M1：84

Ⅰ 器盖 D31M1：85　　　Ⅰ 器盖 D31M1：91　　　Ⅰ 器盖 D31M1：92　　　Ⅰ 器盖 D31M1：94

Ⅰ 器盖 D31M1：102　　　Ⅰ 器盖 D31M1：103　　　Ⅰ 器盖 D31M1：104

陶纺轮 D31M1：89

0　　　　　　4厘米

图3-31-12　D31M1出土器物图（九）

（图3-31-12；彩版一一四）

D31M1：92，纽左右两侧各饰一个"S"纹，器表粘连窑渣。口径5.4、高1.8厘米。（图3-31-12；彩版一一四）

D31M1：94，纽左右两侧各饰一个"S"纹，釉面光滑，边缘局部脱釉。口径5.1、高1.7厘米。（图3-31-12；彩版一一四）

D31M1：102，绳索状环纽，纽左右两侧各饰一个"S"纹，釉面光滑，边缘脱釉。口径7.1、高1.8厘米。（图3-31-12；彩版一一四）

D31M1：103，绳索状环纽，纽左右两侧各饰一个"S"纹，器表粘连窑渣。釉面光滑，边缘局部脱釉，边缘有一个釉滴。口径6.7、高1.7厘米。（图3-31-12；彩版一一四）

D31M1：104，器表粘连窑渣。釉面光滑，边缘脱釉。口径7.7、高2.1厘米。（图3-31-12；彩版一一四）

印纹硬陶罍　1件，A型。D31M1：98，方唇，侈口，高直颈，圆肩，鼓腹，圈底近平。唇

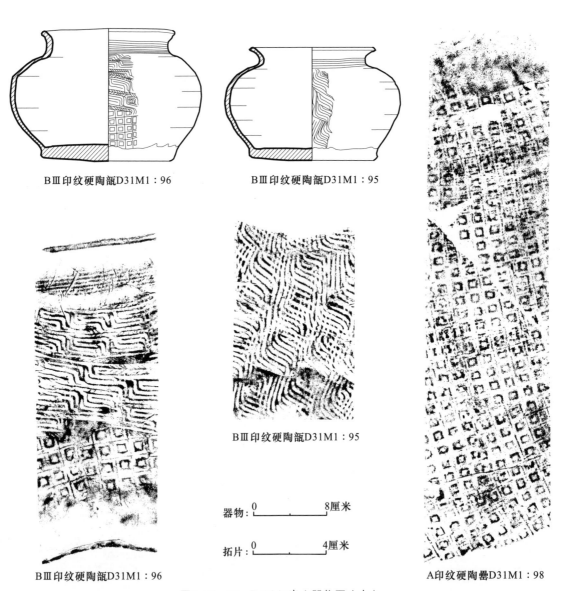

BⅢ印纹硬陶瓶D31M1：96　　　　　BⅢ印纹硬陶瓶D31M1：95

BⅢ印纹硬陶瓶D31M1：95

器物：0 ⌞___⌟ 8厘米

拓片：0 ⌞___⌟ 4厘米

BⅢ印纹硬陶瓶D31M1：96　　　　　　　　　　　　A印纹硬陶罍D31M1：98

图3-31-13　D31M1出土器物图（十）

部、颈部饰弦纹，肩、腹部饰拍印回纹。灰褐色胎。（图3-31-13；彩版一一五）

印纹硬陶瓿 2件，均为B型Ⅲ式。方唇，侈口，高束颈，溜肩，扁鼓腹，大平底。颈部饰弦纹。灰褐色胎。D31M1：95，底缘微外侈。腹部满饰拍印折线纹。口径13.8、腹径19.2、底径14、高12厘米。（图3-31-13；彩版一一五）

D31M1：96，肩部及上腹部饰拍印折线纹和叶脉纹，下腹饰拍印回纹。胎体起泡。口径14.6、腹径20.8、底径14.6、高14厘米。（图3-31-13；彩版一一五）

陶纺轮 1件。D31M1：89，泥质灰陶，算珠状。直径2.8、高1.9厘米。（图3-31-12）

3.D31Q1出土遗物

共6件，包括原始瓷尊、碗和印纹硬陶瓮、罐。

原始瓷尊 1件，Ⅱ式。D31Q1：5，方唇，喇叭口，斜高颈，扁鼓腹，喇叭状高圈足。素面无纹。青灰色胎，腹部有刮削痕。器表施青釉不及圈足内壁，釉层薄，局部脱釉。口径9.1、足径5.2、高7.2厘米。（图3-31-14；彩版一一五）

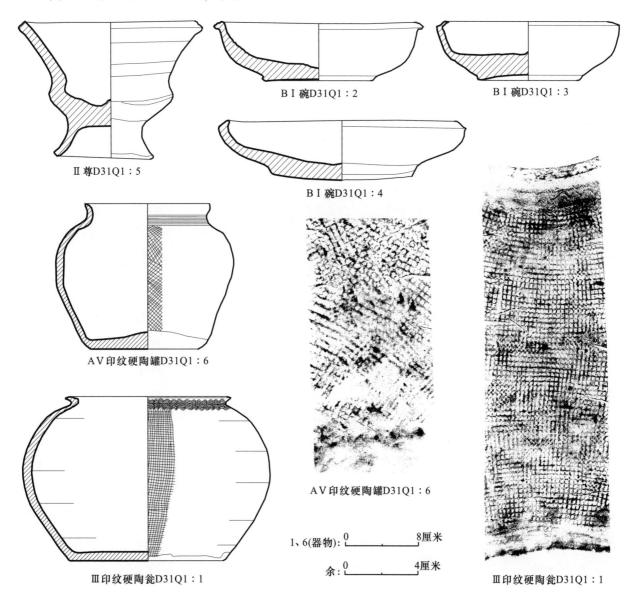

Ⅱ尊D31Q1：5

BⅠ碗D31Q1：2

BⅠ碗D31Q1：3

BⅠ碗D31Q1：4

AV印纹硬陶罐D31Q1：6

AV印纹硬陶罐D31Q1：6

Ⅲ印纹硬陶瓮D31Q1：1

Ⅲ印纹硬陶瓮D31Q1：1

1、6(器物)： 0 ——— 8厘米

余： 0 ——— 4厘米

图3-31-14 D31Q1出土器物图

原始瓷碗 3件，均为B型Ⅰ式。弧腹内收，平底。外底有明显线割痕。内底饰旋纹。青灰色胎。器表施青釉，釉层薄，釉面光滑有光泽。D31Q1：2，尖唇，折沿，敞口。沿部饰弦纹。口径11.4、底径6、高3厘米。（图3-31-14；彩版一一五）

D31Q1：3，尖唇，敛口。外底略内弧，底心微凸。口径9.1、底径5.6、高3.1厘米。（图3-31-14；彩版一一五）

D31Q1：4，圆唇，敛口。釉面玻璃相较好。口径12.4、底径6.8、高3.2厘米。（图3-31-14；彩版一一五）

印纹硬陶瓷 1件，Ⅲ式。D31Q1：1，尖唇，侈口，矮束颈，溜肩，圆腹，平底。颈部饰水波纹，腹部饰拍印方格纹。灰褐色胎。口径18、腹径27.1、底径16.7、高17.4厘米。（图3-31-14；彩版一一五）

印纹硬陶罐 1件，A型Ⅴ式。D31Q1：6，圆唇，侈口，矮颈，溜肩，鼓腹，平底。腹部满饰拍印方格纹。青灰色胎，胎体起泡。口径13.6、腹径19.2、底径11.7、高15.4厘米。（图3-31-14；彩版一一五）

D32

土墩

D32位于十二房山北坡中部山脊处，北距D30直线距离约300米。四面均为陡坡，南部坡较缓，土墩中部为山路。土墩隆起十分明显，整体呈南北走向，与山脊走向一致，平面形状略呈椭圆形，长径约18.9、短径12.25米，现存高度约1米。地表灌木丛生，落叶遍地。土墩保存较完整，未见近期盗掘痕迹。（图3-32-1；彩版一一六，1）

封土顶部为厚约5厘米的灰黑色植物腐殖质，腐殖质下即为黄褐色封土。封土较为疏松，夹杂大量粗细不一的砂粒。封土下北部暴露一块巨大的基岩。封土内发现少量印纹硬陶残片。

墓葬

土墩底部发现一座墓葬，编号D32M1。

D32M1位于土墩底部正中，石床型墓，方向为330°。（图3-32-2；彩版一一六，3）

墓葬是在经过平整的山脊表面平地上用大小不一的石块垒砌而成，北部墓底借用基岩，南部墓底为红褐色土。

石床平面形状近方形，边长约3.3米，底距地表约0.2米。西部和南部尚保存较为完整的石床，石床选用大小不一的石块垒砌，较为平整。

石床上发现7件随葬品，原始瓷器多置于中南部，有原始瓷盂和盘，印纹硬陶瓿置于石床北部。石床东南侧发现13件器物，呈两组分布，其中一组为薄胎薄釉高圈足的原始瓷豆，另一组为厚胎厚釉的原始瓷豆和盂（彩版一一六，2）。二者有着明显的时代差异，但是未发现明显的遗迹界线，且其中厚胎厚釉者与石床上器物器形风格类同。故而将发现的器物均视为同一墓葬的随葬品。

出土遗物

共20件，包括原始瓷豆、盂、盘和印纹硬陶瓿。

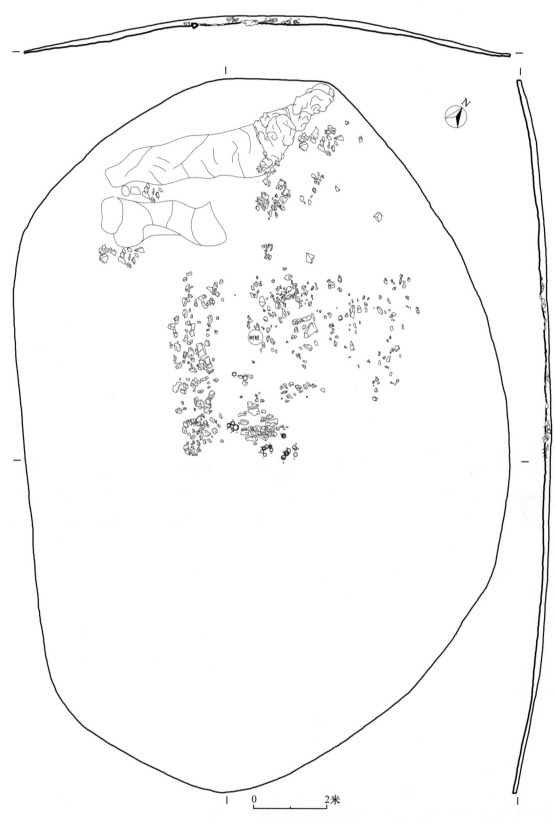

图3-32-1 D32平、剖面图

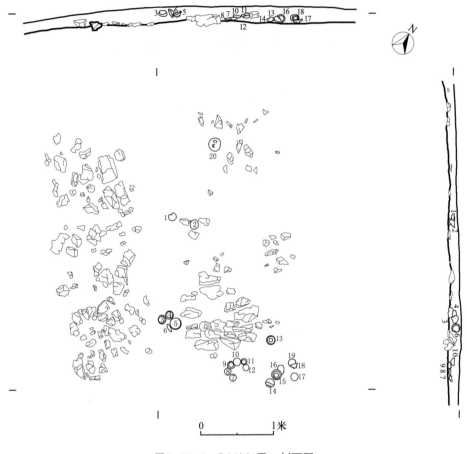

图3-32-2　D32M1平、剖面图

原始瓷豆　共11件。

A型Ⅳ式　1件。D32M1：12，圆唇，口微敞，弧腹，矮圈足，内底下弧。圈足与器身分制拼接成型。上腹饰一组细密弦纹，足底饰四条横线形刻划符号。青灰色胎，下腹粘连窑渣。器表施青黄色釉不及圈足，釉面光滑有光泽，局部脱釉。口径8.7、足径5.5、高3.3厘米。（图3-32-3；彩版一一六）

B型Ⅲ式　3件。圆唇，弧腹，矮圈足，内底下弧。圈足与器身分制拼接成型。上腹饰一组细密弦纹。青灰色胎。器表施青黄色釉不及圈足。D32M1：7，敛口，内底下弧，底心微凸。下腹有明显刮削痕。釉层几乎脱落殆尽。口径8.2、足径5.2、高3.7厘米。（图3-32-3；彩版一一六）

D32M1：8，敛口，底心下凹。下腹有明显刮削痕。釉层几乎脱落殆尽。口径8.6、足径5.5、高3.9厘米。（图3-32-3；彩版一一六）

D32M1：10，敛口，底心下凹。下腹有细微刮削痕和戳痕。釉层几乎脱落殆尽。口径8.6、足径4.7、高3.4厘米。（图3-32-3；彩版一一六）

C型Ⅰ式　7件。器形相似，大小有异。尖唇，敞口，折沿，上腹斜直，下腹折内收，高圈足。圈足与器身分制拼接成型。沿部及内底周缘各饰一组细密弦纹。青灰色胎，胎壁薄，胎体细腻。器表施青釉不及圈足，釉层薄。D32M1：13，下腹有细微刮削痕。釉层几乎脱落殆尽。口径12、足径5.5、高4.8厘米。（图3-32-3；彩版一一七）

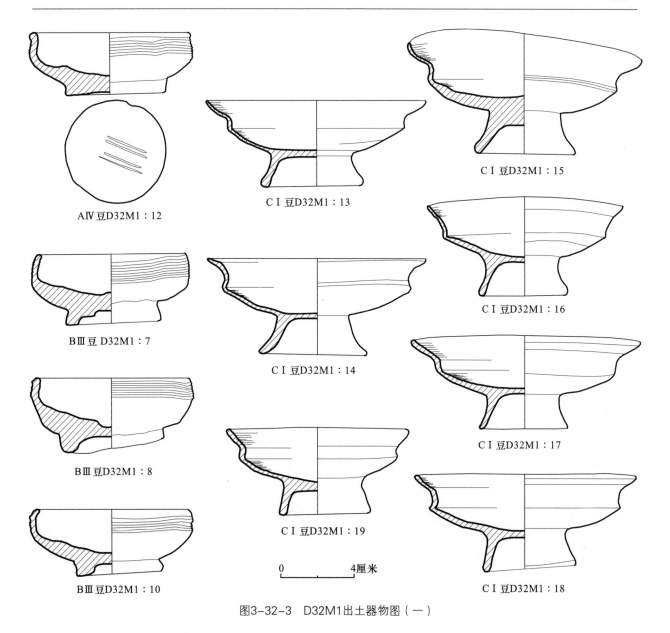

AⅣ豆D32M1：12

CⅠ豆D32M1：13

CⅠ豆D32M1：15

BⅢ豆D32M1：7

CⅠ豆D32M1：14

CⅠ豆D32M1：16

BⅢ豆D32M1：8

CⅠ豆D32M1：19

CⅠ豆D32M1：17

0　　　　　　4厘米

BⅢ豆D32M1：10

CⅠ豆D32M1：18

图3-32-3　D32M1出土器物图（一）

D32M1：14，下腹有细微戳痕。釉面光滑有光泽。口径11.9、足径5.8、高5.1厘米。（图3-32-3；彩版一一七）

D32M1：15，变形严重。釉面光滑，局部脱釉。口径12.8、足径5.5、高6.4厘米。（图3-32-3；彩版一一七）

D32M1：16，下腹有细微旋削痕。口径10.7、足径4.9、高5.2厘米。（图3-32-3；彩版一一七）

D32M1：17，下腹有细微旋削痕，口部粘连窑渣。釉层几乎脱落殆尽。口径12.6、足径4.9、高4.9厘米。（图3-32-3；彩版一一七）

D32M1：18，釉面有光泽，脱釉严重。口径12.2、足径5.1、高5厘米。（图3-32-3；彩版一一七）

D32M1：19，釉面光滑有光泽。口径9.9、足径4.9、高4.6厘米。（图3-32-3；彩版一一七）

原始瓷盂　7件。

A型Ⅱ式　5件。圆唇，鼓腹，矮圈足。圈足与器身分制拼接成型。青灰色胎。器表施青釉不及圈足。D32M1：1，口微侈，矮颈，溜肩，内底下弧。肩部饰两组弦纹，每组各两条弦纹，弦纹之间饰一周斜向戳印篦点纹，足底饰纵横交错的复线"＋"形刻划符号。釉层厚，脱釉严重。口径8.7、足径5.9、高4.8厘米。（图3-32-4；彩版一一八）

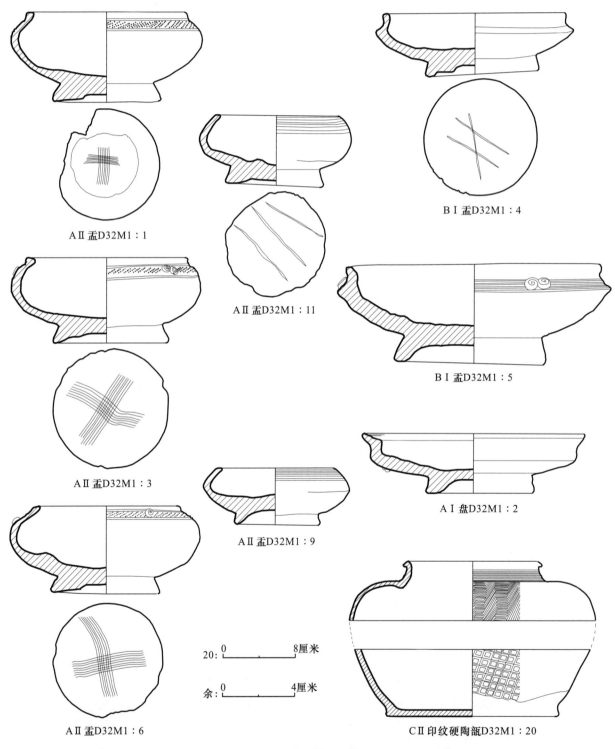

AⅡ盂D32M1：1

AⅡ盂D32M1：11

BⅠ盂D32M1：4

AⅡ盂D32M1：3

BⅠ盂D32M1：5

AⅡ盂D32M1：9

AⅠ盘D32M1：2

AⅡ盂D32M1：6

20：　0 ——— 8厘米

余：　0 ——— 4厘米

CⅡ印纹硬陶瓿D32M1：20

图3-32-4　D32M1出土器物图（二）

D32M1：3，口微侈，矮颈，溜肩，内底下弧。肩部饰两组弦纹，每组各两条弦纹，弦纹之间饰一周斜向戳印篦点纹，肩部贴饰三个横向"S"纹，足底饰纵横交错的复线"＋"形刻划符号。釉层厚，脱釉严重。口径8.9、足径6.4、高4.5厘米。（图3-32-4；彩版一一七）

D32M1：6，敛口，矮颈，溜肩。内底下弧，下腹有细微刮削痕。肩部饰两组弦纹，每组各两条弦纹，弦纹之间饰一周斜向戳印篦点纹，肩部贴饰三个横向"S"纹，足底饰纵横交错的"＋"形刻划符号。釉层厚，脱釉严重。口径8、足径6、高4.7厘米。（图3-32-4；彩版一一八）

D32M1：9，敛口，扁腹，内底平，底心微凸。下腹有明显刮削痕。上腹饰一组细密弦纹。口径6.5、足径4.7、高3.1厘米。（图3-32-4；彩版一一八）

D32M1：11，敛口，扁鼓腹，内底下凹。下腹有弦纹刮削痕。上腹饰一组细密弦纹，足底饰"三"形刻划符号。口径6.7、足径5.4、高3.7厘米。（图3-32-4；彩版一一八）

B型Ⅰ式　2件。器形类似，大小有别。圆唇，敞口，斜肩略下弧，浅弧腹，矮圈足。圈足与器身分制拼接成型。青灰色胎。器表施青绿釉不及圈足，釉层厚，釉面光滑有光泽。D32M1：4，下腹粘连窑渣。足底饰"乄"形刻划符号。口径10、足径6.2、高3.2厘米。（图3-32-4；彩版一一八）

D32M1：5，肩部贴饰三个横向"S"纹，肩部饰一组弦纹。内底及足腹结合处粘连窑渣。口径13.9、足径8.3、高5.2厘米。（图3-32-4；彩版一一八）

原始瓷盘　1件，A型Ⅰ式。D32M1：2，圆唇，斜沿，敞口，浅盘，弧腹内收，圈足。内底心略下弧，腹部有折痕。圈足与器身分制拼接成型。沿部饰两道弦纹。青灰色胎，内壁、下腹及足底粘连窑渣。器表施青釉不及圈足，釉层明显。釉面有光泽，局部脱釉。口径12.1、足径5.9、高3.2厘米。（图3-32-4；彩版一一八）

印纹硬陶瓿　1件，C型Ⅱ式。D32M1：20，残。方唇，侈口，高颈，弧肩，扁鼓腹，大平底，底缘外侈。颈部饰弦纹，肩及上腹饰拍印折线纹，下腹饰拍印回纹。灰褐色胎。口径15.2、底径18.9厘米。（图3-32-4；彩版一一八）

D33

土墩

D33位于十二房山北坡中部山脊处，东南距D32直线距离约40米。整体大致呈西北—东南走向，东西两侧为陡坡，南北侧较缓，土墩中部为山路。土墩隆起十分明显，其走向与山脊走向一致，平面形状略呈长圆形，长径约18.95、短径11米，现存高度约1米。地表灌木丛生，落叶遍地。土墩保存较完整，未见近期盗掘痕迹。（图3-33-1；彩版一一九，1）

封土顶部为0~5厘米厚的灰黑色植物腐殖质，腐殖质下即为黄褐色封土，封土堆积厚薄不均，多处较薄，厚约5~55厘米。封土较为疏松，夹杂大量粗细不一的砂粒，发现少量印纹硬陶残片。

封土下中部暴露一条与土墩走向一致的石块堆积，长18米，宽约1米，厚0.1~0.2米。该条状石块堆随土墩起伏而建，最高处与地表持平，北部叠压D33M1之上，用途不明。（彩版一一九，2）

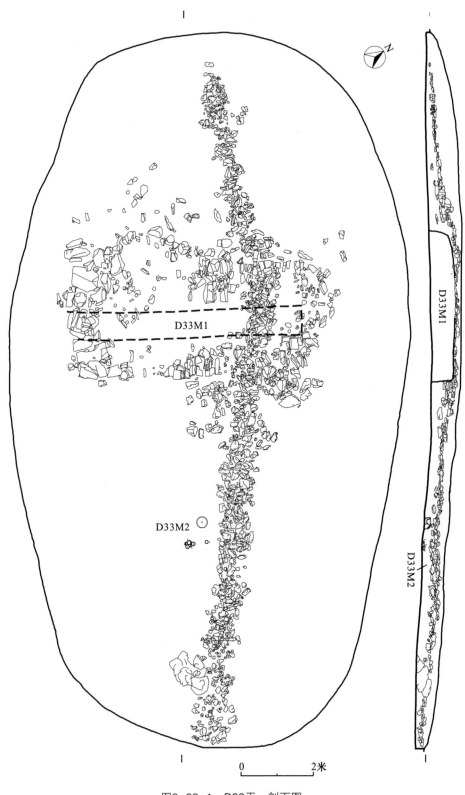

图3-33-1　D33平、剖面图

墓葬

土墩底部发现两座墓葬，分别编号D33M1和D33M2。

D33M1位于土墩北部，石室墓，方向为211°，走向与山坡走向垂直。石室建于经过平整的山脊处，墓底即为基岩。由墓门、墓室、挡土墙和护坡组成，整体呈长方形，长7.6、宽4米。（图3-33-2；彩版一一九，3）

墓门位于墓室内南端，用石块封堵。

墓葬内平面呈长条形，长约6.4、宽0.7、高约0.62米。墓壁为石块垒砌而成，多选用大石块较光滑的一端作为内壁，分层错缝垒砌，由下向上略内收。北壁保存较为完整，西部因挤压向内倾斜。南壁中部遭到严重破坏，墓壁无存。东壁底部使用一块较大的石块封堵。（彩版一一九，4）

墓底为绵延分布的基岩，不平整，东西两端低，中间较高。（彩版一一九，5）

墓葬南北两侧和西侧外围均发现明显挡土墙，保存较完整，由大小不一的石条垒砌而成，石条较光滑的一端向外。两侧挡土墙西部保存较好，较竖直。东端挡土墙保存稍差，排列稍整齐。

在挡土墙与墓壁之间为土、石混筑的护坡，石块大小不一，堆放较为杂乱，土为与封土类似的黄褐色土，较为疏松。护坡呈斜坡状，内高外低。墓室顶未见盖顶石。

墓内填土呈黄褐色，较松软，其内包含少量石块。填土中仅发现少量印纹硬陶残片。未见人骨、葬具痕迹。

随葬品位于墓室中前部，共5件，分布散乱。有原始瓷豆、盂以及印纹硬陶罐和陶纺轮等。

D33M2位于土墩底南部，为平地堆土掩埋型墓（图3-33-3）。在山脊上平整地表，露出红褐色生土形成墓底，墓底较平整，未见明显的墓葬分布范围。封土呈黄褐色，较疏松。墓底发现一组随葬品，共7件，有原始瓷豆、盂和印纹硬陶坛等。

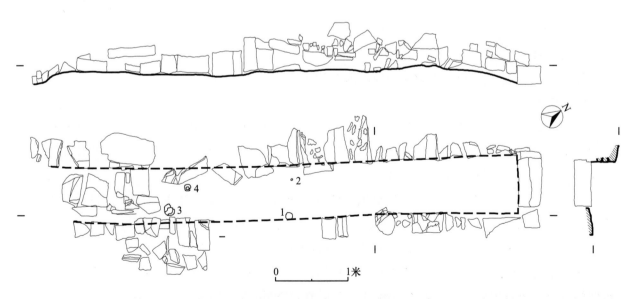

图3-33-2　D33M1平、剖面图

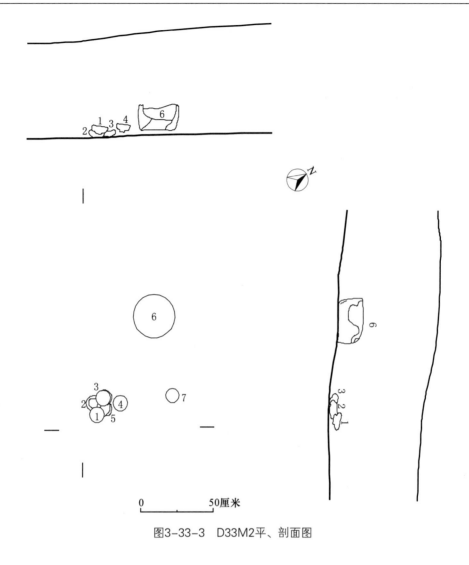

图3-33-3 D33M2平、剖面图

出土遗物

1.D33M1出土遗物

共5件，包括原始瓷豆、盂以及印纹硬陶罐和陶纺轮。

原始瓷豆 2件。

A型Ⅳ式 1件。D33M1：4，圆唇，直口，上腹直，下腹弧收，矮圈足。圈足与器身分制拼接成型。上腹饰一组细密弦纹。青灰色胎。器表施青黄色釉不及圈足，釉层厚，釉面光滑有光泽。口径9.1、足径5.2、高3.6厘米。（图3-33-4）

C型Ⅱ式 1件。D33M1：1，变形严重。圆唇，敞口，上腹内弧，下腹折内收，圈足。圈足与器身分制拼接成型。足底饰"N"形刻划符号。青灰色胎，胎壁厚，下腹有明显刮削痕。器表施青釉，釉层几乎脱落殆尽。口径9.6、足径4.9、高4.6厘米。（图3-33-4；彩版一一九）

原始瓷盂 1件，B型Ⅰ式。D33M1：3，圆唇，敞口，矮束颈，弧腹，矮圈足。圈足与器身分制拼接成型。颈部饰弦纹，足底饰复线"二"形刻划符号。青灰色胎，下腹粘连大量窑渣。器表施青绿釉不及圈足，釉层厚，釉面光滑有光泽，内底聚釉处釉色发黑。口径14.2、足径7.8、高5.8厘米。（图3-33-4；彩版一一九）

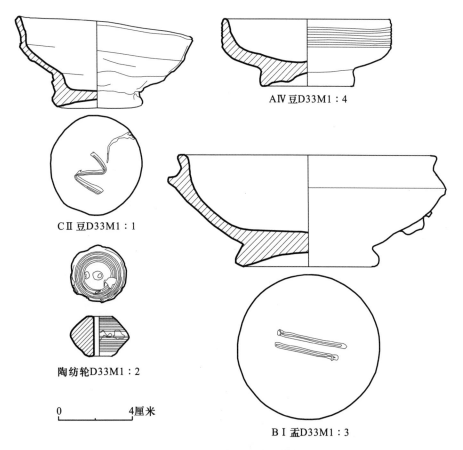

AⅣ豆D33M1：4

CⅡ豆D33M1：1

陶纺轮D33M1：2

0   4厘米

BⅠ盂D33M1：3

图3-33-4　D33M1出土器物图

印纹硬陶罐 1件。D33M1：5，残碎。红色胎。表面拍印方格纹。

陶纺轮 1件。D33M1：2，泥质灰陶。算珠状。直径3.2、高2.1厘米。（图3-33-4；彩版一一九）

2.D33M2出土遗物

共7件，包括原始瓷豆、盂和印纹硬陶坛。

原始瓷豆 5件。

B型Ⅲ式 4件。圆唇，弧腹，矮圈足。圈足与器身分制拼接成型。上腹饰一组细密弦纹。青灰色胎。器表施青黄色釉不及圈足，釉层厚。D33M2：1，敛口，内底下弧。足底饰"＋"形刻划符号。釉面光滑有光泽，局部聚釉。口径10.4、足径5.7、高4.1厘米。（图3-33-5；彩版一二〇）

D33M2：3，敛口，内底下弧。足底饰唇形刻划符号。内底粘连窑渣。釉面光滑有光泽，脱釉严重。口径9.2、足径5.9、高4.3厘米。（图3-33-5；彩版一二〇）

D33M2：2，直口微敞，内底较平。足底饰复线"一"形刻划符号。下腹有明显刮削痕，脱釉严重。口径9.4、足径5.7、高3.6厘米。（图3-33-5；彩版一二〇）

D33M2：5，内底略下弧。足底饰树杈形刻划符号。下腹有细微刮削痕。脱釉严重。口径8.6、足径6、高3.5厘米。（图3-33-5；彩版一二〇）

C型Ⅰ式 1件。D33M2：7，圆唇，敞口，折沿，上腹直，下腹折内收，喇叭状高圈足。圈足与器身分制拼接成型。沿部及内底周缘各饰一组细密弦纹。青灰色胎，胎壁薄，胎体细腻。器表施青釉不及圈足，釉层薄，釉面光滑有光泽，脱釉严重。口径9.9、足径4.5、高4.1厘米。（图3-33-5；彩版一二〇）

原始瓷盂 1件，A型Ⅱ式。D33M2：4，圆唇，敛口，鼓腹，矮圈足。圈足与器身分制拼接成型，下腹有细微刮削痕。口部饰一组弦纹，足底饰"×"形刻划符号。青灰色胎。器表施青绿釉，釉层明显，釉面光滑有光泽。口径8.8、足径6.6、高5厘米。（图3-33-5；彩版一二〇）

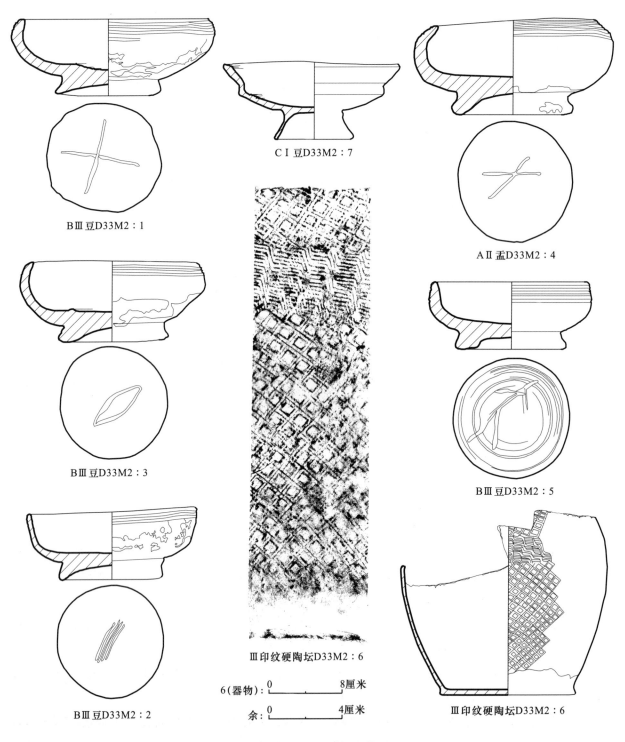

CⅠ豆D33M2：7

BⅢ豆D33M2：1

AⅡ盂D33M2：4

BⅢ豆D33M2：3

BⅢ豆D33M2：5

Ⅲ印纹硬陶坛D33M2：6

6（器物）： 0   8厘米

余： 0   4厘米

BⅢ豆D33M2：2

Ⅲ印纹硬陶坛D33M2：6

图3-33-5 D33M2出土器物图

印纹硬陶坛 1件，Ⅲ式。D33M2：6，腹底残件。深弧腹，平底，底缘微外侈。腹部满饰拍印回纹与折线纹的组合纹。紫褐色胎。底径14.8、残高19.6厘米。（图3-33-5；彩版一二〇）

D34

土墩

D34位于十二房山北坡下部山脊处，南距D33直线距离约100米。整体大致呈东西走向，东西两侧为陡坡，北侧下坡处较陡峭，南侧上坡处较平缓，土墩中部为山路。地表可见隆起十分明显的土墩，其走向与山脊走向垂直，平面形状不规则，略呈椭圆形，长径约10.25、短径9米，现存高度约1.3米。地表灌木丛生，落叶遍地。土墩保存较完整，未见近期盗掘痕迹。（图3-34-1；彩版一二一，1）

封土顶部为厚约5厘米的灰黑色植物腐殖质，腐殖质下即为黄褐色封土。封土堆积厚薄不均，多处较薄，厚约10～50厘米。封土较为疏松，发现少量原始瓷和印纹硬陶残片，原始瓷有豆、盘、罐等，印纹硬陶多为罐残片，纹饰有回纹、折线纹等。

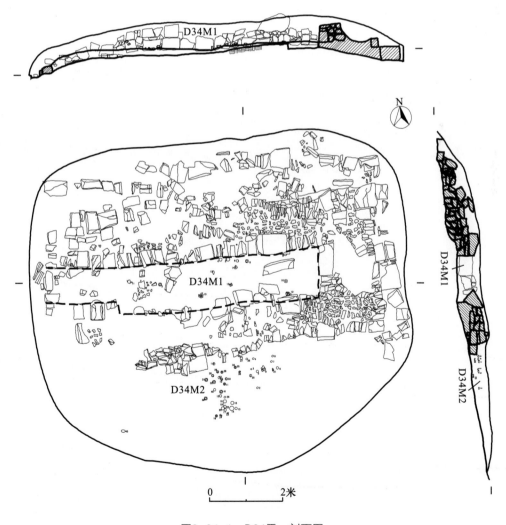

图3-34-1 D34平、剖面图

墓葬

土墩底部发现两座墓葬，分别编号D34M1和D34M2。

D34M1位于土墩中部偏北，石室墓，方向为285°。石室建于经过平整的山坡上，东部直接建于基岩上，南部打破D34M2，走向与山坡走向垂直，整体呈长方形，长9.9、宽6米，由墓门、墓道、墓室、挡土墙和护坡组成。（图3-34-2；彩版一二一，2）

墓葬内平面呈刀把形，分成墓道和墓室两部分。

墓道位于墓室西侧北部，长约1.93、宽0.91、高约0.6～0.7米。墓壁采用大小不一的长条形石块垒砌而成，多选用石块较光滑的一端作为内壁，有分层错缝垒砌现象，较竖直。墓门处与墓室连接处的墓道底部铺砌碎小石块，其余均为泥底，东高西低，倾斜度较大。（彩版一二一，3）

墓门位于墓道西端，用石块封堵，仅存底部。

墓室略呈长条形，长约5.48、宽1.23～1.34、高约0.87米。墓壁为石块垒砌而成，垒砌十分

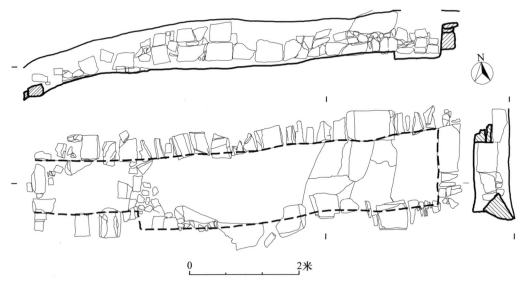

图3-34-2　D34M1平、剖面图

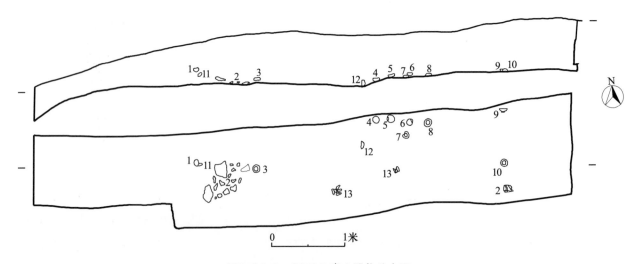

图3-34-3　D34M1出土器物分布图

规整考究，多选用大石块较光滑的一端作为内壁，分层错缝垒砌，由下向上略内收。北壁保存较为完整，南壁因挤压变形，两侧壁厚0.3~0.5米。东壁北部使用一块较大的石块封堵。墓底东部发现大块基岩，底不甚平整。（彩版一二一，4）

墓外四周均发现明显挡土墙，保存较完整，由大小不一的石条垒砌而成，石条较光滑的一端向外。北侧下坡处设两道挡土墙，当是为防止墓葬坍塌有意为之，两道挡土墙外侧垒砌均较规整，选用石材较大，二者高差约0.5米（彩版一二一，5）。南侧上坡处挡土墙东西两端保存较好，中部保存稍差，略向外倾斜（彩版一二一，6）。东西两端的挡土墙排列稍整齐。

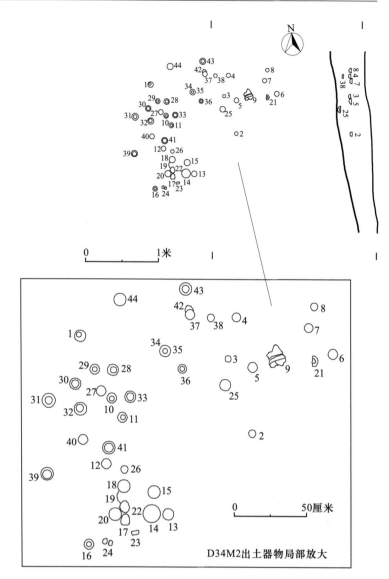

图3-34-4 D34M2平、剖面图

在挡土墙与墓壁之间为土、石混筑的护坡，石块大小不一，堆放较为杂乱，土为与封土类似的黄褐色土，较为疏松。除南坡外，护坡呈斜坡状，内高外低。墓室顶部发现一块倾倒的盖顶石。

墓内填土呈黄褐色，较松软，可分成上下两层。下层厚0.08~0.22米，夹杂少量碎石块，未见包含物，此层表面与墓底东部的基岩表面呈水平分布，当是营建墓葬时为了减少基岩对墓底空间的影响而有意垫高的。上层土质疏松，包含少量印纹硬陶和原始瓷残片。未见人骨、葬具痕迹。

随葬品置于下层填土表面，分布较为散乱，墓室前中后均有分布，其中印纹硬陶坛墓室前后均有分布，可能是下葬时有意打碎后再随葬的。共13件，有原始瓷罐、豆、盘、碗和印纹硬陶坛等。（图3-34-3；彩版一二一，7）

D34M2位于墩底南部，为平地堆土掩埋型墓，北部被D34M1打破。墓葬直接建于山坡基岩上，在基岩上铺少量土使墓底平整后放置随葬品，最后封土成堆。墓底较平整，未见明显的墓葬分布范围。封土呈黄褐色，较疏松，包含少量印纹硬陶和原始瓷残片。墓底发现一组密集分布的随葬品，共45件，有原始瓷罐、豆、盂、钵、盘、碟和盅等。（图3-34-4；彩版一二一，8）

出土遗物

1.封土出土遗物

共3件，包括原始瓷豆和陶纺轮。

原始瓷豆　2件。束口、弧腹、矮圈足。圈足与器身分制拼接成型。青灰色胎。器表施青釉不及圈足。D34：01，尖唇，凹沿。沿部饰横向"S"纹，足底饰箭头形刻划符号。釉层几乎脱落殆尽。口径9.4、足径5.9、高3.8厘米。（图3-34-5；彩版一二一）

D34：02，圆唇。足底饰纵横各三条线组成的"+"形刻划符号。脱釉严重。口径9.2、足径5、高3.6厘米。（图3-34-5；彩版一二一）

陶纺轮　1件。D34：03，泥质灰黑陶，算珠状。直径3、高1.8厘米。（图3-34-5；彩版一二一）

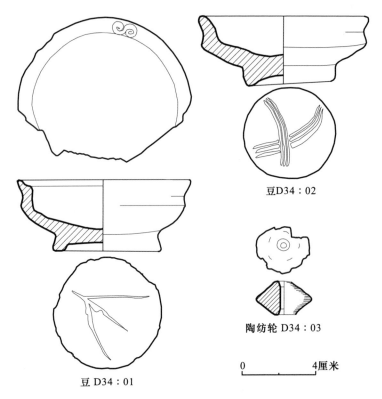

豆D34：02

陶纺轮 D34：03

豆 D34：01

0　　　　　4厘米

图3-34-5　D34封土出土器物图

2.D34M1出土遗物

共13件，包括原始瓷罐、豆、盘、碗和印纹硬陶坛。

原始瓷罐　1件。D34M1：13，残碎。青灰色胎。器表满施青绿釉，釉层明显，釉面光滑。

原始瓷豆　3件，均为C型Ⅱ式。弧腹，矮圈足。圈足与器身分制拼接成型。青灰色胎。器表施青釉。D34M1：3，圆唇，敞口，上腹略内弧，内底下凹。下腹有明显刮削痕。内壁和外底粘连窑渣。口径9.5、足径4.6、高4.1厘米。（图3-34-6；彩版一二二）

D34M1：7，圆唇，敞口，束颈，底心微凸。内底粘连窑渣。局部脱釉。口径8.8、足径4.5、高3.2厘米。（图3-34-6；彩版一二二）

D34M1：9，圆唇，敞口，上腹略内弧。下腹有明显刮削痕。脱釉严重。口径10、足径5.3、高3.8厘米。（图3-34-6；彩版一二二）

原始瓷碗　3件，均为A型Ⅱ式。平沿，直口，上腹略直，下腹收为平底。内底饰旋纹。青灰色胎。器表满施青釉，釉层明显，釉面光滑有光泽。D34M1：4，器形较大。圆唇，沿部饰弦纹。外底略内弧。外底有明显叠烧痕。口径13.1、底径7.7、高4厘米。（图3-34-6；彩版一二二）

D34M1：5，内底平。外底有明显叠烧痕。口径8.8、底径4.9、高2.8厘米。（图3-34-6；彩版一二二）

D34M1：11，尖唇，沿部饰弦纹。外底有刮削痕。口径8.6、底径5.6、高3.2厘米。（图3-34-6；彩版一二二）

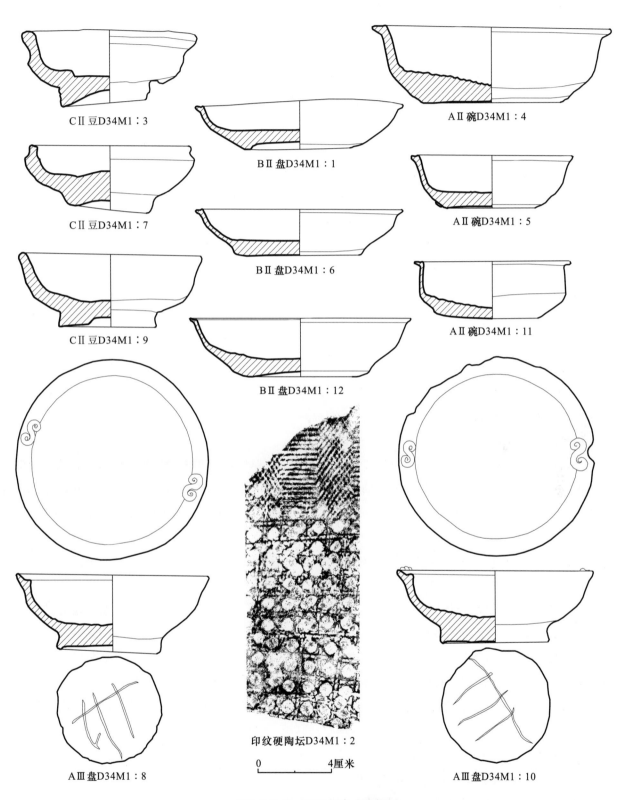

CⅡ豆D34M1：3

CⅡ豆D34M1：7

CⅡ豆D34M1：9

BⅡ盘D34M1：1

BⅡ盘D34M1：6

BⅡ盘D34M1：12

AⅡ碗D34M1：4

AⅡ碗D34M1：5

AⅡ碗D34M1：11

AⅢ盘D34M1：8

印纹硬陶坛D34M1：2

0　　　　　4厘米

AⅢ盘D34M1：10

图3-34-6　D34M1出土器物图

原始瓷盘　5件。

A型Ⅲ式　2件。弧腹，矮圈足。圈足与器身分制拼接成型。青灰色胎。器表施青釉。D34M1：8，尖唇，凹沿。沿部饰对称"S"纹，内底饰旋纹，足底饰"三横一竖"形刻划符号。釉层几乎脱落殆尽。口径10.5、足径5.7、高4.1厘米。（图3-34-6；彩版一二二）

D34M1：10，尖唇，凹沿。沿部饰对称"S"纹，内底饰旋纹，足底饰"三横一竖"形刻划符号。釉层几乎脱落殆尽。口径10.8、足径6、高3.8厘米。（图3-34-6；彩版一二二）

B型Ⅱ式　3件。形制类似。方唇，敞口，弧腹浅坦，平底，外底微内凹。内壁饰旋纹。外底有明显叠烧痕。青灰色胎。器表施釉不及外底，釉色青绿，釉层明显，釉面光滑有光泽。D34M1：1，口径11.3、底径5.8、高2.6厘米。（图3-34-6；彩版一二二）

D34M1：6，口径11.3、底径6.8、高2.5厘米。（图3-34-6；彩版一二二）

D34M1：12，口径12.1、底径5.8、高3.1厘米。（图3-34-6；彩版一二二）

印纹硬陶坛　1件。D34M1：2，残碎。方唇，侈口，深腹，平底。灰胎。器表饰拍印折线纹和米筛纹的组合纹。（图3-34-6）

3.D34M2出土遗物

共45件，包括原始瓷罐、豆、盂、钵、盘、碟和盅。

原始瓷罐　1件。D34M2：9，口腹残件。圆唇，侈口，矮束颈，溜肩，鼓腹。肩部饰两道凸棱，颈部饰水波纹，肩下部饰细密水波纹，上腹部饰回纹，肩腹结合处堆贴对称绳索状环耳，其上贴饰一横向"S"纹。青灰色胎。器表施青黄釉，釉层明显，脱釉严重。口径17.2、残高8.8厘米。（图3-34-7；彩版一二三）

原始瓷豆　28件。

B型Ⅲ式　22件，其中D34M2：23和D34M2：24为口腹残件。圆唇，弧腹，矮圈足。圈足与器身分制拼接成型。青灰色胎。器表施青釉不及圈足。D34M2：1，直口，底心下弧。足底饰"二"形刻划符号。青灰色胎。釉色青黄，脱釉严重。口径6.6、足径4.4、高2.6厘米。（图3-34-7；彩版一二三）

D34M2：2，直口。足底饰"一"形刻划符号。青灰色胎，下腹有明显刮削痕。釉色青黄，釉面有光泽，脱釉严重。口径7.2、足径4.1、高3.2厘米。（图3-34-7；彩版一二三）

D34M2：3，口微敞。足底饰"π"形刻划符号。青灰色胎，下腹有明显刮削痕，腹部粘连一个泥条。釉色青绿，釉面光滑有光泽。口径7.7、足径4、高2.9厘米。（图3-34-7；彩版一二三）

D34M2：4，口微敛，底心下弧。足底饰四横线形刻划符号。青灰色胎，下腹有明显刮削痕。内底粘连窑渣。釉色青黄，脱釉严重。口径7、足径4.3、高3.2厘米。（图3-34-7；彩版一二三）

D34M2：5，直口。上腹饰一组细密弦纹。青灰色胎。釉色青绿，釉面光滑有光泽，近足处聚釉。口径8.5、足径4.7、高3.3厘米。（图3-34-7；彩版一二四）

D34M2：6，口微敛。下腹有刮削痕。灰黄色胎。釉色青黄，釉面有光泽，脱釉严重。口径7.7、足径4.8、高3.6厘米。（图3-34-7；彩版一二四）

D34M2：7，直口，底心下弧。足底饰"井"形刻划符号。灰黄色胎，下腹有明显刮削痕。釉色青黄，釉层几乎脱落殆尽。口径7.8、足径4.1、高3.5厘米。（图3-34-7；彩版一二四）

D34M2：8，直口，底心下凹。灰黄色胎。釉色青黄，釉层几乎脱落殆尽。口径7.6、足径

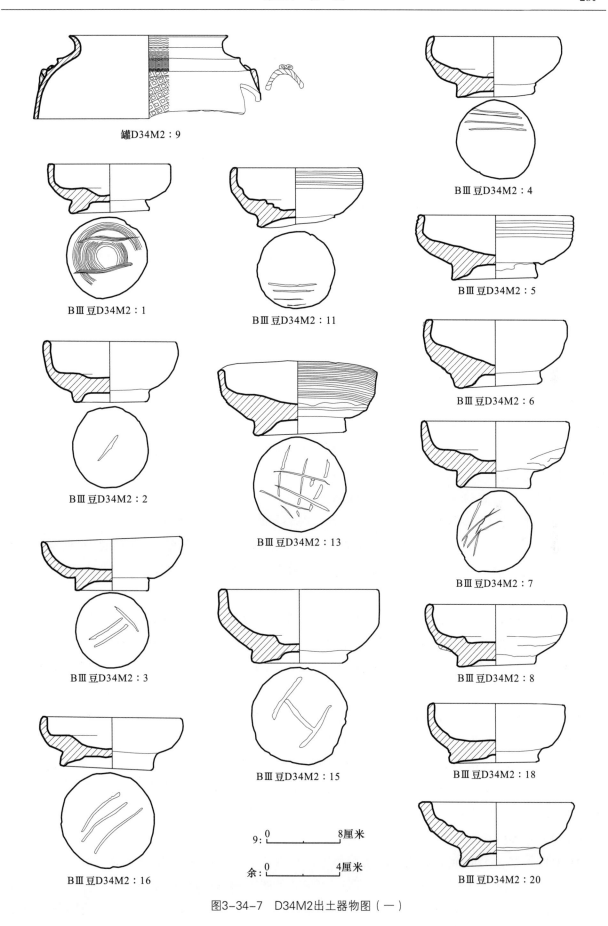

罐D34M2：9

BⅢ豆D34M2：1

BⅢ豆D34M2：11

BⅢ豆D34M2：4

BⅢ豆D34M2：5

BⅢ豆D34M2：2

BⅢ豆D34M2：13

BⅢ豆D34M2：6

BⅢ豆D34M2：3

BⅢ豆D34M2：15

BⅢ豆D34M2：7

BⅢ豆D34M2：8

BⅢ豆D34M2：16

BⅢ豆D34M2：18

9：0 ___ 8厘米

余：0 ___ 4厘米

BⅢ豆D34M2：20

图3-34-7 D34M2出土器物图（一）

4.4、高3.4厘米。（图3-34-7；彩版一二四）

D34M2：11，直口，底心下凹。足底饰四横线形刻划符号。灰黄色胎。釉色青黄，釉层几乎脱落殆尽。口径6.8、足径4.2、高3.2厘米。（图3-34-7；彩版一二四）

D34M2：13，直口。上腹满饰细密弦纹，足底饰井田形刻划符号。灰黄色胎。釉色青黄，釉层几乎脱落殆尽。口径8.7、足径5、高3.9厘米。（图3-34-7；彩版一二四）

D34M2：15，直口，底心下凹。足底饰"工"形刻划符号。灰黄色胎。脱釉。口径8.7、足径5.2、高3.9厘米。（图3-34-7；彩版一二四）

D34M2：16，口微敛，底心下弧。足底饰"三"形刻划符号。青灰色胎。釉色青黄，釉层几乎脱落殆尽。口径7.6、足径5.1、高2.7厘米。（图3-34-7；彩版一二四）

D34M2：18，直口。下腹有细微刮削痕。青灰色胎，内底粘连窑渣。釉色青黄，局部脱釉。口径7.6、足径4.9、高3.2厘米。（图3-34-7；彩版一二五）

D34M2：20，口微敞，底心下弧。青灰色胎。釉色青黄，釉面光滑有光泽，局部脱釉。口径8.6、足径4.6、高3.4厘米。（图3-34-7；彩版一二五）

D34M2：23，口腹残件。直口。青灰色胎，内底有两个垫痕。釉色青绿，釉面光滑。口径7.2、残高2.6厘米。（彩版一二五）

D34M2：24，口腹残件。直口。上腹饰一组细密弦纹。灰黄色胎。釉色青黄，脱釉严重。口径8.6、残高3.2厘米。（彩版一二五）

D34M2：28，直口，底心下弧。足底饰"工"形刻划符号。青灰色胎。釉色青黄，脱釉严重。口径8.9、足径5.2、高4.3厘米。（图3-34-8；彩版一二五）

D34M2：31，直口，内底较平。足底戳两个圆窝。青灰色胎，下腹有明显刮削痕。釉色青黄，釉面有光泽，局部脱釉。口径7.4、足径5.1、高3.6厘米。（图3-34-8；彩版一二五）

D34M2：32，直口，底心下弧。足底饰"≒"形刻划符号。青灰色胎，内底粘连窑渣，下腹有明显刮削痕。釉色青黄，釉面光滑有光泽。口径6.6、足径4.4、高3.1厘米。（图3-34-8；彩版一二五）

D34M2：35，直口，底心下凹。上腹饰一组弦纹。青灰色胎，下腹有明显刮削痕。釉色青黄，釉面光滑有光泽。口径8.3、足径4.5、高3.6厘米。（图3-34-8；彩版一二五）

D34M2：37，直口，内底下弧。青灰色胎。釉色青黄，脱釉严重。口径7.7、足径4.4、高3.5厘米。（图3-34-8；彩版一二五）

D34M2：40，直口，内底下凹。青灰色胎，下腹有明显刮削痕。釉色黄褐，脱釉严重。口径9.2、足径5.3、高3.7厘米。（图3-34-8；彩版一二五）

C型Ⅱ式　6件。圆唇，敞口，上腹直略内弧，下腹折内收，矮圈足。圈足与器身分制拼接成型。青灰色胎。器表施青釉不及圈足。D34M2：19，足底饰"≠"形刻划符号。内壁粘连窑渣，下腹粘连泥条。下腹有明显刮削痕。器表施青黄釉，局部脱釉。口径9.5、足径5.2、高3.5厘米。（图3-34-8；彩版一二六）

D34M2：25，足底饰"二"形刻划符号。内底有一个垫痕，下腹有明显刮削痕，修足不规整。青釉，釉层薄。口径9.3、足径5.5、高3.7厘米。（图3-34-8；彩版一二六）

D34M2：29，内壁粘连窑渣，内底有一个垫痕，下腹有明显刮削痕。青釉，釉层薄。口径

9.3、足径4.2、高3.7厘米。（图3-34-8；彩版一二六）

　　D34M2：43，足底饰"×"形刻划符号。釉色青黄，脱釉严重。口径8.8、足径5.1、高3.5厘米。（图3-34-8；彩版一二六）

　　D34M2：44，下腹有明显刮削痕。釉色青黄，釉层薄。口径8.7、足径5.3、高4厘米。（图3-34-8；彩版一二六）

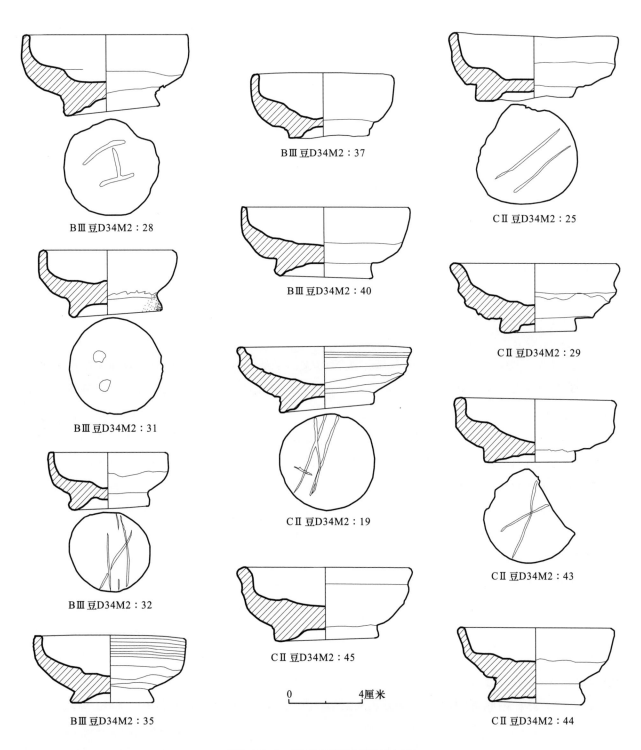

B Ⅲ 豆D34M2：28

B Ⅲ 豆D34M2：31

B Ⅲ 豆D34M2：32

B Ⅲ 豆D34M2：35

B Ⅲ 豆D34M2：37

B Ⅲ 豆D34M2：40

C Ⅱ 豆D34M2：19

C Ⅱ 豆D34M2：45

0　　　　4厘米

C Ⅱ 豆D34M2：25

C Ⅱ 豆D34M2：29

C Ⅱ 豆D34M2：43

C Ⅱ 豆D34M2：44

图3-34-8　D34M2出土器物图（二）

D34M2：45，釉色青黄，釉层薄。口径9.5、足径5.7、高4.1厘米。（图3-34-8；彩版一二六）

原始瓷盂 9件。

A型Ⅱ式 2件。形制类似。圆唇，敛口，鼓腹，矮圈足。圈足与器身分制拼接成型。上腹部饰一组细密弦纹。青灰色胎。器表施青黄釉不及圈足。D34M2：33，足底饰"＋"形刻划符号。下腹有明显刮削痕。脱釉严重。口径6.8、足径4.3、高3.3厘米。（图3-34-9；彩版一二六）

D34M2：41，胎体起泡。釉面光滑，局部脱釉。口径6.3、足径4.8、高3.7厘米。（图3-34-9；彩版一二六）

B型Ⅰ式 5件。圆唇，折肩内弧，弧腹内收，矮圈足。圈足与器身分制拼接成型。青灰色胎。器表施青绿釉，釉层明显，釉面有光泽。D34M2：12，敛口，肩部饰一组弦纹，并贴饰三个横向"S"纹，一个残缺。下腹有明显刮削痕，足外壁粘连窑渣。口径7、足径4.4、高3.2厘米。（图3-34-9；彩版一二七）

D34M2：22，口微敞。下腹有明显刮削痕，下腹及足底粘连窑渣。胎体起泡。口径7.8、足径4.6、高3.4厘米。（图3-34-9；彩版一二七）

D34M2：27，口微敞。下腹有细微刮削痕，下腹及足外壁粘连窑渣。胎体起泡。口径7.6、足径4.6、高3.6厘米。（图3-34-9；彩版一二七）

D34M2：39，敛口，内底下弧。下腹现釉滴。口径7.8、足径4.7、高3.2厘米。（图3-34-9；彩版一二七）

D34M2：42，敛口。下腹粘连窑渣。口径7、足径4.4、高3.3厘米。（图3-34-9；彩版一二七）

D型 2件。圆唇，敛口，折肩内弧，弧腹内收，平底。D34M2：10，肩部饰一组细密水波纹。外底有明显线割痕。灰褐色胎。外壁及底饰黑衣，肩及内壁饰黑釉，局部脱釉。口径6.8、底径4.4、高3厘米。（图3-34-9；彩版一二七）

D34M2：30，肩部贴饰三个横向"S"纹。外底修治不规整。青灰色胎。器表施青黄釉，釉层明显，釉面光滑有光泽，局部脱釉。口径6.4、底径5.5、高3.3厘米。（图3-34-9；彩版一二七）

原始瓷钵 1件。D34M2：26，尖唇，凹沿，敞口，斜直腹，下腹弧收，平底。腹部饰一道弦纹。外底粘连窑渣，外底有明显线割痕。青灰色胎。器表施青绿釉，釉层明显，釉面光滑有光泽，局部聚釉。口径7.8、底径4.7、高4.2厘米。（图3-34-9；彩版一二七）

原始瓷盘 1件，A型Ⅰ式。D34M2：14，圆唇，平沿，敞口，弧腹浅坦，矮圈足。圈足与器身分制拼接成型。内底有旋痕，外底饰"V"形刻划符号。灰黄色胎，下腹有细微刮削痕。器表施青黄釉，釉层明显，釉面有光泽。口径13.5、足径5.1、高3.3厘米。（图3-34-9；彩版一二八）

原始瓷碟 2件，Ⅱ式。圆唇，平沿，浅弧腹，矮圈足。圈足与器身分制拼接成型。沿部饰对称"S"纹。青灰色胎。器表施青黄釉，釉层厚，釉面光滑有光泽。D34M2：17，足底饰"一"形刻划符号。内底心凸起。口径7.5、足径4.1、高1.8厘米。（图3-34-9；彩版一二八）

D34M2：21，内底下凹，下腹有明显刮削痕。足外壁粘连窑渣。内壁聚釉，釉色发黑。口径7、足径4、高2.3厘米。（图3-34-9；彩版一二八）

原始瓷盅 3件，均为Ⅰ式。大小形制类似。方唇，直口微敞，弧腹，平底。外底有明显线割痕。红褐色胎。脱釉。D34M2：34，外底粘连窑渣。口径6.2、底径3.9、高2.3厘米。（图3-34-9；彩版一二八）

　　D34M2：36，外底修治不甚规整，内底心微凸。口径5.4、底径4、高2.2厘米。（图3-34-9；彩版一二八）

　　D34M2：38，外底粘连窑渣。口径5.6、底径3.8、高2.2厘米。（图3-34-9；彩版一二八）

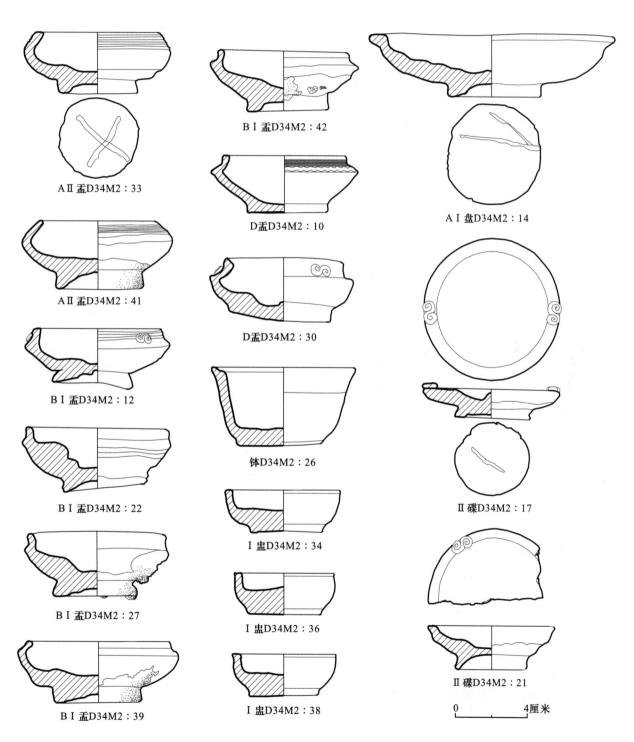

A II 盂D34M2：33

A II 盂D34M2：41

B I 盂D34M2：12

B I 盂D34M2：22

B I 盂D34M2：27

B I 盂D34M2：39

B I 盂D34M2：42

D盂D34M2：10

D盂D34M2：30

钵D34M2：26

I 盅D34M2：34

I 盅D34M2：36

I 盅D34M2：38

A I 盘D34M2：14

II 碟D34M2：17

II 碟D34M2：21

0　　　　　4厘米

图3-34-9　D34M2出土器物图（三）

D35

土墩

　　D35位于十二房山北坡上部山脊处，北距D32直线距离约100米，整体大致呈南北走向。东西两侧为陡坡，南北两侧较平缓，土墩东侧为山路。土墩隆起十分明显，其走向与山脊走向一致，平面形状不甚规则，略呈长圆形，长径约17、短径8.58米，现存高度约0.9米。地表长满杂草灌木，落叶遍地，西南部长满苦竹。土墩保存较完整，未见近期盗掘痕迹。地表可见墓道顶部的石块。（图3-35-1；彩版一二九，1、2）

　　土墩顶部为厚约5厘米的灰黑色植物腐殖质，腐殖质下即为封土。封土较厚，可明显分成3层：

　　第①层：厚0.1～0.3米。土色黄褐，土质疏松，含有大量植物根系。

　　第②层：厚0.1～0.35米。土色灰黄，土质疏松，出土少量原始瓷残片、印纹硬陶残片和红陶残片。印纹硬陶的纹饰有方折云雷纹、折线纹、回纹等。

　　第③层：厚0.44～0.75米，土色黄褐色，土质疏松，包含大量石块，发现少量炭块和炭粒，出土少量黑

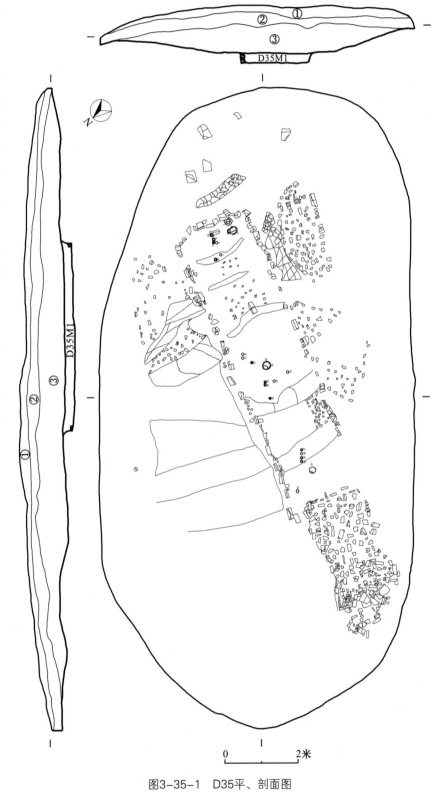

图3-35-1　D35平、剖面图

陶残片、石器和原始瓷、印纹硬陶残片。印纹硬陶的纹饰为绳纹。可辨器形有原始瓷盅和石器。

封土下中部偏东北暴露大块基岩，西南部发现小石块堆积。

墓葬

土墩底部发现一座墓葬，编号为D35M1。

D35M1位于土墩中部，石框型墓，方向为246°。墓葬整体呈刀把形，由墓道和石框两部分组成。（图3-35-2；彩版一二九，3~5）

墓葬是在经过平整的山脊表面用大小不一的石块围成。石框直接建于基岩之上，其东侧为大块基岩，营建墓框时有意修整基岩，东侧有基岩被开凿的痕迹。墓道底略低于石框底，这可能与墓道底是熟土而石框底为基岩有关。

墓道位于石框西端南侧，整体呈长方形，长3.64、上部宽1.6~1.95、底部宽1.44、高1.42~1.65米。底部用大小不一的石块垒砌成墓道框，外侧略规整，内部填石块和黄褐色土。上部用大小不一的石块垒砌而成，较为杂乱，未见明显规律，最外侧的石块垒砌稍整齐，石块之间填黄褐色土。顶部西高东低，呈斜坡状。西端自西向东斜收。（彩版一二九，6~8）

石框平面形状略呈长方形，内长8.12、内宽1.88、高0.35米，顶距离地表约1.2米。四壁使用大小不一的石块垒砌，石壁略整齐，大体呈直线分布。南壁西部和墓道口处石壁破坏无存，隐约可见墓框界线。墓内填土呈黄褐色，与第③层封土略同，其内夹杂有少量小石子。（彩版一二九，9）

墓底不甚平整，东高西低，底部铺厚0~5厘米的黄土，其上放置随葬品。

墓底出土随葬品25件，均位于石框内，石框前、中、后均有分布，有原始瓷豆、盅、碟以及印纹硬陶罐和夹砂红陶罐等。（图3-35-3）

出土遗物

1.封土出土遗物

共2件，包括原始瓷盅和石器。

原始瓷盅 1件。D35：01，圆唇，侈口，上腹内弧，下腹折内收，矮圈足。圈足与器身分制拼接成型。上腹饰弦纹，足底饰"≠"形刻划符号。灰白色胎，下腹有刮削痕。器表施青黄釉不及圈足，釉层明显，脱釉严重。口径9.2、足径6、高3.4厘米。（图3-35-4；彩版一三〇）

石器 1件。D35：02，灰色砂岩，器形不明，两面磨制光滑。残长17.3、残宽10.2、厚2.1厘米。（图3-35-4）

2.D35M1出土遗物

共25件，包括原始瓷豆、盅、碟以及印纹硬陶罐和夹砂红陶罐。

原始瓷豆 8件。

B型Ⅲ式 7件。圆唇，弧腹，矮圈足。圈足与器身分制拼接成型。器表施青釉。D35M1：4，直口微侈。上腹饰一组弦纹。青灰色胎，下腹有明显刮削痕。釉色青黄，局部脱釉。口径8.5、足径5.1、高4厘米。（图3-35-5；彩版一三〇）

D35M1：6，敛口。上腹饰一组弦纹，足底饰复线"二"形刻划符号。灰黄色胎，下腹有细微刮削痕。釉色青黄，釉层几乎脱落殆尽。口径7.7、足径5.1、高3厘米。（图3-35-5；彩版一三〇）

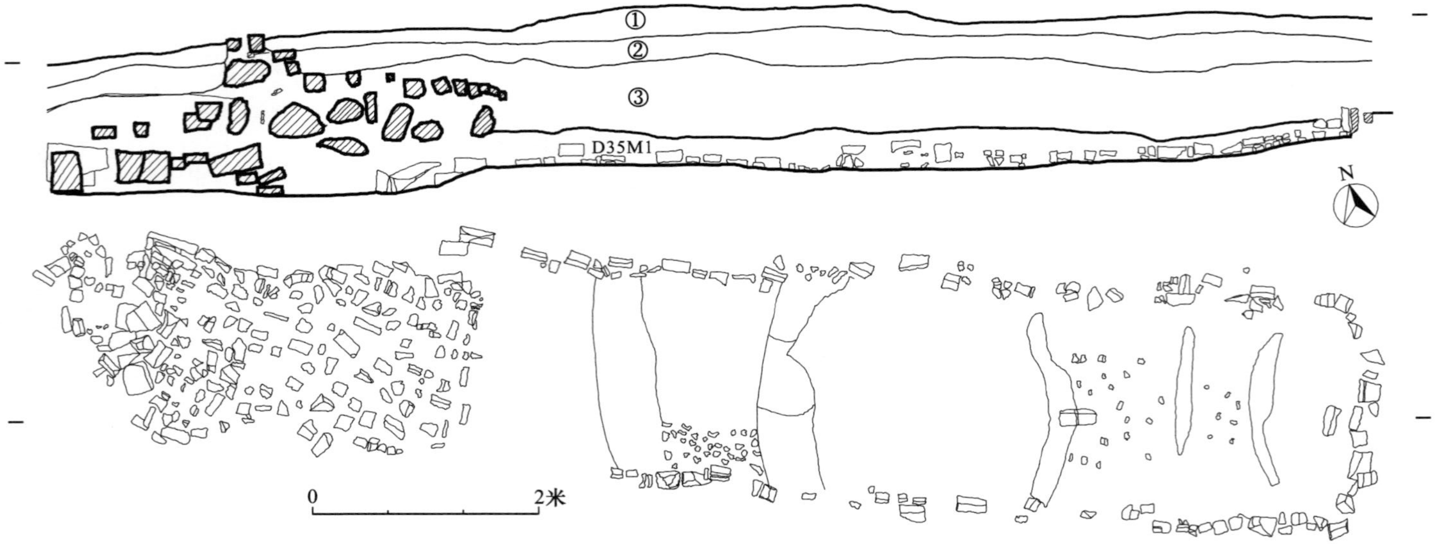

图3-35-2 D35M1平、剖面图

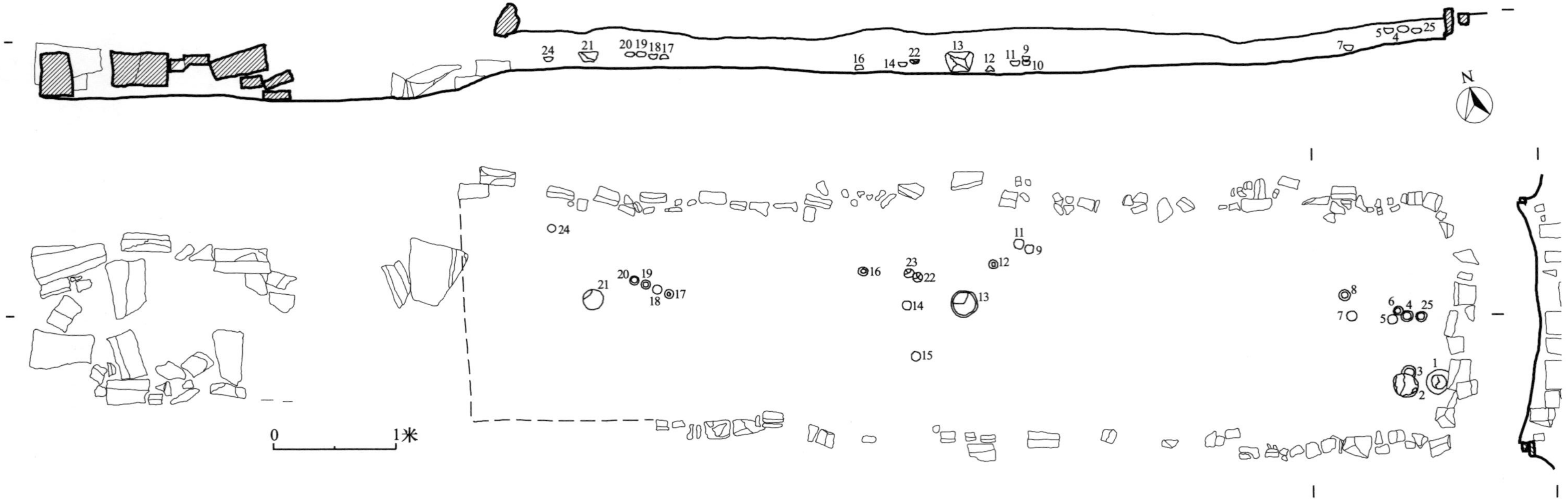

图3-35-3 D35M1器物分布图

D35M1

N

米

2

0

N

1米

0

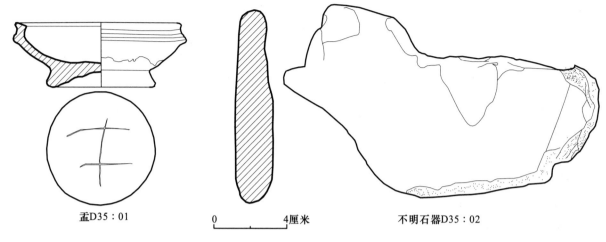

盂D35：01

0   4厘米

不明石器D35：02

图3-35-4 D35封土出土器物图

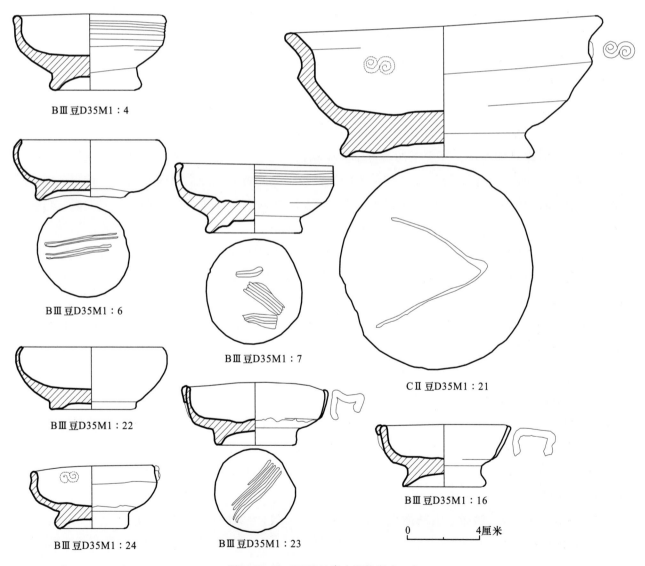

BⅢ豆D35M1：4

BⅢ豆D35M1：6

BⅢ豆D35M1：7

CⅡ豆D35M1：21

BⅢ豆D35M1：22

BⅢ豆D35M1：24

BⅢ豆D35M1：23

BⅢ豆D35M1：16

0   4厘米

图3-35-5 D35M1出土器物图（一）

D35M1：22，敛口。灰黄色胎，下腹有细微刮削痕。釉色青黄，釉层几乎脱落殆尽。口径7.9、足径4.8、高3.3厘米。（图3-35-5；彩版一三〇）

D35M1：7，直口微敛，内底压圈。上腹饰一组弦纹，足底饰复线反"N"形刻划符号。青灰色胎，下腹有细微刮削痕。釉色青黄，脱釉严重。口径8.8、足径5.3、高3.6厘米。（图3-35-5；彩版一三〇）

D35M1：16，直口。口下贴饰对称的"n"形泥条。青灰色胎。釉色青黄，釉层几乎脱落殆尽。口径7.1、足径4.6、高3.3厘米。（图3-35-5；彩版一三〇）

D35M1：23，直口，上腹直，下腹弧收。口下贴饰对称的"n"形泥条，足底饰复线"一"形刻划符号。青灰色胎，下腹有明显刮削痕。釉色青绿，釉层厚，釉面光滑有光泽。口径7.5、足径4.5、高3.3厘米。（图3-35-5；彩版一三〇）

D35M1：24，直口，上腹直，下腹弧收。上腹贴饰三个横向"S"纹，其中一个"S"纹的一侧贴饰一块泥条。青灰色胎，内底粘连窑渣。釉色青黄，釉层厚，釉面光滑有光泽。口径6.9、足径4.1、高3.3厘米。（图3-35-5；彩版一三一）

C型Ⅱ式　1件，大豆。D35M1：21，圆唇，侈口，上腹内弧，下腹折内收，圈足。圈足与器身分制拼接成型。上腹饰三个横向"S"纹，足底饰"V"形刻划符号。青灰色胎，内底粘连大块窑渣。器表施青绿釉不及足底，釉层厚，釉面光滑有光泽，下腹有滴釉现象。口径17.5、足径10.7、高6.9厘米。（图3-35-5；彩版一三一）

原始瓷盂　11件。

A型Ⅱ式　1件，大盂。D35M1：1，圆唇，口微侈，弧肩，扁鼓腹，圈足。圈足与器身分制拼接成型。肩部饰对称环耳，耳上下两端各饰一个横向"S"纹，肩部另贴饰六组两两并列的斜向"S"纹和一个单独的斜向"S"纹。肩部饰两组弦纹，其间饰一周斜向戳印篦点纹。青灰色胎。器表施青黄釉不及圈足，釉层厚，釉面光滑有光泽，有聚釉和滴釉现象，聚釉处釉色发黑。口径16.2、腹径19.5、足径12.3、高7.2厘米。（图3-35-6；彩版一三一）

B型Ⅰ式　10件。圆唇，折肩，弧腹内收，矮圈足。圈足与器身分制拼接成型。青灰色胎。器表施青釉。D35M1：3，敛口。肩部饰一组弦纹，足底饰"土"形刻划符号。釉层几乎脱落殆尽。口径9.4、足径5.4、高3.6厘米。（图3-35-6；彩版一三一）

D35M1：5，敛口。肩部饰一组弦纹，足底饰类"丰"形刻划符号。内底粘连窑渣。脱釉严重。口径9.2、足径5.4、高3.3厘米。（图3-35-6；彩版一三一）

D35M1：8，侈口。肩部饰一组弦纹，足底饰"士"形刻划符号。下腹粘连窑渣。局部脱釉。口径9.9、足径5.8、高3.6厘米。（图3-35-6；彩版一三二）

D35M1：25，敛口。肩部饰一组弦纹，足底饰"工"形刻划符号。釉层几乎脱落殆尽。口径8.5、足径5.7、高3.6厘米。（图3-35-6；彩版一三二）

D35M1：9，口微敛。足底饰"V"形刻划符号。下腹有细微刮削痕。脱釉严重。口径7.9、足径4.4、高3.1厘米。（图3-35-6；彩版一三二）

D35M1：11，直口微敞。沿部饰两个对称横向"S"纹并贴饰一个泥条。下腹有刮削痕。釉层厚，釉面光滑有光泽。口径7.5、足径4.7、高2.9厘米。（图3-35-6；彩版一三二）

D35M1：12，口微敛。沿部饰三个横向"S"纹。胎体起泡，下腹有细微刮削痕。釉面光滑有

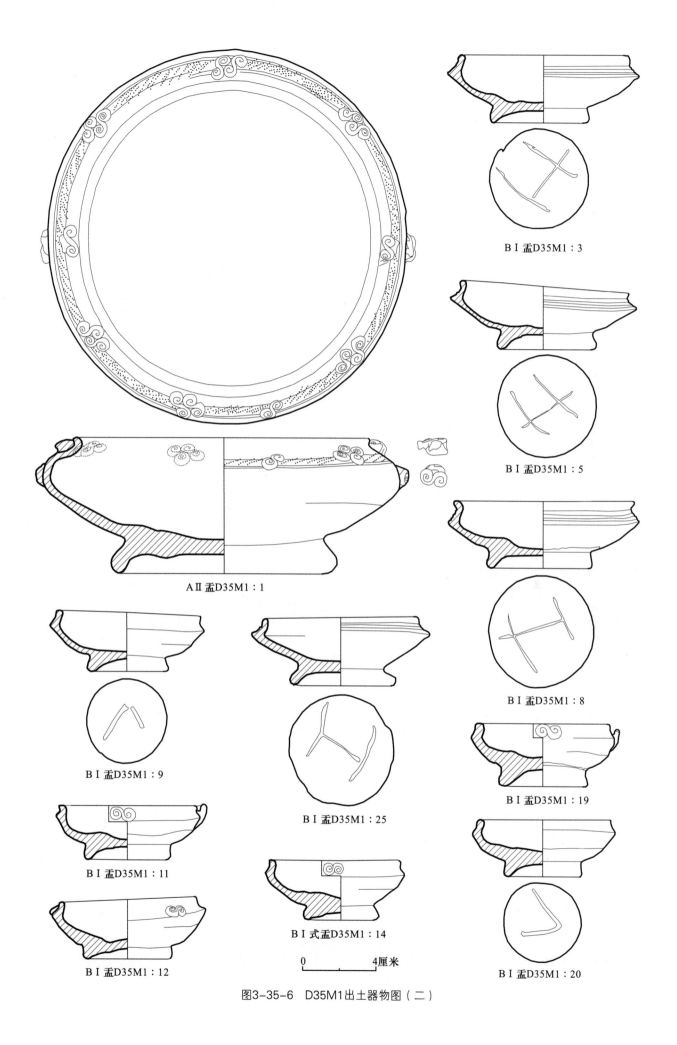

BⅠ盂D35M1：3

BⅠ盂D35M1：5

AⅡ盂D35M1：1

BⅠ盂D35M1：8

BⅠ盂D35M1：9

BⅠ盂D35M1：25

BⅠ盂D35M1：19

BⅠ盂D35M1：11

BⅠ式盂D35M1：14

0   4厘米

BⅠ盂D35M1：12

BⅠ盂D35M1：20

图3-35-6　D35M1出土器物图（二）

光泽。口径7.6、足径4.9、高3.2厘米。（图3-35-6；彩版一三二）

D35M1：14，口微敛，底心下凹。沿部饰三个横向"S"纹。釉面光滑有光泽。口径7.2、足径4.1、高3.1厘米。（图3-35-6；彩版一三二）

D35M1：19，口微敛，底心下凹。沿部饰三个横向"S"纹。下腹有明显刮削痕。釉面光滑有光泽，下腹聚釉，聚釉处釉色发绿。口径7.5、足径4.9、高3.4厘米。（图3-35-6；彩版一三二）

D35M1：20，口微敛。足底饰"V"形刻划符号。下腹有刮削痕。脱釉严重。口径7.4、足径4.3、高3厘米。（图3-35-6；彩版一三二）

原始瓷碟　4件，均为Ⅱ式。圆唇，斜沿，敞口，弧腹较浅，矮圈足。圈足与器身分制拼接成型。沿部饰横向"S"纹。青灰色胎。器表施釉不及圈足，釉层明显，釉面光滑有光泽。D35M1：10，沿部贴饰一个"S"纹，口部贴饰泥条，足底饰"丰"形刻划符号。口部及下腹粘连窑渣。口径8.2、足径4.5、通高3.8厘米。（图3-35-7；彩版一三三）

D35M1：15，沿部贴饰两个对称"S"纹，口部贴饰泥条。下腹有明显刮削痕，口部、内壁及下腹粘连窑渣。口径7.7、足径4、通高2.8厘米。（图3-35-7；彩版一三三）

D35M1：17，沿部贴饰两个"S"纹，口部贴饰泥条，足底饰"丰"形刻划符号。口径7.9、足径4.1、通高3.3厘米。（图3-35-7；彩版一三三）

D35M1：18，沿部贴饰三个"S"纹。下腹粘连窑渣。口径7.8、足径4.6、通高2.6厘米。（图3-35-7；彩版一三三）

印纹硬陶罐　1件。D35M1：13，残碎。圆唇，侈口，深腹，平底。青灰色胎。器表饰拍印折线纹和方格纹。

夹砂红陶罐　1件。D35M1：2，残碎。圜底。夹砂红陶，器表饰绳纹。

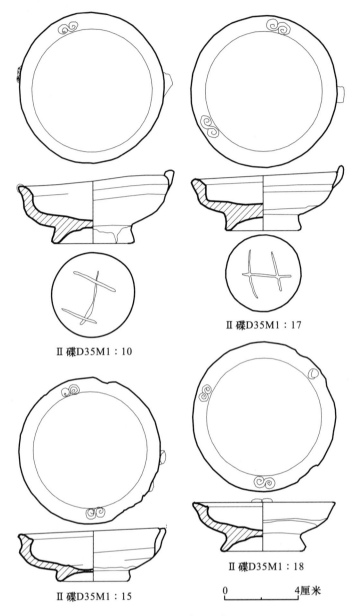

Ⅱ碟D35M1：10

Ⅱ碟D35M1：17

Ⅱ碟D35M1：15

Ⅱ碟D35M1：18

0　　　　4厘米

图3-35-7　D35M1出土器物图（三）

D36

土墩

D36位于柴岭山顶端，整体呈东西走向。四面均为陡坡，南坡略微平缓，土墩东侧为山路。土墩隆起十分明显，平面略呈长圆形，长径35.5、短径23.56米，现存高度约3.75米。墩底边东高西低，东西高差约1.4米。土墩中部因墩内的石室堆积而隆起形成一个近方台形的堆积，顶部长20.38、宽7.08米，底部长23.6、宽8.86米，高2.86米。方台底仍为东高西低，高差约1.7米。方台顶面中东部较为平整，西部呈东高西低状倾斜。地表长满杂草灌木，落叶遍地，墩上还长着几颗高大的樟树。（图3-36-1；彩版一三四，1、2）

土墩遭到严重盗掘，共发现7处盗洞，依次编号为d1~d7。d1位于方台东南角，平面形状不规则，长约2.83、宽约2.35、深约0.3~0.8米。盗洞直接破坏了石室的东南角，东挡土墙南端和南挡土墙东端的上部遭到严重破坏，大量石块杂乱地堆积于盗洞周边，未见遗物。d2位于方台东北角，平面形状不规则，长约3.5、宽约1.65、深约0.25~0.6米。盗洞直接破坏了石室的东北角，东挡土墙北端和北挡土墙东端的上部遭到严重破坏，大量石块杂乱地堆积于盗洞周边，未见遗物。d3位于方台西北部，平面形状不规则，长约2.86、宽约1.85、深约0.4~2.2米。盗洞内长着一颗直径约0.15米的樟树。盗洞破坏了石室北侧护坡西部，大量石块杂乱地堆积于盗洞周边，盗洞扰土中发现一枚"万历通宝"铜钱。d4位于方台西南部，平面形状不规则，长约2.56、宽约2.6、深约0.35~0.8米。盗洞破坏了石室的南侧护坡西部，大量石块杂乱地堆积于盗洞周边，未见遗物。d5位于方台西南部，平面形状不规则，长约4.75、宽约1.75、深约0.5~0.9米。盗洞破坏了石室的南挡土墙西部，且向石室内延伸，未进入墓室，大量石块杂乱地堆积于盗洞周边，未见遗物（彩版一三四，3）。d6位于方台东南部，平面略呈椭圆形，长径2.93、短径2.16、深约2.7米。此盗洞直至清理墓室时才发现，盗洞顶部的封土与方台顶部其他地方的封土厚薄一致，无明显差别，且盗洞内填满石块和泥土，说明该盗洞形成时间较早，可能该墓在埋葬后不久即遭盗掘。盗洞呈倾斜状直接进入墓室内直达墓底，破坏了墓室南壁东部，未见遗物。d7位于方台西北部，平面略呈椭圆形，长径2.1、短径1.25、深约2.6米。此盗洞也是在清理墓室时才发现，其堆积情况与d6相似，说明该盗洞形成时间与d6的形成时间应相差不多。盗洞呈倾斜状直接进入墓室内直达墓底，盗洞破坏了墓室北壁西部，未见遗物。

清理完地表杂物后，可见石室的南挡土墙东部和顶部的盖顶石。

封土顶部为0~5厘米厚的灰黑色植物腐殖质，腐殖质下即为黄褐色封土。封土堆积厚薄不均，中部较薄，四周较厚，厚约0~1.45米，其内包含大量植物根系。封土未见明显的分层现象。封土上部发现少量绿釉红陶罐残片、青花瓷残片和青砖残块，应为后期人类活动扰乱所致，另外还发现少量原始瓷豆和印纹硬陶残片，豆为厚釉矮圈足，印纹硬陶纹饰有回纹、折线纹等。封土下部包含青灰色淤泥土块堆积（彩版一三四，4）、红烧土和炭粒、炭块等，发现大量印纹硬陶残片、原始瓷残片。印纹硬陶器形有圜底罐和平底罐，纹饰有回纹、折线纹、方折云雷纹等。原始瓷有大量厚釉圈足豆，也有高圈足豆。另外还发现少量夹砂红陶鬲足、鼎足和泥质灰黑陶残片。封土底部即为山体基岩。

墓葬、器物群与窑址

土墩底部发现一座墓葬、两个器物群和一座窑，分别编号为D36M1、D36Q1、D36Q2和D36Y1。

D36M1位于土墩中部略偏西，石室墓，方向为274°。石室建于经过平整的山顶，由墓道、门框、墓室、挡土墙和护坡组成，整体呈长条形，长23.1、顶部宽7、底部宽8.1、高2.5米。（图3-36-2；彩版一三四，5、6）

墓道位于西部，东临门框，截面呈梯形，长5.16、口宽1～1.28、底宽1.48～1.9、高0.48～2.12米。泥底，较为平整，东高西低，西部用几块大石块封堵。两壁用石块垒砌，石块大小不一，较光滑的一端朝内，垒砌规整考究。北壁受挤压变形内倾严重，南壁上部遭严重破坏，由下向上略内收。

门框位于墓道与墓室之间，截面呈梯形，口部内宽0.74、底部内宽1.34、厚约0.26米，用长条形石块垒砌，共九层，石块与墓壁形成丁字形结构，十分牢固，由上而下向西倾斜。

墓室位于门框东侧，平面呈长条形，截面呈梯形，长13.19、顶部宽0.68～1.62、底部宽1.68～2、高1.88～2.65米（图3-36-3；一三四，7、8；彩版一三五，1）。墓底为经过修平的整块基岩，墓底中东部平铺一层厚8～12厘米的青膏泥，较为平整，西部仅见零星青膏泥，东高西低，倾斜明显。南北两壁使用大小不一的长条形石块平铺叠砌，底部的石块略大，上部的石块略小，大石块空隙处使用小石块和泥土填塞。南壁西部较竖直，东部略内收，d6处墓壁遭破坏，仅存下部。北壁收分明显，墓壁呈倾斜状内收，d7处墓壁遭破坏，仅存下部。东壁保存较为完整，亦使用大小不一的长条形石块平铺叠砌，大石块缝隙处使用小石块和泥土填塞，顶部使用了一块较大的石块。东壁由上到下向墓室内倾斜。南壁底部低于北壁底部约7厘米，这可能与二者的基础不同有关，北壁建于整块基岩上不会下陷，而南壁建于散乱的基岩和垫土上，容易下陷。

墓壁南北两侧均发现保存较好的挡土墙，东侧也发现挡土墙。挡土墙均用大小不一的石块垒砌，石块较光滑的一端向外，底部的石块较大，上部的石块稍小，大石块之间的缝隙处使用碎小石块和泥土填塞。东侧挡土墙较竖直，残高0.9～1.1米，两端均有明显转角，转角处使用的石块较大，垒砌较考究。南北两侧挡土墙保存较完整，垒砌十分考究，由下向上逐步内收，顶部使用的石块规格类似，形成一个规整的平面。北挡土墙东部建于基岩上，西部上部遭破坏，高0.9～2.26米（彩版一三五，2～5）。南挡土墙建于垫土上，东西两端上部均遭破坏，高0.6～2.5米（彩版一三五，6）。两侧挡土墙底部高差约0.5米，这可能与两者的底部基础不同有关，北侧挡土墙建于基岩上不可能塌陷，而南侧挡土墙建于垫土上，容易下陷。西侧挡土墙两端的转角仍在，只是上部破坏严重，已不见挡土墙的风貌。

在挡土墙与墓壁之间为土、石混筑的护坡。石块大小不一，堆放较为杂乱，土为与封土类似的黄褐色土，较为疏松。北部和东部护坡呈斜坡状，内高外低。南部护坡较平。（彩版一三五，7）

墓室顶部尚存五块巨大的盖顶石，长0.6～1.2、宽0.3～0.8、厚0.28～0.45米，多呈倾斜状陷于墓室内。（彩版一三五，8）

墓内填土呈黄褐色，其内包含大量石块，有陷落的盖顶石，也有陷落的墓壁石。填土中仅发现少量原始瓷和印纹硬陶残片，墓道填土中发现一件原始瓷豆（D36：01），印纹硬陶纹饰有回

纹、方折云雷纹等。墓底未见人骨、葬具痕迹。墓室中后部铺厚8～12厘米的青膏泥。（彩版一三六，1~3）

墓底随葬品较少，分布较为散乱，主要分布于青膏泥之上。共10件，有原始瓷豆、盘、器盖和泥质红陶珠（彩版一三六，4）、黄陶鼎足等。另于墓底东南部、西南部和北部偏东处发现印纹硬陶、原始瓷残片和泥质红陶残片。印纹硬陶表面饰回纹、折线纹等，红陶表面饰变形云雷纹，原始瓷残片多为豆、盘的残片。（图3-36-4）

D36Q1位于土墩北部偏东，南距D36M1北挡土墙底约2.6米。仅发现一组器物，未见挖坑营建痕迹，其底部的土略硬，底距离基岩面约0.3米。共发现9件器物，均为原始瓷器，有罐、盂和盘等。（图3-36-5；彩版一三六，5、6）

D36Q2位于土墩南部偏东，北距D36M1南挡土墙底约1.5米。仅发现一组器物残片，未见挖坑营建痕迹，器物底部的土与周边的土未见明显不同。这组残片杂乱分布，相互叠压，可复原成4件器物，有印纹硬陶罐和原始瓷罐等。

D36Y1位于土墩东北部，方向279°。窑直接建于山顶北部，窑顶和窑壁上部已破坏无存。窑床平面近梯形，长约4.1、宽1～1.5米。窑口设于西端。东壁近平直，东壁与南北壁结合处有明显弧形转角，南、北二壁的西部尚存红烧土窑壁，窑壁硬度低，南壁内侧存在明显烧结面，厚0.05～0.1、残高0.16～0.25米。窑床东高西低，东西高差约0.11米，形成的倾斜角约1.7°。窑床表面不甚平整，中部裸露基岩，底部暴露大量炭块和红烧土粒，炭块可以明显看出是小树枝焚烧后形成的堆积。窑内填土为黄褐色土，其内夹杂有红烧土颗粒和炭粒等，未见包含物。窑床东侧发现几块石块围成的椭圆形堆积，长0.6、宽0.45、深0.18米，作用不明。窑床西侧发现几块大小不一的石块垒砌而成的堆积，长3、宽1.06、深0.16～0.3米，底部略低于窑床底部，其内填土里发现

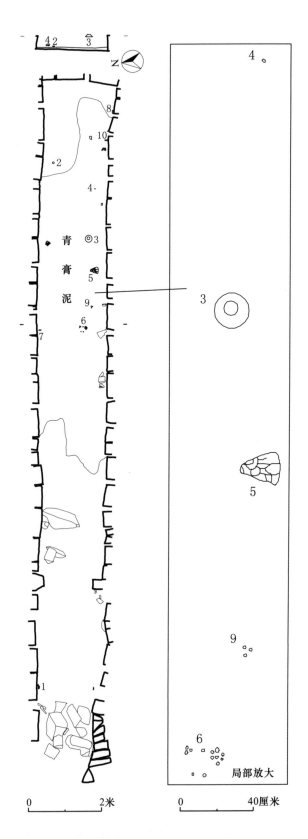

图3-36-4　D36M1器物分布图

原始瓷残片，推测其可能是窑的操作坑。（图3-36-6；彩版
一三六，7、8）

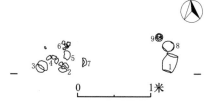

图3-36-5　D36Q1平、剖面图

出土遗物

1.封土出土遗物

封土内可复原器物共3件，包括原始瓷豆和器盖。

原始瓷豆　2件。弧腹，矮圈足。圈足与器身分制拼接成
型。青灰色胎。器表施青绿釉不及圈足，釉层明显，釉面光
滑有光泽。D36：01，圆唇，敛口，上腹略直，下腹弧收。
上腹饰弦纹，足底饰"一"形刻划符号。口径11.2、足径
6.1、高4.8厘米。（图3-36-7；彩版一三七）

D36：03，方唇，侈口，上腹内弧，下腹弧收。腹部饰两道弦纹，并贴饰三个横向"S"纹。
口径11.5、足径7.2、高4.4厘米。（图3-36-7；彩版一三七）

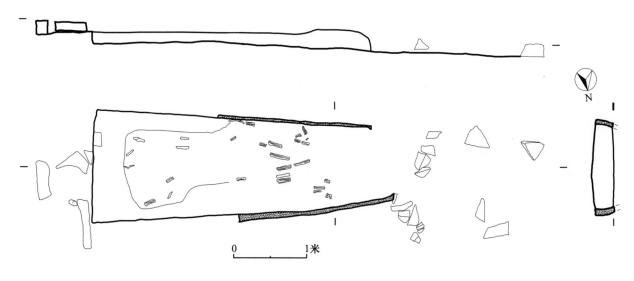

图3-36-6　D36Y1平、剖面图

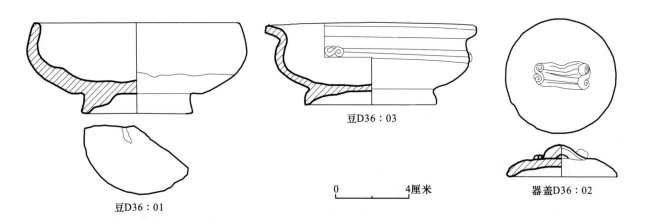

豆D36：03

豆D36：01

器盖D36：02

图3-36-7　D36封土出土器物图

原始瓷器盖　1件。D36：02，圆弧形。顶部饰环形纽，纽两端各饰一个横向"S"纹。青灰色胎，外壁经刮削。外壁施青釉，釉层薄。口径6.1、通高1.7厘米。（图3-36-7；彩版一三七）

2.D36M1出土遗物

共10件（组），包括原始瓷豆、盘、器盖以及泥质黄陶鼎足和红陶珠。

原始瓷豆　3件。

豆残件　1件。D36M1：1，腹底残件。弧腹，高圈足。圈足与器身分制拼接成型。足底饰"×"形刻划符号。青灰色胎。器表施青釉，釉层厚，釉面光滑。足径11.6、残高5.8厘米。（图3-36-8；彩版一三七）

B型Ⅲ式　2件。圆唇，敛口，弧腹，矮圈足，底心略下凹。圈足与器身分制拼接成型。上腹饰一组细密弦纹。青灰色胎。器表施青绿釉，釉层薄，釉面光滑有光泽。D36M1：8，口径8.2、足径5.3、高3.6厘米。（图3-36-8；彩版一三七）

D36M1：10，口径8.5、足径5.1、高3.1厘米。（图3-36-8；彩版一三七）

原始瓷盘　1件，A型Ⅰ式。D36M1：3，圆唇，斜沿，敞口，弧腹浅坦，圈足，底心下弧。圈足与器身分制拼接成型。沿部饰一周细密弦纹，并贴饰三组每组两个横向"S"纹，内底饰四组每组两道弦纹，其间各饰一周斜向戳印篦点纹。灰白色胎。器表施青黄釉，釉层薄，釉面光滑有光泽。口径19.6、足径10.6、高5.6厘米。（图3-36-8；彩版一三七）

原始瓷器盖　1件，Ⅰ式。D36M1：2，圆弧形盖。盖顶饰环形纽，纽两端各饰一个"S"纹，纽残。内壁饰"W"形刻划符号。青灰色胎。器表施青绿釉，釉层明显，釉面光滑。口径5.5、通高1.4厘米。（图3-36-8；彩版一三八）

陶鼎足　1件。D36M1：7，泥质黄陶，柱状。残高7.6厘米。（图3-36-8；彩版一三八）

陶珠　4件（组）。大小、形制类似，泥质红陶，球形。直径约2厘米。

D36M1：4，一颗。（彩版一三八）

D36M1：5，散乱成一堆，约30颗。（彩版一三八）

D36M1：6，一堆，多粘连成一块，约20颗。D36M1：9，三颗。

3.D36Q1出土遗物

共9件，包括原始瓷罐、盂和盘。

原始瓷罐　3件，均为B型Ⅰ式。D36Q1：1，圆唇，斜折沿，敛口，束颈，斜肩，深桶形腹，大平底。颈肩结合处饰两道弦纹，肩部饰两道弦纹，弦纹上下各饰一周斜向戳印篦点纹，肩腹结合处饰一周凸棱，腹部隐约可见折线纹。青灰色胎，腹部有四道接痕，外底修制不规整。器表通施青绿釉不及外底，釉层厚，釉面玻化极佳，釉面光滑有光泽，有滴釉现象。口径16.4、腹径19.2、底径14、高24.1厘米。（图3-36-9；彩版一三九）

D36Q1：9，圆唇，平沿，敛口，束颈，斜肩，桶形腹，平底。肩部饰一周斜向戳印篦点纹，肩腹结合处转折明显。青灰色胎，底为粘接而成。器表通施青黄釉不及外底，釉面有光泽，局部脱釉。口径12.4、腹径13.3、底径10、高12厘米。（图3-36-9；彩版一三九）

D36Q1：6，口腹残件。圆唇，盘形口，斜肩，桶形腹。肩部饰一周斜向戳印篦点纹。肩腹结合处饰一周凸棱，凸棱下饰一周斜向戳印篦点纹，其下饰两道弦纹。青灰色胎，腹部有盘接痕。器表施青绿釉，釉层厚，釉面玻化极佳，釉面光滑有光泽。残高10.3厘米。（彩版一三九）

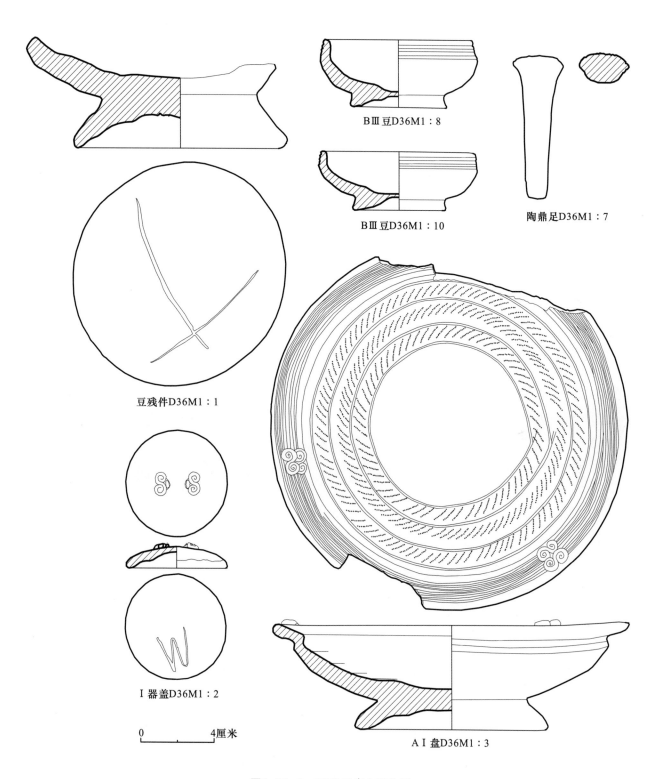

BⅢ豆D36M1：8

BⅢ豆D36M1：10

陶鼎足D36M1：7

豆残件D36M1：1

Ⅰ器盖D36M1：2

0   4厘米

AⅠ盘D36M1：3

图3-36-8　D36M1出土器物图

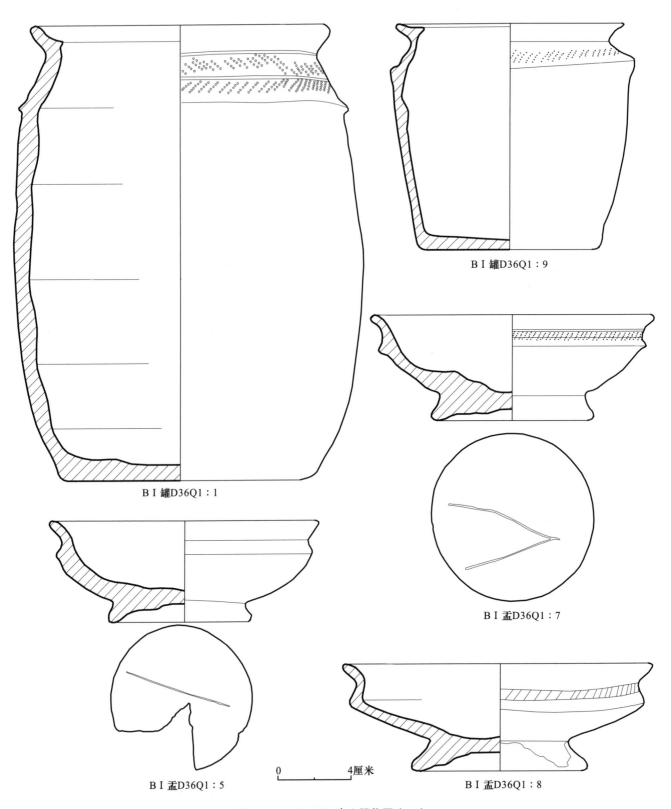

ＢⅠ罐D36Q1：9

ＢⅠ罐D36Q1：1

ＢⅠ盂D36Q1：7

ＢⅠ盂D36Q1：5

0　　　　　4厘米

ＢⅠ盂D36Q1：8

图3-36-9　D36Q1出土器物图（一）

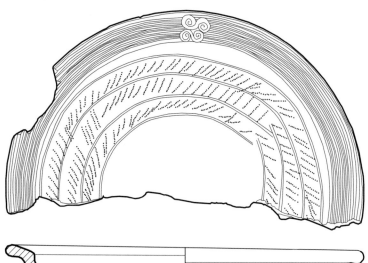

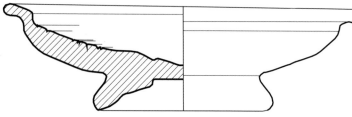

A I 盘D36Q1：2

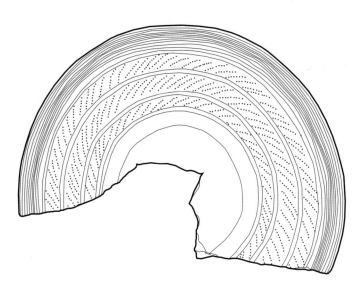

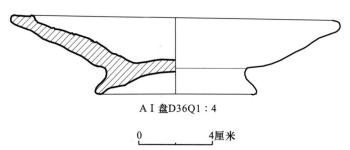

A I 盘D36Q1：4

0   4厘米

图3-36-10 D36Q1出土器物图（二）

原始瓷盂 3件，均为B型I式。圆唇，侈口，上腹内弧，下腹折内收，腹间有折棱，圈足。圈足与器身分制拼接成型。青灰色胎，下腹有刮削痕。器表施青绿釉，釉层厚，釉面光滑有光泽。D36Q1：5，足底饰"一"形刻划符号。口径14.8、足径7.8、高5.4厘米。（图3-36-9；彩版一三九）

D36Q1：7，上腹饰弦纹，其下饰一周斜向戳印篦点纹，足底饰"V"形刻划符号。口径15.5、足径8.8、高5.6厘米。（图3-36-9；彩版一三九）

D36Q1：8，底心微凸，下腹粘连大块窑渣。口径16.9、足径9.5、高5.7厘米。（图3-36-9；彩版一三九）

原始瓷盘 3件，均为A型I式。圆唇，斜沿，敞口，弧腹浅坦，圈足。圈足与器身分制拼接成型。沿部饰一周细密弦纹，内底饰四周弦纹，其间各饰一周斜向戳印篦点纹。器表施青釉。D36Q1：2，沿部贴饰两组两个横向"S"纹。灰白色胎。釉色青黄，釉层薄，釉面光滑有光泽。口径19.5、足径9.8、高5.5厘米。（图3-36-10；彩版一三九）

D36Q1：3，沿部贴饰三组两个横向"S"纹。青灰色胎。釉色青绿釉层薄，釉面光滑有光泽，局部脱釉。口径20.2、足径10.8、高5.4厘米。（图3-36-11；彩版一三九）

D36Q1：4。灰黄色胎。釉色青黄，釉层几乎脱落殆尽。口径18、

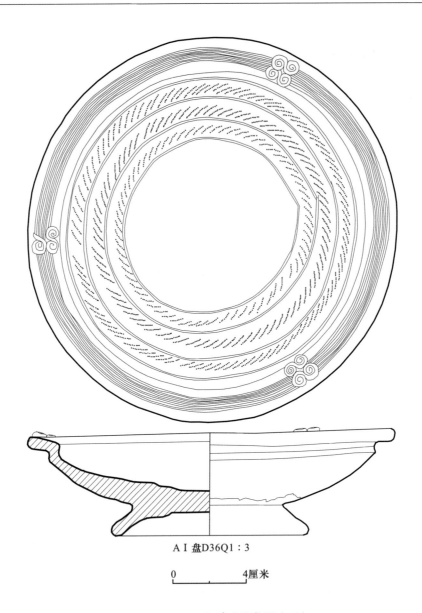

A I 盘D36Q1：3

0   4厘米

图3-36-11　D36Q1出土器物图（三）

足径8.8、高4.1厘米。（图3-36-10；彩版一三九）

4.D36Q2出土遗物

共4件，包括原始瓷罐和印纹硬陶罐。

原始瓷罐　2件，均为B型I式。D36Q2：1，圆唇，斜沿，侈口，束颈，斜肩，深桶形腹，小平底。颈部饰一组细密弦纹，颈肩结合处饰一道凸棱，凸棱下饰两组细密弦纹，弦纹之间饰一周斜向戳印篦点纹，腹部饰折线纹。青灰色胎，胎体厚，器底厚重。器表施青绿釉不及外底，釉层薄而均匀，釉面玻化较好，釉面光滑有光泽。口径30.7、腹径38.7、底径12.4、高43.7厘米。（图3-36-12；彩版一三八）

D36Q2：3，口腹残件。尖唇，盘形口，束颈，弧肩，鼓腹。肩部饰一组弦纹。青灰色胎。器表施青黄釉，局部脱釉。残高9.5厘米。

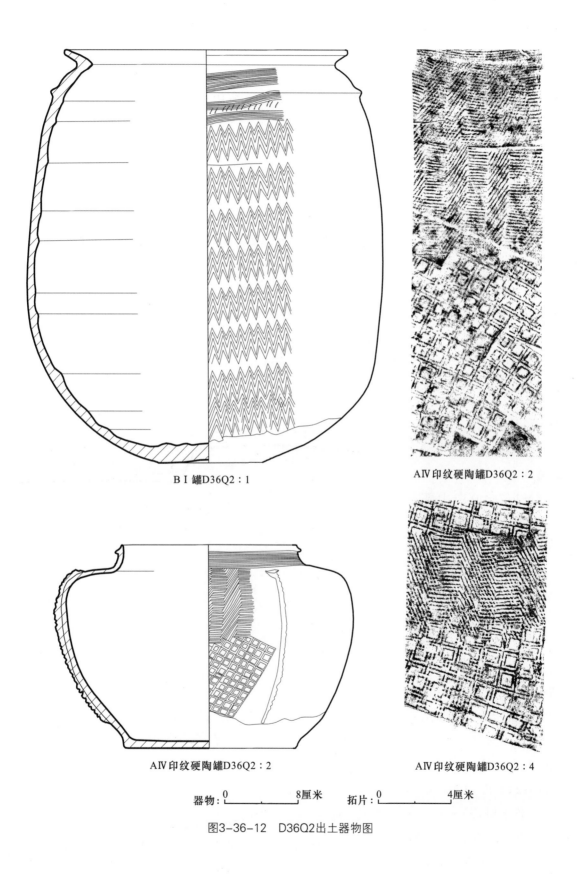

BⅠ罐D36Q2：1

AⅣ印纹硬陶罐D36Q2：2

AⅣ印纹硬陶罐D36Q2：2

AⅣ印纹硬陶罐D36Q2：4

器物：0 ┗━━━━━┛ 8厘米　　拓片：0 ┗━━━┛ 4厘米

图3-36-12　D36Q2出土器物图

印纹硬陶罐　2件，均为A型Ⅳ式。D36Q2：2，圆唇，斜沿，直口，直颈，平肩，鼓腹，大平底。颈部饰弦纹，肩及上腹饰拍印折线纹，下腹饰拍印回纹。腹部贴饰三个"Y"形泥条堆饰。红褐色胎。口径20.2、腹径31.8、底径18.9、高21.5厘米。（图3-36-12；彩版一三八）

D36Q2：4，残。方唇，翻沿，直口，直颈，弧肩，鼓腹，平底。颈部饰一组细密弦纹，肩部饰折线纹，腹部饰拍印回纹。红褐色胎。（图3-36-12；彩版一三八）

D37

土墩

D37位于柴岭山南坡上部，北距D36约60米。其北侧上坡处较平缓，南侧下坡处较陡峭，东西两侧均为陡坡，土墩中部为南北向的山路。土墩隆起十分明显，平面形状略呈椭圆形，长径约10.14、短径8.43米，现存高度约1米。地表长满杂草和低矮灌木。土墩中部偏西发现一个盗洞，略呈扇形，长2.5、宽0.65、深0.37米。盗洞扰土中未见遗物。（图3-37-1；彩版一四〇，1）

封土为黄褐色，较为疏松，其内包含植物根系和大量碎石块，未见明显分层现象。墩底北部为山体基岩，封土东北部发现散乱堆积的石块，封土南部发现垒砌明显的石块堆积，作用不明。封土中发现原始瓷残片、印纹硬陶残片和泥质灰陶残片等。原始瓷残片有高圈足豆、矮圈足盂和碗等，印纹硬陶纹饰有回纹和云雷纹等。

墓葬

土墩底部发现四座墓葬，分别编号D37M1～D37M4。

D37M1位于D37中部偏西，平地堆土掩埋型墓，分布边界不明，北部叠压在D37M2之上，南部被D37M3打破（图3-37-2；彩版一四〇，2）。墓底北高南低，中部基岩明显下弧，北部于基岩上铺厚约5厘米的土，其上放置随葬品，南部随葬品摆放较乱，可能是因D37M3扰动所致。随葬品共9件，有原始瓷豆、盂以及印纹硬陶罍和陶纺轮。

D37M2位于D37中部偏西，平地堆土掩埋型墓，分布边界不明，北部被D37M1叠压，南部被D37M4叠压，

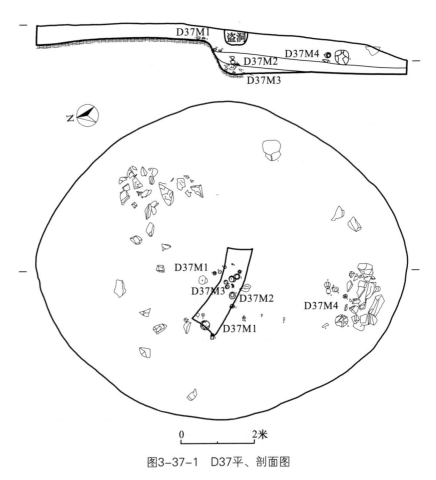

图3-37-1　D37平、剖面图

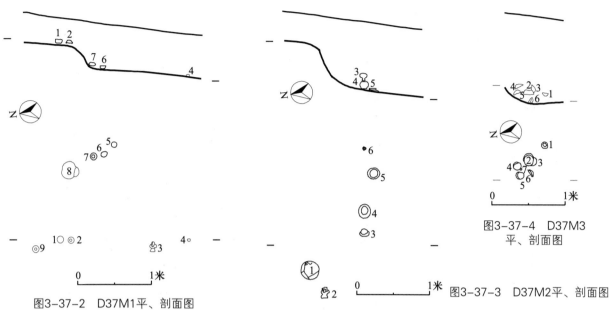

图3-37-2 D37M1平、剖面图

图3-37-4 D37M3
平、剖面图

图3-37-3 D37M2平、剖面图

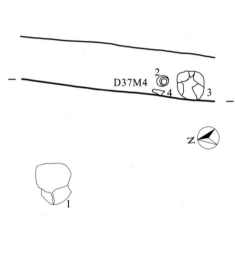

中南部被D37M3打破，具体扰动范围无法判明（图3-37-3；彩版一四○，3）。墓底北部倚靠基岩，北高南低，高差明显。北部器物直接置于基岩之上，南部随葬品摆放较乱，可能是因D37M3扰动所致。随葬品共6件，有原始瓷豆以及印纹硬陶罍、罐、瓿和陶纺轮。

D37M3位于D37中部，为平地堆土掩埋型墓，分布边界不明，打破D37M1和D37M2（图3-37-4）。墓底平铺一层碎小石子，石子下即为基岩，北高南低。器物直接置于小石子之上，器物分布较为集中。随葬品共7件，有原始瓷碗和陶纺轮。

D37M4位于土墩南部，为平地堆土掩埋型墓，分布边界不明，叠压在D37M2之上（图3-37-5）。墓底略平整，北高南低。南侧发现一堆垒砌石块，其作用不明。随葬品分布相对集中，共9件，有原始瓷碗以及印纹硬陶坛、罐和石锛等。

出土遗物

1.封土出土遗物

可复原3件，包括原始瓷盂、碗和印纹硬陶罐。

原始瓷盂 1件。D37：01，圆唇，敛口，鼓腹，矮圈足。上腹饰弦纹。青灰色胎，下腹粘连窑渣。器表施青黄釉，釉面光滑有光泽。口径5、足径3.6、高2.9厘米。（图3-37-6；彩版一四○）

原始瓷碗 1件。D37：02，平沿，敞口，弧腹，

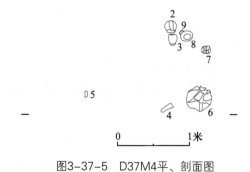

图3-37-5 D37M4平、剖面图

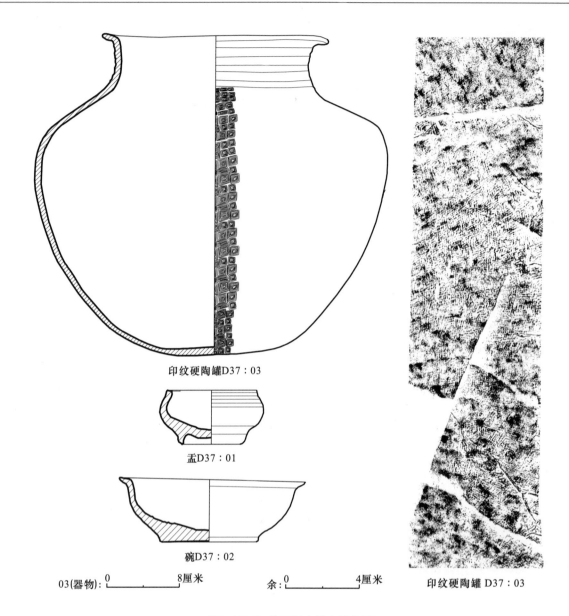

印纹硬陶罐D37：03

盂D37：01

碗D37：02

03(器物)： 0 _____ 8厘米   余： 0 _____ 4厘米   印纹硬陶罐 D37：03

图3-37-6　D37封土出土器物图

平底。内底饰旋纹。灰黑色胎，外底有明显线割痕。器表施青釉，釉色发黑，釉层薄，釉面现开片。口径10.2、底径5.4、高3.4厘米。（图3-37-6）

印纹硬陶罐　1件。D37：03，圆唇，翻沿，侈口，高颈，溜肩，鼓腹，圜底。颈部饰粗疏弦纹，肩及底部拍印方折云雷纹，印痕较浅。青灰色胎，器壁较均匀，内壁有指摁痕。口径24.8、腹径38.6、高34.1厘米。（图3-37-6；彩版一四〇）

2.D37M1出土遗物

共9件，包括原始瓷豆、盂以及印纹硬陶罍和陶纺轮。

原始瓷豆　5件。

A型Ⅳ式　2件。圆唇，弧腹，矮圈足。圈足与器身分制拼接成型。灰黄色胎。器表施青釉，釉层厚。D37M1：6，直口，上腹略直。上腹饰细密弦纹。下腹有明显刮削痕。脱釉严重。口径

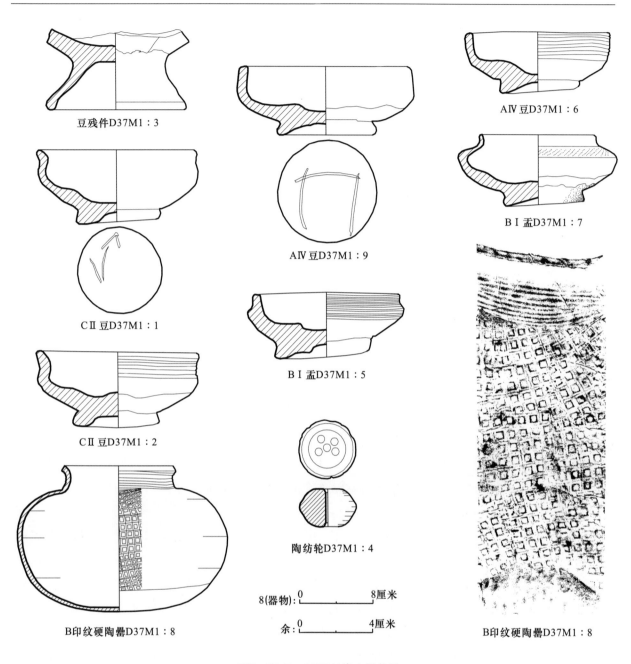

豆残件D37M1：3

AⅣ豆D37M1：9

AⅣ豆D37M1：6

BⅠ盂D37M1：7

CⅡ豆D37M1：1

BⅠ盂D37M1：5

CⅡ豆D37M1：2

陶纺轮D37M1：4

B印纹硬陶罍D37M1：8

8（器物）： 0 8厘米

余： 0 4厘米

B印纹硬陶罍D37M1：8

图3-37-7　D37M1出土器物图

8、足径4.6、高3.4厘米。（图3-37-7；彩版一四〇）

D37M1：9，直口，上腹较直。足底饰类"π"形刻划符号。釉色青绿，釉层厚，釉面光滑有光泽。口径9.3、足径5.4、高3.6厘米。（图3-37-7；彩版一四〇）

C型Ⅱ式　2件。圆唇，弧腹，矮圈足。圈足与器身分制拼接成型。灰黄色胎。器表施青釉，釉层厚。D37M1：1，侈口，上腹略内弧。足底饰箭头形刻划符号。脱釉严重。口径8.7、足径4.6、高3.9厘米。（图3-37-7；彩版一四〇）

D37M1：2，侈口，上腹略内弧。上腹饰细密弦纹。下腹有明显刮削痕。脱釉严重。口径8.9、足径4.7、高4厘米。（图3-37-7；彩版一四〇）

豆残件　1件。D37M1：3，腹底残件。弧腹，喇叭状高圈足。圈足与器身分制拼接成型。青灰色胎。器表施青釉，釉层薄，釉面光滑。足径7.6、残高4.3厘米。（图3-37-7；彩版一四〇）

原始瓷盂　2件，均为B型Ⅰ式。圆唇，侈口，弧腹，矮圈足。圈足与器身分制拼接成型，下腹有明显刮削痕。器表施青釉。D37M1：5，上腹内弧。上腹饰弦纹。灰白色胎。釉层几乎脱落殆尽。口径8、足径5.2、高3.6厘米。（图3-37-7；彩版一四一）

D37M1：7，斜肩。肩部饰一周斜向戳印篦点纹。青灰色胎，下腹粘连窑渣。口径6.4、足径4.4、高3.8厘米。（图3-37-7；彩版一四一）

印纹硬陶罍　1件，B型。D37M1：8，方唇，侈口，高颈，弧肩，球腹，圜底。颈部饰弦纹，肩、腹部满饰拍印回纹。红褐色胎。口径11.9、腹径22.9、高15.4厘米。（图3-37-7；彩版一四一）

陶纺轮　1件。D37M1：4，泥质灰陶，算珠状，一面饰四个圆孔戳印痕，直径3.1、高2厘米。（图3-37-7；彩版一四一）

3.D37M2出土遗物

共6件，包括原始瓷豆以及印纹硬陶罍、罐、瓿和陶纺轮。

原始瓷豆　2件。

A型Ⅱ式　1件。D37M2：2，方唇，敛口，上腹斜直，下腹弧收，喇叭状高圈足。圈足与器身分制拼接成型。上腹饰弦纹，弦纹较粗疏。青灰色胎，足缘斜削。器表施青釉，脱釉严重。口径14.6、足径8.5、高8.3厘米。（图3-37-8；彩版一四一）

B型Ⅱ式　1件。D37M2：3，方唇，敛口，上腹斜直，下腹弧收，喇叭状高圈足。圈足与器身分制拼接成型。上腹饰弦纹。青灰色胎，腹粘连窑渣。器表施青釉，釉层薄而均匀，釉面光滑有光泽。口径10.1、足径4.8、高5.8厘米。（图3-37-8；彩版一四一）

印纹硬陶罍　1件。D37M2：1，腹底残件。球腹，圜底。腹部满饰拍印回纹，纹痕较深。红褐色胎。残高19厘米。（图3-37-8；彩版一四一）

印纹硬陶罐　1件，B型Ⅰ式。D37M2：4，圆唇，敛口，溜肩，鼓腹，平底。肩部饰弦纹，腹部满饰拍印回纹，纹痕较浅。灰色胎。口径9、腹径14.9、底径10.5、高8.7厘米。（图3-37-8；彩版一四一）

印纹硬陶瓿　1件，A型Ⅱ式。D37M2：5，圆唇，侈口，束颈，溜肩，鼓腹，平底。肩部饰水波纹，腹部饰方格纹，底饰零乱的刻划痕。灰色胎。口径11、腹径15.6、底径12.6、高9.5厘米。（图3-37-8；彩版一四一）

陶纺轮　1件。D37M2：6，泥质灰陶，算珠状。直径2.6、高1.6厘米。（图3-37-8；彩版一四一）

4.D37M3出土遗物

共7件，包括原始瓷碗和陶纺轮。

原始瓷碗　6件。

A型Ⅱ式　3件。直口，上腹直，下腹弧收，平底。内底饰旋纹。青灰色胎。器表施青釉，釉层薄而均匀。D37M3：2，平沿，腹较深。沿部饰两道弦纹。口径15.5、底径10、高6.4厘米。（图3-37-9；彩版一四二）

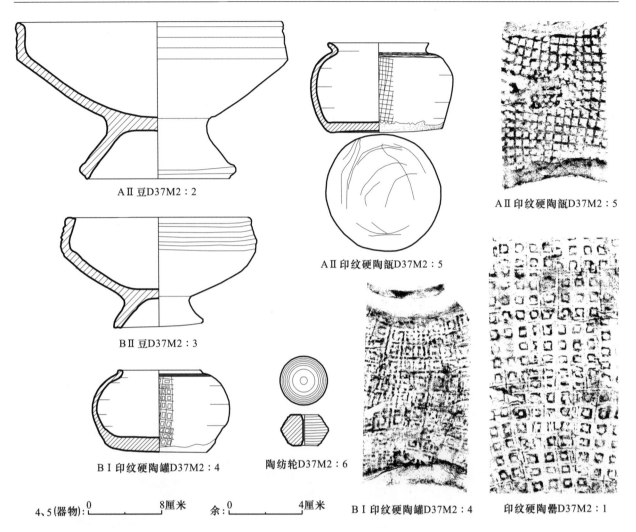

AⅡ豆D37M2∶2

BⅡ豆D37M2∶3

BⅠ印纹硬陶罐D37M2∶4

陶纺轮D37M2∶6

AⅡ印纹硬陶瓿D37M2∶5

AⅡ印纹硬陶瓿D37M2∶5

BⅠ印纹硬陶罐D37M2∶4

印纹硬陶罍D37M2∶1

4、5（器物）：0 _____ 8厘米　　余：0 _____ 4厘米

图3-37-8　D37M2出土器物图

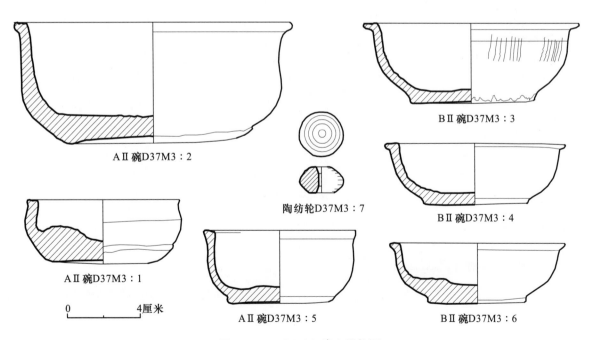

AⅡ碗D37M3∶2

陶纺轮D37M3∶7

BⅡ碗D37M3∶3

BⅡ碗D37M3∶4

AⅡ碗D37M3∶1

AⅡ碗D37M3∶5

BⅡ碗D37M3∶6

0 _____ 4厘米

图3-37-9　D37M3出土器物图

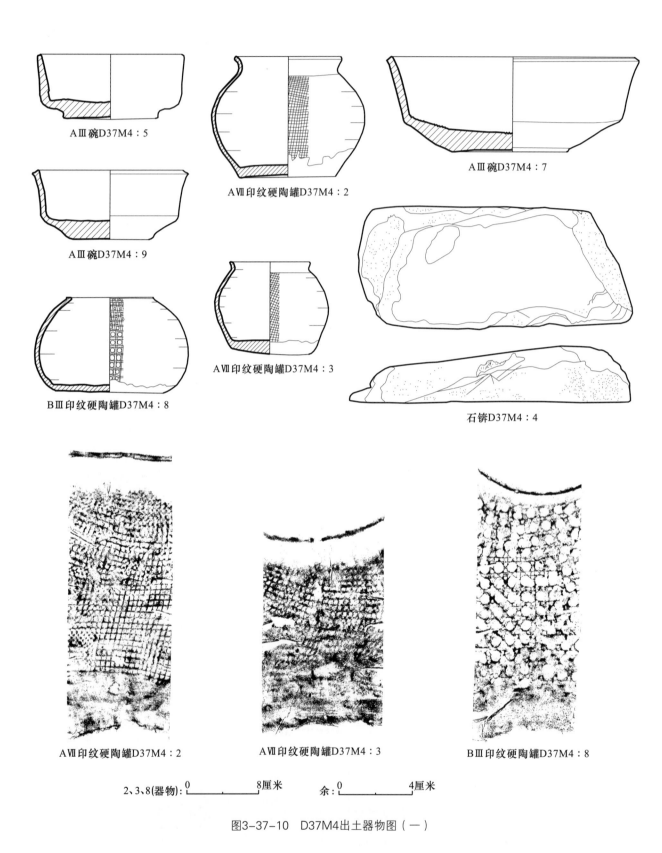

AⅢ碗D37M4：5

AⅦ印纹硬陶罐D37M4：2

AⅢ碗D37M4：7

AⅢ碗D37M4：9

BⅢ印纹硬陶罐D37M4：8

AⅦ印纹硬陶罐D37M4：3

石锛D37M4：4

AⅦ印纹硬陶罐D37M4：2

AⅦ印纹硬陶罐D37M4：3

BⅢ印纹硬陶罐D37M4：8

2、3、8(器物)：0 ——— 8厘米　　　余：0 ——— 4厘米

图3-37-10　D37M4出土器物图（一）

D37M3：5，斜沿。外底粘连窑渣。口径8.3、底径5.8、高3.9厘米。（图3-37-9；彩版一四二）

D37M3：1，平沿，沿部饰一道弦纹。胎体起泡变形。口径8.3、底径5.5、高3.4厘米。（图3-37-9；彩版一四二）

B型Ⅱ式　3件。形制类似。平沿，敞口，弧腹，平底。内底饰旋纹。青灰色胎，足底有明显线割痕。器表施青釉，釉层薄而均匀，釉面光滑。D37M3：3，沿部饰两道弦纹，上腹部饰八组竖向水波纹。口径11.9、底径6.7、高4.3厘米。（图3-37-9；彩版一四二）

D37M3：4，口径10、底径5.8、高3.3厘米。（图3-37-9；彩版一四二）

D37M3：6，下腹及底粘连窑渣。釉面现开片，釉色青灰。口径9.7、底径5.5、高3.2厘米。（图3-37-9；彩版一四二）

陶纺轮　1件。D37M3：7，泥质灰陶。算珠状。直径2.4、高1.4厘米。（图3-37-9）

5.D37M4出土遗物

共9件，包括原始瓷碗以及印纹硬陶坛、罐和石锛。

原始瓷碗　3件，均为A型Ⅲ式。方唇，直口微侈，上腹直，下腹弧收，平底。内底饰旋纹。青灰色胎，胎体细腻。器表施青釉，釉层薄而均匀。D37M4：5，釉面光滑有光泽。口径8、底径5.2、高3.4厘米。（图3-37-10；彩版一四三）

D37M4：7，脱釉严重。口径13.8、底径6.2、高5.1厘米。（图3-37-10；彩版一四三）

D37M4：9，外底有明显线割痕。釉面光滑有光泽。口径8.5、底径4.8、高3.7厘米。（图3-37-10；彩版一四三）

印纹硬陶坛　2件，均为Ⅵ式。方唇，侈口，束颈，溜肩，鼓腹，平底。D37M4：1，肩部饰对称环形纽。肩及上腹饰拍印米筛纹，下腹饰拍印斜方格纹。红色胎。口径27.2、腹径38.8、底径19.6、高46.5厘米。（图3-37-11；彩版一四二）

D37M4：6，颈部饰斜方格纹，肩及上腹饰拍印米筛纹，下腹饰拍印斜方格纹。灰色胎。口径20.8、腹径33.5、底径19.8、高37.8厘米。（图3-37-11；彩版一四三）

印纹硬陶罐　3件。

A型Ⅶ式　2件。侈口，束颈，溜肩，鼓腹，平底。腹部满饰拍印斜方格纹。D37M4：2，方唇。褐色胎。口径11.6、腹径16.9、底径10.6、高12.8厘米。（图3-37-10；彩版一四三）

D37M4：3，圆唇。红色胎。口径8.9、腹径12.6、底径9.2、高9.9厘米。（图3-37-10；彩版一四三）

B型Ⅲ式　1件。D37M4：8，方唇，敛口，溜肩，垂腹，平底。腹部满饰拍印米筛纹。灰色胎。口径9.5、腹径16.8、底径11.7、高10厘米。（图3-37-10；彩版一四三）

石锛　1件。D37M4：4，灰褐色砂岩，长方形。三面磨制光滑。长15.3、宽6.6、厚3厘米。（图3-37-10）

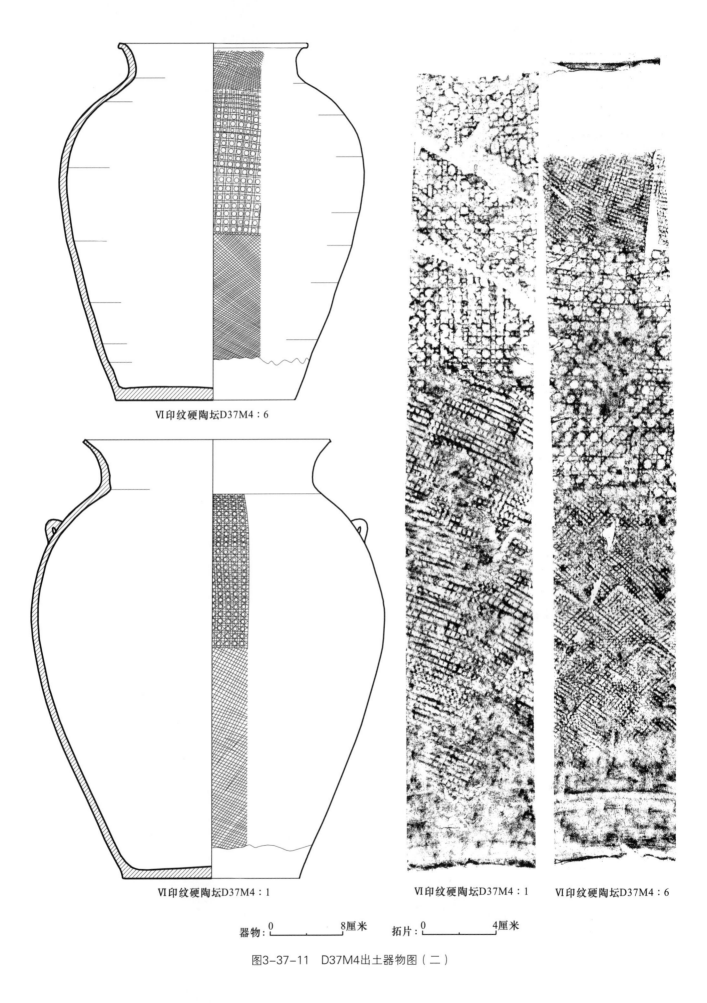

VI印纹硬陶坛D37M4：6

VI印纹硬陶坛D37M4：1

VI印纹硬陶坛D37M4：1　　VI印纹硬陶坛D37M4：6

器物：0 _____ 8厘米　　拓片：0 _____ 4厘米

图3-37-11　D37M4出土器物图（二）

第四章　分期与年代

37座土墩中共有59座墓葬，其中23座土墩内一墩一墓，14座土墩内一墩多墓。一墩多墓的土墩内存在11组叠压或打破关系，分别是：D16M2打破D16M1，D17M2叠压在D17M3之上，D17M3叠压在D17M4之上，D18M1叠压在D18M2之上，D19M1叠压在D19M2和D19M3之上，D21M1叠压在D21M2之上，D30M2打破D30M1，D34M1打破D34M2，D37M3打破D37M1，D37M3打破D37M2，D37M1叠压在D37M2之上。5座土墩中共发现8个器物群，这些器物群属于后期丧葬祭祀遗存，它们与土墩内墓葬主体之间存在明显的时代先后关系，可视为打破关系。不同时期的墓葬形制与随葬品组合的差异也十分明显。根据墓葬和器物群的叠压打破关系以及墓葬形制和随葬品组合的变化，我们将59座墓葬和8个器物群进行分组，在分组的基础上进行分期和断代。

第一节　墓葬与器物群分组

59座墓和8个器物群中，D6M3和D10M1未见任何遗物，D7M2和D30M2内出土器物为残片，D5M1遭严重盗掘，扰土内发现大量遗物，但是墓内不见遗物，它们不具备分组、分期的条件。根据墓葬的叠压打破关系、器物群与墓葬之间的打破关系、墓葬形制的差异和出土遗物型式的不同，我们将54座墓和8个器物群分成八组：

第一组：3座墓。均为无室土墩墓，有2座平地堆土掩埋型墓和1座石框型墓。出土遗物数量较少，基本组合为原始瓷A型Ⅰ式豆，印纹硬陶尊和A型Ⅰ式罐，硬陶坛，夹砂陶钵和石镞等。其组合型式可分为：

D18M2：硬陶坛，夹砂陶钵；

D21M2：印纹硬陶A型Ⅰ式罐；

D22M1：原始瓷A型Ⅰ式豆，印纹硬陶尊、A型Ⅰ式罐和石镞。

第二组：7座墓。均为无室土墩墓，有3座平地堆土掩埋型墓和4座石框型墓。出土遗物数量和类型较一期增多，基本组合为原始瓷簋、豆，印纹硬陶罍、坛、罐、瓿和泥质陶罐等。原始瓷豆有A型Ⅱ式和B型Ⅰ式；印纹硬陶罍有A型和B型，坛为Ⅰ式，罐有A型Ⅰ式和A型Ⅱ式，瓿有A型Ⅰ式、B型Ⅰ式和C型Ⅰ式，泥质陶罐为Ⅰ式。其组合型式可分为：

D11M1：原始瓷簋、A型Ⅱ式豆、B型Ⅰ式豆，印纹硬陶B型罍、罐、B型Ⅰ式瓿；

D17M1：原始瓷A型Ⅱ式豆、B型Ⅰ式豆，印纹硬陶B型罍、A型Ⅰ式瓿、B型Ⅰ式瓿；

D17M4：原始瓷A型Ⅱ式豆、B型Ⅰ式豆，印纹硬陶A型Ⅱ式罐、A型Ⅰ式瓿，泥质陶Ⅰ式罐；

D18M1：原始瓷簋、A型Ⅱ式豆、B型Ⅰ式豆，印纹硬陶A型罍、Ⅰ式坛、A型Ⅰ式瓿、C型Ⅰ

式瓿，泥质陶罐；

D20M1：原始瓷A型Ⅱ式豆，印纹硬陶B型罍、A型Ⅰ式罐、A型Ⅰ式瓿、B型Ⅰ式瓿；

D21M1：原始瓷A型Ⅱ式豆、B型Ⅰ式豆，印纹硬陶A型罍、Ⅰ式坛、罐；

D24M1：原始瓷A型Ⅱ式豆、B型Ⅰ式豆，印纹硬陶A型罍，泥质陶罐。

第三组：8座墓。均为无室土墩墓，包括2座平地堆土掩埋型墓、3座石框型墓、2座石床型墓和1座竖穴土坑型墓。出土遗物数量和类型增多，基本组合为原始瓷簋、罐、豆、盂、钵、碟，印纹硬陶瓿、罍、坛、罐、瓿，硬陶钵，泥质陶罐、豆、盘、纺轮等。原始瓷罐有A型Ⅰ式和C型，豆有A型Ⅱ式、A型Ⅲ式、B型Ⅱ式、B型Ⅲ式和C型Ⅰ式，盂为A型Ⅰ式，碟为Ⅰ式；印纹硬陶瓿有Ⅰ式，坛有Ⅱ式，罐有A型Ⅱ式、A型Ⅲ式、B型Ⅰ式和C型Ⅰ式，瓿有A型Ⅱ式和B型Ⅱ式。其组合型式可分为：

D6M1：原始瓷B型Ⅱ式豆、C型Ⅰ式豆，印纹硬陶A型Ⅱ式瓿；

D7M1：原始瓷C型Ⅰ式豆、Ⅰ式碟，印纹硬陶罐残片；

D8M1：原始瓷罐、A型Ⅲ式豆、B型Ⅱ式豆，印纹硬陶C型Ⅰ式罐、B型Ⅱ式瓿，硬陶钵，泥质陶罐、豆柄；

D13M1：原始瓷簋、B型Ⅱ式豆、C型Ⅰ式豆、钵，印纹硬陶Ⅱ式坛、A型Ⅱ式罐、A型Ⅱ式瓿、B型Ⅱ式瓿；

D15M1：原始瓷C型罐、B型Ⅲ式豆、C型Ⅰ式豆、A型Ⅰ式盂，印纹硬陶Ⅰ式瓿、C型Ⅰ式罐、A型Ⅱ式瓿，泥质陶纺轮、盘；

D20M2：原始瓷C型罐、A型Ⅲ式豆、B型Ⅱ式豆、A型Ⅰ式盂，印纹硬陶Ⅰ式瓿、A型Ⅲ式罐；

D23M1：原始瓷A型Ⅰ式罐、A型Ⅱ式豆、A型Ⅲ式豆、A型Ⅰ式盂，印纹硬陶罐、B型Ⅱ式瓿；

D37M2：原始瓷A型Ⅱ式豆、B型Ⅱ式豆，印纹硬陶罍、B型Ⅰ式罐、A型Ⅱ式瓿，泥质陶纺轮。

第四组：21座墓和3个器物群。墓葬分为无室土墩墓、木室土墩墓和石室土墩墓三类，无室土墩墓包括5座平地堆土掩埋型墓、6座石框型墓、2座石床型墓和1座竖穴土坑型墓，木室土墩墓仅1座，石室土墩墓的石室多为长方形，墓室内平面有长条形、刀把形、中字形和亚腰形几种。出土遗物数量多、类型丰富，基本组合为原始瓷盂、簋、罐、豆、盂、钵、盘、碟、盅、器盖和镞，印纹硬陶罍、瓿、坛、罐、瓿，硬陶鼎，夹砂陶罐，泥质陶罐、纺轮等。原始瓷罐有A型Ⅱ式和B型Ⅰ式，豆有A型Ⅲ式、A型Ⅳ式、B型Ⅲ式、C型Ⅰ式和C型Ⅱ式，盂有A型Ⅱ式、B型Ⅰ式、C型和D型，盘为A型Ⅰ式，碟为Ⅱ式，盅为Ⅰ式，器盖为Ⅰ式；印纹硬陶罍为A型和B型，瓿为Ⅱ式，坛为Ⅲ式，罐有A型Ⅱ式、A型Ⅳ式和C型Ⅱ式，瓿有A型Ⅲ式、B型Ⅰ式、B型Ⅲ式、C型Ⅱ式和C型Ⅲ式。其组合型式可分为：

D2M1：原始瓷A型Ⅳ式豆、C型Ⅱ式豆、A型Ⅱ式盂、B型Ⅰ式盂、C型盂、镞，印纹硬陶A型罍、C型Ⅲ式瓿；

D4M2：原始瓷A型Ⅳ式豆、A型Ⅱ式盂、B型Ⅰ式盂、A型Ⅰ式盘、Ⅱ式碟、Ⅰ式器盖，印纹硬陶A型Ⅳ式罐，泥质陶纺轮、陶珠；

D6M2：原始瓷C型Ⅱ式豆，印纹硬陶Ⅲ式坛、A型Ⅲ式瓿，泥质陶罐；

M9M1：原始瓷簋、A型Ⅱ式罐、A型Ⅳ式豆、B型Ⅲ式豆、A型Ⅱ式盂、B型Ⅰ式盂，印纹硬陶Ⅱ式瓿、Ⅲ式坛、A型Ⅳ式罐、C型Ⅱ式罐，硬陶鼎；

D12M1：原始瓷C型Ⅱ式豆，印纹硬陶C型Ⅲ式瓿；

D14M1：原始瓷B型Ⅲ式豆、C型Ⅰ式豆、A型Ⅱ式盂，泥质陶罐，石器；

D16M1：原始瓷B型Ⅲ式豆、C型Ⅱ式豆、A型Ⅱ式盂、B型Ⅰ式盂、Ⅱ式碟、Ⅰ式器盖，泥质陶罐；

D17Q1：原始瓷A型Ⅲ式豆、A型Ⅱ式盂、钵、Ⅱ式碟，印纹硬陶B型Ⅰ式瓿，夹砂陶罐；

D17M2：原始瓷A型Ⅲ式豆、A型Ⅳ式豆；

D17M3：原始瓷A型Ⅲ式豆、A型Ⅱ式盂、C型盂；

D19M3：原始瓷A型Ⅳ式豆、C型Ⅱ式豆、A型Ⅱ式盂、B型Ⅰ式盂，印纹硬陶A型Ⅱ式罐；

D25M1：原始瓷A型Ⅳ式豆、C型Ⅱ式豆、A型Ⅱ式盂、B型Ⅰ式盂；

D26M1：原始瓷盂、A型Ⅳ式豆、B型Ⅲ式豆、C型Ⅱ式豆、A型Ⅱ式盂、B型Ⅰ式盂、C型盂、A型Ⅰ式盘、Ⅱ式碟，印纹硬陶A型Ⅳ式罐；

D30M1：原始瓷C型Ⅰ式豆、Ⅱ式碟；

D31M1：原始瓷A型Ⅱ式罐、B型Ⅲ式豆、C型Ⅱ式豆、A型Ⅱ式盂、B型Ⅰ式盂、A型Ⅰ式盘、Ⅰ式器盖，印纹硬陶A型罍、B型Ⅲ式瓿，泥质陶纺轮；

D32M1：原始瓷A型Ⅳ式豆、B型Ⅲ式豆、C型Ⅰ式豆、A型Ⅱ式盂、B型Ⅰ式盂、A型Ⅰ式盘，印纹硬陶C型Ⅱ式瓿；

D33M1：原始瓷A型Ⅳ式豆、C型Ⅱ式豆、B型Ⅰ式盂，印纹硬陶罐，泥质陶纺轮；

D33M2：原始瓷B型Ⅲ式豆、C型Ⅰ式豆、A型Ⅱ式盂，印纹硬陶Ⅲ式坛；

D34M2：原始瓷罐、B型Ⅲ式豆、C型Ⅱ式豆、A型Ⅱ式盂、B型Ⅰ式盂、D型盂、钵、A型Ⅰ式盘、Ⅱ式碟、Ⅰ式盅；

D35M1：原始瓷C型Ⅱ式豆、B型Ⅲ式豆、A型Ⅱ式盂、B型Ⅰ式盂、Ⅱ式碟，印纹硬陶罐，夹砂红陶罐；

D36M1：原始瓷B型Ⅲ式豆、A型Ⅰ式盘、Ⅰ式器盖，泥质陶鼎足、珠；

D36Q1：原始瓷B型Ⅰ式罐、B型Ⅰ式盂、A型Ⅰ式盘；

D36Q2：原始瓷B型Ⅰ式罐，印纹硬陶A型Ⅳ式罐；

D37M1：原始瓷A型Ⅳ式豆、C型Ⅱ式豆、B型Ⅰ式盂，印纹硬陶B型罍，泥质陶纺轮。

第五组：2座墓葬和3个器物群。墓葬均为石室土墩墓，墓室内平面有长条形和刀把形。出土器物数量少，类型简单，基本组合为原始瓷尊、尊形器、豆、盂、碗、钵、盘和印纹硬陶瓿、坛。原始瓷尊有Ⅰ式和Ⅱ式，豆为A型Ⅳ式，盂有A型Ⅱ式和B型Ⅰ式，碗有A型Ⅰ式和B型Ⅰ式，盘有A型Ⅱ式和B型Ⅰ式；印纹硬陶瓿为Ⅲ式，坛为Ⅳ式，罐为A型Ⅴ式。其组合型式可分为：

D1M2：原始瓷Ⅰ式尊、平底尊形器、A型Ⅳ式豆、A型Ⅱ式盂、B型Ⅰ式盂、钵、A型Ⅱ式盘、B型Ⅰ式盘；

D3M1：印纹硬陶Ⅳ式坛；

D17Q2：原始瓷B型Ⅰ式盘；

D30Q2：原始瓷A型Ⅰ式碗、B型Ⅰ式碗，印纹硬陶Ⅲ式瓿；

D31Q1：原始瓷Ⅱ式尊、B型Ⅰ式碗，印纹硬陶Ⅲ式瓿、A型Ⅴ式罐。

第六组：7座墓和2个器物群。墓葬有无室土墩墓和石室土墩墓两类，前者包括1座平地堆土掩埋型墓和1座石框型墓，后者石室均为长方形，内平面有刀把形和中字形两种。出土遗物类型丰富，基本组合有原始瓷罐、豆、盂、碗、钵、盘、杯、器盖，印纹硬陶鼎、瓿、坛、罐、盂，泥质陶罐、纺轮等。原始瓷豆有A型Ⅳ式和C型Ⅱ式，盂有A型Ⅱ式、A型Ⅲ式、B型Ⅰ式和B型Ⅱ式，碗有A型Ⅱ式和B型Ⅱ式，盘为A型Ⅲ式和B型Ⅱ式，碟为Ⅲ式，杯为Ⅰ式，盅为Ⅱ式，器盖有Ⅰ式和Ⅱ式，印纹硬陶瓿为Ⅳ式，坛为Ⅴ式，罐有A型Ⅳ式、A型Ⅵ式、B型Ⅱ式和C型Ⅲ式。另外还有铜器、石器等。其组合型式可分为：

D4M1：原始瓷C型罐、A型Ⅲ式盂、A型Ⅱ式碗、B型Ⅱ式碗、B型Ⅱ式盘、Ⅰ式杯，石器；

D15Q1：印纹硬陶Ⅴ式坛、A型Ⅳ式罐、B型Ⅱ式罐，泥质陶罐；

D16M2：原始瓷A型Ⅱ式碗，印纹硬陶Ⅴ式坛；

D19M1：原始瓷A型Ⅳ式豆、A型Ⅲ式盂、B型Ⅰ式盂、A型Ⅱ式碗、钵、B型Ⅱ式盘、Ⅲ式碟、Ⅰ式杯、Ⅱ式盅、Ⅰ式器盖、Ⅱ式器盖，印纹硬陶A型Ⅵ式罐，泥质陶Ⅱ式罐；

D19M2：原始瓷A型Ⅳ式豆、C型Ⅱ式豆、A型Ⅱ式盂、A型Ⅱ式碗、B型Ⅱ式碗、B型Ⅱ式盘、Ⅰ式杯、Ⅱ式盅、Ⅰ式器盖，印纹硬陶Ⅴ式坛、罐、盂；

D29M1：原始瓷A型Ⅲ式盂、B型Ⅱ式盂、A型Ⅱ式碗、B型Ⅱ式碗，印纹硬陶鼎、Ⅴ式坛、A型Ⅵ式罐、B型Ⅱ式罐、C型Ⅲ式罐，泥质陶罐，青铜挂饰、镞，玉管，石黛板、石圭、石料、石球、不明石器；

D30Q1：印纹硬陶Ⅳ式瓿、A型Ⅵ式罐、B型Ⅱ式罐、C型Ⅲ式罐，泥质陶罐；

D34M1：原始瓷罐、C型Ⅱ式豆、A型Ⅱ式碗、A型Ⅲ式盘、B型Ⅱ式盘，印纹硬陶坛；

D37M3：原始瓷A型Ⅱ式碗、B型Ⅱ式碗，泥质陶纺轮。

第七组：4座墓。墓葬有无室土墩墓和石室土墩墓两类，前者是1座平地堆土掩埋型墓；后者石室均为长方形，内平面有刀把形和中字形两种。出土遗物类型简单，基本组合有原始瓷罐、豆、盂、碗、钵、盘，印纹硬陶坛、罐，泥质陶珠等。原始瓷罐为B型Ⅱ式，豆为A型Ⅳ式，盂有A型Ⅱ式和B型Ⅰ式，碗为A型Ⅲ式，盘为B型Ⅲ式；印纹硬陶坛为Ⅵ式，罐有A型Ⅵ式、A型Ⅶ式和B型Ⅲ式。其组合型式可分为：

D1M1：原始瓷A型Ⅱ式盂、A型Ⅲ式碗，印纹硬陶A型Ⅶ式罐；

D1M3：原始瓷B型Ⅱ式罐、B型Ⅰ式盂、A型Ⅲ式碗、B型Ⅲ式盘，印纹硬陶Ⅵ式坛、B型Ⅲ式罐2；

D4M3：原始瓷A型Ⅳ式豆、A型Ⅲ式碗、钵，印纹硬陶A型Ⅵ式罐；

D37M4：原始瓷A型Ⅲ式碗，印纹硬陶Ⅵ式坛、A型Ⅶ式罐、B型Ⅲ式罐。

第八组：2座墓。均为石室土墩墓，石室平面呈长方形，墓室内平面有长条形和刀把形两种。出土遗物类型单一，数量少，基本组合有原始瓷碗、杯，印纹硬陶坛、罐。原始瓷碗有A型Ⅳ式和B型Ⅲ式，印纹硬陶坛为Ⅶ式，罐有A型Ⅷ式、C型Ⅳ式和D型。其组合型式可分为：

D27M1：原始瓷A型Ⅳ式碗、B型Ⅲ式碗，印纹硬陶Ⅶ式坛、A型Ⅷ式罐、C型Ⅳ式罐、D型罐，泥质陶罐、纺轮；

D28M1：原始瓷Ⅱ式杯，印纹硬陶Ⅶ式坛、AⅧ式罐。

第二节 分期与年代

根据前述叠压打破关系、墓葬形制和随葬品组合的分析，结合碳十四测年结果，我们对各组墓葬的年代分期断代如下：

第一组，共3座墓，均为无室土墩墓，包括平地堆土掩埋型墓和石框型墓两种。

随葬品数量少，类型简单。印纹硬陶A型Ⅰ式罐是出土较多的器物，其器形特征为方唇、侈口、高颈、溜肩、球腹、圜底微内凹，颈部饰弦纹、肩部腹部及底部满饰拍印方折云雷纹，与浙江江山[1]第四单元出土瓮的器形特征类似。D22M1：4这件印纹硬陶尊的器形特征是侈口、高颈、圜底微内凹、喇叭状高圈足，颈部有粗弦纹、肩部腹部满饰拍印细小云雷纹，这种器物已知材料中较为少见，它虽然有高圈足，但是圈足是拼接上去的，其底部特征仍为圜底内凹，具有商代晚期器物的特征。硬陶坛为圆唇、平沿、敛口、矮颈、深弧腹、圜底，与德清南王山D1M2：7[2]器形类似，具有商代中晚期硬陶坛的特点。原始瓷A型Ⅰ式豆为直口、直腹、喇叭状高圈足，器形规整，施青色薄釉，其胎釉及器形特征与浙江江山江和（乌）1：1类同，具有商代晚期特征。另外，该期墓中还出土磨光石器石镞。

综合上述对比材料和浙江地区土墩墓的分期结果[3]，我们认为上述3座墓为商代中晚期墓葬，是本墓地第一期遗存。

第二组，共7座墓，均为无室土墩墓，包括平地堆土掩埋型墓和石框型墓两种类型。

随葬品数量较多，类型丰富，原始瓷豆和印纹硬陶罍、坛、罐、瓿是本期器物的基本组合。原始瓷A型Ⅰ式豆演变成A型Ⅱ式豆和B型Ⅰ式豆，前者与浙江慈溪慈Ⅱ墩M2：3[4]、江苏丹徒华山小笆斗DBM2：24[5]、江苏丹徒大港母子墩原始瓷大型豆[6]、江苏句容寨花头D6M1：7[7]相似，后者与浙江德清独仓山D3M1：2和D3M1：6[8]、浙江余姚老虎山D1M18：1[9]、江苏丹徒华山小笆斗DBM2：14、江苏溧水乌山二号墓[10]和陕西岐山贺家村西周墓[11]原始瓷豆相似，均具有西周早期的特征。印纹硬陶罍为侈口、卷沿、矮颈、弧肩、鼓腹、圜底近平，通体拍印回纹，与浙江江山第五单元所出的瓮、罐器形类同，仍保留着早期印纹硬陶器的圜底特征。印纹硬陶坛为侈口、矮束颈、鼓腹、大平底，纹饰有回纹与折线纹的组合纹、弦纹叠套复线菱形纹与回纹的组合纹，器形与纹饰特征都具有西周早期的特征。印纹硬陶罐有A型Ⅰ式和A型Ⅱ式两种，后者由前者演变而来，颈部变高、球腹变成鼓腹、圜底变成圜底近平，纹饰有云雷纹和回纹，与长兴石狮D5M8：1相似。印纹硬陶瓿为鼓腹、大平底、底缘外侈，肩腹部拍印的纹饰有云雷纹、折线纹、回纹和叶

1）牟永抗、毛兆廷：《江山县南区古遗址、墓葬调查试掘》，《浙江省文物考古所学刊》，文物出版社，1981年。

2）浙江省文物考古研究所、德清县博物馆：《独仓山与南王山》，科学出版社，2007年。

3）陈元甫：《论浙江地区土墩墓分期》，《浙江省文物考古研究所建所二十周年纪念论文集》，西泠印社，1999年。

4）浙江省文物考古研究所：《慈溪市彭东、东安的土墩墓与土墩石室墓》，《浙江省文物考古研究所学刊》，科学出版社，1993年。

5）南京博物院、镇江博物馆、丹徒县文教局：《江苏丹徒横山、华山土墩墓发掘报告》，《文物》2000年9期。

6）镇江博物馆、丹徒县文管会：《江苏丹徒大港母子墩西周铜器墓发掘简报》，《文物》1984年5期。

7）南京博物院：《江苏句容寨花头土墩墓D2、D6发掘简报》，《文物》2007年7期。

8）浙江省文物考古研究所、德清县博物馆：《独仓山与南王山》，科学出版社，2007年。

9）陈元甫：《余姚老虎山一号墩发掘》，浙江省文物考古研究所编《沪杭甬高速公路考古报告》，文物出版社，2002年。

10）镇江市博物馆、溧水县文化馆：《江苏溧水乌山西周二号墓清理简报》，《文物资料丛刊》第2辑，文物出版社，1978年。

11）陕西省博物馆、陕西省文物管理委员会：《陕西岐山贺家村西周墓葬》，《考古》1976年1期。

脉纹等，大型云雷纹纹样宽大、粗犷有力，回纹印痕深、外框线不明显，它们与浙江江山江地（平）3：4、长兴石狮D1M6：1[1]相似，具有西周早期器物特征。

结合上述对比材料和浙江地区土墩墓分期结果，我们认为上述7座墓葬为西周早期墓葬，是本墓地第二期遗存。

第三组，共8座墓。均为无室土墩墓，包括平地堆土掩埋型墓、石框型墓、石床型墓和竖穴土坑型墓四种类型。

出土遗物数量和类型较前期增多，基本组合为原始瓷罐、豆、盂和印纹硬陶瓮、罍、坛、罐、瓿。原始瓷罐是本期新出现的器形，A型Ⅰ式罐为盘口、束颈、鼓腹、平底，流行弦纹和折线纹，与德清独仓山D2M1：1、浙江慈溪慈Ⅰ墩M4：3、浙江黄岩小人尖M1：3[2]相似。原始瓷豆形式多样，有A型Ⅱ式、A型Ⅲ式、B型Ⅱ式、B型Ⅲ式和C型Ⅰ式，A型Ⅱ式豆的出土说明本期延续前一期豆的特征，出土的B型Ⅲ式豆又与本墓地第四期的豆几乎相同，说明本期墓葬内的器物存在明显的承前启后的关系。A型Ⅲ式豆与独仓山A型Ⅴ式豆、长兴石狮D2M1：2相似；B型Ⅱ式豆与长兴石狮D1M6：2、慈溪慈Ⅰ墩M3：2、余姚老虎山D1M19：1相似；C型Ⅰ式豆是本期新出现的器形，它与安徽南陵千峰山Ⅳ式豆[3]、江苏丹徒大港M2：8[4]、浙江江山第六单元Ⅳ式和Ⅴ式豆、德清独仓山A型Ⅲ式、A型Ⅳ式和B型豆以及长兴便山Ⅲ式豆[5]、余姚老虎山D1M6：1类似。原始瓷A型Ⅰ式盂与德清独仓山A型Ⅱ式盂相似。印纹硬陶罐A型Ⅱ式变成A型Ⅲ式，圜底变成大平底，B型Ⅰ式和C型Ⅰ式罐是本期新出现的器形；坛由Ⅰ式变成Ⅱ式；新出现Ⅰ式瓮；瓿由A型Ⅰ式和B型Ⅰ式变成A型Ⅱ式瓿和B型Ⅱ式。上述罐、坛、瓿、瓮的器形和组合特征见于德清独仓山、长兴便山第一期墓。

结合上述对比材料和浙江地区土墩墓分期结果，我们认为上述8座墓葬为西周中期墓葬，是本墓地第三期遗存。

值得注意的是上述8座墓葬尽管基本组合类似，但是它们之间还是有一定差别：D8M1、D20M2、D23M1和D37M2四座墓原始瓷豆的组合为A型Ⅱ式、A型Ⅲ式和B型Ⅱ式，配合A型Ⅰ式盂，不见C型Ⅰ式豆，D37M2还出现圜底罍。而D6M1、D7M1、D13M1和D15M1四座墓不见A型豆，新出现C型豆，还发现少量B型Ⅲ式豆。因此，我们判断D8M1、D20M2、D23M1和D37M2的年代或早于D6M1、D7M1、D13M1和D15M1的年代，前者与第二期墓葬的联系更为紧密，应属西周中期前段，后者与第四期墓葬的联系更为紧密，应属西周中期后段。

第四组，共21座墓和3个器物群。墓葬分为无室土墩墓、木室土墩墓和石室土墩墓三类，无室土墩墓包括平地堆土掩埋型墓、石框型墓、石床型墓和竖穴土坑型墓四种类型，木室土墩墓为大型人字形木室墓，石室土墩墓石室多为长方形，墓室内平面有长条形、刀把形、中字形和亚腰形几种。

出土遗物数量多、类型丰富，基本组合为原始瓷豆、盂、盘、碟和印纹硬陶瓮、坛、罐、瓿。原始瓷器均为厚胎厚釉，部分器物存在脱釉现象，普遍装饰"S"纹、戳印篦点纹、弦纹和刻

1）浙江省文物考古研究所：《浙江长兴县石狮土墩墓发掘简报》，《浙江省文物考古研究所学刊》，科学出版社，1993年。
2）浙江省文物考古研究所、黄岩市博物馆：《黄岩小人尖西周时期土墩墓》，《浙江省文物考古研究所学刊》，科学出版社，1993年。
3）安徽省文物考古研究所：《安徽南陵千峰山土墩墓》，《考古》1989年3期。
4）江苏省丹徒考古队：《江苏丹徒大港土墩墓发掘报告》，《文物》1987年5期。
5）浙江省文物考古研究所：《浙江长兴县便山土墩墓发掘报告》，《浙江省文物考古研究所学刊》，科学出版社，1993年。

划符号。印纹硬陶瓿为Ⅱ式，坛为Ⅲ式，罐有A型Ⅱ式、A型Ⅳ式和C型Ⅱ式，瓿有A型Ⅲ式、B型Ⅰ式、B型Ⅲ式、C型Ⅱ式和C型Ⅲ式。上述器物的形态特征和器物组合特征与德清独仓山第三期墓、慈溪第二期墓、江山第六单元的部分器物、长兴石狮第二期墓、长兴便山第一期墓相似，也与安徽屯溪土墩墓[1]、江苏丹徒横山馒儿墩墓[2]和丹徒石家墩西周墓[3]、浙江淳安左口M5[4]、浙江东阳六石土墩墓[5]、浙江宁波卢家山M7和M9[6]、浙江上虞凤凰山土墩墓[7]、浙江义乌平畴西周墓[8]所见器物组合类似，具有明显的西周晚期墓葬的特点。

D30M1出土大量木炭，我们在木室的不同部位提取了10个炭样进行碳十四测试，检测结果见附录二。10个炭样中有8个检测出年代数据，8个数据均经过树轮校正，其中炭样004年代为1005BC～925BC，年代偏早；炭样008年代为405BC～385BC，年代已经到战国，明显偏晚；炭样009年代为750BC～680BC，年代为春秋早期。其余5个炭样的年代均为西周中晚期，以820BC～790BC为主。综合上述数据分析，我们认为D30M1的年代应为西周晚期，这一结果与我们通过器物排队分析得来的结果相一致。

结合上述对比材料、碳十四测年结果和浙江地区土墩墓分期结果，我们认为上述21座墓和3个器物群的年代为西周晚期，是本墓地第四期遗存。

第五组，2座墓葬和3个器物群。墓葬均为石室土墩墓，墓室内平面有长条形和刀把形。

出土遗物数量少，类型简单，基本组合为原始瓷碗、盘和印纹硬陶瓿、坛、罐，原始瓷豆、A型罐和印纹硬陶瓿基本消失不见。原始瓷均为薄胎薄釉，A型Ⅰ式碗器形为平沿、直口、上腹直、下腹弧收、小平底，B型Ⅰ式碗器形为敞口、弧腹内收、平底。A型Ⅱ式盘器形为斜沿、敞口、弧腹略深、圈足，B型Ⅰ式盘器形为敞口、斜折沿、弧腹、平底，印纹硬陶罐、坛流行方格纹，坛出现米筛纹与方格纹的组合纹。这种器物组合与器形特征与德清火烧山第一期至第三期同类器[9]、德清独仓山第四期同类器、长兴便山第三期同类器、慈溪第三期同类器相似，它们也见于上虞牛头山D1M5[10]。

结合上述对比材料和浙江地区土墩墓分期结果，我们认为上述2座墓和3个器物群的年代为春秋早期，是本墓地第五期遗存。

第六组，7座墓和2个器物群。墓葬有无室土墩墓和石室土墩墓两类，前者包括平地堆土掩埋型墓和石框型墓两类；后者石室均为长方形，内平面有刀把形和中字形两种。

出土遗物类型丰富，基本组合有原始瓷碗、盘、杯和印纹硬陶罐、瓿、坛。原始瓷A型Ⅱ式碗腹部较深、胎底厚重，开始出现盅式碗的风格，新出现的原始瓷杯为浅直腹、小平底。印纹硬陶罐、瓿、坛普遍流行米筛纹和方格纹。上述器物组合和器形特征与德清火烧山第四期至第六期同类器、德清独仓山第五期同类器、长兴便山第四期同类器相似，它们也见于江苏句容中心山土

1）安徽省文化局文物工作队：《安徽屯溪西周墓葬发掘报告》，《考古学报》1959年4期。
2）南京博物院、镇江博物馆、丹徒县文教局：《江苏丹徒横山、华山土墩墓发掘报告》，《文物》2000年9期。
3）镇江市博物馆：《江苏丹徒县石家墩西周墓》，《考古》1984年2期。
4）浙江省文物考古所：《浙江淳安左口土墩墓》，《文物》1987年5期。
5）浙江省磐安县文管会：《浙江东阳六石西周土墩墓》，《考古》1986年9期。
6）浙江宁波市文物考古研究所：《浙江宁波洪塘卢家山商周遗存发掘报告》，《南方文物》2011年1期。
7）浙江省文物考古研究所、浙江省上虞市博物馆：《浙江上虞驿亭凤凰山西周土墩墓》，《南方文物》2005年4期。
8）金华地区文管会：《浙江义乌县平畴西周墓》，《考古》1985年7期。
9）浙江省文物考古研究所、故宫博物院、德清县博物馆：《德清火烧山——原始瓷窑址发掘报告》，文物出版社，2008年。
10）蒋乐平：《上虞牛头山古墓葬发掘》，浙江省文物考古研究所编《沪杭甬高速公路考古报告》，文物出版社，2002年。

墩墓[1]、寨花头D2、溧水凤凰井土墩墓[2]、德清塔山土墩墓[3]。

结合上述对比材料和浙江地区土墩墓分期结果，我们认为上述7座墓和2个器物群的年代为春秋中期，是本墓地第六期遗存。

第七组，4座墓。墓葬有无室土墩墓和石室土墩墓两类，前者为平地堆土掩埋型墓；后者石室均为长方形，内平面有刀把形和中字形两种。

出土遗物类型简单，基本组合有原始瓷碗、盘和印纹硬陶罐、坛。原始瓷碗为A型Ⅲ式，已经完全变成盅式碗类型，原始瓷碟和A型盘消失不见，B型盘变成折腹、小平底风格。印纹硬陶纹饰中米筛纹少见，仍流行方格纹，新出现复线回纹加"×"纹。上述器物组合和器形特征与德清火烧山第七期至第九期同类器、德清独仓山第六期同类器、长兴便山第五期同类器相似，它们也见于南京陶吴土墩墓[4]、宁波卢家山M8、江苏金坛裕巷土墩墓[5]、句容浮山果园[6]。

结合上述对比材料和浙江地区土墩墓分期结果，我们认为上述4座墓的年代为春秋晚期，是本墓地第七期遗存。

第八组：2座墓。均为石室土墩墓，石室平面呈长方形，墓室内平面有长方形和刀把形两种。

出土遗物类型单一，数量少，基本组合有原始瓷碗、杯和印纹硬陶坛、罐。原始瓷B型Ⅲ式碗变成尖唇，快轮修整痕迹明显。印纹硬陶坛最大径转移到肩部，流行米字纹和麻布纹，印纹硬陶A型Ⅷ式罐和C型Ⅳ式罐的方格纹变细小，与麻布纹接近，而D型罐为尖唇、敛口、筒形腹、大平底，腹部满饰麻布纹。上述器物组合和器形特征与浙江安吉垅坝D12[7]、安吉笔架山早期遗存[8]、上虞羊山D3[9]所出同类器相似，B型Ⅲ式碗与德清亭子桥所出B型碗类似[10]。

结合上述对比材料和浙江地区土墩墓分期结果，我们认为上述2座墓的年代为春秋末期至战国初期，是本墓地第八期遗存。

综上所述，墓葬与器物群的组别、期别与时代的对应关系如下：

第一组，第一期，商代中晚期；

第二组，第二期，西周早期；

第三组，第三期，西周中期；

第四组，第四期，西周晚期；

第五组，第五期，春秋早期；

第六组，第六期，春秋中期；

第七组，第七期，春秋晚期；

第八组，第八期，春秋末至战国初期。

1）南京博物院：《江苏句容下蜀中心山土墩墓发掘简报》，《东南文化》2011年3期。

2）刘兴、刘建国：《溧水凤凰井春秋土墩墓》，《东南文化》1989年Z1期

3）朱建明：《浙江德清三合塔山土墩墓》，《东南文化》2003年3期。

4）南京市博物馆、江宁区博物馆：《南京江宁陶吴春秋时期大型土墩墓发掘简报》，《东南文化》2011年3期。

5）南京博物院：《江苏金坛裕巷土墩墓群一号墩的发掘》，《考古学报》2009年3期。

6）南京博物院：《江苏句容浮山果园土墩墓第二次发掘报告》，《文物资料丛刊》第6辑，文物出版社，1982年。

7）浙江省安吉县博物馆：《浙江安吉垅坝D12土墩墓发掘简报》，《南方文物》2003年3期。

8）浙江省文物考古研究所、安吉县博物馆：《浙江安吉笔架山春秋战国墓葬发掘简报》，《东南文化》2009年1期。

9）彭云：《上虞羊山古墓群发掘》，浙江省文物考古研究所编《沪杭甬高速公路考古报告》，文物出版社，2002年。

10）浙江省文物考古研究所、德清县博物馆：《德清亭子桥——战国原始瓷窑址发掘报告》，文物出版社，2011年。

第三节 墓葬形制的发展与随葬品组合的演变

一 墓葬形制的发展

第一期墓葬共3座，均属于无室土墩墓，约占墓葬总数的5.1%。集中分布于无名山体的顶部和西侧山脊上，地势高敞，视野开阔。土墩均属于小型墩，其中D18M2和D21M2两座墓被晚期墓葬叠压。墓葬形制包括平地堆土掩埋型墓和石框型墓两种，前者分布范围不明，方向难辨；后者的石框并不明显，保存亦较少，只能看做是石框型墓的雏形，处于石框型墓的初始发展阶段。D18M2发现有人骨。

第二期墓葬数量较第一期增多，共7座，均属于无室土墩墓，约占墓葬总数的11.9%。多分布于无名山体顶部、西侧山脊和北坡上部，竹狗洞山南侧山脊亦有发现。分布范围明显较第一期广，且有向地势略低处发展的势头。墓葬所在的土墩仍属于小型墩，但是土墩较第一期增大，其中D18M1和D21M1两座墓葬叠压早期墓。墓葬形制仍为平地堆土掩埋型墓和石框型墓两种，后者的数量超过前者，石框型墓的石框保存较多，范围明显，石框的发展已经比较成熟。未见人骨和葬具。

第三期墓葬数量跟前期比变化不大，共8座，均属于无室土墩墓，约占墓葬总数的13.6%。多分布于竹狗洞山与无名山体之间的山脊上，也见于无名山体西侧山脊、东坡、北坡和柴岭山南坡。分布范围明显较第二期更广，且逐步向山体之间的山脊上转移。墓葬所在土墩仍为小型墩，但长径在10米左右的墩数量增多。墓葬形制多样化，包括平地堆土掩埋型墓、石框型墓、石床型墓和竖穴土坑型墓。石床型墓和竖穴土坑型墓是本期开始出现的墓葬类型，其中石床型墓刚出现就表现出十分成熟的特性，铺砌规整、考究，且都存在石床边设排水沟的现象，似乎并非本墓地自身发展的墓葬类型。未见人骨和葬具。

第四期墓葬数量急剧增多，共21座，包括无室土墩墓、木室土墩墓和石室土墩墓三类，约占墓葬总数的35.6%。分布范围广，三类墓葬错杂分布，有的占据山顶，有的占据山坡，有的占据山脊平地，柴岭山、竹狗洞山、无名山体及十二房山各山体的顶端或坡面上均可见到本期墓葬，其范围已扩展到山坡下部。墓葬所在土墩大小不一，以小型墩为主，也见大型墩。墓葬类型丰富，无室土墩墓包括平地堆土掩埋型墓、石框型墓、石床型墓和竖穴土坑型墓；石室土墩墓的石室多为长方形，墓室内平面有长条形、刀把形、中字形和亚腰形几种。石框型墓发展到其形态的顶峰期，石框范围明确，垒砌规整。木室土墩墓是本期新出现的墓葬类型，也仅见于本期墓葬，其营造结构复杂，规模宏大。石室土墩墓也是本期新出现的类型，虽然数量尚少，但是类型丰富，方向多为西向，石室墓的各功能部分全部具备，如墓壁、挡土墙、护坡、封门等，而且石砌部分垒砌十分考究，大型墓显然经过精心规划，形态成熟，但在本墓地中无法找出其来源。本期墓葬发现墓底铺设白膏泥或青膏泥的现象。发现木质葬具痕迹，未见人骨。

第五期墓葬数量剧减，共2座墓，均为石室土墩墓，约占墓葬总数的3.4%。分布于竹狗洞山山顶和竹狗洞山与无名山体之间的山脊上。土墩为小型墩。墓葬类型单一，墓室内平面有长条形和刀把形。未见人骨、葬具痕迹。

第六期墓葬数量又较第五期有所上升，共7座墓，包括无室土墩墓和石室土墩墓两类，约占墓葬总数的11.9%。分布范围广,见于无名山体、十二房山附近及柴岭山南坡。土墩多为中型墩,小型墩少。无室土墩墓所占比重较小,包括平地堆土掩埋型墓和石框型墓两种,石框型墓退化严重,又变成标识型的石块堆积,不见垒砌明显的框形堆积。石室土墩墓所占比重大,石室均为长方形,垒砌依然十分考究,内平面有刀把形和中字形两种。未见人骨、葬具痕迹。

第七期墓葬数量又较上期减少,共4座墓,包括无室土墩墓和石室土墩墓两类,约占墓葬总数的6.8%。分布于竹狗洞山山顶、竹狗洞山与无名山体间的山脊中部和柴岭山南坡。土墩为中小型墩。无室土墩墓仅见平地堆土掩埋型墓一种。石室土墩墓所占比重大,石室垒砌较为考究,内平面有刀把形和中字形两种。未见人骨、葬具痕迹。

第八期墓葬数量更少,共2座墓,均为石室土墩墓,约占墓葬总数的3.4%。分布于无名山体北坡的下部。墓葬所在均为中小型墩。无室土墩墓消失,石室土墩墓石室规模小,平面呈长方形,墓室内平面有长条形和刀把形两种。未见人骨、葬具痕迹。

从墓葬形制上看,无室土墩墓从商代中晚期一直沿用到春秋晚期,是本墓地的基本埋葬方式之一,其中平地堆土掩埋型墓是表现最为稳定的墓葬类型,从商代中晚期沿用至春秋晚期,西周时期数量较多;石框型墓是表现相对稳定的墓葬类型,从商代中晚期沿用至西周晚期,随后消失;石床型墓西周中期出现,沿用至西周晚期,随后消失;竖穴土坑型墓零星出现,属于墓葬形制中的特例,仅见于西周中期和晚期。木室土墩墓仅见于西周晚期,属于孤例。石室土墩墓是本墓地的基本埋葬方式之一,只是它出现时间较晚,西周晚期开始出现,一直沿用到战国初期,内平面呈长条形和刀把形的形制是其主要形制。石室墓一出现就展现出其成熟的一面,而且其形态一直变化不大,只是到了晚期规模变小。

二 随葬品组合的演变

第一期随葬品数量少,类型简单,没有明显的组合关系,印纹硬陶罐出土相对较多,配以原始瓷豆、印纹硬陶尊、硬陶坛、夹砂陶钵和石镞等。印纹硬陶纹饰有拍印云雷纹和弦纹,原始瓷豆为薄胎薄釉、素面无纹。器形包括原始瓷A型Ⅰ式豆、印纹硬陶尊和A型Ⅰ式罐、硬陶坛、夹砂陶钵和石镞等。

第二期随葬品数量和类型均增多,固定的器物组合开始出现,基本组合为原始瓷豆和印纹硬陶罐、瓿,配以原始瓷簋和印纹硬陶罍、坛以及泥质陶罐。印纹硬陶罍、坛、瓿和泥质陶罐是本期新出现的器形。原始瓷A型Ⅱ式豆由A型Ⅰ式豆演变而来,它口部变敞,内底变浅,圈足变矮,流行弦纹和梳篦纹。B型Ⅰ式豆也是由A型Ⅰ式豆演变而来,与后者相比,它由直口变成敛口,流行弦纹和梳篦纹。印纹硬陶A型Ⅱ式罐由A型Ⅰ式罐演变而来,其颈部变高,球腹变成鼓腹,圜底变成圜底近平,流行云雷纹和回纹。新出现的印纹硬陶罍、坛、瓿均使用泥条盘筑法制成,流行云雷纹、回纹、折线纹和弦纹叠套复线菱形纹。本期印纹硬陶器上开始出现两种或两种以上拍印纹饰配合使用的情况。

第三期随葬品数量和类型更丰富,固定的器物组合继续出现,基本组合为原始瓷豆、盂和印纹硬陶坛、罐、瓿,配以原始瓷簋、罐、钵、碟和硬陶钵以及泥质陶罐、豆、盘、纺轮等。原始瓷A型Ⅲ式豆由A型Ⅱ式豆演变而来,与后者相比,它器形变小,直口变成敞口,圈足变矮,梳篦纹消失不见,流行弦纹和旋纹;B型Ⅱ式豆器形变小,腹底加深,圈足变矮,流行弦纹;A型Ⅰ式盂与B型Ⅱ式豆有一定相似性，前者流行泥点装饰。印纹硬陶Ⅱ式坛沿部变成卷沿，肩部变成耸肩，腹部变深；A型Ⅲ式罐颈部变矮，腹部变深，圜底变成大平底，纹饰流行回纹和弦纹叠套复线菱形纹；A型Ⅱ式和B型Ⅱ式瓿分别由A型Ⅰ式和B型Ⅰ式瓿演变而来，底缘裙边消失，有刮削现象。印纹硬陶纹饰方面，大型云雷纹消失不见，流行折线纹、回纹和叶脉纹。

第四期出土遗物数量多，类型丰富，仍然流行原始瓷器与印纹硬陶器的器物组合，基本组合为原始瓷豆、盂、盘、碟和印纹硬陶瓮、坛、罐、瓿，配以原始瓷簋、盉、罐、钵、盅、器盖、镞和硬陶鼎以及泥质陶罐、纺轮等。原始瓷A型Ⅳ式豆、B型Ⅲ式豆和C型Ⅰ式豆变成厚胎厚釉的矮圈足器，流行弦纹和刻划符号，下腹常见刮削痕迹；A型Ⅱ式盂腹部变扁，圈足变矮，流行"S"纹、戳印篦点纹和弦纹；新出现B型Ⅰ式、C型和D型盂。印纹硬陶Ⅲ式坛肩部变成鼓肩，腹部又加深，腹最大径上移；A型Ⅳ式罐侈口变成直口微敛，腹部变浅，大平底变小，纹饰流行折线纹和回纹，C型Ⅱ式罐腹部变扁，纹饰流行折线纹、弦纹和戳印篦点纹；A型Ⅲ式、B型Ⅲ式和C型Ⅲ式瓿流行折线纹和回纹。

第五期出土遗物数量少，类型简单，基本组合为原始瓷碗、盘和印纹硬陶瓮、坛，配以原始瓷尊、豆、盂、钵。本期出现的原始瓷豆、盂与第四期出土的豆、盂并无差别，应视为上一期的残留物。原始瓷碗有A型Ⅰ式和B型Ⅰ式、盘有A型Ⅱ式和B型Ⅰ式，碗、盘组合代替了前几期流行的豆、盂组合。印纹硬陶Ⅳ式坛鼓肩变成圆肩，腹部加深，腹最大径上移，纹饰变成米筛纹与方格纹的组合纹；A型Ⅴ式罐直口变成侈口，颈部变高，肩部变成溜肩，流行方格纹；印纹硬陶瓿消失不见。

第六期出土遗物类型较上期丰富，基本组合有原始瓷碗、盘和印纹硬陶坛、罐，配以原始瓷罐、豆、盂、杯、器盖和印纹硬陶鼎、盂以及泥质陶罐、纺轮等。原始瓷A型Ⅱ式碗腹部加深，直腹部分加高，部分碗开始变成盅式碗；B型Ⅱ式碗腹部加深，上腹变直；B型Ⅱ式盘口更敞，腹变浅。印纹硬陶Ⅴ式坛圆肩变成溜肩，颈部变高，腹最大径上移，纹饰仍流行米筛纹与方格纹的组合纹，出现大方格填线纹；A型Ⅵ式罐颈部变矮，腹最大径下移，流行方格纹、大方格填线纹等。另外还见少量青铜挂饰、青铜镞、玉管、石圭、石球、石黛板等。

第七期出土遗物类型简单，基本组合有原始瓷碗和印纹硬陶坛、罐，配以原始瓷罐、豆、盘、盂和泥质陶珠等。原始瓷A型Ⅲ式碗口部变敞，腹部加深，完全变成盅式碗。印纹硬陶Ⅵ式坛溜肩幅度更大，流行米筛纹、方格纹，新出现复线回纹加"×"纹；A型Ⅶ式罐腹最大径移到中部，流行方格纹；B型Ⅲ式罐鼓腹变成垂腹，纹饰流行方格纹和米筛纹。

第八期出土遗物类型单一，数量少，基本组合为印纹硬陶坛、罐，配以原始瓷碗、杯。印纹硬陶Ⅶ式坛溜肩变成斜肩，腹最大径移到肩腹结合处，米筛纹消失不见，出现米字纹和麻布纹；A型Ⅷ式罐颈部变矮，仍流行方格纹。原始瓷碗Ⅱ式杯方唇变成尖唇，腹部变深。

从随葬品组合看，原始瓷器和印纹硬陶器配合使用、成组出现是土墩墓中普遍存在的现象，而泥质陶器、夹砂陶器、铜器、玉石器等则在土墩墓随葬品中处于从属地位，一般是零星出现。

原始瓷器胎釉演化为薄胎薄釉→厚胎厚釉→薄胎薄釉，装饰演化为简单→复杂→简单。

印纹硬陶器器形演化为圜底内凹→圜底→大平底→平底→小平底。装饰纹样演化为云雷纹→大型云雷纹、折线纹、回纹、弦纹叠套复线菱形纹→折线纹、回纹、叶脉纹→折线纹、回纹、戳印篦点纹→米筛纹与方格纹的组合纹→米筛纹与方格纹的组合纹、大方格填线纹→米筛纹、方格纹、复线回纹加"×"纹→米字纹、麻布纹。

　　关于上述墓葬形制的发展与随葬品组合的演变关系，我们可以从下面图表中得到更为直观的认识。（表4-3-1；图4-3-1）

第五章 结 语

第一节 墓地选择与墓葬分布

柴岭山土墩墓分布在柴岭山至蜈蚣山之间的山顶、山脊或山坡之上，柴岭山海拔高度为189米，蜈蚣山海拔高度222米，多数土墩位于海拔140米以上的山脊之上，位置最低的D30所在山脊海拔高度也在71米以上。这种墓地选择方式与长兴便山有相似之处，便山的最高海拔为262米[1]，而与普遍位于低矮丘陵的其他地区土墩墓的墓地选择略有不同，如德清独仓山海拔高约50米[2]、绍兴印山海拔高约42米[3]、德清塔山海拔高约60米[4]、温州杨府山海拔高约54米[5]、句容中心山海拔高度为29米[6]、金坛裕巷土墩墓高约35米[7]、江阴周庄JZD3海拔高约13米[8]。虽然柴岭山土墩墓墓地位置较高，但是其总体分布特征仍然与其他地区土墩墓的分布有一致性，即都分布于低山、丘陵岗地的分水线上，选择较为高敞的地方作为埋藏地点。

本次发掘清理出的59座墓存在后期墓葬打破或叠压前期墓葬的情况，而且有些墓葬的封土内发现早期遗物，这可能意味着当时营建墓葬时破坏了其他更早期的墓葬封土。

纵观各个时期的墓葬分布，我们发现，柴岭山土墩墓的分布存在着由高向低延伸的趋势。第一期墓集中分布于无名山体的顶部和西侧山脊上。第二期墓多分布于无名山体顶部、西侧山脊和北坡上部，竹狗洞山南侧山脊亦有发现。分布范围明显较第一期广，且有向地势略低处发展的势头。第三期墓多分布于竹狗洞山与无名山体之间的山脊上，也见于无名山体西侧山脊、东坡、北坡和柴岭山南坡。分布范围明显较第二期更广，且逐步向较低山脊上转移。第四期墓分布范围广，其范围已扩展到山坡下部。第五期墓葬分布于竹狗洞山山顶和竹狗洞山与无名山体之间的山脊上。第六期墓见于无名山体、十二房山附近及柴岭山南坡。第七期墓分布于竹狗洞山山顶、竹狗洞山与无名山体之间的山脊中部和柴岭山南坡。第八期墓分布于无名山体北坡的下部。

上述各期墓葬的分布从总体上给我们展示了一个从山顶→山脊→山坡上部→山坡下部的墓地发展规律。而以往的工作显示，该地区战国秦汉及以后的墓葬多分布于山脚处。这说明此地生活的先民在墓地选择上存在一个由高到低的发展过程。这一发展历程可能与钱塘江水位的不断变化

1）浙江省文物考古研究所：《浙江长兴县便山土墩墓发掘报告》，《浙江省文物考古研究所学刊》，科学出版社，1993年。
2）浙江省文物考古研究所、德清县博物馆：《独仓山与南王山》，科学出版社，2007年。
3）浙江省文物考古研究所、绍兴县文物保护管理局：《印山越王陵》，文物出版社，2002年。
4）朱建明：《浙江德清三合塔山土墩墓》，《东南文化》2003年3期。
5）浙江省文物考古研究所、温州市文物保护考古所、瓯海区文博馆：《浙江瓯海杨府山西周土墩墓发掘简报》，《文物》2007年11期。
6）南京博物院：《江苏句容下蜀中心山土墩墓发掘简报》，《东南文化》2011年3期。
7）南京博物院：《江苏金坛裕巷土墩墓群一号墩的发掘》，《考古学报》2009年3期。
8）周庄土墩墓联合考古队：《江苏江阴周庄JZD3东周土墩墓》，《文物》2010年11期。

存在很大关联，也可能与先民的丧葬观念变化有关。（图5-1-1）

第二节　葬俗

墓葬方向各异，能判明方向的墓葬以西向为主，并有少量南北向和东向的墓。

在D4中室后部与后室和D36M1墓室中后部的墓底均发现青膏泥，厚约10厘米。此种青膏泥与湖底淤泥类似，软而致密，渗水性差。D30M1整个墓底石床上平铺一层厚10～25厘米的白膏泥，白膏泥质地细腻，结构致密，渗水性小，颜色为灰白色或青白色。青膏泥和白膏泥的使用可能与墓葬的防水、防潮有关。

D8M1和D23M1为石床型墓，石床一侧发现垒砌十分整齐的排水沟，它们也应与墓葬防潮有关。

D2M1的底部发现厚约25厘米的熟土堆积，其内还发现原始瓷罐残片；D19墓室底部发现厚约20厘米的熟土堆积；D34M1底部发现厚8～22厘米的熟土堆积。巧合的是，这三座墓的底部均发现基岩，且基岩的表面不平整，呈倾斜状分布，而墓底熟土堆积的表面一般与基岩表面保持水平，因此，我们推测，这三座墓墓底熟土的铺垫可能是为了减少基岩对墓内空间的影响、同时为了使墓底保持水平而有意为之。

D23M1墓底石床之上平铺厚约5厘米的黄土，且土质较为致密，可能经过夯筑，其上放置随葬品；D6M1墓底铺石块，石块之上平铺厚约8厘米的熟土，熟土上放置随葬品。这种随葬品不直接置于墓底的做法也见于其他墓葬，如D9M1和D20M1均有部分随葬品位置较其他随葬品偏高。但这种同一墓内随葬品位置高低不同，可能是因为放置随葬品的时间有先后之别，与墓底做特别铺垫再放随葬品情况可能不同。

另外，我们在部分墓葬中还发现类似"毁器"的习俗。D6M2出土的印纹硬陶坛出土时呈残片状散乱分布，整理时发现这些残片属于同一件器物。D28M1出土的印纹硬陶坛和罐、D34M1出土的印纹硬陶坛、D18M1出土的原始瓷簋和印纹硬陶瓿，发现时均呈碎片状散乱分布。这些残碎器物的时代特征与各自墓内其他器物的时代特征一致，说明它们不存在扰乱早期墓葬的可能，而是埋葬时的特殊行为体现，可能与"毁器"习俗有关。

59座墓中除了D18M1发现一块人骨外，其余均未见人骨痕迹，因此，墓主的性别、年龄均无法判断。除D30M1外，未发现葬具痕迹。有8座墓（D4M2、D15M1、D27M1、D31M1、D33M1、D37M1、D37M2、D37M3）中发现陶纺轮，如果以纺轮为女性身份特征的代表，那么，这8座墓的墓主可能为女性。其他墓葬的墓主性别无法判明。

墓地中发现三大类墓葬，分别是无室土墩墓、木室土墩墓和石室土墩墓，前者是本地的传统葬俗，沿用时间长，而石室土墩墓似乎并非本地固有葬俗。石室土墩墓分布最为密集的区域为太湖周边地区，出现时间早，沿用时间长，被认为是吴文化的葬俗之一[1]。在柴岭山墓地中，石室土墩墓于西周晚期开始出现，且其一出现就表现出十分成熟的形态，石室的各个构成部分均比较齐全，石室建造的也十分考究，这种墓葬形制的突然出现可能与钱塘江南北先民的文化交往有一定关系。

1）冯普仁：《试论吴国石室墓》，江苏省吴文化研究会编《吴文化研究论文集》，中山大学出版社，1988年。

　　墓地中发现8个器物群，这些器物群仅见一组器物，未见明显的挖坑营建现象。而且其埋藏形式也多样化，有的与墩内墓葬的底部处于同一水平面上，如D30Q2、D17Q1等；有的处于墩内墓葬封土内、底部高于墓葬底部，如D30Q1、D36Q1等；有的可能存在打破墩内墓葬的可能，如D15Q1。从位置上看，这8个器物群均位于其所在土墩的边缘；从年代上看，它们均晚于墩内墓葬的年代；从埋藏形式上看，它们似乎与平地堆土掩埋型土墩墓的埋藏形式类似，但不同的是后者一般可以判明墓底，且位置多位于土墩中间，作为墓葬的特征相对明显。因此，我们推测器物群是当时人们在土墩附近举行特殊活动而有意埋葬，可能是与祭祀活动有关。

第三节　墓葬性质

　　柴岭山土墩墓分布范围广，但土墩分布相对集中，各个时期的墓葬分布有一定规律可循。从发掘情况看，西周和春秋时期尤其是西周晚期，此地人类活动比较频繁。

　　土墩墓类型可分为无室土墩墓、木室土墩墓和石室土墩墓三大类型。无室土墩墓中D31和D35规模较大，长径均超过16米，属于中型土墩；其余土墩均属于小型土墩。木室土墩墓D30长径达到38米，属于大型土墩。石室土墩墓中，D36长径达到35.5米，属于大型土墩；D4、D19和D29规模较大，长径均超过14米，属于中型土墩；其余均属于小型土墩。

　　通过分析，我们知道墓葬类型的变化趋势是从商代中晚期至西周中期无室土墩墓独占鳌头，到西周晚期至春秋晚期无室土墩墓和木室土墩墓、石室土墩墓共存且石室土墩墓比例逐渐增多，再到春秋末期至战国初期石室土墩墓成为唯一墓葬类型。三类墓葬形制在墓地营建和选材等方面存在一定差异，但是，我们不能因为木室墓、石室墓选材困难、营建工程量大就理所当然地认为木室墓、石室墓的墓主身份地位就一定高于无室土墩墓的墓主。上述变化规律十分明确地告诉我们，无室土墩墓和木室土墩墓、石室土墩墓只是古代先民在对墓葬形式的选择方面随着时间的推移而产生的变化，对三种墓葬类型的不同选择应该视为古人丧葬习俗的转变。

　　墓地内出土了大量的器物，数量多，类型丰富。但是，这些器物多为盛储类器如印纹硬陶瓿、罍、坛、罐、瓶等和饮食器如原始瓷豆、盂、碗、盘、杯等，均属于日常生活用具，也是浙江土墩墓中最常见的器物组合类型，未见明显具有礼器性质的器物。玉石类和青铜类器物仅见饰品和铜镞等，不见礼乐器等。从总体上看，无论是无室土墩墓、木室土墩墓还是石室土墩墓，它们中出土的器物都具有一定的相似性，同类型的器物一般在三类墓葬中共见，器物组合也是三者共见，相似性较大。同时期、同类型墓葬的器物组合存在极大的相似性，大中型墓和小型墓内均见相似的器物组合，只是在同类器物数量和大小方面存在一定差别。值得注意的是D1M2出土1件原始瓷尊，D9M1出土1件硬陶鼎和1件原始瓷簋，D11M1、D13M1和D18M1各出土1件原始瓷簋，D26M1出土1件原始瓷盂，D29M1出土1件印纹硬陶鼎，D31Q1出土1件原始瓷尊，上述8座墓所在土墩有中型土墩，也有小型土墩，以小型土墩为主。可见尊、鼎、盂等在中原地区具有礼器性质的器物在柴岭山土墩墓中可能很难被当做礼器看待，它们应该不具备标示墓主身份、地位的功能。

　　根据墓葬位置的选择、墓葬所在土墩的规模、墓葬自身的形制和规模、随葬品组合的丰富程度、随葬品数量的多少等综合因素，我们认为柴岭山土墩墓可分成三个等级。

　　第一等级，共2座墓，分别是D30M1和D36M1。二者所在地形、地势均十分优越，前者选择山坡下部宽敞开阔的岗地营建墓葬，后者选择地势高敞、视野开阔的山顶营建墓葬。二者所在土墩规模巨大，前者长达38米，后者长达35.5米，均属于大型土墩。在墓葬营建方面，二者均修整地表暴露基岩，并对基岩进行修凿加工，有着严格的墓葬营建规划。D30M1结构复杂，由墓基、石床、白膏泥墓底、枕木、人字形木室、树皮等组成，墓葬规模大，长达20.5米，构建木室的木材全部为柏木。D36M1构造考究，由墓道、门框、墓室、挡土墙和护坡组成，石室规模巨大，长达23.1米，高达2.5米。二墓均被盗掘，出土随葬品较少，但D36M1出土的随葬品有一部分形制巨大，与一般的中小型墓存在较大差别。两座墓均有两个器物群。D30M1的营建方式与印山越王陵十分相似，只是规模略小。因此，D30M1和D36M1这两座墓应该属于高级贵族墓。

第二等级，共5座，分别是D4、D19、D29M1、D31M1和D35M1。墓葬所在位置十分优越，地势高敞，视野开阔。墓葬所在土墩规模较大，长径多在15米以上。前三个石室墓的石室长度均在10米以上，营建考究，后两个墓葬石框长度达到6米以上，其中D35M1还设长3.64米的墓道。出土遗物数量多，类型丰富，其中以D31M1出土遗物数量最多，同一类型的器物数量甚至达到50多件。因此，上述5座墓应该属于一般贵族墓。

第三等级，墓地内除上述两个等级的墓葬外的其他墓葬均属于第三等级。墓葬所在土墩多处于山脊或山坡上，土墩规模较小，一般长径不超过10米。墓葬本身规模也较小，墓葬的营建不像第一等级和第二等级那么考究。随葬品数量普遍较少，以不足10件较为常见，当然也发现随葬品达到40余件者。它们应该属于平民墓。

根据上述三个墓葬等级的划分，结合第四章墓葬分期结果，我们注意到一个现象，那就是第一等级的墓葬仅见于墓地第四期，也就是西周晚期，而第三等级的墓葬除了D29M1外，其余也均属于西周晚期墓。这一现象提示我们，在西周晚期时候，柴岭山一带的先民似乎经历了大的社会变革，产生了明显的社会等级，以至于在丧葬习俗中产生了显著的等级差异。

第四节　几个问题的探讨

一　关于D30M1

1. 葬制

D30M1是一座规模巨大的"人"字形木室墓，由石床、白膏泥墓底、枕木、"人"字形木室、木棺、高大封土等部分组成，时代为西周晚期，是目前已知材料中保存较完整、年代最早的"人"字形木室墓。由于D30M1曾遭盗扰并被焚毁，随葬品几乎被洗劫一空，木室和棺木也因焚烧而全部炭化，墓葬遭到严重毁坏，但是，经过仔细发掘，我们仍获得了该墓丧葬制度方面的宝贵资料，现就该墓葬制中五个方面的问题进行初步探讨。

1）墓地选择

墓地选择是古人丧葬制度中十分重要的环节，一般大型墓葬多选择在背山面水或视野开阔的地方，有的墓葬则直接建在高山之巅，以显示墓主生前的崇高地位。

D30M1位于杭州萧山柴岭山至蜈蚣山之间的无名山体北坡下部山脊处，墓葬所在山坡明显向北突出，东西两侧均为山岙，墓葬南靠大山，北临湘湖，地势高畅，视野开阔，湘湖尽收眼底。从"堪舆"角度上讲，此处可谓风水宝地。从交通方面分析，D30M1西北距钱塘江约8公里，西南距钱塘江约6公里，湘湖也曾在钱塘江的流域范围之内。与墓地隔湖相望的城山分布着越国固陵城，《越绝书》卷八记载："浙江南路西城者，范蠡敦兵城也。其陵固可守，故谓之固陵。所以然者，以其大船军所置也。"[1] 固陵城是越国屯兵抗吴的军事城堡，可见，至少在春秋末至战国初期，湘湖周边的交通是十分便利的。那么，在西周晚期，此处的交通条件应该也是比较优越的。

D30M1所在山脊海拔高度为71米，位置较高，但其仍符合土墩墓分布的一般规律，即多分布于低山、丘陵岗地的分水线上，选择较为高敞的地方作为埋葬地点[2]。

2）墓上堆筑巨大封土

D30M1所在土墩整体呈南北走向，地势南高北低，底缘高差约0.5米，封土顶部较为平缓，平面形状略呈长圆形，长径约38、短径16.2米，现存土墩高度约2.8米。封土厚约2.15米，可明显分为五层。

土墩墓是广泛分布于浙江大部、江苏南部、皖东、赣东和闽北地区的具有强烈地方色彩的先秦时期特殊墓葬形制，它至迟在商代就已经出现，其典型特征之一就是墓上堆筑明显的封土，早期墓葬的营建均为向地表以上营建。它与中原地区同时期"墓而不坟"的埋葬习俗形成鲜明的对比，中原地区春秋晚期及以后墓上封土的出现和流行应该是受到南方地区土墩墓的影响而产生的[3]。D30M1墓上堆筑着高大的封土，封土可分成明显的五层，且存在夯筑的迹象。很显然，D30M1具有明显的本地土墩墓的特征，它继承了本地土墩墓的传统习俗。

3）形制独特的"人"字形木室

人字形木室总长20.69米，东西两壁使用枋木斜向相互支撑而成，构成横截面呈三角形的墓室，木材全部炭化。木室南部的椁室枋木之下发现棺木痕迹，残长约2.1、残宽约1.7米，保存较差，全部成为炭块。

两面坡"人"字形结构的墓葬曾见于绍兴印山越王陵[4]，该墓为狭长条形两面坡的木屋结构，截面呈三角形，用加工平整的巨大枋木构筑而成，构筑方法是先在炭层上平铺两条东西纵向的方形垫木，其上用枋木南北横向铺出墓室的底面，然后，在底面的南北两侧用枋木互相斜撑，斜撑木的顶部纵向压盖半圆形脊木，最后在前后两端竖立封门木和后墙，墓室上铺厚20厘米的树皮，其上铺木炭。它是首次发现结构完整的两面坡式墓葬。之后，考古工作者先后发现可能属于两面坡式结构的墓葬，如东阳前山越国贵族墓[5]、安吉龙山越国贵族墓[6]、句容浮山果园D29M45[7]、句容东边山D2M1、寨花头D2[8] 等。发掘者根据墓内残留遗迹判断它们原来可能均存在两面坡结构。福建武夷山牛山1号贵族墓[9] 和广州猫儿岗"人"字顶木室墓[10] 的发现说明，至迟

1）[东汉]袁康、吴平辑录，俞纪东译注：《越绝书》，贵州人民出版社，1996年。

2）详见本章第一节有关论述。

3）林留根：《论中国墓葬封土之源流》，《东南文化》，1996年4期。

4）浙江省文物考古研究所、绍兴县文物保护管理局：《印山越王陵》，文物出版社，2002年。

5）浙江省文物考古研究所等《浙江东阳前山越国贵族墓》，《文物》2008年7期。

6）浙江省文物考古研究所等《浙江安吉龙山越国贵族墓》，《南方文物》2008年3期。

7）南京博物院考古研究所等《江苏句容及金坛市周代土墩墓》，《考古》2006年7期。

8）田名利等《土墩墓丧葬建筑》，《中国文化遗产》2005年6期。

9）杨琮：《武夷山发现西汉闽越国贵族墓》，《中国文物报》2003年8月20日。

10）广州市文物考古研究所：《广州市农林东路南越国"人"字顶木室墓》，广州市文物考古研究所编《羊城考古发现与研究（一）》，文物出版社，2005年。

在西汉早期，这种"人"字形木室墓仍然是闽越国和南越国贵族墓的葬制之一。有研究者认为两面坡结构的墓葬是越国贵族使用的葬俗[1]。

越王陵的发掘者认为"印山越王陵与一般木室墓在墓葬形式和埋葬过程上是有明显区别的。然而，这种断面呈三角形的长条形墓室，与西周、春秋时期越地流行的石室土墩墓中断面呈梯形的长条形石室的形态极为相似。……就墓室形态而言，两者的相似性是显而易见的，这表明印山越王陵独特的墓室形制基本上仍属于本民族的传统形制"。由于越王陵是首次发现两面坡木结构的墓，当时没有可供参考的资料，发掘者根据与越地流行的石室土墩墓相比，得出越王陵的墓葬形制仍属于越地传统形制的结论。

印山越王陵是越王允常的"木客大冢"，时代为春秋末期，东阳前山墓的时代为春秋末期，安吉龙山墓的时代为战国初期，句容浮山果园D29M45年代为西周晚期，句容东边山D2M1 时代为西周晚至春秋早期，而D30M1的年代为西周晚期。上述材料中，印山越王陵的墓葬形制比较明确，而其余各墓的墓葬形制仅为推测，因此，D30M1是此类型墓葬中已知年代最早的典型墓例。

柴岭山土墩墓的发掘结果表明，两面坡结构的木室和截面呈梯形的长条形石室墓的出现是同时的，而且它们刚一出现就表现出十分成熟的形态，一点原始的迹象都不见，两种类型的墓葬其墓内随葬品也不见大的差别，可见两者应该都是一种独立发展的葬制。结合印山越王陵及后期一些疑似两面坡式木室的发现，我们有理由相信这种截面呈三角形的木室墓是越文化独有的一种埋葬制度，而且它的产生、发展和传承应该有自身独立的系统，它的早期形态和它与印山越王陵之间时间上的缺环一定会随着考古发掘的不断深入而得以弥补。

4）白膏泥和树皮的使用

白膏泥平铺于石床之上形成墓底，铺设范围比石床范围大，长约21.15、宽约4.2米，厚10~25厘米。墓室南部的东南侧、东侧、西侧，中部的东侧和北部的东侧枋木底端外侧均发现少量树皮，这些树皮呈薄皮状铺于枋木之上。

土墩墓中使用白膏泥的现象年代最早的为衢州西山土墩墓[2]，该墓年代为西周中期，该墓墓底铺鹅卵石，其上铺木炭并填筑白膏泥。与之相比，D30M1虽然也使用白膏泥，但二者存在明显不同，前者的白膏泥是作为填土使用，而后者的白膏泥则作为墓底垫土使用。值得注意的是，在柴岭山墓地中，D4中室后部与后室和D36M1墓室中后部的墓底均发现与白膏泥性质类似的青膏泥。由此可知，膏泥的使用是土墩墓中早已有之的葬俗之一，只是其使用范围并不广泛。比D30M1晚的印山越王陵和安吉龙山D141M1均发现填筑白膏泥的葬俗。在南方楚墓中填筑青膏泥、白膏泥的葬俗始于春秋早期，盛行于战国时期，直至西汉时期，楚地的汉墓中仍然流行填筑膏泥现象。D30M1墓底白膏泥的发现为研究此类葬俗提供了新线索和新思路。

D30M1墓底和木室之上铺设树皮的现象较为少见。印山越王陵中，墓室之外包护有140层左右的树皮，形成厚约20厘米的树皮保护层；安吉龙山D141M1椁外包裹多层树皮。D30M1使用树皮的习俗是目前所见年代最早的实例，且铺设层数较少，具有一定的原始性，它似乎代表此种葬俗的原始形态，也是具有强烈越文化特征的葬俗。

1）陈元甫：《越国贵族墓葬制葬俗初步研究》，《东南文化》2010年1期。
2）金华地区文管会：《浙江衢州西山西周土墩墓》，《考古》1984年7期。

5）墓底铺设长方形石床

墓底石床长约20.5、宽2.9～4米，厚0.05～0.18米，多使用长5～15厘米的小石块铺砌而成。石床之下的墓基上有一处明显的人工修凿基岩的痕迹，凿痕处铺垫小石块构成石床的一部分。

石床型墓是无室土墩墓中的一个类型，墓底石床的铺设明确了墓葬的平面分布范围。此类型墓葬最早出现于西周早期，西周时期比较流行，春秋时期逐步消失。在柴岭山墓地中，石床型墓流行于西周中期和晚期。

D30M1虽然墓底局部出现向下开凿基岩的现象，但这仅仅是雏形，尚未形成明显的挖坑营建现象，整体上，该墓还是属于向地面以上营建的土墩墓类型，完全继承了本地土墩墓传统，墓葬营建手法具有典型的本地传统土墩墓的特征。

6）小结

D30M1选择背山面湖、地势高敞、视野开阔、交通条件优越的岗地作为墓地，其墓地选择符合土墩墓分布的一般规律；墓上设有高大的封土，可明显分为五层，且存在夯筑的迹象，具有本地土墩墓的典型特征；使用"人"字形木室作为葬具，且墓内设木棺，是目前已知此类型墓葬中年代最早的典型墓例；墓底石床之上铺设一层白膏泥，其发现为墓内使用膏泥葬俗的起源和演变提供了新的线索；墓底和木室之上铺设一层树皮，是目前所见年代最早的土墩墓内使用树皮习俗的实例，且具有一定的原始性，也是具有强烈越文化特征的葬俗；墓底铺设长方形石床，属于石床型墓；墓葬营建方式仍属于向地面以上营建的土墩墓类型。这些都说明D30M1在墓地选择、封土使用、木室特征、墓底铺垫和墓葬营建方式等方面，具有中国南方地区土墩墓的典型特征。该墓的"人"字形木室结构应该脱胎于原始的三角形棚架建筑，其特征已经比较成熟，似乎说明它并非此类型墓的最原始形态，它的发现为后期此类型墓的葬制来源提供了弥足珍贵的参考资料。无论是两面坡式的木室及木室顶部铺设树皮以便防水的设施，还是白膏泥的使用及分层明显的高大封土，以印山越王陵为代表的后期此类墓埋葬制度中的许多内涵都可以从D30M1中找出线索。

从已经发现并确认的此类型墓例来看，此类型墓在整个越地同时期墓葬中所占的比例是极小的，且此类墓的规格普遍较大，属于规格、等级较高的贵族墓葬，它应该是越地少数贵族使用的特殊葬制。

总之，D30M1是一座大型石床"人"字形木室土墩墓，它的发现为研究越地贵族墓的丧葬习俗提供了可贵资料，为研究同类墓葬的起源与分布情况提供了线索。

2. 盗扰与焚毁

D30M1土墩东北部发现一个平面呈曲尺形的盗沟，南北长约2米，东西长约1.5米，宽约0.5米，深约0.5米。盗沟扰土已与封土无异，无法分辨，可见此盗沟非近期形成。不过，此盗扰沟较浅，仅破坏了表层封土，未见其深入木室内的迹象。

D30M1上部发现上下五层封土。第⑤层为疏松的灰黑色炭灰层堆积，当为木室焚烧时形成，此层堆积分布厚薄不均，但是整个木室上全部覆盖，未见明显的空缺处。第④层为红烧土堆积，局部可见明显的烧结面，此层堆积分布厚薄不均，并未全部覆盖木室。值得注意的是这层红烧土堆积存在一个显著特点，那就是木室保存较多较明显处红烧土堆积薄而少，而木室保存较差较少处红烧土堆积厚而多。第③层为红褐色堆积，较为坚硬致密，中部不见。第②层为灰黄色土堆积，土质坚硬，十分致密，似经夯筑，此层分布厚薄不均，但是整体覆盖木室，未见明显缺失痕迹。

上述封土堆积现象带给我们一个很大的疑惑，墓葬在第②层封土形成及以后不存在被盗掘的迹象。那么，墓葬的焚毁时间就应该发生在第②层封土形成之前。清理发现第④层和第③层封土均为红褐色，二者的性质十分类似，只是因为第④层更为贴近木室，受火大，所以才形成局部含有烧结面的红烧土。这两层堆积分布都不均匀，存在缺口，如果说此时发生盗掘现象，其可能性还是很大的，至于盗洞位置在哪儿则没有明确的迹象来证明。因为，木室焚毁严重，木炭与填土混杂在一起，根本无法判明盗洞位置在哪里，或许木室南端巨大的蚁穴处就是盗洞位置。

如果上述推测成立，那么紧接着就有另外一个问题出现了。木室何时被焚毁？焚毁是盗墓者所为吗？从第④层和第③层的堆积性质分析，木室焚毁应该发生在这两层堆积形成之后，否则不会形成第④层因受火大变成红烧土、而第③层仅为红褐色土的堆积现象。那么，木室被焚毁的时间应该与盗墓者盗墓的时间相吻合，木室被焚毁极可能是盗墓者所为。墓葬内仅发现3件随葬品，且均为小件原始瓷器，这与如此大规模的墓葬显然并不匹配，它从另一个方面说明盗掘现象存在的可能性。紧接着，另一个问题又浮现出来了。如果上述推论成立，那么，第④层的特殊堆积现象又作何解释呢？依照常理推测，木材焚烧时与其紧邻的土壤受火面大，其被烧成红烧土的可能性也大，而离木材较远的土墩受火面小，其被烧成红烧土的可能性也小。但是，清理发现，木室南部和北部均保存着大量木炭堆积，而中部则仅存少量木炭堆积，与之相应的是木炭堆积十分丰富的南部和北部红烧土堆积薄而少，而木炭堆积保存较差较少的中部红烧土堆积反而又厚又多，何以会形成这种现象呢？

这种遗迹现象引出的悖论给我们带来很大疑惑，那么是否存在其他可能性呢？它是不是一座空墓或未完成的墓或营建过程中出现意外而被焚毁呢？

清理发现，这座墓结构复杂，在平整过的墓基上平铺石床，其上再平铺白膏泥，然后再搭建两面坡式枋木，其上铺树皮，墓内还发现棺木痕迹。而且墓葬上第②层封土十分坚硬，有夯筑过的可能，而且外围还发现两个祭祀器物群。种种迹象表明此墓是一座实际埋葬过的墓，且其营建也已经完成。那么，会不会是墓葬营建过程中出现意外而使墓葬被焚毁呢？此墓规格高、形制独特，其墓主应该是一位高级贵族，如果墓葬在营建过程中被焚毁的话，它肯定会采取补救措施，棺木遗迹和部分随葬品的发现似乎说明此墓经历过正常埋葬，营建时被毁的可能性不大。

上述种种推测和思考带来更多的疑惑，我们倾向于认为此墓是盗掘过程中被焚毁的，至于为何出现堆积现象的悖论则需要更多的思考才能做出合理的解释。

二　关于D36M1

1.墓葬形制

墓葬所在土墩平面略呈长圆形，长径35.5、短径23.56米，现存高度约3.75米。

墓葬的营建方式为：在山顶平整地表，东部清理至山体基岩，并将基岩修平，西部和南部堆土垫平形成一个平台，用大小不一的石块垒砌墓壁，石块多呈长条形，两侧壁横铺叠砌，石块较光滑一端向内，三侧封堵，一侧留门，石壁的下部石块一般较大，起到稳定基础的作用。石室外侧用土、石材料加固形成护坡，最外围用石块垒砌挡土墙，石块较光滑一端向外，再用长条形大石块封顶形成盖顶石，最后封土成墩。

石室由墓道、门框、墓室、挡土墙、护坡和盖顶石组成，整体呈长方形，长23.1、顶部宽7、底部宽8.1、高2.5米。

墓葬内平面呈亚腰形，由墓道、门框、墓室三部分组成。墓道长5.16、口宽1~1.28、底宽1.48~1.9、高0.48~2.12米。门框截面呈梯形，口部内宽0.74、底部内宽1.34、厚约0.26米。墓室长13.19、顶部宽0.68~1.62、底部宽1.68~2、高1.88~2.65米。

墓底为经过修平的整块基岩，墓底中东部平铺一层厚8~12厘米的青膏泥。

以D36M1为代表的石室土墩墓是柴岭山土墩墓中西周晚期才开始出现的墓葬类型，但是，它们一出现就表现出十分成熟的特征，石室土墩的各个组成部分如高大封土、石室、挡土墙、护坡和盖顶石等要素均已经存在，并且营造已经十分考究，墓葬的营造过程应该经过严格的规划。

D36M1在已经发掘的石室土墩墓中是规模巨大的墓葬。目前已经发掘的规模最大的石室土墩墓应属常熟虞山西岭D1[1]，土墩长52、宽50、高10米，石室长28、底宽2、口宽0.7、高8米，由通道、过道和墓室组成，并设门框、门楣等结构，还发现盖顶石。与虞山西岭D1相比，D36M1虽然大小、规模均稍逊一筹，但二者在总体结构方面仍然有很大的一致性，时代也比较接近。

值得注意的是其墓室底部铺设的青膏泥，具有明显的防潮功能。在以往的石室土墩墓资料中，这种葬俗十分鲜见。

2. D36Y1

D36M1位于土墩正中，而D36Y1位于土墩东北部。

D36Y1窑床平面近梯形，长约4.1、宽1~1.5米。窑口设于西端。东壁近平直，东壁与南、北壁结合处有明显弧形转角，南、北二壁的西部尚存红烧土窑壁，窑壁硬度较低，但南壁内侧存在明显烧结面，窑壁厚0.05~0.1米，残高0.16~0.25米。窑床东高西低，东西高差约0.11米，形成的倾斜角约1.7°。

发掘资料显示，D36M1与D36Y1所处层位相同，均是营建于基岩之上，其上覆盖封土。因此，从层位关系上分析，二者的时代应相同或相近。遗憾的是D36Y1内未发现任何陶瓷产品，其年代无法从遗物上得以判定。不过，从D36Y1的平面形态来分析，它还是带有明显的早期窑炉的原始特征，与春秋、战国时期浙地普遍流行的龙窑[2]和汉六朝时期的窑炉有着明显不同。

以往的考古资料显示，土墩墓上发现窑炉的现象并不鲜见，不过这些窑炉都是汉六朝甚至宋元时期的晚期窑炉打破土墩墓或借用土墩墓封土而营建的。D36Y1的性质与它们存在明显差别。

D36Y1规模不大，窑床的坡度较小，窑壁烧结不甚明显，种种迹象显示D36Y1可能是短期一次性烧造的窑炉。而且D36Y1处于山顶，与D36M1紧邻。因此，我们怀疑D36Y1可能与D36M1墓内的部分随葬品烧造存在一定关联。

D36Y1的发现丰富了土墩墓的内涵，为土墩墓随葬品的产地和来源提供了一些可供思考的线索。

三　关于一墩多墓

一墩多墓是指同一座土墩内埋葬2座或2座以上的墓葬，墓葬之间多存在叠压或打破关系，墓葬年代存在早晚之别，有些墓葬年代相差较大。

1）苏州博物馆、常熟博物馆：《江苏常熟市虞山西岭石室土墩的发掘》，《考古》2001年9期。
2）王屹峰：《中国南方原始瓷窑业研究》，中国书店，2010年。

　　一墩多墓的概念是考古工作者根据江苏句容浮山果园等一系列土墩墓发掘成果提出来的。后来的发掘资料显示，一墩多墓现象广泛存在于宁镇地区和浙江北部，如江苏高淳顾陇、永宁[1]，溧水柘塘、乌山[2]，金坛裕港[3]以及浙江长兴石狮[4]、便山[5]和德清独仓山[6]等地的土墩墓均发现一墩多墓现象。

　　柴岭山土墩墓也发现有一墩多墓的埋葬现象。37座土墩中有14座土墩存在一墩多墓，其中无室土墩有11座存在一墩多墓，石室土墩有3座存在一室多墓。这些一墩多墓的土墩封土除了D30可以分层外，其余多无法分层，因此，它们各自封土之间很难找到层位学的叠压关系，但是墓葬主体之间却发现11组叠压、打破关系，这种关系也可视为一种层位学叠压关系。而且，墓葬的出土遗物显示，它们明显存在时间上的先后关系，有些墓葬年代悬殊。

　　无室土墩墓中的叠压关系如D18M1叠压在D18M2之上、D21M1叠压在D21M2之上、D17M3叠压在D17M4之上等。D17M3还出现借用D17M4石框墓壁的情况，而D30M2还发现打破D30M1封土的现象。

　　石室土墩中D19内发现3座墓葬，并分为明显的上下两层，两层之间的间距为6～30厘米。下层前后两组遗物的器形、组合存在明显的时代差异，应视为两座墓葬。D1和D4内出土遗物虽处于同一平面，但它们均存在明显的集中成组摆放现象，各组器物在器形、组合方面存在明显的时代差异，应视为不同时期的墓葬。

　　在关注到土墩墓中一墩多墓现象的同时，我们也注意到这种现象仅是柴岭山土墩墓中的部分现象，不占绝大多数，一墩一墓才是柴岭山土墩墓的主要形态。

　　一墩多墓的墓主之间是否存在一定联系或者说他们之间是否存在血缘关系，这种墓葬埋葬方式是不是合葬墓的体现，这些都是值得深思的问题。需要注意的是这些一墩多墓的墓葬年代除了少数时代较为接近外，多数墓葬年代相差较多，有的甚至相差几百年。将跨度达几代人甚至十几代人的墓葬视为有血缘关系的墓葬，是很难做出令人信服的解释的。我们认为，虽然无法完全否认墓主之间的血缘联系，但是如果将一墩多墓视为借墩埋葬，似乎更为合理。人们在无室土墩形成若干年后经过平整再次埋入新墓葬的可能性是很大的，而石室土墩由于多设有明显的盖顶石，一段时间内墓葬保存完整形态的可能性较大，这为后人重新利用石室再次埋入新人提供了可能性。发掘资料显示，一些商周时期的土墩墓存在被汉代甚至六朝时期墓葬利用的现象，如余姚老虎山一号墩[7]，这可能是借墩埋葬习俗的晚期体现。

第五节　发掘收获

　　柴岭山土墩墓分布在柴岭山至蜈蚣山之间的山顶、山脊或山坡之上，地理位置普遍较高。无室土墩和石室土墩各个山体均见，未见明显的分布差异。墓葬分布从总体表现出山顶→山脊→山

　　1）南京博物院：《江苏高淳县顾陇、永宁土墩墓发掘简报》，《文物资料丛刊》第6辑，文物出版社，1982年。

　　2）南京博物院：《江苏溧水县柘塘、乌山土墩墓清理简报》，《文物资料丛刊》第6辑，文物出版社，1982年。

　　3）南京博物院：《江苏金坛裕巷土墩墓群一号墩的发掘》，《考古学报》2009年3期。

　　4）浙江省文物考古研究所：《浙江长兴县石狮土墩墓发掘简报》，《浙江省文物考古研究所学刊》，科学出版社，1993年。

　　5）浙江省文物考古研究所：《浙江长兴县便山土墩墓发掘报告》，《浙江省文物考古研究所学刊》，科学出版社，1993年。

　　6）浙江省文物考古研究所、德清县博物馆：《独仓山与南王山》，科学出版社，2007年。

　　7）陈元甫：《余姚老虎山一号墩发掘》，浙江省文物考古研究所编《沪杭甬高速公路考古报告》，文物出版社，2002年。

坡上部→山坡下部的墓葬位置变化规律。

土墩规模以中小型为主，平面形状可分成圆形、椭圆形、长圆形、半椭圆形和梨形等。土墩顶部多为灰黑色植物腐殖质，腐殖质下即为土墩封土。除D30封土可分成明显的五层堆积、D35封土可分成明显的三层堆积外，其余土墩的封土均未见明显的分层现象，封土基本均由土质松软的黄褐色土堆筑而成。多数土墩封土的高度不足1米。土墩封土中发现多少不一的器物，以原始瓷和印纹硬陶为主，也有少量泥质陶残片，有原始瓷豆、罐和印纹硬陶罐、瓮、坛、瓿等，少部分可以复原，多数仅为碎片。

墓葬的营建多为从地表向上营建，除了2座竖穴土坑墓外，未见明显的向地表以下挖坑营建墓葬的现象。部分墓底有铺垫现象。

墓葬类型丰富，包括无室土墩墓、木室土墩墓和石室土墩墓三类。无室土墩内不见木室或石室，根据其结构差异，又可以分成平地堆土掩埋型墓、竖穴土坑型墓、石床型墓和石框型墓。木室土墩墓墩内设人字形木室。石室土墩墓墩内设明显的石室，用大小不一的石块垒砌而成，平面多呈长方形，中间设长条形墓室，墓室内平面有长条形、刀把形、中字形和亚腰形。

37座土墩中有23座为一墩一墓，有14座为一墩多墓。无室土墩有10座存在一墩多墓，石室土墩有4座存在一墩多墓。

柴岭山土墩墓出土遗物丰富，墓葬和器物群内出土各类遗物共867件，包括原始瓷器、印纹硬陶器、硬陶器、泥质陶器、夹砂陶器、青铜器、玉器和石器等。其中原始瓷器约占出土器物的76.1%，器形包括尊、平底尊形器、盉、簋、罐、豆、盂、碗、钵、盘、碟、杯、盅、器盖和镟等，以饮食类的豆、盂、碗、盘为主；印纹硬陶器约占出土器物的15.7%，器形包括鼎、尊、瓮、罍、坛、罐、瓿和盂等，以盛储类的瓮、坛、罐、瓿为主。

柴岭山土墩墓中发现11组具有明确叠压、打破关系的墓葬，发现的8个器物群也可视为一种打破关系。

柴岭山土墩墓沿用时间长，从商代中晚期一直延续到战国初期，其间各个时期的墓葬均有发现，未见缺环现象，建立了本地土墩墓的分期标尺。其中尤以西周晚期的墓葬最多，说明此时该地区人类活动比较频繁。

根据墓葬位置的选择、墓葬所在土墩的规模、墓葬自身的形制和规模、随葬品组合的丰富程度、随葬品数量的多少等差异，墓葬可分成三个等级，分别是以D30M1和D36M1为代表的高级贵族墓、以D29M1、D31M1和D35M1为代表的一般贵族墓及以D6M1和D17M4为代表的平民墓。

D30M1是一座大型石床木室墓，由石床、白膏泥墓底、枕木、人字形木室等组成。它的发现为印山越王陵等同类结构墓葬的起源与分布情况提供了研究线索，白膏泥的发现为研究白膏泥的使用习俗提供了线索。

D36M1是一座大型石室土墩墓，石室结构由墓道、门框、墓室、挡土墙、护坡和盖顶石组成，该墓规模巨大，结构复杂，营建考究，是一座高等级贵族墓，它的发现为研究此类墓葬的内涵提供了依据。墓底发现一层青膏泥，它的发现为研究此类葬俗的起源、传播提供了线索。

综上，柴岭山土墩墓是中国南方地区商周时期考古的又一大重要收获。墓葬类型丰富多样，墓葬的年代跨度大且无缺环。该墓地的发掘对构筑中国南方地区商周文化的发展序列、深入探讨南方地区商周时期的丧葬习俗具有十分重要的意义。类型多样的墓葬为探讨中国南方地区土墩墓的内涵、形制特征、演变序列和族属提供了可靠资料。大批典型器物的出土为研究中国原始瓷的起源、传播、制作工艺和印纹硬陶的流传、演变提供了十分重要的实物资料。

D30M1和D36M1规模巨大、保存完整，属于规格、等级较高的贵族墓葬，它们的发现为研究越地贵族墓的墓葬制度提供了新资料。

附　表

附表一　墓葬登记表

墩号	墓号	土墩形状	土墩类型	土墩大小（长×宽-高）	墓葬类型	方向	遗迹大小（长×宽-高或深）	出土遗物	备注
D1	D1M1	长圆形	石室	11.77×6.87-1.37	石室呈长方形、墓室呈刀把形	205	石室：10×5.6 墓道：2.2×0.8-（0.6~1.3） 墓室：5.92×1.47-（1.25~1.72）	原始瓷3、印纹硬陶2	1个盗洞
	D1M2							原始瓷11	
	D1M3							原始瓷12、印纹硬陶3	
D2	D2M1	圆形	无室	9×9-1	石框	220	5.88×2.22-0.35	原始瓷11、印纹硬陶3	2个盗洞,墓底垫厚0.25米的土
D3	D3M1	椭圆形	石室	11.38×8.04-1.44	石室长方形、墓室长条形	30	石室：10×6 墓室：6.6×1.2-1.2	印纹硬陶1	
D4	D4M1	长圆形	石室	16.77×9.48-2	石室呈长方形、墓室呈中字形	203	石室：14.4×7.92 墓道：3.53×（0.65~1.22）-（0.9~1.5） 墓室：7.13×（1.2~1.74）-2	原始瓷10、石器1	2个盗洞,墓底铺青膏泥
	D4M2							原始瓷46、印纹硬陶1、泥质陶10	
	D4M3							原始瓷7、印纹硬陶1、泥质陶2	
D5	D5M1	椭圆形	无室	8×6.8-0.8	石框	173	5.4×4.3-0.35		3个盗洞
D6	D6M1	圆形	无室	9.65×9.65-1.1	竖穴土坑	189	2.5×1-0.4	原始瓷2、印纹硬陶1	3个盗洞
	D6M2				石床	189	3.75×1.45	原始瓷2、印纹硬陶2、泥质陶1	
	D6M3				石床	200	4×3		
D7	D7M1	圆形	无室	7.5×7.5-0.5	石框	195	2.5×1.8-0.2	原始瓷6、印纹硬陶2	2个盗洞
	D7M2				石床	195	3.5×1.8	泥质陶2	
D8	D8M1	椭圆形	无室	9.9×7.8-0.5	石床	230	6.95×5.6	原始瓷10、印纹硬陶2、硬陶1、泥质陶2	设排水沟
D9	M9M1	椭圆形	无室	6.73×4.75-0.25	石框	210	5.04×2.52-0.35	原始瓷24、印纹硬陶6、硬陶1	
D10	D10M1	椭圆形	石室	8.4×5.2-1.3	石室长方形、墓室长条形	225	石室：7.4×3.87 墓室：5.47×1.24-1.24		
D11	D11M1	圆形	无室	6.8×6.8-1	石框	250	4.2×1.6-0.33	原始瓷5、印纹硬陶3	
D12	D12M1	椭圆形	石室	8.2×6.2-0.5	石室呈凸字形、墓室呈长条形	208	石室：7.44×4.4 墓室：7×1.2-0.5	原始瓷2、印纹硬陶1	
D13	D13M1	圆形	无室	7×7-1	石框	205	2.85×2.55-0.3	原始瓷7、印纹硬陶5	
D14	D14M1	圆形	无室	8×8-0.5	竖穴土坑	203	3.41×1.9-0.4	原始瓷5、泥质陶1、石器1	1个盗洞，1个灶
D15	D15M1	椭圆形	平地堆土掩埋	7.4×6.3-0.8	平地堆土掩埋	108	3.72×3.46	原始瓷12、印纹硬陶4、泥质陶3	1个器物群
D16	D16M1	椭圆形	无室	7.5×6.5-0.7	平地堆土掩埋	275		原始瓷32、泥质陶1	1个盗洞
	D16M2				石框			原始瓷1、印纹硬陶2	

续附表一

墩号	墓号	土墩形状	土墩类型	土墩大小（长×宽-高）	墓葬类型	方向	遗迹大小（长×宽-高或深）	出土遗物	备注
D17	D17M1	椭圆形	无室	13×12-1.1	平地堆土掩埋			原始瓷3、印纹硬陶3	1个盗洞，2个器物群
	D17M2				石框	112	3.83×4.2-0.35	原始瓷3	
	D17M3				石框	192	2.86×（1.53~2.12）-（0.4~0.7）	原始瓷3	
	D17M4				石框	180	2.66×（1.6~1.93）-0.3	原始瓷7、印纹硬陶4、泥质陶5	
D18	D18M1	半椭圆形	无室	9.77×6.22-1.4	平地堆土掩埋			原始瓷4、印纹硬陶5、泥质陶1	1个盗洞
	D18M2				石框	230	（2.2~2.8）×（1.65~1.97）-0.07	硬陶1、夹砂陶3	
D19	D19M1	长圆形	石室	14.6×9.6-1.8	石室呈长方形、墓室呈刀把形	220	石室：12.77×8.07 墓道：1.8×0.8-（0.95~1.42）墓室：6.2×（1.5~1.66）-（0.93~1.66）	原始瓷17、印纹硬陶3、泥质陶1	2个盗洞，分上下两层
	D19M2							原始瓷22、印纹硬陶4	
	D19M3							原始瓷23、印纹硬陶1	
D20	D20M1	梨形	无室	11.2×6.5-0.3	石框	135	3.47×（2.24~2.62）-0.23	原始瓷4、印纹硬陶8	
	D20M2				石框	245	2.7×2.34-0.15	原始瓷18、印纹硬陶2	
D21	D21M1	椭圆形	无室	7.15×6.2-0.8	石框	45	4.22×3.06-0.11	原始瓷2、印纹硬陶3	
	D21M2				平地堆土掩埋			印纹硬陶1	
D22	D22M1	椭圆形	无室	7.4×6.4-0.3	平地堆土掩埋			原始瓷1、印纹硬陶2、石器1	
D23	D23M1	圆形	无室	8.6×8.6-0.8	石床	328	4.5×2.4	原始瓷7、印纹硬陶2	设排水沟
D24	D24M1	椭圆形	无室	9.16×7.97-0.55	平地堆土掩埋	340		原始瓷2、印纹硬陶2、泥质陶2	设浅坑
D25	D25M1	长圆形	石室	10.42×6.3-1	石室呈长方形、墓室呈刀把形	304	石室：8.7×4.35 墓道：1.57×0.86-（0.25~0.6）墓室：5.43×（1.2~1.37）-（0.78~0.97）	原始瓷6	
D26	D26M1	椭圆形	无室	8.87×7.5-0.4	平地堆土掩埋			原始瓷33、印纹硬陶3	
D27	D27M1	长圆形	石室	7.68×4.83-0.9	石室长方形、墓室长条形	300	石室：6.95×4.13 墓室：4.6×1.2-0.85	原始瓷9、印纹硬陶7、泥质陶3	
D28	D28M1	椭圆形	石室	8.37×6.95-1.1	石室呈长方形、墓室呈刀把形	299	石室：7.44×4.88 墓道：0.31×0.71-0.61 墓室：5.63×（1.07~1.28）-0.84	原始瓷2、印纹硬陶3	
D29	D29M1	长圆形	石室	17.48×7.58-1.4	石室呈长方形、墓室呈刀把形	345	石室：10.89×5.73 墓道：1.65×（0.96~1）-0.6 墓室：7.27×（1.4~1.56）-1.21	原始瓷21、印纹硬陶13、泥质陶3、青铜器3、玉器1、石器6	

续附表一

墩号	墓号	土墩形状	土墩类型	土墩大小（长×宽–高）	墓葬类型	方向	遗迹大小（长×宽–高或深）	出土遗物	备注
D30	D30M1	长圆形	木室	38×16.2–2.8	石床、木室	344	20.69×4–1.23	原始瓷3	1个盗洞、2个器物群；墓底设石床、铺白膏泥
	D30M2		石室		石室、墓室均呈长方形	251	石室：4.94×4–1.1 墓室：2.88×（1.2~1.6）–0.87		
D31	D31M1	椭圆形	无室	16.28×10.17–0.7	石框	346	6×1.9–0.32	原始瓷103、印纹硬陶3、泥质陶1	1个器物群
D32	D32M1	椭圆形	无室	18.9×12.25–1	石床	330	3.3×3.3	原始19、印纹硬陶1	
D33	D33M1	长圆形	石室	18.95×11–1	石室、墓室均呈长方形	211	石室：7.6×4 墓室：6.4×0.7–0.62	原始瓷3、印纹硬陶1、泥质陶1	顶部铺石条
	D33M2		无室		平地堆土掩埋			原始瓷6、印纹硬陶1	
D34	D34M1	椭圆形	石室	10.25×9–1.3	石室呈长方形、墓室呈刀把形	285	石室：9.9×6 墓道：1.93×0.91–（0.6~0.7） 墓室：5.48×（1.23~1.34）–0.87	原始瓷12、印纹硬陶1	
	D34M2		无室		平地堆土掩埋			原始瓷45	
D35	D35M1	长圆形	无室	17×8.58–0.9	石框	246	墓道：3.64×1.44–（1.42~1.65） 石框：8.12×1.88–0.35	原始瓷23、印纹硬陶1、夹砂陶1	石砌墓道
D36	D36M1	长圆形	石室	35.5×23.56–3.75	石室呈长方形、墓室呈亚腰形	274	石室：23.1×（7~8.1）–2.5 墓道：5.16×（1.48~1.9）–（0.48~2.12） 门框：0.26×1.34 墓室：13.19×（1.68~2）–（1.88~2.65）	原始瓷5、泥质陶5	7个盗洞、2个器物群、1座窑址，墓底铺青膏泥
D37	D37M1	椭圆形	无室	10.14×8.43–1	平地堆土掩埋			原始瓷7、印纹硬陶1、泥质陶1	1个盗洞
	D37M2				平地堆土掩埋			原始瓷2、印纹硬陶3、泥质陶1	
	D37M3				平地堆土掩埋			原始瓷6、泥质陶1	
	D37M4				平地堆土掩埋			原始瓷3、印纹硬陶5、石器1	

说明：尺寸单位为米，度数单位为度°，器类后面的数字表示该类器物的数量。

附　表

附表二　出土遗物登记表

墩号	遗迹号	时代	出土遗物					合计	备注
			原始瓷器	印纹硬陶器	硬陶	泥质或夹砂陶器	铜铁石器		
D1	D1M1	春秋晚	A型Ⅱ式盂1、A型Ⅲ式碗2	A型Ⅶ式罐2				5	
	D1M2	春秋早	Ⅰ式尊1、平底尊形器1、A型Ⅳ式豆1、A型Ⅱ式盂1、B型Ⅰ式盂1、钵1、A型Ⅱ式盘1、B型Ⅰ式盘4					11	扰土内发现原始瓷盂1、豆2、盘3、碗1
	D1M3	春秋晚	B型Ⅱ式罐2、B型Ⅰ式盂1、A型Ⅲ式碗7、B型Ⅲ式盘2	Ⅵ式坛1、B型Ⅲ式罐2				15	
D2	D2M1	西周晚	A型Ⅳ式豆4、C型Ⅱ式豆1、A型Ⅱ式盂2、B型Ⅰ式盂2、C型盂1、镞1	A型甂1、C型Ⅲ式瓿2				14	封土内发现原始瓷豆1、陶纺轮1
D3	D3M1	春秋早		Ⅳ式坛1				1	
D4	D4M1	春秋中	C型罐1、A型Ⅲ式盂1、A型Ⅱ式碗2、B型Ⅱ式碗1、B型Ⅱ式盘3、Ⅰ式杯2				不明石器1	11	扰土内发现原始瓷罐1、豆1、盂1、碗1、盘4，印纹硬陶罐2
	D4M2	西周晚	A型Ⅳ式豆20、A型Ⅱ式盂10、B型Ⅰ式盂11、A型Ⅰ式盘1、Ⅱ式碟2、Ⅰ式器盖2	A型Ⅳ式罐1		纺轮1、珠9		57	
	D4M3	春秋晚	A型Ⅳ式豆2、A型Ⅲ式碗4、钵1	A型Ⅵ式罐1		珠2		10	
D5	D5M1	西周中						0	扰土内发现原始瓷豆3，印纹硬陶罐1、瓿1、陶鼎足1
D6	D6M1	西周中	B型Ⅱ式豆1、C型Ⅰ式豆1	A型Ⅱ式瓿1				3	封土内发现原始瓷豆2、盘1
	D6M2	西周晚	C型Ⅱ式豆2	A型Ⅲ式瓿1、Ⅲ式坛1		罐1		5	
	D6M3	不明						0	
D7	D7M1	西周中	C型Ⅰ式豆4、Ⅰ式碟2	罐残片2				8	封土中发现原始瓷豆1
	D7M2	不明				罐残片2		2	
D8	D8M1	西周中	A型Ⅰ式罐1、A型Ⅲ式豆6、B型Ⅱ式豆3	C型Ⅰ式罐1、B型Ⅱ式瓿1	钵1	罐1、豆柄1		15	
D9	M9M1	西周晚	簋1、A型Ⅱ式罐1、A型Ⅳ式豆3、B型Ⅲ式豆10、豆残件1、A型Ⅱ式盂5、B型Ⅰ式盂3	Ⅱ式瓮1、Ⅲ式坛1、A型Ⅳ式罐3、C型Ⅱ式罐1		鼎1		31	
D10	D10M1	不明						0	
D11	D11M1	西周早	簋1、A型Ⅱ式豆3、B型Ⅰ式豆1	B型甂1、罐1、B型Ⅰ式瓿1				8	
D12	D12M1	西周晚	C型Ⅱ式豆2	C型Ⅲ式瓿1				3	封土中发现印纹硬陶瓮1
D13	D13M1	西周中	簋1、B型Ⅱ式豆3、C型Ⅰ式豆2、钵1、	Ⅱ式坛1、A型Ⅱ式罐1、A型Ⅱ式瓿1、B型Ⅱ式瓿2				12	

续附表二

墩号	遗迹号	时代	出土遗物					合计	备注
			原始瓷器	印纹硬陶器	硬陶	泥质或夹砂陶器	铜铁石器		
D14	D14M1	西周晚	B型Ⅲ式豆3、C型Ⅰ式豆1、A型Ⅱ式盂1			罐1	不明石器1	7	封土中发现原始瓷豆残件1
D15	D15M1	西周中	C型罐1、B型Ⅲ式豆1、C型Ⅰ式豆9、A型Ⅰ式盂1	Ⅰ式瓮1、C型Ⅰ式罐1、A型Ⅱ式瓿1、残片1		陶纺轮2、陶盘1		19	
	D15Q1	春秋中		Ⅴ式坛1、A型Ⅳ式罐2、B型Ⅱ式罐1		罐1		5	
D16	D16M1	西周晚	B型Ⅲ式豆6、C型Ⅱ式豆6、A型Ⅱ式盂6、B型Ⅰ式盂7、Ⅱ式碟4、Ⅰ式器盖3			罐1		33	
	D16M2	春秋中	A型Ⅱ式碗1	Ⅴ式坛2				3	
D17	D17M1	西周早	A型Ⅱ式豆2、B型Ⅰ式豆1	B型罍1、A型Ⅰ式瓿1、B型Ⅰ式瓿1				6	
	D17Q1	西周晚	A型Ⅲ式豆2、A型Ⅱ式盂1、钵1、Ⅱ式碟3	B型Ⅰ式瓿1		夹砂陶罐1		9	
	D17Q2	春秋早	B型Ⅰ式盘3					3	
	D17M2	西周晚	A型Ⅲ式豆2、A型Ⅳ式豆1					3	
	D17M3	西周晚	A型Ⅲ式豆1、A型Ⅱ式盂1、C型盂1					3	
	D17M4	西周早	A型Ⅱ式豆6、B型Ⅰ式豆1	A型Ⅱ式罐1、A型Ⅰ式瓿3		Ⅰ式罐1、罐残件4		16	
D18	D18M1	西周早	簋1、A型Ⅱ式豆2、B型Ⅰ式豆1	A型罍1、Ⅰ式坛1、A型Ⅰ式瓿1、C型Ⅰ式瓿2		罐1		10	封土中发现原始瓷豆1
	D18M2	商代中晚期			坛1	夹砂陶钵3		4	
D19	D19M1	春秋中	A型Ⅳ式豆3、A型Ⅲ式盂1、B型Ⅰ式盂2、A型Ⅱ式碗4、钵1、B型Ⅱ式盘1、Ⅲ式碟1、Ⅰ式杯1、Ⅱ式盅1、Ⅰ式器盖1、Ⅱ式器盖1	A型Ⅵ式罐2、残片1		Ⅱ式罐1		21	封土中发现原始瓷碗1、盘1、杯1
	D19M2	春秋中	A型Ⅳ式豆4、C型Ⅱ式豆1、A型Ⅱ式盂1、A型Ⅱ式碗6、B型Ⅱ式碗1、B型Ⅱ式盘2、Ⅰ式杯4、Ⅱ式盅1、Ⅰ式器盖2	Ⅴ式坛1、罐1、盂1、残片1				26	
	D19M3	西周晚	A型Ⅳ式豆9、C型Ⅱ式豆2、A型Ⅱ式盂1、B型Ⅰ式盂11、	A型Ⅱ式罐1				24	
D20	D20M1	西周早	A型Ⅱ式豆4	B型罍3、A型Ⅰ式罐1、A型Ⅰ式瓿3、B型Ⅰ式瓿1				12	封土中发现印纹硬陶瓿1
	D20M2	西周中	C型罐1、A型Ⅲ式豆12、B型Ⅱ式豆4、A型Ⅰ式盂1	Ⅰ式瓮1、A型Ⅲ式罐1				20	
D21	D21M1	西周早	A型Ⅱ式豆1、B型Ⅰ式豆1	A型罍1、Ⅰ式坛1、罐1				5	
	D21M2	商代中晚期		A型Ⅰ式罐1				1	

续附表二

墩号	遗迹号	时代	出土遗物					合计	备注
			原始瓷器	印纹硬陶器	硬陶	泥质或夹砂陶器	铜铁石器		
D22	D22M1	商代中晚期	A型Ⅰ式豆1	尊1、A型Ⅰ式罐1			石镞1	4	
D23	D23M1	西周中	A型Ⅰ式罐1、A型Ⅱ式豆2、A型Ⅲ式豆1、A型Ⅰ式盂3	B型Ⅱ式瓿1、罐残片1				9	
D24	D24M1	西周早	A型Ⅱ式豆1、B型Ⅰ式豆1	A型罍2		罐2		6	
D25	D25M1	西周晚	A型Ⅳ式豆3、C型Ⅱ式豆1、A型Ⅱ式盂1、B型Ⅰ式盂1					6	封土中发现原始瓷豆1、碗1
D26	D26M1	西周晚	盂1、A型Ⅳ式豆8、B型Ⅲ式豆12、C型Ⅱ式豆1、A型Ⅱ式盂1、B型Ⅰ式盂6、C型盂1、A型Ⅰ式盘2、Ⅱ式碟1	A型Ⅳ式罐1、罐残件2				36	
D27	D27M1	春秋末至战国初期	A型Ⅳ式碗5、B型Ⅲ式碗4	Ⅶ式坛1、A型Ⅷ式罐2、C型Ⅳ式罐1、D型罐3		罐1、纺轮2		19	
D28	D28M1	春秋末至战国初期	Ⅱ式杯2	Ⅶ式坛1、A型Ⅷ式罐2				5	
D29	D29M1	春秋中	A型Ⅲ式盂7、B型Ⅱ式盂1、A型Ⅱ式碗5、B型Ⅱ式碗8	鼎1、Ⅴ式坛2、A型Ⅵ式罐3、B型Ⅱ式罐5、C型Ⅲ式罐2		罐3	青铜挂饰1、青铜镞2、玉管1、石黛板1、石圭2、石料1、石球1、不明石器1	47	
D30	D30M1	西周晚	C型Ⅰ式豆2、Ⅱ式碟1					3	封土中发现原始瓷豆2、印纹硬陶坛2
	D30Q1	春秋中		Ⅳ式瓮1、A型Ⅵ式罐1、B型Ⅱ式罐1、C型Ⅲ式罐1		罐1		5	
	D30Q2	春秋早	A型Ⅰ式碗1、B型Ⅰ式碗1	Ⅲ式瓮1			玉璜形饰1	4	
	D30M2	不明						0	
D31	D31M1	西周晚	A型Ⅱ式罐2、B型Ⅲ式豆49、C型Ⅱ式豆4、A型Ⅱ式盂20、B型Ⅰ式盂3、A型Ⅰ式盘10、Ⅰ式器盖15	A型罍1、B型Ⅲ式瓿2		纺轮1		107	封土中发现原始瓷豆1、石镞1
	D31Q1	春秋早	Ⅱ式尊1、B型Ⅰ式碗3	Ⅲ式瓮1、A型Ⅴ式罐1				6	
D32	D32M1	西周晚	A型Ⅳ式豆1、B型Ⅲ式豆3、C型Ⅰ式豆7、A型Ⅱ式盂5、B型Ⅰ式盂2、A型Ⅰ式盘1	C型Ⅱ式瓿1				20	
D33	D33M1	西周晚	A型Ⅳ式豆1、C型Ⅱ式豆1、B型Ⅰ式盂1	罐1		纺轮1		5	
	D33M2	西周晚	B型Ⅲ式豆4、C型Ⅰ式豆1、A型Ⅱ式盂1	Ⅲ式坛1				7	

续附表二

墩号	遗迹号	时代	出土遗物					合计	备注
			原始瓷器	印纹硬陶器	硬陶	泥质或夹砂陶器	铜铁石器		
D34	D34M1	春秋中	罐1、C型Ⅱ式豆3、A型Ⅱ式碗3、A型Ⅲ式盘2、B型Ⅱ式盘3	坛1				13	封土中发现原始瓷豆2、纺轮1
	D34M2	西周晚	罐1、B型Ⅲ式豆22、C型Ⅱ式豆6、A型Ⅱ式盂2、B型Ⅰ式盂5、D型盂2、钵1、A型Ⅰ式盘1、Ⅱ式碟2、Ⅰ式盅3					45	
D35	D35M1	西周晚	C型Ⅱ式豆1、B型Ⅲ式豆7、A型Ⅱ式盂1、B型Ⅰ式盂10、Ⅱ式碟4	罐1		夹砂红陶罐1		25	封土中发现原始瓷盂1、石器1
D36	D36M1	西周晚	B型Ⅲ式豆2、豆残件1、A型Ⅰ式盘1、Ⅰ式器盖1			鼎足1、陶珠4（组）		10	封土中发现原始瓷豆2、器盖1
	D36Q1	西周晚	B型Ⅰ式罐3、B型Ⅰ式盂3、A型Ⅰ式盘3					9	
	D36Q2	西周晚	B型Ⅰ式罐2	A型Ⅳ式罐2				4	
D37	D37M1	西周晚	A型Ⅳ式豆2、C型Ⅱ式豆2、豆残件1、B型Ⅰ式盂2	B型甂1		纺轮1		9	封土中发现原始瓷盂1、碗1、印纹硬陶罐1
	D37M2	西周中	A型Ⅱ式豆1、B型Ⅱ式豆1	甂1、B型Ⅰ式罐1、A型Ⅱ式瓿1		纺轮1		6	
	D37M3	春秋中	A型Ⅱ式碗3、B型Ⅱ式碗3			纺轮1		7	
	D37M4	春秋晚	A型Ⅲ式碗3	Ⅵ式坛2、A型Ⅶ式罐2、B型Ⅲ式罐1			石锛1	9	
合计			659	136	3	54	15	867	55

说明：器物名称后面的阿拉伯数字表示该器物的数量

附　录

附录一　萧山柴岭山土墩墓D30M1出土木炭的鉴定

王树芝

（中国社会科学院考古研究所）

　　2011年3月至2012年6月，杭州市文物考古研究所在萧山柴岭山清理了37座土墩墓，其中发现一座木室土墩墓（D30M1），是杭州地区目前为止发现的规模最大的木室土墩墓，同时也是中国南方地区已知资料中年代最早的大型木室土墩墓。值得一提的是D30M1保留了大量的炭化木桩，对这些木桩的树种鉴定对研究当时历史时期墓葬的形制、建筑选材和墓葬的等级具有重要的意义。

　　在发掘中，杭州市文物考古研究所杨金东同志取到7个木炭样品，要求鉴定树种。

一　树种鉴定方法

　　将采集的木炭样本按照横、径、弦3个方向切出3个面，在具有反射光源、明暗场、物镜放大倍数为5倍、10倍、20倍和50倍的Nikon LV150金相显微镜下观察，结合现代炭化木材图谱和《中国木材志》对树种木材特征的描述进行木炭树种的鉴定，然后在quanta650扫描电子显微镜下进行拍照。

二　鉴定结果

　　7个样品经过鉴定，均为柏木(Cupressus sp.)

杭州萧山柴岭山土墩墓遗址出土木炭鉴定结果

编号	原始编号	出土坐标	出土位置	种属
炭样001	2011XCD30M1	990*173−103	南部西侧	柏木
炭样002	2011XCD30M1	1552*154−126	中部西侧	柏木
炭样003	2011XCD30M1	930*208−125	南部西侧	柏木
炭样004	2011XCD30M1	1552*154−126	中南部西侧	柏木
炭样005	2011XCD30M1	1100*2−120	南部中间	柏木
炭样006	2011XCD30M1	1680*100−150	中部西侧	柏木
炭样007	2011XCD30M1	864*96−130	南端中间	柏木

　　柏木的构造特征：从横切面上看，生长轮明显，早材带宽，占全生长轮宽度的绝大部分，晚材带极窄，早材至晚材渐变，木射线细，没有树脂道，轴向薄壁组织星散状（图一）。从径切面看，射线薄壁细胞与早材管胞间交叉场纹孔式为柏木型，早材管胞径壁具缘纹孔1列，眉条长，略明显，薄壁细胞端壁节状加厚明显（图二）。从弦切面看，木射线单列，高多数1~26个细胞，多数5~20个细胞（图三）。

图一　柏木属横切面

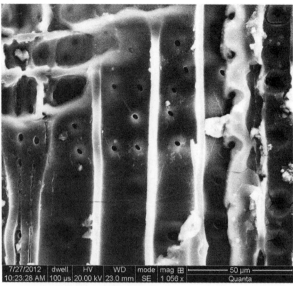

图二　柏木属径切面

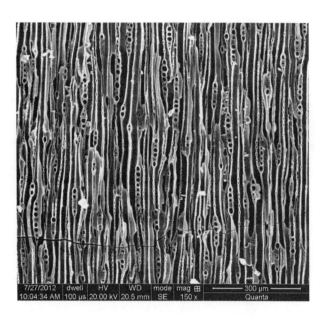

图三　柏木属弦切面

附　录

附录二　萧山柴岭山土墩墓D30M1出土木炭加速器质谱（AMS）碳-14测试报告

Lab编号	样品	样品原编号	出土地点	碳十四年代（BP）	误差	树轮校正后年代	
						1σ（68.2%）	2σ（95.4%）
BA121178	木炭	炭样001	杭州萧山柴岭山土墩墓D30M1南部西侧990*173-103	样品无法满足实验需要	——	——	——
BA121179	木炭	炭样002	杭州萧山柴岭山土墩墓D30M1中部西侧1552*154-126	2635	30	820BC (68.2%)790BC	850BC (95.4%)770BC
BA121180	木炭	炭样003	杭州萧山柴岭山土墩墓D30M1南部西侧930*208-125	2760	30	970BC（1.3%）960BC930BC (66.9%)840BC	1000BC (95.4%)820BC
BA121181	木炭	炭样004	杭州萧山柴岭山土墩墓D30M1中南部西侧1552*154-126	2815	25	1005BC (68.2%)925BC	1040BC (95.4%)900BC
BA121182	木炭	炭样005	杭州萧山柴岭山土墩墓D30M1南部中间1100*2-120	2715	25	895BC (68.2%)825BC	910BC (95.4%)810BC
BA121183	木炭	炭样006	杭州萧山柴岭山土墩墓D30M1中部西侧1680*110-150	2620	20	810BC (68.2%)790BC	820BC (95.4%)780BC
BA121184	木炭	炭样007	杭州萧山柴岭山土墩墓D30M1南端中间864*96-130	2630	25	815BC (68.2%)790BC	835BC (95.4%)785BC
BA121185	树皮	炭样008	杭州萧山柴岭山土墩墓D30M1中部东侧1688*-94-158	2335	25	405BC (68.2%)385BC	490BC（3.4%）430BC420BC (92.0%)360BC
BA121186	树皮	炭样009	杭州萧山柴岭山土墩墓D30M1中南部东侧1204*-106-138	2460	25	750BC (26.9%)680BC670BC (10.0%)640BC600BC (28.7%)500BC440BC（2.7%）420BC	760BC (28.7%)680BC670BC (66.7%)410BC
BA121187	树皮	炭样010	杭州萧山柴岭山土墩墓D30M1西侧中部	样品无法满足实验需要	——	——	——

注：1）所用碳十四半衰期为5568年，BP为距1950年的年代。
　　2）样品无法满足实验需要，即有如下原因：送测样品无测量物质；样品成分无法满足制样需要；样品中碳含量不能满足测量需要。
　　3）树轮校正所用曲线为IntCal04[①]，所用程序为OxCal v3.10[②]。
　　① Reimer PJ, MGL Baillie, E Bard, A Bayliss, JW Beck, C Bertrand, PG Blackwell, CE Buck, G Burr, KB Cutler, PE Damon, RL Edwards, RG Fairbanks, M Friedrich, TP Guilderson, KA Hughen, B Kromer, FG McCormac, S Manning, C Bronk Ramsey, RW Reimer, S Remmele, JR Southon, M Stuiver, S Talamo, FW Taylor, J van der Plicht, and CE Weyhenmeyer. 2004. *Radiocarbon* 46:1029-1058.
　　② Christopher Bronk Ramsey 2005, www.rlaha.ox.ac.uk/orau/oxcal.html

附　录

附录三　萧山柴岭山土墩墓出土印纹硬陶器
和原始瓷器的核分析研究

闫灵通　冯松林　冯向前　李丽　谢国喜　徐清
（中国科学院高能物理研究所　中国科学院核分析重点实验室）

杨金东　　　　　　　　　　崔太金
（杭州市文物考古研究所）　　　　（萧山博物馆）

2011年3月至2012年6月，杭州市文物考古研究所联合萧山博物馆，对柴岭山土墩墓进行了抢救性发掘，获得了大量的商周时期的印纹硬陶器和原始瓷器。形式多样的各类印纹硬陶器和原始瓷器对探索中国早期陶瓷的烧造技术具有极其重要的意义，将促进对商周时期窑业生产技术的了解和研究。

萧山是商周时期原始瓷和印纹硬陶的重要生产地，调查发现在萧山的安山、茅湾里和纱帽山分布着多处春秋战国时期烧制印纹硬陶器和原始瓷器的窑址，其中安山窑址在2005年经过正式考古发掘。

为了研究这批土墩墓中出土的印纹硬陶器和原始瓷器是否产自萧山地区的窑址，从安山窑址出土的春秋战国时期印纹硬陶器和原始瓷器中挑选了一些残片，从茅湾里和纱帽山窑址采集了一些印纹硬陶器和原始瓷器残片，将这些残片作为土墩墓出土器的溯源样品。

为了从外观特征和内在物理化学性质两方面分析这批标本，对这些标本的化学组成进行核分析研究是十分有意义的。古陶瓷中主量和微量成分种类及其含量等信息是由制瓷原料和烧制工艺决定的，它具有一定的产地属性和年代特征，这些信息几乎不随年代变迁而变化，是研究古瓷内在物理和化学性能、产地和年代特征以及工艺技术发展特点的重要依据。这些出土残片的科学分析，将有助于研究瓷胎原料配方和烧制技术发展。

能散X射线荧光（EDXRF）适合古陶瓷胎釉中元素组成的无损分析，能够分析古陶瓷胎和釉中20余种化学成分的含量，是一种便捷和灵敏的元素组成分析方法。

一　实验

1. 原始瓷残片标本的筛选

土墩墓出土印纹硬陶器和原始瓷器有碗、豆、罐、杯、碟、钵和盘等器形。因为联系采样用于科学分析时许多标本已经修复，我们仅从24个土墩墓中挑选出63片商中晚、西周早、西周中、西周晚、春秋早、春秋中、春秋晚7个文化期的印纹陶器和原始瓷器样品用于科学分析。为了判别这批土墩墓中出土的印纹硬陶器和原始瓷器是否产自萧山地区，从安山窑址出土的春秋战国时期的印纹硬陶器和原始瓷器中挑选22片残片，在茅湾里窑址采集23片印纹硬陶器和原始瓷器残片，在纱帽山窑址采集22片印纹硬陶器和原始瓷器残片，将这些窑址的残片作为土墩墓出土器的溯源参考样品。样品信息见表1。

表1　柴岭山土墩墓和萧山古窑址的印纹陶器和原始瓷器样品表

产地	时代	器形	质料	样品量
土墩墓	商中晚、西周早中晚、春秋早中晚、春秋	碗、豆、罐、杯、碟、钵、盘	印纹陶、原始瓷	63
安山	春秋战国		印纹陶、原始瓷	22
茅湾里	春秋战国		印纹陶、原始瓷	23
纱帽山	春秋战国		印纹陶、原始瓷	22

由于样品数量有限，一个土墩墓的出土器物又产自不同时期，因此不宜按土墩墓编号进行分组，而将24个土墩墓的样品按商中晚、西周早、西周中、西周晚、春秋早、春秋中、春秋晚和春秋进行分组，样品的背景信息如附表1和附表2所示，将不同文化期的印纹陶器和原始瓷器分别与安山、茅湾里、纱帽山窑址的样品进行判别分析。

2．样品制备

用石英砂轮片从每件瓷片上切下10mm×30mm的小块，在断面上用抛光片进行磨平和抛光，去除表面可能污染的部分后，在超声波清洗器中先后用自来水清洗3遍，在烘箱中以105℃烘干，以用于胎和表面以及原始瓷釉面的化学组成测量。

3．实验方法和分析质量控制

胎和内外表面中的化学成分是在超大样品室X射线荧光能谱分析系统（Eagle Ⅲ μProbe）上完成的，受标本瓷胎厚度限制，使用X射线束斑直径为Φ=1mm，工作电压40kV，工作电流250μA，样品置于真空室中，每个样品的能谱测量活时间为300s。测量时探测器和出光口到样品表面的位置保持固定，用高倍、低倍CCD相机和三维步进电机把样品准确定位到焦点上进行测量。为了提高分析数据的准确性，依据高能所自制的古陶瓷无损定量分析标准样品，经过国标GSD的校验后，采用基本参数法分别无损定量分析每件原始瓷样品胎和釉中Na_2O、MgO、Al_2O_3、SiO_2、P_2O_5、K_2O、CaO、TiO_2、MnO、Fe_2O_3、CuO、ZnO、Rb_2O、SrO、Y_2O_3和ZrO_2等化学组成的含量，印纹陶器和原始瓷胎以及表面中化学成分含量数据如附表1、2所示。受仪器设备性能限制，其中Na_2O和MgO数据的准确度偏差，只供参考。

二　柴岭山土墩墓与窑址中印纹硬陶器和原始瓷器化学组成的特征

通过外观特征进行印纹硬陶器和原始瓷器区分有些欠准确，早期的原始瓷器通常为高钙釉，有些原始瓷器样品釉面的分析数据与印纹陶器表面基本相符（参见附表2），因此将这些样品划为未见釉原始瓷器进行统计分析。

1．柴岭山土墩墓出土印纹陶器和原始瓷器的分析

土墩墓中出土的印纹陶器和原始瓷器胎中化学成分Si-Al、K-Ca（如图1所示）、Ti-Mn、Ti-Fe数据点分布图不能将商中晚、西周早、西周中、西周晚、春秋早、春秋中、春秋晚、春秋的样品区分出来，包括未能划定文化期的不明时期组样品同样不能区分。这种结果源自两个原因，其一是分析的样品偏少，其二可能这些不同文化期的印纹陶器和原始瓷的胎料彼此相似。土墩墓中印

纹陶器和原始瓷胎中主量化学成分数据的主因子（PCA）分析结果如图2所示，验证了图1结果。

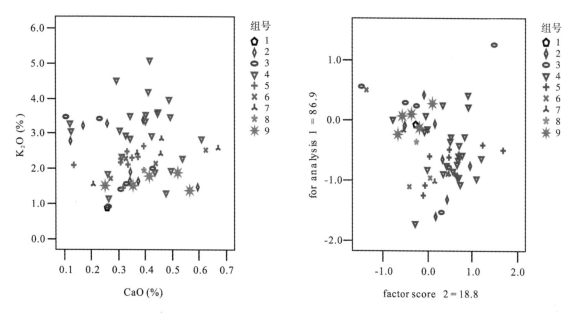

1:商中晚 2:西周早 3:西周中 4:西周晚 5:春秋早 6:春秋中 7:春秋晚 8:春秋 9:不明

图1　土墩墓中全部样品的胎数据点分布　　　　　图2　土墩墓中全部样品的胎数据PCA分析

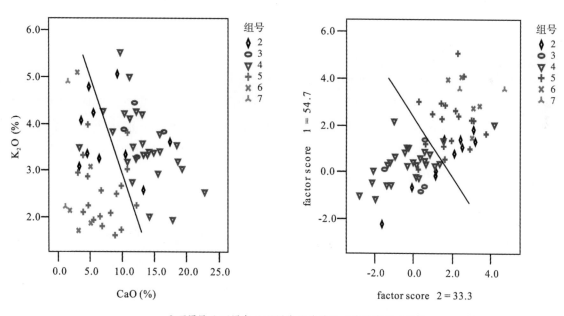

2:西周早 3:西周中 4:西周晚 5:春秋早 6:春秋中 7:春秋晚

图3　土墩墓中原始瓷釉的数据点分布　　　　　图4　土墩墓中原始瓷釉的数据PCA分析

土墩墓中原始瓷釉面的化学成分Si–Al、K–Ca（如图3所示）、Ti–Mn、Ti–Fe数据点分布图能将西周早、西周中、西周晚、春秋早、春秋中、春秋晚的样品区分出西周和春秋两个区域，表明进入春秋早期后原始瓷釉的原料有了变化，其特点是K、Ca、Ti、Mn、Fe的含量降低，而Si和Al含量上升。原始瓷釉面中主量化学成分数据的主因子（PCA）分析结果（如图4所示）佐证了这个结果。

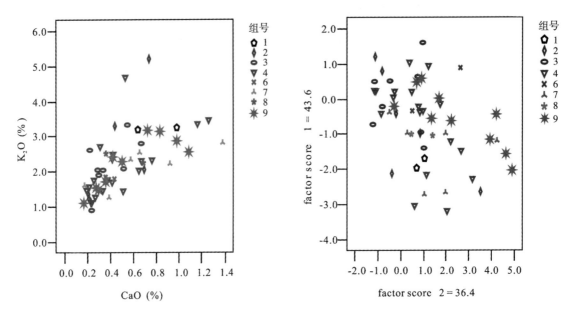

1:商中晚 2:西周早 3:西周中 4:西周晚 6:春秋中 7:春秋晚 8:春秋 9:不明

图5　土墩墓中陶器表面的数据点分布　　　　图6　土墩墓中陶器表面的数据PCA分析

　　土墩墓印纹硬陶器和未见釉原始瓷器表面的化学成分Si–Al、K–Ca（如图5所示）、Ti–Mn、
Ti–Fe数据点分布图不能将不同文化期的样品区分出来，这些印纹硬陶器和未见釉原始瓷器表面的
化学成分与胎的数据十分接近。土墩墓陶器表面的主量化学成分含量数据的主因子（PCA）分析
结果如图6所示，不同时代的陶器表面的化学成分彼此接近，也表明其加工工艺是相似的。

　　将柴岭山土墩墓出土印纹硬陶器和原始瓷器胎的分析数据作TiO_2–Fe_2O_3（如图7所示）、
MnO–Fe_2O_3组合分布图，可以将印纹硬陶器和原始瓷器的样品点基本分开，其他成分的组合不具
备这个功能，它表明印纹硬陶器和原始瓷器中胎的化学成分是有差异的。胎中主量化学成分含量
数据的主因子（PCA）分析结果如图8所示，它表明能将多数印纹硬陶从原始瓷器的数据点中分离
出来，显示了两者之间的内在综合化学成分特征的区别。

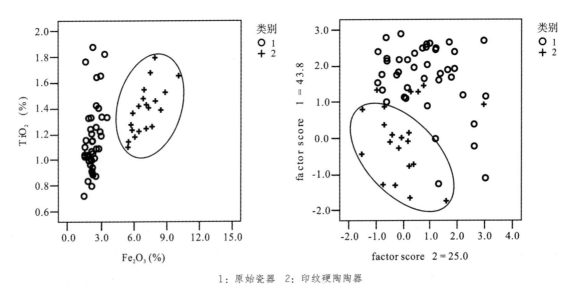

1：原始瓷器　2：印纹硬陶陶器

图7　土墩墓中样品的胎数据点分布　　　　图8　土墩墓中样品的胎数据PCA分析

2. 窑址的印纹陶器和原始瓷器的分析

为了研究柴岭山土墩墓中出土的印纹硬陶器和原始瓷器是否产自萧山地区本地窑址，用安山窑址发掘出土的春秋战国时期印纹硬陶器和原始瓷器残片以及从茅湾里和纱帽山窑址采集的印纹硬陶器和原始瓷器残片作为土墩墓出土器的溯源参考样品，需要先对这些参考样品的内在特征进行分析。

来自窑址的陶器和原始瓷器胎中化学成分Si–Al、K–Ca（如图9所示）、Ti–Mn、Ti–Fe等数据点分布图不能将3个窑址的样品完全区分，安山和茅湾里的样品点基本分布在两个区域，但有少数样品点存在交叉，纱帽山窑址的样品点分为两个区域，分别与安山和茅湾里窑址的多数样品重叠。三个窑址的陶器和原始瓷胎中主量化学成分数据的主因子（PCA）分析结果如图10所示，其结果与分布图9相互验证。

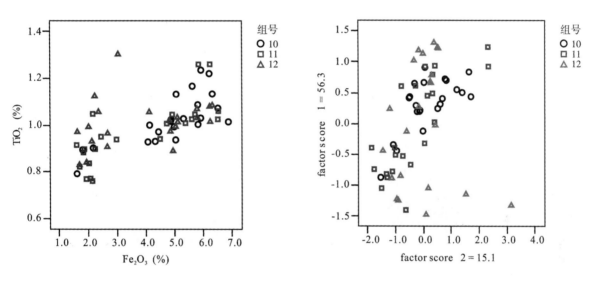

10:安山　11: 茅湾里 12: 纱帽山

图9　窑址全部样品的胎数据点分布　　　图10　窑址全部样品的胎数据PCA分析

数据分析结果表明安山和茅湾里窑址的胎原料存在一定区别，纱帽山窑址的制胎原料没有得到较好控制，因此化学成分含量变化较大，也许采用了分别与安山和茅湾里相似的原料。

萧山窑址的春秋战国时期原始瓷釉中化学成分Si–Al、K–Ca、Cr–Cu、Rb–Zr的数据分布图不能将茅湾里和纱帽山窑址的原始瓷区分，但是Ti–Mn和Ti–Fe（如图11所示）却能将两个窑址的多数原始瓷样品点区分出来，表明这两个窑址的原始瓷中Ti、Mn、Fe的含量存在一定相关性。两个窑址的原始瓷釉中主量化学成分含量数据的PCA分析结果如图12所示，表明综合特征无明显区别。

三个窑址的春秋战国时期印纹硬陶器和未见釉原始瓷器表面Si–Al、K–Ca、Ti–Mn、Ti–Fe（如图13所示）、Cr–Cu、Rb–Zr的数据分布图都不能将安山、茅湾里和纱帽山窑址的陶器区分，表明这三个窑址的陶器表面的化学成分彼此相近，这与胎中的分析结果相同。三个窑址陶器表面的主量化学成分含量数据的PCA分析结果如图14所示，数据点彼此交叉重叠分布，表明综合特征无显著差异。

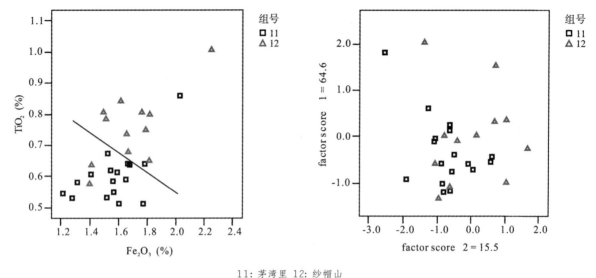

11: 茅湾里　12: 纱帽山

图11　窑址原始瓷釉的数据点分布　　　　图12　窑址原始瓷釉的数据PCA分析

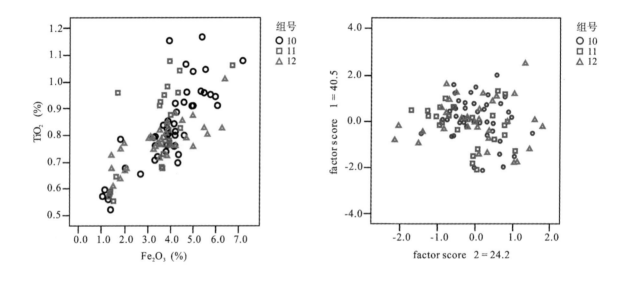

10:安山　11: 茅湾里　12: 纱帽山

图13　窑址陶器表面的数据点分布　　　　图14　窑址陶器表面的数据PCA分析

安山窑址标本胎中$Al_2O_3-SiO_2$、TiO_2-MnO、$TiO_2-Fe_2O_3$（如图15所示）的数据分布图能将原始瓷器和印纹硬陶器清楚区分，胎数据PCA分析如图16所示同样将原始瓷器的样品点分离出来，图15和图16的结果表明安山窑址的原始瓷器和印纹硬陶器的胎料区别。

茅湾里窑址标本胎中$Al_2O_3-SiO_2$、TiO_2-MnO、$TiO_2-Fe_2O_3$（如图17所示）的数据分布图能将原始瓷器和印纹硬陶器清楚区分，胎数据PCA分析如图18所示同样将原始瓷器的样品点分离出来，图17和图18的结果表明茅湾里窑址的原始瓷器和印纹硬陶器的胎料区别与安山十分相似。

纱帽山窑址标本胎中$Al_2O_3-SiO_2$、TiO_2-MnO、$TiO_2-Fe_2O_3$（如图19所示）的数据分布图能将原始瓷器和印纹硬陶器清楚区分，胎数据PCA分析结果如图20所示，同样能够将原始瓷器的样品

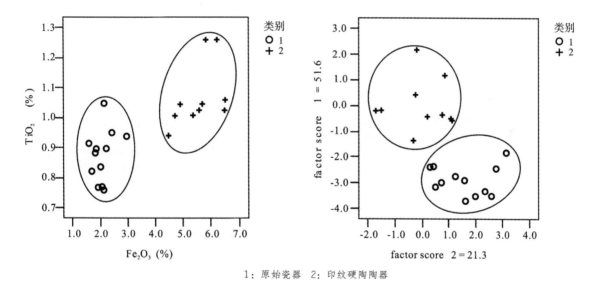

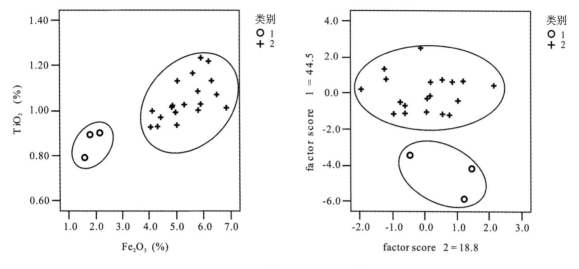

1：原始瓷器　2：印纹硬陶陶器

图15　安山窑址的胎数据点分布　　　　　图16　安山窑址的胎数据PCA分析

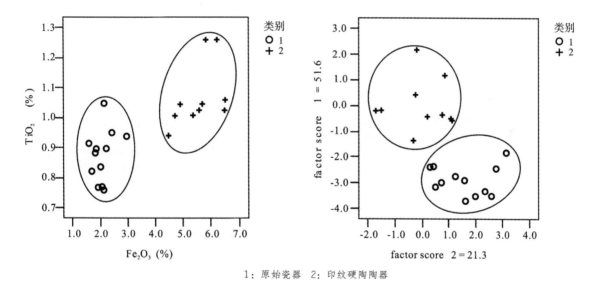

1：原始瓷器　2：印纹硬陶陶器

图17　茅湾里窑址的胎数据点分布　　　　图18　茅湾里窑址的胎数据PCA分析

点分离出来，图19和图20的结果表明纱帽山窑址的原始瓷器和印纹硬陶器的胎料特点与安山和茅湾里相似。

　　以上分析表明萧山三个窑址的印纹硬陶器和原始瓷器的胎料化学成分是存在内在差异的，可以用于识别印纹硬陶器和原始瓷器。

　　3. 土墩墓中西周早期印纹陶器和原始瓷器的分析

　　土墩墓中西周早期的印纹硬陶器和原始瓷器胎料中化学成分Si-Al、K-Ca（如图21所示）、Ti-Fe数据分布图将样品点与三个窑址基本区分，也有样品点与三个窑址的边缘重叠。胎料中主量成分数据的PCA分析（如图22所示）得到相似结果。

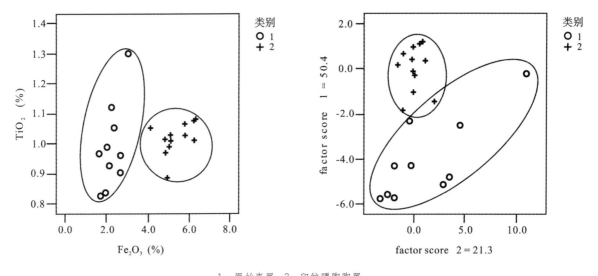

1：原始瓷器　2：印纹硬陶陶器

图19　纱帽山窑址的胎数据点分布　　　　　　　　图20　纱帽山窑址的胎数据PCA分析

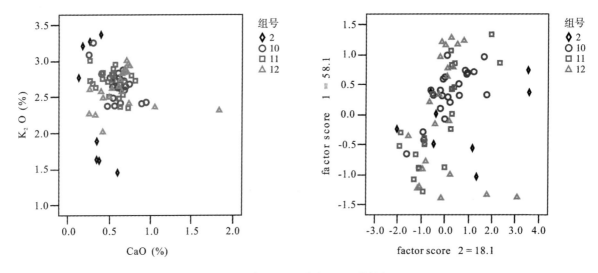

2:西周早 10:安山　11：茅湾里 12:纱帽山

图21　土墩墓西周早期胎料中数据点分布　　　　　图22　土墩墓西周早期胎料中数据PCA分析

　　土墩墓中西周早期原始瓷釉面化学成分Si-Al、K-Ca（如图23所示）、Ti-Fe数据分布图将样品点与三个窑址区分，有个别样品与三个窑址边缘重叠。釉面中全部成分数据的PCA分析结果（如图24所示）将土墩墓中西周早期原始瓷样品点完全分离，表明西周早期原始瓷的釉料不同于安山、茅湾里和纱帽山三个窑址。

　　土墩墓中西周早期陶器表面化学成分Ti-Fe（如图25所示）的数据分布图将样品点与三个窑址区分，主量成分数据的PCA分析结果（如图26所示）将土墩墓中西周早期陶器样品点大部分分离。

　　土墩墓中西周早期印纹硬陶器和原始瓷器样品的全部胎料、原始瓷釉面、印纹硬陶器和未见釉原始瓷器表面的化学成分含量数据和综合特征均不同于安山、茅湾里和纱帽山三个窑址。

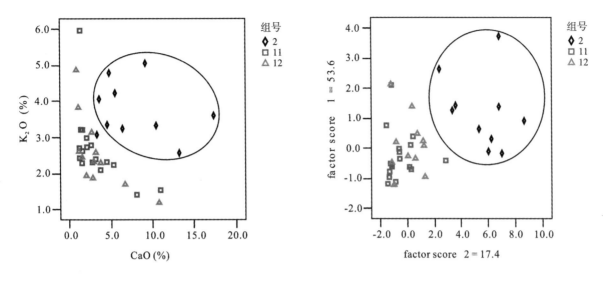

2:西周早 10:安山 11:茅湾里 12:纱帽山

图23 西周早期原始瓷釉中数据点分布　　　图24 西周早期原始瓷釉中数据PCA分析

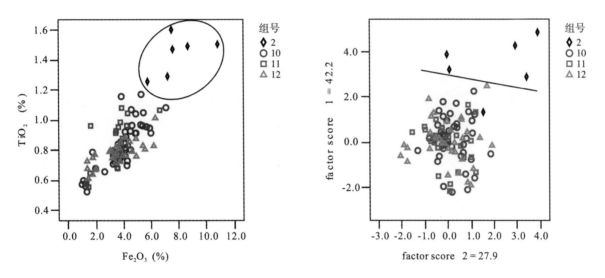

2:西周早 10:安山 11:茅湾里 12:纱帽山

图25 西周早期陶器表面的数据点分布　　　图26 西周早期陶器表面的数据PCA分析

4. 土墩墓中西周中期印纹陶器和原始瓷器的分析

土墩墓中西周中期的印纹陶器和原始瓷器胎料中化学成分K-Ca、Ti-Fe（如图27所示）数据分布图将样品点与三个窑址基本区分，个别样品点与三个窑址重叠。胎料中主量成分数据的PCA分析（如图28所示）得到相似结果。

土墩墓中西周中期原始瓷釉面化学成分K-Ca（如图29所示）数据分布图将样品与萧山三个窑址区分，釉面中主量成分数据的PCA分析结果（如图30所示）将西周中期原始瓷器样品点完全分离，表明西周中期原始瓷的釉料有别于安山、茅湾里和纱帽山三个窑址。

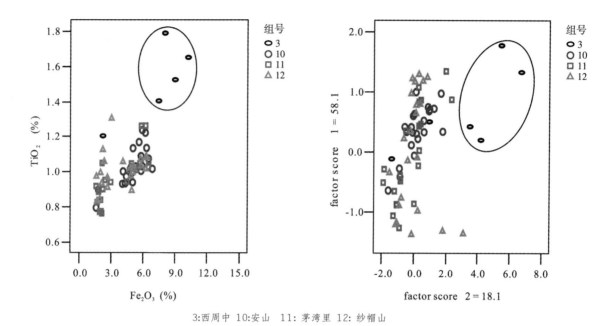

3:西周中　10:安山　11: 茅湾里　12: 纱帽山

图27　土墩墓西周中期胎料中数据点分布　　　　图28　土墩墓西周中期胎料中数据PCA分析

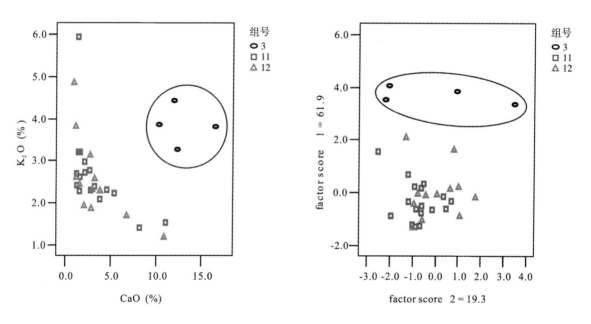

3:西周中　10:安山　11: 茅湾里　12: 纱帽山

图29　西周中期原始瓷釉中数据点分布　　　　图30　西周中期原始瓷釉中数据PCA分析

　　土墩墓中西周中期印纹硬陶器和未见釉原始瓷器表面化学成分Ti-Fe（如图31所示）的数据分布图将样品点与萧山三个窑址区分，主量成分数据的PCA分析结果（如图32所示）将土墩墓中西周中期陶器样品点大部分区分出来，表明它们的内在综合特征是存在区别的。

　　柴岭山土墩墓中西周中期的印纹硬陶器、未见釉原始瓷器和原始瓷器样品的全部胎料、原始瓷釉面、陶器表面的化学成分含量数据及其综合特征不同于安山、茅湾里和纱帽山三个窑址。

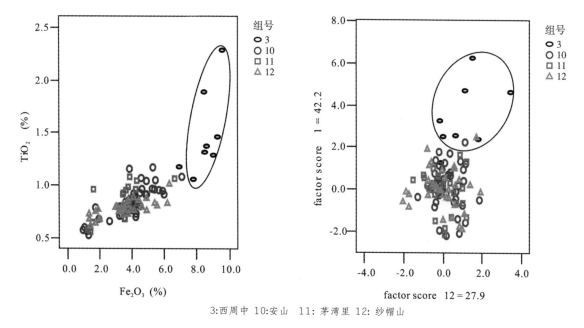

3:西周中　10:安山　11：茅湾里　12：纱帽山

图31　西周中期陶器表面的数据点分布　　　　　图32　西周中期陶器表面的数据PCA分析

5. 土墩墓中西周晚期印纹陶器和原始瓷器的分析

柴岭山土墩墓出土的西周晚期印纹硬陶器、未见釉原始瓷器和原始瓷器胎料中化学成分K–Ca、Ti–Fe（如图33所示）数据点分布图将样品点分成两类，一类与萧山三个窑址春秋战国的样品分开，另一类与三个窑址的样品点重叠分布。西周晚期全部胎样品中主量成分数据的PCA分析（如图34所示）得到相似结果。

这个结果表明柴岭山土墩墓中西周晚期的印纹硬陶器、未见釉原始瓷器和原始瓷器可能有两种来源，一部分来自萧山本地三个窑址中的某个窑址，另一部分来自其他窑址。造成这种结果还有一种可能，即划为西周晚期的数据点落入萧山三个窑址春秋战国时期样品分布区域的残片有可能是春秋时期的产品，这种推测需要结合残片外部特征并增加分析样品量，通过深入研究来验证。

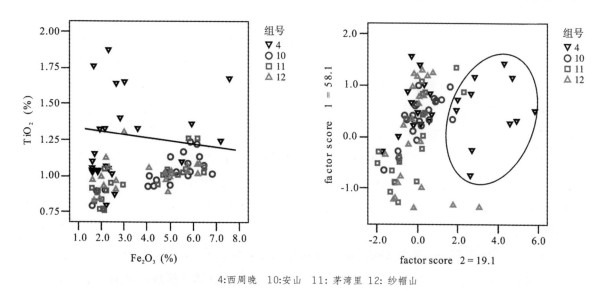

4:西周晚　10:安山　11：茅湾里　12：纱帽山

图33　土墩墓西周晚期胎料中数据点分布　　　　图34　土墩墓西周晚期胎料中数据PCA分析

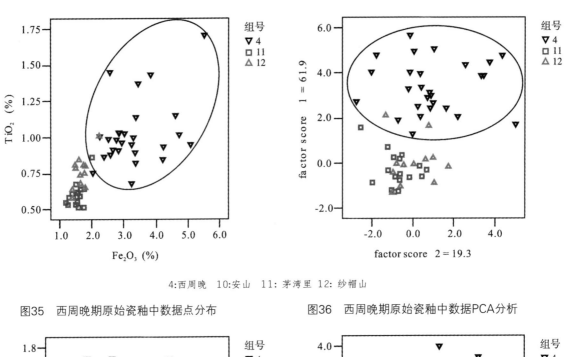

4:西周晚　10:安山　11: 茅湾里　12: 纱帽山

图35　西周晚期原始瓷釉中数据点分布　　　　图36　西周晚期原始瓷釉中数据PCA分析

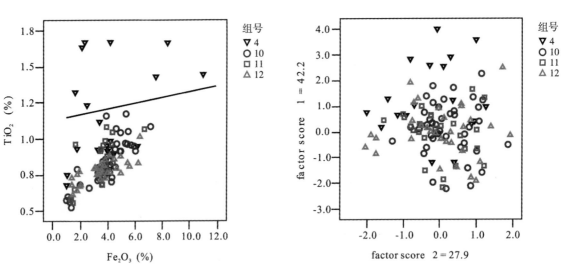

4:西周晚　10:安山　11: 茅湾里　12: 纱帽山

图37　西周晚期陶器表面的数据点分布　　　　图38　西周晚期陶器表面的数据PCA分析

土墩墓中西周晚期原始瓷釉面化学成分K–Ca、Ti–F（如图35所示）数据分布图将样品点与萧山三个窑址区分，釉面中主量成分数据的PCA分析结果（如图36所示）将西周晚期原始瓷样品点大部分分离，表明西周晚期原始瓷的釉料有别于安山、茅湾里和纱帽山三个窑址的春秋战国时期。

柴岭山土墩墓出土的西周晚期印纹硬陶器和未见釉原始瓷器表面化学成分K–Ca、Ti–Fe（如图37所示）数据点分布图将样品点分成两类，一类与萧山三个窑址春秋战国的样品分开，另一类与三个窑址的样品点重叠分布。西周晚期全部陶器表面中主量成分数据的PCA分析（如图38所示）得到相似结果。

以上三种分析结果表明柴岭山土墩墓中西周晚期的印纹硬陶器和未见釉原始瓷器可能有两种来源，一部分来自萧山本地三个窑址中的某个窑址，另一部分来自其他窑址。还有一种可能是部分残片误划为西周晚期。

6. 土墩墓中春秋早期原始瓷器的分析

柴岭山土墩墓出土的春秋早期原始瓷胎料中化学成分K–Ca、Ti–Fe（如图39所示）数据点与萧山三个窑址春秋战国的样品交叉分布，主要落在纱帽山的分布区域，表明与纱帽山的制胎原料比较相近，主量成分数据的PCA分析（如图40所示）得到相似结果。

这个结果表明柴岭山土墩墓中春秋早期的原始瓷胎料与萧山本地三个窑址中的制胎原料比较接近，但又存在微弱区别，需要补充样品，通过进一步分析获得验证。

土墩墓中春秋早期原始瓷釉面化学成分K–Ca、Ti–F（如图41所示）数据分布图将数据点与萧山三个窑址样品点几乎交叉重叠分布，釉面中主量成分数据的PCA分析结果（如图42所示）将春秋早期原始瓷样品点完全与三个窑址交叉分布，表明土墩墓中春秋早期原始瓷釉料的内在综合特征与三个窑址春秋战国时期的样品十分相近，这些土墩墓中春秋早期的样品即来自这三个窑址。

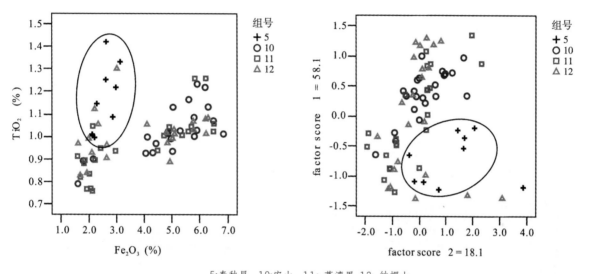

5:春秋早　10:安山　11:茅湾里 12: 纱帽山

图39　土墩墓西春秋早期胎料中数据点分布　　　　图40　土墩墓西春秋早期胎料中数据PCA分析

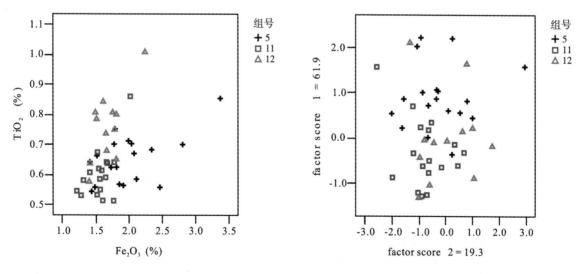

5:春秋早　10:安山　11: 茅湾里 12: 纱帽山

图41　春秋早期原始瓷釉中数据点分布　　　　　图42　春秋早期原始瓷釉中数据PCA分析

7. 土墩墓中春秋中期印纹陶器和原始瓷器的分析

　　柴岭山土墩墓出土的春秋中期印纹硬陶器、未见釉原始瓷器、原始瓷器胎料中化学成分K–Ca、Ti–Fe（如图43所示）数据点与萧山三个窑址春秋战国的样品交叉分布，落在纱帽山的分布区域，表明与纱帽山的制胎原料比较相近，主量成分数据的PCA分析（如图44所示）得到相似结果。这个结果表明柴岭山土墩墓中春秋中期的印纹硬陶器、未见釉原始瓷器和原始瓷器胎料与萧山本地纱帽山窑址的制胎原料比较接近。

　　土墩墓中春秋中期原始瓷釉面化学成分K–Ca、Ti–F（如图45所示）数据分布图中样品点与萧山三个窑址存在一定差异。釉面中主量成分数据的PCA分析结果如图46所示，春秋中期原始瓷样品点与三个窑址不完全交叉分布，表明土墩墓中春秋中期原始瓷釉料的内在综合特征与三个窑址春秋战国时期的样品存在一些差别，由于春秋中期的原始瓷样品量偏少，需要补充样品进一步证明。

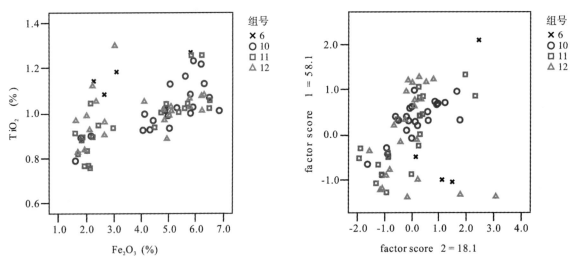

6:春秋中　10:安山　11:茅湾里　12:纱帽山

图43　土墩墓春秋中期胎料中数据点分布　　　　　图44　土墩墓春秋中期胎料中数据PCA分析

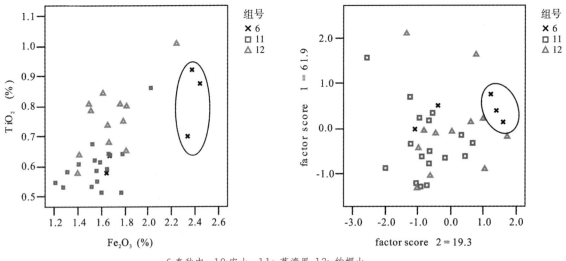

6:春秋中　10:安山　11:茅湾里　12:纱帽山

图45　西春秋中期原始瓷釉中数据点分布　　　　　图46　西春秋中期原始瓷釉中数据PCA分析

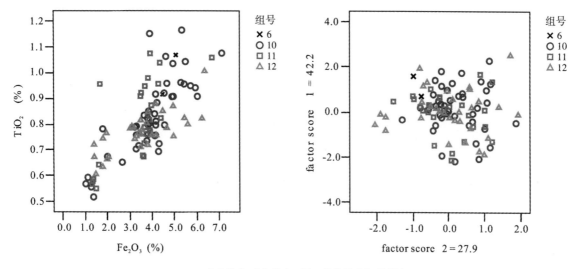

6:春秋中　10:安山　11：茅湾里　12:纱帽山

图47　春秋中期陶器表面的数据点分布　　　　图48　春秋中期陶器表面的数据PCA分析

　　柴岭山土墩墓出土的春秋中期印纹硬陶器和未见釉原始瓷器表面化学成分K-Ca、Ti-Fe如图47所示，样品点完全分布在三个窑址的数据点区域内。春秋中期全部陶器表面中主量成分数据的PCA分析如图48所示，其数据点分布特点是相似的。

　　以上三种分析结果表明柴岭山土墩墓中春秋中期的印纹硬陶器和未见釉原始瓷器来自萧山三个窑址中的某个窑址，原始瓷器可能产自附近另外的窑址。

8. 土墩墓中春秋晚期印纹陶器和原始瓷器的分析

　　柴岭山土墩墓出土的春秋晚期印纹硬陶器、未见釉原始瓷器、原始瓷器胎料中化学成分Ti-Fe如图49所示，多数据样品点分布在萧山三个窑址春秋战国的数据点区域，仅一个样品点独立分布。主量成分数据的PCA分析如图50所示，其结果与图49相似。

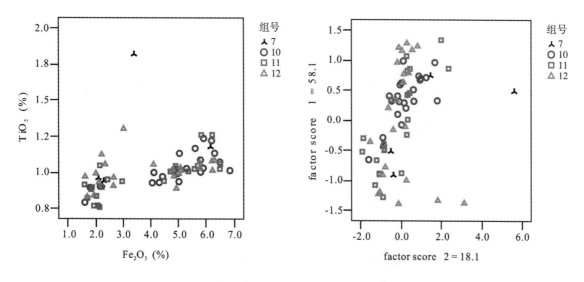

7:春秋晚　10:安山　11：茅湾里　12:纱帽山

图49　土墩墓春秋晚期胎料中数据点分布　　　　图50　土墩墓春秋中晚胎料中数据PCA分析

　　土墩墓中春秋晚期原始瓷釉面化学成分Ti-Fe数据分布如图51所示，样品点分布在萧山三个窑址区域。釉面中主量成分数据的PCA分析结果如图52所示，一个数据点分布在三个窑址主要区域的边缘，表明土墩墓中春秋晚期原始瓷釉料有的与三个窑址的样品十分相近，有的存在微弱区别。

　　柴岭山土墩墓出土的春秋晚期印纹硬陶器和未见釉原始瓷器表面化学成分Ti-Fe数据点分布如图53所示，有的样品点分布在三个窑址的数据点区域内，有的分布在区域之外。春秋晚期全部陶器表面中主量成分数据的PCA分析如图54所示，样品点分布在三个窑址的区域内，表明它们的内在综合特征与窑址的样品几乎相同，这些春秋晚期的陶器产自这三个窑址。

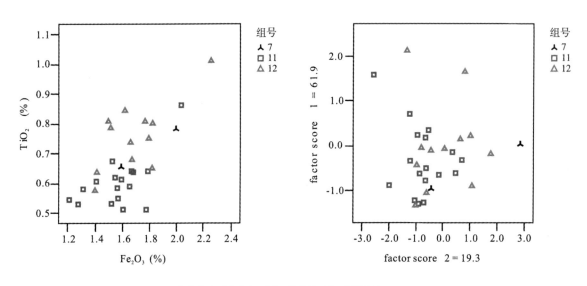

7:春秋晚　10:安山　11: 茅湾里　12: 纱帽山晚

图51　西春秋晚期原始瓷釉中数据点分布　　　　图52　西春秋晚期原始瓷釉中数据PCA分析

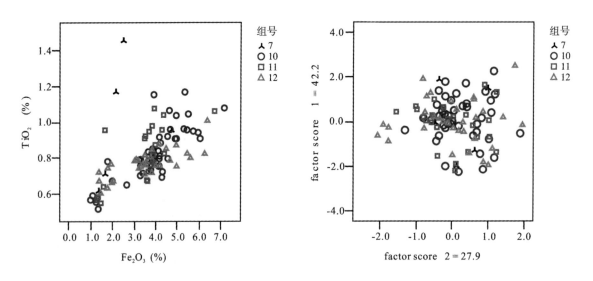

7:春秋晚　10:安山　11: 茅湾里　12: 纱帽山

图53　春秋晚期陶器表面的数据点分布　　　　图54　春秋晚期陶器表面的数据PCA分析

9. 土墩墓中商中晚和不明时期的印纹陶器的分析

柴岭山土墩墓中商中晚和不明时期印纹硬陶胎料中化学成分Ti–Fe如图55所示，样品点分布在萧山三个窑址春秋战国的数据点区域之外。主量成分数据的PCA分析如图56所示，其结果与图55相似。

柴岭山土墩墓出土的商代中晚期和不明时期的印纹硬陶表面化学成分Ti–Fe数据点分布如图57所示，商代中晚期的样品点远离萧山三个窑址的数据点分布区域，不明时期的样品点分布在萧山三个窑址的数据点分布区域边缘。印纹硬陶表面中主量成分数据的PCA分析如图58所示，商代中晚期和不明时期的印纹硬陶样品点分布在三个窑址的边缘区域，表明它们的内在综合特征与窑址的样品有某些相似之处。

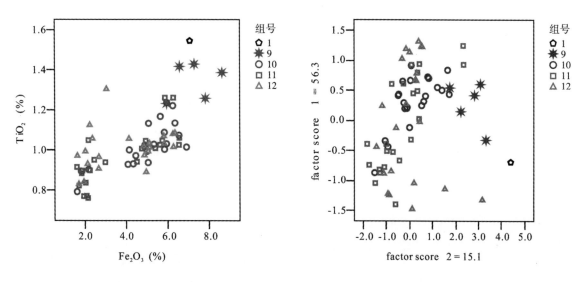

1:商中晚　9:不明 10:安山　11: 茅湾里 12: 纱帽山

图55　商中晚和不明期胎料中数据点分布　　　图56　商中晚和不明期胎料中数据PCA分析

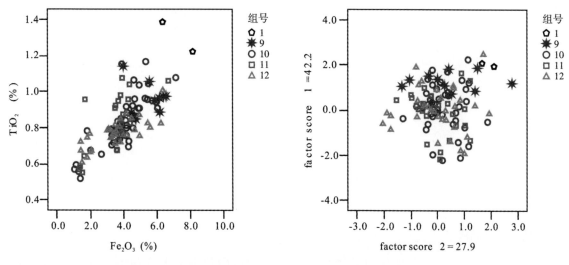

1:商中晚　9:不明 10:安山　11: 茅湾里 12: 纱帽山

图57　商中晚和不明陶器表面的数据点分布　　　图58　商中晚和不明陶器表面的数据PCA分析

10. 土墩墓中商中晚印纹陶器的溯源分析

为了分析萧山土墩墓中商代中晚期的印纹硬陶器的产地，将胎中分析数据与东苕溪流域老鼠山和水洞坞窑址的商代原始瓷器进行比较，胎中Al$_2$O$_3$-SiO$_2$、K$_2$O-CaO和TiO$_2$-Fe$_2$O$_3$数据点分布图如图59~61所示，萧山土墩墓中商代中晚期的印纹硬陶器的数据远离老鼠山和水洞坞分布区域，表明这些化学成分存在显著区别，商代胎样品中数据PCA分析（如图62所示）也证明了这个结论，即萧山土墩墓中商代中晚期的印纹硬陶器不是产自东苕溪流域老鼠山和水洞坞商代窑址。

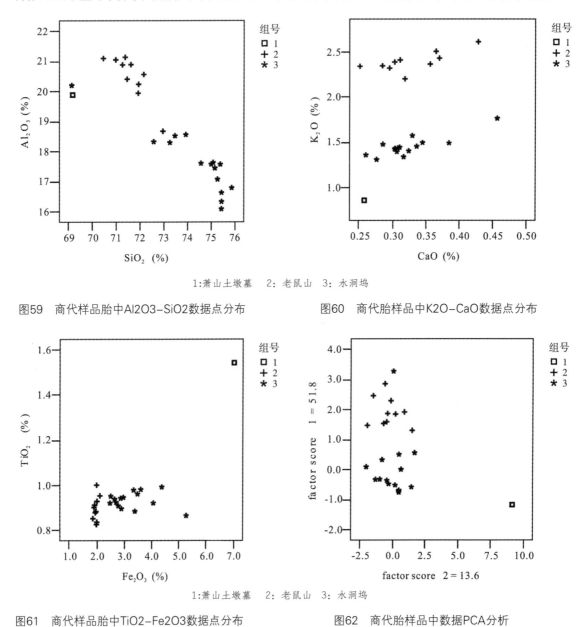

1:萧山土墩墓　　2：老鼠山　　3：水洞坞

图59　商代样品胎中Al2O3-SiO2数据点分布　　　　图60　商代胎样品中K2O-CaO数据点分布

1:萧山土墩墓　　2：老鼠山　　3：水洞坞

图61　商代样品胎中TiO2-Fe2O3数据点分布　　　　图62　商代胎样品中数据PCA分析

三　结果与讨论

土墩墓中印纹硬陶器、未见釉原始瓷器和原始瓷器胎中化学成分含量数据不能按商中晚、西周早、西周中、西周晚、春秋早、春秋中、春秋晚、春秋的文化期有效区分，通过PCA统计分析，可以将全部分为商代中晚期、西周和春秋3组。原始瓷釉面的化学成分数据将土墩墓中的原始瓷样品分为西周和春秋两组，表明进入春秋早期后原始瓷釉的原料有了变化，其特点是K、Ca、Ti、Mn、Fe的含量降低，而Si和Al含量上升。陶器表面的化学成分数据不能将不同文化的印纹硬陶器和未见釉原始瓷器有效分组，这些陶器表面的化学成分与胎的数据十分接近，表明其加工工艺是相似的。

根据胎料中的化学成分含量数据，萧山三个窑址中安山和茅湾里的样品点基本分布在两个区域，表明安山和茅湾里窑址的胎原料存在一定区别，纱帽山窑址的样品点分为两个区域，分别与安山和茅湾里窑址的多数样品重叠。通过原始瓷釉中Ti、Mn、Fe的含量数据可以区分茅湾里和纱帽山的样品。

柴岭山土墩墓中西周早期陶器和原始瓷器样品的全部胎料、原始瓷釉面、印纹硬陶和未见釉原始瓷器表面的化学成分含量数据和综合特征不同于安山、茅湾里和纱帽山三个春秋战国时期窑址。

柴岭山土墩墓中西周中期的印纹硬陶器、未见釉原始瓷器和原始瓷器样品的全部胎料、原始瓷釉面、陶器表面的化学成分含量数据及其综合特征不同于安山、茅湾里和纱帽山三个春秋战国时期窑址。

柴岭山土墩墓中西周晚期的印纹硬陶器、未见釉原始瓷器和原始瓷器可能有两种来源，一部分来自萧山本地三个窑址中的某个窑址，另一部分来自其他窑址。中西周晚期原始瓷釉面化学成分有别于安山、茅湾里和纱帽山三个窑址的春秋战国时期。陶器表面化学成分分成两类，一类与萧山3个窑址春秋战国的样品分开，另一类与三个窑址的样品点重叠分布。

柴岭山土墩墓中春秋早期原始瓷胎料中化学成分与纱帽山的制胎原料比较相近，原始瓷釉面化学成分与三个窑址春秋战国时期的样品十分相近，这些土墩墓中春秋早期的样品即来自这三个窑址。

柴岭山土墩墓中春秋中期印纹硬陶器、未见釉原始瓷器、原始瓷器胎料中化学成分与纱帽山的制胎原料比较相近。原始瓷釉面化学成分与萧山三个窑址存在一定差异，需要补充样品进一步证明。春秋中期陶器表面化学成分与三个窑址的样品接近。柴岭山土墩墓中春秋中期的印纹硬陶器和未见釉原始瓷器来自萧山三个窑址中的某个窑址，原始瓷可能产自附近另外的窑址。

柴岭山土墩墓中春秋晚期印纹硬陶器、未见釉原始瓷器、原始瓷器胎料中化学成分与萧山三个窑址春秋战国的样品相似，原始瓷釉面化学成分与三个窑址的样品虽然有微弱区别但十分相近，陶器表面化学成分和综合特征与三个窑址的样品几乎相同，这些春秋晚期的陶器产自这三个窑址。

柴岭山土墩墓中商中晚印纹硬陶胎料中化学成分与萧山三个窑址的样品存在明显差异，表明其来自其他窑口。不明时期印纹硬陶胎料中某些化学成分与萧山三个窑址春秋战国的样品存在明显区别，其内在的综合特征存在微弱相似，表明其可能产自萧山其他窑口。

综上所述，柴岭山土墩墓中出土商代中晚期和西周时期的陶器和原始瓷多数产自其他窑口，春秋时期的陶器和原始瓷多数来自萧山的同时代窑址。由于分析土墩墓中的样品普遍偏少，需要增加测试的样品量才能获得更准确的结果。

附表1　柴岭山土墩墓和萧山古窑址原始瓷与印纹硬陶样品胎的化学成分数据

样品号	窑址	器物编号	组号	时代	器型	Na$_2$O %	MgO %	Al$_2$O$_3$ %	SiO$_2$ %	P$_2$O$_5$ %	K$_2$O %	CaO %	TiO$_2$ %	MnO %	Fe$_2$O$_3$ %	Cr$_2$O$_3$ ppm	CuO ppm	Rb$_2$O ppm	ZrO$_2$ ppm
ZJXS0001	杭州萧山	D22M1：1	1	商末	印纹硬陶罐	0.68	0.47	19.9	69.2	0.062	0.87	0.26	1.54	0.022	7.00	89	28	22	189
ZJXS0002	杭州萧山	D1采1	2	西周早	原始瓷豆	1.16	0.34	18.6	74.2	0.063	3.21	0.17	0.72	0.021	1.53	47	19	78	141
ZJXS0003	杭州萧山	D8采2	2	西周早	印纹硬陶罐	0.77	0.46	18.9	70.9	0.062	1.46	0.59	1.14	0.027	5.55	73	24	34	154
ZJXS0004	杭州萧山	D11M1：7	2	西周早	原始瓷豆	1.02	0.48	21.7	69.9	0.071	3.27	0.26	0.88	0.028	2.33	57	24	75	207
ZJXS0005	杭州萧山	D11M1：8	2	西周早	印纹硬陶罐	0.50	0.63	24.0	63.3	0.051	1.64	0.34	1.45	0.029	8.04	91	35	41	181
ZJXS0006	杭州萧山	D13M1：8	2	西周早	印纹硬陶罐	1.15	0.80	21.9	65.6	0.055	1.62	0.37	1.47	0.039	6.92	90	31	38	175
ZJXS0007	杭州萧山	D15采	2	西周早	原始瓷豆	0.99	0.34	18.8	73.7	0.073	2.77	0.12	0.90	0.017	2.27	57	26	70	213
ZJXS0008	杭州萧山	D17M1：6	2	西周早	原始瓷豆	0.67	0.40	17.9	75.4	0.059	1.89	0.34	1.24	0.017	2.12	51	22	35	147
ZJXS0009	杭州萧山	D17采	2	西周早	原始瓷豆	0.68	0.40	18.6	73.5	0.065	3.37	0.39	0.99	0.016	1.97	48	25	77	175
ZJXS0010	杭州萧山	D1采2	4	西周晚	原始瓷罐	0.59	0.34	19.8	71.8	0.054	3.96	0.49	1.04	0.042	1.87	57	18	54	209
ZJXS0011	杭州萧山	D2M1：12	4	西周晚	原始瓷豆	1.07	0.29	20.9	69.4	0.059	4.50	0.29	1.76	0.030	1.68	62	22	51	272
ZJXS0012	杭州萧山	D2M1：15	4	西周晚	原始瓷豆	0.95	0.30	20.7	69.8	0.068	5.07	0.42	1.04	0.029	1.59	66	28	52	288
ZJXS0013	杭州萧山	D7采	3	西周中	印纹硬陶罐	0.73	0.55	24.8	60.1	0.052	1.40	0.31	1.65	0.139	10.15	86	31	36	200
ZJXS0014	杭州萧山	D7采1	4	西周晚	原始瓷罐	1.21	0.43	22.0	69.6	0.073	2.92	0.42	1.07	0.041	2.22	34	27	41	184
ZJXS0015	杭州萧山	D7采2	4	西周晚	原始瓷豆	0.62	0.41	19.1	72.9	0.064	3.28	0.12	0.87	0.013	2.59	38	22	78	169
ZJXS0016	杭州萧山	D8M1：8	3	西周中	印纹硬陶罐	0.53	0.60	20.9	67.0	0.063	1.55	0.33	1.40	0.083	7.42	84	35	40	173
ZJXS0017	杭州萧山	D8M1：3	4	西周晚	原始瓷豆	1.20	0.32	17.7	74.5	0.054	3.05	0.13	0.80	0.017	2.22	51	23	84	251
ZJXS0018	杭州萧山	D8M1：6	3	西周中	原始瓷豆	0.60	0.31	20.7	71.2	0.055	3.41	0.23	1.20	0.024	2.22	66	24	42	243
ZJXS0019	杭州萧山	D8采1	3	西周中	印纹硬陶罐	0.59	0.57	23.1	64.0	0.050	0.91	0.26	1.52	0.018	8.94	92	29	23	148
ZJXS0020	杭州萧山	D9M1：16	4	西周晚	原始瓷豆	1.23	0.36	27.9	62.8	0.078	2.93	0.33	1.64	0.030	2.67	64	24	35	298
ZJXS0021	杭州萧山	D9M1：30	4	西周晚	原始瓷罐	0.93	0.44	27.1	64.1	0.062	3.33	0.40	1.01	0.045	2.48	40	35	53	228
ZJXS0022	杭州萧山	D12采1	4	西周晚	原始瓷碟	0.81	0.31	18.7	73.4	0.063	3.46	0.49	1.10	0.036	1.62	48	18	44	226
ZJXS0023	杭州萧山	D12采2	4	西周晚	原始瓷豆	1.24	0.41	27.7	63.8	0.079	2.84	0.34	1.33	0.022	2.17	40	28	29	258
ZJXS0024	杭州萧山	D15M1：2	4	西周晚	原始瓷豆	1.16	0.38	19.9	71.6	0.066	2.33	0.31	1.40	0.030	2.84	61	26	47	179
ZJXS0025	杭州萧山	D15M1：4	3	西周中	泥质陶罐	0.56	1.03	28.4	57.6	0.089	2.00	0.43	1.79	0.022	7.99	106	38	21	178
ZJXS0026	杭州萧山	D16M1：2	4	西周晚	原始瓷碟	0.65	0.35	20.0	71.4	0.069	4.18	0.41	1.15	0.030	1.71	42	25	49	266
ZJXS0027	杭州萧山	D17M3采	4	西周晚	原始瓷豆	0.55	0.35	22.3	69.9	0.055	3.49	0.34	1.03	0.020	1.85	46	26	46	202
ZJXS0028	杭州萧山	D18M1：9	3	西周中	原始瓷豆	0.85	0.26	17.5	75.0	0.060	3.46	0.11	0.83	0.018	1.88	46	16	77	122
ZJXS0029	杭州萧山	D19采1	4	西周晚	原始瓷豆	0.93	0.30	19.1	72.1	0.066	3.60	0.45	1.05	0.037	2.32	62	25	43	254
ZJXS0030	杭州萧山	D19采2	4	西周晚	原始瓷罐	0.65	0.42	28.0	64.8	0.060	3.07	0.31	1.05	0.023	1.60	61	29	38	222
ZJXS0031	杭州萧山	D26M1：35	4	西周晚	印纹硬陶罐	0.98	0.57	23.9	63.8	0.049	1.14	0.26	1.67	0.020	7.57	83	34	27	207
ZJXS0032	杭州萧山	D26采	4	西周晚	印纹硬陶罐	0.71	0.51	22.5	65.4	0.054	1.88	0.44	1.24	0.023	7.20	79	29	45	139
ZJXS0033	杭州萧山	D30采2	4	西周晚	原始瓷罐	0.95	0.33	19.3	72.7	0.066	3.52	0.40	1.02	0.023	1.62	50	21	37	239

续附表1

样品号	窑址	器物编号	组号	时代	器型	Na$_2$O %	MgO %	Al$_2$O$_3$ %	SiO$_2$ %	P$_2$O$_5$ %	K$_2$O %	CaO %	TiO$_2$ %	MnO %	Fe$_2$O$_3$ %	Cr$_2$O$_3$ ppm	CuO ppm	Rb$_2$O ppm	ZrO$_2$ ppm
ZJXS0034	杭州萧山	D31M1：98	4	西周晚	印纹硬陶罐	0.78	0.50	18.0	71.6	0.060	1.29	0.48	1.36	0.019	5.95	64	22	32	159
ZJXS0035	杭州萧山	D32M1：13	4	西周晚	原始瓷豆	0.85	0.54	33.3	58.2	0.062	1.84	0.26	1.33	0.021	3.61	63	24	51	215
ZJXS0036	杭州萧山	D33M1：1	4	西周晚	原始瓷豆	0.56	0.35	26.3	65.6	0.070	1.94	0.50	1.65	0.017	3.04	59	25	30	299
ZJXS0037	杭州萧山	D33采	4	西周晚	印纹硬陶罐	0.88	0.52	20.7	68.4	0.055	2.28	0.54	1.10	0.047	5.51	64	24	41	147
ZJXS0038	杭州萧山	D36Q1采	4	西周晚	原始瓷豆	0.72	0.30	21.8	69.4	0.078	2.83	0.61	1.87	0.055	2.34	48	27	41	299
ZJXS0039	杭州萧山	D36Q1采	4	西周晚	原始瓷罐	1.13	0.39	21.8	69.3	0.072	3.56	0.45	1.32	0.031	1.95	56	21	45	203
ZJXS0040	杭州萧山	D1：20	5	春秋早	原始瓷盘	0.85	0.53	21.1	70.9	0.085	2.62	0.39	1.15	0.022	2.30	57	22	42	152
ZJXS0041	杭州萧山	D1：8	5	春秋早	原始瓷盘	0.63	0.44	18.0	74.1	0.068	2.47	0.33	1.25	0.023	2.62	56	21	43	176
ZJXS0042	杭州萧山	D4：59	5	春秋早	原始瓷碗	0.85	0.37	17.4	75.6	0.073	2.10	0.34	1.00	0.017	2.14	52	23	35	200
ZJXS0043	杭州萧山	D4采2	5	春秋早	原始瓷钵	1.09	0.35	18.3	74.2	0.055	2.32	0.37	1.00	0.015	2.21	50	21	35	160
ZJXS0044	杭州萧山	D4采3	5	春秋早	原始瓷盘	0.56	0.39	18.3	74.3	0.105	2.09	0.14	1.42	0.011	2.64	82	21	40	161
ZJXS0045	杭州萧山	D4采4	5	春秋早	原始瓷盘	0.56	0.43	18.8	74.3	0.064	1.44	0.32	1.09	0.013	2.87	56	19	30	158
ZJXS0046	杭州萧山	D17Q2：1	5	春秋早	原始瓷盘	1.04	0.32	15.9	77.0	0.060	2.16	0.31	1.01	0.024	2.13	49	18	38	180
ZJXS0047	杭州萧山	D17Q2：3	5	春秋早	原始瓷盘	0.83	0.44	19.9	71.6	0.056	2.26	0.31	1.33	0.028	3.14	60	27	40	201
ZJXS0048	杭州萧山	D19：67	5	春秋早	原始瓷碗	0.89	0.36	20.1	71.7	0.072	2.29	0.35	1.22	0.025	2.98	58	23	39	180
ZJXS0049	杭州萧山	D1采3	6	春秋中	原始瓷杯	1.14	0.38	18.6	73.5	0.049	2.27	0.33	1.09	0.021	2.64	60	22	41	157
ZJXS0050	杭州萧山	D4采	6	春秋中	原始瓷钵	1.17	0.38	17.4	75.0	0.077	2.13	0.44	1.14	0.022	2.26	57	19	38	193
ZJXS0051	杭州萧山	D29M1：35	6	春秋中	印纹硬陶罐	0.67	0.71	20.5	67.6	0.058	2.52	0.62	1.27	0.274	5.78	72	33	44	167
ZJXS0052	杭州萧山	D29采	6	春秋中	原始瓷杯	1.11	0.36	18.6	73.6	0.070	1.71	0.27	1.19	0.013	3.08	55	24	30	232
ZJXS0053	杭州萧山	D1：27	7	春秋晚	原始瓷杯	0.69	0.33	16.6	75.8	0.062	2.84	0.46	0.91	0.037	2.24	51	19	37	144
ZJXS0054	杭州萧山	D1：3	7	春秋晚	原始瓷杯	0.94	0.45	16.0	76.6	0.068	2.41	0.46	0.96	0.033	2.10	41	21	37	142
ZJXS0055	杭州萧山	D4采5	7	春秋晚	原始瓷杯	1.12	0.43	19.0	73.3	0.062	2.43	0.37	0.94	0.021	2.29	64	22	36	180
ZJXS0056	杭州萧山	D28M1：4	7	春秋晚	印纹硬陶罐	1.35	0.72	20.6	66.6	0.065	2.58	0.67	1.18	0.048	6.14	64	29	45	167
ZJXS0057	杭州萧山	D30采1	7	春秋晚	原始瓷杯	1.08	0.44	28.3	63.1	0.051	1.54	0.21	1.82	0.022	3.40	63	25	29	191
ZJXS0058	杭州萧山	D1：16	8	春秋	印纹硬陶罐	0.88	0.50	18.5	69.9	0.061	1.94	0.39	1.22	0.046	6.53	69	30	46	157
ZJXS0059	杭州萧山	D4采6	9	不明	印纹硬陶罐	0.68	0.40	20.9	68.0	0.065	1.36	0.57	1.41	0.038	6.50	88	27	37	185
ZJXS0060	杭州萧山	D4采7	9	不明	印纹硬陶罐	0.78	0.65	23.4	66.2	0.057	1.50	0.25	1.23	0.037	5.89	80	25	38	140
ZJXS0061	杭州萧山	D6采	9	不明	印纹硬陶罐	1.15	0.64	21.8	65.1	0.049	1.77	0.41	1.26	0.025	7.74	86	29	42	173
ZJXS0062	杭州萧山	D19采3	9	不明	印纹硬陶罐	0.88	0.49	20.4	65.7	0.057	1.88	0.52	1.38	0.039	8.54	80	34	48	173
ZJXS0063	杭州萧山	D21采	9	不明	印纹硬陶罐	0.95	0.64	24.8	63.0	0.047	1.50	0.35	1.43	0.025	7.21	103	33	36	176
ZJXS0064	安山	05安山窑址	10	春秋战国	印纹硬陶罐	1.20	0.55	19.8	69.2	0.069	2.41	0.88	1.02	0.040	4.83	65	22	40	147
ZJXS0065	安山	05安山窑址	10	春秋战国	印纹硬陶罐	0.95	0.70	19.0	68.9	0.068	2.68	0.74	1.09	0.085	5.78	70	31	43	126
ZJXS0066	安山	05安山窑址	10	春秋战国	印纹硬陶罐	0.86	0.72	19.4	70.4	0.061	2.88	0.66	0.93	0.049	4.05	58	29	50	134
ZJXS0067	安山	05安山窑址	10	春秋战国	印纹硬陶罐	0.96	0.74	18.5	69.2	0.068	2.42	0.63	1.22	0.048	6.18	67	32	40	124

续附表1

样品号	窑址	器物编号	组号	时代	器型	Na₂O %	MgO %	Al₂O₃ %	SiO₂ %	P₂O₅ %	K₂O %	CaO %	TiO₂ %	MnO %	Fe₂O₃ %	Cr₂O₃ ppm	CuO ppm	Rb₂O ppm	ZrO₂ ppm
ZJXS0068	安山	05安山窑址	10	春秋战国	印纹硬陶罐	0.75	0.50	19.6	69.7	0.069	2.65	0.69	0.94	0.055	5.01	65	23	44	132
ZJXS0069	安山	Y2北侧2层	10	春秋战国	印纹硬陶罐	1.18	0.69	18.5	70.1	0.058	2.73	0.67	0.99	0.081	4.96	59	30	46	126
ZJXS0070	安山	Y2北侧2层	10	春秋战国	印纹硬陶罐	1.04	0.59	18.6	70.5	0.052	2.62	0.63	1.02	0.043	4.85	62	22	44	120
ZJXS0071	安山	Y2北侧2层	10	春秋战国	印纹硬陶罐	1.01	0.69	18.5	71.2	0.059	2.60	0.68	1.00	0.041	4.11	62	26	43	137
ZJXS0072	安山	Y2北侧2层	10	春秋战国	印纹硬陶罐	0.89	0.65	18.4	70.6	0.052	2.63	0.59	1.13	0.039	5.03	59	28	43	133
ZJXS0073	安山	Y2后端南侧	10	春秋战国	印纹硬陶罐	0.91	0.54	18.2	71.9	0.065	2.38	0.47	0.97	0.056	4.42	64	24	40	122
ZJXS0074	安山	Y2后端南侧	10	春秋战国	印纹硬陶罐	0.75	0.62	19.0	68.6	0.068	2.49	0.54	1.01	0.057	6.83	70	23	42	0
ZJXS0075	安山	Y2后端南侧	10	春秋战国	印纹硬陶罐	0.83	0.65	22.1	66.2	0.052	2.38	0.56	1.23	0.071	5.89	82	29	42	157
ZJXS0076	安山	Y2后端南侧	10	春秋战国	印纹硬陶罐	0.60	0.68	19.5	68.3	0.061	2.43	0.94	1.13	0.064	6.28	76	29	43	141
ZJXS0077	安山	Y2后端南侧	10	春秋战国	印纹硬陶罐	1.00	0.70	18.9	68.5	0.068	2.65	0.53	1.07	0.076	6.47	75	25	41	131
ZJXS0078	安山	TG1	10	春秋战国	印纹硬陶	0.54	0.71	17.8	71.2	0.059	2.73	0.57	1.03	0.046	5.28	68	23	45	132
ZJXS0079	安山	TG1	10	春秋战国	印纹硬陶	0.61	0.59	19.6	69.0	0.060	2.64	0.59	1.17	0.073	5.59	69	27	44	127
ZJXS0080	安山	TG1	10	春秋战国	印纹硬陶	0.92	0.70	19.5	68.5	0.056	2.83	0.60	1.00	0.089	5.79	68	22	49	116
ZJXS0081	安山	TG1	10	春秋战国	印纹硬陶	1.01	0.73	18.9	70.7	0.060	2.77	0.50	0.93	0.053	4.30	61	25	47	122
ZJXS0082	安山	TG1	10	春秋战国	印纹硬陶	0.92	0.75	18.9	69.0	0.051	2.77	0.61	1.03	0.040	5.88	69	28	45	133
ZJXS0083	安山	Y2北侧2层	10	春秋战国	原始瓷	1.13	0.54	17.8	74.1	0.064	2.82	0.40	0.90	0.019	2.16	58	23	41	160
ZJXS0084	安山	Y2北侧2层	10	春秋战国	原始瓷	0.68	0.32	15.2	77.8	0.070	3.25	0.30	0.79	0.023	1.60	50	28	43	139
ZJXS0085	安山	Y2北侧2层	10	春秋战国	原始瓷	0.84	0.40	17.2	75.4	0.063	3.09	0.25	0.89	0.041	1.80	48	23	40	177
ZJXS0086	茅湾里	采集	11	春秋战国	印纹硬陶	0.97	0.69	18.0	69.9	0.067	2.73	0.81	1.05	0.055	5.68	65	26	50	148
ZJXS0087	茅湾里	采集	11	春秋战国	印纹硬陶	0.83	0.63	18.5	70.5	0.069	2.37	0.63	1.01	0.037	5.35	67	25	39	137
ZJXS0088	茅湾里	采集	11	春秋战国	印纹硬陶	1.04	0.67	19.1	70.0	0.071	2.72	0.68	1.01	0.068	4.70	64	28	45	132
ZJXS0089	茅湾里	采集	11	春秋战国	印纹硬陶	1.00	0.61	20.3	67.7	0.059	2.80	0.76	1.02	0.092	5.57	64	28	51	154
ZJXS0090	茅湾里	采集	11	春秋战国	印纹硬陶	1.51	0.68	19.4	69.1	0.061	2.68	0.62	1.04	0.046	4.89	61	23	47	120
ZJXS0091	茅湾里	采集	11	春秋战国	印纹硬陶	0.54	0.85	23.8	64.1	0.055	2.35	0.72	1.26	0.089	6.20	71	33	43	156
ZJXS0092	茅湾里	采集	11	春秋战国	印纹硬陶	0.88	0.88	18.2	69.0	0.057	2.82	0.54	1.02	0.075	6.47	64	30	47	118
ZJXS0093	茅湾里	采集	11	春秋战国	印纹硬陶	0.87	0.82	21.1	66.8	0.073	2.48	0.61	1.26	0.089	5.81	73	31	44	142
ZJXS0094	茅湾里	采集	11	春秋战国	印纹硬陶	1.30	0.82	17.9	70.9	0.060	2.95	0.57	0.94	0.045	4.47	63	28	50	120
ZJXS0095	茅湾里	采集	11	春秋战国	印纹硬陶	0.93	0.68	18.7	68.6	0.055	2.89	0.54	1.06	0.058	6.49	73	30	48	109
ZJXS0096	茅湾里	采集	11	春秋战国	原始瓷	1.00	0.45	16.9	75.8	0.063	3.01	0.26	0.91	0.028	1.59	49	20	42	138
ZJXS0097	茅湾里	采集	11	春秋战国	原始瓷	1.00	0.45	16.9	75.8	0.063	3.01	0.26	0.91	0.028	1.59	49	20	42	138
ZJXS0098	茅湾里	采集	11	春秋战国	原始瓷	0.75	0.41	16.6	76.1	0.061	2.74	0.54	0.88	0.019	1.83	50	22	39	194
ZJXS0099	茅湾里	采集	11	春秋战国	原始瓷	0.78	0.51	17.3	74.9	0.067	2.84	0.42	0.90	0.020	2.23	51	20	41	155
ZJXS0100	茅湾里	采集	11	春秋战国	原始瓷	1.10	0.38	14.6	78.3	0.071	2.69	0.29	0.82	0.025	1.70	48	19	39	163
ZJXS0101	茅湾里	采集	11	春秋战国	原始瓷	1.12	0.44	16.7	75.7	0.086	2.73	0.26	0.77	0.023	2.07	66	22	42	139

续附表1

样品号	窑址	器物编号	组号	时代	器型	Na₂O %	MgO %	Al₂O₃ %	SiO₂ %	P₂O₅ %	K₂O %	CaO %	TiO₂ %	MnO %	Fe₂O₃ %	Cr₂O₃ ppm	CuO ppm	Rb₂O ppm	ZrO₂ ppm
ZJXS0102	茅湾里	采集	11	春秋战国	原始瓷	1.39	0.51	15.2	76.3	0.069	2.53	0.66	1.05	0.023	2.15	60	22	39	161
ZJXS0103	茅湾里	采集	11	春秋战国	原始瓷	0.58	0.34	13.6	79.6	0.071	2.51	0.49	0.90	0.024	1.86	57	21	37	163
ZJXS0104	茅湾里	采集	11	春秋战国	原始瓷	0.69	0.34	17.3	75.5	0.059	2.75	0.41	0.76	0.027	2.13	50	20	37	142
ZJXS0105	茅湾里	采集	11	春秋战国	原始瓷	0.91	0.45	19.9	73.0	0.053	2.63	0.33	0.77	0.022	1.93	56	23	49	142
ZJXS0106	茅湾里	采集	11	春秋战国	原始瓷	1.06	0.48	16.9	74.8	0.053	2.71	0.48	0.95	0.028	2.43	61	20	43	148
ZJXS0107	茅湾里	采集	11	春秋战国	原始瓷	0.98	0.44	18.4	72.8	0.094	2.81	0.53	0.94	0.054	2.96	58	25	46	189
ZJXS0108	茅湾里	采集	11	春秋战国	原始瓷	1.08	0.41	14.6	77.7	0.077	2.83	0.40	0.84	0.033	2.02	48	19	39	160
ZJXS0109	纱帽山	采集	12	春秋战国	印纹硬陶	0.82	0.79	21.0	68.1	0.059	2.74	0.62	1.02	0.042	4.79	58	25	46	120
ZJXS0110	纱帽山	采集	12	春秋战国	印纹硬陶	0.93	0.73	19.3	68.4	0.058	2.93	0.74	1.07	0.046	5.75	64	30	50	132
ZJXS0111	纱帽山	采集	12	春秋战国	印纹硬陶	0.68	0.84	20.8	66.7	0.056	2.83	0.65	1.01	0.097	6.21	77	23	49	127
ZJXS0112	纱帽山	采集	12	春秋战国	印纹硬陶	0.75	0.71	18.6	71.5	0.061	2.42	0.73	1.05	0.029	4.09	60	28	43	139
ZJXS0113	纱帽山	采集	12	春秋战国	印纹硬陶	0.71	0.68	19.8	69.0	0.056	2.84	0.67	1.03	0.064	5.06	68	24	50	135
ZJXS0114	纱帽山	采集	12	春秋战国	印纹硬陶	0.83	0.62	19.4	70.0	0.058	2.58	0.64	0.97	0.046	4.83	60	26	42	123
ZJXS0115	纱帽山	采集	12	春秋战国	印纹硬陶	1.43	0.51	17.7	71.2	0.063	2.65	0.61	0.89	0.059	4.91	61	24	42	127
ZJXS0116	纱帽山	采集	12	春秋战国	印纹硬陶	1.15	0.75	21.7	65.3	0.061	2.86	0.68	1.08	0.065	6.28	75	24	55	140
ZJXS0117	纱帽山	采集	12	春秋战国	印纹硬陶	0.99	0.78	19.6	68.8	0.051	2.89	0.68	0.99	0.125	5.00	65	29	50	122
ZJXS0118	纱帽山	采集	12	春秋战国	印纹硬陶	1.11	0.90	21.1	65.8	0.057	2.96	0.72	1.08	0.051	6.19	69	26	57	133
ZJXS0119	纱帽山	采集	12	春秋战国	印纹硬陶	1.09	0.79	20.1	68.1	0.051	3.00	0.70	1.01	0.058	5.08	63	28	51	133
ZJXS0120	纱帽山	采集	12	春秋战国	印纹硬陶	0.96	0.77	21.3	66.5	0.049	2.85	0.71	1.03	0.063	5.77	62	26	54	128
ZJXS0121	纱帽山	采集	12	春秋战国	原始瓷	0.91	0.38	16.0	76.2	0.059	2.36	1.04	0.99	0.024	2.00	53	22	37	155
ZJXS0122	纱帽山	采集	12	春秋战国	原始瓷	0.77	0.42	15.9	77.7	0.070	2.25	0.33	0.83	0.028	1.69	55	22	35	156
ZJXS0123	纱帽山	采集	12	春秋战国	原始瓷	1.07	0.48	15.1	76.8	0.115	2.50	0.49	1.12	0.025	2.22	56	22	38	247
ZJXS0124	纱帽山	采集	12	春秋战国	原始瓷	1.10	0.54	19.7	71.8	0.062	2.62	0.53	0.96	0.024	2.65	60	21	42	143
ZJXS0125	纱帽山	采集	12	春秋战国	原始瓷	0.61	0.33	15.1	78.7	0.075	2.27	0.25	0.97	0.022	1.62	53	21	32	210
ZJXS0126	纱帽山	采集	12	春秋战国	原始瓷	0.87	0.37	14.9	77.4	0.070	2.49	0.42	1.06	0.024	2.34	60	25	37	175
ZJXS0127	纱帽山	采集	12	春秋战国	原始瓷	1.10	0.40	15.2	77.2	0.058	2.58	0.39	0.93	0.016	2.11	55	21	38	135
ZJXS0128	纱帽山	采集	12	春秋战国	原始瓷	0.87	0.47	17.2	73.6	0.063	2.32	1.83	0.91	0.034	2.64	58	24	42	134
ZJXS0129	纱帽山	采集	12	春秋战国	原始瓷	0.68	0.44	15.6	76.4	0.111	2.02	0.42	1.30	0.036	3.02	61	22	34	160
ZJXS0130	纱帽山	采集	12	春秋战国	原始瓷	0.72	0.39	14.2	78.9	0.073	2.61	0.26	0.84	0.026	1.93	51	18	39	211

附表2　柴岭山土墩墓和萧山古窑址原始瓷与印纹硬陶样品表面的化学成分数据

样品号	窑址	器物编号	时代	组号	器型	Na₂O %	MgO %	Al₂O₃ %	SiO₂ %	P₂O₅ %	K₂O %	CaO %	TiO₂ %	MnO %	Fe₂O₃ %	Cr₂O₃ ppm	CuO ppm	Rb₂O ppm	ZrO₂ ppm
ZJXS0001A	杭州萧山	D22M1：4	商末	1	印纹硬陶尊	0.82	0.82	16.6	70.0	0.121	3.19	0.64	1.39	0.060	6.31	82	35	34	198
ZJXS0001B	杭州萧山	D22M1：4	商末	1	印纹硬陶尊	0.84	0.81	17.1	67.5	0.109	3.25	0.98	1.22	0.053	8.10	86	28	30	209
ZJXS0002A	杭州萧山	D1采1	西周早	2	原始瓷豆	1.09	0.91	17.9	67.0	0.241	4.21	5.54	0.68	0.354	2.04	35	29	90	239
ZJXS0002B	杭州萧山	D1采1	西周早	2	原始瓷豆	0.84	1.12	16.5	63.8	0.369	3.32	10.46	0.82	0.728	1.93	27	26	74	210
ZJXS0003A	杭州萧山	D8采2	西周早	2	印纹硬陶罐	1.26	0.70	17.1	66.0	0.289	5.21	0.74	1.29	0.144	7.22	84	32	28	209
ZJXS0003B	杭州萧山	D8采2	西周早	2	印纹硬陶罐	1.02	0.49	23.4	64.2	0.102	1.12	0.23	1.60	0.304	7.50	109	31	11	201
ZJXS0004A	杭州萧山	D11M1：7	西周早	2	原始瓷豆	0.84	0.78	20.3	64.4	0.228	3.34	4.59	1.18	0.242	4.09	52	29	74	301
ZJXS0004B	杭州萧山	D11M1：7	西周早	2	原始瓷豆	1.03	0.80	16.5	69.8	0.187	4.05	3.64	0.89	0.261	2.77	26	26	90	271
ZJXS0005A	杭州萧山	D11M1：8	西周早	2	印纹硬陶罐	0.41	0.79	27.0	57.8	0.057	1.35	0.21	1.50	0.047	10.82	96	38	30	177
ZJXS0005B	杭州萧山	D11M1：8	西周早	2	印纹硬陶罐	0.61	0.99	26.8	59.8	0.062	1.24	0.22	1.49	0.035	8.68	92	37	30	183
ZJXS0006A	杭州萧山	D13M1：8	西周早	2	印纹硬陶罐	0.77	0.58	16.1	71.6	0.070	3.29	0.44	1.25	0.090	5.77	88	36	43	171
ZJXS0006B	杭州萧山	D13M1：8	西周早	2	印纹硬陶罐	0.93	0.92	21.5	64.3	0.089	2.06	0.70	1.47	0.463	7.59	99	34	37	201
ZJXS0007A	杭州萧山	D15采	西周早	2	原始瓷豆	0.61	0.70	18.2	69.5	0.189	3.07	3.35	1.02	0.245	3.06	47	38	75	237
ZJXS0007B	杭州萧山	D15采	西周早	2	原始瓷豆	0.74	1.11	16.9	67.0	0.240	4.77	4.84	0.99	0.369	2.98	27	27	88	201
ZJXS0008A	杭州萧山	D17M1：6	西周早	2	原始瓷豆	0.52	1.17	14.5	63.1	0.555	2.56	13.22	1.26	0.298	2.70	44	31	52	190
ZJXS0008B	杭州萧山	D17M1：6	西周早	2	原始瓷豆	1.21	0.96	15.5	67.7	0.302	3.24	6.42	1.45	0.257	2.88	49	31	57	208
ZJXS0009A	杭州萧山	D17采	西周早	2	原始瓷豆	0.67	1.26	16.7	62.7	0.383	5.04	9.19	0.97	0.710	2.33	28	26	95	380
ZJXS0009B	杭州萧山	D17采	西周早	2	原始瓷豆	0.62	1.60	12.6	59.0	0.685	3.59	17.35	0.85	1.700	1.88	30	39	95	234
ZJXS0010A	杭州萧山	D1采2	西周晚	4	原始瓷罐	0.86	1.00	16.5	60.4	0.405	3.57	13.08	0.96	0.145	2.95	45	25	60	242
ZJXS0010B	杭州萧山	D1采2	西周晚	4	原始瓷罐	1.08	1.12	16.6	61.6	0.469	4.21	10.30	0.95	0.378	3.26	30	27	62	226
ZJXS0011A	杭州萧山	D2M1：12	西周晚	4	原始瓷豆	1.01	0.92	15.8	60.8	0.380	4.19	13.03	0.99	0.321	2.53	45	28	58	362
ZJXS0011B	杭州萧山	D2M1：12	西周晚	4	原始瓷豆	0.61	1.16	15.5	55.9	0.474	3.53	18.40	1.03	0.498	2.86	39	27	47	282
ZJXS0012A	杭州萧山	D2M1：15	西周晚	4	原始瓷豆	0.88	1.42	14.0	53.4	0.571	2.53	22.74	0.91	0.596	2.85	36	24	27	183
ZJXS0012B	杭州萧山	D2M1：15	西周晚	4	原始瓷豆	1.60	0.72	13.4	61.2	0.296	5.51	9.63	1.70	0.271	5.52	84	68	108	576
ZJXS0013A	杭州萧山	D7采	西周中	3	印纹硬陶罐	1.07	0.94	19.8	65.8	0.115	3.33	0.55	1.17	0.188	6.93	70	32	39	163
ZJXS0013B	杭州萧山	D7采	西周中	3	印纹硬陶罐	0.80	0.93	20.5	63.4	0.091	2.80	0.67	1.29	0.457	9.02	76	32	31	196
ZJXS0014A	杭州萧山	D7采1	西周晚	4	原始瓷罐	0.95	1.30	16.2	59.3	0.348	3.32	13.85	0.82	0.457	3.38	39	33	37	187
ZJXS0014B	杭州萧山	D7采1	西周晚	4	原始瓷罐	0.79	1.51	14.8	55.0	0.436	3.18	18.57	0.84	0.584	4.23	48	32	43	182
ZJXS0015A	杭州萧山	D7采2	西周晚	4	原始瓷豆	0.83	1.16	13.6	61.0	0.401	3.76	15.76	0.75	0.709	2.05	28	23	83	172
ZJXS0015B	杭州萧山	D7采2	西周晚	4	原始瓷豆	0.49	0.84	15.3	68.0	0.230	4.25	7.02	0.88	0.359	2.60	40	26	91	327
ZJXS0016A	杭州萧山	D8M1：8	西周中	3	印纹硬陶罐	0.53	0.77	22.2	64.2	0.070	1.90	0.30	1.37	0.048	8.60	89	35	23	199
ZJXS0016B	杭州萧山	D8M1：8	西周中	3	印纹硬陶罐	0.61	0.86	25.8	61.7	0.053	0.90	0.24	1.31	0.047	8.49	97	35	16	196
ZJXS0017A	杭州萧山	D8M1：3	西周晚	4	原始瓷豆	0.62	0.99	14.8	63.4	0.364	4.98	11.07	0.86	0.401	2.40	32	22	100	549
ZJXS0017B	杭州萧山	D8M1：3	西周晚	4	原始瓷豆	0.56	1.00	15.7	65.9	0.287	3.82	8.48	0.98	0.420	2.78	40	31	94	202
ZJXS0018A	杭州萧山	D8M1：6	西周中	3	原始瓷豆	0.81	0.73	16.4	62.2	0.231	3.86	10.20	1.42	0.243	3.87	31	22	54	338
ZJXS0018B	杭州萧山	D8M1：6	西周中	3	原始瓷豆	0.61	1.15	14.8	57.6	0.297	3.81	16.39	0.97	0.378	3.89	59	30	63	324
ZJXS0019A	杭州萧山	D8采1	西周中	3	印纹硬陶罐	0.73	0.80	25.4	59.4	0.064	2.61	0.23	1.46	0.020	9.28	96	27	37	200
ZJXS0019B	杭州萧山	D8采1	西周中	3	印纹硬陶罐	0.53	0.43	22.6	65.1	0.072	2.05	0.29	1.06	0.023	7.80	79	32	26	158
ZJXS0020A	杭州萧山	D9M1：16	西周晚	4	原始瓷豆	1.39	1.43	13.2	58.2	0.548	2.92	15.49	0.95	0.709	5.09	45	35	51	327
ZJXS0020B	杭州萧山	D9M1：16	西周晚	4	原始瓷豆	0.63	0.32	27.8	63.8	0.069	3.24	0.38	1.41	0.027	2.28	49	28	33	268

续附表2

样品号	窑址	器物编号	时代	组号	器型	Na$_2$O %	MgO %	Al$_2$O$_3$ %	SiO$_2$ %	P$_2$O$_5$ %	K$_2$O %	CaO %	TiO$_2$ %	MnO %	Fe$_2$O$_3$ %	Cr$_2$O$_3$ ppm	CuO ppm	Rb$_2$O ppm	ZrO$_2$ ppm
ZJXS0021A	杭州萧山	D9M1：30	西周晚	4	原始瓷罐	1.11	1.38	16.2	55.4	0.426	1.93	17.76	0.93	0.500	4.24	37	45	37	238
ZJXS0021B	杭州萧山	D9M1：30	西周晚	4	原始瓷罐	1.02	1.07	16.5	61.2	0.352	3.50	11.62	0.89	0.446	3.36	33	43	66	202
ZJXS0022A	杭州萧山	D12采1	西周晚	4	原始瓷碟	0.58	0.71	16.4	63.4	0.209	2.74	11.51	1.00	0.147	3.31	45	23	47	284
ZJXS0022B	杭州萧山	D12采1	西周晚	4	原始瓷碟	1.05	0.83	15.1	62.0	0.232	3.32	13.24	1.02	0.163	3.03	44	20	49	204
ZJXS0023A	杭州萧山	D12采2	西周晚	4	原始瓷豆	0.60	0.53	33.1	59.8	0.074	1.77	0.38	1.63	0.013	2.11	47	29	24	280
ZJXS0023B	杭州萧山	D12采2	西周晚	4	原始瓷豆	0.89	0.49	35.2	57.7	0.051	1.47	0.20	1.66	0.015	2.31	54	25	19	287
ZJXS0024A	杭州萧山	D15M1：2	西周晚	4	原始瓷豆	0.74	0.37	20.7	69.6	0.088	3.47	1.26	1.23	0.029	2.47	74	27	49	155
ZJXS0025A	杭州萧山	D15M1：4	西周中	3	泥质陶罐	1.18	1.32	27.2	55.9	0.081	2.04	0.34	2.28	0.041	9.58	134	51	22	207
ZJXS0025B	杭州萧山	D15M1：4	西周中	3	泥质陶罐	0.90	1.02	27.0	57.9	0.108	2.08	0.52	1.89	0.023	8.45	117	47	24	176
ZJXS0026A	杭州萧山	D16M1：2	西周晚	4	原始瓷碟	0.71	1.21	13.7	57.3	0.609	3.02	19.22	0.91	0.532	2.68	30	28	44	0
ZJXS0026B	杭州萧山	D16M1：2	西周晚	4	原始瓷碟	1.11	0.95	14.5	58.8	0.426	3.40	15.79	1.14	0.431	3.39	37	34	50	282
ZJXS0027A	杭州萧山	D17M3采	西周晚	4	原始瓷豆	0.68	1.16	16.1	57.5	0.246	3.37	14.82	1.01	0.329	4.74	44	23	39	181
ZJXS0027B	杭州萧山	D17M3采	西周晚	4	原始瓷豆	0.76	1.11	17.7	56.6	0.234	3.39	14.08	1.15	0.329	4.62	42	25	45	205
ZJXS0028A	杭州萧山	D18M1：9	西周中	3	原始瓷豆	0.51	1.47	15.8	61.1	0.363	4.43	11.85	0.78	1.382	2.18	27	25	100	239
ZJXS0028B	杭州萧山	D18M1：9	西周中	3	原始瓷豆	0.46	1.24	15.8	62.0	0.355	3.27	12.23	0.99	1.509	2.10	23	27	79	162
ZJXS0029A	杭州萧山	D19采1	西周晚	4	原始瓷豆	0.97	1.09	18.3	58.8	0.448	3.24	12.08	1.37	0.225	3.46	38	31	41	250
ZJXS0029B	杭州萧山	D19采1	西周晚	4	原始瓷豆	0.57	1.00	17.1	60.1	0.395	4.10	11.12	1.43	0.259	3.85	44	28	57	301
ZJXS0030A	杭州萧山	D19采2	西周晚	4	原始瓷罐	0.56	1.21	16.2	60.9	0.419	4.24	12.12	1.03	0.380	2.87	44	28	45	242
ZJXS0030B	杭州萧山	D19采2	西周晚	4	原始瓷罐	0.81	0.56	21.1	66.2	0.212	3.48	3.36	1.45	0.134	2.58	56	30	53	265
ZJXS0031A	杭州萧山	D26M1：35	西周晚	4	印纹硬陶罐	0.63	0.74	25.9	62.3	0.055	1.12	0.24	1.42	0.025	7.48	80	36	23	195
ZJXS0031B	杭州萧山	D26M1：35	西周晚	4	印纹硬陶罐	0.61	0.96	24.4	62.0	0.072	1.45	0.52	1.66	0.029	8.32	95	35	26	203
ZJXS0032A	杭州萧山	D26采	西周晚	4	印纹硬陶罐	0.83	0.99	26.8	55.8	0.098	2.71	0.32	1.44	0.036	10.95	108	39	21	203
ZJXS0032B	杭州萧山	D26采	西周晚	4	印纹硬陶罐	2.18	1.56	29.7	57.5	0.057	1.46	0.34	0.94	0.024	6.14	87	26	31	136
ZJXS0033A	杭州萧山	D30采2	西周晚	4	原始瓷罐	2.80	0.77	26.2	64.0	0.087	2.33	0.76	1.32	0.014	1.62	59	27	36	243
ZJXS0033B	杭州萧山	D30采2	西周晚	4	原始瓷罐	2.47	0.60	22.9	69.4	0.080	2.04	0.65	0.75	0.014	1.04	71	21	32	246
ZJXS0034A	杭州萧山	D31M1：98	西周晚	4	印纹硬陶罐	2.85	0.75	18.3	67.8	0.161	4.68	0.53	0.95	0.033	3.92	61	23	28	183
ZJXS0034B	杭州萧山	D31M1：98	西周晚	4	印纹硬陶罐	2.62	1.07	21.0	66.9	0.147	2.31	0.67	0.98	0.027	4.18	69	23	18	172
ZJXS0035A	杭州萧山	D32M1：13	西周晚	4	原始瓷豆	2.28	0.56	33.8	57.0	0.066	1.76	0.26	0.92	0.011	3.27	51	18	43	158
ZJXS0035B	杭州萧山	D32M1：13	西周晚	4	原始瓷豆	3.06	0.74	28.7	60.7	0.075	1.70	0.42	1.11	0.015	3.38	63	20	43	171
ZJXS0036A	杭州萧山	D33M1：1	西周晚	4	原始瓷豆	1.28	0.64	29.6	61.0	0.068	1.27	0.27	1.66	0.033	4.16	71	25	26	282
ZJXS0036B	杭州萧山	D33M1：1	西周晚	4	原始瓷豆	2.62	0.69	31.9	60.1	0.068	1.57	0.22	0.93	0.013	1.75	41	22	26	277
ZJXS0037A	杭州萧山	D33采	西周晚	4	印纹硬陶罐	1.80	1.31	27.0	61.6	0.069	2.36	0.42	0.89	0.043	4.42	68	21	39	134
ZJXS0037B	杭州萧山	D33采	西周晚	4	印纹硬陶罐	1.76	1.17	28.3	60.9	0.067	2.49	0.43	0.91	0.029	3.97	70	19	34	141
ZJXS0038A	杭州萧山	D36Q1采	西周晚	4	原始瓷豆	2.44	0.58	19.3	71.3	0.079	3.36	1.16	0.67	0.042	1.00	35	19	41	358
ZJXS0038B	杭州萧山	D36Q1采	西周晚	4	原始瓷豆	1.80	1.91	16.2	59.1	0.342	2.00	14.15	0.68	0.441	3.26	42	26	34	190
ZJXS0039A	杭州萧山	D36Q1采	西周晚	4	原始瓷罐	1.68	1.56	19.3	59.8	0.356	3.17	10.75	1.00	0.081	2.26	38	18	43	211
ZJXS0039B	杭州萧山	D36Q1采	西周晚	4	原始瓷罐	1.68	0.61	31.0	60.3	0.112	3.14	0.81	1.10	0.017	1.24	46	21	41	250
ZJXS0040A	杭州萧山	D1：20	春秋早	5	原始瓷盘	3.04	1.29	17.0	65.4	0.255	1.60	8.86	0.57	0.090	1.86	33	27	34	125
ZJXS0040B	杭州萧山	D1：20	春秋早	5	原始瓷盘	2.33	1.14	17.4	64.8	0.242	1.71	9.81	0.62	0.108	1.82	39	23	35	130
ZJXS0041A	杭州萧山	D1：8	春秋早	5	原始瓷盘	2.30	1.05	17.8	66.5	0.184	2.55	6.73	0.67	0.104	2.08	42	19	39	141
ZJXS0041B	杭州萧山	D1：8	春秋早	5	原始瓷盘	4.43	0.91	18.0	65.6	0.162	3.96	4.68	0.56	0.079	1.48	30	18	43	176

续附表2

样品号	窑址	器物编号	时代	组号	器型	Na$_2$O %	MgO %	Al$_2$O$_3$ %	SiO$_2$ %	P$_2$O$_5$ %	K$_2$O %	CaO %	TiO$_2$ %	MnO %	Fe$_2$O$_3$ %	Cr$_2$O$_3$ ppm	CuO ppm	Rb$_2$O ppm	ZrO$_2$ ppm
ZJXS0042A	杭州萧山	D4：59	春秋早	5	原始瓷碗	3.56	1.35	15.7	68.2	0.424	2.00	6.57	0.64	0.209	1.41	30	21	35	172
ZJXS0042B	杭州萧山	D4：59	春秋早	5	原始瓷碗	2.89	1.24	16.7	69.1	0.367	1.92	5.57	0.54	0.195	1.44	24	18	34	149
ZJXS0043A	杭州萧山	D4采2	春秋早	5	原始瓷钵	2.32	1.05	17.3	70.6	0.310	2.09	3.95	0.66	0.140	1.52	33	19	34	142
ZJXS0043B	杭州萧山	D4采2	春秋早	5	原始瓷钵	2.19	1.41	16.4	68.3	0.421	1.79	6.90	0.62	0.246	1.73	38	22	36	151
ZJXS0044A	杭州萧山	D4采3	春秋早	5	原始瓷盘	2.26	1.68	17.1	61.1	0.499	3.01	10.73	0.70	0.094	2.81	46	37	39	132
ZJXS0044B	杭州萧山	D4采3	春秋早	5	原始瓷盘	1.56	1.94	15.9	62.5	0.474	2.23	12.16	0.68	0.176	2.34	49	42	31	131
ZJXS0045A	杭州萧山	D4采4	春秋早	5	原始瓷盘	1.70	1.53	17.0	66.1	0.337	2.07	8.18	0.56	0.047	2.47	38	24	37	160
ZJXS0045B	杭州萧山	D4采4	春秋早	5	原始瓷盘	2.75	1.35	17.0	63.3	0.274	2.65	9.81	0.59	0.131	2.11	34	35	39	141
ZJXS0046A	杭州萧山	D17Q2：1	春秋早	5	原始瓷盘	3.40	1.28	16.2	61.6	0.296	3.79	10.75	0.56	0.171	1.92	36	22	40	176
ZJXS0046B	杭州萧山	D17Q2：1	春秋早	5	原始瓷盘	3.27	0.91	19.1	64.9	0.251	3.31	3.93	0.85	0.062	3.37	57	29	57	232
ZJXS0047A	杭州萧山	D17Q2：3	春秋早	5	原始瓷盘	2.13	1.02	19.7	67.7	0.545	2.93	3.13	0.71	0.089	2.00	37	21	42	157
ZJXS0047B	杭州萧山	D17Q2：3	春秋早	5	原始瓷盘	1.85	1.09	18.9	68.1	0.202	2.23	4.74	0.70	0.116	2.04	33	20	36	153
ZJXS0048A	杭州萧山	D19：67	春秋早	5	原始瓷碗	1.58	1.73	18.3	67.8	0.332	2.85	4.65	0.70	0.243	1.78	37	24	44	162
ZJXS0048B	杭州萧山	D19：67	春秋早	5	原始瓷碗	2.07	2.22	17.8	62.7	0.510	2.48	9.08	0.75	0.570	1.80	28	32	40	145
ZJXS0049A	杭州萧山	D1采3	春秋中	6	原始瓷杯	3.32	1.04	18.1	66.0	0.120	5.07	3.06	0.70	0.139	2.34	28	23	59	147
ZJXS0050A	杭州萧山	D4采	春秋中	6	原始瓷钵	1.87	1.28	18.3	68.7	0.364	1.86	5.13	0.64	0.180	1.67	33	20	33	149
ZJXS0050B	杭州萧山	D4采	春秋中	6	原始瓷钵	3.91	1.17	16.1	68.1	0.244	3.06	5.09	0.58	0.155	1.65	28	23	37	148
ZJXS0051A	杭州萧山	D29M1：35	春秋中	6	印纹硬陶罐	3.34	1.56	29.0	57.6	0.062	1.85	0.36	1.07	0.045	5.04	74	29	38	157
ZJXS0051B	杭州萧山	D29M1：35	春秋中	6	印纹硬陶罐	1.55	1.22	27.4	62.1	0.067	1.79	0.44	0.92	0.044	4.45	89	25	35	140
ZJXS0052A	杭州萧山	D29采	春秋中	6	原始瓷杯	2.13	0.87	17.8	71.6	0.198	2.12	1.88	0.87	0.061	2.44	47	23	30	205
ZJXS0052B	杭州萧山	D29采	春秋中	6	原始瓷杯	2.26	1.08	17.7	70.4	0.231	1.69	3.23	0.92	0.098	2.38	54	24	31	186
ZJXS0053A	杭州萧山	D1：27	春秋晚	7	原始瓷杯	3.21	1.13	15.7	71.0	0.126	4.88	1.59	0.66	0.108	1.59	34	25	38	130
ZJXS0053B	杭州萧山	D1：27	春秋晚	7	原始瓷杯	2.22	0.72	20.4	71.3	0.103	2.07	0.66	0.66	0.068	1.73	52	17	30	132
ZJXS0054A	杭州萧山	D1：3	春秋晚	7	原始瓷杯	2.31	0.92	21.4	69.0	0.086	2.20	1.17	0.78	0.099	1.99	51	21	31	148
ZJXS0054B	杭州萧山	D1：3	春秋晚	7	原始瓷杯	2.88	0.85	22.1	69.3	0.087	1.95	0.39	0.66	0.039	1.66	45	19	27	133
ZJXS0055A	杭州萧山	D4采5	春秋晚	7	原始瓷杯	2.53	0.61	18.2	73.6	0.076	2.34	0.58	0.62	0.015	1.37	57	22	32	151
ZJXS0055B	杭州萧山	D4采5	春秋晚	7	原始瓷杯	2.76	0.70	18.7	72.1	0.089	2.22	0.92	0.71	0.030	1.67	53	24	35	167
ZJXS0056A	杭州萧山	D28M1：4	春秋晚	7	印纹硬陶罐	3.04	1.41	23.2	62.3	0.115	2.81	1.38	0.96	0.097	4.70	64	24	44	136
ZJXS0056B	杭州萧山	D28M1：4	春秋晚	7	印纹硬陶罐	2.52	1.37	23.4	64.9	0.065	2.54	0.66	0.79	0.045	3.69	62	22	35	124
ZJXS0057A	杭州萧山	D30采1	春秋晚	7	原始瓷杯	2.19	0.53	26.5	65.7	0.061	1.26	0.39	1.17	0.014	2.15	54	21	24	135
ZJXS0057B	杭州萧山	D30采1	春秋晚	7	原始瓷杯	1.32	0.48	31.0	61.3	0.077	1.61	0.18	1.45	0.021	2.49	63	22	25	183
ZJXS0058A	杭州萧山	D1：16	春秋	8	印纹硬陶罐	1.34	0.96	24.9	64.4	0.100	2.52	0.37	0.94	0.030	4.47	64	26	37	137
ZJXS0058B	杭州萧山	D1：16	春秋	8	印纹硬陶罐	1.40	1.21	24.0	64.3	0.124	2.25	0.69	1.07	0.037	4.92	64	26	34	154
ZJXS0059A	杭州萧山	D4采6	不明	9	印纹硬陶罐	3.38	1.13	23.1	63.2	0.127	2.56	1.09	0.88	0.042	4.44	68	30	35	182
ZJXS0059B	杭州萧山	D4采6	不明	9	印纹硬陶罐	2.16	0.87	26.9	63.0	0.139	1.54	0.28	1.14	0.029	3.96	80	23	19	177
ZJXS0060A	杭州萧山	D4采7	不明	9	印纹硬陶罐	2.55	1.37	23.9	62.4	0.264	2.87	0.98	0.85	0.035	4.70	64	27	42	147
ZJXS0060B	杭州萧山	D4采7	不明	9	印纹硬陶罐	1.42	0.91	29.2	61.3	0.054	1.10	0.17	0.86	0.318	4.63	59	22	27	111
ZJXS0061A	杭州萧山	D6采	不明	9	印纹硬陶罐	2.01	1.40	20.7	64.7	0.363	3.17	0.73	0.95	0.044	5.84	76	28	40	125
ZJXS0061B	杭州萧山	D6采	不明	9	印纹硬陶罐	2.76	1.49	25.6	59.8	0.254	2.42	0.43	0.97	0.127	6.12	81	27	34	149
ZJXS0062A	杭州萧山	D19采3	不明	9	印纹硬陶罐	1.96	1.64	23.0	62.7	0.070	3.14	0.83	1.06	0.039	5.53	71	30	40	138
ZJXS0062B	杭州萧山	D19采3	不明	9	印纹硬陶罐	2.04	0.94	29.7	58.4	0.077	1.48	0.30	0.89	0.023	6.14	82	22	26	128

续附表2

样品号	窑址	器物编号	时代	组号	器型	Na₂O %	MgO %	Al₂O₃ %	SiO₂ %	P₂O₅ %	K₂O %	CaO %	TiO₂ %	MnO %	Fe₂O₃ %	Cr₂O₃ ppm	CuO ppm	Rb₂O ppm	ZrO₂ ppm
ZJXS0063A	杭州萧山	D21采	不明	9	印纹硬质陶罐	2.11	1.24	26.1	60.1	0.092	2.29	0.51	0.98	0.061	6.51	80	26	29	164
ZJXS0063B	杭州萧山	D21采	不明	9	印纹硬陶罐	1.63	1.57	28.4	58.8	0.073	1.72	0.36	0.97	0.024	6.36	91	34	26	171
ZJXS0064A	安山	05安山窑址	春秋战国	10	印纹硬陶罐	1.18	1.60	25.4	63.3	0.109	2.68	0.80	0.76	0.063	4.10	63	29	44	134
ZJXS0064B	安山	05安山窑址	春秋战国	10	印纹硬陶罐	2.48	1.25	19.5	67.6	0.112	2.94	1.05	0.73	0.058	4.29	63	23	41	148
ZJXS0065A	安山	05安山窑址	春秋战国	10	印纹硬陶罐	3.29	1.59	20.2	64.9	0.074	3.28	0.74	0.91	0.072	4.93	65	29	39	116
ZJXS0065B	安山	05安山窑址	春秋战国	10	印纹硬陶罐	2.56	1.73	24.8	61.3	0.107	2.51	0.66	0.96	0.071	5.27	69	28	43	143
ZJXS0066A	安山	05安山窑址	春秋战国	10	印纹硬陶罐	1.84	1.43	21.1	67.8	0.074	3.55	0.77	0.66	0.031	2.64	55	24	41	118
ZJXS0066B	安山	05安山窑址	春秋战国	10	印纹硬陶罐	2.31	1.25	26.0	63.1	0.085	2.45	0.66	0.76	0.062	3.27	56	21	42	120
ZJXS0067A	安山	05安山窑址	春秋战国	10	印纹硬陶罐	2.26	1.40	23.0	62.8	0.090	3.25	0.60	1.17	0.063	5.31	81	35	37	124
ZJXS0067B	安山	05安山窑址	春秋战国	10	印纹硬陶罐	1.73	1.51	23.3	61.7	0.132	2.46	0.77	1.08	0.126	7.10	84	28	42	167
ZJXS0068A	安山	05安山窑址	春秋战国	10	印纹硬陶罐	2.73	1.45	22.1	66.0	0.065	2.32	0.63	0.80	0.041	3.80	62	24	35	128
ZJXS0068B	安山	05安山窑址	春秋战国	10	印纹硬陶罐	2.06	0.85	24.8	64.2	0.068	3.65	0.27	0.72	0.029	3.38	72	20	34	114
ZJXS0069A	安山	Y2北侧2层	春秋战国	10	印纹硬陶罐	2.83	1.49	20.6	66.7	0.096	2.99	0.66	0.76	0.058	3.79	60	27	44	118
ZJXS0069B	安山	Y2北侧2层	春秋战国	10	印纹硬陶罐	2.07	1.16	25.5	63.5	0.103	2.06	0.63	0.80	0.060	4.14	61	22	37	121
ZJXS0070A	安山	Y2北侧2层	春秋战国	10	印纹硬陶罐	2.62	1.17	20.7	68.2	0.154	2.49	0.57	0.80	0.028	3.28	63	23	35	125
ZJXS0070B	安山	Y2北侧2层	春秋战国	10	印纹硬陶罐	2.92	1.43	27.7	59.3	0.108	2.07	0.52	1.04	0.038	4.92	83	31	41	143
ZJXS0071A	安山	Y2北侧2层	春秋战国	10	印纹硬陶罐	2.27	1.06	19.7	69.7	0.121	2.51	0.60	0.79	0.030	3.20	54	25	39	116
ZJXS0071B	安山	Y2北侧2层	春秋战国	10	印纹硬陶罐	2.01	1.27	26.6	62.8	0.168	1.42	0.67	1.15	0.036	3.88	74	34	32	142
ZJXS0072A	安山	Y2北侧2层	春秋战国	10	印纹硬陶罐	1.74	1.31	23.9	65.5	0.059	1.92	0.41	0.92	0.044	4.14	70	25	33	128
ZJXS0072B	安山	Y2北侧2层	春秋战国	10	印纹硬陶罐	1.93	1.28	22.9	66.7	0.080	1.97	0.37	0.85	0.050	3.82	58	25	36	112
ZJXS0073A	安山	Y2后端南侧	春秋战国	10	印纹硬陶罐	1.88	1.43	23.5	64.5	0.094	1.94	0.96	0.96	0.041	4.64	65	28	33	139
ZJXS0073B	安山	Y2后端南侧	春秋战国	10	印纹硬陶罐	2.82	1.16	26.4	62.5	0.079	1.93	0.42	0.83	0.036	3.78	64	23	35	113
ZJXS0074A	安山	Y2后端南侧	春秋战国	10	印纹硬陶罐	2.14	1.18	19.6	66.4	0.102	2.51	1.02	0.91	0.081	6.00	78	30	47	149
ZJXS0074B	安山	Y2后端南侧	春秋战国	10	印纹硬陶罐	2.74	1.20	20.0	66.4	0.077	2.25	0.45	0.94	0.064	5.91	78	27	35	123
ZJXS0075A	安山	Y2后端南侧	春秋战国	10	印纹硬陶罐	4.49	1.22	21.8	64.8	0.086	2.37	0.51	0.81	0.066	3.84	65	22	34	130
ZJXS0075B	安山	Y2后端南侧	春秋战国	10	印纹硬陶罐	2.53	1.14	24.5	64.0	0.106	2.08	0.65	0.84	0.036	4.09	71	25	35	146
ZJXS0076A	安山	Y2后端南侧	春秋战国	10	印纹硬陶罐	2.93	1.12	24.2	63.0	0.067	1.90	0.39	0.96	0.035	5.41	67	27	31	129
ZJXS0076B	安山	Y2后端南侧	春秋战国	10	印纹硬陶罐	2.21	1.48	27.9	58.8	0.088	1.94	1.04	1.05	0.041	5.47	80	26	39	153
ZJXS0077A	安山	Y2后端南侧	春秋战国	10	印纹硬陶罐	2.47	1.30	24.9	62.0	0.112	2.72	0.63	0.91	0.064	4.87	67	24	42	126
ZJXS0077B	安山	Y2后端南侧	春秋战国	10	印纹硬陶罐	2.49	1.17	25.7	61.2	0.110	2.12	0.45	0.95	0.051	5.69	76	25	36	140
ZJXS0078A	安山	TG1	春秋战国	10	印纹硬陶	4.10	1.35	19.2	66.7	0.095	2.54	0.97	0.81	0.076	4.15	59	27	44	127
ZJXS0078B	安山	TG1	春秋战国	10	印纹硬陶	2.01	1.03	21.6	68.1	0.064	2.19	0.38	0.74	0.042	3.74	54	23	37	104
ZJXS0079A	安山	TG1	春秋战国	10	印纹硬陶	2.81	1.44	19.3	66.6	0.165	3.76	0.72	0.89	0.059	4.20	60	32	39	115
ZJXS0079B	安山	TG1	春秋战国	10	印纹硬陶	2.43	1.34	21.3	65.0	0.142	3.07	0.97	1.07	0.055	4.60	62	21	38	117
ZJXS0080A	安山	TG1	春秋战国	10	印纹硬陶	4.41	1.44	21.2	62.3	0.095	4.30	0.82	0.80	0.042	4.54	59	28	49	144
ZJXS0080B	安山	TG1	春秋战国	10	印纹硬陶	2.74	1.30	21.1	66.0	0.084	3.03	0.81	0.70	0.038	4.26	60	19	36	106
ZJXS0081A	安山	TG1	春秋战国	10	印纹硬陶	2.54	1.09	19.8	68.6	0.293	3.07	0.57	0.71	0.042	3.26	59	23	44	115
ZJXS0081B	安山	TG1	春秋战国	10	印纹硬陶	3.19	1.18	23.2	64.9	0.110	2.37	0.45	0.84	0.049	3.62	63	22	42	121
ZJXS0082A	安山	TG1	春秋战国	10	印纹硬陶	2.20	1.61	22.7	65.3	0.112	2.54	0.55	0.76	0.047	4.13	65	26	39	115
ZJXS0082B	安山	TG1	春秋战国	10	印纹硬陶	1.93	1.59	22.9	65.2	0.086	2.36	0.45	0.92	0.062	4.52	72	20	41	124
ZJXS0083A	安山	Y2北侧2层	春秋战国	10	原始瓷	2.24	0.71	20.4	70.9	0.113	1.85	1.22	0.78	0.030	1.77	60	22	36	0

续附表2

样品号	窑址	器物编号	时代	组号	器型	Na$_2$O %	MgO %	Al$_2$O$_3$ %	SiO$_2$ %	P$_2$O$_5$ %	K$_2$O %	CaO %	TiO$_2$ %	MnO %	Fe$_2$O$_3$ %	Cr$_2$O$_3$ ppm	CuO ppm	Rb$_2$O ppm	ZrO$_2$ ppm
ZJXS0083B	安山	Y2北侧2层	春秋战国	10	原始瓷	2.61	0.73	16.6	73.5	0.099	2.96	0.71	0.68	0.048	1.98	51	27	57	189
ZJXS0084A	安山	Y2北侧2层	春秋战国	10	原始瓷	2.31	0.88	15.2	74.3	0.139	4.56	0.49	0.52	0.140	1.35	37	28	57	150
ZJXS0084B	安山	Y2北侧2层	春秋战国	10	原始瓷	2.89	0.68	18.2	73.6	0.113	2.36	0.27	0.56	0.025	1.25	45	18	33	127
ZJXS0085A	安山	Y2北侧2层	春秋战国	10	原始瓷	3.39	0.50	19.3	72.1	0.088	2.70	0.18	0.60	0.040	1.10	38	18	34	124
ZJXS0085B	安山	Y2北侧2层	春秋战国	10	原始瓷	2.54	0.77	16.4	75.4	0.114	2.59	0.59	0.57	0.053	1.00	43	22	33	128
ZJXS0086A	茅湾里	采集	春秋战国	11	印纹硬陶	2.15	0.84	25.6	63.7	0.079	2.37	0.50	0.77	0.047	3.89	66	23	35	115
ZJXS0086B	茅湾里	采集	春秋战国	11	印纹硬陶	2.83	0.93	23.6	65.3	0.071	2.25	0.66	0.73	0.050	3.63	58	22	36	125
ZJXS0087A	茅湾里	采集	春秋战国	11	印纹硬陶	4.28	1.23	19.8	66.3	0.124	2.74	0.85	0.76	0.042	3.89	69	28	36	122
ZJXS0087B	茅湾里	采集	春秋战国	11	印纹硬陶	2.75	1.14	20.7	63.6	0.112	2.99	0.90	1.06	0.062	6.65	78	28	50	160
ZJXS0088A	茅湾里	采集	春秋战国	11	印纹硬陶	2.46	1.36	23.4	64.0	0.117	1.77	1.52	1.04	0.051	4.33	73	34	37	158
ZJXS0088B	茅湾里	采集	春秋战国	11	印纹硬陶	3.93	1.25	22.4	65.3	0.079	1.76	0.88	0.91	0.052	3.46	54	27	35	117
ZJXS0089A	茅湾里	采集	春秋战国	11	印纹硬陶	2.11	1.55	29.8	59.1	0.053	2.22	0.53	0.76	0.055	3.72	56	25	38	113
ZJXS0089B	茅湾里	采集	春秋战国	11	印纹硬陶	1.92	1.29	29.2	60.1	0.077	1.96	0.76	0.78	0.055	3.88	59	21	37	109
ZJXS0090A	茅湾里	采集	春秋战国	11	印纹硬陶	3.52	1.24	17.6	69.0	0.129	3.40	0.73	0.68	0.053	3.56	55	30	41	120
ZJXS0090B	茅湾里	采集	春秋战国	11	印纹硬陶	2.95	1.14	22.4	65.3	0.180	2.74	0.84	0.68	0.110	3.59	75	29	42	112
ZJXS0091A	茅湾里	采集	春秋战国	11	印纹硬陶	2.60	1.26	26.1	62.8	0.077	1.83	0.64	0.84	0.040	3.78	69	31	39	145
ZJXS0091B	茅湾里	采集	春秋战国	11	印纹硬陶	3.49	1.39	27.7	60.5	0.059	1.70	0.27	0.98	0.032	3.80	70	27	25	133
ZJXS0092A	茅湾里	采集	春秋战国	11	印纹硬陶	2.86	1.27	23.2	65.0	0.088	2.46	0.43	0.82	0.072	3.85	71	23	40	110
ZJXS0092B	茅湾里	采集	春秋战国	11	印纹硬陶	1.71	1.20	24.8	64.9	0.068	2.30	0.46	0.79	0.059	3.64	66	23	43	102
ZJXS0093A	茅湾里	采集	春秋战国	11	印纹硬陶	2.01	1.36	25.0	64.1	0.062	1.78	0.44	0.96	0.067	4.26	70	25	34	127
ZJXS0093B	茅湾里	采集	春秋战国	11	印纹硬陶	2.00	1.50	26.5	63.0	0.088	1.65	0.54	0.95	0.051	3.66	61	27	34	113
ZJXS0094A	茅湾里	采集	春秋战国	11	印纹硬陶	2.25	1.60	27.4	61.6	0.074	1.68	0.41	1.08	0.031	3.90	67	31	40	134
ZJXS0094B	茅湾里	采集	春秋战国	11	印纹硬陶	1.05	1.27	26.0	64.8	0.077	1.99	0.38	0.92	0.035	3.50	64	26	42	106
ZJXS0095A	茅湾里	采集	春秋战国	11	印纹硬陶	2.76	1.20	22.3	66.0	0.065	2.21	0.47	0.88	0.080	3.94	68	29	43	120
ZJXS0095B	茅湾里	采集	春秋战国	11	印纹硬陶	1.05	1.39	25.4	64.2	0.058	2.23	0.38	0.83	0.050	4.37	59	23	40	94
ZJXS0096A	茅湾里	采集	春秋战国	11	原始瓷	3.26	1.61	17.5	68.1	0.276	2.31	4.52	0.67	0.256	1.52	29	28	39	130
ZJXS0096B	茅湾里	采集	春秋战国	11	原始瓷	1.63	1.43	16.7	72.2	0.261	2.39	3.19	0.61	0.204	1.41	36	27	38	142
ZJXS0097A	茅湾里	采集	春秋战国	11	原始瓷	3.82	1.27	17.0	67.7	0.276	2.23	5.35	0.59	0.193	1.56	25	19	36	126
ZJXS0097B	茅湾里	采集	春秋战国	11	原始瓷	1.74	1.05	16.9	72.6	0.181	2.30	2.78	0.59	0.122	1.65	36	17	32	127
ZJXS0098A	茅湾里	采集	春秋战国	11	原始瓷	2.13	0.64	19.4	72.9	0.073	2.19	0.75	0.57	0.037	1.28	47	23	33	206
ZJXS0098B	茅湾里	采集	春秋战国	11	原始瓷	1.47	0.71	18.0	73.5	0.091	2.76	0.82	0.96	0.020	1.65	45	28	43	286
ZJXS0099A	茅湾里	采集	春秋战国	11	原始瓷	2.66	1.61	17.2	66.4	0.296	1.41	8.11	0.55	0.231	1.57	31	25	30	129
ZJXS0099B	茅湾里	采集	春秋战国	11	原始瓷	3.22	1.34	16.6	71.0	0.157	2.77	2.66	0.51	0.136	1.60	36	19	44	138
ZJXS0100A	茅湾里	采集	春秋战国	11	原始瓷	2.71	0.89	16.7	73.1	0.127	3.21	1.42	0.55	0.084	1.21	29	19	33	140
ZJXS0100B	茅湾里	采集	春秋战国	11	原始瓷	1.64	0.80	16.8	74.5	0.138	2.61	1.60	0.53	0.098	1.28	41	17	32	134
ZJXS0101A	茅湾里	采集	春秋战国	11	原始瓷	1.45	1.06	19.4	71.6	0.120	3.28	0.76	0.65	0.039	1.59	49	26	38	128
ZJXS0101B	茅湾里	采集	春秋战国	11	原始瓷	3.95	0.85	18.8	69.0	0.093	4.63	0.64	0.55	0.033	1.47	41	24	37	147
ZJXS0102A	茅湾里	采集	春秋战国	11	原始瓷	5.60	0.97	15.2	67.6	0.245	5.94	1.38	0.86	0.105	2.02	46	33	56	194
ZJXS0102B	茅湾里	采集	春秋战国	11	原始瓷	3.87	0.81	15.9	73.4	0.189	3.13	0.49	0.70	0.019	1.50	40	17	33	135
ZJXS0103A	茅湾里	采集	春秋战国	11	原始瓷	2.89	0.64	14.6	72.9	0.136	6.29	0.33	0.57	0.050	1.52	31	20	50	148
ZJXS0103B	茅湾里	采集	春秋战国	11	原始瓷	2.87	0.84	15.0	75.0	0.244	2.28	1.55	0.53	0.105	1.52	37	27	32	153

续附表2

样品号	窑址	器物编号	时代	组号	器型	Na₂O %	MgO %	Al₂O₃ %	SiO₂ %	P₂O₅ %	K₂O %	CaO %	TiO₂ %	MnO %	Fe₂O₃ %	Cr₂O₃ ppm	CuO ppm	Rb₂O ppm	ZrO₂ ppm
ZJXS0104A	茅湾里	采集	春秋战国	11	原始瓷	2.45	0.91	16.5	72.6	0.190	2.97	2.12	0.62	0.063	1.54	41	24	46	130
ZJXS0104B	茅湾里	采集	春秋战国	11	原始瓷	1.41	0.51	19.0	74.0	0.063	2.10	0.69	0.58	0.018	1.61	45	17	32	112
ZJXS0105A	茅湾里	采集	春秋战国	11	原始瓷	1.64	1.30	19.8	70.4	0.062	4.80	0.24	0.62	0.018	1.08	46	14	44	107
ZJXS0105B	茅湾里	采集	春秋战国	11	原始瓷	1.21	2.50	15.6	65.0	0.404	1.53	10.96	0.51	0.444	1.77	32	34	40	122
ZJXS0106A	茅湾里	采集	春秋战国	11	原始瓷	3.59	1.23	18.9	69.9	0.203	2.42	1.27	0.64	0.093	1.68	45	22	35	124
ZJXS0106B	茅湾里	采集	春秋战国	11	原始瓷	2.43	1.33	17.0	70.4	0.292	2.09	3.77	0.64	0.170	1.78	38	19	36	139
ZJXS0107A	茅湾里	采集	春秋战国	11	原始瓷	2.39	1.07	17.4	71.8	0.168	2.72	2.14	0.61	0.076	1.59	36	16	34	115
ZJXS0107B	茅湾里	采集	春秋战国	11	原始瓷	1.87	0.90	18.4	72.3	0.173	2.69	1.23	0.64	0.083	1.66	38	19	30	116
ZJXS0108A	茅湾里	采集	春秋战国	11	原始瓷	2.58	0.64	17.7	74.4	0.074	2.25	0.38	0.59	0.027	1.34	40	17	31	120
ZJXS0108B	茅湾里	采集	春秋战国	11	原始瓷	2.59	0.87	16.5	73.2	0.096	3.20	1.62	0.58	0.061	1.31	38	17	34	122
ZJXS0109A	纱帽山	采集	春秋战国	12	印纹硬陶	3.26	1.46	21.9	64.2	0.080	3.08	0.91	0.88	0.055	4.13	64	31	46	117
ZJXS0109B	纱帽山	采集	春秋战国	12	印纹硬陶	3.12	1.35	24.7	63.2	0.103	2.34	0.57	0.81	0.040	3.74	62	24	40	125
ZJXS0110A	纱帽山	采集	春秋战国	12	印纹硬陶	3.33	1.38	19.9	65.8	0.085	4.02	0.67	0.76	0.054	3.97	66	21	46	108
ZJXS0110B	纱帽山	采集	春秋战国	12	印纹硬陶	3.93	2.32	20.9	61.7	0.076	3.81	0.90	0.83	0.079	5.42	68	27	55	134
ZJXS0111A	纱帽山	采集	春秋战国	12	印纹硬陶	5.33	1.94	20.6	61.9	0.071	2.86	1.37	0.87	0.087	4.92	64	27	48	122
ZJXS0111B	纱帽山	采集	春秋战国	12	印纹硬陶	1.80	1.64	23.7	64.3	0.054	2.34	0.66	0.79	0.057	4.63	62	30	42	98
ZJXS0112A	纱帽山	采集	春秋战国	12	印纹硬陶	2.62	1.43	20.6	67.8	0.091	2.81	0.79	0.79	0.030	3.07	58	27	39	125
ZJXS0112B	纱帽山	采集	春秋战国	12	印纹硬陶	2.29	1.20	22.7	66.8	0.080	2.13	0.96	0.79	0.030	3.00	46	22	36	112
ZJXS0113A	纱帽山	采集	春秋战国	12	印纹硬陶	1.51	1.23	24.4	62.6	0.052	5.75	0.19	0.71	0.035	3.46	63	15	37	120
ZJXS0113B	纱帽山	采集	春秋战国	12	印纹硬陶	3.86	0.91	24.1	62.2	0.052	4.73	0.18	0.75	0.019	3.20	59	19	39	115
ZJXS0114A	纱帽山	采集	春秋战国	12	印纹硬陶	4.57	1.06	18.1	66.7	0.133	3.31	1.71	0.78	0.048	3.53	71	30	55	148
ZJXS0114B	纱帽山	采集	春秋战国	12	印纹硬陶	2.68	1.11	24.4	64.6	0.066	2.48	0.55	0.76	0.031	3.28	58	22	37	120
ZJXS0115A	纱帽山	采集	春秋战国	12	印纹硬陶	4.13	1.01	17.7	67.4	0.091	4.09	0.76	0.85	0.082	3.80	61	29	42	142
ZJXS0115B	纱帽山	采集	春秋战国	12	印纹硬陶	3.41	1.04	18.1	68.5	0.234	3.36	0.98	0.76	0.057	3.48	56	28	39	123
ZJXS0116A	纱帽山	采集	春秋战国	12	印纹硬陶	2.95	1.49	23.0	57.2	0.071	6.92	1.21	0.83	0.093	6.20	64	23	59	133
ZJXS0116B	纱帽山	采集	春秋战国	12	印纹硬陶	3.45	1.84	23.6	61.7	0.130	2.77	1.10	0.85	0.085	4.45	67	24	48	113
ZJXS0117A	纱帽山	采集	春秋战国	12	印纹硬陶	1.67	2.32	20.9	66.1	0.091	3.04	1.43	0.82	0.085	3.47	55	24	51	122
ZJXS0117B	纱帽山	采集	春秋战国	12	印纹硬陶	2.61	2.18	22.5	60.0	0.144	3.15	1.94	1.01	0.114	6.32	83	33	66	154
ZJXS0118A	纱帽山	采集	春秋战国	12	印纹硬陶	3.29	1.76	24.0	58.6	0.094	4.92	0.85	0.80	0.083	5.57	64	24	55	134
ZJXS0118B	纱帽山	采集	春秋战国	12	印纹硬陶	2.35	1.82	26.6	60.9	0.090	2.58	0.67	0.76	0.055	4.16	61	23	42	106
ZJXS0119A	纱帽山	采集	春秋战国	12	印纹硬陶	3.38	1.23	19.4	67.8	0.120	3.47	0.54	0.79	0.037	3.17	76	30	43	120
ZJXS0119B	纱帽山	采集	春秋战国	12	印纹硬陶	2.48	1.46	22.5	65.8	0.097	2.39	1.06	0.77	0.052	3.38	55	24	41	113
ZJXS0120A	纱帽山	采集	春秋战国	12	印纹硬陶	2.65	1.40	22.2	60.5	0.068	6.46	0.82	0.76	0.123	4.93	68	19	57	145
ZJXS0120B	纱帽山	采集	春秋战国	12	印纹硬陶	3.06	1.67	22.5	64.4	0.064	2.79	0.97	0.72	0.061	3.78	65	19	41	104
ZJXS0121A	纱帽山	采集	春秋战国	12	原始瓷	1.54	0.64	18.1	74.1	0.076	2.53	0.47	0.75	0.046	1.78	42	23	42	131
ZJXS0121B	纱帽山	采集	春秋战国	12	原始瓷	4.35	0.65	16.3	74.2	0.104	1.79	0.41	0.72	0.027	1.38	40	21	30	122
ZJXS0122A	纱帽山	采集	春秋战国	12	原始瓷	3.21	1.28	19.5	69.3	0.127	2.44	1.57	0.84	0.084	1.62	45	21	33	158
ZJXS0122B	纱帽山	采集	春秋战国	12	原始瓷	1.61	1.58	18.3	69.6	0.207	2.28	3.79	0.75	0.116	1.79	50	26	37	158
ZJXS0123A	纱帽山	采集	春秋战国	12	原始瓷	3.25	0.84	17.7	69.9	0.108	4.85	0.91	0.78	0.051	1.51	45	20	38	244
ZJXS0123B	纱帽山	采集	春秋战国	12	原始瓷	2.28	1.25	16.7	71.1	0.304	3.13	2.72	0.74	0.134	1.66	30	21	38	219
ZJXS0124A	纱帽山	采集	春秋战国	12	原始瓷	3.18	0.93	23.2	64.3	0.060	5.40	0.21	0.67	0.013	1.97	60	17	44	130

续附表2

样品号	窑址	器物编号	时代	组号	器型	Na₂O %	MgO %	Al₂O₃ %	SiO₂ %	P₂O₅ %	K₂O %	CaO %	TiO₂ %	MnO %	Fe₂O₃ %	Cr₂O₃ ppm	CuO ppm	Rb₂O ppm	ZrO₂ ppm
ZJXS0124B	纱帽山	采集	春秋战国	12	原始瓷	1.99	0.72	27.7	62.3	0.064	4.25	0.19	0.68	0.017	2.03	53	16	34	112
ZJXS0125A	纱帽山	采集	春秋战国	12	原始瓷	2.36	1.46	16.1	71.6	0.313	2.57	3.20	0.81	0.138	1.49	38	26	40	219
ZJXS0125B	纱帽山	采集	春秋战国	12	原始瓷	1.78	1.58	18.9	69.5	0.257	2.32	2.95	0.81	0.103	1.76	35	24	36	228
ZJXS0126A	纱帽山	采集	春秋战国	12	原始瓷	1.64	1.23	18.0	71.6	0.234	1.87	2.84	0.65	0.114	1.81	53	24	31	147
ZJXS0126B	纱帽山	采集	春秋战国	12	原始瓷	3.89	1.22	15.6	72.6	0.208	1.93	2.06	0.68	0.077	1.67	37	23	32	154
ZJXS0127A	纱帽山	采集	春秋战国	12	原始瓷	3.19	0.80	15.9	75.4	0.094	1.94	0.50	0.61	0.077	1.45	53	20	29	121
ZJXS0127B	纱帽山	采集	春秋战国	12	原始瓷	4.44	0.84	15.4	73.1	0.084	3.36	0.55	0.67	0.136	1.39	49	20	40	121
ZJXS0128A	纱帽山	采集	春秋战国	12	原始瓷	4.09	1.01	18.3	70.6	0.068	2.85	0.66	0.64	0.036	1.77	44	21	37	116
ZJXS0128B	纱帽山	采集	春秋战国	12	原始瓷	2.33	0.98	20.7	70.0	0.096	2.08	0.99	0.77	0.041	1.93	46	19	33	124
ZJXS0129A	纱帽山	采集	春秋战国	12	原始瓷	1.72	1.82	17.3	66.9	0.310	1.69	6.70	1.01	0.253	2.24	48	28	35	155
ZJXS0129B	纱帽山	采集	春秋战国	12	原始瓷	1.48	2.11	16.5	64.4	0.425	1.18	10.78	0.80	0.452	1.82	48	28	29	148
ZJXS0130A	纱帽山	采集	春秋战国	12	原始瓷	3.11	0.76	15.6	73.4	0.129	3.82	1.13	0.58	0.049	1.40	37	21	35	141
ZJXS0130B	纱帽山	采集	春秋战国	12	原始瓷	3.54	1.01	16.3	73.1	0.120	2.60	1.18	0.64	0.044	1.41	32	15	33	160

后　记

　　土墩墓是先秦时期中国南方地区特殊的丧葬习俗，沿用时间长，内涵丰富。柴岭山土墩墓的发掘是因盗墓案件引起的抢救性考古发掘，发掘工作前后历时15个月，经过考古队员的艰辛努力，揭示了一个年代跨度大、内涵丰富的土墩墓群，这次发掘为土墩墓研究提供了不可多得的资料。

　　由于柴岭山土墩墓的发掘是个突发事件，因此，在发掘过程中充满了各种不确定性，发掘工作也是在曲折中得以完成的。令人欣慰的是本次发掘工作得到各个方面的支持和帮助，使得发掘工作得以顺利完成。萧山区财政局、萧山区文化广电新闻出版局提供财力支持，湘湖管理委员会、蜀山街道提供各项方便措施，萧山博物馆提供细致周到的后勤服务。杭州市园林文物局书记、局长刘颖十分关心工地开展情况，多次询问发掘进程；文物处处长卓军对本次考古工作更是关注有加，多次到现场督促和指导，对文物的发掘与保护做出了明确的指示。萧山区委常委、副区长琚朝晖亲临考古工地，考察发掘状况，并对古墓今后的保护问题进行协调和部署，为进一步保护和展示考古成果指明方向。浙江省文物考古研究所王海明副所长、陈元甫研究员亲临考古现场进行指导，郑建明研究员在室内整理阶段给予了很多帮助。

　　北京大学考古文博学院科技考古实验室吴小红对墓地出土的木炭进行碳十四测定。

　　中国科学院高能物理研究所冯松林对墓地出土遗物进行产地检测。

　　中国社会科学院王树芝对墓地出土的木炭进行树种检测。

　　中国社会科学院考古研究所李新伟为本书翻译了英文摘要。

　　本报告的出版得到文物出版社的大力支持。

　　在此谨向上述单位和个人表示衷心的感谢！

　　报告的整理工作贯穿于考古发掘的始终，田野工作刚一结束，工作人员放弃双休日和节假日，立刻投入到纷繁复杂的室内整理和报告编写工作中。从炎炎夏日到冽冽寒冬，经过半年多的艰苦奋斗，报告终于成型。值此报告付梓之际，谨向为本报告付出艰苦努力的工作人员表示衷心的感谢！

　　由于报告整理时间较短，很多发掘内容尚未来得及消化吸收，因此，报告中的观点只是编者就现有材料表达的一些不太成熟的想法，书中纰漏之处恳请读者批评指正。

编　者

2013年5月

The Chailingshan Earth Mount Burials in Xiaoshan

(Abstract)

The Chailingshan 柴岭山 earth mount burials are located at the tops, ridges and slopes of the hills between the Wugongshan 蜈蚣山 and Chailingshan 柴岭山 Mountains in the west of the Xiaoshan 萧山 District, Hangzhou 杭州 City, Zhejiang 浙江 Province. The cemetery is 8 km southeast of the Qiantangjiang 钱塘江 River. To its north，are the famous Kuahuqiao 跨湖桥 site （8000 BP） and Yuewangcheng 越王城 walled site （2500 BP）.

From March 31, 2011 to June 15, 2012, the co-operative archaeological team of the Hangzhou City Institute of Archaeology and Cultural Relics and the Xiaoshan Museum conducted a salvage excavation at the cemetery, dug 37 earth mounts, and found 59 burials, 8 artifact assemblages, 1 kiln and 1 hearth of the late Shang Dynasty to the Warring States period. Totally 867 pieces （sets） of artifacts were found in the burials and artifacts assemblages, 55 pieces were found in the earth mounds and filling soil of the burials.

Most of the earth mounds are middle or small in size, and round, ellipse, semi-ellipse or pear-like in shape. The surface of these mounds is covered by dark soil mixed with decayed plants. Under this dark soil, is the man-piled soft yellow-brown soil, usually less than 1 m in height. The earth mound D30 has three layers of man-piled soil, while all the others have only one layer.

The burials can be divided into three types: no chamber burial, wooden chamber burial and stone chamber burial. For the no chamber burials, some have no shaft pit and the deceased was just put on the ground, some have a earth shaft pit, some have a stone bed to put the deceased, and some have a stone frame surrounding the deceased. The wooden chamber burial have a ∧-shaped wooden chamber. All the stone room burials have a room made of stones of different sizes, and usually rectangular in shape with a long chamber in the middle. The room was sealed with stone ceiling and covered with earth.

Except for burial D5M1, D6M3, D10M1 and D30M2, all the burials have offerings of different quantity. Totally 867 pieces （sets） of offerings had been found, including proto porcelain vessels, stamped-pattern stone-ware pottery, stone-ware pottery, fine-clay pottery, sandy ware pottery, bronze objects, jade objects and stone objects. Proto porcelain is the largest in quantity, followed by stamped-pattern stone-ware pottery and stone-ware pottery.

Totally 14 earth mounds have more than one burials under them, and 11 groups of burials have overlapping or breaking relationship. Some eight artifact assemblages were unearthed inside the earth mounds, probably the remains of later ritual practice.

According to the overlapping or breaking context of burials and artifacts assemblage, as well as burial structure and typology of burial offerings, we divide the burials into eight phases: phase I, middle and late Shang period; phase II, early Western Zhou period; phase III, middle Western Zhou period; phase IV, late Western Zhou period; phase V, early Spring and Autumn period; phase VI, middle Spring and Autumn period; phase VII, late Spring and Autumn period and phase VIII, late Spring and Autumn to Warring States period.

Most of the burials head to the west, some to the south, north or east.

Green-gray clay had been found in the back of the middle chamber and back chamber of earth mount tomb D4 and the chamber of burial D36M1. The stone bed of burial D30M1 was covered by a layer of white clay. Theses clays might had been used to make the burials water resistance. Finally made drainage ditches, also for water resistance, had been found beside the stone beds in burials D8M1 and D23M1.

The burials can be divided into three classes based on their position, size of themselves and the earth mound above them, and quantity and quality of burial offerings. Burials D30M1 and D36M1 are representatives of the high noble class, D29M1, D31M1 and D35M1 are representatives of the normal noble class, while D6M1 and D17M4 represents the commoner class.

High noble burials D30M1 and D36M1 are large in size. D30M1 has a wood chamber with ∧ shape ceiling, a stone bed and a layer of white clay at the bottom. It is important for the research on the origin and distribution of similar high class burials, including the tombs of the kings of the Yue 越 State at Yinshan印 山. D36M1 is a large and complex burial with the passage, door frame, chamber, stone room, stone ceiling and supporting walls. A layer of green-gray clay was found at its bottom.

The Chailingshan burials are significant for the archaeology of the Shang and Zhou periods in southern China. The burials are various in types and have a clear chronological sequence from the middle and late Shang to the early Warring States period, which is important for the research on the development of local cultures and mortuary practice, as well as the ethnic groups in that time. The ceramic vessels unearthed are also important for researches on the origin, distribution and techniques of proto porcelain and stamped pattern stone ware pottery.

柴岭山　　　　　　　　　　竹狗洞山　　　　　　　无名山体　　　　蜈蚣山　　　十二房山

墓地远景（西北—东南）

柴岭山　　　　　　竹狗洞山　　　　无名山体　　　蜈蚣山

十二房山

墓地远景（从城山山顶远眺，西北—东南）

D8两分法解剖（南—北）

D31四分法解剖（南—北）

D35四分法解剖（东—西）

1. D1远景（西—东）

2. D1盗洞（北—南）

3. D1墓道（北—南）

4. D1墓室东壁（北—南）

豆D1：06

盂D1：05

盘D1：01

豆D1：07

盂D1：05

盘D1：02

碗D1：04

盂D1：05

盘D1：03

1. D1墓室全景（南—北）

2. D1西侧挡土墙（西南—东北）

3. D1石室盖顶石（北—南）

AⅡ盂D1：1

AⅢ碗D1：2

AⅢ碗D1：3

AⅦ印纹硬陶罐D1：4

AⅦ印纹硬陶罐 D1：5

AⅦ印纹硬陶罐D1：4

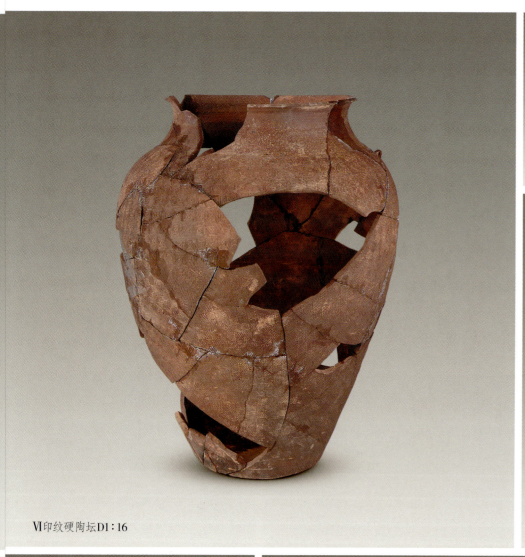

Ⅵ印纹硬陶坛D1：16

BⅢ盘D1：24

BⅡ罐D1：15

BⅢ印纹硬陶罐D1：19

BⅢ印纹硬陶罐D1：30

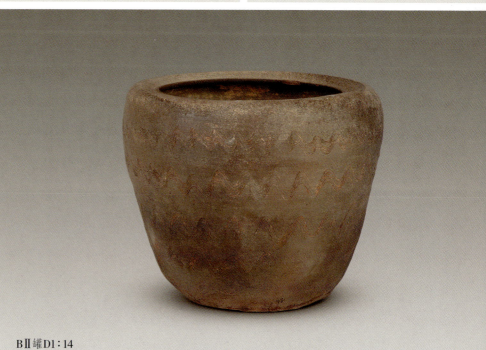

BⅡ罐D1：14

BⅢ盘D1：23

AⅢ碗D1：26

AⅢ碗D1：28

BⅠ盂D1：25

BⅠ盂D1：25

AⅢ碗D1：17

AⅢ碗D1：28

AⅢ碗D1：27

AⅢ碗D1：29

AⅢ碗D1：18

AⅢ碗D1：31

1. D2盗洞（北—南）

2. D2M1全景（西—东）

豆D2：02

陶纺轮D2：01

A印纹硬陶罍D2M1：9

AⅣ豆D2M1：1

AⅣ豆D2M1：10

A印纹硬陶罍D2M1：9

AⅣ豆D2M1：1

AⅣ豆D2M1：10

镞 D2M1：14

AⅣ豆D2M1：11

AⅣ豆D2M1：13

AⅡ盂 D2M1：2

AⅡ盂 D2M1：3

BⅠ盂 D2M1：4

AⅡ盂 D2M1：2

AⅡ盂 D2M1：3

BⅠ盂 D2M1：4

C盂 D2M1：12

C盂 D2M1：12

CⅢ印纹硬陶瓿 D2M1：5

CⅡ豆 D2M1：15

BⅠ盂 D2M1：8

CⅢ印纹硬陶瓿 D2M1：6

1. D3清理前（南—北）

3. D3M1东挡土墙（北—南）

2. D3M1石室全景（南—北）

4. D3M1墓室全景（南—北）

5. D3M1盖顶石（北—南）

Ⅳ印纹硬陶坛D3M1：1

1. D4远景（东—西）

2. D4盗洞（西—东）

3. D4清理前（东—西）

4. D4石室清理前（南—北）

5. D4石室局部（北—南）

6. D4墓室（北—南）

7. D4墓室（南—北）

8. D4东壁局部（北—南）

9. D4墓室东壁（东北—西南）

1. D4墓底青膏泥

2. D4墓底青膏泥（上—下）

3. D4西挡土墙和护坡（南—北）

4. D4西挡土墙（北—南）

5. D4东挡土墙（东北—西南）

6. D4盖顶石（北—南）

7. D4墓底器物（北—南）

8. D4出土器物局部（北—南）

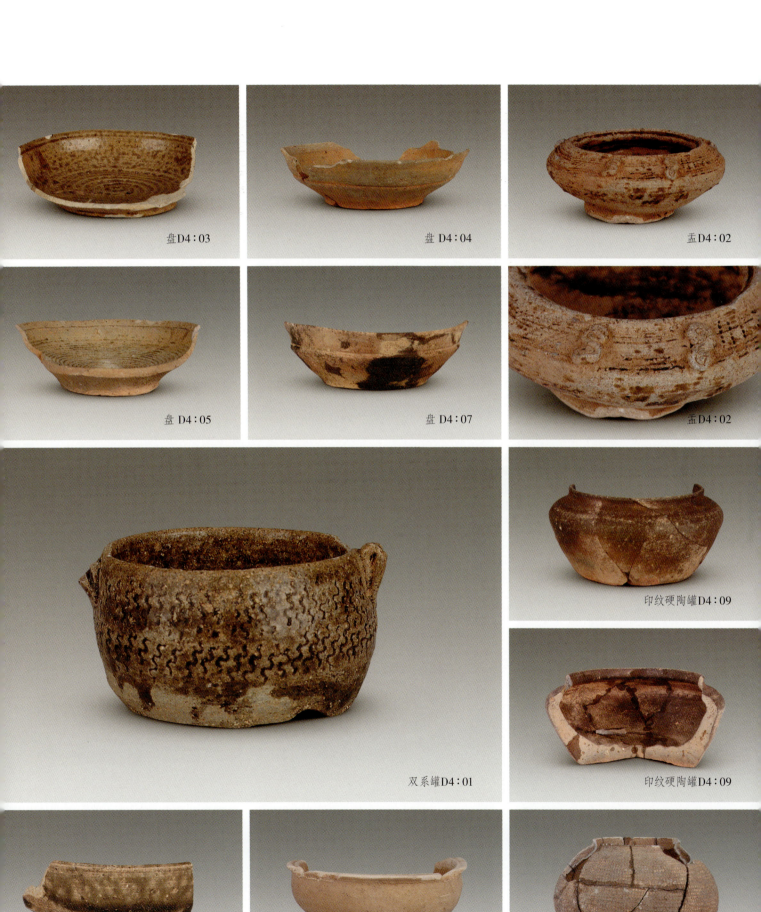

盘D4：03　　　盘 D4：04　　　盂D4：02

盘 D4：05　　　盘 D4：07　　　盂D4：02

印纹硬陶罐D4：09

双系罐D4：01　　　印纹硬陶罐D4：09

豆D4：06　　　碗D4：08　　　印纹硬陶罐D4：010

彩版一六　D4

石器D4：1

C双系罐D4：32

AⅢ盂 D4：4

AⅡ碗D4：10

BⅡ碗 D4：14

BⅡ盘 D4：78

AⅡ碗 D4：11

BⅡ盘 D4：5

BⅡ盘 D4：7

Ⅰ杯D4：2

Ⅰ杯D4：3

BⅡ盘 D4：7

AⅣ豆 D4：48

AⅣ豆 D4：48

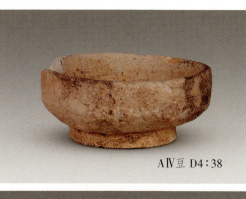

AⅣ豆 D4：38

AⅣ豆 D4：42

AⅣ豆 D4：38

AⅣ豆 D4：42

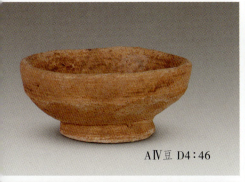

AⅣ豆 D4：46

AⅣ豆 D4：46

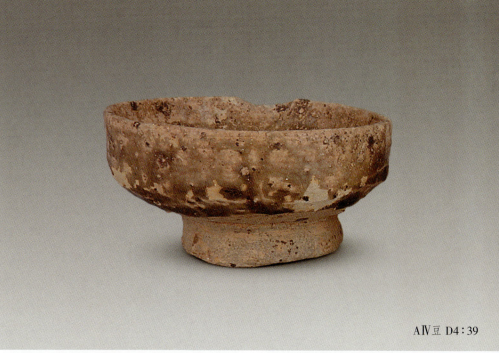

AⅣ豆 D4：39

AⅣ豆 D4：53

AⅣ豆 D4：53

AⅣ豆 D4：39

AⅣ豆 D4：43

AⅣ豆 D4：43

AⅣ豆 D4：18

AⅣ豆 D4：49

AⅣ豆 D4：17

AⅣ豆 D4：21

AⅣ豆 D4：34

AⅣ豆 D4：18

AⅣ豆 D4：40

AⅣ豆 D4：34

AⅣ豆 D4：37

AⅣ豆D4：41

AⅣ豆D4：51

AⅣ豆D4：41

AⅣ豆D4：45

AⅣ豆D4：44

AⅣ豆D4：45

AⅣ豆D4：51

AⅣ豆D4：44

AⅣ豆D4：50

AⅣ豆D4：67

A Ⅱ 盂 D4：33

A Ⅱ 盂 D4：24

A Ⅱ 盂 D4：33

A Ⅱ 盂 D4：23

A Ⅱ 盂 D4：25

A Ⅱ 盂 D4：65

A Ⅱ 盂 D4：31

A Ⅱ 盂 D4：28

A Ⅱ 盂 D4：66

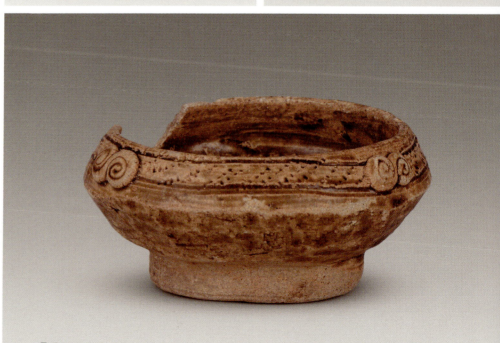

A Ⅱ 盂 D4：54

AⅡ盂D4：77

BⅠ盂D4：16

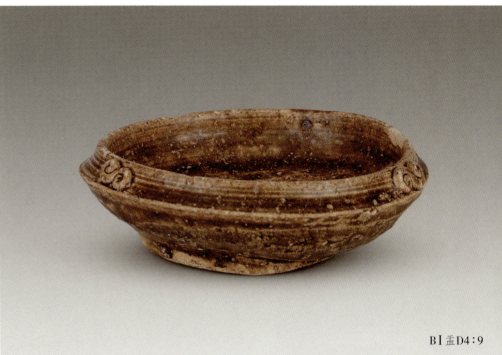

BⅠ盂D4：9

BⅠ盂D4：16

BⅠ盂D4：26

BⅠ盂D4：19

BⅠ盂D4：22

BⅠ盂D4：26

BⅠ盂D4：52

BⅠ盂D4：22

BⅠ盂D4：52

BⅠ盂D4：35

BⅠ盂D4：55

BⅠ盂D4：35

BⅠ盂D4：60

BⅠ盂D4：55

BⅠ盂D4：35

BⅠ盂D4：56

BⅠ盂D4：69

BⅠ盂D4：60

BⅠ盂D4：56

AⅠ盘D4：20

AⅠ盘D4：20

Ⅱ碟D4：12

Ⅰ器盖D4：8

Ⅱ碟D4：6

Ⅰ器盖D4：13

Ⅰ器盖D4：8

Ⅱ碟D4：6

陶珠D4：47

陶纺轮D4：27

AⅣ印纹硬陶罐D4：76

1. D6M1全景（北—南）

3. D6M2全景（东—西）

2. D6M1局部（北—南）

4. D6M3全景（西北—东南）

豆D6：01

盘D6：03

AⅢ印纹硬陶瓿 D6M2：1

BⅡ豆D6M1：3

CⅠ豆D6M1：2

AⅡ印纹硬陶瓿D6M1：1

Ⅲ印纹硬陶坛D6M2：3

CⅡ豆D6M2：4

CⅡ豆D6M2：5

3. D7M2全景（南—北）

1. D7M1局部（北—南）

2. D7M1出土器物（上—下）

豆 D7：01

豆 D7：01

CI豆 D7M1：4

I碟 D7M1：1

CI豆 D7M1：6

CI豆 D7M1：5

印纹硬陶罐 D7M1：8

I碟 D7M1：2

CI豆 D7M1：3

印纹硬陶罐 D7M1：7

1.D8发掘前（东北一西南）

2.D8M1全景（西一东）

3.D8M1局部（东一西）

4.D8M1出土器物局部（北一南）

AⅠ罐D8M1：6

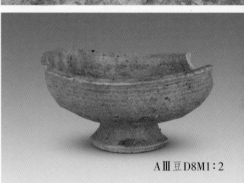

AⅢ豆D8M1：2

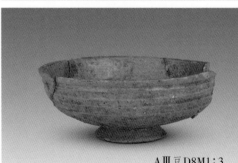

AⅢ豆D8M1：3

AⅢ豆D8M1：4

AⅢ豆D8M1：5

AⅢ豆D8M1：10

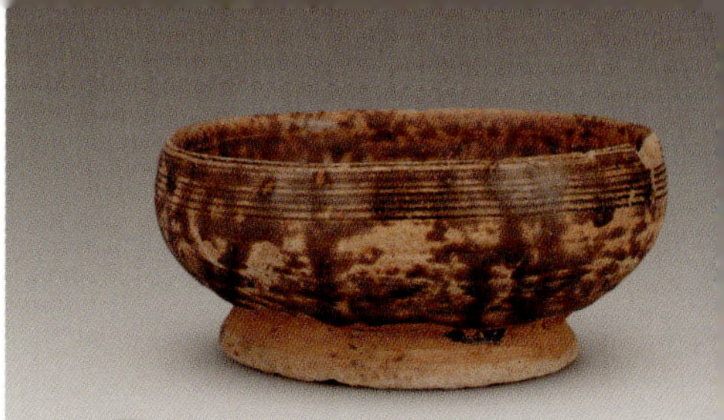
BⅢ豆D9M1：18

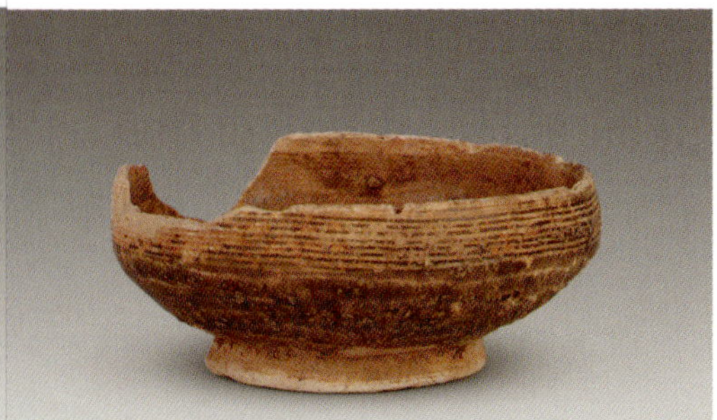
BⅢ豆D9M1：7

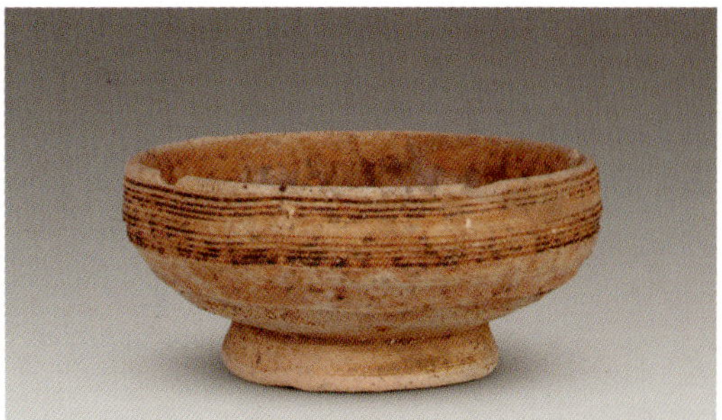
BⅢ豆D9M1：8

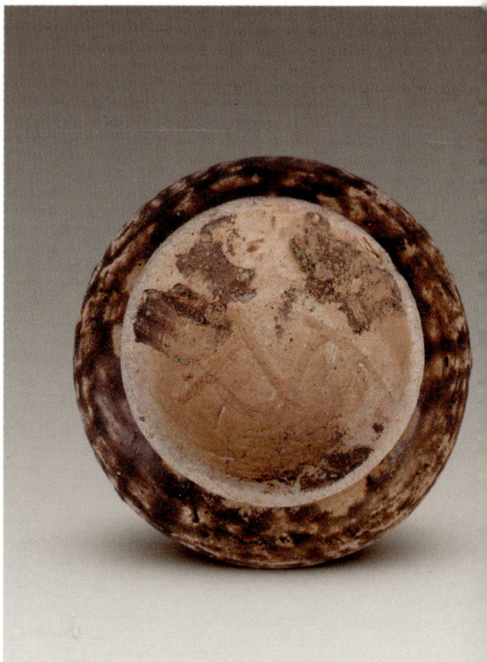
BⅢ豆D9M1：18

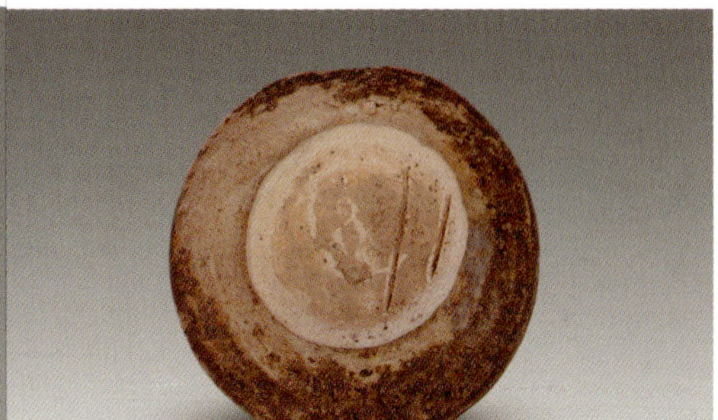
BⅢ豆D9M1：7

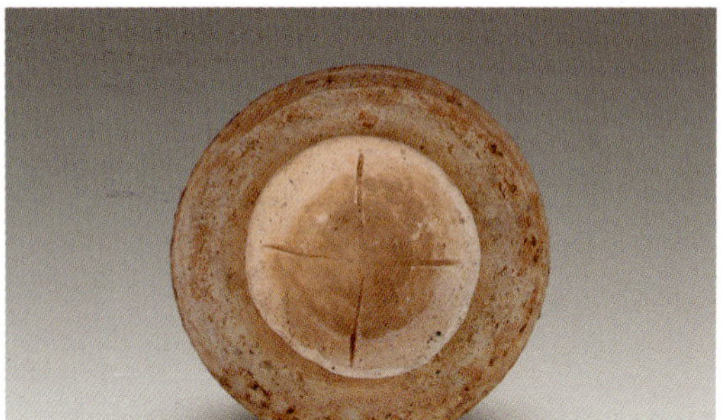
BⅢ豆D9M1：8

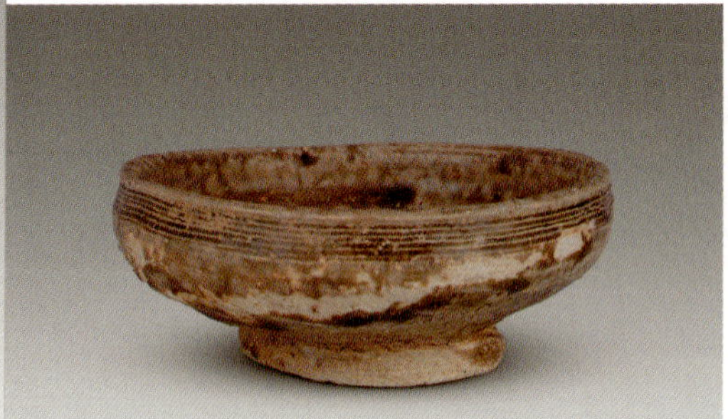
BⅢ豆D9M1：13

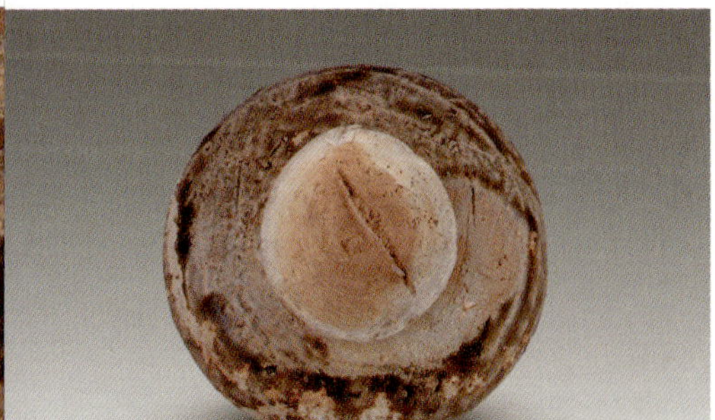
BⅢ豆D9M1：13

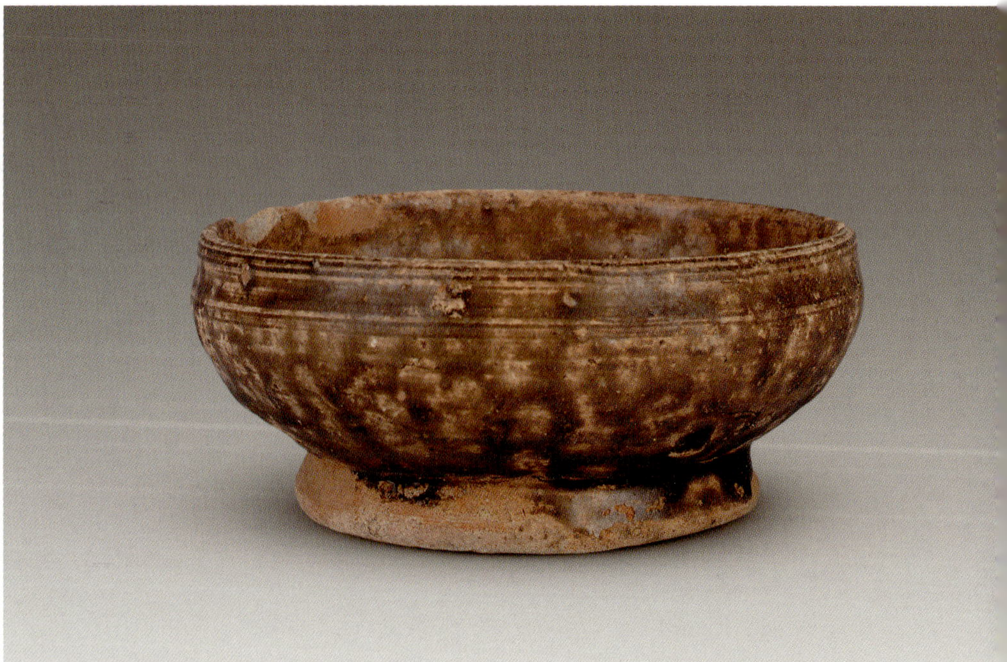
BⅢ豆D9M1：24

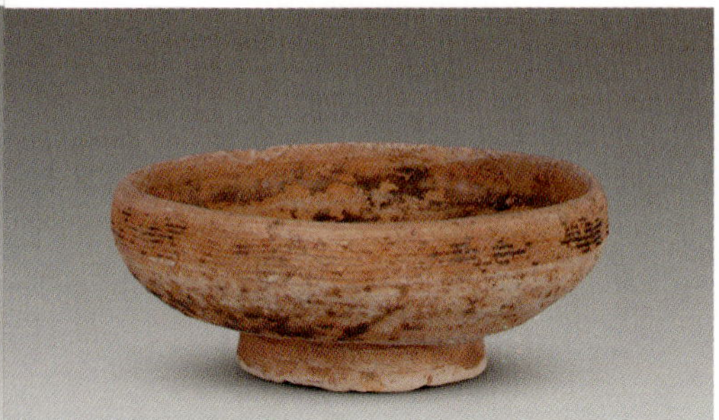
BⅢ豆D9M1：14

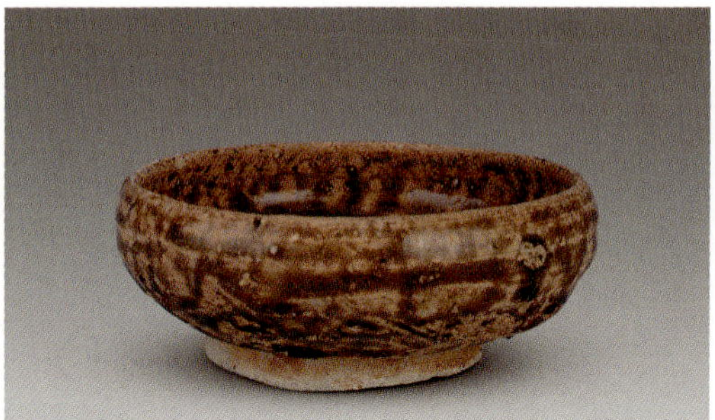
BⅢ豆D9M1：15

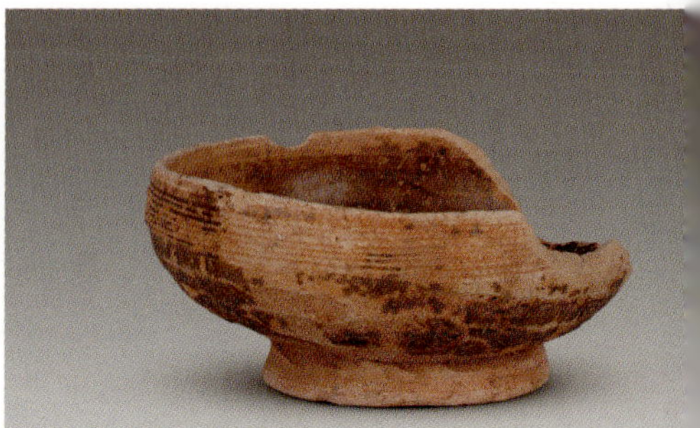
BⅢ豆D9M1：16

BⅢ豆 D9M1：20

BⅢ豆 D9M1：20

BⅢ豆 D9M1：23

AⅡ盂 D9M1：28

BⅢ豆 D9M1：23

AⅡ盂 D9M1：4

AⅡ盂 D9M1：19

AⅡ盂 D9M1：31

AⅡ盂 D9M1：4

AⅡ盂 D9M1：31

AⅡ盂 D9M1：21

AⅡ盂 D9M1：19

BⅠ盂 D9M1：22

BⅠ盂 D9M1：17

BⅠ盂 D9M1：22

BⅠ盂 D9M1：26

BⅠ盂 D9M1：26

印纹硬陶罐D9M1：2

Ⅲ印纹硬陶坛D9M1：10

印纹硬陶罐D9M1：3

CⅡ印纹硬陶双系罐D9M1：1

印纹硬陶罐D9M1：11

Ⅱ印纹硬陶瓮D9M1：9

硬陶鼎D9M1：29

1. D10清理前（北—南）

2. D10M1全景（南—北）

彩版三六　D11

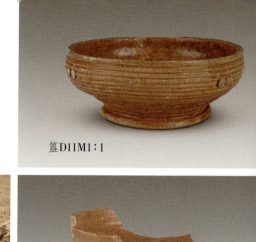
簋D11M1：1

1. D11M1全景（南—北）

2. D11M1出土器物（东—西）

AⅡ豆D11M1：7

AⅡ豆D11M1：4

AⅡ豆D11M1：6

AⅡ豆D11M1：7

BⅠ豆D11M1：5

AⅡ豆D11M1：6

B印纹硬陶罍D11M1：3

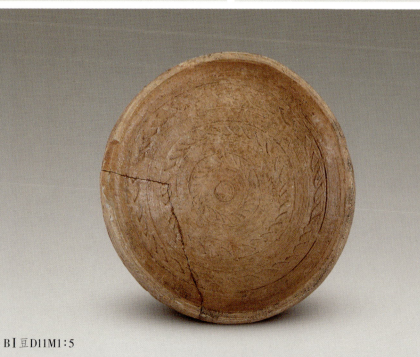
BⅠ豆D11M1：5

BⅠ印纹硬陶瓿D11M1：2

印纹硬陶罐D11M1：8

1. D12M1全景（北—南）

2. D12M1石室西半部（南—北）

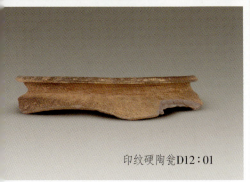

3. D12M1出土器物局部（北—南）

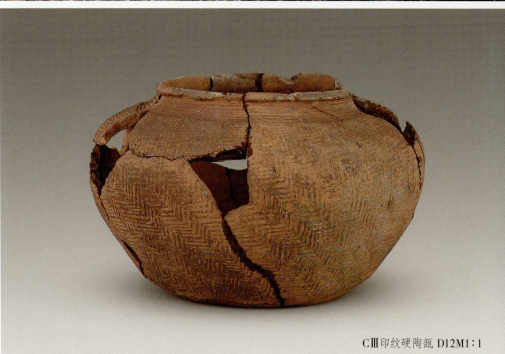

CⅢ印纹硬陶瓿 D12M1:1

印纹硬陶瓮D12:01

印纹硬陶瓮D12:01

CⅡ豆D12M1:2

CⅡ豆D12M1:3

彩版三八　D13

2. D13M1全景（南—北）

3. D13M1出土器物（东—西）

1. D13M1全景（西—东）

簋D13M1：2

簋D13M1：2

簋D13M1：2

簋D13M1：2

BⅡ豆D13M1：10

BⅡ豆D13M1：11

BⅡ豆D13M1：12

C I 豆D13M1:1

C I 豆D13M1:1

C I 豆D13M1:3

钵D13M1:4

II印纹硬陶坛D13M1:5

B II 印纹硬陶瓿D13M1:6

B II 印纹硬陶瓿D13M1:7

A II 印纹硬陶瓿D13M1:9

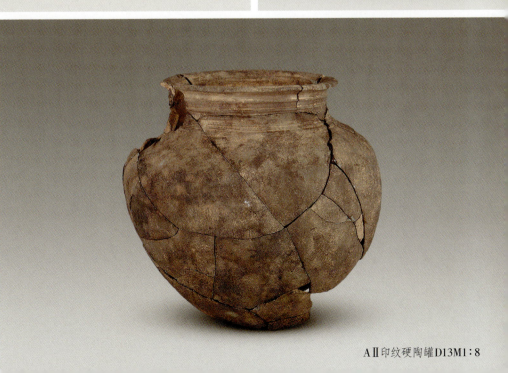

A II 印纹硬陶瓿D13M1:9

A II 印纹硬陶罐D13M1:8

彩版四〇　D14

3. D14Z1全景（东—西）

1. D14M1全景（北—南）

2. D14M1出土器物（北—南）

豆D14：01

BⅢ豆D14M1：3

BⅢ豆D14M1：3

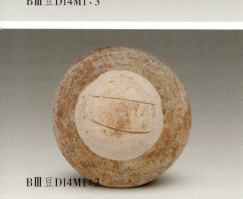

AⅡ盂D14M1：1

BⅢ豆D14M1：4

BⅢ豆D14M1：5

泥质灰陶罐D14M1：6

BⅢ豆D14M1

CⅠ豆D14M1：2

石器D14M1：7

1. D15清理前（东—西）

2. D15M1与D15Q1全景（南—北）

3. D15M1与D15Q1全景（西—东）

4. D15M1全景（东—西）

5. D15M1出土器物局部（东—西）

6. D15Q1出土器物（北—南）

BⅢ豆 D15M1：8

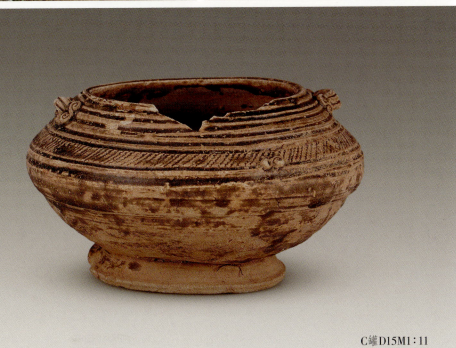

C罐 D15M1：11

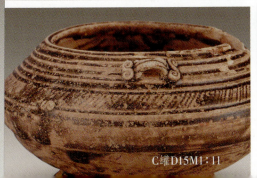

C罐 D15M1：11

CⅠ豆 D15M1：9

BⅢ豆 D15M1：8

2. D16M1与D16M2全景（西—东）

3. D16M1出土器物（上—下）

4. D16M2出土器物（南—北）

1. D16M1与D16M2全景（南—北）

BⅢ豆D16M1：6

BⅢ豆D16M1：16

BⅢ豆D16M1：20

BⅢ豆D16M1：6

BⅢ豆D16M1：16

BⅢ豆D16M1：21

BⅢ豆D16M1：26

BⅢ豆D16M1：16

BⅢ豆D16M1：33

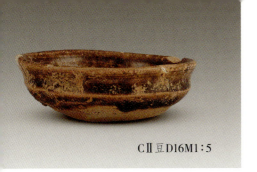

CⅡ豆D16M1：5

CⅡ豆D16M1：18

CⅡ豆D16M1：31

CⅡ豆D16M1：22

CⅡ豆D16M1：18

CⅡ豆D16M1：31

CⅡ豆D16M1：22

CⅡ豆D16M1：19

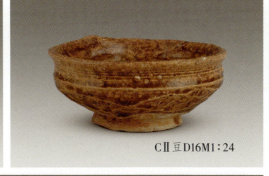

CⅡ豆D16M1：24

AⅡ盂D16M1：12

AⅡ盂D16M1：12

AⅡ盂D16M1：12

AⅡ盂D16M1：28

AⅡ盂D16M1：25

AⅡ盂D16M1：23

AⅡ盂D16M1：28

AⅡ盂D16M1：25

AⅡ盂D16M1：25

AⅡ盂D16M1：27

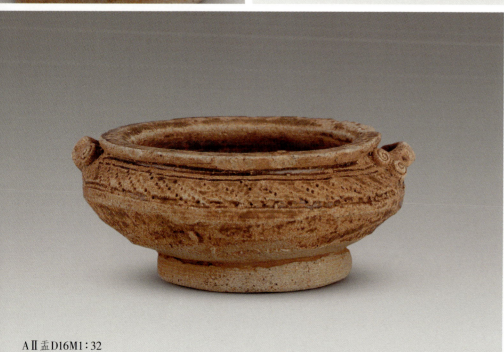

AⅡ盂D16M1：32

AⅡ盂D16M1：27

AⅡ盂D16M1：32

B I 盂 D16M1：9

B I 盂 D16M1：11

B I 盂 D16M1：8

B I 盂 D16M1：15

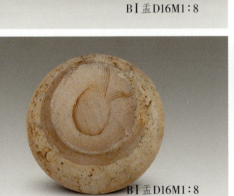

B I 盂 D16M1：8

B I 盂 D16M1：15

B I 盂 D16M1：15

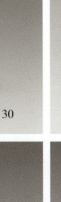

B I 盂 D16M1：30

B I 盂 D16M1：15

B I 盂 D16M1：10

B I 盂 D16M1：30

B I 盂 D16M1：17

B I 盂 D16M1：10

彩版四八　D16

Ⅱ碟 D16M1：2

Ⅱ碟 D16M1：3

Ⅱ碟 D16M1：4

Ⅱ碟D16M1：2

Ⅱ碟 D16M1：14

Ⅰ器盖D16M1：29

Ⅰ器盖D16M1：13

Ⅱ碟 D16M1：14

Ⅰ器盖D16M1：7

Ⅰ器盖D16M1：13

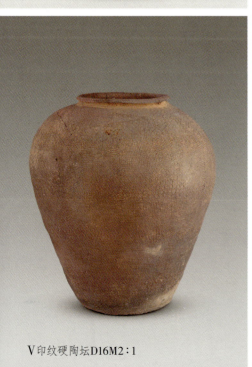
Ⅴ印纹硬陶坛D16M2：1

Ⅴ印纹硬陶坛 D16M2：2

AⅡ碗 D16M2：3

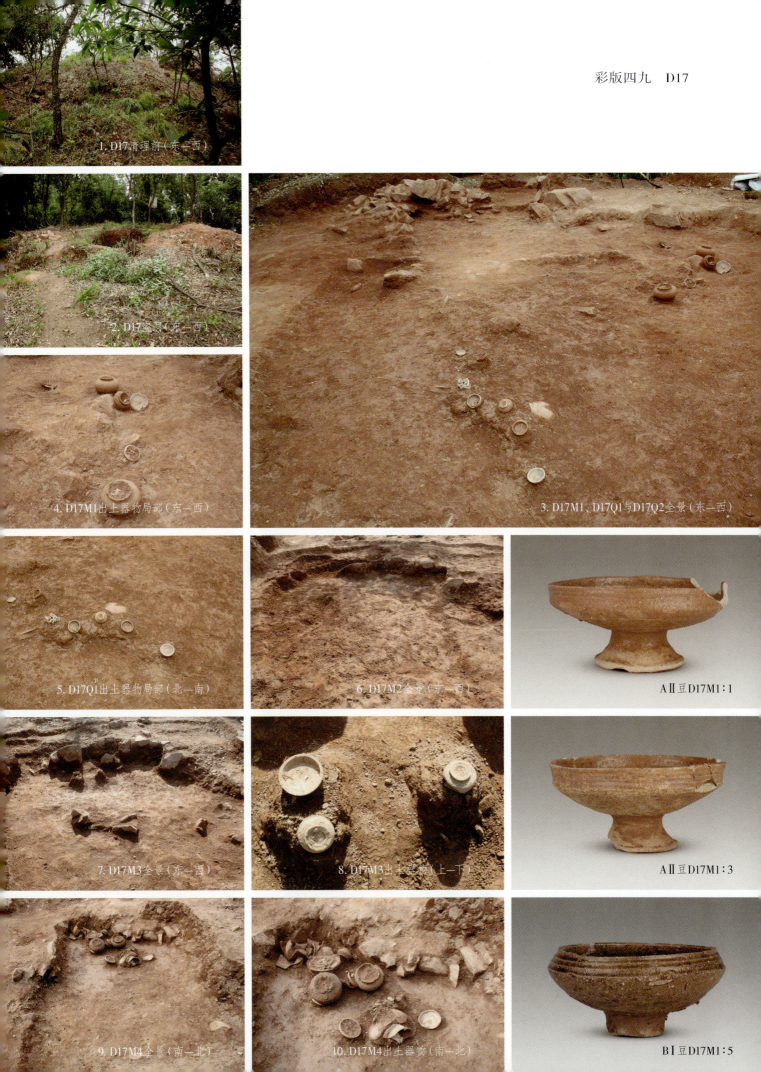

1. D17清理前（东—西）

2. D17鸟瞰（东—西）

3. D17M1、D17Q1与D17Q2全景（东—西）

4. D17M1出土器物局部（东—西）

5. D17Q1出土器物局部（北—南）

6. D17M2全景（东—西）

A Ⅱ 豆 D17M1：1

7. D17M3全景（东—西）

8. D17M3出土器物（上—下）

A Ⅰ 豆 D17M1：3

9. D17M4全景（南—北）

10. D17M4出土器物（南—北）

B Ⅰ 豆 D17M1：5

BⅠ印纹硬陶瓿D17M1：4

B印纹硬陶罍D17M1：2

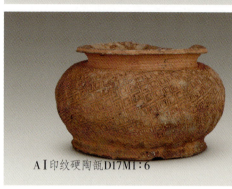

AⅠ印纹硬陶瓿D17M1：6

AⅠ印纹硬陶瓿D17M1：6

AⅢ豆D17M2：1

BⅠ盘D17Q2：1

BⅠ盘D17Q2：3

AⅢ豆D17M2：2

BⅠ盘D17Q2：2

AⅣ豆D17M2：3

AⅢ豆D17Q1:1

AⅢ豆D17Q1:1

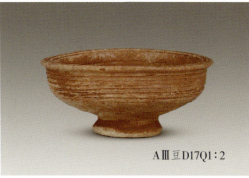

AⅢ豆D17Q1:2

Ⅱ碟 D17Q1:5

Ⅱ碟D17Q1:3

Ⅱ碟D17Q1:3

AⅡ盂D17Q1:4

Ⅱ碟 D17Q1:7

钵D17Q1:6

Ⅱ碟 D17Q1:7

AⅡ盂D17Q1:4

BⅠ印纹硬陶瓿D17Q1:8

AⅢ豆D17M3：2

彩版五二　D17

C盂D17M3：1

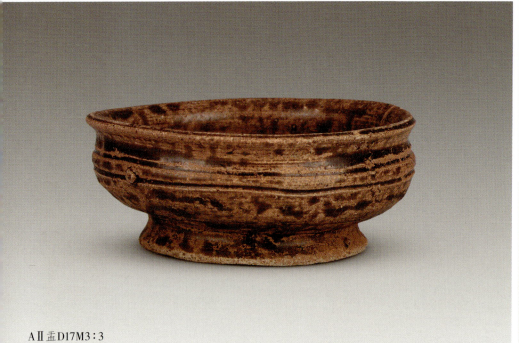

AⅡ盂D17M3：3

AⅡ盂D17M3：3

AⅡ豆D17M4：3

AⅡ豆D17M4：5

AⅡ豆D17M4：7

AⅡ豆D17M4：1

AⅡ豆D17M4：5

AⅡ豆D17M4：7

AⅡ豆D17M4：8

AⅡ豆D17M4：8

AⅡ豆D17M4：12

BⅠ豆D17M4：11

AⅠ印纹硬陶瓿D17M4：14

AⅡ印纹夹陶罐D17M4：2

AⅠ印纹硬陶瓿D17M4：16

AⅡ豆D17M4：12

AⅡ豆D17M4：12

Ⅰ泥质陶罐D17M4：10

AⅠ印纹硬陶瓿D17M4：6

Ⅰ泥质陶罐D17M4：10

A Ⅱ 碗 D19：6

A Ⅱ 碗 D19：9

A Ⅱ 碗 D19：13

A Ⅱ 碗 D19：7

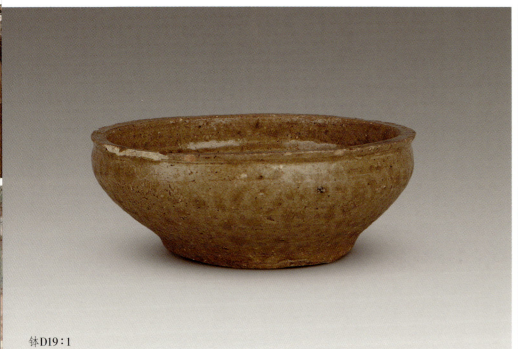

钵 D19：1

B Ⅱ 盘 D19：2

Ⅰ 杯 D19：17

Ⅲ 碟 D19：4

Ⅰ 器盖 D19：14

Ⅱ 盅 D19：15

Ⅲ 碟 D19：4

Ⅰ 器盖 D19：14

Ⅱ 器盖 D19：18

AⅥ印纹硬陶罐D19：20

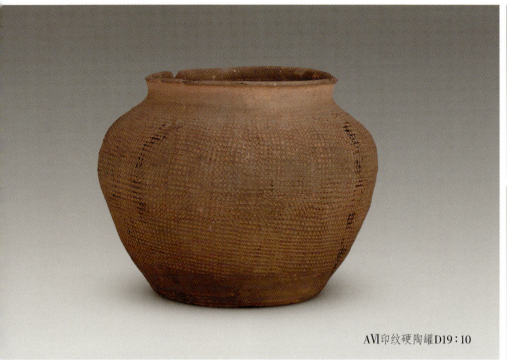

AⅥ印纹硬陶罐D19：10

Ⅱ泥质灰陶罐D19：19

印纹夹陶线片D19：21

Ⅴ印纹硬陶坛D19：58

硬陶线片D19：31

Ⅰ器盖D19：26

Ⅰ器盖D19：30

印纹硬陶盂D19：66

AⅣ豆D19：23

AⅣ豆D19：33

AⅣ豆D19：37

AⅡ盂D19：24

AⅣ豆D19：37

AⅣ豆D19：74

AⅡ盂D19：24

AⅡ盂D19：24

CⅡ豆D19：35

BⅡ盘D19：22

BⅡ盘D19：53

Ⅱ盅D19：62

AⅡ碗D19：28

AⅡ碗D19：67

AⅡ碗D19：25

AⅡ碗D19：34

AⅡ碗D19：27

AⅡ碗D19：63

BⅡ碗D19：61

Ⅰ杯D19：29

AⅡ碗D19：63

Ⅰ杯D19：32

Ⅰ杯D19：40

Ⅰ杯D19：59

彩版六二　D19

AⅣ豆D19：38

AⅣ豆D19：54

AⅣ豆D19：39

AⅣ豆D19：39

AⅣ豆D19：69

AⅣ豆D19：69

AⅣ豆D19：46

AⅣ豆D19：47

AⅣ豆D19：49

AⅣ豆D19：46

AⅣ豆D19：47

AⅣ豆D19：49

AⅣ豆D19：48

AⅣ豆D19：48

AⅣ豆D19：56

CⅡ豆D19：55

CⅡ豆D19：57

CⅡ豆D19：57

CⅡ豆D19：55

AⅡ盂D19：60

BⅠ盂D19：42

BⅠ盂D19：44

BⅠ盂D19：41

BⅠ盂D19：42

BⅠ盂D19：45

C罐D20M2：10

AⅢ豆D20M2：1

AⅢ豆D20M2：2

AⅢ豆D20M2：5

AⅢ豆D20M2：8

AⅢ豆D20M2：9

AⅢ豆D20M2：11

AⅢ豆D20M2：12

AⅢ豆D20M2：13

AⅢ豆D20M2：16

AⅢ豆D20M2：18

AⅢ豆D20M2：19

AⅢ豆D20M2：20

BⅡ豆D20M2：6

BⅡ豆D20M2：7

BⅡ豆D20M2：15

BⅡ豆D20M2：17

AⅠ盂D20M2：14

Ⅰ印纹硬陶瓮D20M2：3

AⅢ印纹硬陶罐D20M2：4

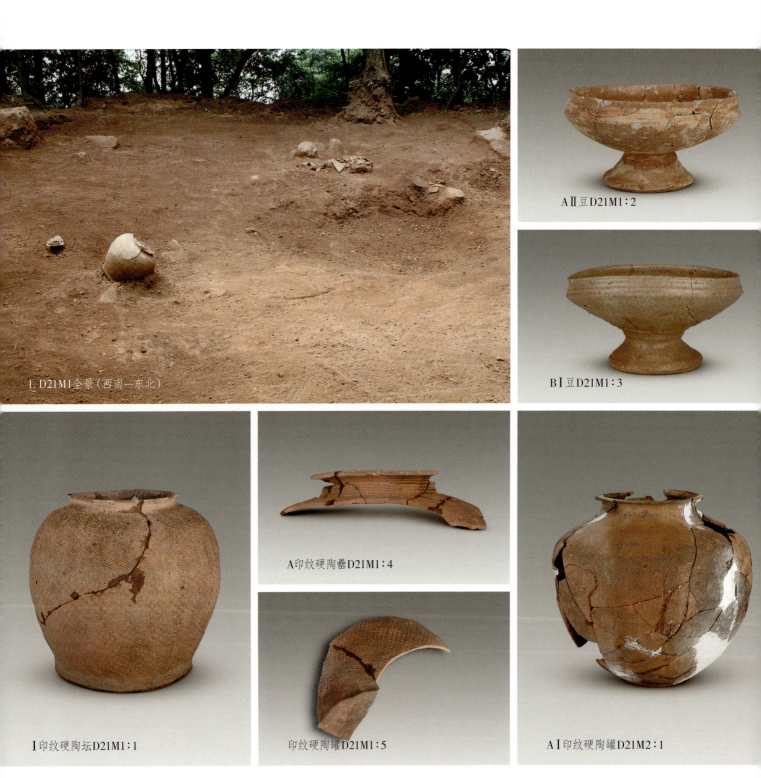

1. D21M1全景（西南—东北）

AⅡ豆D21M1：2

BⅠ豆D21M1：3

Ⅰ印纹硬陶坛D21M1：1

A印纹硬陶罍D21M1：4

印纹硬陶罐D21M1：5

AⅠ印纹硬陶罐D21M2：1

1. D22M1全景（西南—东北）

2. D22M1印纹硬陶尊出土情形（上—下）

3. D22M1出土器物局部（上—下）

AⅠ印纹硬陶罐D22M1：1

AⅠ豆D22M1：2

石镞D22M1：3

印纹硬陶尊D22M1：4

1. D23清理前（西北—东南）

2. D23解剖（东南—西北）

3. D23M1全景（东南—西北）

4. D23M1石床（西北—东南）

5. D23M1排水沟（东南—西北）

6. D23M1出土器物（东北—西南）

AⅠ罐D23M1:6

AⅠ罐D23M1:6

A Ⅱ 豆 D23M1：4

A Ⅱ 豆 D23M1：5

A Ⅲ 豆 D23M1：9

A Ⅰ 盂 D23M1：1

A Ⅱ 豆 D23M1：5

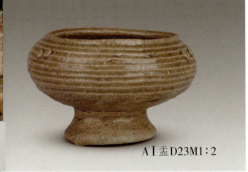

A Ⅰ 盂 D23M1：2

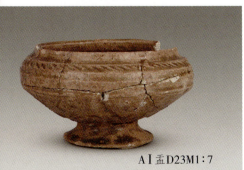

A Ⅰ 盂 D23M1：7

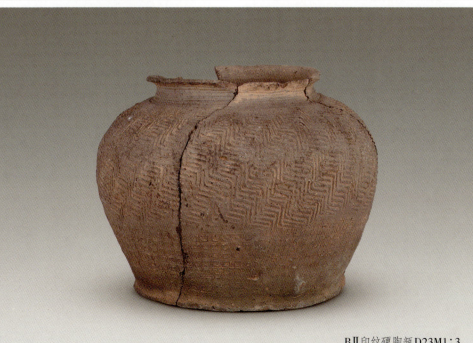

B Ⅱ 印纹硬陶瓿 D23M1：3

彩版七六　D25

AⅣ豆D25M1：3

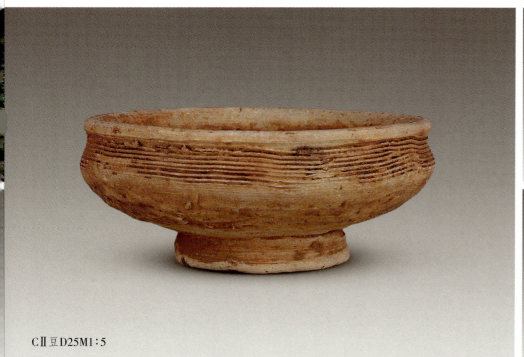

CⅡ豆D25M1：5

AⅣ豆D25M1：4

AⅣ豆D25M1：4

CⅡ豆D25M1：5

BⅠ盂D25M1：2

AⅡ盂D25M1：1

AⅡ盂D25M1：1

BⅠ盂D25M1：2

AⅣ豆D25M1：6

1. D26M1全景（西南—东北）

2. D26M1出土器物（上向下）

AⅣ豆D26M1：2

AⅣ豆D26M1：2

AⅣ豆D26M1：10

AⅣ豆D26M1：10

盉D26M1：31

盉D26M1：31

AⅣ豆D26M1：11

AⅣ豆D26M1：14

BⅢ豆D26M1：5

AⅣ豆D26M1：18

BⅢ豆D26M1：5

BⅢ豆D26M1：6

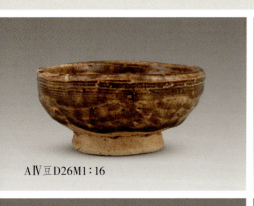

AⅣ豆D26M1：16

AⅣ豆D26M1：33

BⅢ豆D26M1：6

AⅣ豆D26M1：16

AⅣ豆D26M1：33

BⅢ豆D26M1：9

AⅣ豆D26M1：30

BⅢ豆D26M1：7

BⅢ豆D26M1：9

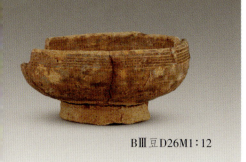
BⅢ豆D26M1：12

BⅢ豆D26M1：13

BⅢ豆D26M1：26

BⅢ豆D26M1：13

BⅢ豆D26M1：15

BⅢ豆D26M1：23

BⅢ豆D26M1：32

BⅢ豆D26M1：23

BⅢ豆D26M1：27

BⅢ豆D26M1：32

BⅢ豆 D26M1：29

CⅡ豆 D26M1：8

AⅡ盂 D26M1：22

BⅢ豆 D26M1：29

CⅡ豆 D26M1：8

C盂26M1：20

BⅠ盂 D26M1：25

BⅠ盂 D26M1：25

BⅠ盂 D26M1：24

BⅠ盂 D26M1：3

BⅠ盂 D26M1：19

BⅠ盂 D26M1：24

BⅠ盂D26M1：34

BⅠ盂D26M1：28

BⅠ盂D26M1：34

BⅠ盂D26M1：28

AⅠ盘26M1：1

AⅠ盘D26M1：4

Ⅱ碟D26M1：21

AⅠ盘26M1：1

AⅠ盘D26M1：4

AⅣ印纹硬陶罐D26M1：17

印纹硬陶罐D26M1：36

印纹硬陶罐D26M1：35

彩版八二　D27

1. D27M1石室（西南—东北）

2. D27M1墓室全景（东北—西南）

陶纺轮D27M1：4、D27M1：19

AⅣ碗D27M1：14

AⅣ碗D27M1：15

AⅣ碗D27M1：16

AⅣ碗D27M1：17

BⅢ碗D27M1：6

BⅢ碗D27M1：5

AⅣ碗D27M1：18

BⅢ碗D27M1：7

BⅢ碗D27M1：8

Ⅶ印纹硬陶坛D27M1∶1

CⅣ印纹硬陶罐D27M1∶12

CⅣ印纹硬陶罐D27M1∶12

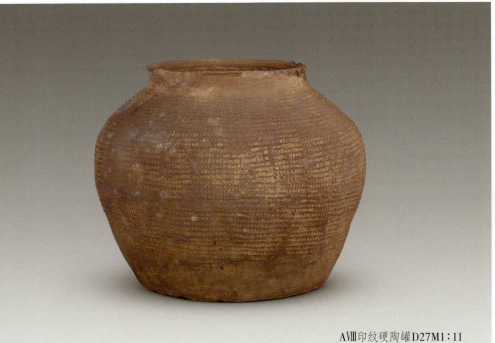

AⅧ印纹硬陶罐D27M1∶11

D印纹硬陶罐D27M1∶2

D印纹硬陶罐D27M1∶3

D印纹硬陶罐D27M1∶3

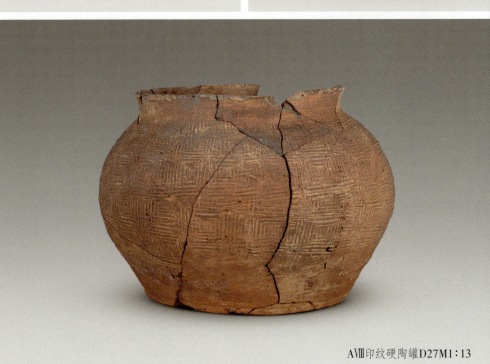

AⅧ印纹硬陶罐D27M1∶13

彩版八四　D28

1. D28M1石室全景（西南—东北）

2. D28M1墓室全景（西南—东北）

3. D28M1北壁（东—西）

4. D28M1南挡土墙（南—北）

5. D28M1北挡土墙（西—东）

6. D28M1出土器物（东北—西南）

Ⅱ杯D28M1：3

Ⅱ杯D28M1：2

Ⅶ印纹硬陶坛D28M1：5

AⅧ印纹硬陶罐D28M1：4

AⅧ印纹硬陶罐D28M1：1

1. D29M1石室全景（南—北）

2. D29M1石室全景（北—南）

3. D29M1墓道（北—南）

4. D29M1封门与墓道（南—北）

5. D29M1墓室全景（北—南）

6. D29M1墓室全景（南—北）

7. D29M1东壁（西南—东北）

8. D29M1西壁结构（南—北）

9. D29M1东挡土墙（北—南）

10. D29M1西挡土墙（西北—东南）

11. D29M1出土器物局部（北—南）

彩版八六　D29

AⅢ盂D29M1：11

AⅢ盂D29M1：14

AⅢ盂D29M1：14

AⅢ盂D29M1：7

AⅢ盂D29M1：15

AⅢ盂D29M1：7

AⅢ盂D29M1：17

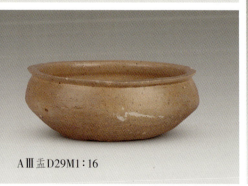

AⅢ盂D29M1：16

AⅢ盂D29M1：39

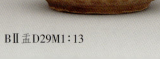

BⅡ盂D29M1：13

AⅡ碗D29M1：8

AⅡ碗D29M1：36

AⅡ碗D29M1：32

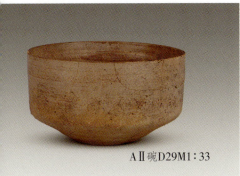

AⅡ碗D29M1：33

BⅡ碗D29M1：12

BⅡ碗D29M1：3

AⅡ碗D29M1：33

BⅡ碗D29M1：10

BⅡ碗D29M1：3

AⅡ碗D29M1：34

BⅡ碗D29M1：25

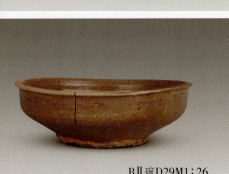

BⅡ碗D29M1：24

BⅡ碗D29M1：26

BⅡ碗D29M1：27

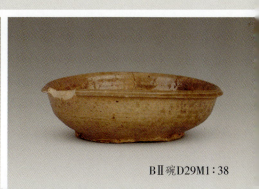

BⅡ碗D29M1：38

彩版八八　D29

AⅥ印纹硬陶罐D29M1：28

印纹硬陶鼎D29M1：5

AⅥ印纹硬陶罐D29M1：29

Ⅴ印纹硬陶坛D29M1：35

印纹硬陶鼎D29M1：5

AⅥ印纹硬陶罐D29M1：30

BⅡ印纹硬陶罐D29M1：1

BⅡ印纹硬陶罐D29M1：6

Ⅴ印纹硬陶坛D29M1：31

BⅡ印纹硬陶罐D29M1：2

BⅡ印纹硬陶罐D29M1：2

BⅡ印纹硬陶罐D29M1：9

BⅡ印纹硬陶罐D29M1：45

泥质陶罐D29M1：40

CⅢ印纹硬陶罐D29M1：4

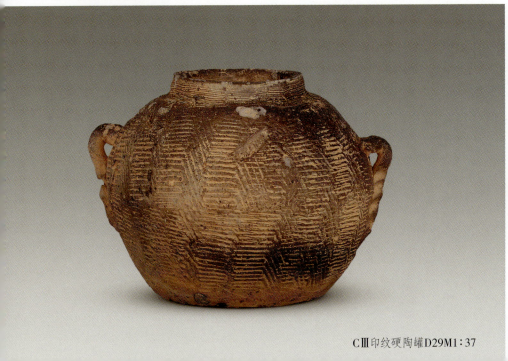

CⅢ印纹硬陶罐D29M1：37

CⅢ印纹硬陶罐D29M1：37

青铜挂饰D29M1：41

石圭D29M1：19

青铜镞D29M1：46

青铜镞D29M1：47

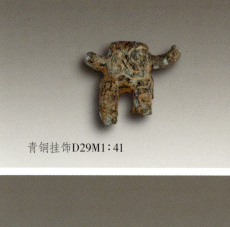

青铜挂饰D29M1：41

石器D29M1：22

玉管D29M1：42

玉管D29M1：42

石圭D29M1：18

石料D29M1：20

石黛板D29M1：23

石球D29M1：21

石料D29M1：20

1. D30M1南部解剖（南—北）

2. D30M1南隔梁（东—西）

3. D30M1清埋（西南—东北）

4. D30M1北部解剖（西—东）

5. D30M1封土堆积（北—南）

6. D30M1北隔梁封土堆积情况（南—北）

7. D30M1黄褐色封土堆积（南—北）

8. D30M1黄褐色封土堆积（南—北）

9. D30M1红褐色封土堆积情况（北—南）

10. D30M1中部红烧土堆积情况（北—南）

1. D30M1中部清理完红烧土后堆积（北—南）

2. D30M1封土烧结情况（南—北）

3. D30M1北部暴露时（北—南）

4. D30M1南部暴露时（西—东）

5. D30M1南部西侧板灰暴露时（西—东）

6. D30M1盖基开盖痕（西—东）

7. D30M1墓底全景（南—北）

1. D30M1墓室局部（北—南）

2. D30M1墓底局部（南—北）

3. D30M1局部（南—北）

4. D30M1墓底白膏泥情况（南—北）

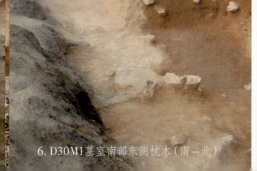

5. D30M1墓室南部东侧枕木（东—西）

6. D30M1墓室南部东侧枕木（南—北）

7. D30M1墓室全景

1. D30M1墓室南部西侧底端树皮堆积（西—东）

2. D30M1东侧树皮（上—下）

3. D30M1东南部树皮堆积

4. D30M1墓室东南侧树皮、枕木（南—北）

5. D30M1墓室东南侧树皮

6. D30M1墓室南部西侧树皮（西—东）

7. D30M1棺木堆积（东—西）

8. D30M1墓室棺木结构（北—南）

9. D30M2石室（西—东）

10. D30M2全景（西—东）

11. D30Q1全景（东—西）

12. D30Q1出土器物（南—北）

13. D30Q2出土器物（南—北）

14. D30Q2出土器物（北—南）

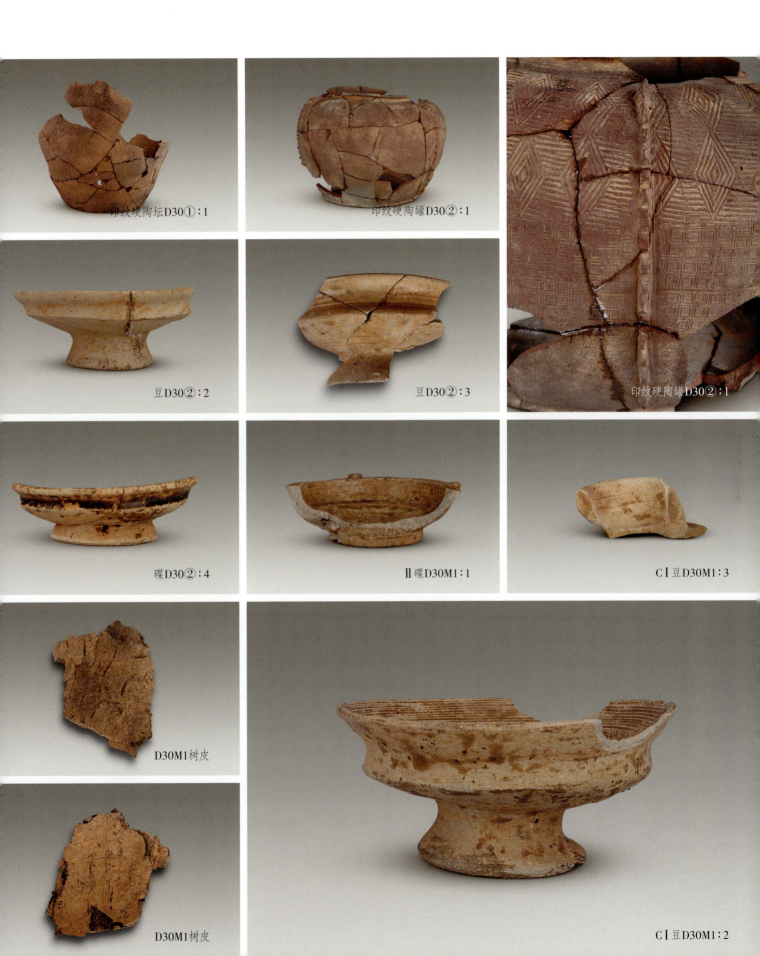

印纹硬陶坛D30①:1

印纹硬陶罐D30②:1

印纹硬陶罐D30②:1

豆D30②:2

豆D30②:3

碟D30②:4

Ⅱ碟D30M1:1

CⅠ豆D30M1:3

D30M1树皮

D30M1树皮

CⅠ豆D30M1:2

ⅣV印纹硬陶瓮D30Q1：4

BⅡ印纹硬陶罐D30Q1：3

CⅢ印纹硬陶罐D30Q1：1

玉饰D30Q2：4

AⅥ印纹硬陶罐D30Q1：2

AⅠ碗D30Q2：1

BⅠ碗D30Q2：2

Ⅲ印纹硬陶瓮D30Q2：3

1. D31清理前（南—北）

2. D31四分法解剖（南—北）

3. D31M1全景（东北—西南）

4. D31M1出土器物局部（上—下）

豆D31：02

石镞D31：01

AⅡ罐D31M1：19

AⅡ罐D31M1：23

AⅡ罐D31M1：19

BⅢ豆D31M1：12（青黄釉）

AⅡ罐D31M1：23

BⅢ豆D31M1：12（青黄釉）

BⅢ豆D31M1：9（青黄釉）

BⅢ豆D31M1：9（青黄釉）

BⅢ豆D31M1：13（青黄釉）

BⅢ豆D31M1：13（青黄釉）

BⅢ豆D31M1：17（青黄釉）

BⅢ豆D31M1：16（青黄釉）

BⅢ豆D31M1：18（青黄釉）

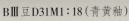

BⅢ豆D31M1：17（青黄釉）

BⅢ豆D31M1：20（青黄釉）

BⅢ豆D31M1：18（青黄釉）

BⅢ豆D31M1：30（青黄釉）

BⅢ豆D31M1：20（青黄釉）

BⅢ豆D31M1：31（青黄釉）

彩版一〇六　D31

BⅢ豆D31M1：14（淡青釉）

BⅢ豆D31M1：25（淡青釉）

BⅢ豆D31M1：34（淡青釉）

BⅢ豆D31M1：14（淡青釉）

BⅢ豆D31M1：49（淡青釉）

BⅢ豆D31M1：51（淡青釉）

BⅢ豆D31M1：52（淡青釉）

BⅢ豆D31M1：52（淡青釉）

BⅢ豆D31M1：54（淡青釉）

BⅢ豆D31M1：57（淡青釉）

BⅢ豆D31M1：58（淡青釉）

BⅢ豆D31M1：59（淡青釉）

BⅢ豆D31M1：60（淡青釉）

BⅢ豆D31M1：62（淡青釉）

BⅢ豆D31M1：63（淡青釉）

BⅢ豆D31M1：99（淡青釉）

BⅢ豆D31M1：108（淡青釉）

BⅢ豆D31M1：100（淡青釉）

BⅢ豆D31M1：101（淡青釉）

BⅢ豆D31M1：107（淡青釉）

BⅢ豆D31M1：109（淡青釉）

BⅢ豆D31M1：110（淡青釉）

CⅡ豆D31M1：67

CⅡ豆D31M1：10

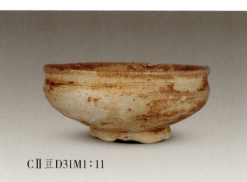

CⅡ豆D31M1：11

CⅡ豆D31M1：67

CⅡ豆D31M1：10

CⅡ豆D31M1：11

CⅡ豆D31M1：15

AⅡ盂D31M1：56

AⅡ盂D31M1：113

CⅡ豆D31M1：15

AⅡ盂D31M1：24

AⅡ盂D31M1：79

AⅡ盂D31M1：105

AⅡ盂D31M1：26

AⅡ盂D31M1：26

AⅡ盂D31M1：2

AⅡ盂D31M1：2

AⅡ盂D31M1：3

AⅡ盂D31M1：74

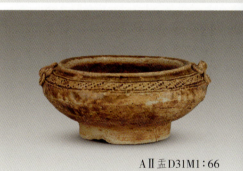

AⅡ盂D31M1：66

AⅡ盂D31M1：3

AⅡ盂D31M1：74

AⅡ盂D31M1：66

AⅡ盂D31M1：93

AⅡ盂D31M1：74

AⅡ盂D31M1：66

AⅡ盂D31M1：68

AⅡ盂D31M1：69

AⅡ盂D31M1：75

AⅡ盂D31M1：68

AⅡ盂D31M1：69

AⅡ盂D31M1：75

AⅡ盂D31M1：68

AⅡ盂D31M1：69

AⅡ盂D31M1：75

AⅡ盂D31M1：76

AⅡ盂D31M1：70

AⅡ盂D31M1：70

AⅡ盂D31M1：78

AⅡ盂D31M1：78

AⅡ盂D31M1：78

AⅡ盂D31M1：83

AⅡ盂D31M1：83

AⅡ盂D31M1：90

AⅡ盂D31M1：90

AⅡ盂D31M1：83

AⅡ盂D31M1：90

彩版一一二　D31

AⅡ盂D31M1：81

AⅡ盂D31M1：106

BⅠ盂D31M1：33

AⅡ盂D31M1：81

AⅡ盂D31M1：106

BⅠ盂D31M1：87

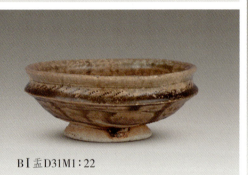

BⅠ盂D31M1：22

BⅠ盂D31M1：22

AⅠ盘D31M1：4

AⅠ盘D31M1：6

AⅠ盘D31M1：5

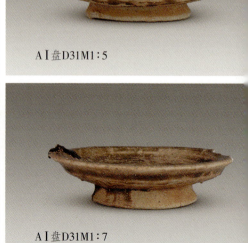

AⅠ盘D31M1：7

AⅠ盘D31M1：8

AⅠ盘D31M1：21

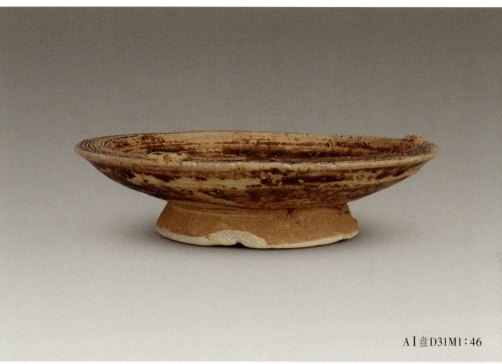

AⅠ盘D31M1：46

AⅠ盘D31M1：46

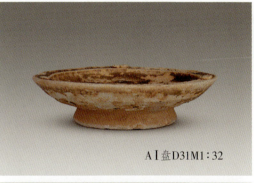

AⅠ盘D31M1：32

AⅠ盘D31M1：32

AⅠ盘D31M1：47

AⅠ盘D31M1：47

AⅠ盘D31M1：47

AⅠ盘D31M1：48

AⅠ盘D31M1：48

AⅠ盘D31M1：48

I 器盖 D31M1：71　　　I 器盖 D31M1：72　　　I 器盖 D31M1：73

I 器盖 D31M1：76　　　I 器盖 D31M1：77　　　I 器盖 D31M1：80

I 器盖 D31M1：82　　　I 器盖 D31M1：84　　　I 器盖 D31M1：85

I 器盖 D31M1：91　　　I 器盖 D31M1：92　　　I 器盖 D31M1：94

I 器盖 D31M1：102　　　I 器盖 D31M1：103　　　I 器盖 D31M1：104

BⅢ印纹硬陶瓿D31M1：96

BⅢ印纹硬陶瓿D31M1：95

A印纹硬陶罍D31M1：98

Ⅱ尊D31Q1：5

BⅠ碗D31Q1：2

BⅠ碗D31Q1：3

BⅠ碗D31Q1：4

AV印纹硬陶罐D31Q1：6

Ⅲ印纹硬陶瓮D31Q1：1

1. D32清理前（西北—东南）

2. D32M1出土器物（东—西）

3. D32M1全景（东南—西北）

AⅣ豆 D32M1：12

AⅣ豆 D32M1：12

BⅢ豆 D32M1：8

BⅢ豆 D32M1：10

BⅢ豆 D32M1：7

CⅠ豆D32M1：13

CⅠ豆D32M1：14

CⅠ豆D32M1：15

CⅠ豆D32M1：19

CⅠ豆D32M1：16

CⅠ豆D32M1：17

CⅠ豆D32M1：18

AⅡ盂D32M1：3

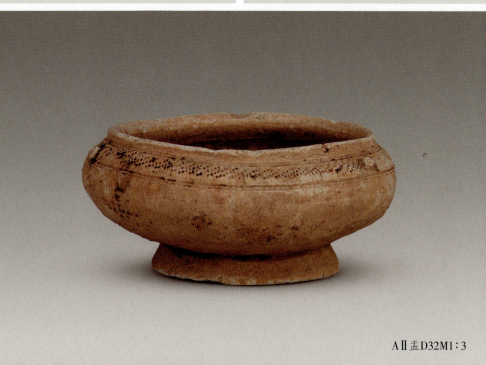

AⅡ盂D32M1：3

AⅡ盂D32M1：1

AⅡ盂D32M1：6

AⅡ盂D32M1：9

AⅡ盂D32M1：1

AⅡ盂D32M1：6

AⅡ盂D32M1：11

BⅠ盂D32M1：5

AⅡ盂D32M1：11

BⅠ盂D32M1：4

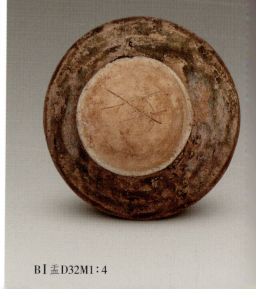

BⅠ盂D32M1：4

AⅠ盘D32M1：2

CⅡ印纹硬陶瓿D32M1：20

1. D33发掘前（西—东）

2. D33石条堆积（东—西）

4. D33M1墓室全景（南—北）

3. D33M1石室（南—北）

B I 盂 D33M1：3

5. D33M1墓室（南—北）

C II 豆 D33M1：1

C II 豆 D33M1：1

B I 盂 D33M1：3

陶纺轮 D33M1：2

BⅢ豆D33M2：1

BⅢ豆D33M2：3

BⅢ豆D33M2：2

BⅢ豆D33M2：1

BⅢ豆D33M2：3

BⅢ豆D33M2：2

AⅡ盂D33M2：4

AⅡ盂D33M2：4

BⅢ豆D33M2：5

BⅢ豆D33M2：5

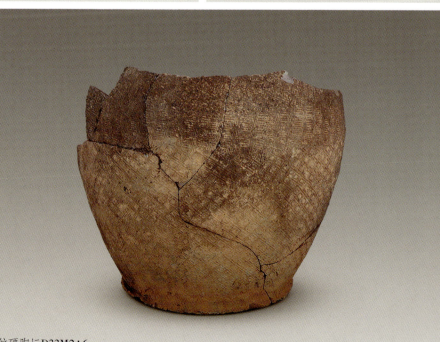

CⅠ豆D33M2：7

Ⅲ印纹硬陶坛D33M2：6

1. D34清理前（南一北）

2. D34M1石室全景（东一西）

3. D34M1墓道（南一北）

4. D34M1墓室（西一东）

5. D34M1北挡土墙（东北一西南）

6. D34M1南挡土墙与北墓壁

7. D34M1出土器物（上一下）

8. D34M2出土器物（南一北）

豆D34：01

豆D34：02

陶纺轮D34：03

豆D34：01

豆D34：02

彩版一二二　D34

CⅡ豆D34M1：9

CⅡ豆D34M1：3

CⅡ豆D34M1：7

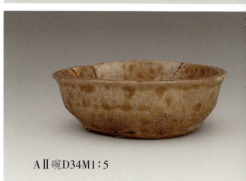

AⅡ碗D34M1：5

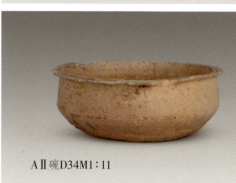

AⅡ碗D34M1：11

AⅡ碗D34M1：4

BⅡ盘D34M1：1

BⅡ盘D34M1：6

AⅢ盎D34M1：8

AⅢ盎D34M1：10

BⅡ盘D34M1：12

AⅢ盎D34M1：8

AⅢ盎D34M1：10

BⅢ豆D34M2：1

BⅢ豆D34M2：1

罐D34M2：9

BⅢ豆D34M2：2

BⅢ豆D34M2：2

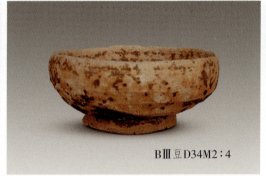

BⅢ豆D34M2：4

BⅢ豆D34M2：4

BⅢ豆D34M2：3

BⅢ豆D34M2：3

彩版一二四　D34

BⅢ豆D34M2：7

BⅢ豆D34M2：5

BⅢ豆D34M2：7

BⅢ豆D34M2：11

BⅢ豆D34M2：6

BⅢ豆D34M2：8

BⅢ豆D34M2：11

BⅢ豆D34M2：13

BⅢ豆D34M2：15

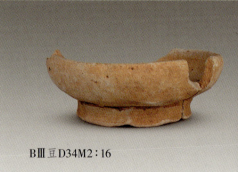

BⅢ豆D34M2：16

BⅢ豆D34M2：13

BⅢ豆D34M2：15

BⅢ豆D34M2：16

BⅢ豆D34M2：18

BⅢ豆D34M2：20

BⅢ豆D34M2：23

BⅢ豆D34M2：24

BⅢ豆D34M2：28

BⅢ豆D34M2：31

BⅢ豆D34M2：32

BⅢ豆D34M2：28

BⅢ豆D34M2：37

BⅢ豆D34M2：32

BⅢ豆D34M2：35

BⅢ豆D34M2：40

CⅡ豆D34M2：19

CⅡ豆D34M2：25

CⅡ豆D34M2：43

CⅡ豆D34M2：19

CⅡ豆D34M2：25

CⅡ豆D34M2：43

CⅡ豆D34M2：29

CⅡ豆D34M2：44

CⅡ豆D34M2：45

AⅡ盂D34M2：33

AⅡ盂D34M2：41

BⅠ盂D34M2：12

BⅠ盂D34M2：27

BⅠ盂D34M2：39

D盂D34M2：30

BⅠ盂D34M2：22

BⅠ盂D34M2：42

D盂D34M2：10

D盂D34M2：10

钵D34M2：26

A Ⅰ 盘 D34M2：14

Ⅱ 碟 D34M2：17

A Ⅰ 盘 D34M2：14

Ⅱ 碟 D34M2：17

Ⅱ 碟 D34M2：21

Ⅱ 碟 D34M2：17

Ⅰ 盅 D34M2：34

Ⅰ 盅 D34M2：36

Ⅰ 盅 D34M2：38

1. D35四分法解剖（东—西）

2. D35四分法解剖（西北—东南）

3. D35M1全景（西北—东南）

4. D35M1全景（西—东）

5. D35M1全景（西—东）

6. D35M1墓道上部堆积（北—南）

7. D35M1墓道上部堆积（东—西）

8. D35M1墓道底部堆积（东—西）

9. D35M1墓室全景（东—西）

盂 D35：01

彩版一三〇　D35

BⅢ豆 D35M1：4

盂 D35：01

BⅢ豆 D35M1：22

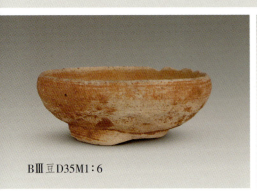

BⅢ豆 D35M1：6

BⅢ豆 D35M1：6

BⅢ豆 D35M1：23

BⅢ豆 D35M1：7

BⅢ豆 D35M1：16

BⅢ豆 D35M1：23

BⅢ豆 D35M1：7

BⅢ豆 D35M1：16

BⅢ豆 D35M1：23

BⅢ豆D35M1：24

CⅡ豆D35M1：21

CⅡ豆D35M1：21

AⅡ盂D35M1：1

BⅠ盂D35M1：3

BⅠ盂D35M1：3

AⅡ盂D35M1：1

BⅠ盂D35M1：5

BⅠ盂D35M1：5

BⅠ盂D35M1：8

BⅠ盂D35M1：25

BⅠ盂D35M1：9

BⅠ盂D35M1：8

BⅠ盂D35M1：25

BⅠ盂D35M1：9

BⅠ盂D35M1：11

BⅠ盂D35M1：14

BⅠ盂D35M1：19

BⅠ盂D35M1：12

BⅠ盂D35M1：20

BⅠ盂D35M1：20

Ⅱ碟D35M1：10

Ⅱ碟D35M1：10

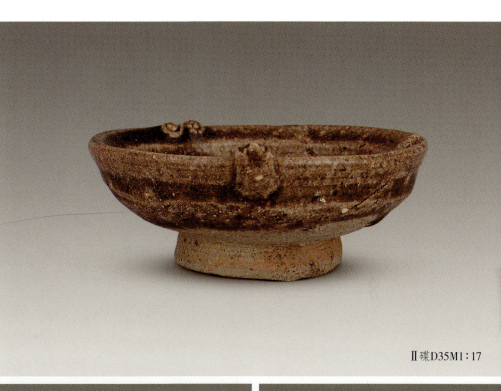

Ⅱ碟D35M1：17

Ⅱ碟D35M1：15

Ⅱ碟D35M1：17

Ⅱ碟D35M1：17

Ⅱ碟D35M1：18

Ⅱ碟D35M1：18

1. D36清理前（东—西）

2. D36除北墓表残留（东南—西北）

3. D36西南角d5（西—东）

4. D36东北部青膏泥堆积（上—下）

5. D36M1石室全景（西—东）

6. D36M1石室全景（东—西）

7. D36M1墓室全景（西—东）

8. D36M1清理墓室（东—西）

1. D36M1墓室局部（西—东）

2. D36M1挡土墙与地基结构（北—南）

3. D36M1北挡土墙（东北—西南）

4. D36M1北挡土墙（西—东）

5. D36M1北侧视图（北—南）

6. D36M1南挡土墙（南—北）

7. D36M1护坡（东—西）

8. D36M1盖顶石（东—西）

1. D36M1墓底青膏泥与器物（西—东）

2. D36M1墓底青膏泥与基岩（南—北）

3. D36M1墓底解剖（西—东）

4. D36M1出土铜钱（上—下）

7. D36Y1全景（东—西）

5. D36Q1全景（西—东）

6. D36Q1出土器物（西—东）

8. D36Y1局部（东南—西北）

豆D36：03

豆D36：01

豆D36：03

豆D36M1：1

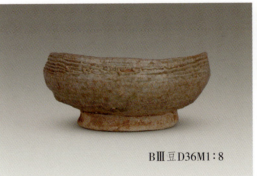

BⅢ豆D36M1：8

器盖D36：02

BⅢ豆D36M1：10

AⅠ大盘D36M1：3

AⅠ大盘D36M1：3

彩版一三八　D36

Ⅰ器盖D36M1:？

陶珠D36M1:4

陶鼎足D36M1:7

Ⅰ器盖D36M1:2

陶珠D36M1:5

AⅣ印纹硬陶罐D36Q2:2

BⅠ罐D36Q2:1

AⅣ印纹硬陶罐D36Q2:2

AⅣ印纹硬陶罐D36Q2:4

B I 罐 D36Q1：9

B I 罐 D36Q1：1

B I 罐 D36Q1：6

B I 盂 D36Q1：7

B I 盂 D36Q1：8

B I 盂 D36Q1：5

B I 盂 D36Q1：7

A I 盘 D36Q1：2

A I 盘 D36Q1：3

A I 盘 D36Q1：4

彩版一四〇　D37

1. D37清理前（北—南）

2. D37M1出土器物局部（西—东）

3. D37M2局部（北—南）

盂D37：01

AⅣ豆D37M1：6

AⅣ豆D37M1：9

印纹硬陶罐D37：03

AⅣ豆D37M1：9

CⅡ豆D37M1：1

CⅡ豆D37M1：2

CⅡ豆D37M1：1

豆D37M1：3

BⅠ盂D37M1∶5

BⅠ盂D37M1∶7

陶纺轮D37M1∶4

B印纹硬陶罍D37M1∶8

印纹硬陶罍D37M2∶1

AⅡ豆D37M2∶2

BⅡ豆D37M2∶3

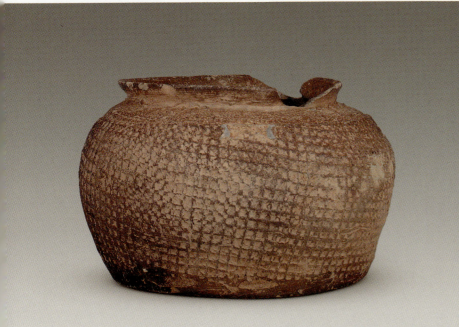

AⅡ印纹硬陶瓿D37M2∶5

BⅠ印纹硬陶罐D37M2∶4

陶纺轮D37M2∶6

AⅡ碗D37M3：2

AⅡ碗D37M3：5

AⅡ碗D37M3：1

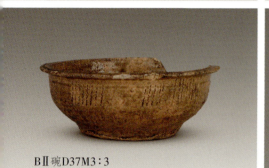

BⅡ碗D37M3：3

BⅡ碗D37M3：4

BⅡ碗D37M3：6

Ⅵ印纹硬陶坛D37M4：1

AⅢ碗D37M4：5

AⅢ碗D37M4：7

AⅢ碗D37M4：9

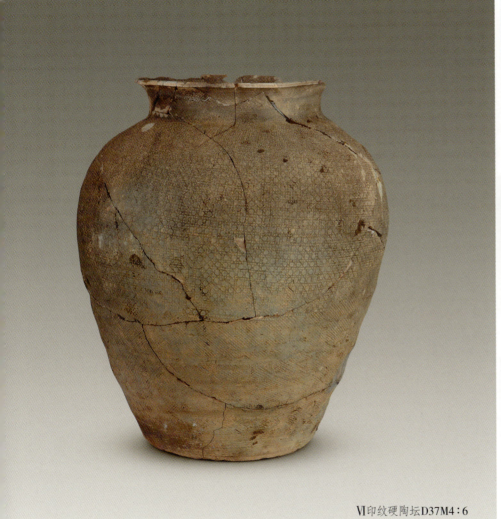

Ⅵ印纹硬陶坛D37M4：6

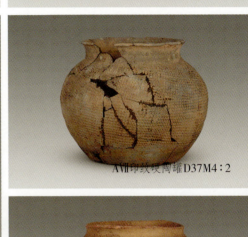

AⅦ印纹硬陶罐D37M4：2

AⅦ印纹硬陶罐D37M4：3

BⅢ印纹硬陶罐D37M4：8